启东年鉴

2017

中共启东市委、启东市人民政府　主办
启东市地方志编纂委员会办公室　编

方志出版社
Publishing House of Local Records

图书在版编目(CIP)数据

启东年鉴. 2017 / 启东市地方志编纂委员会办公室编.
—北京：方志出版社，2017. 11
ISBN 978-7-5144-2668-7

Ⅰ.①启… Ⅱ.①启… Ⅲ.①启东—2017—年鉴
Ⅳ.①Z525.34

中国版本图书馆CIP数据核字(2017)第280757号

启东年鉴(2017)

编　　者：启东市地方志编纂委员会办公室
责任编辑：范　静

出 版 人：冀祥德
出 版 者：方志出版社
地址　北京市朝阳区潘家园东里9号(国家方志馆4层)
邮编　100021
网址　http://www.fzph.org
发　　行：方志出版社发行中心
电话(010)67110500
经　　销：各地新华书店
印　　刷：南京顺和印刷有限责任公司

开　　本：889×1194　1/16
印　　张：22.5
字　　数：955千字
版　　次：2017年12月第1版　2017年12月第1次印刷
印　　数：0001～1000册

ISBN 978-7-5144-2668-7　定价：198.00元

启东市地方志编纂委员会

《启东年鉴（2017）》编审人员

中共启东市委党史办公室、启东市地方志办公室

地址：启东市世纪大道1288号行政中心　邮编：226200

电话：（0513）83313432　83350301

电子信箱：jsqddsb@163.com

部门和单位主审人员

（排名以首次出现文稿先后为序）

施元凯	薛　峰	沈向东	陈　惠	顾永辉	龚心明	陈凯捷
张海荣	陈晓燕	王　虹	黄云峰	钮伟钢	张建昌	吴风云
江　昱	施亚辉	张东霞	黄　坤	杜国华	陆婧婧	朱海荣
黄稼新	陆建新	陈　飞	王峰华	陈张贤	朱　静	张燕峰
朱咏梅	陈　辉	邓金涛	郁锦标	钱菁菁	宋　逵	赵建辉
邢　健	陈新建	潘　建	朱小东	陈延祥	严翠祥	陈海兵
张海兵	王振宇	崔卫刚	汤正辉	孙　林	曹文伟	宋海华
陆　辉	季远全	陆　辉	高红宇	陆　杰	袁晔晔	徐永辉
陆燕飞	董　波	王　忠	吴胜昔	周　尧	郭建辉	陈如海
刘　伟	沈伟伟	龚　卫	戴建秋	黄　浩	杜文华	张春雷
沈春慧	张笑慰	金志坚	周　健	黄　飞	王能斌	王　新
黄荣荣	谢忠涛	陈洪伟	陈卫兵	周钰虹	单卫红	刘俊武
瞿鸣辉	张天安	周　兵	丁晓明	郁丽春	邓卫星	孙国兵
倪　伟	施伯新	曾卫民	张革新	赵凯旋	印亚军	周凌峰
金　香	卢国斌	田　磊	袁裕丽	周嘉生	洪善宽	龚　健
陈天明	陈　霞	钱虹屹	宋亚昌	任锴胜	王裕兵	龚磊磊
林锋风	陆红琴					

保密专审：徐　霞

2016年7月25日，中国共产党启东市第十三次代表大会在市党教中心开幕

（郁卫兵／摄）

市委书记徐锋代表中共启东市第十二届委员会向大会作题为《践行新理念，建设新启东，奋力夺取全面小康社会建设新胜利》的报告。大会的主要任务：回顾总结市第十二次党代会以来的工作，研究确定以后五年的奋斗目标和主要任务，选举产生中共启东市第十三届委员会和中共启东市纪律检查委员会，动员全市各级党组织和广大共产党员，凝心聚力、开拓进取，践行新理念，建设新启东，奋力夺取全面小康社会建设新胜利。

（姜雨蒙／摄）

2016年12月29日，中共启东市委十三届二次全体（扩大）会议在市党教中心举行。市委书记徐锋代表市委常委会作题为《全面接轨上海、全力促进民富，向着高水平全面建成小康社会阔步迈进》的工作报告。会议回顾总结“十三五”开局之年的各项工作，分析当前形势，部署安排2017年工作。

2017 年 1 月 10 日，启东市第十七届人民代表大会第一次会议在市会议中心举行。市长黄卫锋作政府工作报告 （徐 昕 / 摄）

2017 年 1 月 9 日，政协启东市第十五届委员会第一次会议在市会议中心举行。市政协主席顾云峰向大会作工作报告 （徐 昕 / 摄）

2016年5月20日，2016中国·启东国际经贸洽谈会在环球博圣酒店举行。20家企业获颁营业执照。36个项目集中签约。其中，内资项目18个，总投资86亿元；外资项目15个，总投资19.66亿美元。

2016中国·启东国际经贸洽谈会开幕　　（潘　杨/摄）

重大项目颁证颁照　　（潘　杨/摄）

2016年11月10日，2016中国·启东科技节暨国际经贸洽谈会在环球博圣酒店举行。18家企业获颁证照，20个产学研项目、30个投资项目和1个战略合作协议集中签约。签约项目总投资266亿元。

2016中国·启东科技节暨国际经贸洽谈会开幕 （潘　杨/摄）

投资项目集中签约仪式 （潘　杨/摄）

1月13日，2015“正能量加油站”年度展示活动在市会议中心举行　（郁卫兵/摄）

6月7日，2015年度“启东好人”“最美家庭”颁奖典礼在启东广播电视台演播大厅举行　（市妇联/提供）

3月23日，南京海关关长薛金楼、南通市人民政府副市长孙建华为启东海关开关揭牌（启东海关／提供）

7月8日，启东出入境检验检疫局正式挂牌开检

（启东出入境检验检疫局／提供）

建设中的宁启铁路通启段　　（潘　杨 /2016 年 4 月摄）

宁启铁路新三河港特大桥钢桁梁支架拆除。新三河港特大桥的 61 个桥墩，漫河中桥、新开港河中桥、红阳河中桥、芳心中桥的基础都已完工
（姜雨蒙 /2016 年 10 月摄）

6 月 6 日，2016 年全国"放鱼日"主会场（江苏）增殖放流活动在启东市举行。农业部副部长于康震，江苏省委常委、副省长徐鸣，南通市委副书记、市长韩立明，市委副书记、秘书长黄巍东，市委常委秦厚德，副市长单晓鸣，市政协副主席、市政府秘书长顾诺之，启东市领导参加活动

（袁 竞 / 摄）

10 月 6 日，第二届沙洲优黄杯启东圆陀角风筝冲浪国际邀请赛在启东市黄金海滩举行。此次比赛由启东市委宣传部、教育局、圆陀角管委会主办，黄金海滩景区、香港风筝滑水总会协办，上海海上风筝冲浪俱乐部、启东市风筝冲浪协会承办

（郁卫兵 / 摄）

12 月 18—20 日，由文化部民族民间文艺发展中心和江苏省文化厅非物质文化遗产保护中心主办，南通市文广新局和启东市人民政府承办的"吴歌论坛"在市少年宫举行

（姜新春 / 摄）

5 月 24 日，2016 全民健身运动会开幕
（潘　杨 / 摄）

9月25日，2016UltraS启东·圆陀角国际铁人三项赛在圆陀角旅游度假区恒大海上威尼斯举行。来自中国、英国、美国、德国、意大利等国家和地区近500名选手参赛
（郁卫兵/2016年9月摄）

12 月 9 日，“我的舞台我作主”2016 百姓舞台年度汇演在市文化馆剧场举行　（郁卫兵 / 摄）

4月23日，由启东市委宣传部、市文广新局主办的启东市首届经典诗文诵读大赛决赛在市图书馆报告厅举行。大赛分为初赛和决赛，设少年组和成人组两个组别。经过激烈角逐，成人组梁蕾的《春天，遂想起》、少年组杨天弈的《木兰诗》夺得一等奖 （郁卫兵／摄）

7月8日，南通市“七彩的夏日”未成年人暑期社会实践活动暨启东市“东疆好少年”评选启动仪式在市广播电视台演播厅举行 （郁卫兵／摄）

5 月 24 日，晓玲姐姐进校园巡回演讲首场走进长江小学校园。苏晓琳 2016 年获评 “中国好人榜” 6 月份 “助人为乐” 好人 （郁卫兵 / 摄）

4 月 13 日，江苏教育频道《未来科学家》栏目在市南苑小学进行大型室外拍摄活动 （姜新春 / 摄）

市政务中心国税办税服务大厅营改增导税专区窗口，工作人员为市民解答
（姜新春 /2016 年 5 月摄）

市政务中心出入境窗口旁，工作人员指导市民使用出入境自助填表机
（袁 竞 / 摄）

文明交通志愿者维护交通秩序
（潘 杨 /2016 年 10 月摄）

手工编织藤椅，传承传统手艺
（姜新春 /2016 年 1 月摄）

老年人聚在改造后的紫薇公园弹琴练歌　（潘　杨 /2016 年 3 月摄）

5 月 25 日，“大美启东—江海国画院”成立一周年画展在市图书馆展出，作品主要以启东经济发展及风土人情为题材，具有较强的思想性和艺术性
（潘　杨 / 摄）

烽火楼原貌 （市新闻信息中心 / 提供）

烽火楼位于汇龙镇人民桥西头，为二层仿古建筑，梁梯结构，复建工程从 2016 年 8 月开工，到 2017 年 3 月下旬竣工。

烽火楼是启东的历史建筑，为留存城市记忆的一个重要典型。在烽火楼下不远的地方，人民桥东头，启东人民在那里打响抗日的第一枪；烽火楼当年是“启东第一楼”，作为消防站而存在，烽火楼附近是商业中心，附近的码头上，启东人在这里和外地人进行商品交易，购买大米、煤炭等生活用品，烽火楼是启东人民对外开放的见证者。

烽火楼复建工程施工
（郁卫兵 /2016 年 11 月摄）

复建完工后的烽火楼
（郁卫兵 2017 年 7 月摄）

东疆花苑安置房建设　　（袁　竞 /2016 年 6 月摄）

启东开发区科创家园安置小区建设　　（郁卫兵 /2016 年 10 月摄）

启东市人才公寓在建设中。启东市人才公寓是启东市委、市政府为推进人才强市战略，构筑人才资源高地，加速人才聚集，满足引进人才生活需求而建，是向到启东工作的高层次人才提供的过渡性住房。整个项目包括人才公寓、人才市场及综合配套设施等，总建筑面积101416平方米 （郁卫兵 / 2016年3月摄）

启东实验小学开发区分校加紧建设 （袁 竞 /2016年4月摄）

吕四海鲜一条街项目全面开工建设　　（潘　杨 /2016 年 1 月摄）

高标准农田建设　　（徐　昕 /2016 年 10 月摄）

近海镇投资建设的农业光伏发电配套系统　　（姜雨蒙 /2016 年 12 月摄）

合作镇兴隆村的华夏牡丹园技术人员指导工人为油用牡丹人工授粉
（袁　竞 /2016 年 4 月摄）

海复镇福鼎生态农业科技有限公司种植基地，工人给热带水果黄金百香果整枝
（姜雨蒙 /2016 年 11 月摄）

黄海滩涂公司培育出新品种—— 脊尾红虾　（郁卫兵 /2016 年 11 月摄）

种植大户机械化收割小麦
（袁　竞 /2016 年 6 月摄）

秸秆回收，资源循环利用
（袁　竞 /2016 年 6 月摄）

7 月 20 日，江苏省农机“三新”工程花生生产全程机械化机播现场会在近海镇召开　　（袁　竞 / 摄）

乾朔电子机械加工中心内，自动化“机器人”忙碌工作
（潘　杨 /2016 年 1 月摄）

韩华新能源为应对国际国内光伏市场新形势，进行技术改革
（姜新春 /2016 年 4 月摄）

江苏林洋光伏科技有限公司的员工在电池片自动串焊机前检测产品
（袁　竞 /2016 年 4 月摄）

南通市久正人体工学股份有限公司的员工组装设备支架
（袁　竞 /2016 年 4 月摄）

启东吉莱电子生产车间
（潘　杨 /2016 年 6 月摄）

华峰超纤无纺布生产车间内，工人控制操纵台，一排排机器自动化作业　（潘　杨 /2016 年 11 月摄）

在启东经济开发区内，启东姚记扑克文化产业园工程进行桩基施工 （郁卫兵 /2016 年 1 月摄）

吕四环抱式港池建设。该工程 2016 年的施工任务主要是航道疏浚、港区吹填及道路建设 （郁卫兵 / 2016 年 2 月摄）

广汇能源码头和引桥的最后一榀空心板安装完成　　（郁卫兵　施向荣 /2016 年 2 月摄）

江苏宏强船舶重工有限公司建造的 HQ13542300DWT 散货船顺利下水
（潘　杨　董秋毫 /2016 年 3 月摄）

吕四新渔港卸鱼棚

（徐　昕 /2016 年 9 月摄）

江苏省启东经济开发区新貌

（徐　昕 /2016 年 8 月摄）

晚归 （潘　杨 /2016 年 8 月摄）

恒大海上威尼斯酒店吸引大量游客畅享夏日玩海乐趣 （潘　杨　郁卫兵 /2016 年 7 月摄）

灵秀公园　　　　（徐　昕 /2016 年 4 月摄）

城市夜景　　　　（苏　楠 /2016 年 1 月摄）

鹤城公园

（徐 昕／摄）

启隆绿地长岛
（袁 竞 /2016 年 10 月摄）

启隆蔚林半岛 （徐 昕 /2016 年 8 月摄）

江苏启安建设集团有限公司

Jiangsu Qi'an Construction Group Co.,Ltd.

2016 年，江苏启安品牌形象持续做靓，连续 7 年评为江苏省建筑业百强企业专业安装类第一名，连续 13 年获评全国优秀施工企业，首度进入全国建筑业竞争力 200 强；公司商标获江苏省著名商标认定。集团董事长殷炜东获评 2016 年苏商“十大经济人物最具人气奖”。

公司经营业绩逆势走强，施工产值超过 70 亿元。在机电安装、石化工程、外资项目、光伏电站以及房屋建筑等领域继续保持专业特色和行业精彩。参建的 5 项工程斩获国家优质工程奖、中国安装之星和中国钢结构金奖，一批工法、专利、新技术、科技论文摘获行业大奖。

企业管理扎实严谨，文化品质立意高远。主动适应“营改增”，实施资金集中定向支付；首次荣膺启东市“市长质量奖”。党建导航正确，文明建设精彩，先锋作用突出，致力社会各类公益活动，成立启东市第一家流动党员联合党委。“张扬个性、和于团队、秉承传统、崇尚创新”的启安精神得到继续张扬。

公司党委书记、董事长：殷炜东

董事会全体成员

国际城四期 65#、68#、69#、70#楼及地下车库项目获 2016 年国家优质工程奖

科聚亚高新材料（南通）有限公司机电安装工程获 2016 年中国安装之星

新疆医科大学第六附属医院门诊医技住院大楼项目获 2016 年国家优质工程奖

光伏施工业绩喜人 年总量超 500MW

卡特比勒（天津）有限公司 3500 发动机及发电机组组装厂项目获 2016 年国家优质工程奖

江苏南通二建集团有限公司

JIANG SU NAN TONG ER JIAN JI TUAN YOU XIAN GONG SI

集团公司董事长：杨晓东

江苏南通二建集团有限公司是一家具有国家房屋建筑工程施工总承包特级资质、市政公用工程施工总承包一级和机电设备安装、建筑装饰装修、钢结构工程3个专业承包一级资质，拥有水利水电、隧道、环保、铁路、公路、桥梁等12个关联资质，集科研、施工、投资于一体，跨行业、跨地区、多元化经营的大型建筑企业集团。共创鲁班奖工程17项、国家优质工程奖16项，主编国家标准和行业标准各1项，创6项国家级工法、12项发明专利、82项实用新型专利，荣获国家级科技进步奖1项，省级科技进步奖1项。2016年完成企业总产值507亿元、承建施工面积5200万平方米，年末拥有施工总合同额1310亿元。8次荣列江苏省建筑业综合实力百强企业第一名，连续6年排名中国建筑业竞争力百强企业前20位（2016年列第13位）；13次上榜中国企业500强（2017年列296位）、中国民营企业500强（2017年列第88位）、中国承包商80强/60强；荣膺全国"重合同、守信用"企业，中国建设银行总行、中国银行总行AAA级资信企业和重点客户。项目公司化管理模式唱响全国工程建设领域。党和国家领导人多次视察南通二建承建的项目。南通二建注册商标荣获"中国驰名商标"。

集团公司党委书记、董事长杨晓东，名誉董事长陈建年率10万名员工，愿与各界朋友携手共赢，同创更加辉煌灿烂的明天。

公司地址：江苏省启东市人民中路683号
电　　话：0513-83316463
传　　真：0513-83357608

2016年度鲁班奖工程：新疆电力调度信息中心

2017年度鲁班奖工程：新疆高端人才服务大厦

2014 年度国家优质工程：南京鼓楼医院仙林国际医院基本医疗区

2017 年度国家优质工程奖：津源信德西青辛口镇一期渔光互补光伏发电项目

2017 年度国家优质工程奖：青岛欧亚中心

2017 年度国家鲁班奖工程：南京生物医药谷会展中心

江苏银洲集团
JIANGSU YINZHOU GROUP

总经理：沈琦博

江苏银洲集团组建于2004年，历经十余年的发展，已逐渐成长为一家以房地产开发经营为依托，集建筑安装、建材生产、物业管理、公用事业为一体的实业型企业集团，总资产30亿元。具有房产开发一级资质和房屋建筑工程施工总承包一级资质。

下属企业有南通银洲房地产开发有限公司、江苏银洲建设集团有限公司、南通银洲房地产银通分公司、启东市银洲担保有限公司、启东市银星农村小额贷款公司、上海交安出租汽车有限公司、启东市银洲物业管理有限公司、启东市银润物业管理有限公司、启东市银洲电梯服务有限公司、江苏银洲幕墙门窗工程有限公司、银洲酒店管理有限公司。

多年以来，公司始终坚持“以人为本，求真务实，以质取胜，行稳致远”的企业精神，在不断传承中镌刻经典，在不断创新中追求卓越，打造银洲发展的传奇。先后成功开发苏州国际服装城、万豪花园、世纪家园、银洲城市一品、银洲皇家花园、银洲金融中心等二十多个大中型商业住宅项目，累计开发面积达500多万平方米，投资总额150多亿元。公司连续多年蝉联“江苏省房地产开发企业综合实力50强”“启东市金牌企业”“启东市纳税20强”等荣誉称号。

志存高远，沧海济帆。公司将一如既往地坚持信誉优先、质量过硬、服务至上的企业原则，不懈努力，续写银洲更加辉煌的传奇。

银洲希尔顿酒店奠基仪式

银洲希尔顿酒店奠基培土

总经理沈琦博考察工地

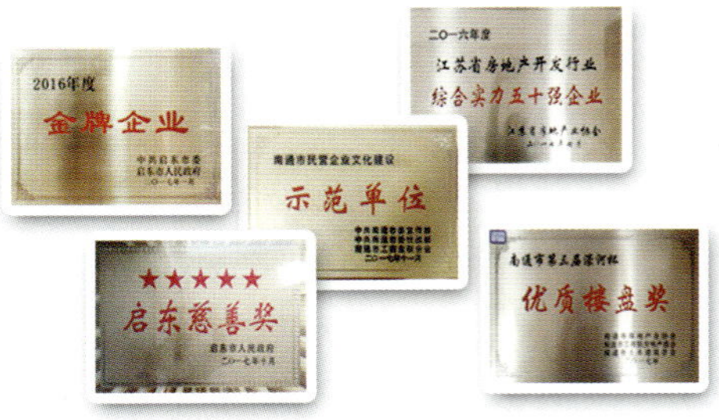

银洲金融中心——银洲希尔顿酒店

世纪家园（南区）

世纪家园（北区）

银洲 · 城市一品

银洲 · 皇家花园

林洋 LINYANG

江苏林洋能源股份有限公司

JIANGSU LINYANG ENERGY CO.,LTD

公司总裁陆永华在 2017 国际太阳能产业及光伏工程论坛上致辞

林洋承办 2017 全球新能源光伏技术创新论坛

江苏林洋能源股份有限公司成立于1995年，是国内知名的智能电表及用电信息管理系统终端产品、系统解决方案提供商之一。历经20年的磨砺、蜕变、腾飞，已成为拥有过百家子公司，集团化运作的上市企业。公司产品及解决方案包括智能电表及AMI系统、 LED及智能照明系统、能效管理平台及节能服务、光伏组件及分布式光伏电站系统、分布式电站运营平台、微电网系统等，涵盖智能、节能、新能源三大领域。

林洋以“打造绿色环境，创造美好生活”为使命，本着“永无止境，永攀高峰，永不言败”的企业精神，不断创新，高效经营。在持续的市场挑战和竞争浪潮中，公司将不断发掘自身优势，有效整合资源，提升可持续竞争力。铸剑磨砺二十载，蓄势飞扬创未来，林洋正向“创世界品牌 树百年林洋”的美好愿景不断迈进！

N 型单晶双面高效系列太阳能电池组件生产车间

光伏电站案例图

振龍建設集團

zhen long construction group

董事长：顾正康

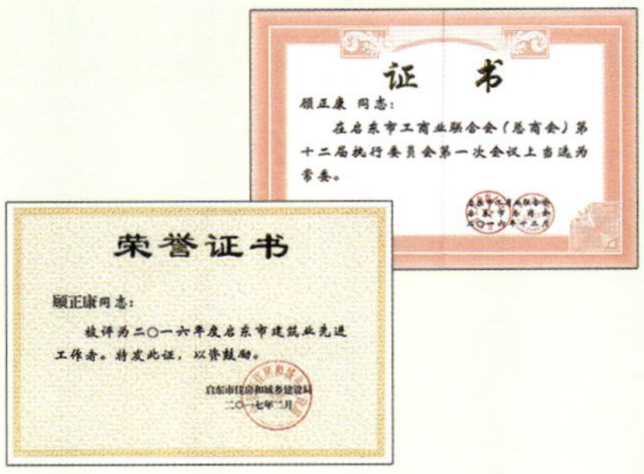

振龙建设集团是集建筑安装、房产开发、生态农业、商贸流通、盈丰劳务、金融投资、物业管理、环保设备为一体的综合性企业。

近两年来，集团围绕“以建筑业为主体、房产业并举、多元化产业共存、更多地打造名优品牌”的总体思路，组织企业的生产经营，产业门类又有拓展，经济总量继续攀升。尤其是建筑安装业取得的成绩较为特出。承接的建筑安装项目除启东外，还有上海、沈阳等地，施工面积达 70 多万平方米。其中，启东市城东村 52 万平方米的安置房工程，施工质量、安全在多次检查中名列前茅，先后获评“江苏省文明工地”“南通市优质工程”；城东村 A 标段取得“第十一届全国建设工程优秀项目管理成果三等奖”。崇明陈家镇 21 期安置房工程，总产值 3.1 亿元，通过“区文明工地”“区优质结构工程”验收。启东市台角村安置房工程，总产值 1.6 亿元，2018 年 2 月可交付使用。

在未来的岁月里，集团将秉承“团结、敬业、创新、奉献”的企业精神，围绕“建设一流企业、造就一流人才、争取一流绩效、作出一流贡献”的目标，突出主业，多元拓展，再接再厉，奋力拼搏，勇创新的辉煌！

公司地址：江苏省启东市紫薇西路 899 号
公司网址：http://www.zhenlongcn.com/
联系电话：0513-83118788　传真：0513-83307199

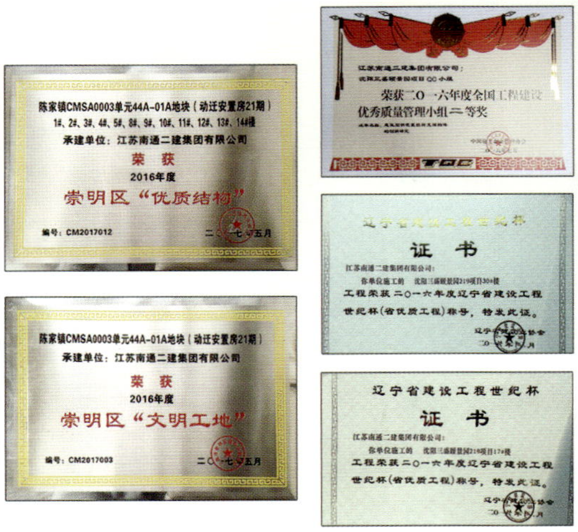

南通汽运实业集团有限公司启东飞鹤分公司

董事长、总经理：蔡军

市领导慰问公司职工

国企资质　飞鹤国旅

启东飞鹤分公司一届四次职工代表大会

春运便民志愿服务

南通汽运实业集团有限公司启东飞鹤分公司，位于江苏省启东市汇龙镇江海北路1198号，核心业务为道路客运和站务服务，涉及快件货运、汽车维修、驾驶培训等多个领域。公司总占地面积120亩，总建筑面积79400平方米，各类高中档客车161辆，经营客运班线覆盖苏、浙、皖、鲁、沪、京等省市，日发中长途班次约350个，日均客运量约6500人次；日发城乡公交700个班次，日均客运量约7000人次，最大日客运量可达2万人次。随着沪崇启大通道的贯通，启东已融入上海一小时都市圈，启东区位优势凸显，经济社会呈跨跃式发展态势，人流、物流、资金流急剧增加，公司已成为苏中地区功能齐全、设施完善、管理科学的客运综合枢纽。此外，为满足旅客旅行需求，公司根据不同的季节，还适时开通"上海大观园"、"苏州天平山"、"周庄一日游"、"天目湖、南山竹海、御水温泉、大觉寺二日游"等精品旅游线路。

公司上下秉承"鹤舞江海·责任致远"的发展宗旨，以"满意、诚信、安全、尽责"为核心价值观，以"发展为先、安全为根、诚信为本、效能为优"为经营理念，以"为更多的旅客服务，为旅客服务得更多"为企业宗旨，倡导发扬"敬业、奉献、争先、创优"的企业精神，全员致力于旅客的安全出行，为更多的人提供更多的服务！公司先后荣获江苏省交通厅文明客运站、南通市"文明单位"、启东市"文明单位"等光荣称号。

南通汽运实业集团有限公司启东飞鹤分公司全体员工热忱欢迎社会各界人士光临。将以深化发展格局提升驱动力；以科技创新提升核心竞争力；以制度创新激发内在创造力；以管理创新提高运作执行力；以品牌创新扩大社会影响力；以文化创新增进人文凝聚力，不断促进企业协调快速发展。

关注公益　回馈社会

巴士管家APP
手机购票更方便

启东汽车站
微信公众平台

东疆彩虹服务班

苏州、南通定制客运班车

为中高考保驾护航

启东市胶鞋厂有限公司

《群众》杂志社副总编苗成斌，市委常委、宣传部长姜平到公司调研党建工作

高新区（近海镇）关工委“七彩夏日”活动在公司举行

启东市胶鞋厂有限公司创建于1984年，公司占地面积17816平方米，建筑面积达到9000多平方米，固定资产1500多万元，拥有员工近400人。公司是中国橡胶工业协会胶鞋分会理事成员单位，专业生产各类胶鞋，并具有自营进出口权，产品主要销往美国、欧洲、日本、南美、中东等国家和地区，是美国SEARS/KMART、TRU/BRU及英国MOTHERCARE公司认证企业，致力于达欧美环保标准硫化鞋的开发和生产。

公司多年来一直是启东市重点企业、定报企业，并多次荣获南通市及启东市“文明单位”、“重合同守信用企业”、“劳动保障诚信示范企业”、“南通市最佳信贷企业”、“安全生产先进企业”、“信用AAA级企业”、“启东市最具发展活力30强企业”、“启东市铜牌企业”、“江苏省民营科技企业”、“启东市慈善之星企业”、“南通市职业卫生管理示范企业”、“先进基层党组织”、“党建工作示范点”，公司技术开发科获省级和市级“模范职工小家”等荣誉称号。

公司已通过ISO9001—2008质量管理体系认证，有一套完整的质量管理网络，并拥有技术雄厚的研发中心及设备先进的测试中心。

公司坚持“诚信创伟业”的经营理念，以“创一流企业，上名优产品”为宗旨，不断提升软实力，全面提高员工素质，不断提高产品档次，引进新技术，开发新产品。

公司凭借高质量的产品，良好的信誉，优质的服务，竭诚与国内外客商双赢合作，共同发展，共创辉煌！

联系电话：0513-83461256
传真：0513-83462861
电子邮箱：qidong200@126.com
公司网址：www.rubber-shoes.com
地址：启东市近海镇东进村8号（向阳镇南首）

公司一角

测试中心

启东滨江精细化工园 启东市北新镇

2016—2017 年度基层党员干部冬训工作动员大会

“重温党的历史 继承党的宝贵精神财富”专题党课

2016 年，启东滨江精细化工园（北新镇）实现地区生产总值 71 亿元，完成全社会固定资产投资 50 亿元；实现财政总收入 4.5 亿元，其中一般预算收入 1.85 亿元；实现全部工业产值 203 亿元，其中规模工业产值 160 亿元；完成工业税收 4 亿元，规模以上服务业营业收入为 1.35 亿元。先后被列为南通市级重点中心镇、江苏省创新型试点乡镇。

招商选资量质并举。立足新医药、新材料产业，扎实开展驻点招商、网络招商、以商引商工作，做到月月有活动、周周有拜访、天天有交流。注重与仲量联行、CBRE 等机构合作，积极探索专业化招商新机制。2016 年新签约投资 5 亿元的道明化学交联剂项目、投资 1.5 亿元的金美化学紫外线吸收剂项目、投资 1.2 亿元的苏州吴赣药业重组远航医药项目、投资 1 亿元的艾德旺化工有机锡项目。

项目建设再创辉煌。坚持“一切围绕项目转，一切围绕项目干”工作主线，全力保障要素供给，提高项目服务水平，不断加快项目建设的速度和质量。2016 年，区镇共有好收成技改、国启环保、泓泽添蓝等 15 个项目被认定为南通市亿元以上项目。新竣工德威、千帆、尤希路等 9 个项目，完成年计划的 112.5%；新投产诚信、艾德旺技改、道明等 5 个项目，完成年计划的 83.3%。

安全环保常抓不懈。出台《企业安全生产管理考核办法》、《关于进一步强化企业雨水排放规范管理通知》、《雨水排放、河道水系巡查监管制度》，以严格的制度催生企业抓安全、抓环保的自觉性。深入实施专家代理检查和领导带班夜查制度，对发现的安全隐患督促企业限期整改，对涉嫌违法违规的企业一查到底。提升环保数字化在线监控中心设施设备的运行质量，加大对重点排污企业的监管；组建专门力量对企业废水治理设施及雨水排口实行不间断巡查，坚决打击各类环境违法行为。

现代农业跨越发展。2016 年，区镇新（扩）建农业项目 19 个，累计投资 13000 万元；新增绿化造林面积 1228 亩，完成年计划的 107%；着力培育新型农业经营主体，新增家庭农场 8 家、种养殖专业大户 9 家，新增 100 亩以上“全托管”农民服务组织 13 家。五年来，区镇突出农业龙头企业示范带动作用，着力构建现代农业发展体系，先后获得现代都市农业发展先进镇、农机工作先进镇、农民合作社建设先进镇、高标准农田先进镇等称号。

中心镇建设有序推进。先后完成中心镇建设区、500 米隔离带等地块拆迁，涉拆户选房工作全部完成，祥瑞花园、新水湾交付使用，绿洲嘉园进入配套工程实施阶段。中心镇区“一横两纵”道路即将通车，滨江实验学校年内展开桩基施工，配套的绿地公园、菜市场、人才公寓等已完成初步设计方案。全面改善农村基础设施建设，五年来区镇先后建成农村公路 145 公里，新建（改造）桥梁 87 座，修造机耕路 46 条共 5.11 公里，道路亮化工程、改水工程全部完成。加强集镇日常管理，集中整治北新镇、高家镇农贸市场周边流摊和违章搭建，改善市场周边秩序混乱的现象。大力推进控违拆违工作，全年共拆除违章建筑 2 万多平方米。

社会事业全面进步。坚持以人为本，集中力量为民办实事，让群众共享发展成果。五年来，区镇共办理低保户头 652 个，发放低保资金 1818 多万元；向残障人士发放辅具 400 多件，给重残人员发放补贴 1100 多万元；推广新型合作医疗保险、新型农村社会养老保险，群众参保率列全市全列。着力发展文教卫生事业，滨江实验学校、万安幼儿园、黄仓幼儿园建设正式启动，乡村少年宫办得有声有色，校园足球项目成为启东亮点；农村社区卫生服务站全面达标，有 4 个村创建成“江苏省卫生村”。群众文化丰富多彩，完成南通市乡镇文化站规范化创建。

社会治理不断加强。落实一岗双责，领导带队排摸各类不稳定因素和突出矛盾，及时商讨处置办法并将问题化解在基层。多年来，区镇矛盾调处率均在 98% 以上。进一步巩固村级综治阵地建设，配齐配强“112211”工程村居专职人员，充分发挥综治工作的统筹协调职能。推进高家镇集镇社会管理服务中心建设，方便群众就近办理相关业务。强化法治村居建设，先后有三和、铁昌、红阳等 8 个村荣获“省民主法治示范村”称号。

招商会议

“两学一做”专题研讨会

“两学一做”专题党课

农民安置房

江苏省启东吕四港经济开发区
启东市吕四港镇

天成集团启东农业高新产业园区项目奠基

2016年，吕四港经济开发区吕四港镇实现地区生产总值173.79亿元，同比增长10%，实现财政总收入14.17亿元，同比增长3%。城镇居民人均可支配收入和农民人均纯收入分别达47778元、20156元，分别增长36%、8%。吕四港开发区位列全省开发区综合排名57名，吕四港镇入列全国重点镇、位列全国综合实力千强镇142名。

工业经济。2016年，完成工业总产值597亿元，同比增长10%；完成规模工业470亿元，同比增长8%；完成工业应税销售126亿元，同比增长18%。全年新培育规模企业3家，新增长点13家。引导企业强化创新主体责任，支持帮助企业申报专利1000多件，其中发明专利270件，获得授权400件。培育5家专利示范企业，15家专利强企试点企业，30家企业实现专利消零，新增省级民营科技企业15家，新申报南通市级工程技术研究中心3家，新培育高新技术企业1家。立足电动工具与海洋渔业两大传统产业，与上海电机学院、上海海洋大学分别共建电动工具技术服务中心、海洋科技创新中心，为企业和传统产业转型升级提供科技支撑。积极组织申报省双创项目2个，引进符合省双创条件领军人才2人，成功申报启东“东疆英才”计划1人，引进千人计划2人，海外留学归国创业人才2人。创新型乡镇试点建设卓有成效。成功举办中国启东・天汾第十七届科技五金交易会，达成意向成交额70亿元。获评省“第二批电商示范镇”、“巾帼创业示范基地”、并获省产业转型引导扶持资金30万元。

项目建设。突出先进制造业和新型海港产业。先进制造业重点推进电动工具等传统产业转型升级，新材料、新能源和新装备等集聚发展。东成兆民工业园、胜晟科技等电动工具项目开工建设；总投资超百亿的华峰工业园一期超纤项目竣工，6条进口流水线全部投运，5条流水线设备安装，全年实现应税销售4亿元，一期扩建项目6.8万平方米厂房全面开工建设；广汇能源项目栈桥、两个5万立方罐区初步竣工，二期16万立储罐项目开工建设；天成粮油项目奠基，中新房新型建材、PHA可降解树脂等重大项目有序推进。新型海港产业推进海洋渔业向精深加工、旅游业融合发展；新兴港口物流重点发展冷链物流和多式联运物流产业；围绕建设“上海北翼第一海港”目标，重点推进港口基础设施建设。金城魁北克城、润恒水产品冷链物流、马士基拖轮项目推进顺利，渔港经济区神鲜街、渔港品牌体验馆土建竣工，全面开展招商宣传，重点打造以渔业为特色，旅游与产业融合发展的“仙渔小镇”。

广汇栈桥码头

吕四港镇人大换届选举动员大会

吕四港区镇知识竞赛暨人大代表助学帮扶结对仪式

华峰超纤

吕四港镇行政管理体制改革评估会

全民阅读　书香启东

环抱式港池效果图

吕四港镇新一届市镇两级人大代表培训会

仙渔小镇展示馆效果图

“启舞东疆第二季”吕四海选

吕四港镇鹤城公园夜景　方　俊摄

吕四港镇集庆庵　方　俊摄

魁北克艺术城效果图

吕四新港全景

启东高新技术产业开发区
启东市近海镇

上级领导在区镇指导工作

市领导调研国莱特

"两学一做"主题交流活动

近海镇人代会

启东高新技术产业开发区于2005年3月开工建设，总规划面积30平方公里。2013年底，园区与近海镇实现"区镇合一"，总面积达110平方公里。园区交通区位优势独特，紧邻G40沪陕高速公路及国家一类口岸吕四大港，距上海自贸区、外高桥港区仅90公里。

2016年是"十三五"规划的开局之年，区镇紧紧围绕"十三五"规划目标，重点推进"一二三四"战略：打造沪北第一高新产业园，建设沿海现代工业城；放大资源、区位两大优势；发展机械制造、电子电器、生物医药三大产业；建设科教一体、产城融合、接轨上海、绿色生态四大园区。努力把区镇建设成为江苏省沿海开发战略重点

园区经济工作会议

与银行党建结对仪式

南大门

发展区域，上海都市圈北翼最具发展潜力的先进制造业基地，具有滨海特色风貌、生态宜居的创新、创业、科教新城。2016年年底，启东滨海工业园正式更名为启东高新技术产业开发区。区镇全年实现财政收入3.65亿元；实现全部规模工业产值124.4亿元，其中高新技术产业产值为63.5亿元；实现全部工业应税销售59.71亿元，为“十三五”长远目标的实现奠定良好基础。

启东高新区将以党的十八大、十八届三中、四中、五中、六中全会精神，省党代会“两聚一高”战略部署为指引，适应新常态，把握新要求，加快科教一体、产城融合发展，着力“打造江苏沿海第一高新区，建设全面接轨上海示范区”，重点抓好产业结构、基础设施、人力资源、仓储物流、生活服务及公共服务“六大配套”。坚持招商引资和项目建设并重，总量扩张和转型升级并举，抢抓机遇、锐意进取，攻坚克难、奋勇争先，调优调强主导产业，全力培育新兴产业，扩大有效增量，提升优质存量，为启东全面建设小康社会作出新的更大贡献。

滨海全体机关干部上”两学一做“专题党课

鼓风机厂签约仪式

尚华生物科技开工仪式

众创空间

博士创业园全景

职工四海家园

启东海工船舶工业园
启东市寅阳镇

上级领导在中远海工调研

党工委书记“两学一做”专题党课

2016年，启东海工船舶工业园（寅阳镇）实现规模工业总产值232.7亿元，同比增长16.3%；规模工业应税销售110.9亿元，同比增长22.6%；一般公共预算收入2.93亿元，同比增长36%；新增工商登记注册外资完成5619.4万美元，完成全年目标的112.4%；实际到账外资4482.6万美元，完成全年目标的112.07%。

工业经济　2016年，园区适应市场形势的发展需要，指导企业加快结构调整、转型升级、加大技术投入和设备更新力度，有效地化解企业的市场压力。推动振华海工、蓝岛海工、宏华海洋等成功转型升级，增强企业的抗风险能力。

项目建设　为华滋海工、胜狮能源、宏强重工、蓝岛海工等企业化解土地、资金、项目审批等方面的突出矛盾，在项目手续完善等方面对企业支持。围绕京沪重工、胜狮能源、华滋海工等重特大项目抓好跟踪服务，京沪重工出运码头建设、国立箱包厂区建设工程持续推进。

招商引资　推进太平洋重工、爱德华重工等破产企业的重组整合，吸引优质海工制造、重型装备制造的龙头企业参与拍卖重组。紧抓上海产业转移带来的契机，招引重大项目落户园区。5月5日在上海浦东惠南镇举办2016中国启东投资环境推介会，9月22日在上海举行上海（青浦）招商会，先后引进上海后浪展览、益铭模具、上海霓辉混凝土制品等项目落户。

农业经济　项目农业、设施农业加快推进，农产品特色更加鲜明，全年新扩建现代都市项目10个，新建、扩建农业龙头企业3家，农业园区5个，水产养殖园区2个。新增设施农业2600亩；新增连片露地蔬菜1370亩。高标准完成生态片林、示范

“两学一做”“亮身份树形象”活动

“5·10”思廉日实践活动

人大换届选民见面会

道路绿化、成片造林等绿化任务，完成成片造林505亩。水利建设有序推进，水环境整治、沟河疏浚等工作常态化开展。完成15个村高标准水利建设，投入2000多万的中央小农水项目通过验收。

园区建设　2016年，完成项目投入2.1亿元，加快规划编制，进一步优化布局，推进园区基础设施配套。实施项目12项，办理各类工程招标63项。重点抓好中心功能区、西功能区、海工大道东延段、富阳路、寅中路、集镇改造、污水管网改造等重大工程项目的建设。中心功能区海欣花苑、消防站，西功能区江欣花苑交付使用。海工东路、二道堤堤顶路竣工验收；海工大道、海工中路、人民路、兴和路绿化工程完成；人民路、东和线景观提升工程、街心花园通过验收；中心镇区、海工中路、海工大道、大同线、二道堤、江寅线、希士路口 -- 希士北桥、希士营房 -- 敬老院段亮化工程竣工验收完成。污水处理厂及外围管网进行整改、维修、保养。完成13家企业环保违法建设项目清理工作。

社会治理　镇加强治安重点地区排查整治，加强人口服务管理，积极推行网格指导1335工作法，畅通民主诉求表达的渠道，开设“群众议事点”、“网格流动义诊”。创新社会治理，推进平安法治志愿者队伍建设。全年各类人民调解组织共开展矛盾纠纷排查58次，受理纠纷315件，调处成功315件。

民生实事　城乡低保、医疗救助、临时救助等保障到位，共发放低保补助金490.9万元，医疗救助18万元，临时救助18.6万元，伤残军人抚恤金、老复原军人补助金、60周岁以上农村籍退役士兵老年补助等498.2万元，合理安排冬令补助、春节救助等资金，缓解特殊群体的生活困难。加快老龄事业发展步伐，全年发放尊老金376万元。

“两学一做”学习教育工作部署会

“两学一做”专题业务培训会

“启吾巡讲堂”海工园（寅阳）站开班仪式

寅城欢歌启动仪式

海工园党员冬训大会

学雷锋志愿服务活动

平安法治志愿者

江苏省启东圆陀角旅游度假区

JIANG SU SHENG QI DONG YUAN TUO JIAO LU YOU DU JIA QU

江苏省委书记李强（右二）调研圆陀角村

上级领导调研恒大五国温泉城项目

江苏省启东圆陀角旅游度假区位于江苏省最东部，东临黄海，西至连兴港河，南依长江，北至国道336线，规划总面积约45平方公里，下辖三个自然村。这里是万里长江的入海口，也是长江、黄海、东海三水交汇之地和长三角地区最早迎接日出的地方，旅游资源丰富，生态环境优美，区位条件优越。

省、南通市、启东市等各级政府高度重视园区的建设发展，2011年5月园区被纳入江苏省“十二五”旅游发展规划重点项目；2011年9月被南通市政府列为“南通市现代服务业集聚区”；2013年被南通市政府列为“南通市级旅游度假区”；2015年3月江苏省政府同意设立“江苏省启东圆陀角旅游度假区”。

作为启东旅游发展的核心板块，近年来，度假区依托恒大海上威尼斯、新湖长江公园、黄金海滩湿地公园等重点旅游项目，大力加强基础设施建设，着力提升旅游服务水平，不断优化旅游生态环境，旅游事业发展取得显著成绩。碧海银沙双色海、威尼斯酒店以及国际会议中心、运动中心、娱乐中心等九大中心和酒吧街、美食街等项目先后建成并对外营业，黄金海滩湿地公园被评为国家AAA级旅游景区，恒大四星酒店、五国温泉城、文化景观大道等一批在建项目也在稳步推进，恒大童世界项目正式签约并即将开工建设。2016年，度假区游客接待量近300万人次，实现旅游收入近20亿元，圆陀角已经成为长三角地区又一知名旅游度假目的地。

下阶段园区深刻领会“水韵江苏”的内涵，确定新一轮发展思路，力争做好大禹治水、连兴港渔人码头、黄金海滩湿地公园、碧海银沙、五国温泉城和启东恒大童世界等六篇水的文章。以体育文化产业为依托，大力推进旅游基础设施和旅游文化项目建设，加快把度假区高水平建设成集生态观光、运动休闲、科普教育、会议会展、度假人居等多功能于一体的中国江风海韵体验基地和长江口生态度假基地的国家级旅游度假区。

市领导一行调研圆陀角

园区综合表彰大会

恒大酒店

黄金海滩风筝冲浪

① 市领导实地走访圆陀角村

② 走访辖区困难家庭

③ 上级领导调研恒大在建工程

恒大内景

启东市住房和城乡建设局

QI DONG SHI ZHU FANG HE CHENG XIANG JIAN SHE JU

介绍全市园林绿化建设情况

2016年，市住房和城乡建设局围绕建设“江苏沿海开发先导区、接轨上海港口城、江海交汇宜居地”的目标，进一步拉开城市框架、完善城市功能、提升城市品位、统筹城乡发展，着力把启东塑造成宜居、宜业的临海滨江城市。全市住建工作扎实推进、富有成效。

2016年，住建局被评为南通市建设工程抗震防灾先进集体、南通市民防宣传教育工作先进集体、启东市城市建设工作先进单位、启东市社会治安综合治理和平安建设先进集体、启东市级机关先进基层党组织，法治建设工作先进集体。在市效能考评中再获五星级单位称号。

城东花园

住建系统“两学一做”学习教育动员暨“5·10”思廉日教育大会

市民向住建局赠送锦旗

1 新疆电力调度信息中心（二建2016鲁班奖）

2 世纪大道头兴港河大桥

3 世纪大道西延道路及配套绿化

4 新改造的公园北路

灵秀公园

庙港河生态修复工程

紫薇二村小游园

锦绣花园二期

启东市发展和改革委员会

市发改委领导上党课

开展“走帮服”活动

2016年，在市委、市政府的正确领导下，启东市发展和改革委员会围绕“领跑沿海、融入上海、包容四海”的发展战略，咬住率先全面建成小康社会、全力推进“四个城市”“一堡三地”建设目标，真抓实干，奋力拼搏，在经济运行、产业升级、项目建设、两化融合、接轨上海等方面取得明显进展，不断加快经济结构转型，努力推动全市经济又好又快发展。

工业经济稳中有进。强化运行监测，狠抓降成本、减负担等政策措施的精准落地，全年完成规模工业产值1862.74亿元，同比增长12.1%；实现工业应税销售720.40亿元，同比增长20.3%；列中国工业百强县（市）第38位，比上年提升17位。产业集聚度不断加快，启东产业技术研究院、中韩中小企业国际合作区等载体建设有力推进，全市“三优三新”产业实现产值1349.79亿元，占全市规模工业产值的比重达72.5%。新增长点不断涌现，全市达到净增2000万元新增长点企业超过100家。积极推进企业上市、两化融合、品牌培育等工作，不断增强企业核心竞争力，泰林股份、和和塑胶在新三板挂牌，神通阀门入选全国首批制造业单项冠军培育企业，林洋能源入围领跑中国可再生能源先行企业第一军团100强，海四达电源入围全国首批锂电子电池“白名单”，获评省级名牌产品7个，新申报省级著名商标5件。

项目建设扎实推进。深入开展“项目建设提速年”活动，制定实施《重大项目建设“双十”三年行动计划》，全年完成全社会固定资产投资614.84亿元，同比增长14.1%；其中工业投资352.69亿元，同比增长7.1%；服务业投资261.87亿元，同比增长25%。全年新开工亿元以上产业项目108个，新竣工亿元以上产业项目52个。100个重大项目平均单体投资10.6亿元，超百亿元项目3个，超10亿元项目25个。15个南通市级以上重大项目完成投资117.9亿元，超年初目标16.2%。在南通市项目建设综合考评中名列各县（市）区第二，获年度流动红旗。华峰超纤、华滋海工等一批重特大项目建成投运；广汇能源二期、姚记扑克、米歌酒庄、海四达动力电池等一批重特大项目快速推进。

服务业提档升级不断加快。注重服务业提质增效，全年实现服务业增加值392.42亿元，同比增长11%，占地区生产总值比重达44.5%。实现服务业应税销售532.19亿元。集聚效应日益凸显，4家南通市级以上服务业集聚区入驻企业1400多家，实现营业收入195亿元，实现税收7.3亿元。企业培育力度不断加大，新增重点服务业企业75家。新兴业态发展加快，淘金创谷、搜搜五金城等互联网企业运行。旅游业发展态势喜人，圆陀角、启隆成为上海周边热门旅游目的地，惠萍水果小镇对外开放，黄金海滩、渔人码头等一批景点项目建设全力推进，成功承办南通江海国际旅游节、乡村旅游节，全年接待游客403.73万人次，荣获“全国休闲农业与乡村旅游示范县（市）”称号。金融生态环境持续优化，省金融生态优秀县（市）排名提升5位。

职工运动会

老干部学习活动

国家发改委在启东调研

一日捐活动

机关干部集中观看爱国电影

领导班子党建活动

两化融合深入实施。注重抓好示范企业典型带动，组织开展两化融合重点企业诊断、两化融合重点项目计划申报等工作，引导全市企业加快实现两化深度融合。神通阀门通过工信部两化融合体系管理贯标认定，启东经济开发区被认定为2016年度江苏省信息化与工业化融合试验区，启东经济开发区、启东高新技术产业开发区及5家企业分别列入省“企企通”试点园区、试点企业目录，林洋能源的《新一代智能电网AMI系统产品“智能设计、制造”融合创新产品》被评为2016年江苏省两化深度融合创新（互联网与工业融合创新）示范工程。

对接上海取得新成效。大力实施全面接轨上海工程，落实全年融入上海的重点目标任务，将其分解为11类40项工作，落实责任部门推进。招商活动全面出击，全年在沪开展招商活动48场，新增来源于上海的领证领照投资项目50个，签约投资项目43个，新增项目投资额196.5亿元。合作共建强势推进，江海产业园首期启动区加快建设，通用机场建设前期准备全面开展，滩涂综合开发试验区等待省政府正式批复。上海自贸区启东产业园、浦东祝桥启东产业园、“上海长岛”项目加快建设。科技、人才、医疗、职业教育等领域对接得到进一步加强，成立上海交大电子信息与电气工程（启东）产业研究院、张江生物医药（张江药谷）启东基地、上海同济大学附属第十人民医院启东医院，上海张江高校协同创新研究院启东分院进入筹建阶段。共发布上海地区高校成果1000多项。

物价、粮食工作扎实开展。一是做好价格管理。2016年，发改委先后贯彻落实国家和省市关于药品加价率、经营服务收费、耕地开垦费、水泥企业用电价格等一系列价费调控政策。逐项对市涉农价费和保留的行政审批中介服务事项进行审查和清理，出台《启东市行政审批中介服务事项和收费目录》和《启东市主要涉农价格和收费公示目录》。调整市高污染企业污水处理费征收标准。制定公布《启东市物业服务收费管理实施细则》。二是开展价格检查。开展涉企收费减免政策落实情况专项检查和景区门票价格专项整治。对2家房地产公司进行商品房明码标价专项检查；对4家单位进行机动车安全技术检验收费专项检查；对33家药品经营企业开展药品价格专项检查。受理并办结12358举报咨询件160起。三是开展价格调查。药品专项检查是1家药品生产企业，33家药品经营企业，7家民营医院和启东市疾病预防控制中心，发布重要商品价格信息十余次。开展商品住房价格监测日常监测工作和成本调查分析。配合做好对农副产品平价商店的监管工作。完成对市2个自来水厂和4个污水处理企业定价成本监审。首次落实水价成本公开制度。四是确保粮食安全。推进粮食国企改革，加快推进智慧粮库建设，做好夏秋粮收购工作。对到期的10412吨小麦、10241吨稻谷进行轮换，落实600吨大米、300吨面粉、150吨食用油等成品粮油地方储备。

启东市市场监督管理局

全市食品安全暨质量强市工作会议

全市市场监督管理暨党风廉政建设工作会议

2016年，启东市市场监督管理局围绕全市中心工作，以“基层基础年”为工作定位，以“严格市场监管”为工作主题，以“把握新常态、服务新发展”为工作主线，以“严守三条防线，建好三大体系，全面依法履职”为工作目标，圆满完成全年各项工作任务。

助推发展卓有成效。质量强市战略扎实推进，全市新增ISO 9000体系认证企业105家；技术标准战略稳步开展，全市采用国际标准及国外先进标准新增50个，成功申报国标委工作组1个，主导起草行业标准12个；商标品牌战略有序实施，新认定江苏省著名商标5个、南通市知名商标15个，获评江苏省名牌产品15个、南通市名牌产品36个；检测服务能力不断提升，电动工具检验实验室完成升级改造，为“电动工具之乡”提供检验支持。

监管执法全面铺开。推行农贸市场长效管理，助力市创建全国文明城市；强化食品安全监管，有序开展食品安全“天网”行动，圆满完成“三放心一覆盖”食品安全为民办实事项目，保障市民“舌尖上的安全”；强化药品安全监管，药品、医疗器械风险防控工作稳步实施，圆满完成“问题疫苗”公众事件处置，保障市民用药安全；强化特种设备安全监管，有效开展餐梯、小锅炉、码头吊、压力管道等薄弱环节的专项整治，优化电梯、气瓶等民生保障工作，保障了市民生产生活安全。

市场环境不断提升。投诉渠道持续畅通，全年12345、12315等平台共分流消费投诉举报信息3450件，有效维护消费者合法权益；产品监测持续强化，全年对涉及民生安全的重点产品开展质量监督抽检302个批次，保障消费者安全放心消费；计量惠民持续抓实，“两免费”计量检定建档工作有效开展，重点市场计量器具专项检查有力实施，切实维护公平公正的市场交易秩序；消费宣传不断加强，广泛开展各类宣传咨询服务活动，累计发放各类宣传资料6000余份；消费环境不断提升，通过放心消费创建系列活动，提升经营者诚信经营意识，着力营造良好的市场环境。

消费知识宣传

农贸市场检查

产品质量检查

检测中心实验室开放活动

食品安全检查

特种设备安全检查

药品安全检查

计量器具检查

启东市国土资源局

QI DONG SHI GUO TU ZI YUAN JU

2016年，启东市国土资源局以优异的工作，蝉联南通市国土资源局年度目标管理先进单位，蝉联市唯一的年度重点突破性工作金杯奖，为实现市“十三五”经济社会发展良好开局提供强有力的服务支撑。

颁发首本不动产证书

有力保障经济稳定健康发展 共计向上争取到各类用地指标1561.3亩，完成征地报批11批次2685亩，海启高速启东段农用地转用方案获省政府批准。完成《启东市“十三五”土地开发与保护规划》、《启东市工矿废弃地复垦利用规划（2015—2020年）》和《启东市土地利用总体规划（2006—2020年）实施评估报告》编制，获得规划流量指标1.5万亩。

全面落实最严格资源保护制度 对宁启铁路和海启高速启东段项目用土全部采用外购工程土，减少挖废耕地3923.8亩。开展城乡建设用地增减挂钩新增农用地141.13公顷，新增耕地132.83公顷，完成耕地占补平衡120.49公顷。城市周边和全域永久基本农田划定工作基本完成，划定市城市周边范围内基本农田2.9876万亩，在规模上增加0.3953万亩，划定市全域永久基本农田92.9085万亩，超额完成3285亩。

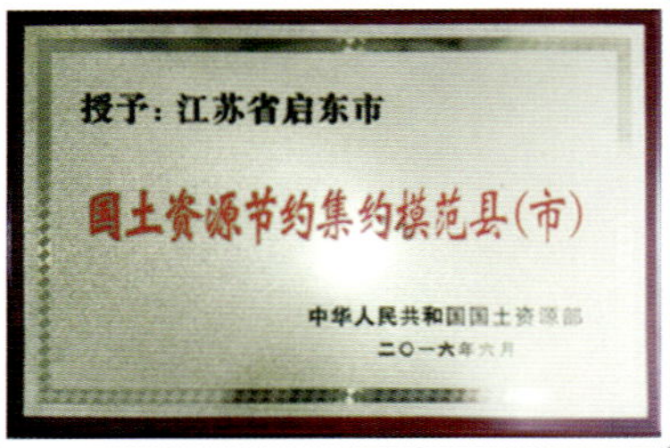

赢得国土管理最高荣誉

节约集约用地实现重大突破 成功荣膺“全国国土资源节约集约模范县（市）”，赢得国土资源管理工作最高荣誉，获得500亩用地奖励指标。获评“2015年度全省高标准厂房建设和使用先进地区”。

改革创新工作迈出坚实步伐 开展陆海资源规划统筹利用，对2015年已从海域调入陆域尚未使用空间实行再调整利用，共计调整使用1600多亩。拟订《启东市陆海资源统一交易平台试点管理暂行办法》，积极探索市陆海资源市场化机制建立。科学布局“慧眼守土”实时视频监管系统，选定视频监控“千里眼”布控点299个，市土地执法监管“实时化、精细化和系统化”进程正加快推进。土地综合执法工作机制初步构建，全市新增违建基本杜绝，存量违建有效消减。

切实维护群众的合法权益 不动产统一登记制度落地并实现平稳运行，坚持便民利民目标，先后引入排队叫号系统，设置咨询服务窗口，开辟重大项目绿色通道，推行不动产登记与税务“业务联办”，成功将不动产登记和征税业务办理由“两次取号、分别受理”优化为“一次取号、同时受理”，将“一站式办理”升级为“一窗式服务”。

走进政风行风热线

召开全系统半年度大办公会议

在全市高标准农田建设会议上交流发言

赴结对村上“两学一做”专题党课

召开全市国土资源管理会议

举办“在党言党 • 做合格共产党员”道德讲堂

邀请专家开展预防职务犯罪讲座

启东市交通运输局

局领导看望抗战老兵

交通运输局党委民主生活会

2016年，全市公路总里程3594.833公里，公路密度297.58公里/百平方公里。其中，高速公路40.25公里，一级公路251.61公里，二级公路139.967公里，三级公路305.456公里，四级公路2857.55公里。公路客运站场8个，其中一级站1个，三级站3个，四级站4个。航道总里程649.3公里，其中五级航道53.85公里，六级航道88.15公里，七级航道73.42公里。通航船闸1座。港区2个，其中吕四港区规划岸线33.3公里，启海港区规划岸线18.3公里。码头泊位64个（生产性泊位6个，修造船、海工泊位58个）。

铁路规划建设取得新突破。宁启铁路启东段建设施工紧张有序推进，沿线高架桥梁桥下工程全面完成，路基工程全力推进，启东段需土石方375万方，完成203万方。中铁十局开工以来累计完成产值投入10.5亿元，占合同总额的64%。同时，北沿江高铁规划研究工作取得新进展。2016年5月9日，国家铁路局组织江苏省交通厅、铁路办、住建厅和上海市交委、铁路指挥部等相关部门在启东召开规划研讨咨询会，专家意见明确地指出沪崇启铁路过江通道是北沿江铁路的重要节点，应及早进行规划研究。北沿江高铁列入国家中长期规划和省“十三五”规划。积极做好吕四港铁路专用线的前期工作，在2016年5月完成吕四港区专用线预可评审工作，推进各单项评估报告的审批工作。

重点公路工程加快推进。2016年，围绕“六横六纵、两沿两高速、一环一通道”公路网规划，加快推进公路建设步伐。海启高速加快建设步伐，海启高速是上海连接苏中、苏北地区的重要通道，对市吕四港开发和中西部地区发展具有十分重要意义。按照省、南通市的要求，全力推进各项前期工作。基本完成沿线866户拆迁工作，完成全线便道施工和项目部建设，全线备土工作基本到位，海启高速全面进入施工阶段，加快推进沿线路基清表和沟塘回填。市境内干线公路建设加快推进，完成临海公路全线绿化；永兴路东段完成路基总量的50%；志圩公路中段施工单位进场，全面开工建设；天江公路便道施工和道路范围内清表工作加快推进；丁仓港路北延全面推进前期拆迁工作。完成17条市乡公路大中修工程和2000公里农村公路安保工程；完成省道336线东段亮化工程。重大项目报批工作加快推进，国道345启东段、省道335吕四绕城段完成初步设计，由省交通运输厅组织评审工作。

港口建管有序推进。积极推进南通港总体规划修编工作和吕四港区环抱式港池控制性规划工作。小庙洪10万吨级进港航道一期工程完工并通过交工验收，二期工程报批工作全部到位，并组织开展招标工作。推进港口重特大项目的服务保障工作，服务卓达港务、东凌粮油、大唐二期码头工程，推进沿海企业岸线申报相关工作，服务广汇推进相关工作。同时积极抓好港口未批先建专项整治行动，相关企业通过整改。同时，积极配合做好通用航空机场的报批工作，机场选址已经获批，项目立项审批工作加快推进，为临港产业发展提供有力保障。

临海路灯

海启高速

宁启铁路

“两学一做”学习教育工作部署会

冬训动员大会

党风廉政建设责任制检查考核汇报表

启东市城市综合管理局

2016年，启东市城市综合管理局(以下简称市城管局)在启东市委市政府的正确领导、上级业务部门的精心指导和社会各界的关心支持下，坚持“百姓城管、科学城管、法治城管”三大核心理念，以“常规工作有亮点、重点工作有突破、创新工作有特色”为导向，狠抓工作责任担当与落实，城市管理水平进一步提高，城市形象品位进一步提升。

市城管局党委“两学一做”学习教育工作座谈会

领导慰问

启东市物业管理工作会议暨物业小区创建工作动员会

城管局督导巡查工作动员会

法制培训

军训

巾帼文明岗

南通市城市管理示范社区：万豪花苑社区

启东城管微信公众号

“和谐城管，与您同行”户外宣传活动

江苏省城市管理示范社区：世纪家园社区

启东市环境保护局

2016年，市环保局以生态文明建设为引领，以改善环境质量为主线，强化环境调控，深化污染治理，严格环境监管，着力解决危害群众健康、影响可持续发展的突出问题，全市环境保护工作稳步推进。

坚持统筹兼顾，多措并举，为进一步落实环境监管长效机制，提高全市环境污染防治和监督管理水平奠定坚实的基础。

推进生态建设工程。发挥市生态文明建设领导小组办公室职责，起草制定《全市年度生态文明建设工程目标任务书》《关于加快推进生态文明建设的实施意见》，统筹协调全市生态文明建设相关工作。编制完成《启东市“十三五”环境保护和生态建设规划》《启东市生态文明规划》，推进自然保护区规划调整相关编制工作；组织推进覆盖拉网式农村环境综合整治试点工作；建设“生态文明建设宣传一条街”，推进绿色学校、绿色社区创建。

协调总量减排工作。围绕“十三五”主要污染物减排和年度减排目标责任确定的任务，制定年度减排工作计划，确定电力行业改造、淘汰落后产能、污水处理和畜禽污染治理等四大重点减排领域，统筹上报重点减排项目。开展年度环境统计工作，摸清环境底数，对156个工业源、农业源、生活源进行调查排摸。制定总量控制目标，对信实精密、泓泽添蓝等20多个有关项目实施了总量指标核定。完成启东市首家排污权有偿使用交易。

严格环境质量监测。做好国控、省控、市控地表水监测、省级生态补偿同步监测以及环境空气、降水、降尘和环境功能区、环境区域噪声监测等工作。加大对饮用水备用水源地监测，开展涉重企业周边空气、水、土壤环境污染调查。每天在电视台和省、市环保网站发布环境空气质量日报和实时报，按照我市重污染天气应急预案的要求及时发布重污染天气空气质量预警。

局领导在企业检查

领导走进政风行风直播室

局领导在建东村上党课

启东环保局“两学一做”专题动员会暨环保制服着装仪式

启东环保局“两学一做”专题动员会暨环保制服着装仪式

十三五环保规划专家评审会

启东市环保局“5·10”思廉日活动暨“两学一做”学习教育动员会

现场采样

现场监测

执法人员现场检查

六五世界环境日广场宣传

启东市商务局

商务局开展爱国主义教育活动

商务局办公会议

2016年，在市委市政府的正确领导下，全局上下积极应对复杂严峻的宏观经济形势，始终坚持发展第一要务，适应新常态、顺应新常态，进一步加强专业招商力量，加大外出招商频率，突破重大外资项目，稳定外贸增长，全市商务经济工作呈现良好的发展态势。

招商引资实现新飞跃。成功举办国际经贸洽谈会、科技节暨国际经贸洽谈会、在上海、深圳、北京举办2016中国・启东投资环境推介会等78场境内外专题招商活动，并在日本、韩国、瑞典、丹麦、英国、德国、瑞士、澳大利亚、泰国、印尼、台湾、香港等地举办启东投资环境说明会。全市累计新批外商投资企业29家，增资扩股企业9家，其中新批总投资超千万美元项目19个；累计新增工商登记注册外资5.1亿美元，实际到帐外资3.47亿美元，同比增长135%。

对外贸易态势良好。2016年，全市完成进出口总额30.21亿美元，其中，出口26.51亿美元，进口3.7亿美元。2016年启东市海工船舶、电动工具产业进出口增幅较去年同期有一定增长，但海工企业前景不容乐观，特别是融资困难自营出口形势依然严峻；较好的产业板块（传统电动工具板块）国际市场需求有较大幅度的上升；启东市的其他产业板块（除纺织板块外）国际需求均有一定幅度的增长，整体而言启东市外贸进出口呈上升态势。

口岸开放取得重大突破。一类开放口岸建设全面提速，海关、国检获批设立。以启东港口岸开放通过国家验收为契机，完善口岸联络协调机制，推进电子口岸互联互通和资源共享，积极接入“大通关”电子口岸统一信息平台，提高港口或临港产业物流对接。园区发展提档升级，启东经济开发区被认定为省“两化融合”试验区，在南通省级开发区产业项目建设考核中排名继续保持第一。

“走出去”步伐明显加快。启东市企业走出去开展境外投资明显加快，全年新批境外投资项目8个，增资项目1个。累计实现境外投资中方协议投资总额9081万美元。“一带一路”沿线投资取得一定的成绩，林洋能源在新加坡投资设立公司，中方协议投资额5000万美元。二建集团在泰国、马来西亚、柬埔寨、印度尼西亚分别投资设立公司，中方协议投资额3515万美元，同时在以色列入围住宅建设5年资格，二建集团得到不超过1000名的外籍人员工作签证，为后期承接工程打下坚实的基础。

商贸流通保持平稳增长。全年实现社会消费品零售总额324.57亿元，同比增长10.8%，镇乡、园区限额以上社会消费品零售总额100.19亿元，同比增长9.4%。总投资70亿元的恒大国际会议中心、总投资5亿元的亿丰商城、投资4亿元的文峰二期工程、总投资5亿元的大润发超市全部竣工。

旅游业发展欣欣向荣。围绕“畅游江苏”建设任务，强化市场开拓、项目推进和景区提升，加快打造“畅游启东”体系，旅游产业继续保持平稳健康发展。省级旅游度假区1家，国家3A景区1家、2A景区2家，省星级乡村旅游区8家，规模餐饮住宿行业共有床位9000多个、餐位35000多个。恒大碧海银沙成为华东最美海滩旅游目的地，上海长岛开始试运行，恒大五国温泉城、吕四鱼仙街、黄金海滩改造等一批重点旅游项目快速推进。旅游专题片《海潮新沙》在央视“发现之旅”栏目播出，旅游宣传片《我们去启东》在各大媒体、社交平台广为传播，进一步塑造启东旅游特色品牌。全年累计接待游客380万人次，实现旅游总收入48亿元，同比增长分别为10.30%、13%；过夜人数102万。

服务外包取得新突破。启东市全年新认定服务外包企业6家，总数达到32家，全年累计完成服务外包执行额2887万美元，比上年增长43.11%。瑞帆节能科技、南方节能科技、南方润滑股份、鑫业网络科技、启东建筑设计院等一批外包企业积极开拓服务外包业务，有力促进启东市服务外包产业的发展和壮大。

商务局领导参加海复镇三圩村党员活动

启东市审计局

2016年，市审计局贯彻落实《国务院关于加强审计工作的意见》精神，依法全面履行审计职责，加快转型步伐，加强机关自身建设，全年共完成财务类审计项目47个，查出违规和管理不规范金额80100.2万元，促进市政府出台规范性文件2个，出台全局性改革措施1项；发现并移送案件线索3条，2人被追究刑事责任。完成工程类审计项目491个，送审金额44.97亿元，核减32327万元。市审计局实施的国有粮食企业2012年至2014年运行情况专项审计调查项目被评为南通市审计系统2016年表彰审计项目。2016年度，市审计局获得“2013-2015年度江苏省文明单位”、启东市“五星级机关”、启东市文明单位等荣誉称号，在南通市审计系统综合考核中获二等奖。

局领导为机关党员干部上党课

局机关干部参加市第七届机关趣味运动会

审计局与结对村开展“两学一做”联合党课

审计局组织党员干部参观中共二大会址

启东市人力资源和社会保障局

QI DONG SHI REN LI ZI YUAN HE SHE HUI BAO ZHANG JU

南通市局领导为技能培训基地揭牌

人社系统人大评议工作动员会

招才引智。坚持人才优先，特色工作亮点纷呈。以大型人力资源市场为着力点、以特色市场为有效补充、以专题市场为突破口，做好人才资源的合理配置；改版启东人事人才网，积极开拓网上人才集市，提高人才招聘效率。着力推进清华大学博士实践基地、沪启合作过程、国外智力引进、国家级博士后工作站等智力引进和技术合作平台建设，坚持“走出去、请进来”，畅通人才流动和人才合作的通道。全年共引进各类专业（技）人才6000人，已引进博士生3名、研究生202名。

工伤保险政策宣传

就业创业。以创业带就业，培训帮扶效果显著，全市提供就业岗位11000个，免费创业就业培训30班次，援助特困家庭、未就业高校毕业生等就业困难人员就业412人，高校毕业生总体就业率达93%。加大技能人才培养力度，在船舶园区、南通二建等几家企业组织落实1500多人进行高级工的培训，中远船务（启东）培训基地成功创建省级公共实训基地。

社会保险。2016年，城镇职工基本养老保险参保率巩固在96%以上，城乡居民基础养老金标准从2012年的70元提高到现在的115元，享受人数达29.29万人。按照上级规定调整社会保险缴费基数，累计下调单位缴费比例3个百分点（养老1%、失业0.5%、生育0.5%、工伤1%），调整机关事业和企业退休人员养老金6.5万人，人均增资机关事业为298元，企业为168元。整合城乡居民医疗保险经办机构，制定启东市城乡居民医疗保险实施细则，确保从2017年起全面实施。

劳动关系。开展农民工工资支付情况专项行动，检查用人单位450家，为职工追讨工资1166.44万元，将7家欠薪逃匿企业移送公安部门。受理工伤案件847件，处理劳动争议仲裁案件980件（其中调解300件，立案裁决案件580件）；受理劳动争议举报投诉222件，主动检查用人单位388家，书面审查1146家，立案91件，发出限期改正指令书89份，行政处理、处罚11件，申请法院执行4件，移送公安2件，劳动纠纷结案率均100%。

人事管理。配合上级人社部门做好省公务员考试录用工作，规范组织三个批次事业单位公开招聘，二批次机关事业单位人员选调（聘）；落实公务员职务职级并行政策；做好公务员动态登记以及新参公管理单位人员培训登记工作；深入实施事业单位岗位管理制度；全面启动机关事业单位养老保险改革，出台我市改革实施办法，根据省统一部署，开始参保人员核定和登记工作。

机关党员赴东珠社区志愿服务

结对帮扶南阳镇秉章村

党旗下重温入党誓词

启东市政府投资项目工程建设中心

启东市政府投资项目工程建设中心班子成员

领导带队深入社区"走帮服"

2016年，市政府投资项目工程建设中心紧扣代建过程中设计、施工、监管等各个环节的要素，对政府投资项目工程进行科学管理，实现工程建设的质量、进度、投资的三大控制，彰显代建制度的规范性、科学性和高效性。全年建设中心接手代建项目70多个，其中已竣工项目50多个。通过招投标为财政节省工程造价超过4亿元，取得政府投资项目良好的社会和经济效益。

领导视察工地

代建项目造价控制 重点把好四个环节：在初步设计阶段，根据项目的功能要求，确定相应的设计标准；在招投标阶段，做好标底的编制及最高限价的确定；在施工建设阶段，严格控制设计变更，有效进行投资控制；在工程竣工结算阶段，严格审查施工单位提交的竣工结算资料，仔细核对增加投资的部分，确保签证的客观性、准确性。其中的关键措施是严格控制设计变更。为防止施工单位随意变更设计，恶意增加造价，专门编制《项目变更管理办法》，按照制度严格把关初步设计阶段的项目编制投资概算和审核概算，对进入施工阶段后的变更设计申请，组织代建主体和监理、设计、施工单位专家实施四方联审会办。

代建工程质量控制 落实严格的质量责任制，明确规定各项目部主任为工程质量的第一责任人，项目部其他成员明确分工，各负其责。重点抓好图纸会审、队伍选择、施工方案审查、材料检验、现场管理、竣工验收等环节的监管。专门成立质量巡查小组，对代建项目进行不定期的突击检查和定期质量巡查，并通过召开"巡查通报会"和"项目推进会"，及时就工程质量问题向各施工、监理单位和项目部反馈，对存在的质量问题及时纠正。

代建工程进度控制 在进度控制领域，建设中心以"敢于负责就是能力，战胜困难就是业绩，回避矛盾就是失职"的精神，科学组织，统筹安排，通过加大工程督察力度，优化内部程序，强化合同管理，加强与外部的协调等措施，创造顺畅的内外部环境，为工程加快推进创造条件，可在比国家合同工期缩短30%～40%的序时进度内完成投资计划。

代建工程风险控制 所有代建项目除了设计、施工、监理单位的选择确定采取公开招标形式之外，各类建筑材料的供应商选择与购买通过招标或竞争性谈判确定，并实行零风险的"无现场签证"模式。在签证计量、资金拨付、招标合同条款等易在廉政环节出现问题地方，均实行集体办公会议讨论决定，从源头上消除幕后交易和"暗箱操作"的隐患，防止以权谋私现象的发生。

启东市和睦幼儿园工程

启东市人才公寓工程

启东江海产业园

QI DONG JIANG HAI CHAN YE YUAN

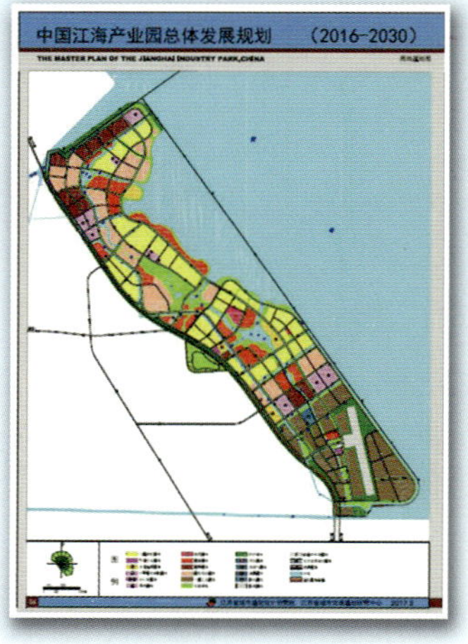

规划

江海产业园位于与上海一江之隔的江苏省启东市，园区西至江苏临海高等级公路，南至启东高新区，北至吕四大港，东至围堤岸线，总规划面积38.84平方公里，

园区是上海、江苏两地呼应国家江苏东部沿海开发和长三角一体化两大国家战略的重要战略举措，是江苏与上海优势互补、直接合作的典范，致力将打造成为“沪苏合作、接轨上海、面向国际的产业高地、生态新区”。

园区地理位置优越，距离上海仅70公里，到上海外高桥自贸区仅需半个小时，全面融入上海一小时经济圈，园区与崇启大桥、宁启高速、扬启高速、吕四港、浦东国际机场、虹桥交通枢纽、南通机场、宁启铁路形成高效的交通网络。

园区南部重点发展通用航空产业，总规划约10平方公里，通航机场规划面积500亩，通航产业跑道（800*30M）获军方与民航批准，稳评、能评已经通过，环评进入了第二次公示阶段，正在进行报省发改委立项前的一系列工作。此外，园区已与多家通航企业达成合作协议，力争建设华东高端通航现代服务业发展示范基地。

园区北部拟由上海长甲集团进行开发，从其自有6000亩土地入手，打造高端文旅产业片区，其规划面积约28平方公里，初步计划打造长泰海滨城项目，未来计划导入常住人口约16万人，财政税收约200亿元，将直接带动5万人就业，建设后将成为华东片区最大的滨海文化旅游胜地及最宜居的休闲度假新城区。

中国中车向启东市赠送动车模型

启东—上海通用航空投资介绍说明会

影视文化招商会

功能分区图

北部总体鸟瞰图

启东对接上海高东镇招商交流会

规划展示楼

启东对接上海通航推介会方案

启东市公证处

QI DONG SHI GONG ZHENG CHU

走进听众热线解答公证咨询

公证员接待当事人

2016年，启东市公证处根据省、南通市的公证工作目标及启东司法行政工作思路，全体人员精诚团结，努力工作，秉承“真实、合法、客观、公正”的工作原则，全面贯彻落实党的十八大精神，按照年初工作计划，以拓展和规范公证法律服务为首任，紧紧围绕“学好理论、强化素质、做好服务”的工作思路，务实创新，扎实工作，积极发挥公证工作证明、监督、服务、沟通的职能作用，为构建和谐平安启东，促进启东经济发展提供了优质高效的公证法律服务。全处共办理各类公证8100件，其中国内民事公证5600件，国内经济900件，涉外公证1600件，比上年增加15%，无一错证。接待、解答当事人法律咨询7000余人次，为当事人起草、修改各类法律文书1000余份，圆满完成全年的工作任务。

2016年，启东市公证处围绕政府中心工作，在重点工程建设、城市旧城改造、政府重点引进等事项中继续担当重要角色，积极为经济建设保驾护航，发挥了不可替代的监督保障职能作用；为自然人办理财产继承、房屋赠与、析产等公证，服务了群众，促进市经济建设的有序健康发展。集中开展公证文明窗口建设，大力提倡文明服务、规范服务、高效服务。践行公证服务群众承诺，实行周六预约服务，为对行动不便的老年人、残疾人和特殊病患者等当事人办理公证实行预约服务。开展公证法律援助，对困难群众、残疾人、老年人、农民工办证减免公证费用，树立公证公益形象。全年公证处一共办理符合惠民措施的公证事项20余件。其中涉及继承、遗嘱、遗赠扶养协议等。

公证员送法下乡

公证员现场办理公证

公证法律知识宣传

江苏省启东经济开发区

南通市委书记陆志鹏（前排中）视察开发区科创大楼

2016年，启东经济开发区围绕“江苏省离上海浦东最近的开发区”的目标定位，抢抓机遇，主动作为，高起点规划、精致化建设、法治化管理、精细化服务，对外合作不断深化，创新活力进一步激发，全力打造先进制造业集聚区、现代服务业核心区。依托互联网产业园、科创大楼、国动产业园和国家级科技企业孵化器等创新平台，重点支持生物医药，重点发展新能源和储能设备，提升发展半导体电子信息，加快培育发展金融后台数据处理和数据中心建设。北大生命科学华东产业研究院、上海交大电院启东产业技术研究院、中韩（启东）中小企业国际合作区等纷纷落户，全区经济社会呈现大发展、快发展的良好态势。全年完成一般公共预算收入45722万元，同比增长37.7%；完成工业应税销售149亿元，同比增长10.6%；完成规模工业产值564亿元，同比增长88.7%；协议利用外资10227万元，实际到账外资6073万元，超额完成全年目标任务。在2016年度南通市省级开发园区产业项目建设考核中持续保持第一。在启东市9个夺杯考核中获得二金三银二铜七个奖杯。2015年，在全省89家省级开发区科学发展综合评价中名列第二。获批“江苏省知识产权试点园和江苏省信息化和工业化融合试验区”。

启涛实业塔达希时装产业园

科创大楼（创新型经济园）

米歌酒庄黄酒生态产业园

开发区全景

韩华新能源

编辑说明

一、《启东年鉴》以马克思列宁主义、毛泽东思想、邓小平理论、“三个代表”重要思想、科学发展观、习近平新时代中国特色社会主义思想为指导，坚持辩证唯物主义和历史唯物主义的立场、观点和方法，按照国务院《地方志工作条例》，科学分类，系统编纂，全面、系统、真实地记载启东市在社会主义经济建设、政治建设、文化建设、社会建设、生态文明建设及开启基本现代化建设进程中的新成就、新经验、新情况，为领导决策提供依据，为社会各界了解启东、宣传启东、建设启东提供翔实、准确的地情资料。

二、《启东年鉴（2017）》资料收录范围以现行启东市行政区域为界，凡在启东市境内的机关、团体、企业、事业单位等，不论其归属，均在记述范围之内；资料收录时间为2016年度，图片根据实际情况适当追溯、下延，先进集体、先进个人收录时间延至2017年4月底，领导人物变更截至2017年6月底。

三、《启东年鉴（2017）》按篇目、分目、条目3个层次编排，设篇目32个、分目234个、条目1075个，以条目为主要载体。全书所有资料可通过目录、书眉、索引等检索渠道查找。

四、《启东年鉴（2017）》除转录资料外，采用记述体。文风力求严谨朴实、简洁流畅。文字、称谓、数字、标点等按国家有关规定书写、应用，有些农业用地计量单位如“亩”顺从习惯，文中“上年”均指“2015年”。

五、《启东年鉴（2017）》采用全彩版印刷。公益版图片设“重要会议”“大事要闻”“社会生活”“现代农业”“转型升级”“城乡新貌”6个板块，另有随文图片163幅，多角度全方位展示启东经济社会发展成就。文稿由专人撰写，经领导审核确定。公益版及部分随文图片由市新闻信息中心和《启东通讯》杂志社提供。

六、《启东年鉴（2017）》“附录”篇中“统计资料”部分，由市统计局提供。由于统计口径不同的缘故，某些数据与有关业务部门使用的不尽一致，采用时请予注意。

总 目

目 录

特 载

媒体聚焦

启东概览

组织机构及负责人

大事纪要

中共启东市委员会

启东市人民代表大会

启东市人民政府

政协启东市委员会

纪律检查与行政监察

社会团体

法　治

军 事

农村工作 农业

工 业

开放型经济

园区经济

建筑业

城建 交通 环保

服务业

金　融

经济事务管理

科学技术

教　育

文化　体育

卫　生

人民生活　社会事务管理

镇 街道

人 物

年度荣誉

附 录

索 引

重要报告

践行新理念　建设新启东 奋力夺取全面小康社会建设新胜利

——在中国共产党启东市第十三次代表大会上的报告

徐　锋

2016年7月25日

中国共产党启东市第十三次代表大会，是在"十三五"规划开局之年召开的一次承前启后、继往开来的大会。大会的主要任务是：回顾总结市第十二次党代会以来的工作，研究确定今后五年的奋斗目标和主要任务，选举产生中共启东市第十三届委员会和中共启东市纪律检查委员会，动员全市各级党组织和广大共产党员，凝心聚力、开拓进取，践行新理念，建设新启东，奋力夺取全面小康社会建设新胜利。

过去五年工作的简要回顾和基本经验

市第十二次党代会以来的五年，是启东发展史上很不平凡的五年，是应对严峻挑战、经受重大考验的五年，也是经济社会发展取得重大成就、大桥大港大学梦圆的五年。五年来，在省委和南通市委的正确领导下，市委团结带领全市百万人民，解放思想、开拓创新，求真务实、奋力攻坚，圆满完成了市第十二次党代会确定的各项目标任务。

突出稳中求进，综合实力跃上新台阶。2015年，全市实现地区生产总值803亿元，是2010年的1.9倍。实现一般公共预算收入76.9亿元，是2010年的2.5倍。实现规模工业产值1674亿元，是2010年的2倍。完成全社会固定资产投资539亿元，是2010年的2.1倍。完成社会消费品零售总额293亿元，是2010年的1.7倍。完成进出口总额30.7亿美元，是2010年的1.2倍；其中出口24.8亿美元，是2010年的1.3倍。先后荣获中国长寿之乡、中国建筑之乡、国家卫生城市、全国国土资源节约集约模范县(市)等称号，通过国家生态市考核验收，蝉联全国科技进步先进县(市)、省文明城市。

加快创新转型，发展质效取得新提升。三次产业结构由2010年的12.7:53.4:33.9演进为2015年的8.1:48.5:43.4。新型工业化步伐加快，2015年，五大产业集群实现产值994亿元，占规模工业产值比重达59.4%。高新技术产业、新兴产业产值占规模工业产值比重达46.5%、40.7%，分别比2010年提高8.1个、10.9个百分点。节能环保装备及基础件特色产业基地被列为"国家火炬计划特色产业基地"，电动工具产业集群入选省特色产业集群。现代农业有效提升，高效设施农业面积占全市总耕地面积比重达20.8%，比2010年提高4个百分点；建成省级农业标准化示范区2个、万亩现代农业园区6个、省级农业龙头企业9家、国家级示范合作社8家、全国"一村一品"示范村2家，荣获全国平安农机示范县(市)称号。现代服务业提速增效，服务业增加值占比五年提高9.5个百分点，恒大海上威尼斯成为长三角地区旅游度假新胜地。建筑业稳步发展，2015年，实现建筑业总产值744亿元，是2010年的2.3倍；荣获鲁班奖总数达18个，南通二建集团连续荣列省建筑业企业综合实力百强企业第一名。科技创新能力显著提高，全社会研发投入占地区生产总值比重达2.48%，比2010年提高0.7个百分点。人才综合竞争力在全省排名第10位，蝉联省人才工作先进县(市)。

*深化陆海统筹，开发开放实现新突破。*基础设施不断完善，启东港一类口岸正式开放，吕四港区10万吨级进港航道一期工程完工，吕四国家级中心渔港建成启用，环抱式港池基本建成，崇启大桥、临海高等级公路竣工通车，宁启铁路启东段、海启高速启东段加快建设。八大园区提档升级，呈现特色发展、功能互补的良好态势，启东经济开发区在江苏省级开发区科学发展综合评价中名列第二，吕四港经济开发区完成更名扩区，圆陀角旅游度假区获批省级旅游度假区，海工船舶工业园被列为国家海工装备产业示范基地、省海洋经济创新示范园区。融入上海成果丰硕，上海自贸区启东产业园、江海产业园加快建设，启隆生态科技产业园“上海长岛”项目推进顺利，上海自贸区启东生物科技创新协作园、浦东祝桥启东产业园正式签约。项目建设强势推进，五年累计注册外资实际到账10.9亿美元；新开工亿元以上项目420个，其中10亿元以上项目32个；新竣工亿元以上项目270个；华峰超纤、胜狮货柜、神通阀门能源装备基地等一批重特大项目建成投运，广汇能源、华滋海工、姚记扑克产业园等一批重特大项目快速推进。

*注重城乡一体，人居环境展现新面貌。*新一轮城市总体规划获省政府批准，“一主两副三片区”的城乡发展空间格局基本形成。“南进东拓北延”城市发展战略深入实施，五年累计投入城市建设资金470亿元，市区建成区面积由2010年的22平方公里扩展到32平方公里，城市化水平达55.4%，比2010年提高5.9个百分点。行政服务中心、市民广场、丁仓港滨河公园、灵秀公园等公共设施建成启用，环球大厦、新文峰大世界、新汽车客运站等重点项目建成投用，丁仓港路、世纪大道、中央大道等道路竣工通车。特色城镇体系加快构建，全国重点镇、南通市级中心镇建设扎实推进，集镇环境综合整治取得实效。城乡基础设施不断完善，五年累计新通车干线公路185公里、农村公路1500公里，改造农村险危桥梁637座，农村公路通达率全省领先，区域供水实现市域全覆盖。生态环境持续优化，在南通率先建立“六位一体”农村环境长效管护机制，村庄环境整治通过省全域验收，国家环境保护模范城市通过国家技术评估，12个镇全部建成国家级生态乡镇。2015年，全市城市绿化覆盖率达41.1%，林木覆盖率达22.6%，荣获省园林城市称号。单位GDP能耗下降率位居南通前列，空气质量达标率始终保持全省领先。

*增进民生福祉，百姓生活得到新改善。*每年制度化推进十大类为民实事，五年累计民生支出255亿元，年均增长16.1%。2015年，城乡居民人均可支配收入34566元、18287元，年均分别增长10.9%、11.6%。社会保障体系不断完善，城乡基本社会保险覆盖率达96.3%，新型农村合作医疗参合率达99.96%，城乡低保、五保、“三无”供养标准大幅提高，安置房建设快速推进。城乡教育优质均衡发展，成功创建全国义务教育发展基本均衡县(市)，南通大学启东校区、市第一中学、滨海实验学校建成启用。文化强市建设步伐加快，文化事业产业繁荣发展，群众性文化体育活动蓬勃开展。文明创建活动深入推进，社会主义核心价值观深入人心，“正能量加油站”被评为2015年度省宣传思想文化工作创新奖，是唯一获奖县级市，“中国好人”数量位居南通各县市区之首。

*坚持双轮驱动，区域发展增添新活力。*坚持全面深化改革和全面依法治市双轮驱动，持续打好改革稳定组合拳。相对集中行政许可权改革稳步开展，“一枚印章管审批”走在全省前列。扩权强镇、“区镇合一”等镇级行政体制改革扎实开展，区镇发展活力进一步释放。陆海统筹发展综合配套改革纵深推进，海域使用权证制度全面推行，陆海统筹发展金融服务创新启东示范区加快建设。医药卫生体制改革持续深化，公立医院改革、分级诊疗、卫生资源优化配置成效显著，被列为县级公立医院综合改革全国示范。农村承包土地确权登记颁证工作全面推进，农村产权交易中心投入运行，基层“三集中、三置换”加快实施。法治启东深入推进，公众法治建设满意度持续提升。积极探索创新社会治理，社会信用体系加快建设，群众工作“三强化三提升”工作机制不断完善，社情民意分析会、“三议”工作法全面推广。社会治安综合治理成效显著，信访、大调解工作扎实有效，社会大局和谐稳定，平安启东建设走在南通前列。安全生产“党政同责、一岗双责”有效落实，安全生产形势持续稳定向好。市场监管体制改革完成，食品药品安全监管体系更加优质高效。

*从严管党治党，党风政风焕发新气象。*认真落实管党治党主体责任，深入实施全面从严治党“五个四”工程，荣获2013—2015年度南通市党建工作先进单位称号。开展议党建述党建、议廉述廉、议法述法、议事述职“四议四述”活动，管党主体责任有效落实。突出政治理论、党章党史、法律法规、道德规范“四学”重点，创新理论学习启吾大讲堂、启吾巡讲堂、启吾微课堂“三堂汇学”机制，实现理论教育从城市到农村、线上到线下的日常化、大众化和全覆盖。构建思想交流、组织沟通、党员互动、党群连心“四大平台”，严肃认真开展党内政治生活，政治生态不断优化。坚持“四严”要求，严把干部选拔、培养、管理、约束各个环节，为民务实清廉、忠诚干净担当的干部队伍加速打造。突出抓队伍、抓服务、抓机制、抓阵地“四抓”关键，在全省率先探索开展基层党组织在服务中教育引导群众工作，创新建立“两联四讲四引领”工作机制，基层基础进一步夯实。深入开展党的群众路线教育实践活动、“三严三实”专题教育和“两学一做”学习教育，从严从细从实落实中央“八项规定”和省委、南通市委及我市“十项规定”精神，作风建设持续深化。认真落实党风廉政建设责任制，始终保持惩治腐败的高压态势，不敢腐、不能腐、不想腐的体制机制不断完善。扎实抓好省委巡视组巡视反馈意见整改落实工作，管长远、治根本的制度体系加快构建。与此同时，市委积极支持人大、政府、政协履行职能，人民代表大会制度、政治协商制度、基层群众自治制度得到进一步坚持和完善，双拥、人武、统战、群团等各项工作取得新的成效。

各位代表，五年来取得的巨大成就来之不易，令人振奋。这些成绩的取得，离不开省委、南通市委的正确领导，离不开各级党组织、广大党员干部和全市人民的团结奋斗，离不开历届市委打下的坚实基础，离不开老领导、社会各界的关心支持。在此，我代表中共启东市第十二届委员会，向长期以来参与、支持和关心启东经济社会发展的同志们、朋友们，表示衷心的感谢，致以崇高的敬意！

回首过去五年的奋斗历程，我们深深体会到：

——*必须坚持以高瞻远瞩的思维统揽发展全局*。思路决定出路，观念决定行动。五年来，我们始终坚持发展第一要务不动摇，准确把握经济新常态下国内外发展大势，抢抓用好“一带一路”、长江经济带、长三角一体化、江苏沿海开发、上海自贸区建设等国家重大战略交汇叠加机遇，牢固确立“领跑沿海、融入上海、包容四海”发展战略，精心部署推动经济增长、加快转型升级的重大举措，深入挖掘增长潜力，着眼厚植发展优势，有力推动经济社会发展行稳致远。我们牢记“两个一百年”奋斗目标的光荣使命，紧紧围绕“四个全面”战略布局、“强富美高”发展定位、“五个迈上新台阶”重点任务，对谱写“中国梦”启东篇章进行深化细化，描绘了具有鲜明特色的“四个城市”“一堡三地”愿景目标，为奋力夺取全面小康社会建设新胜利探索了清晰路径、积累了宝贵经验、奠定了坚实基础。实践证明，只有放眼全局、着眼长远，超前谋划、未雨绸缪，用科学的战略目标引领人，用美好的发展蓝图鼓舞人，才能不断开创启东跨越发展的新局面。

——*必须坚持以改革创新的精神加快发展步伐*。解放思想永无止境，改革创新永无止境。五年来，我们切实把深化改革作为适应新常态的关键之举、根本之策，立足自身实际，突出个性特色，统筹推进既有阶段特点又利于长远制度安排的改革举措，在陆海统筹发展综合配套改革、行政审批制度改革、医药卫生体制改革等方面取得一系列重大成果和成功经验，在众多领域成为“南通率先”“江苏典型”“全国试点”，走出了一条具有启东特色的改革探索之路。我们深入实施创新驱动战略，着力引进创新人才、集聚创新资源、优化创新环境，推动大众创业、万众创新，让创新在全社会蔚然成风。实践证明，只有努力破除制约发展的体制机制障碍，全面、深入、持久地推进改革创新，善于变中求新、变中求进、变中突破，才能以思想的领先保证发展的率先，才能开辟新的发展路径、彰显新的发展特色、形成新的发展优势。

——*必须坚持以务实担当的作风谋求发展实效*。跨越赶超，重在实干。五年来，我们牢固树立“一切归零、从头再越”“不事张扬、悄然再起”的工作理念，汇聚各方智慧、凝聚各方力量，坚定信念、团结一致，目标同向、工作同步，沉下心、凝气力、从头越，形成了万众一心干事业、群策群力促发展的生动局面。我们始终牢记“两个务必”，强化清醒、理性、务实、为民的工作导向，敢于直面复杂局面，勇于承担工作责任，主动挑起发展重担，认真落实省委“八项工程”和南通市委“八个领先”重要部署，坚定不移打好“八大攻坚战”，持之以恒推进重点工作“听看考”活动，大力推行市领导包片包线挂钩联系制度，更有针对性地抓关键、抓难点、抓薄弱环节，一批龙头型、基地型产业项目纷纷落户，一批领军型、骨干型重点企业加速崛起，为全市经济发展提供了坚强支撑。实践证明，只有以“咬定青山不放松”的定力、“踏石留印、抓铁有痕”的力度和“钉钉子”的韧劲，奋发有为干事业、扑下身子抓落实，多做打基础、利长远的大事要事实事，永不满足、毫不懈怠，凝心聚力、接续奋斗，才能把发展的蓝图落到实处，创造出经得起历史检验的辉煌业绩。

——*必须坚持以执政为民的理念践行发展使命*。为政之道，民生为本。五年来，我们始终坚持以增进民生福祉为出发点和落脚点，更加突出问题导向，更多回应民生关切，加快城乡一体化步伐，稳步提高民生投入，全面提升教育、卫生、文化、养老等公共服务水平，不断完善社会保障体系，让启东的发展更有“温度”，让百姓的幸福更有“质感”。我们创新实施群众工作“三强化三提升”工作机制，健全完善网格化管理，增强社会发展活力，提高社会治理水平，使全体人民更广泛地参与发展过程，更公平地分享发展成果，保证了人民安居乐业、社会安定有序。实践证明，治政之要在于安民，只有坚持人民主体地位，从最广大人民群众的根本利益出发想问题、作决策、办事情，全面落实亲民、富民、惠民的各项政策措施，赢得群众的信任和拥护，才能干群同心共创全面小康大业。

——*必须坚持以全面从严治党的成效凝聚发展合力*。事业发展，关键在党，关键在人。五年来，我们始终坚持党要管党、从严治党，深入实施全面从严治党“五个四”工程，切实加强党的思想、组织、作风、反腐倡廉和制度建设，持续发力、久久为功，营造了政通人和、风清气正的发展环境。市委充分发挥领导核心作用，广泛调动全市上下心往一处想、劲往一处使的发展热情，为各项事业的全面进步提供了坚强的政治保障。我们着力推动各级干部尊重规律、尊重法治、尊重实际、尊重民意，勇于担当、勇于奉献、勇于创新、勇于突破，打造一支经得住考验、打得开局面、对得起百姓的高素质干部队伍，持续提振了全市上下干事创业的精气神。实践证明，面对艰难繁重的发展任务，必须坚定不移地推进全面从严治党，充分发挥各级党组织领导核心作用和广大党员先锋模范作用，塑造昂扬向上、团结包容的政治新生态，才能带领全市人民不断创造新的更大的业绩。

在充分肯定成绩的同时，我们也清醒地看到，启东发展还面临不少困难和挑战，主要是：经济下行压力依然存在，部分企业生产经营困难，新旧增长动力转换尚未完成；制约发展的体制机制障碍仍然较多，改革举措落地需要下更大功夫；社会建设和治理面临一些新情况、新问题，基层法治建设有待进一步加强；全面从严治党任重道远，领导干部思想作风、能力水平和担当精神有待进一步提高。对于这些问题，我们将在今后工作中切实加以解决。

今后五年工作的指导思想和奋斗目标

准确把握宏观大势，积极抢抓战略机遇，科学谋划思路举措，是我们赢得主动、赢得优势、赢得未来的关键。站在新的历史起点上，我们必须充分认识到：今后五年，是启东可以大有作为，实现跨越赶超、率先领先发展的黄金期。当前，世界经济在深度调整中曲折复苏，新一轮科技革命和产业变革蓄势待发。我国发展仍处于重要战略机遇期，经济长期向好的基本面没有变。今后一段时期,多重国家战略在启东交汇叠加,各种政策红利充分释放。同时,随着崇启大桥效应不断放大,吕四大港加快建成,一类口岸正式开放,宁启铁路、海启高速快速贯通,北沿江铁路沪崇启过江通道、通用航空机场规划建设,启东连接南北、沟通东西的枢纽地位牢固确立,接轨上海的桥头堡作用日益彰显。这都是启东实现跨越赶超、率先领先发展的机遇所在、优势所在。我们必须抢占先机、乘势而为、大干快上,努力把战略机遇变成先发优势、现实优势、赶超优势,奋力开启一个新的黄金发展期。今后五年,是启东加快创新转型,实现好上又好、能快则快发展的攻坚期。党的十八届五中全会指出,拓展发展新空间,形成沿江沿海沿线经济带为主的纵向横向经济轴带。省委提出,坚持陆海统筹、江海联动,加快建设沿江、沿海等经济带,推动(沪)苏通融合发展。南通市委提出,加快建设长三角北翼经济中心、交通枢纽、花园城市和创新之都。"十三五"时期及未来发展中,上海明确将启东列为上海大都市经济圈重要一员。经过多年来的改革发展和创新实践,我市沿江沿海八大平台高端转型,"三优三新"产业集群不断壮大,一大批重特大项目相继落户,这都为启东更好发挥交通区位、开发开放等优势,推动"领跑沿海、融入上海、包容四海"发展战略全面领航、持续升华奠定了基础支撑、注入了不竭动力。我们必须坚持创新引领,加快供给侧结构性改革,充分激发创新动能、改革活力,持续推进动力转换、结构调整,推动经济社会实现好上又好、能快则快发展。今后五年,是启东奋力夺取全面小康社会建设新胜利的关键期。"四个全面"战略布局中,全面建成小康社会是处于引领地位的总目标、总纲领。"十二五"期间,围绕省定小康目标,我市全面小康建设实现了新跃升。"十三五"时期,奋力夺取全面小康社会建设新胜利,是我们奋斗的更高目标,也是我们回应群众关切、满足群众需求、增进群众福祉必须承担的历史使命。面对全面小康建设的新内涵、新要求,面对人民群众的新期待、新需求,我们必须进一步提高认识、凝聚共识,找准基本路径、关键举措,抓重点、提质效,找差距、补短板,努力让群众共享全面小康建设成果。

基于上述认识和思考,今后五年工作的指导思想是:高举中国特色社会主义伟大旗帜,以马克思列宁主义、毛泽东思想、邓小平理论、"三个代表"重要思想、科学发展观为指导,深入贯彻习近平总书记系列重要讲话特别是视察江苏重要讲话精神,紧紧围绕"四个全面"战略布局,积极践行五大发展理念,深入实施"领跑沿海、融入上海、包容四海"发展战略,统筹推进经济建设、政治建设、文化建设、社会建设、生态文明建设和党的建设等各项工作,加快打造创新型城市、现代港口城市、休闲旅游城市、宜居宜业城市,着力建设经济强、百姓富、环境美、社会文明程度高的新启东,为奋力夺取全面小康社会建设新胜利、谱写好中华民族伟大复兴中国梦的启东篇章而努力奋斗。

根据上述指导思想,今后五年我市经济社会发展的总体思路是:突出一个主题,明确四个定位,践行五大理念。

突出一个主题——奋力夺取全面小康社会建设新胜利。

明确四个定位——加快打造创新型城市、现代港口城市、休闲旅游城市、宜居宜业城市。

打造创新型城市。进一步发挥科技第一生产力、教育根本基础、人才第一资源的作用,推动以科技创新为核心的全面创新,有效集聚各类创新技术、人才、资金和服务,大力发展创新型经济,依靠创新催生新活力、新动能,使创新成为启东城市发展的鲜明特征。

打造现代港口城市。以启东港一类口岸开放为引领,充分发挥启东岸线资源、交通区位、连接江海等优势,加快构建"海陆空、公铁水、江海河"高效联运的综合集疏运体系,持续扩大对外开放合作,全力打造对接"一带一路"、长江经济带的上海北翼重要港口,实现港口、产业、城市互动并进、协调发展。

打造休闲旅游城市。突出江海资源禀赋,挖掘传统民俗资源,大力发展文化休闲旅游产业,加快"一区一港一岛一城"和"沿江沿海沿道"等旅游集聚区建设,全力打造"江风海韵、休闲启东"特色休闲旅游城市。

打造宜居宜业城市。以创建全国文明城市为主抓手,推动人民生活水平和质量普遍提升,城乡生态环境和人居环境明显改善,市民文明素质和社会文明程度全面提高,大众创业、万众创新蔚然成风。

践行五大理念——更加注重创新、协调、绿色、开放、共享发展理念。

更加注重创新发展。牢牢把握创新是引领发展的第一动力,把创新摆在发展全局的核心位置,在更深层面、更广领域加速创新转型,以科技经济深度融合为导向,全面突出产业科技创新,促进结构优化、动力转换,加快形成以创新为主要支撑的经济体系和发展方式,使科技进步成为推动经济增长、产业升级和竞争力提高的核心动力。

更加注重协调发展。牢牢把握协调是持续健康发展的内在要求,围绕中国特色社会主义事业"五位一体"总体布局,正确处理发展中的重大关系,注重扬长补短,重点促进新型工业化、信息化、城镇化、农业现代化"四化"同步发展,推动陆海统筹发展、城乡一体发展、物质文明和精神文明协调发展,实现硬实力和软实力同步提升。

更加注重绿色发展。牢牢把握绿色是永续发展的必要条件和人民对美好生活追求的重要体现,充分认识启东作为滨江临海城市加强生态环境保护的特殊责任,切实把生态文明理念贯穿于经济社会发展全过程和各领域,坚定走生产发展、生活富裕、生态良好的文明发展道路,加快建设资源节约型、环境友好型社会,让良好生态环境成为人民生活质量的增长点、助力启东可持续发展的发力点。

更加注重开放发展。牢牢把握开放是繁荣发展的必由之路,积极融入国家、省、南通市开放总布局,坚持更高水平引进来和更大步伐走出去并重、引资和引技引智并举,深入推进陆海统筹、江海联动,更主动接受上海辐射带动,更积极强化与苏南融合互动,在扩大对内对外开放中拓展发展新空间。

更加注重共享发展。牢牢把握共享是中国特色社会主义的本质要求,全面落实以人民为中心的发展思想,坚持发

展为了人民、发展依靠人民、发展成果由人民共享，围绕民生建设“七个更”，作出更有效的制度安排，注重机会公平，保障基本民生，使人民群众在共建共享中有更多获得感。

今后五年工作的总体目标是：

——经济综合实力、创新能力、城市竞争力显著增强。经济保持中高速增长、产业迈上中高端水平，经济总量、质量、均量同步提升。到2020年，地区生产总值年均增长10%以上，一般公共预算收入年均增长10%以上。全社会研发投入占地区生产总值比重超过2.8%。创新型城市和人才强市建设取得突破性进展。

——百姓富裕程度、人民生活水平和质量普遍提升。居民收入显著增长，提前实现城乡居民人均可支配收入比2010年翻一番。社会保障更加完善，民生投入持续加大，教育现代化基本实现，现代医疗卫生体系全面建立，养老服务体系不断完善，人民群众的满意度持续提升。

——城乡生态环境和人居环境质量明显改善。绿色发展水平持续攀升，单位GDP能耗、二氧化碳排放完成上级下达任务，空气质量达标率继续保持全省领先，林木覆盖率24%以上。生态文明制度体系更加健全，建成国家生态市，国家生态文明示范区创建取得显著进展，成为长三角地区一流的生态宜居宜业城市。

——公民文明素质和社会文明程度全面提高。“中国梦”、社会主义核心价值观深入人心，社会信用体系不断完善，全国文明城市成功创建。文化强市基本建成，公共文化服务体系更加健全，以江海文化为特色的文化建设走在全省前列。

——改革发展稳定的体制机制更加完善、更趋成熟。社会治理体系和治理能力现代化取得重大进展，全面深化改革重要领域和关键环节取得决定性成果。平安启东、法治启东建设走在全省前列，人民民主更加健全，法治政府基本建成，司法公信力明显提升。

——党的建设科学化水平显著提高。按照全面从严治党“四个坚持、八个切实从严”的要求，切实加强党的思想、组织、作风、反腐倡廉和制度建设，做到管理更严格、纪律更严明、干部更清正、政治更清明，管党治党水平整体提升。

今后五年的工作重点和关键举措

践行新理念，建设新启东，必须紧紧围绕今后五年工作的总体思路和奋斗目标，把握全局、突出重点、狠抓关键，以新举措落实新目标，以新作为创造新业绩。

一、全面融入上海，在推动“经济强”上实现重大进展

以全面融入上海为主抓手，以创新驱动为主引擎，全力转方式、调结构，加快建成国家战略互联互通双向开放的桥头堡、全面融入上海的新天地、先进制造业集聚的新高地、“四新”经济发展的主阵地，推动经济发展迈上新台阶。

（一）深化沿海开发，增创发展优势。深入落实经济国际化战略和陆海统筹、江海联动战略，加快形成开发开放新格局，全面构筑区域发展新优势。突出重大基础设施建设，全力推进宁启铁路启东段、海启高速启东段、吕四港区10万吨级进港航道等重大项目建设，推动通用航空机场加快建设，跟踪推进北沿江铁路沪崇启过江通道规划研究。创新完善有利于释放园区发展活力的体制机制，做大做强做优做精园区经济，推动八大园区高端化、特色化、差别化发展。启东经济开发区加快互联网产业园、科创大楼、云计算中心等创新平台建设，大力发展生物医药、新能源、电子信息等产业，早日创建成国家级经济技术开发区；吕四港经济开发区全面推进以临港产业区、渔港经济区、石化新材料产业园为重点的港口开发，加速能源粮油储运、冷链物流等港口物流产业和新材料、重装备制造产业集聚，加快打造上海北翼重要海港；圆陀角旅游度假区加快建成具有国际水准的江风海韵体验基地和长三角休闲旅游目的地；滨海工业园坚持科教一体、产城融合发展，做优做强生物医药、电子电器、机械制造等产业，早日创建成省高新技术开发区；海工船舶工业园强化“腾笼换凤”，加快推进产业高端化转型，全力打造“中国一流、世界知名”海工及重装备产业基地；滨江医药化工园着力发展新医药、新材料产业，全力打造省级生态工业园；启隆生态科技产业园重点发展都市农业、生态养老、休闲旅游等产业，全力打造生态度假岛；江海产业园充分发挥苏沪合作优势，着力推进通用航空产业发展，早日创建成省级滩涂综合开发试验区。加快上海自贸区启东产业园、上海自贸区启东生物科技创新协作园、浦东祝桥启东产业园建设，全面提升承接上海优质产业转移能力。充分发挥一类口岸开放优势，积极推动设立启东综合保税区和保税物流园区。加大招商引资力度，“十三五”时期，累计注册外资实际到账15亿美元，2020年，实现进出口总额37亿美元。坚定不移聚焦项目建设，不断优化投资环境、完善推进机制、压实工作责任，每年对重大项目逐个排出开工、竣工、达产的节点，确定时间表、路线图、责任人，全力推动一大批事关启东未来发展的重特大项目，培育经济发展新的增长极。

（二）加快结构调整，优化产业体系。持续优化产业结构，着力构建以高新技术产业为主导、先进制造业和现代服务业为主干、现代农业为基础的现代产业体系。深入落实“中国制造2025”启东实施计划，做优做强海工及重装备、电力及能源装备、精密机械及电子信息三大优势产业，做特做大新材料、新医药和通用航空三大新兴产业。到2020年，实现规模工业产值3000亿元，其中“三优三新”产业集群产值2000亿元以上。促进现代服务业优质高效发展，推动工业设计、科技研发、现代物流等生产性服务业专业化、高端化发展，推动医疗保健、生态养老等生活性服务业精细化、品质化发展。重点发展文化休闲旅游产业，加快推进圆陀角旅游度假区、吕四古镇及渔港风情区、启隆生态旅游度假岛、主城区旅游集散地等整体开发，推动乡村旅游点“串珠成链”，打响“到启东迎日出、品海鲜、深呼吸”的城市旅游品牌，创建成全国休闲农业与乡村旅游示范县。到2020年，服务业增加值占地区生产总值比重达48%。大力推进建筑产业现代化，全力培育建筑产业集群，重点发展建筑产业总部经济，全面提升启东建筑核心竞争力。坚持走产出高效、产品安全、资源节约、环境友好的农业现代化道路，培育发展新型农业经营主体，着力构建现代农业产业体系，基本完成高标准农田建设，不断提高农业物质装备和科技推广水平。积极发展现代渔业，加快中国·吕四水产品国际交易中心建设。到2020年,现代农业发展水平达90%,实现农业基本现代化。

(三)突出创新转型,增强发展动能。深入实施创新驱动发展战略、科教与人才强市战略,激发全社会创新创造活力,到2020年,高新技术产业产值占规模工业产值比重达50%,万人发明专利拥有量达20件。强化企业创新主体地位,推动“政产学研用”集成融合,争创国家级工程技术研究中心,打造一批“两化融合”示范企业。突出创新创业载体建设,加快北京大学生命科学华东产业研究院建设,加强与名校名院名企的合作共建,推动大众创业、万众创新蓬勃发展。深入实施“互联网+”行动计划,大力发展移动互联网、云计算、大数据等新一代信息技术,实现互联网与各产业的融合创新。重点培育高技术含量、高成长性的创新型企业,大力发展新业态、新模式,加速新旧产业接续。深入实施“东疆英才”集聚计划,大力引进一批国家“千人计划”等科技领军人才(团队)。积极推进“质量强市”战略,争创省质量奖,打造更多的启东标准、启东制造。

(四)推进供给侧改革,激发发展活力。聚焦重点问题和关键环节,更加注重以结构性改革带动结构性调整、推动结构性优化,实现更高质量、更有效率、更加公平、更可持续的发展。精准去产能,在船舶、化工等行业退出一批低端低效产能,着力调优产业结构,到2020年,全面完成省下达化解产能目标。鼓励企业主动加大科研投入,加强技术改造,加快提升产业创新能力、配套能力和产品竞争力。差别去库存,支持农业转移人口进城购房,打通商品房和保障房转用通道,推动房地产行业转型升级。稳妥去杠杆,充分发挥陆海统筹发展金融服务创新启东示范区优势,加快金融集聚区建设,推进企业上市和“新三板”挂牌,积极发展创投和股权投资基金,扩大直接融资比重和社会融资总规模。加快降成本,认真落实降低实体经济企业成本政策,扎实推进“营改增”工作,在更大范围、更深层次推进“放管服”改革,有效降低制度性交易成本,真正帮助企业降本增效、提高竞争力。全力补短板,着力在基础设施、民生保障、生态环保、公共服务、脱贫攻坚、现代农业等六大领域补齐短板,不断增强发展的整体性、协调性和可持续性。

二、持续改善民生,在加快“百姓富”上创造更多成果

深入落实民生共享战略,大力实施民生幸福工程,扎实办好民生实事,使人民群众有更多获得感和满足感。

(一)持续增加居民收入。坚持就业富民、创业富民、帮扶富民,逐步缩小城乡收入分配差距,促进城乡居民收入普遍较快增长。认真落实就业优先战略和更加积极的就业政策,健全覆盖城乡的公共就业服务体系,努力实现更加充分就业,确保“十三五”时期城镇登记失业率控制在3%以内。坚持产业升级与扩大就业联动推进,加强就业分类指导,强化职业技能培训,努力实现更高质量就业。建立创业服务平台,完善创业扶持政策,加快形成政府激励创业、社会支持创业、劳动者勇于创业的新机制。深入实施居民收入倍增计划,落实增收政策,拓宽增收渠道,实现城乡居民人均可支配收入年均增长10%。实施低收入农户和经济薄弱村脱贫致富奔小康工程,不断提升扶贫的精准度和实效性,确保低收入家庭人均年收入超7000元,经济薄弱村集体经营性年收入超50万元。

(二)提升公共服务水平。围绕教育、卫生、养老等重点领域,加大公共服务供给力度,进一步健全与经济社会发展水平和阶段相适应的基本公共服务体系。加快教育现代化步伐,着力推进学前教育公益普惠发展、义务教育优质均衡发展、普通高中特色多样发展,创新发展职业教育,积极发展高等教育,加快发展民办教育,大力发展社会教育,建设全省一流、全国知名的现代教育强市。全力推进健康启东建设,基本建成现代医疗卫生体系,为群众提供安全有效方便价廉的医疗卫生服务。加快社会福利中心、妇幼保健院、精神卫生中心等重点民生项目建设,全面提升城市基本公共服务设施覆盖率和服务质效。深入开展全民健身运动,不断增强公共体育设施服务能力,加快建成体育强市。认真落实人口发展战略,坚持计划生育基本国策,全面实施一对夫妇可生育两个孩子政策。创新养老服务体制机制,推进医养融合发展,构建以居家为基础、社区为依托、机构为支撑、信息为辅助的多层次养老服务体系,到2020年,全市每千名老人养老床位数达40张。

(三)切实加强社会保障。坚持“全覆盖、保基本、多层次、可持续”的方针,以强化制度衔接和稳步提升水平为重点,健全覆盖城乡居民的社会保障制度体系。大力实施全民参保计划,确保职工“五险”参保率和城乡居民基本养老保险覆盖率巩固在96%以上。健全社会保险待遇确定和正常调整机制,缩小城乡之间、不同群体之间待遇水平差距。完善基本医疗保险体系,促进城镇居民医疗保险和新型农村合作医疗保险有机整合。优化住房保障方式,积极推进货币化保障和安置,健全以市场调节为主、政府保障托底的住房供应体系,实现城镇常住人口住房保障应保尽保。大力发展社会福利和慈善事业,进一步加大城乡困难群众救助力度,2017年实现城乡低保并轨。

三、突出城乡统筹,在打造“环境美”上取得明显突破

深入落实新型城镇化与城乡发展一体化战略以及可持续发展战略,全面贯彻省委十二届十二次全会精神,进一步塑造城乡特色风貌,彰显城市文化内涵,提升城乡环境质量,创新城市管理服务,加快建设美丽启东。

(一)着力提高中心城区首位度。加快城市规划、建设、管理理念和方式创新,不断提升城市工作科学化水平,推动城市从外延拓展型向内涵提升型、功能型向生态型、管理型向服务型转变。坚持“南进东拓北延”城市发展战略,着力推进蝶湖周边整体开发和城市综合体等重点工程,实施东城区整体改造,加快城北火车站片区开发建设。到2020年,市区建成区面积达43平方公里,户籍人口城镇化率60%左右。按照适度超前原则,加强市政道路、排水、园林、燃气等基础设施建设,构筑保障有力、配套完善的现代化城市基础设施体系。坚持公交优先,推进城市自行车道路系统规划建设,形成现代、快捷、绿色、惠民的城市交通体系。加强地下空间开发利用,推进城市地下综合管廊、海绵城市建设。做优系统化、网格化城市管理模式,着力提升数字城管水平,推进物业管理标准化,不断提升城市综合品质。进一步做大做强市区经济，促进产业与城市深度融合，加快提高中心城区经济贡献度。大力推进智慧城市建设，加大设施投入，优化公共资源配置，增强城市综合服务功能。

(二)科学构建现代城镇体系。坚持新型工业化和新型城镇化互动并进，全面提升城镇人口、产业等集聚功能，优化完善“一主两副三片区”空间格局。汇龙中心城区切实强化极核功能和综合服务功能，加快打造全市生产和生活服务中心。吕四港副中心突出港产城融合发展，加快推进国家新型城镇化综合试点工作。寅阳副中心依托江海交汇的自然景观资源，重点打造会议会展、体育健身和休闲旅游基地。沿海产业集聚发展区、沿江城镇发展集聚区和中部生态农业发展区强化集聚功能和节点地位，在产城融合、要素集聚、体制机制创新等方面率先探索。北新、南阳两个南通市级中心镇和近海等“区镇合一”镇着力推动特色产业、重大项目和各类发展要素快速集聚，推进农民就地城镇化。其他镇因地制宜，明确提升重点，优化镇区环境，努力打造各具特色的现代城镇。

(三)扎实推进美丽乡村建设。坚持“一村一品”，完善农村生产、生活、生态功能，着力打造美丽而富有质感、繁荣而更具特色、现代文明与田园风光交融的幸福家园。扎实开展“强富美高”新农村创建活动，引导建设资金更多向农村投入、基础设施加快向农村延伸、基本公共服务全面向农村覆盖。巩固村庄环境综合整治成果，完善农村环境管护市场化机制，进一步改善农村人居环境。全面推进“美丽乡村”精品特色区块、精品线路建设，到2020年，新增省级“美丽乡村”5个。巩固区域供水建设成果，加强水环境整治和应急备用水源地管理，切实保障城乡居民供水安全。完善农村道路、桥梁建设，强化交通安全设施建设，不断优化城乡交通循环系统。

(四)加快生态文明建设步伐。坚定推进绿色发展，巩固国家生态市创建成果，加快创建国家生态文明示范区。全面落实主体功能区规划，建立全市主要生态功能区，严守耕地保护、城镇开发边界和生态三条红线，科学划分生产、生活、生态三类空间。推动形成绿色发展方式，实施全民节能行动计划，大力发展循环经济和清洁生产，努力创建低碳示范城市。大力倡导土地节约集约利用理念，全面落实建设用地总量和开发强度双控要求，持续提高土地利用效率。进一步加大环境保护力度，坚决打好大气、水、土壤污染防治攻坚战，加快环境基础设施建设和升级改造。大力推进植树造林行动，高标准构筑“点、线、面”相结合的绿色屏障，不断提高林木覆盖率。加强滩涂湿地的综合整治与生态修复，持之以恒打造“绿色沿海”。积极倡导绿色生活方式，扎实开展绿色社区、绿色校园、绿色建筑等示范创建工作，培育公民环境意识。制定完善生态文明建设规划和实施方案，筑牢生态文明建设的制度保障。

四、注重文化建设和社会治理，在促进“社会文明程度高”上展现新的风貌

顺应社会发展进步、人民群众日益增长的精神文化需求，加快文化强市建设，加强社会治理创新，不断提升公民文明素质和社会文明程度。

(一)突出先进文化引领。始终把思想文化建设摆在突出位置，大力培育和践行社会主义核心价值观，深入开展爱国主义、集体主义、社会主义教育，提升全社会精神追求。全力争创全国文明城市，深入开展文明单位、文明村镇、文明社区、文明校园、文明家庭等群众性精神文明创建活动，让文明成为启东的城市名片。深化“传递正能量、共建好家园”主题活动，充分发挥“正能量加油站”等载体作用，加强职业道德、社会公德、家庭美德、个人品德建设，促进形成良好社会风尚。继续选树一批可信、可亲、可比、可学的“启东好人”，激励全社会崇德向善、见贤思齐。

(二)坚持文化为民惠民。加快构建现代公共文化服务体系，积极创建省级公共文化服务体系示范区。不断完善文化基础设施，加快建设市文化体育中心，推动基层综合性公共文化服务中心资源整合。增强文化服务供给，广泛组织开展群众性文化体育活动，推动政府向社会购买公共文化服务，引导文化资源向基层倾斜。深入开展“全民阅读·书香启东”系列活动，提高城市文化品位和市民文化素质。积极打造骨干文化企业，加快重点文化产业项目建设，努力形成一批特色鲜明、带动力强的文化产业集聚区。

(三)彰显江海文化魅力。抓好江海文化历史传承，加强挡浪墙遗址等历史文物的保护管理，注重吕四渔号等非物质文化遗产的开发利用，发挥抗大九分校纪念馆等红色文化资源的教育作用。拓展提升新时期启东精神，培养东疆儿女开放包容、自信自强的视野与胸襟，促进城市精神与时代精神相交融、优秀传统文化与现代文明相结合。扶持江海特色文化产品创作生产，加强启东版画等地方文艺品牌建设，繁荣发展文学艺术、新闻出版等文化事业，提升江海特色文化的辐射力和影响力。强化文化人才队伍支撑，把出精品与出人才有机结合起来，造就一批文化拔尖人才和领军人物。

(四)提升社会治理水平。积极推进政府治理、社会调节、居民自治的良性互动，着力构建全民共建共享的社会治理格局，到2020年创建成省平安县(市)。持续巩固和深化群众工作“三强化三提升”工作机制，做实做优社情民意分析会、“三议”工作法等群众工作特色品牌。健全政社互动、社区协商、村组自治、社会组织参与的基层治理机制，切实增强社会自我调节、服务功能。创新立体化现代化社会治安防控体系，发展壮大平安法治志愿者队伍，推动社会保安联动联勤联防，加大突出治安问题和治安重点地区整治力度，全力维护公共安全。不断放大启东大调解首创品牌效应，创新建立重点领域矛盾纠纷专业调处机构，加快社会矛盾纠纷多元化解机制建设。按照“三到位一处理”要求，切实加强和改进信访工作，着力打造阳光信访、责任信访、法治信访。大力推进社会信用体系建设，建立健全守信激励和失信惩戒机制。完善和落实安全生产责任制，坚决遏制较大以上安全生产事故发生。打造“横向到边、纵向到底”的食品安全无缝监管体系，确保食品生产、流通、消费各环节安全，争创省食品安全城市。

五、深入推进全面深化改革和全面依法治市，为建设“强富美高”新启东提供有力支撑

充分发挥改革的推进作用和法治的保障作用，解放和发展社会生产力,增强社会发展活力,依法维护人民群众权益和社会公平正义。

(一)推进重点领域改革突破。持续加大重点领域改革力度,精准对焦、协同发力,形成有利于落实新发展理念的体制机制。深入推进海域使用管理制度改革,加快创新海域使用权管理方式、海洋资源产权交易方式、岸线资源管理方式,使海域资源在经济、社会、环境和权益维护中发挥最大效益。稳步推进政府投融资体制改革,拓展城市发展基金、公司债、专项债等新型融资方式,推行政府和社会资本合作、政府购买服务等模式。深化行政审批制度改革,巩固提升相对集中行政许可权改革试点成果,按照"一枚印章管审批"和"审管分离"的原则,精减审批事项,简化审批流程,创新审批方式,切实有效解决行政审批"一长四多"问题。有序推进行政事权下放工作,深化"区镇合一"管理制度改革,充分激发基层政府发展活力。全面完成农村承包土地确权登记颁证工作,推进土地规范流转。加快农村产权制度改革,规范产权交易行为,形成城乡一体的产权交易体系。加快户籍制度改革,有序推进农业转移人口市民化。深化政治体制改革,推进人大制度和工作创新,加强协商民主体系建设,大力推进基层民主。持续深化医药卫生体制改革,丰富完善医改工作启东模式,打造全国县级公立医院综合改革示范样板。

(二)全面推进依法治市进程。坚持依法治市、依法执政、依法行政共同推进,法治启东、法治政府、法治社会一体建设,力争到2020年创建成省法治建设示范县(市)。抓住领导干部"关键少数",坚持用法治思维和法治方式开展工作、解决问题、推动发展,把法治建设成效作为衡量领导班子和领导干部工作实绩的重要内容,提升科学民主依法决策水平。深入推进行政权力网上公开透明运行,强化行政执法评议,严格执行行政过错问责制度,提升规范执法水平。强化行政机关负责人出庭应诉,确保行政机关负责人出庭应诉率达100%。按照中央深化司法体制改革的部署要求,落实司法规范化建设各项举措,建立常态长效评议工作机制、非法干预司法活动责任追究制度,持续提升司法公信力。全面实施"七五"普法规划,深化"谁主管谁普法、谁执法谁普法"责任制,充分发挥社会各行各业在法治宣传中的主体作用,增强全社会尊法学法守法用法观念。推进覆盖城乡居民的公共法律服务体系建设,推动办事依法、遇事找法、解决问题用法、化解矛盾靠法成为常态。

推动全面从严治党迈上新台阶

全面从严治党是推进党的建设新的伟大工程的必然要求,是建设"强富美高"新启东的坚强保证。全市各级党组织要着眼启东改革发展稳定和党的建设全局,以深入实施全面从严治党"五个四"工程为总抓手,全面推进党的思想、组织、作风、反腐倡廉和制度建设,努力在推动全面从严治党迈上新台阶上取得更加过硬的成果。

一、严格落实主体责任,切实增强管党治党的政治自觉

认真贯彻《中国共产党地方委员会工作条例》《中国共产党党组工作条例(试行)》,进一步落实全面从严治党政治责任,提高党委(党组)执政能力和领导水平。

(一)聚焦主业抓落实。各级党委(党组)和基层党组织要牢固树立抓好党建是最大政绩的鲜明导向,坚持党建工作与中心工作一起谋划、部署和考核,把党建工作各项要求落到实处。党委(党组)书记要全面负责、亲自谋划从严治党工作,真正成为从严治党的书记。领导班子成员要严格履行"一岗双责",抓好分管范围内党的建设。党建工作领导小组加强具体指导协调,纪检、组织、宣传等部门承担具体职能责任,推动形成党委抓、书记抓、各有关部门抓,一级抓一级、层层抓落实的工作格局。

(二)勇于创新抓落实。研究制定党委(党组)落实全面从严治党责任的若干规定,以认真较真、敢抓敢管的态度压实党建工作责任。大力弘扬改革创新精神,不折不扣落实好上级关于党的建设制度和纪律检查体制改革方案。尊重基层首创精神,根据管党治党实践新发展和党员干部思想新变化,深化对全面从严治党规律的研究,及时发现和总结提炼基层创造的好做法好经验,持续打造启东党建工作特色品牌。

(三)严格考核抓落实。常态化开展基层党建"联述联评联考"工作,做到述职述党建、评议评党建、考核考党建、任用干部看党建。从严从实抓好党建创新工作考核,全面、及时掌握基层党建动态和质效。坚持有责必问、有责必究,对管党治党履职不到位、措施不得力的,及时进行诫勉谈话、限期整改;对管党治党不严致使问题频发、不正之风蔓延的,严格实行"一案双查",以刚性问责确保全面从严治党责任落实到位。

二、强化思想理论武装,汇聚干事创业的强大精神动力

把思想建党作为全面从严治党的首要任务,始终以党的创新理论武装党员干部、教育人民群众,进一步提振广大党员干部干事创业的精气神,不断凝聚推动改革发展稳定的正能量。

(一)突出理想信念教育。扎实开展"学党章党规、学系列讲话,做合格党员"学习教育,推动学习教育从"关键少数"向全体党员拓展、从集中性教育活动向经常性教育延伸,引导广大党员干部始终把牢思想之舵、高扬理想之旗。坚持不懈地用中国特色社会主义理论体系武装头脑,把学习宣传贯彻习近平总书记系列重要讲话特别是视察江苏重要讲话精神作为最重要政治任务,深刻领会丰富内涵和精髓要义,切实做到真学真懂真信真用,推动广大党员干部进一步增强政治意识、大局意识、核心意识、看齐意识。持续推进学习型党组织建设,完善党委(党组)中心组学习机制,营造崇学尚学的浓厚氛围。深化拓展"三堂汇学"机制,增强理论武装的针对性、实效性,教育引导广大党员干部把学习成果转化为提升党性修养、思想境界、道德水平的精神营养。

(二)严肃党内政治生活。严格落实民主集中制,健全完善党委(党组)议事决策规则,认真执行"三重一大"事项决策制度,强化权力约束,规范权力运行。严格落实民主生活会制度,经常性开展批评和自我批评、谈心谈话,不断增强自我净化、自我完善、自我革新、自我提高能力。严格落实

“三会一课”制度,完善党员领导干部双重组织生活会等制度,推动党内组织生活规范化、制度化、常态化。

(三)加强舆论宣传引导。坚持党管宣传、党管意识形态、党管媒体的根本原则,切实提高新闻舆论传播力、引导力、影响力、公信力,确保广大党员干部在大是大非面前始终保持头脑清醒、立场坚定、态度鲜明。做优做强“启东发布”等政务微博、微信平台,促进报刊、广播电视等传统媒体与新兴媒体的深度融合,持续巩固壮大主流舆论。扎实做好网上舆论引导工作,注重社会舆情分析研判,牢牢把握网上舆论主导权,用正面声音占领网络宣传舆论制高点。

三、坚持从严管理干部,着力建设高素质干部队伍

认真贯彻落实“20字”好干部标准和从严管理干部“五个要”的要求,进一步深化干部人事制度改革,着力打造一支忠诚干净担当的干部队伍。

(一)高标准选拔任用干部。严格执行《党政领导干部选拔任用工作条例》,坚持原则、执行标准、履行程序,真正把想改革谋改革善改革、尊法学法守法用法、自觉履行全面从严治党责任的干部及时选拔出来、合理使用起来。强化党委(党组)在选人用人上的领导和把关作用,把牢动议、民主推荐、考察、讨论决定、任前公示等“关口”。突出加强改进干部德和政绩考核,健全正反双向考德指标体系,全面、客观、历史地考察和了解干部的综合能力和专业特长。抓好领导干部能上能下相关制度落实,定期分析研判领导班子和干部队伍情况,推动形成能者上、庸者下、劣者汰的用人导向和从政环境。注重从基层一线培养选拔干部,拓宽社会优秀人才进入党政干部队伍渠道。

(二)严要求教育培养干部。深入推进干部素质提升工程,加大对党政“一把手”、新任乡科级领导干部和乡科级后备干部等培训力度,增强领导经济社会发展的能力素质。拓宽干部交流渠道,建立健全常态化的交流轮岗机制,推动领导干部在多岗位历练中增长才干、提升本领。稳步实施年轻干部培养锻炼计划,选派一批综合素质优、发展潜力大的年轻干部到上级部门、经济发达地区和基层一线挂职锻炼,切实为年轻干部的健康成长搭建舞台、创造环境。

(三)全方位监督管理干部。深入推进主要领导“四个不直接分管”工作,不断完善“正职监管、副职分管、集体领导、民主决策”工作机制。抓好领导干部个人有关事项报告及抽查核实工作,加强抽查核实结果的运用和违规违纪惩戒力度。严格执行“三责承诺”、“三责联审”、离任经济责任事项交接制度,对干部身上存在的问题早发现、早制止、早纠正。进一步加大信访举报查核督办力度,切实用好提醒、函询、诫勉等组织措施。

四、创新基层党建工作,提升基层党组织的凝聚力战斗力

坚持把夯实基层作为固本之举,突出政治属性、强化服务功能,统筹推进各领域党的基层组织建设全面进步、全面过硬。

(一)强化基层党组织整体功能。持续打造“两联四讲四引领”教育引导群众工作品牌,深入推进以“党建领航站”为依托的基层党组织“四有四化”建设,着力增强基层党组织的领导核心和政治核心作用。进一步健全村务监督机制,加大农民合作社、家庭农场等新兴领域党组织组建力度,增强农村党组织整合资源、服务发展的功能。优化完善社区党建工作运行机制,持续深化“三强一化”建设,促进文明和谐社区建设。深入开展新经济、新社会组织“活力党建”工作,以区镇为龙头统筹推进非公有制企业党建,不断健全社会组织党组织管理体系。深化“先锋型”机关创建,促进机关党建走在各领域党建的前列。

(二)选优配强基层党组织领导班子。把政治标准作为选优配强基层党组织书记的首要标准,创新选拔培养机制,注重从各个方面人才中选拔优秀党员担任党组织书记,建强基层党组织带头人队伍。扎实做好选派机关优秀干部到村任“第一书记”工作,确保到村任职的干部下得去、留得住、干得好。建立完善基层党组织书记党建工作责任清单,探索实施村(社区)党组织和党组织书记“双星级管理”,全面推行基层党建“书记项目”制度。加强非公有制企业党组织书记规范化管理,切实强化管党意识,有效发挥带头人作用。

(三)从严抓好党员队伍教育管理。充分发挥党员的先锋模范作用,引导全市广大党员争做“讲政治有信念、讲规矩有纪律、讲道德有品行、讲奉献有作为”的表率。认真落实《中国共产党发展党员工作细则》,加大在青年工人、农民和知识分子中发展党员力度,优化党员队伍结构,提高发展党员质量。健全完善党员党性定期分析和民主评议制度,推行党员记实管理、评星定级等办法,深化党员教育管理“双预警”制度,始终保持党员队伍纯洁。加大“身边好党员”等先进典型培育和宣传力度,使广大党员学有榜样、行有标杆。

五、持续加强作风建设,密切党同人民群众的血肉联系

充分认识作风建设的长期性、复杂性,在抓常、抓细、抓长上下功夫,努力以优良的党风政风带动全社会风气持续好转。

(一)严格执行中央“八项规定”精神。巩固拓展党的群众路线教育实践活动成果,毫不动摇地抓好中央“八项规定”和省委、南通市委及我市“十项规定”精神的落实,建立作风建设联动督查机制,推动作风建设常态化、长效化。针对作风领域出现的隐形、变种等新变化新问题,加大专项整治力度,防松懈、防变通、防回潮。高度重视家风建设,严格执行关于规范领导干部配偶、子女经商办企业行为有关规定,带头正好家风、处好家事、管好家人,以好家风促进形成好政风。

(二)推动党员干部干事创业。自觉践行“三严三实”三十条行为规范,大力弘扬“马上就办”工作作风,在修身做人、为官用权、干事创业上作表率。推行权力清单和部门责任清单制度,科学定岗定责,合理分配任务,做到行权有责、追责有据。完善干部履职尽责激励机制,旗帜鲜明地为勤勉工作、勇于开拓、不谋私利的干部撑腰鼓劲,最大限度地激发和调动干部干事创业的热情。健全完善干部关爱容错机制,营造有利于改革创新、敢闯敢试的良好氛围。积极构建“亲”“清”新型政商关系,善于调动干部和企业家两个方面的积极性,鼓励干部满腔热情服务企业,鼓励企业家专心致志发展实业。

（三）完善服务群众长效机制。持续深化领导干部下基层“三解三促”工作机制，创新方式方法，不断丰富内涵，推动“三解三促”常抓常新、联系群众常联常亲。严格执行领导干部调查研究、基层联系点、定期接待群众来访等制度，深入了解民情，帮助解决实际问题。全面推行机关联系基层、干部联系群众“双联系”制度，持续深入开展党员志愿服务活动，推动党员干部经常深入基层、服务群众。

六、严明纪律严惩腐败，构建风清气正的政治生态

准确把握党风廉政建设和反腐败斗争面临的新形势新任务，始终保持清醒头脑，坚定信心决心，坚决打赢党风廉政建设和反腐败斗争这场硬仗。

（一）严格落实“两个责任”。紧紧抓住党风廉政建设的“牛鼻子”，全面落实党委主体责任，强化纪委监督责任，做到守土有责、守土负责、守土尽责。建立完善定期研究解决重大问题、有效防控廉政风险、协调推动重点任务的工作机制，促进各级党委牢牢压实主体责任。支持纪委履行职责、查处违纪违法案件，当好纪检监察机关的坚强后盾。抓好“两个责任”向村、社区、企业党组织的延伸，实现上下贯通、同步推进。深入开展党风廉政建设督导巡察工作，实现对区镇、街道和市级机关的全覆盖。

（二）严明党的纪律规矩。坚持纪在法前、纪严于法，严格执行《中国共产党廉洁自律准则》《中国共产党纪律处分条例》和《中国共产党问责条例》，以“六项纪律”为尺子，严明纪律底线，真正把党的纪律和规矩立起来、严起来。综合运用监督执纪“四种形态”，把握“常态”“大多数”“少数”“极极少数”违纪违规问题的实践规律，既严厉惩处极极少数，又常态严管最大多数。严格执行党内法规制度，扎牢制度“笼子”，确保各项法规制度高效管用。

（三）保持严惩腐败高压态势。坚持无禁区、全覆盖、零容忍，加大惩治腐败力度，重点查处十八大后不收敛不收手，问题线索反映集中、群众反映强烈，现在重要岗位且可能还要提拔使用的党员干部。加大对发生在重点领域、关键环节和群众身边腐败案件的查处力度，让群众切实感受到反腐倡廉的实际成效。加大预防腐败工作力度，加强廉政教育，深刻剖析严重违纪违法干部的典型案例，引导党员干部受警醒、知敬畏、明底线。健全完善权力运行监督等工作机制，努力从源头上堵塞滋生腐败的制度漏洞。

今后五年的工作中，市委将充分发挥总揽全局、协调各方的领导核心作用，支持人大及其常委会依法履行职能，支持政府依法行政，支持人民政协发挥政治协商、民主监督、参政议政作用，支持“两院”依法独立行使检察权和审判权，加强对双拥、人武工作的领导，切实做好新时期统一战线工作，注重发挥群团、老干部工作的作用，为建设“强富美高”新启东凝聚强大合力。

各位代表、同志们，美好蓝图已经绘就，宏伟目标催人奋进。让我们更加紧密地团结在以习近平同志为总书记的党中央周围，高举中国特色社会主义伟大旗帜，坚持以邓小平理论、“三个代表”重要思想、科学发展观为指导，深入贯彻落实习近平总书记系列重要讲话特别是视察江苏重要讲话精神，在省委、南通市委的正确领导下，解放思想、开拓创新，同心同德、真抓实干，践行新理念，建设新启东，为奋力夺取全面小康社会建设新胜利、谱写好中华民族伟大复兴中国梦的启东篇章而努力奋斗！

（市委办）

全面接轨上海　全力促进民富
向着高水平全面建成小康社会阔步迈进

——在市委十三届二次全体（扩大）会议上的讲话

徐　锋

2016年12月29日

这次市委十三届二次全体（扩大）会议的主要任务是，以党的十八大、十八届三中、四中、五中、六中全会和习近平总书记系列重要讲话精神为指引，深入贯彻落实中央经济工作会议、省第十三次党代会、省经济工作会议、南通市第十二次党代会、南通市委十二届二次全会和市第十三次党代会精神，回顾总结“十三五”开局之年的各项工作，认真分析当前形势，部署安排明年工作，动员全市广大党员干部和人民群众，团结拼搏、务实苦干，全面接轨上海，全力促进民富，向着高水平全面建成小康社会阔步迈进。

一、今年工作的简要回顾

今年是“十三五”开局之年，又是市委换届之年。我们深入贯彻习近平总书记系列重要讲话特别是视察江苏重要讲话精神，坚决落实中央、省、南通各项决策部署，坚持稳中求进工作总基调，自觉践行新发展理念，主动适应经济发展新常态，突出项目建设和城市转型两大关键，统筹稳增长、调结构、促转型、抓改革、惠民生、优生态、强党建等各项工作，经济社会保持平稳健康发展，实现了“十三五”良好开局。预计(下同)全年实现地区生产总值880亿元,增长9.6%;实现一般公共预算收入71亿元,其中税收收入总量列南通各县(市)前茅。产业项目建设工作在南通市年度综合考核中名列各县市区第二,获年度流动红旗。荣获全国国土资源节约集约模范县(市)、全国休闲农业和乡村旅游示范县(市)等称号。在全国县域经济综合竞争力百强县(市)、中国工业百强县(市)中排名第22位、第38位,分别比上届提升5个、17个位次;在全国创新创业中小城市百强中排名第11位。

*一是突出创新引领,转型升级步伐加快。*坚持以创新驱动发展为战略支撑,加快创新型城市建设,推进产业结构优化升级,实现更高质量更可持续发展。产业层次不断跃升,全年实现规模工业产值1864亿元,增长11.4%,其中“三优三新”产业集群产值1350亿元,占规模工业产值比重达72.4%;新兴产业产值812亿元,占规模工业产值比重达43.6%。服务业迅猛发展,完成增加值390亿元,增长10.8%;实现社会消费品零售总额322亿元,增长10%;“一区一港一岛一城”旅游集聚区功能不断完善,水果小镇、滨海渔家乐等乡村旅游点加快“串珠成链”,全年接待游客380万人次。完成项目农业投入23.2亿元,新增扩建农业项目212个,建成高标准农田5.6万亩。建筑业实现总产值750亿元。自主创新能力不断增强,全社会研发投入占GDP比重达2.52%;实现高新技术产业产值895亿元,占规模工业产值比重达48%。创新创业载体量质齐升,北京大学生命科学华东产业研究院、上海交大电子信息与电气工程(启东)产业研究院签约落户,启东产业技术研究院、尚华启东生物制药科创中心等建设有力推进。人才工作南通领先,蝉联省人才工作先进县(市)称号;国家科技领军人才创新驱动启东中心挂牌成立;引进创新创业领军人才158人,其中“千人计划”专家等顶尖人才7人,入选省“双创人才”8人、“双创团队”1个。

*二是突出项目建设,沿海开发势头强劲。*深入开展“项目建设提速年”活动,谋划实施重大项目建设“双十”三年行动计划,以重大项目大突破推动沿海开发大跨越。重大基础设施不断完善,全力推进北沿江高铁沪崇启通道前期研究工作,宁启铁路启东段、海启高速启东段加快建设;吕四港区10万吨级进港航道二期工程稳步推进;一类开放口岸建设全面提速,海关、国检获批设立。园区发展提档升级,启东经济开发区被认定为省“两化融合”试验区,在南通省级开发区产业项目建设考核中排名持续保持第一;吕四港经济开发区坚持产城融合、港镇联动,夺得南通省级开发区产业项目建设考核年度第三;圆陀角旅游度假区获评全国休闲渔业示范基地;滨海工业园更名为启东高新技术产业开发区;海工船舶工业园被列为省首批海洋经济创新示范园区;江海产业园通航机场获华东民航管理局批复。接轨上海成果丰硕,上海自贸区启东生物科技创新协作园、浦东祝桥启东产业园、张江生物医药基地启东产业园等沪启合作共建园区建设取得有效突破;全年引进上海产业项目93个,总投资达196.5亿元。招商引资成效显著,国际经贸洽谈会、科技节、北京大学生命科学产业(启东)论坛等活动成功举办;实际到账外资3.45亿美元,增长151.8%;完成外贸进出口总额29.58亿美元,其中出口额25.68亿美元。项目建设强势推进,完成全社会固定资产投资615亿元,增长14%,其中工业投资362亿元,增长10%;新开工亿元以上产业项目108个,新竣工亿元以上产业项目52个。华峰超纤、华滋海工等项目建成投产,恒大五国温泉城、姚记扑克等项目快速推进,林洋能源光伏电池、胜狮能源全球技术教育基地等项目开工建设。

*三是突出功能完善,城乡面貌显著提升。*贯彻落实中央、省和南通对城市工作的最新部署,召开城市转型发展工作会议,深入实施“十个三”工程,加快建设“四个城市”。规划体系不断完善,镇村布局规划全面完成,“海绵城市”、地下管廊等专项规划完成编制,滨江新城、蝶湖水环境及水系等规划加快编制。城区路网持续优化,江海路南延、世纪大道等道路全线贯通,建设路南延、和平路北延等道路即将竣工,钱塘江中路、华石路北延等道路加快建设。城市品质显著提升,灵秀公园建成开放,蝶湖公园、节点游园加快建设,大润发正式营业。城市管理力度加大,拆违控违成效明显。汇龙、吕四港、寅阳入选全国综合实力千强镇,特色镇村初具形态。农村环境“六位一体”长效管理实现常态化,新增省美丽乡村示范村1个、南通市农村环境长效管理示范镇2个。生态环境持续向好,空气质量达标率保持南通前列,完成成片造林绿化1.1万亩,新增城市绿地73万平方米。

*四是突出共建共享,民生福祉持续增进。*制度化推进十大类为民实事项目,人民群众的获得感和幸福感持续增强。2016年,城乡居民人均可支配收入分别达37400元、19900元,增长8.2%、8.8%。着力推动就业富民,提供就业岗位1.1万个,新增转移农村劳动力4080人,城镇登记失业率控制在3%以内。新一轮脱贫致富奔小康工程大力实施,低收入人口增收达标4252人。社会保障加快提标扩面,城乡居民基本养老保险覆盖率达96.2%,新农合人均筹资标准提高至700元,城乡居民低保标准分别提高至每月590元、530元,困难残疾人生活补贴制度和重度残疾人护理补贴制度全面建立。科创嘉园等安置房加快建设,全年交付使用6500套。城乡教育优质均衡发展,实小开发区分校、鹤城中学等加快建设,60所学校达到省义务教育现代化学校标准。公共卫生服务和养老服务水平持续提升,沪启卫生合作力度加大,妇幼保健院、精神卫生中心和社会福利中心启动建设。文化强市建设加快推进,文化体育中心全面开工,中国新西兰电影节、中国竹笛艺术节、吴歌论坛、国际铁人三项邀请赛等活动成功举办,“共乐东疆”百项文体活动开展4800余场,惠及城乡群众近65万人次。“正能量加油站”持续向企业、学校延伸,累计建成1983个,成功经验在中宣部基层宣传部长培训班作专题介绍。全国文明城市创建不断深化,“邻里守望、情暖夕阳”志愿服务工程实现村居全覆盖,新增“中国好人”2名,总数居江苏县级市前列。

*五是突出双轮驱动,发展活力加速释放。*以全面深化改革激发发展活力,七个方面34项重点改革任务有序实施。供给侧结构性改革稳步推进,“三去一降一补” 五大任务进展顺利。行政审批制度改革持续深化,不动产登记和地税业务联办模式省内首创,市场准入领域“证照联办”“五证合一、一照一码”登记制度全面推行。陆海统筹发展综合配套改革

深入推进,海域使用权证抵押贷款达61.5亿元。陆海统筹发展金融服务创新启东示范区加快建设,全年直接融资68亿元,泰林管桩、和和塑胶在"新三板"挂牌。农村土地承包经营权确权登记颁证工作有序推进,市镇两级农村产权交易服务中心正式运行,入选结合新型城镇化开展支持农民工等人员返乡创业国家级试点。医药卫生体制改革持续深化,被列为县级公立医院综合改革全国示范,分级诊疗和家庭医生制度全面推广。依法治市深入推进,社会治理创新成效显著,市综治中心建成启用,区镇、街道综治中心均达到南通示范级标准,2263个网格全部建成"平安法治加油站"。"三强化三提升"工作机制持续优化,民情恳谈会、网格议事会等基层协商议事机制得到创新实践,"人民调解+医责险"医患纠纷调解"启东模式"全省推广。信访工作责任有效压实,信访形势稳定向好。社会信用体系加快建设,启东信用网上线运行。安全生产和食品安全形势持续稳定。

*六是突出全面从严,党的建设不断加强。*管党治党责任严格落实,全面从严治党"五个四"工程深入推进,荣获2013—2015年度南通市党建工作先进单位称号。"两学一做"学习教育有力有序开展,全市2200多个基层党组织、6万多名党员参加学习教育。市第十三次党代会胜利召开,市镇两级党委和村(社区)党组织、村(居)委会换届选举工作圆满结束。组织开展庆祝建党95周年系列活动,教育引导党员干部"不忘初心、继续前进"。思想理论武装持续强化,"三堂汇学"荣获南通市宣传工作创新奖。基层党建全面提升,创新村(社区)党组织党建领航站"四有四化"建设,"两联四讲四引领"教育引导群众工作机制积极推行,村级党组织政治功能和服务功能不断增强。"两个责任"严格落实,党风廉政建设工作纪实制度全面实施。监督执纪"四种形态"积极践行,谈话、函询实现常态化。巡察工作扎实开展,利剑作用有效发挥。一以贯之强化作风建设,严查群众身边的"四风"和腐败问题,立案查处违纪违法案件414件。与此同时,人大及其常委会依法行使职权,政府依法行政,政协协商民主建设不断加强,统战、群团、人武等各项工作都取得了新的成绩。

在肯定成绩的同时,我们也要清醒地看到发展中面临的困难和挑战,主要是:创新能力有待提升,发展动能转换尚未完成;城市能级还不够强,城市转型发展有待进一步加快;居民增收渠道不多,城乡公共服务供给水平有待提升;社会治理难度加大,法治德治融合有待加强;从严治党需要进一步推进,少数党员干部担当精神和履职能力有待进一步提高,等等。对此,我们必须高度重视,采取有力措施,切实加以解决。

二、深入学习贯彻省第十三次党代会精神

11月18日至22日,中国共产党江苏省第十三次代表大会在南京召开。这次省党代会是在全面建成小康社会的决胜阶段、推进"强富美高"新江苏建设的关键时期召开的一次十分重要的会议。省委书记李强同志作了题为《聚力创新,聚焦富民,高水平全面建成小康社会》的报告,全面总结了省第十二次党代会以来取得的重大成就和宝贵经验,深刻分析了面临的形势和机遇挑战,勾画了未来五年江苏发展的新蓝图,为我们做好各项工作指明了方向。学习贯彻省第十三次党代会精神,是当前和今后一段时期的重要政治任务。要结合贯彻落实党的十八届六中全会、南通市第十二次党代会精神,自觉把思想和行动统一到中央、省委和南通市委的决策部署上来,把智慧和力量凝聚到落实会议提出的任务要求上来,为高水平全面建成小康社会而努力奋斗。

*一要深刻领会,把握实质。*把学习省党代会精神作为理论武装工作的重点任务,纳入"两学一做"学习教育,制订学习计划和方案,推动广大党员干部全面准确地把握精神要义。党委(党组)中心组要带头学习省党代会精神,进行专题研讨,力求学深学透、融会贯通。基层党组织要结合实际,采取"三会一课"、培训班、报告会等多种形式,充分利用网络学习平台和渠道,组织基层党员干部认真学习。各级领导干部要坚持集中学习与个人自学相结合,深入学习,率先垂范,不断加深对省党代会精神的理解和把握。

*二要周密部署,广泛宣讲。*紧密联系改革发展实际、党的建设实际和群众思想实际,集中开展宣讲活动,着力增强宣讲的针对性、生动性和思想性,把省党代会精神讲全面、讲具体、讲深入。认真组织新闻报道,深入宣传各地各部门学习贯彻省党代会精神的新举措新成效,全面反映各级领导干部带头学习、带头实践的具体行动。微博、微信等新媒体要密集报道、集中推送,积极回应网民关切,形成网上正面舆论强势。

*三要融入大局,知行合一。*省党代会的战略安排是管长远的,需要我们以"钉钉子"的精神,一步一个脚印地细化落实。全市各级党组织要把贯彻省党代会精神与落实市委各项决策部署结合起来,与扎实推进本地本部门具体工作结合起来,进一步把握发展大势、理清发展思路,凝心聚力、创新实干,奋力开创启东发展新局面。各级领导干部要紧扣"创新""富民""小康",勇于担当、积极作为,努力在高水平全面建成小康社会中当好表率、多作贡献。

三、明年工作的主要目标和基本思路

2017年是党的十九大召开之年、供给侧结构性改革的深化之年,也是深入实施"十三五"规划、高水平全面建成小康社会的重要一年。做好明年工作,意义十分重大。省党代会明确了"两聚一高"的发展取向、工作导向,为我们做好当前和今后一段时期的工作指明了奋斗方向;尤其是李强书记参加南通代表团审议时,提出了跨江融合、接轨上海的新要求,切合了启东百万人民的兴奋点,也确立了我们工作的发力点。对启东而言,高水平全面建成小康社会,最现实的路径就是全面接轨上海,最终目的就是提高人民群众的富裕程度和生活质量。全面接轨上海、全力促进民富,启东大有可为,也应该大有作为。一方面,这是落实省和南通对启东的发展定位,打造全面融入上海新天地的战略选择。李强书记明确要求把南通建设成为上海名副其实的"北大门",在功能上与上海"北大门"相适应,内涵上向上海看齐,形象上与上海匹配。陆志鹏书记调研启东时指出,启东在接轨上

海方面具有得天独厚、不可替代的优势，要以更高的定位、更高的标准、更大的力度，全面推进跨江融合、接轨上海和城市转型发展，为南通建设上海“北大门”提供龙头支撑，成为“北大门”的“门柱子”。这一新定位与我们打造“一堡三地”“四个城市”的愿景目标内涵一致、高度契合，既是对我市资源禀赋、区位优势和内在潜力的充分肯定，也赋予了我们在南通全面接轨上海大局中的角色担当。从“十一五”期间我市提出“江海联动、桥港互动、接轨上海、走向世界”的发展战略，到市第十二次党代会确立“领跑沿海、融入上海、包容四海”的发展战略，再到市第十三次党代会提出打造“全面融入上海的新天地”的发展定位，接轨上海作为一项一脉相承、继往开来的核心战略，引领着全市经济社会悄然崛起、赶超跨越。我们要一如既往地做足做好接轨上海文章，把打造“一堡三地”“四个城市”作为建设“门柱子”的有力抓手，进一步抬高对接标杆，丰富对接内涵，提升对接成效，为南通跨江融合、接轨上海打好头阵，作出引领性贡献。另一方面，这是彰显人民至上的价值取向，补齐民生短板，创造全市人民美好生活的内在要求。这次省和南通市党代会主题都有“富民”，充分体现了省委和南通市委以人民为中心的发展思想、执政为民的工作理念和全心全意为人民服务的根本宗旨。聚焦富民，出发点和落脚点都是让人民群众过上好日子，确保全市人民在小康路上一个不少、一户不落，而只有补齐了短板、提升了底线，才能达到“高水平”。从我市小康指标监测情况看，作为核心指标的城乡居民人均可支配收入仍是一块短板，这与我市经济发展水平并不相称。如果不补齐这块短板，高水平全面建成小康社会就不可能得到全市人民群众的认可。我们必须坚持把人民对美好生活的向往作为工作追求，通过政府有形之手、市场无形之手、群众勤劳之手同向发力，把居民收入、公共服务供给水平等民生短板补齐全、补严实、补到位，在解决群众最关心、最直接、最现实的利益问题中促进公平共享，在富裕百姓、造福百姓、普惠百姓中增进民生福祉，真正在“全力促进民富”上展现新作为、取得新成效。全面接轨上海，时势俱备，空间广阔；全力促进民富，民心所盼，事在必成。这是我们最应干、必须干、能够干好的事情，也是我们今后一段时期要打赢的主攻仗。全市上下一定要认清形势、明确方向，提振精神、汇聚合力，既要把握启东的机遇和优势，也要感到身上的责任和压力，更要满怀前进的希望和信心，集中力量、集中资源、集中政策，在全面接轨上海、全力促进民富上求大突破、见大成效，展示决胜全面小康的过硬成果。

做好明年工作，要在以习近平同志为核心的党中央坚强领导下，全面落实党的十八大和十八届三中、四中、五中、六中全会精神，深入贯彻习近平总书记系列重要讲话精神，统筹推进“五位一体”总体布局和协调推进“四个全面”战略布局，坚持稳中求进工作总基调，牢固树立和贯彻落实新发展理念，以实施重大项目建设“双十”三年行动计划为抓手，扎实做好创新转型、沿海开发、城乡一体、民生改善、生态优化、深化改革和依法治市等各项工作，坚定不移推进全面从严治党，全面接轨上海，全力促进民富，向着高水平全面建成小康社会阔步迈进，以优异的成绩迎接党的十九大胜利召开。

2017年全市经济社会发展的主要预期目标是：地区生产总值增长9.5%左右，一般公共预算收入同口径保持适度增长，全社会固定资产投资增长12%以上，社会消费品零售总额增长10%左右，实际利用外资3亿美元以上，外贸进出口总额保持适度增长，城乡居民人均可支配收入分别增长8%、8.5%左右，万元GDP能耗降幅和主要污染物减排完成上级下达指标。

做好明年工作必须理清工作思路，重点把握好以下三条：

*一是紧紧围绕高水平全面建成小康社会总目标。*高水平全面建成小康社会的核心要义是发展水平要更高、群众获得感要更强。我们要围绕省党代会提出的经济发展更高质量、人民生活更加幸福、生态环境更加优美、文化发展更加繁荣、城乡区域更加协调、社会治理更加完善等六个方面要求，创新思路举措，狠抓工作落实，确保定向定靶、举措实在，努力让居民收入、企业利润、财政收入“三个口袋”更加充实，建成一个贯彻新发展理念、体现“强富美高”要求、惠及全市人民的小康社会。

*二是牢牢把握稳中求进工作总基调。*稳中求进工作总基调是做好经济工作的方法论。“稳”是主基调、是大局，要重点稳住经济运行、稳住市场预期、稳住社会大局，坚决守住社会民生、生态环境等底线。“进”是目的、是指向，要突出转型升级的主攻方向，加大结构调整力度，在产业科技创新、培育新的经济增长点、改造修复传统动能等方面取得较大进展，在推动深化改革、民生改善、社会治理等关键领域有新的进展。要抓住稳定大局、不断进取这个根本点，做到“两个确保”：确保经济平稳运行，在好的前提下力争快一些；确保社会和谐稳定，在稳的基础上力求好一些。

*三是持续增强全面深化改革总动力。*解决好发展中的存在问题，唯有改革才是具有长效作用的“深刺激”“强刺激”。要坚持以供给侧结构性改革为主线，深入推进“三去一降一补”重点任务。去产能以“优”为方向，强化政府监管职能，严格执行环保、能耗、质量、安全等相关法律法规和标准，注重运用市场、法治的办法，有效化解过剩产能。去库存以“稳”为要务，强化政府主体责任，通过合理增加土地供应、调整用地结构、盘活闲置低效用地等方式，促进房地产市场平稳健康发展。去杠杆以“撬”为手段，强化企业自身债务杠杆约束，发挥陆海统筹发展金融服务创新示范区效应，鼓励各类金融业态集聚。降成本以“实”为宗旨，强化“放水养鱼”理念，用好降本增效政策，深挖企业自身降本潜力。补短板以“增”为动能，强化硬短板与软短板、发展短板与制度短板齐补意识，加快推进民生保障、脱贫攻坚等六大领域的补短板工作。农业供给侧结构性改革是供给侧结构性改革的重要一环，要在严守耕地红线的前提下，以绿色化、特色化、品牌化、信息化为主攻方向，加快农业结构调整，着力提高农民收入。行政审批制度改革要以政府对企业投资“不再审批、有效监管”为取向，持续深化“放管服”改革，更大胆地推进相对集中行政许可权改革，实现扁平管理、一层级全链审批，努力做到网上办、集中批、联合审、区域评、代办制、不

见面。抓住医药卫生体制改革国家试点这个标志性的改革事项,按照既定时间表、路线图,全力攻坚克难,创出成果特色。开放也是改革,要主动融入"一带一路"和长江经济带等国家战略,纵深推进沿海开发,深化陆海统筹发展综合配套改革,鼓励大胆探索,加快建成国家战略互联互通双向开放的桥头堡。

四、明年工作的着力点

谋划工作不仅要明大势、观大局,更要找准着力点,干在实处、见到实效。明年工作的着力点要放在以下八个方面。

(一)着力创新,加快转型发展。我市的发展正处在爬坡过坎的关键时期,要冲出转型关口,必须把创新作为引领发展的第一动力,加快动力转换速度,全力打造创新型城市。

理念创新是全面创新的前提。要坚持发展导向、问题导向,与时俱进创新理念思路,摒弃陈旧观念,打破思维定势,推动思想持续解放,着力解决发展的突出短板和"痛点""堵点"。充分利用上海创新资源的溢出效应,着力引进领军人才,传递先进理念,善于借力创新,实现借力发展,力争全年新增"千人计划"专家等顶尖人才5名、省"双创人才""双创博士"15名。

产业是全面创新的重点。要高度重视产业链创新,坚持有所为、有所不为,聚焦我市最有条件、最具优势的"三优三新"产业集群,加快打造一批产业技术创新联盟,有效延伸产业链条、提升产业能级。围绕打造"四新"经济发展的主阵地,积极发展战略性新兴产业,培育壮大数字经济、创意经济、分享经济等新业态,加快发展大数据、工业物联网、互联网金融等新产业,培育一批具有爆发力和引领力的创新型经济增长点。

企业是全面创新的主体。要加快实施创新型企业"369"培育行动计划,推动各类创新资源要素向企业集聚,鼓励原始创新、集成创新,全年新增高新技术企业10家、南通市级以上企业工程技术研究中心15家。强化重点企业创新转型试点示范,扶持创新型小微企业发展,形成由领军型企业、高新技术企业和科技型中小企业组成的创新梯队。政产学研用协同创新是企业创新的重要途径,要大力开展"百企百校行动计划",鼓励企业主动对接大院大所等创新策源地,加快技术引进和成果转化。大力支持企业技术改造,深化制造业和互联网融合发展,有效推动存量优化。继续推进"质量强市"战略,弘扬"工匠精神",提振企业家坚守实业、发展实业的信心,打造更多启东品牌。

园区和平台是全面创新的前沿阵地。启东经济开发区要重点打造上海生物医药研发与产业化基地、上海集成电路半导体电子信息配套产业基地和上海国际金融中心数据后台服务基地,加快国家级经济开发区创建步伐。吕四港经济开发区要在综合保税区、冷链物流基地、粮油和能源进出口基地建设上取得突破进展,着力打造上海北翼重要海港。圆陀角旅游度假区要做好"旅游+"文章,重点加快恒大五国温泉城、江海文化景观通道、黄金海滩景区生态改造等项目建设,全力创建国家级旅游度假区、国家级生态旅游示范区,成为上海市民休闲度假、旅居养老的首选地。其他园区要在支柱产业定位和行政化上做"减法",在功能配套上做"加法",加速汇聚创新动能,推动主导产业扩大规模、形成特色、创出品牌。加快打造创新平台,重点建设启东产业技术研究院、华为金融数据中心等十大创新功能平台,高标准建设众创空间、孵化器、加速器等载体,努力把启东建设成为沪苏区域协同创新创业的试验区、上海创新创业资源外溢的最佳承载区和科技孵化成果转化的加速区。节会论坛是投资环境的"放大器"、优质资源的"强磁场",要高标准打造国际经贸洽谈会、科技节、天汾科技五金交易会和生物医药论坛等活动平台,不断扩大平台影响力和竞争力,努力在更大范围内集聚发展资源要素。

(二)着力富民,优先保障和改善民生。让人民群众过上好日子,是我们一切工作的出发点和落脚点。要围绕"七个更"目标,补齐民生短板,在共建共享中让人民群众得到更多实惠。

百姓富,是全面小康的直接体现。就业是百姓获取和增加收入的最重要途径,要坚持就业优先,加快公共就业和人才服务机构建设,积极扶持中小微企业等有利于吸纳和带动就业的市场主体加快发展,持续增加就业岗位,动态消除"零就业"家庭。百姓致富的最大潜力在创业,要深入实施"大众创业、万众创新"启东行动计划,进一步完善创业扶持政策,鼓励大学生、返乡农民工、留学归国人员等群体积极创业。建筑业是我市的富民产业,要持续提升建筑企业市场竞争力,使十万建筑铁军成为百姓增收致富的重要力量。

百姓富,不仅要丰富钱袋子,还要让全市人民享有更丰富的精神文化生活。要大力推进文化体育中心、城乡社区综合性文化服务中心、"村村用"信息平台等设施建设,进一步健全现代公共文化服务体系。引导文化资源向基层倾斜,深化拓展"传递正能量、共建好家园"主题活动,扩大"正能量加油站"品牌影响力,精心组织"共乐东疆"等群众活动,发挥好文化艺术暖心、化人、聚力的作用。充分挖掘本土特色文化资源,加快推进启东历史名人园、张謇垦牧文化遗址公园等"三园四馆"建设,增强广大市民对江海文化的认同感和自豪感。

民生实事办得好与差,百姓感受最直接、体会最深切。要坚持普惠性、保基本、均等化、可持续方向,制度化推进十大类为民实事项目。人民群众对教育的主要期待在于公平和优质,要加快教育现代化步伐,加大省优质幼儿园和公办幼儿园创建力度,加快推进汇龙小学城东分校、滨江实验学校等城乡配套学校建设,促进优质教育资源均衡配置。没有全民健康就没有全面小康,要以深化医药卫生体制改革为突破口,全面推进"健康启东"建设,加快妇幼保健院、精神卫生中心建设和村卫生室标准化改造,推进"三医"联动,积极招引上海优质、高档的医疗资源来启落户,努力为全市人民提供全方位、全周期的卫生和健康服务。加快社会福利中心建设,推进市镇两级居家养老服务中心标准化改造,有效提升医养融合发展水平。加快推进住房保障和供应体系建设,实现拆迁安置"零过渡、零脱幅、零差距",推动住有所居向住有宜居迈进。推动各类保障制度有机衔接,做好提质扩面工作，健全重大疾病医疗等专项救助制度，有序推进基本照护保险制度。

（三）着力接轨上海，全面推进跨江融合。启东全面接轨上海，起点在于互动共赢，过程在于吸纳承接，目标在于实现融合发展、加快富民进程。要深入实施"联动、参与、服务"三大战略，大力推进基础设施、科技创新、产业体系、平台载体、城市功能、工作机制等六大对接工程，在交通互联、发展动力、转型升级、要素集聚、服务配套、沟通联络等六个方面实现新突破。

*深化研究是全面接轨上海的先导。*要用好上海市政府发展研究中心启东研究基地，进一步精细化研究上海的发展思路、发展规划和各种政策动向、需求变化，准确把握上海城市功能、产业、公共资源等外溢的最新动态，推进各方面顶层设计有机衔接，实现沪启两地行政推动常态化、区域市场一体化、社会服务同城化、交通运输便利化。

*交通互联是全面接轨上海的基础。*要充分发挥过江通道推进协调领导小组的作用，全力协助省、上海、南通有关部门做好北沿江高铁沪崇启通道前期研究工作，全力争取项目选址启东。加快宁启铁路启东段、海启高速启东段建设，推动火车站开工建设，做好通用航空机场建设各项前期准备，加快城乡交通快速化改造。围绕打造现代港口城市，大力推进吕四港区10万吨级进港航道二期、渔港经济区、港区铁路专用线、多式联运中心、公共码头等基础设施建设，拓展国家一类开放口岸功能，努力打造集产业港、物流港、现代渔港为一体的综合海港。

*产业和载体对接是全面接轨上海的重点。*要抢抓上海优质产业溢出的时间窗口，加快建设江海产业园、上海自贸区启东产业园、上海自贸区启东生物科技创新协作园、浦东祝桥启东产业园、张江生物医药基地启东产业园等沪启合作共建园区，在产业转移、管理建设、资本运作等方面加快探索。积极引进上海高新技术和产业信息化发展成果，优先承接生物医药、节能环保等先进制造业，加速打造先进制造业集聚的新高地。加快建设休闲旅游城市，放大"到启东迎日出、品海鲜、深呼吸"的城市旅游品牌，进一步优化"一区一港一岛一城"旅游空间，深入推进沪启旅游一体化发展，积极承接上海迪士尼辐射带动效应，打造"迪士尼下一站"。启隆生态科技产业园要主动融入崇明世界级生态岛建设，做足"生态+"文章，打造独具特色的旅游度假胜地。

*加强组织领导是全面接轨上海的保障。*要加快组建对接服务上海协调推进委员会，建立健全定期互访机制，积极会商会办重大问题，推动沪启两地合作进入更广领域和更高层次。统一全市一盘棋、上下一条心的思想，进一步增强接轨上海的主动性，力争实现全面接轨上海"1234"四大目标，即新签约亿元以上产业项目超100个、新增产业投资超200亿元、年接待上海客商超300批次、年接待上海游客超400万人次。

（四）着力提质增量，持续猛攻项目建设。要牢牢扭住项目建设"牛鼻子"，深入开展"重大项目提质增效年"活动，扎实推进重大项目建设"双十"三年行动计划，全力聚焦10大重点工作领域，重点突破100个重大项目，推动经济中高速增长、产业迈上中高端水平。

*经济"双中高"发展要靠优质的增量带动，离不开招商引资。*要深化生物医药、海洋工程装备、新能源装备等十大重点产业链研究，仔细梳理产业发展现状、龙头骨干企业情况、产业转移动态，提升招商引资的智慧化和精准度。聚焦北上广深台和欧美日韩等重点区域，瞄准世界500强、大型央企和知名民企，着力招引一批补链、育链、强链的产业链项目，力争全年引进亿元以上产业项目不少于150个。特别要持续推进"接轨上海招商大会战"活动，继续紧盯桃浦、新桥、祝桥、川沙等上海城市功能转型区，多措并举、点面结合，分工协作、聚力攻坚，确保在明年南通举办的对接服务上海大会上拿出更多的招商成果。

*抓项目关键在于项目落地，必须唱响投产达效的"最强音"。*要加大重点产业、重大基础设施、生态环保、工业技改等领域的投资，确保新开工亿元以上产业项目不少于130个。坚持已入库项目和新入库项目"两手抓"，既要一以贯之全力推进已入库项目，确保不失分、保位次，又要保障新入库项目按时推进，力争多得分、争进位。重点推进3个省级重大项目和17个南通市级重大项目，力促恒大主题乐园、金诚魁北克城等项目尽早签约，北京大学生命科学华东产业研究院、天成粮油等项目实质性开工，尚华医药、胜狮能源、上海电气鼓风机等项目加快建设，林洋光伏、日立金属、姚记扑克、米歌酒庄等项目竣工投产。

*项目建设是一项系统工程，需要全市上下通力协作、合力攻坚。*要强化组织领导，坚持和完善市领导挂钩联系、"听看考"、重大项目定期会办等机制，创新实施项目推进协调议决机制，快速研判解决重点难点问题。强化服务意识，完善从签约到投产的全过程协调推进机制，主动为项目建设破解土地、资金、用工等瓶颈制约。强化督查考核，坚持公平、公正和效率兼顾，加强与南通考核体系的沟通衔接，切实优化完善全市目标管理绩效考核办法，确保考出好导向、好成效。

（五）着力提高农业农村发展水平，加快实现农业现代化。重农固本是安民之基。必须把解决好"三农"问题作为重中之重，积极推进农业供给侧结构性改革，持续强农、惠农、富农。

*转变农业发展方式是推进农业现代化的根本途径。*要突出提高农业物质装备水平和培育新型农业经营主体两大重点任务，加快农业结构调整和产业化经营，不断提升农业质量效益。高标准农田建设是农业现代化的一项重要基础性工作，要坚持整镇整村连片推进，改善农田基础设施，确保全年建成高标准农田19万亩。引导高标准农田向本地农民创办的新型农业经营主体流转集中，培育壮大家庭农场、"全托管"组织、农业龙头企业等新型经营主体，发展多种形式的适度规模经营，确保新增省级农业龙头企业2家，省级示范性家庭农场、农业合作社10家以上。

*增加农民收入、壮大村级集体经济是"三农"工作的落脚点。*要千方百计拓宽农民增收渠道，鼓励农民自主创业、转移就业，培育新型职业农民。加快农业接轨上海进程，大力打造"四青作物"、"地产三宝"、吕四海鲜等特色品牌，做

上海离不开的“菜篮子”。加快发展休闲农业和乡村旅游,积极拓展“农家乐”、民宿经济、农村电商等农民增收致富新路径,确保全年建设休闲农业和乡村旅游特色线路10条,所有村村级集体经济收入超30万元。立足帮扶结合,强化精准扶贫,确保全年低收入人口增收达标率超25%,16个南通市级经济薄弱村完成扶持项目建设。

让乡村生活更加美好是全面小康的重要内容。要深入推进农村环境“六位一体”长效管护,补农村短板、扬农村长处,做到保留乡村风貌、保留乡土味道、保留田园乡愁。优化“一村一品”特色发展道路,努力实现“一村一景”“一村一韵”,新增省级美丽乡村示范村1个、南通市级2个。提高农村基层治理水平,丰富乡村文化生活,促进农村和谐稳定。

(六)着力推进城市转型,加快建设宜居宜业城市。要加快转变城市发展方式,增强城市产业功能和综合服务功能,让城市发展更有宜居的温度、宜业的热度。

城市发展需要科学优化空间布局。要坚定不移地拉开城市框架,大力实施“南进、东拓、北延”发展战略,将城市边界往长江引、往崇启大桥拉、往火车站靠,着力提升城市用地、人口、交通和环境容量。牢固树立前瞻、科学、系统和可操作的规划编制导向,加快滨江新城、城市景观风貌、市域快速路网、停车场等专项规划,推进“多规合一”,不断提升城市规划水平。

城市发展需要基础设施的强有力支撑。要着力完善城市路网,加快新城区黄浦江路、和平南路和火车站片区站前路、跃龙路等道路建设,新增城市道路25公里。加快推进区域供水通久线海门段、启东段管线施工,积极推进“西气东输”启东段、广汇中压管道建设,进一步增强城市供水供气能力。以“海绵城市”“智慧启东”建设为抓手,推进地下管网改造,提升城市防洪排涝能力,完善信息、通信基础设施,补齐城市功能短板。

海派、洋气、现代是启东这座城市的风骨,必须得到进一步彰显。老城区要突出宜居,注重精致、整洁、有序、便民。围绕综合整治、有机更新,推动老旧片区、重要节点路段升级改造,加快商业中心、专业市场、邻里中心建设,拓展公共活动空间,构建以社区为单位的城市优质生活圈。新城区要突出宜业,围绕增强创新、旅游、文化三大功能,科学布局生产生活设施,做优蝶湖片区生态环境,加快建设人才市场、明清古建文化产业园、新城区城市综合体、金融建筑产业园、华夏幸福基业、塔达希时装研发展示中心、互联网产业园、姚记扑克文化产业园,着力把世纪大道打造成集聚城市新功能、吸引外来新市民、孕育经济新业态的“黄金走廊”。

建设各具特色的新型城镇是统筹城乡发展的有效途径。要优化完善“一主两副三片区”空间结构,大力拓展以中心城区为核心、各城镇为支撑的城镇化新空间。持续推动全国重点镇、南通市级中心镇、区镇合一镇“三镇提升”,增强人口、产业等集聚功能,辐射带动周边区域发展。各集镇要因地制宜、完善配套,巩固集镇环境综合治理成效,全力打造整洁、美观、有序的集镇新形象。积极推进水果小镇、仙渔小镇、花海小镇等特色镇(村)建设,按照产业定位特而强、功能叠加聚而合、建设形态精而美、制度供给活而新的要求,强化科学规划,加大推进力度,努力把特色小镇打造成创新创业新空间、城乡融合新平台、产业集聚新载体、人文风情新亮点、旅游休闲新去处。

(七)着力加强环境保护,推动生态水平持续大提升。深入践行绿色发展理念,下大决心、花大力气加强生态保护和环境治理,建设天更蓝、地更绿、水更清、景更美的花园启东,全力创建国家园林城市、国家环保模范城市。

建设花园启东最重要的工作就是植树造林。要按照“彩色化、珍贵化、效益化”的要求,做好沿路、沿水、沿节点绿化提档升级,构建良好的绿地系统、湿地系统。加快推进城市公园、圆陀角生态公园、头兴港景观河整治等生态项目,加大节点游园建设力度,着力构筑“点、线、面”相结合的绿色屏障,确保全年完成成片造林绿化1万亩,新增城市绿地70万平方米。

“两减六治三提升”环保专项行动是解决突出环境问题的重要举措。要以“两减”为突破口,大幅减少污染物源头排放,尤其要在减少煤炭消费总量和减少落后化工产能上取得突破,从源头上为生态环境减负;要以“六治”为主抓手,加强环境隐患、畜禽养殖污染、黑臭水体、挥发性有机物污染、扬尘污染、生活垃圾等问题治理,铁腕亮剑、重拳出击,扎扎实实解决好群众身边的环境问题;要以“三提升”为着力点,持续提升生态保护水平、环境经济政策调控水平、环境执法监管水平,为生态环境建设提供更加有力的保证。明年是专项行动的第一年,要按照集中发力、狠抓源头、精准治污、保护优先、从紧从严、创新引领的要求,各项工作尽量朝前排、往前赶,为常态长效治理赢得时间和空间,确保环境质量南通领先。

(八)着力统筹联动,打造优质软环境。在日趋激烈的区域经济竞争中脱颖而出,既要增强发展硬实力,更要打造优质软环境。要加快建设安定有序、充满活力的社会环境,努力营造民风淳正、民心同向、民气昂扬的良好氛围。

全国文明城市是含金量最高的城市荣誉,是一个城市最有价值的无形资产和最具竞争力的金字招牌。明年是这一轮全国文明城市创建的决胜之年,是得分权重最大的一年。全市上下要围绕创建全国文明城市提名城市这一目标,对照测评体系,强化整体联动,不断巩固和深化文明创建长效机制。要突出重点环节,加大社区服务中心扩展、人行道盲道调整、“五小行业”整治等方面工作力度。大力选树“启东好人”、道德模范等先进典型,加强文明素质养成教育和全民家庭家风建设,推动社会主义核心价值观深入人心,让文明创建成果惠泽更多群众。

依法治市是高水平全面建成小康社会的重要保障。要强化法治政府建设,深入开展法治政府示范创建和依法行政示范点建设,切实提升执法人员工作能力和服务水平。深化司法体制改革,加强司法规范化建设,持续提升司法公信力。全面实施“七五”普法规划,营造崇尚法治的良好氛围。创新立体化现代化社会治安防控体系,加强群防群治力量,加快大数据服务指挥中心建设、老小区技防改造、“天网工程”提档升级,打造一流的市镇村三级综治中心,全面提升“平安启东”建设水平。加快社会治理创新,巩固和深化群众工作“三强化三提升”机制，探索建立城乡社区“三有三会”协商机制和交通事故、物业等领域矛盾纠纷专业调解机制，维护社会和谐稳定。

*优质高效的政务环境和营商环境是地区发展不可或缺的重要条件。*要全力当好服务企业的“店小二”，为企业家和投资者创造良好环境。推进“互联网+政务服务”，实现行政审批电子化、公开化，让数据多走路、企业少跑腿，切实提高服务企业效能。加快信用启东建设，优化社会信用信息系统，健全守信激励和失信惩戒机制。构建“亲”“清”新型政商关系，做到有交集不搞交换、有交往不搞交易，共抓实业、共谋发展。

为党的十九大召开营造和谐稳定的社会环境，是明年最大的政治任务，必须有效防控各类风险。要进一步强化底线思维，全面梳理可能影响安全稳定的风险点，及时化解消除，做到预防在先、处置在前。对社会稳定的风险点，要发挥好市领导包片包线包案挂钩联系制度，更多运用法治思维和法治方式解决可能引发群众性矛盾的突出问题，研究处理、加快化解信访积案。对经济运行的风险点，要切实增强风险意识，高度警惕企业经营不善、企业联保互保等风险，做到未雨绸缪、防患未然。对安全生产的风险点，要严格落实安全生产责任制，按照中央出台的安全生产领域改革发展意见，加强安全生产全过程监管，把安全生产隐患降到最低，巩固安全生产持续稳定形势。

市人大、政府、政协和镇人大、政府将于明年初换届，要以高度的政治责任感，加强组织领导，落实政治责任，严格执行“九严禁”等纪律规定，共同营造风清气正的换届环境，确保换届工作圆满完成。

五、奋力推动全面从严治党迈上新台阶

党的十八届六中全会，是在中国共产党成立95周年、红军长征胜利80周年的重要历史节点，全面深化改革、决胜全面小康的关键时刻召开的一次十分重要的会议。全会聚焦全面从严治党重大主题，既是对党的十八大以来全面从严治党取得重大成就的总检阅，也是对未来新形势下进一步全面从严治党的总部署，更是对全面从严治党继续新“赶考”、开辟新篇章的总动员。全会审议通过的《关于新形势下党内政治生活的若干准则》和《中国共产党党内监督条例》，是党建制度创新和全面从严治党的重要实践成果，是新形势下推进全面从严治党的纲领性文件。我们要认真学习，深入领会，准确把握精神实质，紧密结合自身实际，对我市全面从严治党的思路再完善、措施再深化、工作再提升，确保取得新的过硬成果。思路再完善，就是要根据六中全会和省、南通市党代会精神的新部署新要求，立足我市党的建设新情况新实践，紧紧抓住严肃党内政治生活这个关键，有效用好党内监督这个手段，不断提高党的建设科学化水平。措施再深化，就是要坚持更高标准、更严要求，创新完善全面从严治党“五个四”工程升级版，针对我市党建工作中的薄弱环节，提出更有针对性的解决措施，特别是要在严肃党内政治生活、加强党内监督上下更大功夫。工作再提升，就是要坚持谋硬招、务实干，以党组织功能是否增强、党员干部素质是否提高、党的建设各项部署是否落实、党的建设对经济社会发展的根本保证作用是否明显、人民群众是否满意为尺度，全面检验党的建设工作成效，为启东改革发展稳定提供更加坚强的政治保证。本次会议印发的《关于学习贯彻党的十八届六中全会精神深入推进全面从严治党的决定》（征求意见稿），就进一步加强和规范党内政治生活、加强党内监督提出了明确要求，文件将在这次全委会征求各方意见的基础上下发，请各地各部门抓好贯彻落实。

（一）严肃党内政治生活，持续净化党内政治生态。严肃认真的党内政治生活是坚持党的性质和宗旨、保持先进性和纯洁性的重要法宝。要严格落实新形势下党内政治生活若干准则，强化“三堂汇学”“三会一课”“记实管理”“一亮三诺”四大举措，着力增强党内政治生活的政治性、时代性、原则性、战斗性。

*要把加强思想教育作为重要引领。*深入学习习近平总书记系列重要讲话精神，坚持不懈用中国特色社会主义理论体系武装头脑、指导实践、推动工作，更加坚定道路自信、理论自信、制度自信、文化自信。毫不放松地加强党性教育，进一步增强“四个意识”特别是核心意识、看齐意识，更加坚定不移地维护以习近平同志为核心的党中央权威。深入推进学习型党组织建设，发挥党委（党组）中心组学习示范带动作用，提升“三堂汇学”品牌效应。全面落实党委（党组）意识形态工作责任制，深入实施宣传舆论引导工程，打好主动仗、唱响主旋律。顺应新媒体时代受众特点，推进传统媒体与新媒体融合发展，发挥好“启东发布”等媒体的正面引导作用。

*要把严格组织生活作为重要载体。*严格执行民主集中制，认真落实市委工作规则、市委常委会议事决策规则，做到决策前深入讨论、畅所欲言，决策后坚决执行、合力攻坚。健全完善“三重一大”事项决策机制，深入开展调查研究，广泛征求各方意见。严格规范领导班子民主生活会，扎实开展谈心谈话、批评和自我批评等活动，建立保证民主生活会质量的长效机制。坚持和完善基层党组织“三会一课”、统一活动日等制度，进一步增强党组织生活对党员干部的吸引力和感染力。深化党员记实管理，以“一亮三诺”强化岗位实践，推动党员在践行“四讲四有”上当先锋、作表率。

*要把选准管好干部作为重要任务。*认真落实“20字”好干部标准，严格干部选拔、培养、教育、管理四大环节，建设一支有定力、善创造、敢担当、重落实、守规矩的干部队伍。认真执行干部选拔任用条例，充分发挥党组织的领导和把关作用，真正让忠诚干净担当、为民务实清廉、奋发有为、锐意改革、实绩突出的干部得到褒奖和重用。认真落实关于防止干部“带病提拔”的意见，加强对干部全方位、多角度、立体式考察。大力实施年轻干部“5512”培养锻炼计划，安排年轻干部到基层一线“墩苗助长”，遴选一批协调能力强、业务水平高的优秀中青年干部到上海挂职锻炼。深入实施干部素质提升工程，全面提高履职能力。落实从严管理干部“五个要”要求，严格执行领导干部报告个人有关事项制度，进一步健全严管干部工作体系。严格落实“三个区分开来”，研

究建立容错纠错机制，宽容干部在工作中特别是改革创新中的失误。大力弘扬求真务实工作作风，认真践行“三严三实”，推动党员干部讲真话、办实事。

要把夯实基层基础作为重要支撑。深入落实南通市基层党建“六大工程”，统筹抓好城乡基层、“两新”组织、市镇机关、行业系统四大领域党建载体创新。在村(社区)党组织深入开展星级基层党组织、星级党组织书记“双星联创”活动，健全村(社区)“四位一体”党组织架构，加大新型社区、家庭农场等领域党组织组建力度。选优配强基层党组织班子，深入实施“双培育双提升”计划，持续推进驻村“第一书记”工作。深化党建领航站“四有四化”建设，加强园区“一站式”党群服务中心建设，常态化开展“两联四讲四引领”教育引导群众工作。在“两新”组织深入实施“红帆助力”工程，引导党组织在助推转型升级、服务党员职工中凸显战斗堡垒作用。在市镇机关扎实推进“先锋引领”工程，推动机关党建走在前、当示范。在行业系统深入开展“双亮双比”活动，突出行业特色、打造品牌亮点。

(二)切实强化党内监督，构建党内监督新格局。加强党内监督是坚持党的性质和宗旨、保持肌体健康和活力的根本保证。要严格落实党内监督条例，突出深化“八项整治”、严明“六大纪律”、践行“四种形态”、建设“三清示范区”四大重点，着力增强自我净化、自我完善、自我革新、自我提高的能力。

要突出监督重点。紧紧抓住领导干部这个“关键少数”，深入推进主要领导“四个不直接分管”工作，探索加强对“一把手”监督的有效措施。注重重点领域、重点岗位干部监督与不同层级、不同类型干部监督相结合，推动实现所有干部监督管理全覆盖。进一步明确监督内容，围绕确保党章党规党纪有效执行，重点解决党的领导弱化、党的纪律松弛等问题，推动各级领导干部做到有权必有责、有责要担当，用权受监督、失责必追究。

要健全监督体系。党委(党组)要加强党内监督工作组织领导，全面履行主体责任；党委(党组)书记切实履行第一责任人责任，党委(党组)成员在职责范围内履行监督职责。纪检监察机关要强化主责主业意识，突出监督执纪问责。党委工作部门既要加强内部监督，又要强化对本系统的日常监督。充分发挥基层党组织、党员和外部监督的作用，自觉接受来自人大、政协、群众和舆论等方面的监督，织紧织密监督之网。

要落实监督举措。严格落实党风廉政建设责任制，全面推行履职纪实制度，坚持“一案双查”，压实党委主体责任、纪委监督责任。持之以恒抓好中央八项规定精神和省委、南通市委及我市十项规定的落实，深入开展“八项整治”，锲而不舍抓好作风建设。严格执行廉洁自律准则、纪律处分条例，推动党员干部把党规党纪刻印在心、落实于行。加强市委巡察工作，紧扣“六大纪律”，聚焦“四个着力”，更好发挥利剑作用。实践运用监督执纪“四种形态”，依规依纪进行纪律审查，切实把纪律要求贯穿信访受理、谈话、函询等各环节。坚定不移惩治腐败，坚决查处发生在群众身边、侵害群众利益的不正之风和腐败问题。全面深化“三清示范区”建设，推进廉政文化建设，切实加强源头预防。

(三)落实管党治党责任，提高党建科学化水平。全面从严治党，必须增强管党治党意识，落实管党治党责任。要健全完善“一岗双责”“三查三看”“联述联评”“双轮考核”四大机制，切实把全面从严治党要求落实到党的建设各个方面。

要以强烈的担当意识推动责任落实。各级党组织要把主体责任牢牢扛在肩上，做到知责，细化责任清单，明确责任所在；做到尽责，把抓好党建作为最大政绩，对党建工作主动抓、严格抓、认真抓，尽到最大责任；做到负责，本着对党负责、对事业负责、对同志负责的精神，坚持敢抓敢管、长抓长管，真正抓出成效。纪检、组织、宣传等部门承担具体职能责任，党建工作领导小组加强具体指导协调。党委(党组)书记要切实履行第一责任人责任，领导班子其他成员要严格履行“一岗双责”。加强党建工作督查，健全“三查三看”日常督查机制，注重过程管理。完善“联述联评”履责评议机制，深化下级党组织向上级党组织报告党建工作和书记抓党建述职工作。

要以创新的思路举措促进责任落实。探索融合党建新路径，坚持“三个融合”原则，即目标融合制定，统筹谋划党的建设目标与中心工作目标，做到目标同时制定、任务同时分解、责任同时落实；工作融合推进，把党的建设贯穿中心工作和业务工作全过程，做到同频共振、相互促进；考核融合进行，完善“双轮考核”目标管理机制，优化基层党建考核评价体系，强化抓党建的鲜明导向。尊重基层首创精神，不断总结我市党建工作新经验，形成新成果，以先行先试、典型引领带动面上工作全面提升。

要以完善的制度体系保障责任落实。坚持思想建党和制度治党紧密结合，将制度治党贯穿于党建工作全过程。一方面抓制度完善，坚持与时俱进、立破并举，制度缺位的要抓紧建立、抓紧补位，已有制度该细化的细化、该完善的完善。另一方面抓制度执行，坚持执行制度没有例外，以“钉钉子”的精神强化制度执行，坚决维护制度的严肃性和权威性。

同志们，全面接轨上海的美好前景催人奋进，全力促进民富的历史使命艰巨光荣。让我们紧密团结在以习近平同志为核心的党中央周围，高举中国特色社会主义伟大旗帜，在省委和南通市委的坚强领导下，凝心聚力、开拓创新，求真务实、砥砺前行，向着高水平全面建成小康社会阔步迈进，以优异的成绩迎接党的十九大胜利召开！

(市委办)

政府工作报告

——2017年1月10日在启东市第十七届人民代表大会第一次会议上

黄卫锋

2016年和十六届政府工作回顾

刚刚过去的2016年，是“十三五”开局之年，也是本届政府的收官之年。我们在中共启东市委的正确领导下，在市人大、市政协的监督支持下，团结和依靠全市人民，坚持稳中求进工作总基调，自觉践行新发展理念，主动适应经济发展新常态，奋力拼搏，求真务实，统筹推进稳增长、调结构、促改革、惠民生、防风险等各项工作，经济社会发展呈现总体平稳、稳中有进的良好态势。2016年，全年预计(下同)实现地区生产总值880亿元，比上年(下同)增长9.6%。完成一般公共预算收入71亿元，其中税收收入总量列南通各县市第一。完成全社会固定资产投资615亿元，增长14%。实现社会消费品零售总额322亿元，增长10%。城乡居民人均可支配收入分别达37400元、19900元，增长8.2%、8.8%。

一、抓产业促转型，经济实力持续攀升

工业经济稳中有进。强化运行监测，狠抓降成本、减负担等政策措施的精准落地，全年实现规模工业产值1864亿元，增长11.4%；实现工业应税销售700亿元，增长16.8%；列中国工业百强县市第38位，比上年提升17位。重点产业、企业支撑有力，“三优三新”产业占全市规模工业产值比重达72.4%，50强企业实现应税销售382亿元，增长9.8%。加强技术装备和质量品牌建设，完成技改投入236亿元，新申报省级著名商标5件，获评省级名牌产品7个。推进企业上市，泰林股份、和和塑胶等企业在“新三板”挂牌。建筑业实现产值750亿元，南通二建在中国企业500强中排名第294位。

服务业加快转型。注重提质增效，实现服务业增加值390亿元，增长10.8%；完成投资252亿元，实施亿元以上服务业产业项目38个；实现服务业应税销售532亿元。新兴业态加快培育，搜搜五金城、淘金创谷等互联网企业投入运营。旅游业迅速崛起，圆陀角、启隆成为上海周边热门旅游目的地；惠萍水果小镇对外开放，黄金海滩加快升级改造，神鲜街主体工程竣工，渔人码头完成驳岸施工；成功承办南通江海国际旅游节、乡村旅游节，累计接待游客380万人次。陆海统筹发展金融服务创新示范区建设有力推进，省金融生态优秀县市排名提升5位。

现代农业提档升级。推进农业现代化建设，实现农业总产值131.7亿元，新增高效设施农业面积1万亩、高标准农田5.6万亩，获评省发展现代高效农业成效显著市。建成国家级休闲农业星级示范点5个，成功创建全国休闲农业与乡村旅游示范市。实现农产品出口9500万美元，位居全省前列；“启东洋扁豆”获评国家地理标志。新型主体加快培育，新增国家级农业龙头企业1家，省级以上示范合作社10家、示范家庭农场5家。现代渔业加快发展，建成全省首家海水循环养殖基地，获评省平安渔业示范市。

二、抓项目促发展，沿海开发持续突破

项目建设成效明显。落实重大项目建设“双十”三年行动计划，强有力推进100个重大项目建设。开展“项目建设提速年”活动，完成工业投资362亿元，增长10%。新开工亿元以上产业项目108个，其中10亿元以上项目6个，新竣工亿元以上项目52个，在南通市项目建设综合考评中名列各县市区第二，获年度流动红旗。姚记扑克、尚华医药、胜狮二期等重大项目开工建设，广汇能源一期工程基本竣工，华峰超纤、华滋海工等重大项目竣工投产。强化用地保障，成功创建全国国土资源节约集约模范市，拆旧复垦土地3030亩，争取各类土地指标1561亩。

园区经济加快发展。八大园区集聚效应日益凸显，一般公共预算收入、工业应税销售占全市比重分别超过50%、80%。启东经济开发区在全省省级开发区综合评价中名列第二，吕四港经济开发区港口基础设施建设全面推进，海工船舶工业园入选省首批海洋经济创新示范园区，滨海工业园更名为启东高新技术产业开发区，滨江医药化工园安全生产和环境保护不断强化，圆陀角旅游度假区跻身华东地区滨海休闲旅游度假胜地，启隆生态科技产业园休闲旅游项目加快推进，江海产业园通航机场获民航华东管理局批复。

融入上海步伐加快。大力实施接轨上海“参与、联动、服务”战略，沪启合作不断深入。坚持交通先行，北沿江高铁纳入国家中长期铁路网规划和省“十三五”规划纲要，启沪城际快线日发188班次，崇启大桥车流量首次突破1000万辆。抢抓上海产业转移机遇，加强与上海张江药谷、紫竹科学园区对接，合作共建、产业联动模式不断完善；对沪招商活动深入开展，新增项目投资196.5亿元。积极打造创新载体，与上海交通大学合作建设产业技术研究院。教育、医疗、人才、农业、旅游等对接上海工作取得新成效。

三、抓改革促创新，发展活力持续增强

重点改革有序推进。加快供给侧结构性改革，扎实开展“三去一降一补”五大行动，重点领域和关键环节改革取得实质性进展。行政审批制度改革不断深化，取消行政审批事项30项，衔接上级下放事权8项，全市企业“五证合一”改革顺利实施，全面启动不动产统一登记工作，市、镇、村三级政务服务平台实现一体化管理。陆海统筹发展综合配套改革深入推进,海域使用权证抵押贷款61.5亿元。农村土地承包经营权确权登记颁证工作有序开展,发放土地承包经营权抵押贷款4017万元。医药卫生体制改革成效明显,被国务院确定为县级公立医院综合改革示范县市。推进综合行政执法体制改革,积极探索跨部门、跨行业综合执法。

对外开放更加深入。大力开展"项目引进年"活动,聚焦重点区域、重点产业,实施精准招商、产业招商,新增协议注册外资5.1亿美元,实际使用外资3.35亿美元,列南通各县市前茅;日立三环、上海鼓风机、泽生医药等一批重特大项目成功落户。经贸合作保持领先,完成外贸进出口29.6亿美元,其中出口25.7亿美元,增长3.5%;出口超亿美元企业达5家,韩华新能源出口8.9亿美元。中韩(启东)中小企业国际合作区成立,启东海关、国检获批设立。

创新能力不断增强。创新型城市加快建设,全社会研发投入占地区生产总值比重2.52%,完成高新技术产业产值894亿元,占规模工业产值比重48%,新增高新技术企业24家、授权发明专利191件,实施产学研合作项目172个;林洋能源、神通阀门获评省创新型企业百强。创新平台加快布局,成立北大生命科学华东产业研究院、国家科技领军人才创新驱动启东中心,启东经济开发区获评省"两化融合"试验区。技术标准战略大力推进,主导制定国家标准1个,参与制定、修订12个。人才工作南通领先,引进创新创业领军人才158人,其中国家"千人计划"专家5人、省"双创人才"8人、省"双创团队"1个,列全国创新创业中小城市百强第11位。

四、抓环境促协调,城乡面貌持续改善

城市功能稳步提升。路网结构不断优化,世纪大道东延、江海路南延、和平路北延等6条道路竣工通车,钱塘江中路、民胜路南延、建设路南延等12条道路加快建设。城市景观不断美化,灵秀公园建成开放,蝶湖公园、中央河绿带加快打造;新增游园节点3个、健身步道7公里,完成桥梁亮化11座。城市功能配套日趋完善,二手车交易市场、大润发商业体建成营业,邻里中心、农贸市场建设有序推进。扎实开展城市环境综合整治"951"行动,强势推进拆违控违工作,全年拆除违章建筑33.9万平方米;开展市容整治,强化交通管理,城市环境面貌有效改善。

基础设施更为完善。宁启铁路启东段完成总工程量的60%,海启高速启东段加快建设。开展市域快速路网规划和城市综合交通规划研究,吕四港区铁路专用线完成预可评审。志圩公路开工建设,打通省道221茅家港、王海公路东元镇节点,国道345启东段、省道335吕四改线段完成设计,新建农村公路连接道路30公里。区域供水通久线、崇启线加快建设,"西气东输"工程稳步推进,危废处理项目开工建设,沿海变、圆陀角变等电力工程竣工投用。扩大公交线路覆盖面,新增新能源公交车43辆。

生态治理深入推进。严格落实中央环保督察要求,深入开展环保执法专项行动,关闭畜禽养殖场69家,关停企业39家、整改企业179家。大气污染防治扎实开展,空气质量优良率保持南通领先。巩固扩大水环境整治成果,重点河道生态修复工程加快推进,新增污水管网28.4公里。实施造林绿化工程,新增造林绿化面积1.2万亩、城市绿地面积73万平方米,林木覆盖率达25.2%;圆陀角湿地公园通过省级评审。农村环境"六位一体"深入实施,建成南通市级以上长效管理示范镇2个、"美丽乡村"3个。

五、抓民生促和谐,幸福指数持续提高

民生实事有效推进。十大类40项为民实事项目基本完成,全年民生投入67亿元。坚持促进就业和支持创业并举,提供就业岗位1.1万个,新增个体工商户5957户,新登记企业2565户。社会保障体系不断健全,社保参保率超过96%,基础养老金标准提高至115元;大力实施"救急难"机制,城镇、农村低保标准分别提高至590元、530元,困难残疾人补助制度更加完善,慈善救助有效加强。精准扶贫、结对帮扶力度加大,实现脱贫2821户、4252人。开工建设安置房104万平方米,竣工85万平方米,交付6500套。人民医院内科大楼建成投用,精神卫生中心加快建设,文化体育中心、妇幼保健院、社会福利中心等一批重大民生工程开工建设。

社会事业协调发展。教育现代化建设加快推进,深化教育教学改革,加强师德师风建设,教育质量稳步提升;60所中小学建成省义务教育现代化学校。公立医院综合改革不断深化,分级诊疗制度有序推进,基层医院门诊首诊比例明显提高;建成省级卫生村30个、示范村卫生室50家。养老服务体系不断完善,开展政府购买居家养老服务,新增养老机构3家、床位500张。全民健身理念深入人心,"共乐东疆"百项群众文体活动蓬勃开展,15所学校运动场地向社会开放,建成省公共体育服务示范区,成功举办中国新西兰电影节、中国竹笛艺术节、国际铁人三项赛、吴歌论坛等活动。

社会治理不断创新。全国文明城市创建扎实推进,市民文明素质和城市文明程度不断提升,2人获评"中国好人",累计建成1983个"正能量加油站"。基层民主建设持续加强,村、居换届顺利完成。社会诚信体系加快建设,"信用启东"上线运行。平安启东深入推进,社会治理现代化、智能化水平稳步提高。丰富拓展"一综多专"大调解模式,综合运用诉讼、仲裁、调解等方式依法化解社会矛盾。食品、药品监管不断加强,实施放心食品、安全用药工程。严格落实安全生产"党政同责、一岗双责"和企业主体责任,安全生产形势总体平稳。应急工作制度化、规范化建设不断加强,突发事件防范、应对和处置水平有效提升。

一年来,我市的档案、气象、地方志、民族宗教、人民武装等方面的工作也都取得了新的成绩,妇女儿童、青少年、老龄、红十字、见义勇为和关心下一代事业健康发展。

各位代表,2016年各项目标任务的顺利完成,为本届政府工作画上了圆满句号。过去的五年,是启东发展史上很不平凡、极富挑战的五年,是砥砺奋进、成效显著的五年。

五年来,我们致力于稳中求进、发展为先,综合实力跃上新台阶。积极应对复杂多变的宏观经济形势,地区生产总值、规模工业产值、全社会固定资产投资、社会消费品零售总额年均实现两位数增长,列2016年全国县域经济基本竞争力百强县市第24位,排名比2011年提升19位。尤其令人振奋的是,一批事关启东长远发展的大事要事取得突破性进展,让启东喜圆"大学之梦"、拥抱"东方大港"、憧憬"动车时代"。

五年来，我们致力于改革创新、提质增效，转型升级取得新突破。全面推进重点领域和关键环节改革，行政审批、区镇合一、综合医改等改革成效持续释放。主动跨江融合，接轨上海“2468”目标基本实现。三次产业结构优化为7.7:47.9:44.4，服务业比重提高8.4个百分点，农业现代化建设有效推进。科技进步贡献率达64%，高新技术产业、新兴产业产值占规模工业产值比重分别提高7.9、13.5个百分点，荣获全国科技进步先进市、省人才工作先进市。获得鲁班奖8个，荣获中国建筑之乡称号。

五年来，我们致力于生态优先、统筹发展，城乡环境呈现新面貌。新一轮城市总体规划获批，“一主两副三片区”城乡发展空间格局基本形成，城区建成区面积拓展至34平方公里，城市化率达56%。全国重点镇、省经济发达镇、南通市级中心镇建设扎实推进。“海陆空、公铁水、江海河”综合集疏运体系加快形成，一类口岸正式开放，吕四港区10万吨级航道一期工程完工，宁启铁路、海启高速加快建设，临海高等级公路建成通车，通航机场加快推进，等级公路和农村公路里程、密度全省领先。生态环境有效改善，空气质量保持南通领先，水环境质量持续向好，林木覆盖率提高10.8个百分点，荣获省园林城市称号。

五年来，我们致力于为民惠民、共建共享，人民生活实现新改善。深入推进全面小康建设，累计民生支出268亿元，实施民生实事181件。城乡居民人均可支配收入年均分别增长9.4%、9.7%。社会保障体系日趋完善，支出社保资金78.7亿元、医保资金48.8亿元。全力推进饮水安全、校舍安全、住房保障等重大工程，教育、文化、医疗等基本公共服务水平明显提升，荣获中国长寿之乡、国家卫生城市、全国义务教育发展基本均衡市、省文明城市等称号，实现省双拥模范城“七连冠”。

五年来，我们致力于依法行政、廉洁从政，自身建设得到新加强。深入开展党的群众路线教育实践活动、“三严三实”专题教育活动和“两学一做”学习教育，严格执行中央八项规定，从严落实“两个责任”，驰而不息整治“四风”，加强行政监察和审计监督，科学执政、廉洁自律和效能服务意识明显增强。深入推进依法行政，法治政府建设步伐不断加快。政府机构改革顺利完成，部门职能更加清晰。深化“放管服”改革，“一枚印章管审批”全面推行。累计办理人大代表议案建议1103件、政协委员提案1309件，办复率达100%，满意率超过99%。

各位代表，五年风雨兼程，成绩令人鼓舞，经验弥足珍贵。回顾本届政府的工作，我们真切体会到，必须坚持发展第一要务，狠抓稳定增长和转型升级不动摇，才能不断提升发展质量和效益；必须坚持改革创新，以改革激发活力，以创新引领发展，才能培育竞争新优势；必须坚持以人为本，更大力度保障和改善民生，才能增强人民群众的获得感；必须坚持依法行政，改进工作作风，才能汇聚跨越发展的强大合力。

各位代表，五年的变化有目共睹，五年的发展振奋人心。成绩的取得，是市委正确领导的结果，是市人大、市政协监督支持的结果，更是全市百万人民团结拼搏、努力奋斗的结果。在此，我代表市人民政府，向各位人大代表和政协委员，向全市工人、农民、知识分子、离退休老同志，向驻启部队指战员、武警官兵、公安干警和所有关心支持启东发展的海内外朋友，致以崇高的敬意和衷心的感谢！

在肯定成绩的同时，我们也清醒地看到工作中存在的困难和问题：经济下行压力依然较大，结构性问题仍然突出，自主创新能力还不强，产业集聚程度还不高，发展质量还需进一步提高；城乡发展还不均衡，公共服务供给、资源要素配置有待进一步优化，城乡居民收入有待进一步提高，环境保护与治理还需进一步强化；政府职能转变、法治启东、诚信启东建设还需进一步加强。对此，我们一定要高度重视，切实采取有力措施，认真加以解决。

今后五年的总体思路和奋斗目标

今后五年，是启东高水平全面建成小康社会的决胜阶段，是推进“强富美高”新启东建设的关键时期。当前，世界经济进入转型期，新一轮科技革命和产业变革蓄势待发；中国经济进入新常态，供给侧结构性改革纵深推进，新的增长点正在加快孕育，为启东加快发展提供了现实机遇。多重国家战略效应的加速释放，南通跨江融合、接轨上海战略的全面实施，大港、高铁时代的即将来临，为启东加快发展注入了更加强劲的动力。特别是经过多年的积累，我们的产业竞争力、资源集聚力、发展支撑力显著增强，一批重大项目、龙头企业和重点园区正释放新的动能，必将为启东加快发展提供坚实的基础。只要我们把宏观的形势把握好，把叠加的机遇利用好，把独特的优势发挥好，因势而谋、乘势而上，就一定能在新的起点上不断开拓发展新境界。

新一届政府工作的总体思路建议为：在以习近平同志为核心的党中央坚强领导下，全面落实党的十八大和十八届三中、四中、五中、六中全会精神，深入贯彻习近平总书记系列重要讲话精神，按照省、南通和启东党代会决策部署，协调推进“五位一体”总体布局和“四个全面”战略布局，坚持稳中求进工作总基调，牢固树立和贯彻落实新发展理念，深入实施“领跑沿海、融入上海、包容四海”发展战略，全面接轨上海、全力促进民富，统筹推进经济、文化、社会、生态文明建设和政府自身建设，积极打造创新型城市、现代港口城市、休闲旅游城市、宜居宜业城市，高水平全面建成小康社会，努力建设“强富美高”新启东。

围绕以上总体思路，到2021年，奋斗目标建议为：地区生产总值超1300亿元，一般公共预算收入力争超百亿元，人均地区生产总值超过全省平均水平；城乡居民人均可支配收入分别超5万元和3万元；空气质量优良天数比例保持在80%以上，Ⅲ类以上地表水比例超85%；文化产业增加值占地区生产总值比重达5%，万人拥有公共文化设施面积1600平方米以上、体育设施面积2.8万平方米以上；法治建设满意度、公众安全感分别保持在90%、95%以上。科技进步贡献率达65.5%，全社会研发投入占地区生产总值比重达2.8%，万人发明专利拥有量达22件；全市林木覆盖率超30%，建成区绿化覆盖率超45%。

实现上述目标,必须把握重点、狠抓关键。

一是坚持改革创新,增强内生动力。始终把创新摆在发展全局的核心位置,以改革强动力、向创新要活力,在更高层面、更深层次上破解发展瓶颈、激活发展动能,真正让改革创新成为启东新一轮发展的鲜明特征。

二是坚持融合发展,拓展发展空间。依托"一带一路"、长江经济带等国家战略,更大力度"引进来",更高水平"走出去"。深入实施接轨上海"参与、联动、服务"战略,在"跨江融合、接轨上海"中走在先、干在前,努力当好南通建设上海"北大门"的"门柱子"。

三是坚持统筹协调,推进城乡一体。更加重视"三农"工作,扎实推进新型城镇化和城乡发展一体化,推动城市特色充分彰显、城镇面貌更大改观、村居社区功能完善,城乡发展水平全面提升。

四是坚持生态领先,打造绿色家园。树立尊重自然、顺应自然、保护自然的生态文明理念,把生态文明建设放在突出地位,以更高标准、更严要求持续改善生态环境质量,让"天更蓝、地更绿、水更清、景更美"成为启东的一张靓丽名片。

五是坚持富民导向,提升幸福指数。践行以人民为中心的发展思想,坚持把人民对美好生活的向往作为政府工作的始终追求,在富裕百姓、造福百姓、普惠百姓中增进民生福祉,努力使经济发展更有"温度",民生幸福更有"质感"。

2017年主要工作建议

2017年是党的十九大召开之年,是实施"十三五"规划承上启下的重要一年,也是新一届政府的起始之年,做好今年的政府工作十分重要。我们将按照中央、省、南通和启东市委的决策部署,扎实做好各项工作,全力推进经济平稳健康发展和社会和谐稳定。

2017年,全市经济社会发展的主要预期目标建议为:地区生产总值增长9.5%左右,一般公共预算收入同口径增长8%左右,全社会固定资产投资增长12%以上,社会消费品零售总额增长10%左右,外贸进出口总额保持适度增长,城镇和农村居民人均可支配收入分别增长8%、8.5%左右,节能减排完成上级下达任务。

工作中,主要抓好七个方面:

一、突出转型升级,增强实体经济竞争力

在调整存量、优化增量、提升质量上下功夫,加快产业优化升级,培育实体经济发展新动能。

推动制造业提档。围绕"三优三新"产业,全力推动产业项目集聚化、链式化、规模化发展,加快打造上海北翼先进制造业基地。深入开展服务企业系列活动,积极帮助企业降本增效,引导企业用足用好各项帮扶政策,保障实体经济健康运行,全年规模工业产值突破2000亿元,新增规模企业30家,培育应税销售净增10亿元以上企业3家、亿元以上企业15家。争创中国驰名商标1件、省级名牌产品2个,引导企业打造国际国内更具知名度的产品。鼓励企业对接资本市场,拓宽融资渠道,更好地运用上市、发债等直接融资手段,力争5家企业挂牌上市。加快建筑业转型升级,提升现代化、产业化、国际化水平,实现建筑业产值800亿元。更加重视企业家队伍建设,引导企业深耕主业,发扬"工匠精神",打造"单项冠军",培育"百年老店",用坚守和专注打造属于自己的独特优势;激励广大企业家大胆去想、大胆去干、大胆去闯,形成活力迸发、百舸争流的生动局面。

推动服务业提速。以休闲旅游为突破口,全面提升服务业发展速度,服务业投资增长15%以上,服务业增加值占地区生产总值比重超45%。启动全域旅游、海洋旅游休闲城市建设,依托"一区一港一岛一城"和"沿江沿海沿道",加快五国温泉城、吕四神鲜街等旅游项目建设,重点推进总投资200亿元的恒大水上世界项目开工建设,打响"迎日出、品海鲜、深呼吸"的城市旅游品牌。着力培育新兴业态,加快推动互联网产业园、国动产业园发展。多元化发展生活性服务业,完善综合配套,优化功能布局,规划建设新型城市综合体、商业街区。

推动现代农业提质。加速农业现代化建设,提高农业技术装备水平,加强农田水利设施建设,建设高标准农田19万亩。稳妥推进农村土地所有权、承包权、经营权"三权分置"工作,培育新型农业经营和服务主体,争创南通市级以上农业龙头企业5家、示范家庭农场8家。加快农业结构调整,因地制宜探索创意农业发展模式,做强"四青作物"、"地产三宝"、吕四海鲜等特色品牌,建成休闲农业和乡村旅游特色线路10条。大力提升现代渔业,推进吕四国际水产品交易中心规划建设。做好第三次全国农业普查工作。

二、突出项目带动,增强持续发展支撑力

牢固确立"项目为王"的理念,一切围绕项目干,以项目的快集聚、快推进、快达效,推动经济平稳健康发展。

狠抓项目建设。深入实施重大项目"双十"三年行动计划,扎实开展"项目建设提质增效年"活动,全年工业投资增长10%,新开工亿元以上项目130个,其中10亿元以上项目5个;竣工亿元以上项目50个。全力推进3个省级、17个南通市级和100个启东市级重大项目,推动天成粮油、芬兰雅威科技、上海鼓风机等一批项目开工建设,加快胜狮二期、东成二期、盖天力二期、尚华医药等一批项目建设,广汇能源、姚记扑克、林洋光伏、米歌酒庄、海四达能源等一批项目建成投产。强化项目建设的督查考核,坚持把投资实物量、产出贡献度作为衡量项目实绩的重中之重。加强土地要素保障,完成土地增减挂钩5000亩、土地复垦2200亩、耕地占补平衡2000亩。

提升招商实效。更大力度推进招商选资,密切关注央企聚集区、民资富集区、外资密集区和上海企业群,全年开展各类招商活动100场次以上,力争引进10亿元以上项目5个,实际使用外资3亿美元以上。突出产业链招商,编制"十大产业链"招商项目清单,围绕重点产业、紧盯重点环节、聚焦重点企业,加快引进一批龙头型、基地型项目。重视签约项目的跟踪督查,切实提高项目的落地开工率。

加快园区转型。推进园区特色发展,做大总量、做精产业、做强实力,培育园区经济新优势。启东经济开发区重点发展生物医药、电子信息、金融数据三大主导产业,吕四港经济开发区加快港口基础设施建设和项目落地开工,启东高新技术产业开发区着力建设跨江融合示范园区，滨江医药化工园着力打造省级生态工业园，海工船舶工业园加快产业高端化转型，圆陀角旅游度假区加快建设一批精品旅游项目，启隆生态科技产业园积极探索融入崇明岛生态优先、绿色发展的新路径，江海产业园加速项目突破和基础设施建设。

三、突出聚力创新，增强转型发展源动力

深入实施创新驱动发展战略，发挥科技创新的引领作用，加快打造创新平台，不断集聚创新人才，增强全市持续发展的潜力和后劲。

培育创新主体。强化企业创新主体地位和主导作用，引导和鼓励企业持续加大研发投入，充分利用“互联网+”、智能制造，全面加强技术、产品、模式创新，着力突破一批关键核心技术，创建一批自主知识产权和技术标准，培育一批创新型领军企业，新增高新技术企业10家。加快发展产业技术创新战略联盟，实施产学研合作项目150个，重点科技成果转化项目10个。申请发明专利1000件，万人发明专利拥有量达到15件。

完善创新平台。加快建设启东产业技术研究院、北大生命科学华东产业研究院、尚华启东生物制药科创中心等十大创新功能平台，打造一批特色鲜明、功能集成的重大创新载体。围绕产业发展的共性需求，积极构建海工船舶、电动工具、金融服务、建筑产业等公共技术服务平台。鼓励年销售5亿元以上企业设立研发机构，全年新增省级以上企业研发机构6家。推动科技和金融深度对接，切实提高创新转化效益。健全引导扶持政策，培育和发展一批新型“众创空间”。

集聚创新人才。深入实施“东疆英才计划”“沪启人才合作工程”，全年引进创新创业人才150人，其中国家“千人计划”专家5人、省“双创人才”“双创博士”15人。不断完善人才引进政策，大力引进科技、医疗、管理等领域的紧缺人才。加快技能型人才培养和引进，提高职业教育水平，培育适应市场需求的技术人才队伍。完善人才激励保障机制，着力解决人才发展面临的困难和问题，形成重才、聚才、用才的良好氛围。

四、突出接轨上海，增强改革开放新活力

发挥“靠江靠海靠上海”的独特优势，深化陆海统筹、江海联动战略，加大对接上海力度，持续推动改革，提高开放水平，努力形成自身特色和优势。

更高层次接轨上海。成立对接服务上海协调推进委员会，积极推动与上海深度融合，力争全年新签约亿元以上产业项目超100个、新增产业投资超200亿元、接待上海客商超300批次、接待上海游客超400万人次。加快交通对接，力争北沿江高铁前期工作取得实质性突破。坚持错位发展、配套联动，强化八大园区与上海区镇、重点企业的合作共建，增强对上海高端产业、优势资本、创新要素的吸引力。大力发展生物医药产业，深化与上海张江药谷、北大生科院合作，推进建设专业化的生物医药园区。

更大力度推进改革。深入推进“三去一降一补”，推动供给侧结构性改革五大任务取得更大进展。稳步实施政府投融资体制改革，更好发挥产业发展引导基金作用，推广政府和社会资本合作、政府购买服务等模式。深化财税体制改革，推进行政事业单位国有资产管理改革，调整完善市镇财政体制，促进财权、事权统一。坚持市场化导向，完善国有企业治理结构，推动国投、城投做大规模、增强实力。深入推进农业供给侧结构性改革，完成农村土地承包经营权确权颁证工作，推动土地规范流转。

更广领域扩大开放。把上海作为“引进来、走出去”的第一窗口，积极策应“一带一路”和长江经济带建设，鼓励建筑业、电动工具等优势产业、企业走出去，带动全市经贸合作上规模、上水平，全年完成对外承包劳务营业额1亿美元，实现进出口总额30亿美元。鼓励通过合作、共建、合资等方式，深化区域、园区、企业合作，大力招引新产业、新业态，提高现代服务业、新兴产业利用外资比重。充分发挥国家一类口岸开放优势，积极推动设立启东综合保税功能区，加快形成启东港口品牌效应。

五、突出城市转型，增强城乡统筹承载力

围绕新城扩容、老城提质、配套完善、民生优先，加快城市“南进、东拓、北延”步伐，打造宜居宜业的滨江临海城市。

构建宜居城市。加快东城区、新城区开发，开工建设金融建筑产业园、新城区综合体，启动蝶湖片区商业街规划建设，城区建成区面积再扩展2平方公里。完善路网体系，建成民胜路南延、公园路南延等城市进出道路，推进黄浦江东路、钱塘江路东段等新城区道路建设，开工建设华龙路、站前路等火车站片区道路，启动人民路、江海路、公园路地下通道规划研究。完善公共配套设施，新建一批邻里中心和农贸市场，合理布局一批停车场、公共厕所和绿化游园，推进社区公共服务中心建设，改造老旧小区基础设施。深入开展“951”环境综合整治、拆违控违、集镇环境整治工作，亮化美化城市景观，着力提升城市管理和服务水平，让生活在这个城市的每个人都有更多的参与感、归属感和自豪感。

完善基础设施。全力保障重大交通工程建设，宁启铁路启东段、海启高速启东段分别完成总工程量的90%、40%。开工建设丁仓港路北延，启动沿江公路、省道221快速化改造。加快吕四港区10万吨级航道二期工程建设，推进通用机场建设报批。强化智慧城市建设，推进城市综合管廊、海绵城市建设。完成“西气东输”启东段、广汇中压管道、启隆天然气站建设，推进国信热电、久隆输变电工程，加快区域供水通久线、启隆线、海惠线建设。完善公路交通安全设施，提档升级农村公路50公里。加大住房保障力度，开工建设安置房80万平方米，竣工100万平方米，交付6000套，力争早日实现“零过渡、零脱幅、零差距”。

打造新型城镇。优化完善“一主两副三片区”空间格局，因地制宜建设特色鲜明、宜居宜业、充满活力的新型城镇。汇龙主城区切实强化城市功能和综合服务功能，加快打造全市生产和生活服务中心。吕四港副中心突出港、产、城融合发展，推进国家新型城镇化综合试点工作。寅阳副中心依托江海交汇的自然景观资源，重点打造休闲旅游基地。南阳、北新、近海优化空间布局，完善功能配套，培育特色产业，壮大镇域经济。惠萍、合作、启隆、王鲍、东海、海复着力打造具有一定产业特色、文化内涵、旅游功能和风貌特征的

特色镇村,保留乡土气息、乡村风貌、田园乡愁。

六、突出绿色增长,增强生态建设推动力

牢固树立"绿水青山就是金山银山"的强烈意识,坚持管控结合、源头治理,促进增长与转型协调、经济与生态互动的绿色发展。

加强生态建设。创建国家生态文明建设示范区,加快生态文明体制改革,把生态文明建设纳入制度化、法治化轨道。不断优化生态空间,加强长江北支湿地保护,加快圆陀角湿地公园建设,力争自然湿地保护率达50%以上;深入开展绿化造林,注重绿化管理和保护,加快推进森林公园建设,改善城市绿地系统,规划建设植物园,重点打造蝶湖公园、中央河绿带等10个绿化工程,新增造林绿化面积1.2万亩、城市绿地面积70万平方米。深化农村环境长效管理机制,建成南通市级以上"美丽乡村"3个。

发展绿色经济。坚持生态效益与经济效益、社会效益相结合,推进园区低碳化、循环化、生态化改造,推动产业优化升级和资源集约利用,形成生态与经济社会和谐共生的发展格局。守住耕地保护、开发强度、生态保护三条红线,节约集约利用土地,严格环境准入、污染物排放标准,落实能源和水资源消耗、建设用地等总量和强度双控行动,实行资源有偿使用和生态补偿制度。加强生态文明宣传教育,引导全社会牢固树立生态、环保、节约、低碳意识,推动生产生活向绿色转型。

强化综合整治。认真落实中央环保督察整改要求,深入开展"两减六治三提升"专项行动,着力解决群众关心的环境问题,有效控制环境风险,持续提升生态环境质量。深化大气、水、土壤污染防治行动,突出工业废气、道路扬尘、燃煤锅炉治理,开展砖瓦企业专项整治,加强秸秆禁烧和综合利用,提升大气环境质量;推进城乡水环境整治,强化"河长制"管理和饮用水源地保护,系统治理黑臭水体,启动头兴港河两岸环境综合整治,深化畜禽养殖污染治理,加快城市污水处理厂三期建设;强化土壤环境综合监管,严格控制农业面源污染。坚持铁腕治污,以"零容忍"的态度严厉打击各类环境违法行为,切实珍惜和保护好我们共同的家园。

七、突出富民惠民,增强社会和谐向心力

围绕"七个更"目标,多渠道增加富民途径,切实办好民生实事,加强和创新社会治理,努力让群众得到更多实惠。

拓宽富民增收渠道。突出创业富民、产业富民,深入实施"大众创业、万众创新"启东行动计划,加强技能培训和引导帮助,鼓励支持科技人员、技能人才、新型职业农民、大学生等各类群体自主创业,积极培育新型业态,开拓更大市场空间,千方百计让百姓的"口袋"鼓起来。实施更加积极的就业政策,创造更多的就业岗位,增加群众稳定增收的渠道。突出精准扶贫,动员社会各方面力量广泛参与扶贫开发事业,力争低收入农户增收达标率超过55%;加强对经济薄弱村重点帮扶,壮大集体经济,增强内生发展动力;推进健康扶贫,大力帮助因病致贫的困难群体;积极探索慈善捐助、志愿服务、点对点帮扶等机制,携手让更多困难群众早日脱贫、共同富裕。

提高公共服务水平。加快教育现代化建设,大力实施乡村教师支持计划,积极完善教育质量保障体系,办好人民满意的教育。加大优质幼儿园创建力度,加快城区学校和鹤城中学、滨江实验学校建设,推进南通大学二期建设。开展"健康启东"行动,深入实施智慧卫生工程,加大乡村医生培养和乡村医院、村居卫生室改进力度,推动医保支付方式改革,新农合人均筹资标准提高至850元,不断满足人民群众的健康需求。妇幼保健院主体工程结构封顶,精神卫生中心竣工验收。强化托底保障,城乡低保补助标准统一提高至600元。健全多元化社会养老服务体系,推广"医养结合"模式,社会福利中心主体工程结构封顶。广泛开展群众性文体活动,加快文化体育中心和基层综合性文化服务中心建设,争创省公共文化服务体系示范区。继续推动学校运动场地开放,更新公众健身设施,增强全民身体素质。

增强社会治理能力。深入开展精神文明创建活动,力争进入全国文明城市提名行列。推进"诚信启东"建设,倡导讲信用、重承诺的良好风尚。推动立体化、信息化社会治安防控体系建设,严厉打击各类违法犯罪行为,提升"平安启东"建设水平。加强和改进信访工作,深化矛盾纠纷化解机制,切实维护群众合法权益。加强安全生产、食品药品监管,全力保障群众生命财产安全。积极开展国防教育,争创省双拥模范城"八连冠"。

全力建设人民满意政府

新的形势,新的任务,新的使命,对政府自身建设提出了新的要求。新一届政府将切实增强政治意识、大局意识、核心意识、看齐意识,立足更高起点,谋求更大作为,不断开创政府工作新局面。

推进依法行政,打造法治政府。贯彻落实法治政府建设实施纲要,修订完善政府工作规章制度,推进政府工作规范化、程序化、法治化,夯实法治政府建设基础。坚持能简则简、能并则并的原则,推动行政审批规范、高效,让企业和群众办事更加方便快捷。坚持"三重一大"事项集体决策,努力提高科学民主决策水平。加强各级法制机构建设,健全政府法律顾问制度,深入推进行政机关负责人行政诉讼出庭应诉工作。严格规范公正文明执法,让群众感受到法治的力量、正义的温暖。自觉接受人大法律监督、工作监督和政协民主监督,主动接受社会监督和舆论监督,保证权力运行规则公开、程序公开、过程公开、结果公开。

狠抓作风建设,打造务实政府。巩固和拓展群众路线教育实践活动、"两学一做"学习教育成果,自觉践行"三严三实",坚持不懈纠正"四风",推进作风建设常态化、长效化。大力弘扬求真务实的工作作风,坚持脚踏实地、真抓实干,健全激励和容错纠错机制,让敢于担当、勇于争先、干事创业成为每个政府工作人员的自觉行动。强化政务督查考核,扎实推进民生实事、重点工作、重大项目,切实提高各项决策部署的执行力。高度重视人大代表建议、议案和政协委员提案办理工作,进一步提高办理水平。坚持"亲"的服务,坚守"清"的底线,努力构建健康新型的政商关系,让企业定心、安心、放心发展。坚持问政于民、问需于民、问计于民,认真听取群众意见，使政府工作更加贴近实际、服务基层。

坚持廉洁从政，打造清廉政府。严守政治纪律和政治规矩，认真落实党风廉政建设责任制，贯彻落实《廉洁自律准则》《党内监督条例》和《问责条例》。严守中央八项规定和省委、南通市委、启东市委十项规定，严控"三公"经费支出。加强审计监督，推进公共资金、国有资产、国有资源和领导干部履行经济责任情况审计全覆盖。坚持用制度管权管事管人，严格规范政府投资管理，以减权限权、创新监管等举措减少权力寻租空间。健全惩治和预防腐败体系，强化行政监察，加强对重点领域、关键环节的权力运行监督，坚决整治和查处侵害群众利益的不正之风和腐败问题，树立清正廉洁的政府形象。

各位代表，蓝图激发动力，实干成就梦想。憧憬美好的未来，我们信心满怀。让我们紧密团结在以习近平同志为核心的党中央周围，在中共启东市委的正确领导下，在市人大、市政协的监督支持下，团结和依靠全市百万人民，凝心聚力、攻坚克难、奋发有为，全面接轨上海、全力促进民富，向着高水平全面建成小康社会阔步迈进，以优异的成绩迎接党的十九大胜利召开！

（市政府办）

重大活动

【全市开展"两学一做"学习教育】　2016年，市委组织部紧扣"学"和"做"两个关键，研究出台5个领域学习教育分类指导意见，建立35个市级监测点，定期开展集中督查，推动"两学一做"落实到每个支部、覆盖到每名党员。组织专题研讨和"百堂优课"竞赛活动，市委理论学习中心组开展集中学习研讨4次，乡科级领导班子、党支部全面完成三个专题学习研讨，党员领导干部累计深入基层联系点讲授专题党课300多场次。开展农村社区党员承诺践诺活动、两新组织"双建双促"活动、窗口单位和服务行业"三亮一创"活动，推进机关事业单位到社区报到和"双联双争"惠民服务活动，引导党员立足岗位发挥作用。组织举办"'两学一做'见行动、立足岗位作贡献"劳模事迹报告会等主题文艺演出，组织开展向陈帅、徐超等先进典型学习活动，推动党员对标找差、整改提高。省、南通《情况通报》先后8次刊登推介启东市相关工作经验，南通市委对启东市开展"两学一做"学习教育的情况给予充分肯定。

（路少伟）

【启东县级公立医院综合改革成为全国示范】　2016年4月，启东市被国务院正式确定为全国县级公立医院综合改革示范县（市）。为加强对医改工作的领导，市及时调整医改领导小组，成立由市委书记、市长为双组长，常务副市长、分管副市长任副组长，编办、财政、发改、卫生、人社等部门主要负责人为成员的医改领导小组。形成重大事项决策由医改领导小组决定，医管委和相关部门、医疗管理集团具体落实推进的工作机制，深化医改工作取得阶段性成效。

建立现代医院管理制度。组建医疗管理集团。有效整合全市医疗卫生资源，以人民医院、中医院为龙头，根据区域划分，按照一家三级医院、一家二级医院、若干一级医院模式组建两大医疗管理集团，全市所有公立医院全部纳入集团化管理，市、镇、村三级医疗机构全面实现一体化管理。理顺管办关系。医疗管理集团履行公立医院经营管理职能，执行现代医院管理制度。两大集团分别成立理事会和监事会，实行总院长负责制，集团内医疗机构在理事会统一领导下实行院长负责制。市成立公立医院管理委员会，履行政府办医职能，负责研究决定公立医院设置规模、发展规划、章程批准、重大项目实施、财政投入、运行监管、绩效考核等重大问题。凝聚整体合力。集团内部实行发展规划、人事管理、财务管理、资源调配、绩效考核五个统一管理，建立分工协作、分级诊疗、人才培养、质量管理、技术共享五大运行机制，组建消毒供应、病理、会计核算三大资源集约中心，远程会诊、远程教育、远程影像、远程临检、远程心电五大技术共享中心。集团内部实行同质化管理，建立集团内部医务人员统一招聘、定期交流轮岗、统一学分制等创新举措，提升整体业务水平。同时，龙头医院对下级医院、基层医院对村卫生室建立长期稳定的结对帮扶、对口支援工作机制。集团化管理的医联体模式，提升基层医疗机构服务能力，促进优质医疗资源向基层下沉，恢复基层医疗机构"造血"功能，激发公立医院内生活力。

破除"以药补医"机制。自2014年8月起，市公立医院除中药饮片和医院制剂外所有药品全部取消药品加成，实行零差率销售，医院因此减少的收入80%通过调整医疗服务价格，20%通过增加财政投入予以补偿，先后两次调整医疗服务价格，共计上调1250项次，下调430项次，取消18项次，实行市场调节价32项次，群众看病就医负担明显减轻。

完善财政投入机制。2011年，市推进基层医疗机构综合配套改革，将原30家镇民营医院回购转制为公立医院，市财政每年都安排专项资金用于基层医疗机构设施设备改造和环境改善，同时一次性化解基层公立医院历史性债务4102.2万元。至2016年末，全市所有公立医院均无历史性债务，医院运行更加规范有序。在此基础上，对公立医院的基本建设、大型设备采购、学专科建设、人才引进等财政予以保障，对学专科建设、高层次人才引进等建立专项奖励措施，财政保障机制不断健全。

构建三医联动机制。改革医保管理体制。整合职工、城镇居民医保和新农合两个医保经办机构，组建新的医保基金管理中心，实施统一管理，统筹推进医保支付方式改革，稳步提升医保保障水平，提高政策补偿比和实际补偿比，实行基本医保、大病医疗保险、疾病应急救助、医疗救助和商业保险等多层次保障制度。深化支付方式改革。医保支付方式改革覆盖全市所有定点医院，建立以拉开补偿差距、推行双向转诊补偿标准、实行契约服务补偿等多种形式相结合的分级诊疗补偿机制。住院医药费实行按总量控制、按病种结算、重大疾病救治按床日结算、按人头结算等多种方式结合的结算方式，市人民医院和市中医院按病种付费病种不少于150个。全面推行新农合总额预付工作。实行临床路径管理。人民医院纳入临床路径管理的病种不少于150种，中医院不少于100种，中心卫生院不少于15种，乡镇卫生院不少于5种。努力缩短平均住院日，市级医院小于10天，中心卫生院小于8天，其他医院小于6天(传染病人、精神病人除外)。

推进人事薪酬分配制度改革。改革人事管理制度。以集团为单位实行编制人事总量管理、岗位管理、备案管理、统筹使用，集团内实行柔性流动。人员招聘权限由人社部门下放到卫生部门，卫生部门下放到医疗集团，充分落实医疗集团用人自主权。改革薪酬分配制度。医院实行工资总量制、档案工资制、院长年薪制，医务人员实际工资发放与档案工资分离，档案工资作为五金一险的缴纳依据，实际在岗工资按照绩效考核发放。人民医院、中医院院长年薪分别为40万元、35万元，由市财政单列核拨，不计入医院工资总量。其他基层医院院长年薪根据医院级别分别确定为25万元、20万元、15万元，在系统统筹经费中列支，不计入医院工资总量。医院工资总量和院长年薪与医院综合目标责任制挂钩。

巩固分级诊疗制度。巩固"一提升(提升基层医疗机构服务能力)、双引导(医保政策引导、舆论宣传引导)、三规范(规范双向转诊制度、规范分级诊疗考核、规范慢病管理助推分级诊疗)"分级诊疗机制，通过提升基层服务水平、提高基层医保报销比例引导群众把常见病、多发病、慢性病等选择在乡镇卫生院首诊，疑难病、急重病等向二、三级医院转诊，病情缓解或进入康复期的患者，回基层接受康复治疗。患者合理有序就医缓解市区医院"人满为患、一床难求"和基层医疗资源闲置状况，全市基层首诊、双向转诊、急慢分治、上下联运的就医新格局基本形成，城乡医疗卫生资源得到合理有效使用，"小病不出村、常见病不出镇、大病到市级医院"目标逐步实现。

推进家庭医生签约服务。全市252个健康管理团队按照"知情同意、自愿签约、突出重点、试点先行"原则，全面实施责任区域内以户为单位全人群基础包签约服务。在此基础上，试点推行初、中、高三级及慢性病健康服务包有偿签约服务，实行有偿化服务、柔性化签约，签约户可根据实际情况，自愿选择签约医生和服务包。2016年，东海、寅阳两试点镇共签约有偿服务445人。

(徐卫菊)

【《沪崇启铁路通道规划研究咨询报告》研讨会召开】 5月9日上午，国家铁路局组织上海、江苏等有关部门代表及专家在启东市召开《沪崇启铁路通道规划研究咨询报告》研讨会。市委书记、市人大常委会主任徐锋指出，沪崇启铁路通道的规划和建设，将对进一步优化长三角区域发展环境，助推沪苏两地交流和经济社会的共同发展，有着极其重要的战略意义。此次沪崇启铁路通道规划的启动，启东市受长江天堑阻隔的劣势将转化成为通江达海的优势，与上海仅一江之隔、一步之遥的启东将成为吸引海内外朋友安家置业的一方热土。希望各位领导、专家多提宝贵意见和建议，献计献策，让研究成果报告成为沪崇启铁路建设的"蓝图"，成为获得各级部门支持的"钥匙"，成为项目顺利实施的"基石"。在听取《沪崇启铁路通道规划研究咨询报告》汇报和相关部门代表意见后，专家们进行认真讨论形成咨询意见，基本赞同《咨询报告》提出的规划定位，认为沪崇启铁路过江通道作为规划的北沿江铁路的重要节点，是沿海铁路的重要组成部分，兼顾启东至上海的快速通道，是落实国家"长江经济带"战略及"长三角一体化""江苏沿海开发"战略铁路重大基础设施工程，及早进行规划研究很有必要。专家建议继续深入开展研究工作，结合上海市总体规划等要求，完善方案。

【2016中国·启东国际经贸洽谈会】 5月20日上午，2016中国·启东国际经贸洽谈会在环球博圣酒店博圣厅举行。会议吸引来自美国、韩国、澳大利亚、西班牙、比利时等国家的200多名中外客商参加。工信部中小企业促进中心副主任张晓峰、韩中协会会长李盛雨分别作为嘉宾代表发言，南通市政府副市长孙建华、住建部原副部长郭允冲讲话。此次洽谈会以"放大优势　抢抓上海产业转移新机遇；创新引领　开创启东沿海开发新局面"为主题，重点推进先进制造业、新兴产业等发展，一大批通用航空项目、新材料项目、环保项目签约启东。累计签约项目50个，总投资逾237亿元。其中，内资项目27个，总投资95.9亿元；外资项目21个，总投资21.7亿美元。最大的内资项目是中国新型房屋集团投资的新型建筑材料生产基地项目，总投资30亿元；最大的外资项目是新加坡RWDC公司投资的PHA生物树脂降解项目，总投资8.5亿美元。另外，启东市与工信部中小企业发展促进中心、韩中协会签订中韩(启东)中小企业国际合作区框架协议，与上海科学技术开发交流中心签订协同创新战略合作协议。

(彭红辉)

【2015年度"启东好人""最美家庭"颁奖典礼】 6月7日下午，2015年度"启东好人""最美家庭"颁奖典礼在市广播电视台演播厅举行。2015年度"启东好人""最美家庭"评选活动由市委宣传部、市文明办、市妇联组织开展。2015年全市共推荐各类道德先进典型326个，其中月度上榜人物75名个人和2个集体。经社会推荐、审核公示、群众投票、专家评议等程序，刘汉成等10位市民及集体当选2015年度"启东好人"，卞一峰等10位市民获2015年度"启东好人"提名奖，武警启东中队获2015年度"启东好人"特别奖。万晓东等家庭获评"十佳最美家庭"，孙汉兰等家庭获"十佳最美家庭"提名。市委副书记汤雄代表市委向受到表彰的"启东好人""最美家庭"致以崇高的敬意与诚挚问候，希望全市各行各业、各条战线的党员干部群众，以先进典型为榜样，践行为民服务宗旨，在各自的岗位上争先进、创优秀。要积极践行社会主义核心价值观，汇聚改革发展的强大合力；拓展"正能量加油站"主题活动，营造文明和谐良好风尚；发挥党员干部示范带头作用，树立为民务实清廉形象。

【2016中国·启东科技节暨国际经贸洽谈会】 11月10日上午，以“聚智聚资聚人才，创新创业创未来”为主题的2016中国·启东科技节暨国际经贸洽谈会开幕式在环球大厦博圣酒店举行。科技部人才中心副主任郝强，江苏省科技厅副巡视员李健民，南通市副市长徐新民，中国科学院院士李永舫，北京大学党委副书记敖英芳，扬州大学党委书记姚冠新等出席开幕式。来自美国、德国、英国、韩国等国家和中国香港、台湾地区的378位中外客商，160多位高校、科研院所的专家教授参加开幕式。北京大学党委副书记敖英芳，中科院院士李永舫，扬州大学党委书记姚冠新，韩中协会会长李盛雨分别作发言。工信部中小企业发展促进中心副主任张晓峰和市委副书记汤雄，为“中韩（启东）中小企业国际合作区”揭牌。北京大学党委副书记敖英芳、江苏省科技厅副巡视员李健民、北京大学生命科学学院院长吴虹和市委书记、市人大常委会主任徐锋，为“北京大学生命科学华东产业研究院”揭牌。科技部人才中心副主任郝强和南通市副市长徐新民为“国家科技领军人才创新驱动启东中心”揭牌。2016年“启东市科学技术进步奖”“东疆英才计划”资助对象、“杰出人才成就奖”“高技能人才贡献奖”的获得者受到表彰。18家企业获颁营业执照，20个产学研合作项目、30个投资项目集中签约。科技节签约项目总投资266亿元。

（彭红辉）

渔港晨色 （徐 昕/摄）

媒体聚焦启东文章选摘

与龙头共舞赢得主动发展机遇

启东“配角”唱好“主角”戏

为实施“领跑沿海、融入上海、包容四海”战略,启东专门制定“2468”目标——全市20%以上工业产品配套上海,40%农产品供应上海,60%游客来自上海,80%项目和资金来自上海。目前,这些目标均已实现,不少指标大大超过预期。启东市委书记徐锋说:“融入上海,启东以‘配角’身份唱好‘主角’大戏,在与上海这一龙头共舞中赢得主动发展。”

提升配套服务　拓展资金来源
让启东元素深度嵌入上海文本

新年伊始,上海人邹吕树忙着策划制订2016年度外高桥集团(启东)产业园的招商推介计划书。邹吕树是上海外高桥集团企业发展部经理,也是该集团启东产业园的总经理。2008年1月,外高桥集团首次走出上海,牵手启东在滨海工业园内创立启东产业园,开创了苏沪两地联合开发、共建园区新模式。“一晃8年了,我大部分时间都在启东。”邹吕树的办公室也从上海搬到了启东,讲一口“阿拉话”的他俨然已是半个启东人。

“为实施‘领跑沿海、融入上海、包容四海’战略,启东专门制定融入上海‘2468’目标,即全市20%以上的工业产品配套上海,40%的农产品供应上海,60%的游客来自上海,80%的项目和资金来自上海。”启东市委书记徐锋介绍,目前这些目标均已实现,不少指标大大超过预期。

“融入上海,启东必须当好‘配角’,在与上海这一龙头共舞中赢得主动发展。”以如今被上海视作探索跨省区合作母本的外高桥集团(启东)产业园为例,徐锋说,当初讨论这一占地5平方公里的“园中园”由外高桥控股51%时,启东人很快形成共识:融入上海,从上海的发展中“分蛋糕”,以“配角”身份唱好“主角”大戏。

1月14日上午,上海西西艾尔启东日用化学品有限公司内,工人们正忙着将一箱箱新产品打包装车。这个总投资3.9亿元的项目,正是邹吕树帮助引进的,借助“外高桥”金字招牌,替启东主要面向世界500强和国内500强企业招商,投产后预计年销售8亿元,每年为启东增加4000万元税收。目前产业园累计投资近10亿元,已吸引多家大型企业进驻。

参照这一模式,上海城投以更大步伐跨江而来,以最大股东身份与启东合作,共同打造占地30多平方公里的江海产业园。目前,该项目已上升到沪苏两地战略合作高度。去年,上海自贸区启东生物科技创新协作园正式启动,尚华启东生物制药科创中心等重大项目成功签约。上月,落户启东滨海工业园的“浦东祝桥启东产业园”挂牌运行。目前,已有12个祝桥制造业项目签约落户园区。

翻看启东最新编制的“十三五”规划,上海印迹无处不在。启东市市长黄卫锋说,融入上海,要更加注重发展思路、建设规划、基础设施、产业布局等方面与上海的全面对接、融合,“重点抓好‘引入’和‘嵌入’两个关键环节。”顺应崇启大桥带来的时空变局,瞄准“上海北”同城效应,启东大手笔实施城市“南进、东拓、北延”战略,打造无缝对接上海的“后花园”;在产业布局上,围绕上海“四个中心”建设,充分释放沿江沿海“两条金边”潜力,打造承接上海产业转移和配套服务的第一平台。对接上海规划时,力争让更多“启东元素”嵌入上海文本:主动与上海市政府发展研究中心商讨对接,共有大交通、物流、产业协同配套等11类37项启东事项纳入上海重点研究新课题。

目前,像邹吕树一样在启东工作的上海人至少有200多位;去年启东接待的近300万游客中,上海游客占六成以上。“人来人往,启东人与上海人的手握得越来越紧了。”启东市发改委副主任周春雷一连用了4个80%力证两地的深度融合:80%的启东家庭在上海有亲戚朋友,80%的启东工农企业服务于上海市场,落户启东的项目和资金80%来自上海,80%的上海高校科研机构与启东有产学研合作往来……

最新数据显示,去年启东实现地区生产总值800亿元,增长9.6%;实现一般公共预算收入76.83亿元,增长14.3%;实现规模工业产值1650亿元,增长10%;新兴产业实现产值693亿元,占规模工业产值比重达42%。在荣获国家卫生城市、省文明城市、省园林城市等基础上,该市顺利通过国家生态市考核验收,在全国县域经济竞争力百强县中排名第27位,被评为“中国最具海外影响力城市”。

(2016年1月25日《人民日报》A2版;记者:陈　明;通讯员:戴丽丽　朱蓓毓)

江苏南通探索盐碱地绿化有效方法
——茫茫荒滩变身葱郁绿地

从寸草不生到树木葱郁,江苏南通启东滨海工业园用了近8年时间,探索出一套盐碱地绿化的有效方法。盐碱地如何变绿地?近日,国家海洋局组织的“海疆生态行”采访团来到当地,一探究竟。

“2005年以前,这里到处都是白茫茫的荒滩。”启东滨海工业园工作人员曲延超介绍。这个园区规划面积30平方公里,11平方公里由围海造地形成,其余由盐场改建而成。土壤平均含盐量在15‰以上,有机质含量低,板结严重。“再加上海风海雾侵袭,苗木很难成活。”

原本区位极佳的启东,因为环境荒凉,一度无法吸引投资者。

为此,园区工作人员到全国各地取经,摸索出了一套适合本地气候、环境的生态种植办法,简单来说就是“降盐碱、选植物、精养护”。

降盐碱,传统方法是填换客土。“就是把盐土挖走,把好土运过来填上。”曲延超说,但是在盐碱地上每绿化1平方米,需从耕地上挖取1立方米优质种植土作为客土,这会极大破坏现有耕地。而且这种方法返盐率高,2007年园区尝试过一次,后来土壤返盐严重。

此路不通,园区工作人员就另辟蹊径,采取“用水洗原土,用秸秆养原土”的物理化学结合方法,取得了极佳效果。首先,在盐碱地上把盐土挖出来,挖出沟槽并进行平整处理,底槽平整有利于盐水顺利排出。再挖掘一道排水的盲沟,随后铺设石子形成淋层。然后再把挖出的盐土掺上油菜秸秆填回去,最后围堰灌水。上层灌下的水溶解了原盐土中的可溶性盐,向下渗透进淋层,然后汇集到盲沟,最终流入市政道路的雨水井,把盐分排了出去。

曲延超说,“看似是物理的降解过程,这其中增加了秸秆养土的化学办法。”原来,园区工作人员之所以要在盐土中掺拌粉碎的油菜秸秆,是因为秸秆腐烂产生腐殖酸,酸性正好中和土壤的碱分。再添加一些硫酸亚铁和生物菌剂,就能从根本上改良土壤成分。

掺拌秸秆的方法,还能极大缓解因秸秆焚烧产生的生态压力。当地老百姓种植的经济作物主要是油菜,每4亩油菜会产生1吨秸秆。改造盐碱地工程要用数百吨秸秆,能解决上千亩的秸秆焚烧问题。

土壤改造好了,种植树木的品种也很关键。园区尽量选择耐海风海雾、对土壤适应性广的植物。俗话说“三分种,七分养”。园区工作人员精心养护,严格遵守水盐运动的规律进行科学操作。“水下去盐下去,水上来盐上来。”曲延超说,春秋易返盐的季节,他们会主动灌溉或者进行绿地覆盖,避免返盐引发的植物死亡。

截至目前,园区累计投资约4亿元,完成200余万平方米绿地建设。滨海大道绿地建成于2008年,经过近8年的科学管理,土壤盐分普遍降至1‰以下,苗木成活率达到98%。良好的生态配套对园区的招商引资来说是如虎添翼,目前园区已投产企业达200家。

(2016年7月16日《人民日报》10版;记者:刘诗瑶)

启东改建800多个广场舞“舞台”
“正能量加油站”为乡风文明“加油”

1月28日早晨，风冷雨寒，湿漉漉的海风把南黄海之滨的启东市东海镇戴祥村吹得冷飕飕的，但老党员陈德新家却温暖如春。

7点不到，10多个风雨无阻每天都要跳晨舞的村民陆续聚到了陈德新家。大伙简单分工后便各自忙活开了：扫地、掸灰尘、抹桌椅、擦窗户、收拾家什，村“正能量加油站”站长张建忠还专门在大门上贴上一副自写的大红对联——“抱团互助自有乡里情，引领新风共传正能量”。

一股暖流似乎从大红春联字里行间流淌下来，68岁的陈德新一下子没能忍住自己的老泪。去年被查出患有肺癌，去上海治疗不仅花光了家中全部积蓄，还向亲戚借了一屁股债。谁知屋漏偏逢连夜雨，老伴在医院照顾他时老是喊头晕。一检查，感觉天都塌下来了：老伴脑子里长了肿瘤。陈德新说什么也不肯再呆在医院了，出院回到家中，老两口相望流泪：这日子还怎么过下去啊?!

“我们‘正能量加油站’能不能给老陈家加点油啊?”张建忠得悉后，率先向成员们发出呼吁，很快得到大伙的响应。“加油站”的20多位成员不仅隔三岔五上门嘘寒问暖、帮助料理家务，还你五十、我一百自发捐款5000多元。当天离开时，张建忠把爱心款交到陈德新手里，握紧老人的手说：“开开心心过好年。再难，有我们‘正能量加油站’为你加油呢！”

什么是“正能量加油站”?见记者一脸好奇，从陈德新家出来，张建忠一行直接把记者带到村公共服务中心小广场。村民们间隔排好队形后，老张从活动室里拉出一只“拉杆旅行箱”，轻轻一按按钮，一阵轻快的音乐响起，村民们紧跟着就扭起身段跳起舞来。

“你可别小看，我们的广场舞不是简单的群众体操。”张建忠说，随着生活水平不断提高，启东老百姓对精神文化生活的需求也越来越高，城里流行的广场舞便在乡村兴盛起来。但由于一无组织、二缺场地，五花八门的乡村广场舞有人欢喜有人怨。2014年初，启东市委看出“广场舞”可以舞出新门道，以村公共服务中心、社区休闲文化广场、网格健身点等阵地为依托，通过政府统一买单赠送便携式音响、电视机等设备，培训文体指导员，提供宣传学习内容菜单，创新性对全市近300个村(居)广场舞“舞台”，按照有统一标识、有固定活动场地、有牵头负责人等“五有”标准进行规范化改造建设，引领村民健康快乐健身娱乐，还取了一个响当当的名字——“正能量加油站”。

“‘正能量加油站’不仅成为村民健身娱乐的新平台，还成为引领社会新风尚的大舞台。”启东市委常委、宣传部部长姜平介绍，借助这一全新平台，启东整合社会力量，组织群众开展健康向上的文化、科普、体育等活动，同时宣传党的政策法规、科技文化、先进典型等，不仅帮助一些平日摸惯了锄头、铁锹的农村大爷大妈重新恢复了活力，更帮他们找到了一种健康、积极、向上的生活新方式。

东海镇戴祥村村民杨菊英身体不适，和她一起参加“加油站”活动的10多位成员结伴赶来，帮助她干农活、料理家务；寅阳镇临海桥村村民徐冠山屡遭家庭变故，产生轻生念头，“加油站”成员多次前往劝说，并主动帮他照看养殖蟹塘，帮他走出阴影；惠萍镇大兴镇村“加油站”成员自发捐款购买物品，前往敬老院表演节目慰问老人……

据介绍，到去年底，启东城乡共改建“正能量加油站”898个，实现全市所有村居全覆盖，常态化参与活动人数超过5万，全年开展各类宣传教育活动6000多场次，辐射和服务人数超过40万。最近，2015年度全省宣传思想文化工作创新奖揭晓，这个特殊“加油站”不仅是全省15个创新成果之一，更是县级市中唯一。

“‘正能量加油站’正在改变启东人的生活。”张建忠说，以前到了晚上，村民除了看看电视，基本没啥娱乐活动，现在有了“加油站”，不仅为身体健康“加油”，更为精神健康“加油”，生活变得有滋有味了。“这几天我们正在抓紧排练有说有唱的新舞蹈，准备春节时给大伙鼓鼓劲，加加油，热闹热闹。”说这话时，老张神采飞扬。

(2016年2月18日《新华日报》A1版；记者：陈　明；通讯员：蔡樱子)

启东：打造“三优三新”产业集群

深秋时节，启东海工船舶工业园蓝岛海工码头，重近600吨的海上风电用钢管桩整装待发。“目前，公司生产的导管架、钢管桩等海上风电的基础配套设施已占国内装备市场份额的一半以上。”蓝岛海工总经办主任张国祥介绍，原先生产散货船的蓝岛海工成功转型，得益于上市企业泰胜风能的全资收购。为满足企业未来发展需要，蓝岛海工正着力打造配套技术改造项目，形成专业的海上风电流水式生产线，进一步提升海上风电等重型装备的建造能力。

近年来，国际经济形势持续低迷对海工船舶行业造成很大冲击，启东海工园主动出击，通过并购、合资、租赁等方式，招引在国际国内有影响力、有技术的大企业入驻，加快腾笼换凤步伐，实现从传统造船业向高端海工装备制造业的转型升级。

近期召开的启东城市转型工作会议明确，到2020年，创新型城市建设取得突破性进展，形成以创新为主要支撑的经济体系和发展方式，科技创新能力、人才综合竞争力持续增强。今年以来，结合国家产业政策及本地实际，启东加快培育新材料、新能源、新医药、节能环保等战略性新兴产业和高成长性产业，着力打造“三优三新”产业集群，即：海工及重装备、电力及能源装备、精密机械及电子等三大优势产业集群；新材料、新医药和通用航空等三大新兴产业集群。1—9月，“三优三新”六大产业累计完成工业应税销售307.35亿元，同比增8.2%，占工业应税销售总量60.1%。

今日启东，每一处细微变化，无不体现着创新在城市发展中的重要推动作用。

吕四港镇南星桥村东成公司扩建项目现场，打桩机轰隆作响。东成公司扩建项目总投资2.94亿元，主要建设4幢厂房、1幢研发大楼及1幢办公大楼。预计项目建成后新增电动工具整机及配件398万台（套），新增销售收入6亿元。吕四港镇经发局副局长董永昌介绍，作为启东电动工具产业“雁阵”中的领头雁，东成公司一直致力于自主创新占领未来发展制高点，在行业整体低迷的形势下，1—8月实现应税销售21.78亿元，同比增35.85%。

在启东，自主创新的精彩故事每天都在上演。昂彼特堡散热器有限公司今年重新定义家居产品，研发“APP智能暖吧”，大幅提升产品附加值，拓宽市场空间；韩华新能源公司引进国际先进的组件全自动生产线，全部工序由电脑程序自动控制，实行智能化流水作业，用工量减少61%，产能增长25%；乾朔电子用3年时间打造“无人车间”，逐步用“装备红利”代替“人口红利”。

一粒粒创新的种子，汇聚成启东“创新城市”建设的稳固基石。启东把加快推进企业研发机构建设作为增强自主创新能力的战略举措。全市已有高新技术企业95家，拥有南通市级工程技术研究中心128家，省级工程技术研究中心38家，大中型企业研发机构已实现全覆盖。

知识+人才，迸发出“四两拨千斤”的力量。近年来，启东把科技和人才作为推动转型发展的战略支点，积极引进高端人才，成功引进中科院北方植物研究所教授、国家“千人计划”专家桑涛来启创办迪因生物科技有限公司，以及上海药物研究所教授、国家“杰青”龙亚秋来启创新。

一系列产学研合作也在紧锣密鼓推进之中。今年，启东组织企业参加“苏州市军民融合产学研对接会”“科技入滇”江苏省宣传推介对接会，帮助企业加快产学研合作的步伐。启东科创园与复旦科技园股份有限公司正式签约，在开发区建立复旦大学科技互联网产业园。1—9月，启东实施产学研合作项目120项，征集有效技术需求90项。

筑巢引凤离不开人才政策加持。启东推出“大众创业万众创新启东行动计划”等优惠政策，设立“智创币”，对科技型初创企业和创业团队实施创新创业创意项目给予5万~10万元的补助。积极申报省风险补偿资金贷款，今年以来，已有9家企业获科技贷款资金3800万元。

（2016年11月7日《新华日报》A1版；记者：付奇 陈明；通讯员：戴丽丽 朱蓓毓）

启东新医改　百姓尝甜头

3月15日，启东市人民医院骨科医生沈向阳出现在该市第三人民医院的骨科病房里。今年2月底，三院聘请沈向阳担任骨科名誉主任，重点指导三院的骨科建设。2014年5月，作为全省新一轮医改"先行先试"的三个试点县(市)之一，启东市积极探索推动医疗、医保、医药"三医联动"改革，努力实现小病不出村、常见病不出镇、疑难杂症不出市。

医疗改革，公立医院是重点，也是难点。启东市经过反复论证，最终选择了成立医疗集团的改革模式。该市组建了两大医疗管理集团，第一医疗管理集团以启东市人民医院为龙头，下辖人民医院、三院、四院、七院和惠萍、东海、近海三个镇中心卫生院及下属各分院、社区卫生服务站。第二医疗管理集团以启东市中医院为龙头，下辖中医院、二院、五院、六院和南阳、合作两个镇中心卫生院及下属各分院、社区卫生服务站。

医疗集团的成立，不仅使集团内部所有医院能够共享龙头医院的先进诊疗设备和技术，同时更加有效地转变了管理模式，提高了医院的管理效率。医疗集团按照统一管理、独立运营、分工协作的运营模式，构建协作、联动、高效、灵活的运行新机制，取得了良好的效果。城乡医生互换空间，市区医院的医生定期走进镇医院为群众提供优质诊疗服务，小医院也能挂上专家门诊……

多年来，启东市区大医院门庭若市，乡镇基层医疗卫生机构常常门可罗雀。破解这一难题，必须建立分级诊疗制度。

为鼓励患者多到基层医疗机构就诊，启东市从新农合对象入手，在报销比例上拉开基层医院、市级医院、市外医院诊疗的差距。该市基层首诊、分级诊疗、双向转诊、急慢分治的就医新格局基本形成，"小病不出村、常见病不出镇、大病到市级医院"的目标正在逐步实现，"看病贵、看病难"得到了初步改善。

与此同时，启东市破除"以药补医"机制，所有公立医院全部取消药品加成。除中药饮片和医院制剂外，所有药品实行零差价销售。医院减少的药品收入，80%通过调整医疗服务价格，20%通过增加财政投入予以补偿，不增加患者实际医药费用负担。

启东还全面推行家庭医生制度。全市组建了252个健康管理团队，深入居民家中进行服务，着力构建"全科医生普及化、卫生服务网格化、慢病管理规范化、健康档案全民化"的健康管理新模式。

汇龙镇汇东村村民黄玉英患高血压，签约医生是村卫生服务站负责人高红健，老人说：签了一年的协议，今年高医生已经第五次上门了，有了家庭医生，我们有个头疼脑热，找医生可方便了。高红健告诉记者，截至去年底，已为6416个村民建立了健康档案，登记到原发性高血压患者907人，Ⅱ型糖尿病患者309人，重性精神病患者8人。

为确保服务质量，启东家庭医生队伍主要由全科医学、临床医学学等专业技术人员组成，定期接受相关服务理念、服务方式、服务技能，以及职业道德的系统培训和教育。同时，每位签约的居民都能拿到一份家庭医生服务协议书，里面注明了签约医生的姓名和电话号码，以及可以享受到的包括建立健康档案，提供健康教育、应急救援、随访、转诊等在内的11项个性服务。截至2015年底，启东市已经完成规范签约88.5万人，签约率达84.3%。

国务院医改办调研组对启东市综合医改工作给予充分肯定，认为启东市积极探索一条现代化医改新路，有很多创新做法值得各地学习借鉴。

(2016年3月21日《南通日报》A1版头条；记者：黄　海)

紫薇公园　　(徐　昕/摄)

对接融合，努力做出“北上海”样子
——启东接轨上海实践探寻

启东与上海，一衣带水、桥隧相接。接轨上海、融入上海，启东拥有得天独厚的诸多优势。特别是崇启大桥通车之后，启东在规划、产业和功能等方面与上海深度对接的探索，为全市接轨上海探寻着路径和方向。

规划对接
上海“智库”助画路径

凡事预则立。

做好接轨上海、融入上海这篇大文章，科学规划更为重要。

“上海市政府发展研究中心是上海经济社会发展战略最大的‘智库’。就是这个机构，从2013年起到现在，一直在为启东接轨上海做系统规划……”21日接受本报记者采访时，启东市发改委副主任周春雷这样说。

为谋求接轨上海更高的“贴合度”和“精准度”，2013年启东委托上海市政府发展研究中心，开展对接上海专题研究。课题确立后，一批上海“智库”顶尖专家结合上海发展的方向趋势和启东发展的现实基础，展开深入研究，并于2014年形成《启东全面对接上海若干重点领域研究》《启东全面对接上海思路、路径和对策研究》等成果。

针对园区开发、物流、人才、农产品供销对接、旅游、科技创新、港口发展、职业教育、服务外包等九大领域，上海智库专家明确提出了“对接”的推进路径、工作举措以及保障机制，并形成具体行动计划。

2015年，以编制“十三五”规划为契机，启东进一步加强与上海总体规划及有关专项规划的衔接和调整，邀请上海专家开展相关重点领域研究。目前，委托中铁上海设计院编写的《启东至上海铁路规划研究报告》基本完成。

依据这一研究报告，拟建中的“北沿江高铁”（新沪汉蓉高铁）工程已经列入浦东新区“十三五”规划，这一过江通道从沪通铁路曹路站引出，在现有的上海长江大桥南侧过江，连接浦东、长兴岛、崇明岛和启东。

“这是个令人振奋的好消息！北沿江高铁是一条时速350公里的专用客运高铁线路，建成后从启东到上海浦东的东站，仅需十多分钟。”周春雷说。

运用与上海规划对接的成果，启东明确提出了全面接轨上海的“2468”奋斗目标，即：全市20%以上的工业产品配套上海，40%的农产品供应上海，60%的游客来自上海，80%的外资和市外民资源自上海。截至去年底，该市工业产品配套上海的比例已达18%，35%的农产品供应上海，70%的游客来自上海，85%的项目和资金来自上海。

产业对接
合作建园承接项目

产业对接，项目为王。

3月9日，上海电气鼓风机厂有限公司启东制造基地签约。21日下午，位于启东滨海工业园的项目建设现场，新厂区土地平整已经到位。

园区副主任陆一锋介绍，“上海鼓风机”启东基地，总投资约3.5亿元，用地110亩。“这是启东承接上海制造业转移的新成果，其落户背景就是上海相关产业和项目的转型改制、整体搬迁。”

合作办园是启东接轨上海的成功实践。承接工业项目是沪启两地区域合作的重点，抢抓上海建设用地减量化的机遇，积极吸引上海优质企业转移搬迁启东。上海外高桥（启东）产业园由上海外高桥（集团）有限公司与启东市政府共同开发，作为全省第一个跨行政区域经济合作的样本，成为上海外高桥保税区在启东的一块“飞地”。

目前，江海产业园、上海自贸区启东生物科技创新协作园、浦东祝桥启东产业园、“上海长岛”等沪启合作园区和项目建设速度不断加快，产业承载能力和项目示范作用不断提升。

作为上海工业大镇的浦东祝桥，去年底为推进航空城建设，把土地减量化工作提上日程。在这样的背景下，“浦东祝桥启东产业园”应运而生。产业园主要针对祝桥地区的“溢出”企业，重点引进无污染、低能耗、高科技、高产出的装备制造、精密机械、船舶汽配、电子电器等项目。

目前，祝桥启东产业园已有来自祝桥的首批10个制造业项目签约落地。

功能对接
做好上海区域配套

接轨上海，为的是融入上海。但要真正融入上海，就必须实现与上海的功能对接，做上海“离不了”的启东。

启东在城市发展过程中，十分注重与上海的功能对接。以上海“十三五”专项规划为蓝本，明确与上海在功能构成、功能布局、功能载体等方面的差异性和联动性。依托上海市政府发展研究中心启东基地，启东目前已初步明晰在上海城市群中的功能定位，努力实现与上海在更高层次、更宽领域的融合发展。

从规划对接到产业对接，再到功能对接，这是接轨上海、融入上海的递进步骤。“启东要落实好南通市委、市政府的最新要求,加快做出‘北上海’的样子,功能对接是关键。”周春雷说。

在休闲旅游、农产品供给、健康养老等诸多方面,启东也正积极探索,努力在功能上做好上海配套。

启东从上海大都市人休闲旅游的内在需求出发,重点发展真正能吸引上海人的项目,打造“品鲜之旅”“追江赶海之旅”“赏花采果之旅”等旅游线路。位于惠萍镇的“果园小镇”,以万亩梨花、桃花为基地,喊出了“请上海人来做一天农民”招牌,政府先后投入2000多万元,改善了基础设施。

农产品供给方面,启东苏合联社2015年在上海扩建了窗口6个,新增直销店20个,将启东每天清早采摘的“离地鲜”叶菜,直接送至上海市民的午餐桌。启东裕德隆食用菌生产基地、南阳镇“菜篮子”工程蔬菜基地,通过上海世纪联华、大润发等超市,建立直接供货关系。位于启隆镇的嘉仕有机生产基地,依托崇明岛有利生态环境,拓展有机生态农业领域,基地生产的上百种有机蔬菜提供京东、淘宝等网上售卖配送,受到上海人青睐。

配套上海人健康养老的功能需求,启东启隆镇开始谋划建立相关产业;利用社会资源的互通,启东市还在谋划建设一个上海大医院,尽管因受行政区域制度差异等影响推进不易,但启东人一直没有放弃探索。

(2016年3月29日《南通日报》A1版;记者:周建江 赵勇进 黄 海)

2016年国内部分媒体有关启东报道一览

表1

见报日期 月	见报日期 日	新闻媒体名称	标题	版面(或栏目)	头条	体裁	字数(或节目长度)	作者姓名
4	7	人民日报	让城市建设“地尽其用”	5版				黄卫锋
7	16	人民日报	江苏南通探索盐碱地绿化有效方法 茫茫荒滩变身葱郁绿地	10版		消息	1117	刘诗瑶
1	23	新华日报	与龙头共舞赢得主动发展机遇 启东“配角”唱好“主角”戏	2版		消息	300	陈 明 戴丽丽 朱蓓毓
1	22	新华日报	从“制造”走向“智造” 启东加速产业提档升级	12版		专版	600	黄 海 钱爱仁 陈 明
2	18	新华日报	启东改建800多个广场舞“舞台”“正能量加油站”为乡风文明“加油”	1版		通讯	800	陈 明 蔡樱子
3	9	新华日报	瘦弱小个子,撑起启东“第一村”——记启东汇龙镇城河村党总支书记姜卫娟	7版		通讯	1200	陈 明 付 奇
5	15	新华日报	29省市警方启东签协作章程	2版		消息	500	陈 明 付 奇 蓓 毓
5	16	新华日报	启东100个重大项目提速推进	1版		消息	500	陈 明 朱蓓毓
5	18	新华日报	启东:大项目引领挺进蓝海	1版	头条	通讯	200	陈 明 朱蓓毓 王伟玮
5	21	新华日报	启东国际经洽会签约总投资230亿	2版		消息	500	陈 明 付 奇 蓓 毓
5	29	新华日报	启东地税:多措并举提升风险应对绩效	6版		消息	500	季全红 倪 慧
5	26	新华日报	启东合作镇村村开通正能量“加油站”	13版		消息	300	庞锦辉
5	27	新华日报	启东:融入上海与”龙“共舞	22版		专版		
6	3	新华日报	最帅“逆行者”倒在抢险最前沿——追记启东海四达爆炸事故中牺牲的消防勇士陈帅	10版		通讯	2500	陈 明 朱蓓毓
6	7	新华日报	全国“放鱼日”在启东启动	2版		消息	600	钱林峰 丁蔚文
7	15	新华日报	长篇小说《风乐桃花》举行研讨会	11版		消息	500	贾梦雨
7	29	新华日报	启东合作镇“微型党课”创新党员教育	7版		消息	500	任松德

续表 1

见报日期		新闻媒体名称	标题	版面（或栏目）	头条	体裁	字数（或节目长度）	作者姓名
月	日							
8	9	新华日报	启东启隆镇创新基层党建工作方法成效显著	5 版		消息	500	包俊花
8	16	新华日报	深入推进陆海统筹加快打造“一堡三地”	14 版			3000	徐　锋
8	24	新华日报	中国竹笛艺术节在启东开幕	6 版		消息	200	付　奇
9	14	新华日报	南黄海演习海陆空联合搜救	14 版		消息	800	陈　明　陈福广
9	22	新华日报	启东圆陀角旅游度假区抓好法治工作　依托小载体　共筑大平安	8 版		消息	500	张青令
9	27	新华日报	启东市圆陀角旅游度假区积极推进“四有四化”建设	9 版		消息	500	樊　杰
10	3	新华日报	国庆假日，旅游大省推出一批“新菜”——城市新景如春笋　游客好评似潮来	1 版		消息	300	陈　明
11	7	新华日报	把科技和人才作为转型发展战略支点　启东：打造“三优三新”产业集群	1 版		通讯	2000	陈明付　戴丽丽　朱蓓毓
11	20	新华日报	启东：奏响发展为民和谐乐章	13 版	专版		3444	王伟玮　郁卫兵　潘　杨
11	16	新华日报	启东科技节签约项目 266 亿元	10 版		消息	600	蓓　毓　付　奇　陈　明
12	10	新华日报	启东海工船舶工业园“系列活动助推‘两新’党建	5 版		消息	500	海　工
12	10	新华日报	寅阳：全面开创农村基层组织建设新局面	6 版		消息	500	寅　阳
12	20	新华日报	吴歌论坛在启东举行	6 版		消息	200	陈　明　付　奇
12	16	新华日报	启东 4000 吨级浮吊船建成交付	5 版		图片		新华社
12	28	新华日报	启东交通：浇筑通向世界的大道	8 版	专版		4120	陈　旦
12	20	新华日报	实力惠萍发展惠民　水果小镇香飘四海	18 版	专版		3000	
2	16	新民晚报	承接上海辐射　对接优质产业　启东发展融入“上海元素”	A11 版		消息	2000	戴丽丽　朱蓓毓　梅璎迪
4	28	现代快报	渔民捞到 7.5 米长姥鲨是世界第二大鱼类	封 9		消息	800	严君臣
5	16	新华每日电讯	她的故事，让更多人“有信心”“板凳姑娘”怒放	6 版		通讯	1000	朱旭东
5	25	江苏法制报	启东国际经贸洽谈会 50 个项目集中签约	4 版		消息	500	朱蓓毓　单松娟　毛春玲
2	7	中国县域经济报	江苏启东召开国际经贸洽谈会	12 版		消息	500	张伟伟　张春丽
2	7	江南时报	启东国际经贸洽谈会签约项目 50 个，总投资逾 237 亿元	F5 版		消息	600	李志华　朱蓓毓　单松娟
6	2	江苏人民广播电台	千人送别启东爆炸案牺牲的消防英雄陈帅			通讯	1000	董秀芳
6	2	中国江苏网	启东群众挥泪送别“逆行英雄”陈帅	F19 版		消息	1000	曹　敏

续表 1

见报日期		新闻媒体名称	标题	版面(或栏目)	头条	体载	字数(或节目长度)	作者姓名
月	日							
5	31	文汇报	在三水交汇地体验江风海韵　启东打造圆陀角旅游度假区	5 版		消息	500	董　波　王　宁
8	26	现代快报	中国竹笛艺术节开幕	封 8		消息	500	王伟玮　朱蓓毓　严君臣
11	20	现代快报	千年鹤城,沉淀吕祖文化的现代渔港	A9 版	专版		3000	陈　莹　严君臣
12	20	现代快报	首届“吴歌论坛”落幕	封 9		消息	200	陈莹
12	26	现代快报	一位“板凳姑娘”的逆袭	封 5		通讯	2000	刘静妍　严君臣
11	30	江苏经济报	吕四港镇,千年渔号唱出时代新旋律	A3 版	专版			
12	27	农民日报	现代农业的“启东味道”	3 版		通讯	1200	张　宣　黄熙春　沈建华
1	5	南通日报	留住灶头画这项传统艺术	A5 版		消息	1500	黄　海
1	7	南通日报	宏华海洋承担省自然科学基金项目通过验收“人工岛”可以大陆造	A4 版		消息	500	黄　海
1	10	南通日报	市领导调研启东现代农业要求　推动“全托管”快速发展	A3 版		消息	500	黄　海
1	10	南通日报	量子物理世界的追梦者——国家自然科学奖一等奖获得者、启东籍科学奖陈宇翱	A1 版		消息	2000	黄　海
1	11	南通日报	从“制造”到“智造”启东加速产业提档升级	A1 版	头条	消息	2000	黄　海
1	16	南通日报	启东法院创新破产案件审理方式,力保职工和债权人合法权益——让企业称心　让群众安心	A1 版		消息	2000	黄　海　王林萍
1	20	南通日报	加快建设“四个城市”全力打造“一堡三地”——访启东市委书记徐锋	A3 版		消息	800	黄　海
1	21	南通日报	县级公立医院改革见成效　我市经验在全国会议上交流	A4 版		消息	500	陈　可
1	18	南通日报	启东：领跑沿海　融入上海　包容四海	A9 版		专版		
1	25	南通日报	启东海洋水产示范区通过省级验收	A3 版		消息	300	黄　海
1	26	南通日报	2015 年度全省宣传思想文化工作创新奖评选结果揭晓　启东“正能量加油站”获奖	A2 版		消息	600	黄　海
1	29	南通日报	开展“项目建设提速年”主题竞赛活动　启东全力推进重大工业项目建设	A2 版		消息	1000	黄　海
1	29	南通日报	我市 3 名农民工　获评“全国优秀农民工”	A3 版		消息	300	黄　海
1	31	南通日报	启东综合医改探新路　国务院医改办调研肯定	A2 版		消息	500	黄　海
1	31	南通日报	启东 2 人获“全国技术能手”称号	A2 版		消息	300	黄　海
2	6	南通日报	陆志鹏在海安启东调研	A1 版		消息	800	汤晓峰
2	6	南通日报	加快沪启园区合作产业协作　启东打造“全面融入上海的新天地”	B2 版		消息	800	张松林

续表 1

见报日期		新闻媒体名称	标　　题	版面(或栏目)	头条	体裁	字数(或节目长度)	作者姓名
月	日							
2	7	南通日报	启东:重点补助5类对象	A2版		消息	500	黄　海
2	15	南通日报	林洋能源企业技术中心获国家认定	A2版		消息	600	黄　海
2	29	南通日报	启东大葱走俏北京新发地	A2版		消息	1200	黄　海
3	6	南通日报	启东6家破产企业资产网上拍卖	A3版		消息	300	黄　海
3	10	南通日报	启东市：多形式推进流动党员遵纪守法	A6版		消息	1200	赵件华　陈凯敏
3	21	南通日报	启东新医改　百姓尝甜头	A1版	头条	消息	1200	黄　海
3	23	南通日报	启东城乡医生"交换空间"	A2版		图片		许丛军　黄　海　梁　枫
3	24	南通日报	启东海关昨正式开关	A2版		消息	300	黄　海
3	29	南通日报	对接融合，努力做出"北上海"样子——启东接轨上海实践探寻	A1版	头条	消息	1200	周建江　赵勇进　黄　海
4	1	南通日报	启东首台个人信用查询自助机亮相	A2版		消息	300	黄　海　戴丽丽
4	16	南通日报	启东项目引进向"寸土"要"寸金"建设用地亩均产出五年增六成	A1版	头条	消息	1500	黄　海　戴丽丽　陆　伟
4	20	南通日报	启东公车改革专场拍卖　首批67辆全部成交	A6版		消息	500	黄　海
4	21	南通日报	启东经济开发区通过"省知识产权试点园区"验收　万人发明专利拥有量23件	A7版		消息	500	黄　海
4	24	南通日报	第八届中国新西兰电影节在启东开幕	A2版		消息	500	黄　海
4	28	南通日报	启东开展人工养殖放流活动　放流各类鱼苗约15万尾	A7版		图片		潘　阳　黄　海
4	30	南通日报	启东海工船舶工业园入选全省海洋经济首批创新示范园区	A1版		消息	300	任溢斌
5	2	南通日报	推进县级公立医院综合改革　启东跻身全国示范	A1版		消息	800	黄　海
5	3	南通日报	启东:项目建设增加发展新动能	A1版	头条	消息	1500	戴丽丽　钱爱仁　黄燕鸣
5	8	南通日报	华滋海工大型气体特种装备项目投产全球首制超大船用C型液罐开建	A1版		消息	500	黄　海
5	10	南通日报	启东经济开发区以新型工业项目建设为总引擎，大力推进产业集聚发展——创新+转型,激发新动能	A1版		消息	1500	黄　海
5	13	南通日报	启东籍盛春泉入选"长江学者奖励计划"首批青年学者	A2版		消息	600	黄　海　张　以
5	18	南通日报	吕四港区主体建设工程、我市沿海临港产业布局重要依托——环抱式港池建设快马加鞭	A1版	头条	消息	1000	黄　海
5	25	南通日报	今年列出百个平均单体投资超10亿元重大项目，引领沿海开发向纵深发展——"三优三新"产业集群抢滩启东	A1版	头条	消息	2500	黄　海　钱爱仁
5	28	南通日报	启东:转型升级驶上快车道	特8		专版		

续表 1

见报日期		新闻媒体名称	标　　题	版面(或栏目)	头条	体载	字数(或节目长度)	作者姓名
月	日							
6	2	南通日报	启东海工船舶工业园：打造一流海工　及重装备产业基地	A3 版	专版			
6	3	南通日报	陈帅烈士遗体告别昨举行　公安部长批示亲切慰问烈士亲属	A1 版		消息	1200	黄　海
6	9	南通日报	启东精准发力产业链招商	A1 版		消息	1000	黄　海
6	13	南通日报	启东滨海工业园　盐碱地上建起工业新城	A3 版	专版			
6	19	南通日报	启东“党建领航站”激发基层活力	A1 版	头条	消息	3000	黄　海
6	22	南通日报	启东:电动工具产业添新动能	A1 版	头条	消息	800	黄　海
6	22	南通日报	启隆打造一流旅游休闲养老胜地	A2 版		消息	1200	黄　海
6	24	南通日报	启东整合资源以“去”促“增”	A1 版		消息	1200	黄　海
6	25	南通日报	启东市：建设新型交易平台　统筹利用陆海资源	A2 版		通讯	1000	
6	30	南通日报	节约集约用地再获国家级表彰　港闸启东获评全国模范	A1 版		消息	200	贲　腾
7	1	南通日报	残疾女孩苏晓琳荣登 6 月 “中国好人榜”南通“中国好人”突破百名	A1 版		消息	500	黄　毅
7	1	南通日报	用爱温暖他人的板凳女孩——记我市第 100 位“中国好人”苏晓琳	A2 版		通讯	1200	
7	5	南通日报	启东选派 12 名优秀机关干部下村任第一书记　为经济薄弱村 “问诊把脉”	A2 版		消息	600	黄　海　华富刚　刘岳峰
7	6	南通日报	圆陀角旅游度假区： 日出江海韵动中国	A3 版	专版			
7	10	南通日报	如东启东出入境检验检疫局　正式开检	A1 版		消息	500	陈　可
7	11	南通日报	启东:“三治合一”提升百姓幸福指数	A1 版	头条	消息	1500	黄　海　王伟玮　刘吟菊
7	21	南通日报	南通二建——“工匠精神”点亮诚信品牌	A3 版		消息	1000	黄　海
7	26	南通日报	启东“正能量加油站”在京介绍经验	A2 版		消息	400	黄　海
7	29	南通日报	启东“社团+”新模式让职工“嗨”起来	A3 版		消息	1000	戚　蕴　朱　明
7	31	南通日报	通籍科学家陈宇翱获国际物理大奖为该奖原子分子光领域中国首位获奖者	A2 版		消息	1200	黄　海
8	5	南通日报	启东重奖引才 “伯乐” 最高可获 30 万元	A2 版		消息	500	黄　海
8	12	南通日报	宁启铁路二期　启东段已完成 60% 工程量	A1 版		图片		许丛军
8	15	南通日报	项目建设规模、质量和效益同步提升　启东实施亿元以上项目 106 个	A1 版		消息	800	黄　海
8	15	南通日报	启东区域供水中线工程全速推进为百万民众安全饮水“上保险”	A5 版		消息	800	姜　斌　顾雪华

续表 1

见报日期		新闻媒体名称	标　　题	版面(或栏目)	头条	体裁	字数(或节目长度)	作者姓名
月	日							
8	20	南通日报	韩华新能源“机器换人”换出新天地	A2 版		消息	1500	黄　海　钱爱仁
8	24	南通日报	吕四古镇这边风景独好	A3 版	专版			黄　海　王伟玮
8	28	南通日报	打造全球领先生物制药抗体生产基地　尚华启东科创中心开建	A1 版		消息	1200	黄　海　黄欣美
8	31	南通日报	启东经济开发区：打造“红色引擎”助力企业发展	A3 版	专版			黄　海　王伟玮
9	8	南通日报	启东白萝卜鸡毛菜让各国领导人品尝　34 种有机蔬菜“端上”G20 餐桌	A1 版		消息	800	黄　海
9	12	南通日报	长江源寻根溯源玉树行　启东发车	A5 版		消息	300	黄　海
9	23	南通日报	启东首宗经营性用地网上出让	A2 版		消息	200	黄　海
9	25	南通日报	启东：拥江抱海　接轨上海	T8 版	专版			黄　海　王伟玮
10	8	南通日报	启东市民乐享百道文体“大餐”“共乐东疆”惠民赢点赞	A1 版	头条	消息	2000	黄　海　戴丽丽
10	9	南通日报	圆陀角风筝冲浪国际邀请赛举行	A4 版		消息	500	黄　海
10	9	南通日报	启东：为南通发展多作贡献	A1 版		消息	500	黄　海
10	15	南通日报	启东乡村旅游受追捧	A3 版		消息	500	黄　海
10	18	南通日报	启东全面推进新一轮脱贫致富奔小康工程	A2 版		消息	800	黄　海
10	24	南通日报	启东项目建设提速推进　今年已实施亿元以上项目 108 个	A1 版		消息	1000	黄　海　钱爱仁
10	25	南通日报	启东市滨海工业园(近海镇)：“一刻钟党建”传递正能量共筑中国梦	A3 版	专版		1000	黄　海　王伟玮
10	31	南通日报	启东海工船舶工业园（寅阳镇)：日出寅城熠江海	A3 版	专版		1500	黄　海　王伟玮
11	6	南通日报	启东加速迈向“现代港口城市”	A1 版	头条	消息	1000	黄　海　张春柳
11	17	南通日报	启东一村书记为村民的地产三宝“打广告”——“让村民能省心收获”	A3 版		消息	800	张水兰
11	22	南通日报	启东：科技创新催生新动能	A2 版		消息	2500	黄　海
11	23	南通日报	第九届国际发明展览会落幕　启中学子夺 5 金奖和 2 专项奖	A2 版		消息	800	大陆人
11	24	南通日报	启东王鲍镇创建“党建微家”——激活基层党组织“神经末梢”	A5 版		通讯	1500	黄　海
11	27	南通日报	无限风光，尽在南黄　海畔——启东旅游业发展现状调查	A1 版		通讯	3000	赵　彤
11	28	南通日报	启东获评全国休闲农业与乡村旅游示范县	A2 版		消息	500	黄　海
12	1	南通日报	滨江医药化工园(北新镇)：把发展红利送到百姓手中	A3 版	专版		1500	黄　海　王伟玮
12	2	南通日报	启东与腾讯合作　打造“家庭医生”签约平台	A7 版		消息	300	黄　海
12	5	南通日报	启东举办首届创新创业大赛	A2 版		消息	500	黄　海　王天威

续表 1

见报日期		新闻媒体名称	标　　题	版面（或栏目）	头条	体裁	字数（或节目长度）	作者姓名
月	日							
12	6	南通日报	对接大上海，启东有新作为	A1 版	头条	消息	1500	管颢生　戴丽丽
12	12	南通日报	项目建设有序推进　招商选资有效展开　启东全力冲刺全年目标任务	A2 版		消息	1000	黄　海
12	20	南通日报	首届吴歌论坛在启东举办　推动研究　协同保护	A4 版		消息	600	黄　海
12	21	南通日报	南黄海海洋牧场开建　首批实验性人工鱼礁投放吕四渔场	A2 版		消息	800	黄　海
12	23	南通日报	微信公开村级财务　启东完成试点工作	A7 版		消息	500	张　烨　冯　杰
12	26	南通日报	城里有公园，我们农村也有了	A2 版		消息	1000	黄　海
12	27	南通日报	启东矿产资源规划通过论证	A4 版		消息	300	黄　海
12	28	南通日报	大美启隆　看江看海看风景	A3 版	专版		1500	黄　海　王伟玮
12	29	南通日报	中共启东市委：在对接服务上海中走在前干在先	A3 版			1500	
12	30	南通日报	吕四渔港年捕捞产量高于去年	A1 版		图片		黄　海　潘　杨
4	6	江海晚报	世界最先进半潜式海洋平台顺利出坞	A2 版		消息	800	朱晖斌
5	7	江海晚报	省首批海洋经济创新园区名单公布　5 个园区中南通占了两席	A4 版		消息	500	冯宏新
5	27	江海晚报	“日出江海　韵动中国”感受魅力圆陀角　体验江海“游”文化	A4–5 版		通讯	1200	李　波　王　宁
5	29	江海晚报	惊艳圆陀角旅游度假区之美	A4 版		通讯	500	李　波　董　波　王　宁
6	2	江海晚报	公安部批准陈帅为“革命烈士”，遗体告别仪式昨举行　南通数千市民泪别“逆行英雄”	A1 版		消息	1200	彭军君
7	7	江海晚报	启东港闸成国家级国土节约集约模范县市　分别获得 500 亩用地指标的奖励	A7 版		消息	800	冯宏新
7	27	江海晚报	“正能量加油站”引领文明新风尚	A5 版		消息	1500	彭军君　王伟玮
7	29	江海晚报	魅力吕四，以环保优先理念引领大港开发	A5 版	通版	消息	1200	彭军君
8	12	江海晚报	环保北新，打造天蓝地绿水净生态园区	A4–5 版	通版	消息	1500	彭军君
8	22	江海晚报	日出寅阳，“腾笼换凤”强势崛起闪耀江海	A2–3 版	专版		2000	彭军君
9	19	江海晚报	启东人大代表“三诺”助力小康	A2 版		消息	2000	卢兆欣
10	1	江海晚报	“板凳妈妈”写了部充满正能量的书	A5 版		消息	1500	彭军君
11	16	江海晚报	全年“定制式”菜单　文体大餐送到身边	A4 版		消息	1200	彭军君　王伟玮　陆　倩
12	21	江海晚报	启东乡村议事厅搭起乡亲连心桥	A2 版		消息	800	彭军君

（单松娟）

自然地理

【地理位置】 启东地处北纬31°41′06″至32°16′19″，东经121°25′40″至121°54′30″。南濒长江入海口北支，其中东段以江心为界，西段永隆沙与上海市崇明县接壤。国家高速公路网G40沪陕高速公路横贯启东，崇启大桥与上海崇明岛相连；东、北濒临黄海，西与海门市毗邻。

【土地资源】 启东属长江口沉积平原，除通吕水脊区成陆千年以上外，大部分仅有二三百年历史。启东市境内地势平坦，沟河纵横，属沿海低平地区。微域地形略有起伏，西北向东南微倾，倒岸河为南北地貌的自然分野，河南高程（吴淞标高）3.6米~4.6米，河北高程在5.1米~6.1米，南北倾斜度约1/30000米，东西倾斜度约1/43500米。常年地下水位1.2米~1.6米。成土母质系海相沉积物和长江冲积物，具有强石灰。吕四地区土壤类型为壤性或沙性潮盐土；蒿枝港以南，头兴港以西，协兴河以北地区主要为黏性灰潮土；沿海、沿江地区主要为壤性或黏性潮盐土。2016年，启东市行政区域（含零米等深线以上滩涂）总面积为1714.59平方公里（257.19万亩），其中耕地面积为70538.67公顷（105.81万亩），基本农田面积67959.32公顷（101.94万亩）。

（曹军华　丁　一）

自然气候

【气候概况】 2016年，启东市主要气候特征：气温异常偏高；降水显著偏多；日照正常。

气温。2016年，启东地区年平均气温16.7℃（上一年16.1℃），比常年（1981—2010年温度气候数据）高1.2℃，年平均气温的异常程度为异常偏高。按中国气象局2012年发布的气象行业标准《气候季节划分》统计，启东地区实际一年四季：3月15日之前（含15日）处于2015年冬季；3月16日入春；6月11日入夏；10月7日入秋；11月23日进入2016年冬季。春季87天、夏季118天、秋季47天，冬季114天（2015年冬季75天+2016年冬季39天）。按月气温异常度统计，2016年异常偏高有10月与12月；显著偏高有4月和8月；偏高有3月与7月；其余6个月都在正异常度的正常范围。

2016年气温极值：年极端最低气温-9.3℃，出现在1月24日，这是在冬季气温偏高的气候背景下创出的近50年来最低气温新的历史极值记录，排在1956年启东有气象记录以来的第五位；年极端最高气温39.0℃，出现在7月27日，仅次于2013年（39.1°C）。全年最高气温≥35℃的高温日12天，其中日最高气温≥37℃有6天；全年有6天日平均气温≤0℃。终霜出现在3月26日，初霜出现在11月24日，全年无霜日数242天（比上年多11天）。

降水。2016年，全年降水量为1764.6毫米，异常等级比常年显著偏多（常年1112.1毫米），年降水距平百分率达58.7。

2016年梅雨：6月20日入梅（常年平均入梅日6月20日），7月17日出梅，比常年晚一周，梅长27天。入梅后降水

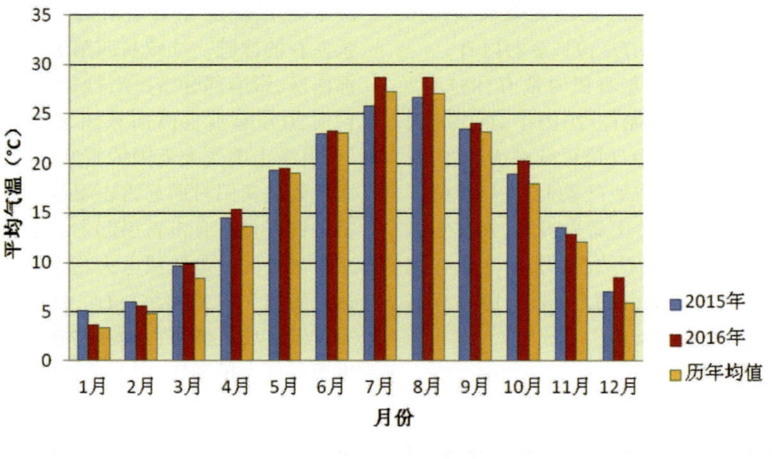

图1　2015年、2016年及历年（1981—2010年）逐月平均气温

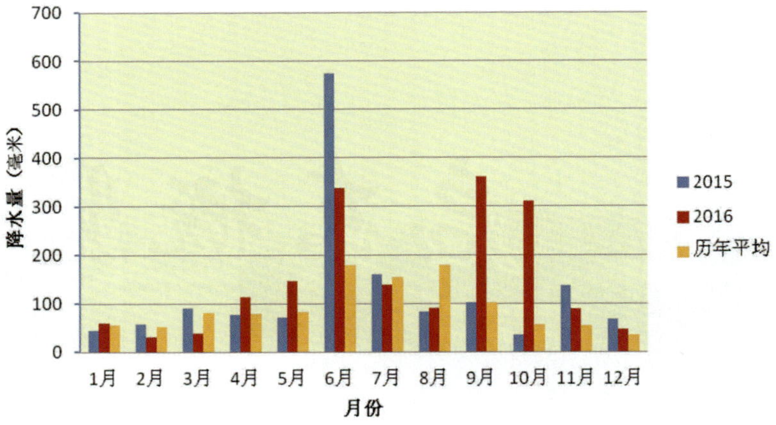

图2 2015年、2016年各月降水量与历年(1981—2010年)平均降水量

频繁,阴雨日数多,日降水量大于0.1毫米的天数达到21天,其间有2次暴雨过程,分别在6月27日、7月2日。全年梅雨量329.1毫米,距平百分率为54.7%,较常年显著偏多。

2016年有8个月的降水量超过历史平均值,且多暴雨和连阴雨。其中比常年(1981—2010年)异常偏多的有:6月降水量337.4毫米,降水距平百分率达89%;9月降水总量361.1毫米,降水距平百分率达到255%;10月降水总量311.0毫米,降水距平百分率达到452%。2016年的年降水量以及9月和10月的月降水量成为启东有气象记录60年来的最新历史极值。全年日降水量≥0.1毫米的日数有141天,其中最长连续降水日数为7天,出现在7月10日至7月16日,期间总降水量为42.1毫米;日降水量≥25毫米的大雨日有19天,日降水量≥50毫米的暴雨日有8天;一日最大降水量178.1毫米,出现在9月16日。最长连续无降水日数16天,出现时段在7月17日至8月1日。

日照。全年日照时数有1857.4小时,比常年(1981—2010年)的1987.4小时少6.5%,年日照百分率为42%,属正常年份。在农业气象上,将一日的日照时数≤3小时定义为阴天。2016年出现大于15天的阴天的月有:1月有16天;5月有18天;6月有18天;10月有21天;12月有16天。

【主要气象灾害及其影响】 低温。2016年1月24日,在世纪寒潮袭击下,市日平均气温达到零下7℃,48小时直降11℃(1月22日当日的平均气温为3.3℃)。这是启东有气象记录历史上仅次于1958年1月16日(零下8℃)的一个低温记录。市民的自来水管(表)冻裂是这次低温的主要灾害,其次是道路结冰产生的交通事故和伤害。

台风。受第14号台风"莫兰蒂"外围环流和北方南下弱冷空气共同影响,9月16日市普降大暴雨,局部特大暴雨,沿海海岸线16日出现最大8级大风,灾情不明显。

高温。受西太平洋副热带高压影响,市出梅后连续晴热高温,到2016年8月20日,日最高气温超过35℃的高温日出现12天,上年7天,其中37℃以上的天数有6天,上年2天;2016年日最高气温极值出现在7月27日,为39.0℃。期间,日平均气温较常年同期偏高3.2℃。高温未对启东市造成灾害。

短时强对流。7月6日吕四地区出现短时强对流天气,14时至16时2小时降水96.7毫米,并伴有8级阵风和5毫米左右的冰雹,导致吕四镇老城区局部内涝,影响部分市民出行。7月13日17时20分起市自西向东出现雷雨天气,启东市遭受大范围的雷暴天气,造成近海镇新阳村两起雷击事故。此次雷击灾害是由直击雷引起的,电源线路产生瞬间高电压或电火花,初步估计经济损失达2000元左右。此次雷击灾害未造成人员伤亡。7月27日下午市出现雷雨大风天气,中北部地区出现8到10级大风,市最大瞬时风速出现在南阳镇26.7米/秒(10级),无人员伤亡。

暴雨与连阴雨。2016年共出现8个暴雨日,与历史平均相比多出5天。其中受梅雨雨带影响,7月5日启东地区普降大暴雨,市气象站降水量106.6毫米,最大降水量出现在聚星镇,达146.3毫米,各镇降水量普遍达100毫米以上。6月20日至7月16日梅雨期间的连续阴雨天气,导致秋熟作物因阴雨寡照发育普遍推迟。10月,市出现3次暴雨过程及阴雨寡照天气,对秋收工作产生不利影响。

雾和霾。全年共出现雾天36天,其中3月、5月较重,较上年51天少15天,多次造成高速公路封闭,对交通运输产生一定影响。霾天全年共出现89天,较上年108天减少19天,集中出现在1月、2月、3月以及12月。2016年,霾出现的日数占全年近1/6,对全市居民健康产生一定影响。

(黄　诚　李　曈)

建置沿革

【概况】 启东位于江北大陆最东端,因沙洲不断向东延伸,便由"启吾东疆"之意而得名。启东全境系长江口不同时期河相、海相沉积平原。汉朝以前为江口海域。唐初,长江口涨出东洲、布洲。唐高祖武德年间(618—626年),长江口外形成江中岛屿,犯人被流放于此,从事盐业生产。与胡逗洲(今南通市区及通州平潮、西亭一带)一起同属广陵郡,上隶于淮南道。五代后梁开平元年(907年),长江口东洲、布洲合并为海门岛。后周显德元年(954年),设政、场合一的地方管理机构"吕四场",这是启东境内首次出现行政管理机构。显德五年,海门建县于东布洲,上隶于通州。海门县域包括今启东中北部地区。至北宋至和年间(11世纪中叶),胡逗洲向东扩展,与海门岛相接,形成东西长约75公里、南北宽约20公里的"通吕水脊"(西至南通唐闸附近,东至吕四)。

元末至明朝中叶(14—15世纪),长江主泓北移,海门沿江地带大面积坍塌,先后四迁县治,仅留吕四一地。由于民户所剩无几,清康熙十一年(1672年)撤销海门县建置,改为乡,并

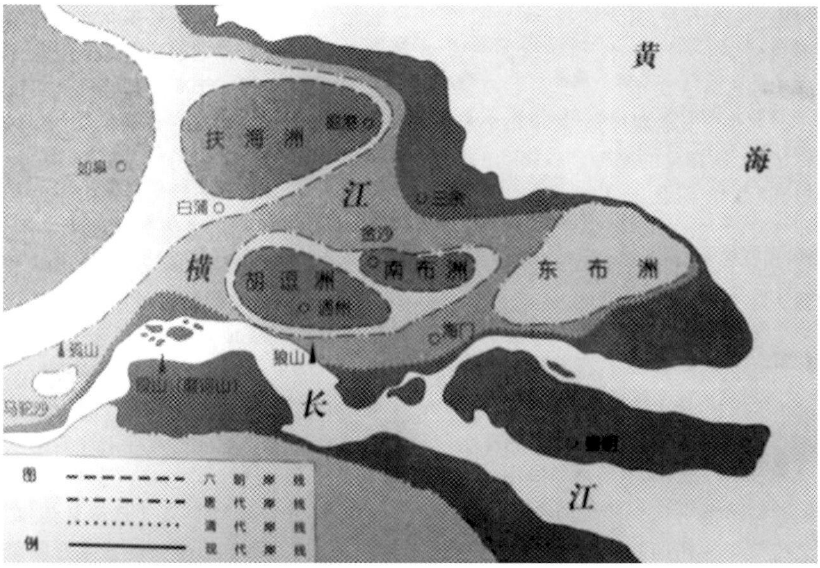

图 3　通州成陆示意图　　（市地方志办/提供）

入通州。

清康熙末年（1720年左右），长江口北岸开始新的淤积。在此后的200来年里，许多小的沙洲逐渐并连形成启海陆地。乾隆三十三年（1768年），划通州19沙、崇明11沙和新涨的10个沙，设置海门直隶厅，上隶于江苏布政使司。今启东中部地区，时为海门直隶厅的东境。雍正至光绪初年（1733—1875年），长江口北岸的惠安沙、杨家沙、永丰沙等13个沙洲陆续形成并连成一片，因临近崇明，大多为崇明人开垦，称崇明外沙（称崇明岛为内沙）。光绪二十三年（1897年），崇明县设崇海司巡检署于九龙镇（后更名为久隆镇）。崇海两县间开挖崇海界河，西起庙桥，经南阳村东流入海，南为崇明外沙，北属海门。与此同时，通海界河开挖完成，以南为海门，以北为通东（通州东部）。今启东分属三县的格局至此形成。

中华民国元年（1912年）1月，海门废厅设县；5月，通州改称南通县。今启东中部地区时属海门县，隶属于沪海道；北部地区时属南通县，隶属于苏常道。民国9年（1920年），崇明县在外沙惠隆镇（今汇龙镇）设行政公署。民国17年1月，应启东人们要求，民国江苏省政府作出决议，“崇明外沙应即设县分治，定名‘启东’”。2月，国民政府作出“准予备案”的决议。3月1日，启东县宣告成立，县治汇龙镇，隶属于江苏省，下辖10乡，居民33万人。民国22年（1933年），启东县隶于江苏省行政第七区。民国25年（1936年），江苏行政第七区改为第四区，启东隶属第四区。

民国29年（1940年）11月，新四军挺进启东，建立启东县抗日民主政府。16日，接管启东县政权，国民党启东县政权到此结束。启东民主政府最初设在汇龙镇，后撤到江家镇。民国30年（1941年）3月，日军正式占领汇龙镇后，日伪炮制临时伪政府——“启东地方自治会”；启东抗日民主政府在农村流动。9月，为对付日军“扫荡”，抗日民主政府将启东、海门两县合并为海东行署。12月，改称海启行署。民国31年（1942年）7月，崇明划入，改称海启崇行署。9月，通东地区划入，成立东南行署，驻地在聚星镇。民国32年（1943年）4月1日，日伪正式成立伪政权“苏北清乡区启东特区公署”。其管辖范围是原老启东区域，即崇海界河以南。民国34年（1945年）8月31日，日伪军撤逃，日伪政权垮台。

民国35年（1946年）1月，国民党“还乡”，在南通城组建启东县政府。10月起，随国民党军进驻汇龙镇。辖区崇海界河以南，即原国民党启东县政府管辖区域。同年3—11月，民主政府将启东、海门两县恢复建置，隶属于苏皖边区第一行政区。12月，启、海两县再度合并为东南行署，隶属于苏皖边区第九行政区。

民国38年（1949年）1月，启东、海门全境解放。两县恢复建置，划海门的东部地区、通东的吕四地区归启东版图，县政府驻曹家镇。5月起，县政府迁至汇龙镇，隶属于苏北行政区南通专区。1953年，隶属江苏省南通专区，1968年隶属江苏省南通地区。

1983年3月，江苏省实行市管县新体制，启东县隶属于南通市。1989年11月、12月，经国务院批准，民政部、江苏省人民政府先后发文，同意撤销启东县，以原区域设立启东市（县级），仍由南通市人民政府管理，实行计划单列。1990年2月15日，启东召开撤县建市大会，市委、市人大常委会、市人民政府、市政协挂牌，宣告启东市正式成立。

（曹军华）

行政区划与人口

【行政区划】 2016年，启东市辖12个镇，2个街道办事处，2个省级经济开发区，261个行政村，43个城市居委会。

【人口】 2016年末，全市户籍总人口111.95万人，比上年末减少1136人。其中，城区（汇龙镇和开发区）人口26.23万人。全年出生人口7427人，出生率为6.63‰，出生婴儿男女性别比为107:100；死亡人口8088人，死亡率为7.22‰，人口自然增长率为-0.59‰。年末常住人口95.2万人，城镇化率57.1%。

（沈冬云）

地方特产

【概况】 启东属长江口冲积平原，土壤肥沃，水网密布，自然条件优越，资源物产丰富，素有“粮棉故里，东疆乐土”之称。全国四大渔场之一的吕四渔场就有2000余种海产资源；启东的特色种养业遍布全市。启东地方特产主要有农产品和水产品两大类。启东农产品的四大当家品种有：优质棉花、茧丝、“四色豆”（蚕豆、乌皮青仁豆、白扁豆、赤豆）、小辣椒。其中，蚕豆种植为全国种植面积最大、总产最多的县(市)。启东水产品以海产品居多,吕四渔场出产的海蜇、黄鱼、鲳鱼、带鱼、梭子蟹,沿海滩涂养殖的紫菜、文蛤等水产品闻名海内外。启东是全国最大的天然文蛤养殖基地,同时又是全国唯一的中华绒螯蟹苗繁育基地。

【农产品】 *启豆系列蚕豆*。蚕豆,别名胡豆、罗汉豆、寒豆,属豆科,野豌豆属。因豆荚形似老蚕,又成熟于养蚕时节,故名蚕豆。蚕豆是启东传统的夏粮作物,种植历史悠久,自20世纪60年代以来常年种植面积保持50万亩左右,约占夏粮种植面积的50%,最高年份产量14万吨,为全国县级之首。

大红袍赤豆。启东大红袍赤豆是中国红小豆的代表性品种之一,启海一带均有种植。红小豆,属豆科,菜豆属,为一年生草本植物,是一种具有高蛋白、低脂肪、多营养的小杂粮。大红袍赤豆籽粒饱满,色泽鲜红,百粒重约20克左右。豆质细软,绵沙适口,可与大米一起煮饭、粥,以制作各种糕点馅为最佳,如豆沙包、豆沙炸糕、切糕、豆沙月饼等各种风味食品。含有丰富铁质,有补血功效,中医用作利尿、消肿、解毒等。

朝天小辣椒。启东朝天小辣椒是通启海一带的地方良种,因椒果朝天生长而得名,亦称羊角椒。其特点是个体小、色泽艳、辣度高。辣度高达5万度以上,为国内辣椒辣度之最,是上好的烹饪佐料。

乌皮青仁豆。俗称乌豆,是中国最古老的栽培作物之一,因其种皮乌黑、果仁青色而得名。《本草纲目》中用乌豆作单方的就达59条。乌皮青仁豆与猪蹄炖食,具有催乳、补血等功效。

洋扁豆。又叫利马豆,原产美洲,20世纪30年代引进启东种植。搭棚架栽培,是一种藤蔓类作物。荚扁平呈刀形,壳青籽白,每荚有籽2~3粒。全市年产约500万公斤,折合干籽45万公斤。

香芋。多年生草本豆科作物,译名美洲土栾儿。一般三月播种,次年一、二月收获。香芋在启东有数十年种植历史,在长江口区的海门、崇明也有种植,其他地区则很少见。香芋有球状块根,小者如算珠,大者如圆萝卜,褐皮白肉,气味清香,富含淀粉,味如板栗。因为名字中有"芋"字,常被混同芋艿,其实两者并无关系。

芦稷。又名甜芦粟,属一年生禾本科植物,是高粱的别种。株高达3米左右,茎有节,可食用,以青皮长节为佳,汁多甘甜,营养丰富,可与甘蔗媲美。芦稷的叶子常用作喂猪羊,根皮作柴火,穗头晾干褪籽后成为扎扫帚的材料。

东疆梨。原大兴镇从日本引进的优良梨树新品种。1995年,日本花甲协会的梨树专家大狱岩男到大兴镇技术指导,带来世界公认的梨树优良品种"三水一高"梨(丰水、幸水、新水、新高四地梨树的合称),并试种成功。此后,又传授梨树棚架栽培新技术。该品种果形大而整齐,果皮呈淡黄褐色,有光泽,无锈斑,果肉松脆细嫩,石细胞较少,味甜,多汁。每年8月成熟上市。经长期发展,大兴优质梨产业化科技示范园区面积已达1.5万亩,是长江下游地区规模最大的产梨区,被评为省级农业科技示范园、全国农业引资成果推广基地。

启东白山羊。也称海门山羊,有上千年养殖史,系全国重点保护和发展的家畜品种,定名为"长江三角洲白山羊"。启东白山羊体型中等偏小,毛色洁白,耐湿热,性温和,成熟早,繁殖力强,成年公羊体重30公斤左右,母羊22公斤左右。由于当地对公母羊均有阉割育肥的习惯,故启东白山羊肌肉丰满,肥嫩鲜美,脂肪分布均匀,膻味少。无论红烧、白煮,均肥而不腻。启东白山羊皮毛肉兼用。皮可制革,其毛可制作毛笔、刷子等。启东为全国6个山羊笔料毛基地县之一,山羊板皮是传统的出口农副产品。

三黄鸡。启东"三黄鸡"以嘴黄、毛黄、脚爪黄而得名。该品种为启海地方良种,养殖历史悠久,属于蛋、肉兼用型鸡种,体型清秀,中等偏小;行动活泼,善于觅食;耐粗饲,适应性强;产蛋多,经济效益高。一年龄成鸡体重1.5公斤~2公斤。公鸡性成熟较晚,一般4—5月开啼;母鸡繁殖力较高,开产日龄200天左右,一般年产蛋180个左右。

其他农产品。蜜橘、金柑、桃、柿、青皮甘蔗、青甜瓜、秋番茄等瓜果;豌豆、白扁豆、绿豆等豆类;启东人冬季食用的主要蔬菜黄芽菜由北方大白菜(原产山东胶州)改良而来;外皮色泽金黄的金瓜煮熟后瓜肉自然成丝可凉拌入菜。

【水产品】 *吕四海蜇*。吕四海蜇盛产于启东吕四沿海,身体半球形青蓝色,半透明,上面有伞状部分,下面有八条口腕,口腕下端有丝状器官,如同漂浮在水面上的一顶帽子。以质量上乘,加工精细闻名,是中国"海产八珍"之一。"吕四海蜇"是继"太湖银鱼"之后江苏省第二个获准进行地理标志注册的水产品。

条斑紫菜。条斑紫菜俗称紫菜、乌菜。中国沿海自然生长的紫菜有圆紫菜、长紫菜和甘紫菜等,福建、浙南沿海多养殖坛紫菜,北方则以养殖条斑紫菜为主,启东养殖紫菜即为条斑紫菜。紫菜味鲜美,蛋白质含量高且质量好,并富含人体必须的氨基酸。维生素A、B、B_2的含量可与动物肝脏相媲美。经常食用紫菜可起到降低胆固醇、预防动脉硬化、补肾、利尿、清凉、宁神、预防夜盲等功效,有助于智力开发。启东市是中国条斑紫菜的主要产区,养殖产量占全国的十二分之一,加工和出口数量则占国内市场的五分之一,拥有"灯塔"牌、"海渔"牌、"珍洋"牌等名优紫菜品牌。

文蛤。文蛤,又名蛤蜊,广泛生长于中国东部沿海,启东、如东为黄海文蛤的主产地。启东沿海自20世纪80年代起开展文蛤人工育苗和工厂化养殖,2016年,全市有无公害文蛤养殖基地20.12万亩。

黄鱼。产于启东吕四渔场的大小黄鱼,是中国最古老最重要的经济鱼类之一。由于海洋资源的减退,大黄鱼已较为少见,启东市捕捞的以小黄鱼为主。黄鱼肉嫩味鲜,含蛋白质、脂肪、糖、维生素、钙等多种营养成分。大黄鱼胶更是高级营养补品。黄鱼吃法较多,有红烧、煨汤、清蒸、风糟等多种食法,糖醋黄鱼为南通名菜。

鲥鱼。吕四一带俗称香鱼,渤海、黄海、东海均产之,其中以东海产量最多。鲥鱼味鲜肉细,营养价值极高,其含蛋白质、脂肪、钙、钾、硒均十分丰富。鲥鱼在中国渔业史上是最早的捕

捞对象之一，已有5000多年的历史。

鮟鱇鱼。俗称结巴鱼、蛤蟆鱼、海蛤蟆，为世界性鱼类，生活在温带的海底下。头大，由上往下看，像有柄煎锅一样。背鳍最前面的刺伸长像钓竿样子，前端有皮肤皱褶伸出去，看起来很像鱼饵。鮟鱇鱼肉富含维生素A和C。其鱼肚、鱼子均是高营养食品，皮可制胶，肝可提取鱼肝油，鱼骨是加工明骨鱼粉的原料。

梅童鱼。又称梅子鱼，一般全长40毫米~100毫米，大者全长可达200毫米左右；体长形，侧扁。尾柄细长。头很大而圆钝。分布于黄海、东海一带，栖息于近海、河口和港湾的泥或沙泥底质水域。不作长距离洄游。为温水性鱼类。梅童鱼肉嫩刺软，肉味鲜美。产量较大。

马鲛鱼。又名青占鱼，体形狭长，头及体背部蓝黑色，上侧面有数列蓝黑色圆斑点，腹部龙白色，背鳍与臀鳍之后有角刺。由于以鱼虾等水生动物为食，故马鲛鱼生得浑身肥满，是一种经济价值较高的海产优质鱼类。马鲛鱼肉质细腻、味道鲜美、营养丰富，含丰富蛋白质、维生素A、矿物质等营养元素。

鲐鱼。又名油胴鱼、青条鱼。体粗壮微扁，呈纺锤形，一般体长20厘米~40厘米、体重150克~400克。头大、前端细尖似圆锥形，眼大位高，口大，上下颌等长，各具一行细牙，犁骨和腭骨有牙。体披细小圆鳞，体背呈青黑色或深蓝色，体两侧胸鳍水平线以上有不规则的深蓝色虫蚀纹。腹部白而略带黄色。

鲻鱼。全身披圆鳞，眼大、眼睑发达。牙细小成绒毛状，生于上下颌的边缘。背鳍两个，臀鳍有8根鳍条，尾鳍深叉形。体、背、头部呈青灰色，腹部白色。鲻鱼肥短，眼圈大而内膜与中间带黑色。鲻鱼是优质经济鱼类之一，鱼卵可制作鱼子酱。

鮸鱼。形似鲈鱼，但肉质略粗糙，体色发暗，灰褐并带有紫绿色，腹部灰白。背鳍鳍棘上缘黑色，鳍条部中央有一纵行黑色条纹。胸鳍腋部上方有一晴斑。其余各鳍灰黑色。米鱼体形为两侧扁平向后延长状，背、腹部浅弧形。体侧扁，略延长。尾柄细长，尾鳍楔形。肉味鲜美，为海产经济鱼类之一，也是经济价值较高的鱼类。

海鳗。产于吕四渔场，海鳗肉厚、质细、味美、含脂量高，可供鲜食、制咸干品或罐头。晒干品"鳗鱼鲞"和干制海鳗鳔均为食用佳品。鳗鱼富含多种营养成分，具有补虚养血、祛湿、抗痨等功效。

鲬鱼。俗名尖角子、拐子鱼、百甲鱼，分布于沿海地区。体延长而平扁，向后渐细。一般体长20厘米~30厘米、体重100克~200克。头宽、甚平扁，吻背面近半圆形，下颌长于上颌，两颌、犁骨及腭骨均有绒毛状牙群、前鳃盖骨后缘有2个尖棘，背面及体两侧均有带小棘的骨棱、体披小而不易脱落的栉鳞，全身大部呈黄褐色。

墨鱼。又称乌贼鱼、墨斗鱼、目鱼等。由于它像鱼类一样游泳，且腹腔里藏有墨囊，所以沿海渔民把它叫做"墨鱼"。干者叫明鱼，属软体动物中的头足类。墨鱼不但味感鲜脆爽口，蛋白质含量高，具有较高的营养价值，而且富有药用价值。

柏氏四盘耳乌贼。吕四一带称为"几姑子"。分布于东海、南海等海域，生活环境为海水。胴体约长4厘米。和一般的乌贼不同，柏氏四盘耳乌贼头和胴体相连。胴体短，后端圆，尾鳍圆似耳。

鲈鱼。中国沿海及东海的淡水水体中均产，黄海、渤海较多。是常见的经济鱼类之一，也是发展海水养殖的品种。鲈鱼肉质坚实洁白，营养价值高且口味鲜美。

短鳍红娘鱼。吕四一带称红娘子鱼，产于东海、黄海和渤海。体延长，稍侧扁，前部粗大，向后渐细，一般体长14厘米~24厘米、体重150克~300克。头大，近方形。吻端中央凹入，两侧圆钝，各具几个小棘，边缘有锯齿，上下颌及犁骨具绒毛状牙群、头部背面及两侧均被骨板、体披大栉鳞、头和背部深红色，腹侧为乳白色。背鳍2个，其基部两侧各有一纵列有棘楯板。

斑节对虾。吕四一带称竹节虾。个体大，壳较厚，肉质鲜美，营养丰富。体壳较坚实，经得起用手捏拿。离水后干露于空气的耐力很强。营养价值与其他主要虾类相近。

虾蛄。身体窄长筒状，略平扁，头胸甲仅覆盖头部和胸部的前四节，后四胸节外露并能活动。腹部七节，分界亦明显，而较头胸两部大而宽，头部前端有大型的具柄复眼一对，触角两对。虾蛄味道鲜美，价格低廉，为沿海群众喜爱的水产品。

脊尾白虾。只产于中国附近海域。成虾体长4厘米~9厘米。腹部第3节至第6节背面中央有明显的纵脊，故名。体色透明，微带蓝色或红色小斑点，腹部各节后缘颜色较深。是近海重要经济虾类，除供鲜食外，还可加工成海米，因其呈金黄色，故也有"金钩虾米"之称。其卵可于制成虾籽，也是上乘的海味干品。

泥螺。属软体动物门，为太平洋西岸海水及咸淡水特产的种类。在中国沿海均有分布。体呈长方形，头盘大而肥厚，外套膜不发达。侧足发达，遮盖贝壳两侧之一部分。贝壳呈卵圆形，幼体的贝壳薄而脆，成体较坚硬、白色，表面似雕刻有螺旋状环纹，内面光滑，有黄褐色外皮。

毛蚶。又称毛蛤、麻蛤。生活在内湾浅海低潮线下至水深十多米的泥沙底中，尤喜于淡水流出的河口附近。成体壳长4厘米~5厘米，壳面膨胀呈卵圆形，两壳不等，壳顶突出而内卷且偏于前方。壳面白色，被有褐色绒毛状表皮。毛蚶是维生素B_{12}含量较高的食用贝类。沿海一带甲肝流行是由于人吃了不洁的毛蚶引发的，毛蚶属于传播途径。

扁玉螺。在吕四沿海地区称为香螺。贝壳呈半球形，坚厚，背腹扁而宽。壳顶低小，螺旋部较短，体螺层宽度突然加大。壳面光滑无肋，生长纹明显。壳面呈淡黄褐色，壳顶为紫褐色，基部为白色。壳口卵圆形，外唇薄，呈弧形；内唇滑层较厚，中部形成与脐相连接的深褐色胼胝，其上有一明显的沟痕，脐孔大而深。生活于潮间带至水深50米的沙和泥沙质的海底，通常在低潮区至10米左右水深处生活。常潜入底内猎取其他贝类为食。

海螺。产于沿海浅海海底。海螺贝壳边缘轮廓略呈四方形，大而坚厚，壳高达10厘米左右，螺层6级，壳口内为杏红色，有珍珠光泽。螺肉丰腴细腻，味道鲜美，素有"盘中明珠"的美誉。具有排列整齐而平的螺肋和细沟，壳口宽大，壳内面光滑呈红色或灰黄色，可制作工艺品。

四角蛤蜊。俗称白蚬子、泥蚬子。在中国沿海分布极广,产量大,主要栖息于潮间带中下区及浅海的泥沙滩中,属广温广盐性贝类,贝壳坚厚,略成四角形。两壳极膨胀。壳顶突出,位于背缘中央略靠前方,尖端向前弯。

大竹蛏。俗称竹蛏,平均壳长达14厘米,一般壳长为壳高的4~5倍。壳质薄脆。壳表光滑,被黄褐色壳皮。喜栖息于潮间带中下潮区至浅海的沙泥滩中。

三疣梭子蟹。又称梭子蟹、方蟹。启东吕四渔场出产的梭子蟹肉多膏肥,是主要的出口畅销品之一,年供货量达5000吨。梭子蟹以鲜食为主,还可加工成"炝蟹""醉蟹""蟹酱"和名贵调味品"蟹籽酱",均为海味中的上品。

中华绒螯蟹。启东市滨江临海,沿海水域是长江水系中华绒螯蟹大眼幼体的原种产区,江段水域是河蟹入海繁殖、蟹苗洄游溯河的天然通道。长江水系中华绒螯蟹,以其个大、青背、白肚、金爪、黄毛、味美、围捕率较高等商品性状而享誉国内外。

长江刀鱼。学名鲚,俗称风尾鱼。刀鱼与鲥鱼、河豚一起并称为"长江三鲜",其肉质细嫩,腴而不腻。出产于启东、崇明、吴淞一带江面。

沙蚕。形似蚯蚓,俗称"海蜈蚣""海蚂蟥",是高营养、速生长、高产值的海洋饵料生物,人称"万能钓饵"。同时具有较高的医药价值。启东是中国出口沙蚕的主要产地之一。

鳗苗。鳗鱼又名河鳗,是一种洄游性鱼类。长江、钱塘江一带的江河、湖泊是鳗鱼的主产区。启东所在的长江口区盛产天然鳗苗,因其经济价值较高,有"软黄金"之称。

(市地方志办)

旅游景点

【概况】 2016年,启东市有省级旅游度假区1家——圆陀角旅游度假区;A级景区3家,其中AAA景区1家——黄金海滩、AA景区2家——紫薇公园、盈康农庄;省星级乡村旅游区11家,其中四星级2家——江天生态园、大自然度假村,三星级9家——盈康农庄、花柒休闲农庄、田仓农庄、滨海村渔家乐、如意农庄、目田农场、水果小镇、渔家风情、嘉仕有机农场。

【黄金海滩】 黄金海滩位于黄海湿地省级自然保护区北部,地处启东市寅阳镇东部,是江苏最早看到日出的地方,国家AAA级旅游景区、省级旅游度假区、警察摄影基地,广袤的生态滩涂,优质的沙滩,丰茂的大米草湿地,外加当地特色的海鲜餐饮,使这里成为具发展潜力和开发价值的海滩风景区。

金滩拾贝 (市商务局/提供)

黄金海滩东西宽约850米,南北长约1800米,占地总面积约1.43平方公里,以黄金海滩和生态湿地风光为依托,以万亩鱼塘养殖和铁板沙资源为基础,开展看海、听海、吃海的原生态旅游项目。游人可坐着牛车,沿着海滩观光,体验海上disco(踩文蛤),在海边捉螃蜞、拾泥螺、挖海葵;在海边的平台上,体会自助烧烤或者海钓的情趣;在海滩放风筝,或开展沙滩排球、沙滩足球等沙滩活动。

2014年初,景区与上海海上部落风筝冲浪俱乐部联手,打造华东区唯一的风筝冲浪基地。

【江天生态农庄】 启东江天生态农庄有限公司(以下简称"江天生态园")成立于2012年1月,位于启东市汇龙镇鹤群村,南临长江,北依沿江公路,距市区不到3公里,离沪陕高速启东南出口仅5分钟车程。园区占地600亩,总投资1.2亿元,是全市首家以生态开发为宗旨,集绿色餐饮、生态居住度假、农事劳作体验、娱乐活动体验、农业文化展示、乡村休闲游乐等功能为一体的绿色创意农业园区。注重乡土文化、民俗风情、体验项目的开发,按照"建设原生态、服务规范化、产业规范化、产品精品化"的农业旅游示范点标准,做足"农"字文章,以"看魅力乡村,展农庄风采,感农耕文化,品农家美食"为载体,增强对游客的吸引力。先后获"全国四星级休闲农业与乡村旅游企业""江苏省四星级乡村旅游点""江苏省巾帼农家乐示范基地""江苏省青少年农业科普示范基地""南通市十佳乡村旅游点""南通市农业产业化重点龙头企业""南通市农业科技型企业""南通市餐饮业商会副会长单位""我喜爱的长三角休闲农业与乡村旅游景点"等称号。

江天生态餐厅能同时容纳2000人用餐,根据园林造景巧妙呈现多彩风格包厢;独栋木式别墅,追求高雅、温馨、活泼之田园建筑风格;豪华宴会厅、各类大小会议室和现代化的视听会务设施,提供宴会/会务服务;野外拓展设有攀岩、真人CS、空

江天生态农庄 （郁卫兵/摄）

中抓杠等项目；娱乐休闲包含体育健身中心、咖啡馆、棋牌、K歌、垂钓、骑马、卡丁车、羽毛球馆、游泳、水上乐园、采摘、篝火晚会等；大棚绿色基地，品种多样，以传统方式放养的家禽家畜，是游客佳肴及馈赠亲友的绿色礼品。

【大自然度假村】 大自然度假村是江苏省四星级乡村旅游点，坐落于惠萍镇大兴镇村，东依沪陕高速公路，西靠汇大线，南临沿江公路，北傍苏336线。在沪陕高速启东南出口和启东东出口之间，分别与两出口仅1.5公里、3公里，离启东市区10分钟车程。

大自然度假村占地面积300多亩，其中高效养殖水面面积100多亩；高效优质采摘果园100多亩；优良苗圃100多亩；楼顶4000多平方米智能化有机蔬菜园；建筑面积23000平方米，总投资超过1.2亿元。秉承“返璞归真，回归自然，追求卓越”的理念，按照“人在屋中，屋在水中，水在林中，宾客在我们心中”的设计构想，根据四星级酒店和AAAA农业度假旅游风景区的建设标准，请上海专业公司规划设计，是一家集餐饮、住宿、会务、KTV、SPA、足疗、健身、棋牌、垂钓、婚礼、旅游、休闲度假、农副产品种、养植加工销售为一体的综合性农业观光旅游度假村。大自然度假村获“江苏省四星级乡村旅游点”“中国特色农庄”“2014年南通餐饮业十大农家乐品牌”“全国四星级休闲农业与乡村旅游星级企业”“南通重点龙头企业”称号。

特色餐饮。大自然度假村拥有餐饮面积9000多平方米，可同时容纳1500人用餐；豪包38间，可设宴50多桌且没有柱子的宴会大厅1个；有可设宴30多桌的800平方米的多功能厅，可隔3个会议室或宴会厅；楼顶4000多平方米智能化有机蔬菜园。江浙传统风味的土家大灶，有机绿色农副产品，地道海鲜、江鲜、沟鲜。可举办婚庆、宴会、庆典、产品发布等大型活动。可为钟情西式浪漫的新人提供草坪婚礼。

住宿。大自然度假村拥有客房面积8000多平方米，有75个各类型的豪华间和11幢不同类型别墅，均为水上建筑，入住其间，有远离城市喧嚣，身处水乡郊野的感受。

农特产品。大自然度假村建有农副产品展示销售中心，作为上万户联种联养户的龙头和窗口，长年为宾客提供品种齐全、营养丰富、远离公害、味美优质、包装精美的礼品，100多亩的各种果树供顾客常年采摘品尝，100多亩的水面供游客垂钓玩赏。

休闲娱乐。大自然度假村建有康体休闲娱乐大楼一幢，内设KTV豪包15间、SPA16间、棋牌16间、足浴位28个，外加林荫深处的垂钓平台、亲水长廊、临水平台、网球场、篮球场。

【盈康农庄】 盈康农庄成立于2005年3月，位于启东市戤效港1号，东临黄海、南靠长江、北依沿江一级公路。核心区面积400亩，现代农业体验园面积120亩。农庄以无公害农产品带动休闲观光旅游，以农促旅、以旅强农，农家餐饮、特色土产、田园采摘、游园观光、河塘垂钓、野炊烧烤等。园区获首批“江苏省观光农业园”“国家AA级旅游景区”“江苏省三星级乡村旅游点”“全国四星级休闲农业与乡村旅游示范园区”“中国特色农庄”等称号。

农庄有5000平方米灰砖黛瓦四合院游客接待中心，可容300人一次性同时就餐。水上小别墅别具一格。草鸽、草鸡、草鹅、苏太猪、鳖和螯蟹等禽畜产品获农业部“无公害产品”认

大自然度假村 （市商务局/提供）

盈康农庄生态垂钓鱼塘 (市商务局/提供)

证;山药、芋艿、茄子、萝卜、西红柿、西瓜和江阴菜等蔬果获农业部"有机产品"认证。沙地特色农家菜肴"四盆六碗"商标获国家工商总局注册。

【田仓农庄】 田仓农庄是江苏省三星级乡村旅游点。位于启东市汇龙镇光荣村(江苏省级万亩生态农业园区内),是一个具有东南亚风格,集乡村旅游、农事体验、特色餐饮住宿、休闲娱乐、主题活动为一体的泰式乡村休闲度假农庄。

农庄占地近300亩,水面面积约60余亩,以生态农业为主,按照"农业园林化、园林农业化"的建设方针,95%以上土地保持原生态农业种养殖,建筑占地面积不足5%,且本着"节约土地、一地多用"和少固化的原则,充分利用种植和养殖水面空间等完成乡村旅游发展所必需的配套设施建设。农庄集农业观光、休闲度假、农产品深度消费为一体,以上海及周边城市乡村旅游客人为主,为专业的乡村婚礼、亲子活动基地及会员制家庭生态农产品配送特供基地。

田仓农庄投资近3000万元,一期建筑面积约2500平方米,有1400平米休闲餐厅和会议包房,可同时容纳200人会议和400人用餐;45张床位的东南亚景观客房;100平方米多功能会议室、休闲书吧、农产品销售展示厅、露天亲水休闲平台等;150亩原生态蔬菜采摘田、近50亩瓜果采摘园与生态养殖园、10余亩乡村小动物乐园、10余亩宝宝开心农场及60余亩水面垂钓区等;为游客提供蔬果采摘、捕鱼捉虾、野营烧烤、风筝放飞、孔明灯许愿、农庄寻宝、亲子游戏、乡村影院、桌球乒乓、棋牌麻将、卡拉OK等乡村休闲娱乐活动,形成上海及周边城市散客与团队游的接待能力。

【滨海村渔家乐】 滨海村渔家乐是江苏省三星级乡村旅游点。地处黄海之滨,长江入海口东侧,海复镇最东端的滨海村。处于原惠海公路、海防公路和建设中的王海公路、临海高等级公路,新惠海线及江海产业园交通枢纽交汇处。

滨海村党支部看准发展特色渔家乐的市场潜力,通过招商引资,合作开发,将该村建成集餐饮、住宿、旅游、休闲为一体的特色渔家乐村。以低廉的价格、优质的服务定位于工薪阶层的游客市场。采取公司+基地+农户的运作模式,以农户为核心主体,门对门接送和招待游客,直接使农户参与接待和服务。拥有5万平方米的人工湖垂钓中心、6个垂钓码头、2500平方米的停车场、游客接送旅游车24辆、电动旅游车4辆、休闲小游艇20多艘、鉴赏景小木屋20多幢、休闲码头2个、大型的接待中心1个、若干间绿色餐厅、600多平方米的健身广场等各项硬件设施。投资200多万元的渔家乐接待中心集健身、美容、KTV娱乐为一体。

【如意农庄】 如意农庄是江苏省三星级乡村旅游点,位于启东市吕四港镇。吕四港是首批国家级中心渔港。如意农庄成立于2015年4月,占地200亩,是集吃、住、度假、旅游、观赏、养殖为一体的特色农家乐,内设有大小会议室、

汇龙镇文联在田仓农庄采风 (汇龙镇/提供)

如意农庄一景　　（市商务局/提供）

棋牌室、茶室，还有垂钓、烧烤、捕捞、采摘等游玩项目。

【嘉仕有机农场】 嘉仕有机农场是江苏省三星级乡村旅游点。位于启隆乡，在生态岛—崇明岛北端，北依长江入海口，自然风光秀美，原生态湿地环境。受季风环流影响，形成独特的海洋性季风气候，适合各种农作物的生长。

嘉仕有机农场占地总面积达1200亩，是集绿色餐饮、生态旅游度假、农事劳作体验、娱乐活动体验、农业产品文化展示、休闲游乐等功能为一体的绿色创意农业休闲农场。农场附近配套设施有公司自建的会所，内有各类室内室外娱乐项目，网球、台球、游泳、羽毛球、麻将等各类棋牌类游戏供客人娱乐休闲，并不定期举行烧烤、亲子游戏等娱乐活动。各类有机蔬菜供客人采摘。同时，周边有多个配套区域，丰富基地的活动内容，有采摘区、垂钓区、儿童扩展项目区、烧烤区、农家乐等。嘉仕有机的“开心农场”活动项目，将客人带到户外自然环境中亲身体验生活，促进人与自然的健康和谐发展。

【目田农场】 目田农场是江苏垅鑫农业生态科技有限公司旗下的农业旅游项目，是江苏省三星级乡村旅游点。农场坐落于启东市北新镇红阳村红阳港东侧，紧沿长江北岸，占地300余亩，各种河道湖面水域共80余亩。农场以亲农、绿色、生态旅游为主线，将农业与文化创意结合，营造沉浸式、体验式的小农业环境，以集装箱为载体，结合农家院落、自留地、土灶台、手压水井等，营造农业体验民宿。提供采摘、捡蛋、拉网捞鱼、戏羊、逗兔等农业体验项目，骑马、射箭、真人CS对抗等拓展项目，环农场步道/骑行道、杉林露营、露天电影、江景瞭望塔等回归自然的新型文创旅游项目。

农场总投资额近3000万元，有各类果蔬种植大棚逾50亩，有可同时接待上百人活动、就餐的景观大棚餐厅，配套停车泊位百余个，无线网络全场覆盖；农场内引桥渡水、阡陌纵横、鸟语花香、接绿成荫。集装箱民宿为主的南、北二村，共有亲水景观客房32间，床位64个；有大小会议室、教室共6间，专用农产品展示销售厅1座，其他各类常规娱乐设施若干及各类亲农体验小区域。农场出产绿色生态农产品。

2016年，启东市政府批准该公司提出的在目田农场兴建农场养老、亲农旅游一体的综合项目。

【花柒精品度假酒店】 花柒精品度假酒店坐落于王鲍镇南，位于南海公路近王线西侧，占地90亩。是一家集餐饮、住宿、会议、葡萄草莓采摘、烧烤小岛、清吧、书吧、KTV、网球场、户外温泉、手工艺术院落于一体的田园式酒店。酒店引入莫干山民宿设计与管理团队，与多位青年艺术家合作设立艺术家工作室，致力于打造休闲度假、农业观光、文创开发为一体的精品度假酒店。

酒店设计以木为媒，以石为介，古朴自然的理念，融文化与环境为一体，体现出舒适典雅、清新宁静的宜居品味追求，是一座典型现代中式设计风格、以“慢享　慢时光”为主旨的园林式度假酒店。有28间山、水、田、园四种风格套房，酒店全景花园餐厅，提供各式美食及地方特色菜肴。

嘉仕有机开心农场　　（市商务局/提供）

启东部分旅游景点

表2

景点名称	地　　址	电　　话	网址或微信号
黄金海滩	圆陀角旅游度假区黄金海滩景区	0513-68958088	—
江天生态农庄	汇龙镇鹤群村	0513-83839777	—
大自然度假村	惠萍镇大兴镇村	4006165505	—
盈康农庄	寅阳镇江楼村	0513-83718888	http://www.ntyingkang.com
滨海村渔家乐	海复镇滨海村	0513-83476666	—
田仓农庄	汇龙镇光荣村	0513-68262878 13381928858,	微信:QDTCNZ 田仓农庄
如意农庄	吕四港镇如意大道68号	0513-83192779	—
嘉仕有机农场	启隆镇永兴路118号	0513-83871727	http://www.kl-org.com/ 微信:justorganic
目田农场	北新镇红阳村	0513-83866966	微信:MTfarm_happy-BOX

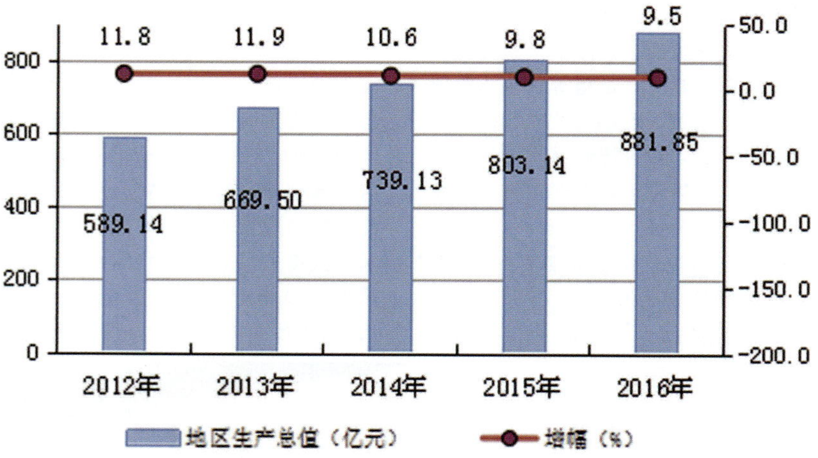

图4　2012—2016年地区生产总值

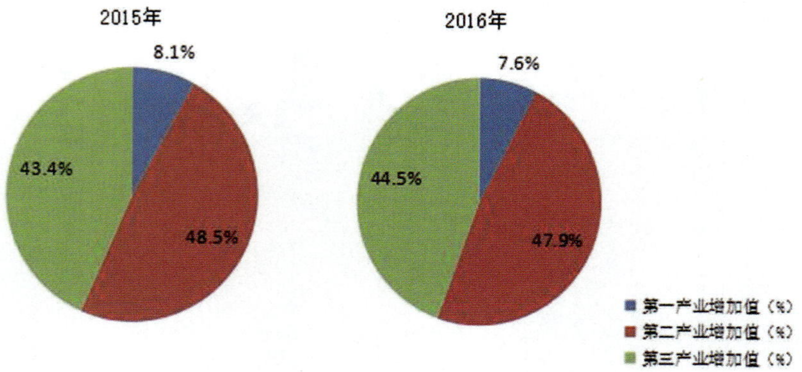

图5　2015年、2016年三次产业增加值比

【惠萍水果小镇】 惠萍水果小镇位于启东城区南部，长江北岸，东至小庙港河（含大兴镇镇区）、南至长江江堤、西至公和中心路及丁仓港河（路、河对接）、北至沿江公路，总规划面积约2400亩，共涉及果园、公和、大兴镇三个行政村。该区域主要依托果园村连片果树这一特色资源，集聚发展农家乐、民宿、赏花摘果等旅游项目。

惠萍镇水果小镇交通便利。G40沪陕高速从片区东侧贯穿，沿江公路东西贯通惠萍镇全镇，从片区的北侧穿行。旅游集聚区以"万亩果园，江海人家"为乡村旅游品牌，让游客真正体验"融大自然、深生态、活文化、真生活于一体"的沙地农家生活。

（张兴贵）

国民经济和社会发展

【概况】 2016年是"十三五"开局之年，全市上下坚持稳中求进工作总基调，自觉践行新发展理念，主动适应经济发展新常态，统筹推进稳增长、调结构、促改革、惠民生、防风险等各项工作，经济社会发展呈现总体平稳、稳中有进的良好态势。

综合实力稳步提升。经初步核算，全年实现地区生产总值881.85亿元，按可比价计算比上年增长9.5%。全市按常住人口和户籍人口计算的人均地区生产总值分别达到92534元和78730元。启东在全国县域经济竞争力百强县（市）中排名升至第22位；在全国创新创业中小城市百强县（市）中排名升至第11位；北京大学生命科学院华东产业研究院落户启东、海工船舶园人选江苏首批海洋经济创新示范园区；2016年度，启东在南通市综合考核中获一等奖。分别荣膺"全国国土资源节约集约模范市""全国休闲农业与乡村旅游示范县"称号。

产业结构不断优化。全市实现第一产业增加值66.58亿元，与上年持平；第二产业增加值422.85亿元，比上年增长9.6%；第三产业增加值392.42亿元，比上年增长11%；三次产业比例由2015年的8.1:48.5:43.4调整优化为

7.6:47.9:44.5。

城乡就业有效推进。全市认真落实“万人创业计划”，扶创业、促就业，推进公共就业服务标准化，提升就业创业能力。全年城镇新增就业8697人，各类城镇下岗失业人员实现就业再就业4399人，帮助就业困难人员再就业412人，城镇登记失业率控制在1.8%以内。

大众创业动力强劲。全市坚持促进就业和支持创业并举，年末全市工商登记各类企业15467家，其中国有及集体控股企业212家、外商投资企业488家、私营企业13183家。当年新登记各类企业2577家，新增个体工商户6041家。

消费价格温和上涨。全年居民消费价格指数为102.1%，比上年上涨2.1%，其中12月同比上涨1.8%。八大类消费品及服务项目价格“七升一降”，食品烟酒、衣着、居住、生活用品及服务、教育文化和娱乐、医疗保健、其他用品和服务类价格同比分别上涨4.1%、1.3%、2.6%、2.2%、0.5%、1.1%、2.5%；交通和通信类则下跌0.8%。

【农业】 农业生产保持稳定。全市实现农林牧渔业总产值131.73亿元，按可比价计算比上年增长1.3%。全年粮食总产量26.14万吨，比上年下降0.6%，其中夏粮产量8.18万吨，下降3.5%；秋粮产量17.96万吨，增长0.8%。全年猪牛羊禽肉产量5.69万吨，比上年下降2.3%；禽蛋产量2.11万吨，增长1.2%；水产品产量36.39万吨，增长0.9%。

现代农业提档升级。全市新增高效设施农业面积1.17万亩、高标准农田5.6万亩，建成国家级休闲农业星级示范点5个。实现农产品出口9500万美元，位居全省前列。“启东洋扁豆”获评国家地理标志。新型主体加快培育，新增国家级农业龙头企业1家、省级以上示范合作社10家、示范家庭农场6家。现代渔业加快发展，建成全省首家海水循环养殖基地，获评省平安渔业示范市。

2016年主要农产品产量

表 3

产品名称	当年数(吨)	上年数(吨)	比上年增长(%)
粮食	261350	262939	–0.6
谷物	169085	166143	1.8
夏粮	81779	84752	–3.5
秋粮	179571	178187	0.8
油料	83677	91347	–8.4
花生	26650	25852	3.1
油菜籽	56487	64947	–13.0
棉花	6310	11160	–43.5
蚕茧	119	202	–41.1
瓜果	96098	95324	0.8
蔬菜	821934	815213	0.8

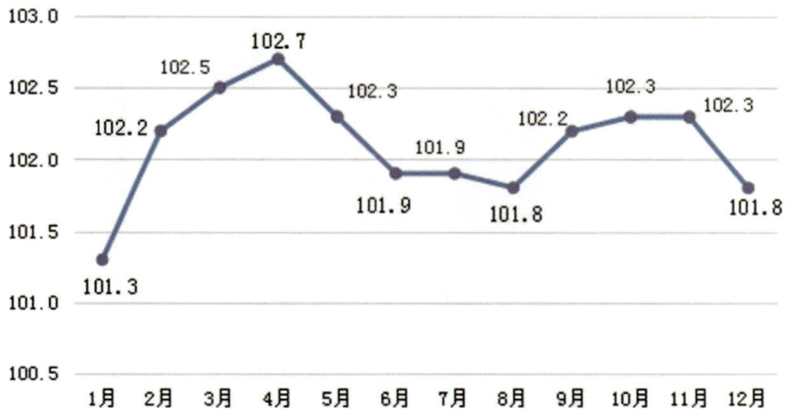

图 6 2016 年分月物价指数

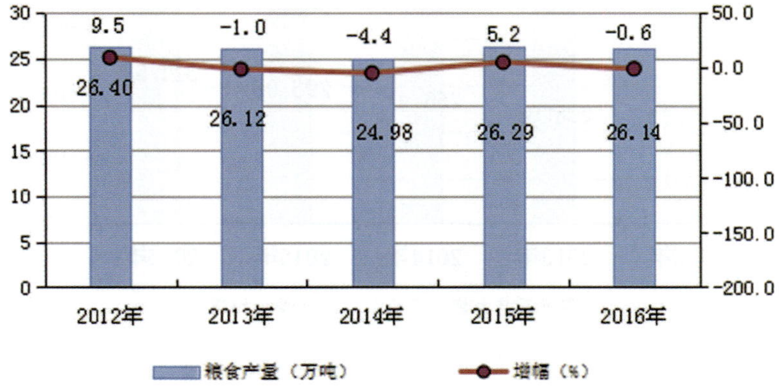

图 7 2012—2016 年粮食产量

【工业和建筑业】 工业经济稳定增长。全年实现规模以上工业总产值1862.75亿元，比上年增长12.1%。重点产业支撑有力，“三优三新”产业占全市规模工业总产值比重达72.4%；高新技术产业产值占全市规模工业总产值的比重达48.6%，比上年提高2.1个百分点；新兴产业产值占规模工业总产值的比重达43.1%，比上年提高2.4个百分点。企业效益稳定改善。全市规模以上工业企业实现主营业务收入1835.56亿元，比上年增长15.4%；工业

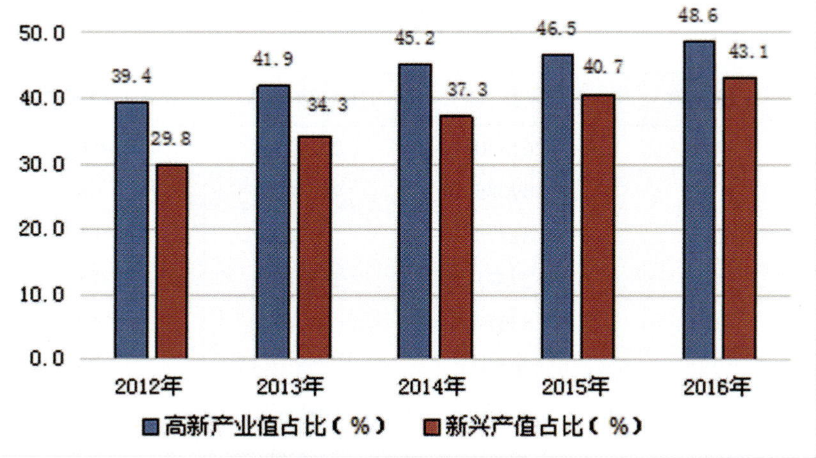

图 8 2012—2016 年高新、新兴产业产值占规上工业产值比重

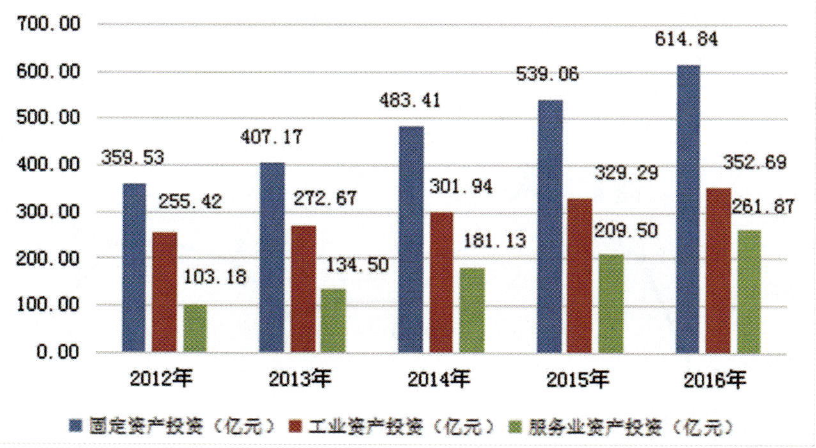

图 9 2012—2016 年固定资产投资

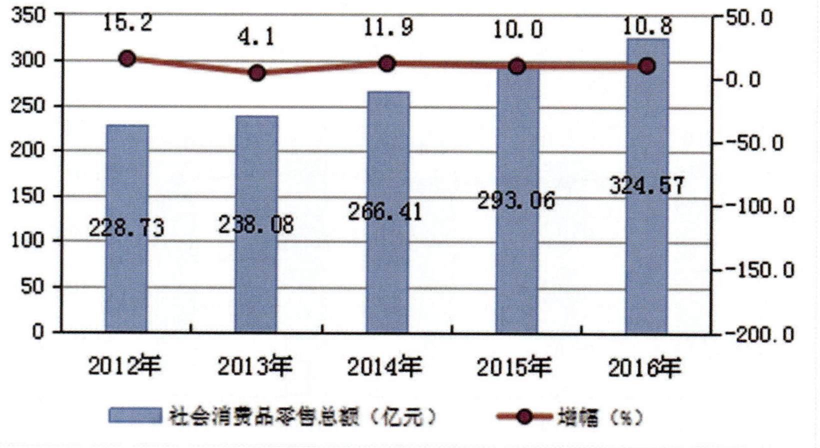

图 10 2012—2016 年社会消费品零售总额

产销率达99.4%，比上年提高0.4个百分点；实现利润总额130.02亿元，增长7.9%；规模工业入库税收29.50亿元。2016年，启东列中国工业百强县市第38位，比上年提升17位。

建筑行业全国驰名。全市拥有建筑业企业250家，其中特级企业2家、一级企业10家、二级企业39家，从业人员连续多年突破20万人，全年实现建筑业总产值768.20亿元。南通二建集团连续4年荣获全省建筑业综合实力第一名、南通二建品牌在中国企业500强中排名第294位。启东建筑共获鲁班奖、国优工程奖、詹天佑奖等国家级奖项41个，扬子杯等省级奖项128个。

【固定资产投资】 投资结构不断优化。全年完成全社会固定资产投资614.84亿元，比上年增长14.1%。分产业看，第一产业完成投资0.28亿元，增长3.7%；第二产业完成投资352.69亿元，增长7.1%；第三产业完成投资261.87亿元，增长25%。第三产业投资额占全社会固定资产投资的比重达42.6%，比上年提高3.7个百分点。从结构看，全年完成工业技改投资246.82亿元，比上年增长27.2%，占工业投资的比重达70%，比上年提高11.1个百分点。全年完成新兴产业投资和高新技术产业投资112.16亿元和89.09亿元，分别比上年增长8.5%和5.2%。新兴产业投资占工业投资的比重达31.8%，比上年提高0.4个百分点。

商品房销售明显回升。全年完成房地产开发投资55.63亿元，比上年下降12.2%。房屋新开工面积191.79万平方米，增长32.7%；房屋施工面积574.42万平方米，增长25.9%；竣工面积85.63万平方米，增长17.5%。全年商品房销售面积155.93万平方米，增长57.7%，商品房销售额122.57亿元，增长81.2%。

【国内贸易和旅游】 市场消费稳定增长。全年实现社会消费品零售总额324.57亿元，比上年增长10.8%。分行业看，批发业实现零售额14.12亿元，增长10.8%；零售业实现零售额281.45亿元，增长10.7%；住宿业实现零售额1.35亿元，增长14%；餐饮业实现零售额27.65亿元，增长11.3%。分地区看，城镇实现消费品零售额221.53亿元，增长10.8%；乡村实现消费品零售额103.04亿元，增长10.7%。在限额以上批发零售贸易企业零售额中，服装、鞋帽、针纺织品零售额比上年增长10.9%；日用品零售额增长11.3%；汽车零售额增长22%；通讯器材零售额增长14%；家用电器和音像器材零售额增长7.8%；金银珠宝零售额增长2%；建筑及装潢材料零售额增长17.2%。

旅游产业迅速崛起。全市旅游产

业发展迅猛，境内拥有省级度假区1家，国家AAA级景区1家、AA级景区2家、省四星级乡村旅游区2家、三星级乡村旅游区9家。圆陀角、启隆成为上海周边热门旅游目的地；惠萍水果小镇对外开放，黄金海滩加快升级改造，神鲜街主体工程竣工，渔人码头完成驳岸施工；成功承办南通江海国际旅游节、2016中国南通乡村旅游节。餐饮住宿企业共有床位13000多个、餐位35000多个。累计接待游客403.73万人次，实现旅游总收入50.78亿元。

【开放型经济】 对外开放势头强劲。大力开展“项目引进年”活动，聚焦重点区域、重点产业，实施精准招商、产业招商，新增协议注册外资5.10亿美元，实际利用外资3.47亿美元，列南通各县市前茅，日立三环、上海鼓风机、泽生医药等一批重特大项目成功落户。

经贸合作保持领先。全年完成外贸进出口总额30.22亿美元，其中出口额26.51亿美元，比上年增长6.8%；出口超亿美元企业5家，其中韩华新能源出口8.8亿美元。中韩(启东)中小企业国际合作区成立，启东海关、国检获批设立。

境外投资步伐加快。全市累计实现境外投资中方协议投资总额9081万美元；实现承包劳务合同额7393万美元，实现承包劳务营业额10753万美元。累计新签服务外包业务合同额4008万美元，比上年增长2%；服务外包执行额2887万美元，比上年增长43.1%。

【交通运输、邮电通讯和电力】 交通运输能力提升。年末全市拥有一级公路278公里、县乡道二、三级公路470公里、高速公路40公里、四级农村公路4000公里，等级公路总里程达到4788公里，公路密度和里程数全省领先。全年完成公路、水路客运量765万人次，旅客周转量91951万人公里，分别比上年下降0.8%和1.2%。公路、水路完成货运量557万吨，货物周转量87646万吨公里，分别比上年增长19.2%和9.7%。年末全市汽车保有量16.5万辆，比上年增长5.3%；私家车拥有量15.4万辆，比上年增长6.1%。

邮电通讯快速发展。全年完成邮电业务收入9.72亿元，其中，电信业务收入7.90亿元，邮政业务收入1.82亿元。年末拥有移动电话用户117.10万户，比上年末增加20.9万户；固定电话用户23.15万户，比上年末减少6.25万户。年末拥有住宅电话用户20.8万户，比上年末减少1.98万户。全市国际互联网宽带接入用户数达29.9万户，比上年末增加5.87万户。

城乡用电稳定增长。全年用电量31.02亿千瓦时，比上年增长9.3%，其中第一产业用电0.58亿千瓦时，增长14.8%；第二产业用电19.74亿千瓦时，增长6%；第三产业用电3.90亿千瓦时，增长18.4%。城乡居民生活用电6.79亿千瓦时，增长14.5%。

【财政和金融】 财政收入政策性下降。受营改增政策影响，全市一般公共财政预算收入71.03亿元，比上年下降7.6%，

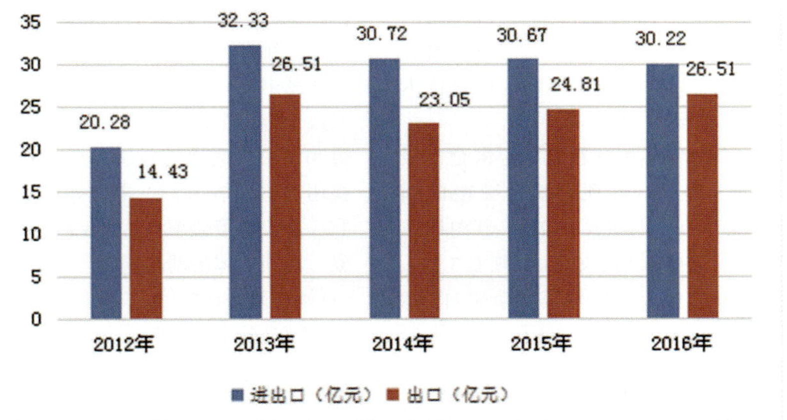

图 11　2012—2016 年进出口额

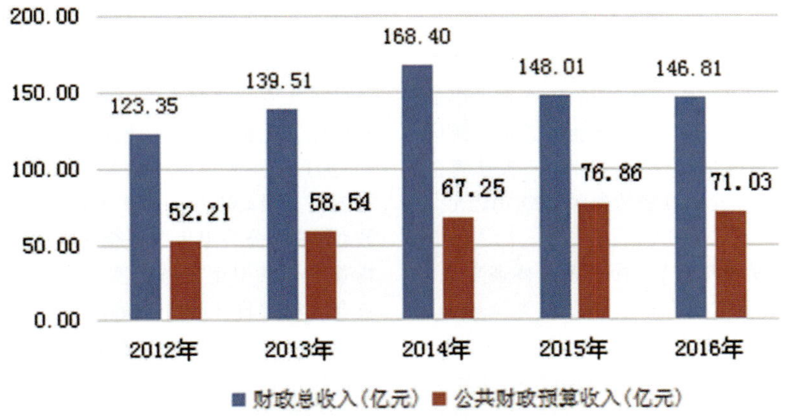

图 12　2012—2016 年财政收入

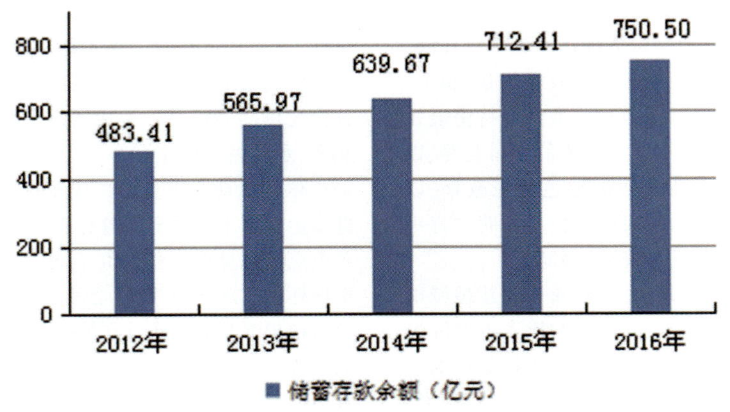

图 13　2012—2016 年城乡居民储蓄存款余额

其中税收收入54.95亿元,下降13.4%。主体税种中,增值税13.88亿元,增长121.5%;营业税16.22亿元,下降54.6%;企业所得税(40%)6.79亿元,下降4.4%;个人所得税(40%)2.52亿元,增长62.7%。基金收入34.27亿元,下降17.1%。

全市一般公共预算支出89.02亿元,比上年增长3.2%,其中一般公共服务支出14.94亿元,增长11.7%;社会保障和就业支出12.42亿元,增长36%;医疗卫生支出10.97亿元,增长1.9%;节能环保支出1.30亿元,增长2.8%;教育支出19.23亿元,增长5.7%;科学技术支出1.58亿元,下降44.1%。

金融市场运行稳定。年末全市银行业金融机构各项存款余额1248.54亿元,比上年末增长15.2%。其中居民储蓄存款余额750.50亿元,增长5.3%。全市银行业金融机构贷款余额712.78亿元,增长9.4%。从贷款期限看,短期贷款余额306.67亿元,下降9.8%;中长期贷款余额371.86亿元,增长34%。从贷款类别看,全市消费贷款127.94亿元,增长68.7%;经营贷款82.24亿元,增长0.9%。

金融创新持续深入。全年新增各类金融机构8家,总数达78家。全市上市公司3家,2016年募集资金28亿元。新增“新三板”企业2家,累计新三板挂牌企业5家。全年新增债券融资72.70亿元。

【教育和科技】 *教育事业协调发展*。年末全市拥有中小学及各类学校141所,其中普通高中7所、职业高中2所、特教学校1所、中小学70所、幼儿园61所。各类学校在校学生88770人、教职工6771人。所有学校建成数字化校园,60所学校建成省义务教育现代化学校。省学业测试成绩达到最高级九级。全市普通高中建有省级课程基地4个,南通市学科基地7个,数量保持南通领先。以启东中学为代表的学科竞赛、以汇龙中学为代表的绿色环境教育、以大江中学为代表的科技小发明教育等在省内外具有较高知名度。

科技创新再创佳绩。创新型城市加快建设,全社会研发投入占地区生产总值比重达2.57%,科技进步贡献率达63.7%。全市高新技术企业达112家、万人发明专利拥有量达13.78件,实施产学研合作项目172项。创新平台加快布局,成立北大生命科学华东产业研究院、国家科技领军人才创新驱动启东中心,启东经济开发区获评省“两化融合”试验区。创新实力不断增加,全年引进创新创业领军人才158人,其中国家“千人计划”专家5人、省“双创人才”8人、省“双创团队”1个,列全国创新创业中小城市百强第11位。

【文化、卫生和体育】 *文化服务日益完善*。年末全市拥有文化馆(站)16个,公共图书馆1个,图书总藏量70多万册,完成全市12个镇乡图书分馆建设,实现镇乡图书借阅通借通还。全市有线电视用户达43.70万户,电视人口覆盖率和广播人口覆盖率均达100%。“共乐东疆”百项文体活动丰富多彩,“村村乐”“百姓自助舞台”、第二届全民读书节、“起舞东疆”全民舞蹈秀、乡村好声音主题活动、文化“五送”和农村数字电影放映工程、“启吾大讲堂”等文体活动开展率已达100%,活动场次达4800场,活动参与人数近65万人次。成功举办中国新西兰电影节、中国竹笛艺术节、国际铁人三项赛、吴歌论坛等活动。

卫生事业健康发展。年末全市拥有医疗卫生机构421家,执业(助理)医师2203人、注册护士1898人,每千人拥有卫技人员4.97人、每千人拥有床位数4.19张。公共卫生服务全面实施,人均基本公共卫生服务经费达65元,新农合人均财政补助增至560元,参合率达99.96%。60周岁以上老年人免费健康体检率达92%以上,儿童基础和加强免疫接种率持续保持在95%以上,对在基层医院住院的低保、五保户及农村70周岁以上老人实施基本药物全免费。公立医院综合改革不断深化,分级诊疗制度有序推进,基层医院门诊首诊比例明显提高;建成省级卫生村30个、示范村卫生室50个。

体育活动丰富多彩。庆元宵万众健步走暨第十九届全民健身节活动、启东市全民健身送下乡活动、江苏省克鲁斯堡杯中式八球公开赛、全民瑜伽健身等活动相继开展。新成立马拉松协会、篮球协会、海天钓友俱乐部,全市规范管理运行的体育协会总数达28个,民办非企业单位8个,青少年体育俱乐部2个,城区规范化、规模化的健身队伍达32支,建成省公共体育服务示范区。

【城市建设和生态环境】 *城市功能日趋优化*。城市框架进一步拉开,世纪大道东延、江海路南延、和平路北延等6条道路竣工通车,钱塘江中路、民胜路南延、建设路南延等12条道路加快建设。城市景观不断美化,灵秀公园建成开放,蝶湖公园、中央河绿带加快打造;新增游园节点3个、健身步道7公里,完成桥梁亮化9座。城市功能配套日趋完善,二手车交易市场、大润发商业体建成营业,邻里中心、农贸市场建设有序推进。城市环境综合整治“951”行动扎实开展,城市环境面貌有效改善。

基础设施更为完善。宁启铁路启东段完成总工程量的60%,海启高速启东段加快建设。开展市域快速路网规划和城市综合交通规划研究,吕四港区铁路专用线完成预可评审。志圩公路开工建设,打通省道221茅家港、王海公路东元镇节点,国道345启东段、省道335吕四改线段完成设计,新建农村公路连接道路30公里。区域供水通久线、崇启线加快建设,“西气东输”工程稳步推进,危废处理项目开工建设,沿海变、圆陀角变等输变电工程竣工投用。扩大公交线路覆盖面,新增新能源公交车43辆。

环境保护力度加大。大气污染防治扎实开展,空气质量优良率保持南通领先。巩固扩大水环境整治成果,重点河道生态修复工程加快推进,铺设污水管网28.4公里。实施造林绿化工程,新增造林绿化面积1.2万亩、城市绿地面积78万平方米,林木覆盖率达25.2%;圆陀角湿地公园通过省级湿地公园评审。农村环境“六位一体”深入实施,建成南通市农村环境长效管理示范镇2个、南通市级以上“美丽乡村”3个。

【人口、人民生活和社会保障】 *人口总量保持稳定*。年末全市户籍总人口111.95万人,比上年末减少1136人。其中,城区(汇龙镇和开发区)人口26.23万人。全年出生人口7427人,出生率为6.63‰,出生婴儿男女性别比为107:100;死亡人口8088人,死亡率为7.22‰,人口自然增长率为-0.59‰。年

2016年户籍人口主要构成情况

表 4

指　　标	年末数(人)	比重(%)
全市总人口	1119475	100
#城镇人口	640927	57.3
乡村人口	478548	42.7
#出生人口	7427	100
男性	3840	51.7
女性	3587	48.3
#死亡人口	8088	—
#18岁以下	122814	11.0
18~34岁	214797	19.2
35~59岁	464188	41.5
60岁以上	317676	28.3

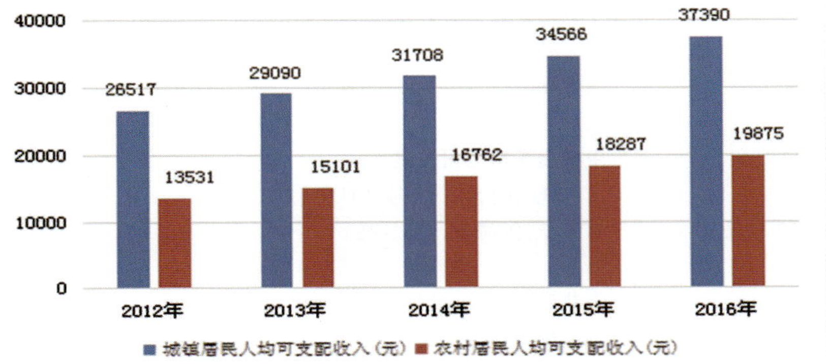

图 14　2012—2016 年城乡居民人均可支配收入

末常住人口95.2万人,城镇化率57.1%。

居民收入稳步增加。全年城镇常住居民人均可支配收入37390元,比上年增长8.2%;农村常住居民人均可支配收入19875元,比上年增长8.7%。全年居民人均消费支出21794元,增长7.7%。其中人均食品烟酒消费支出6719元,增长6.9%;人均衣着消费支出1875元,增长5.5%;人均居住消费支出3348元,增长6.7%;人均生活用品及服务消费支出1273元,增长6.6%;人均交通通讯消费支出2935元,增长10.8%;人均教育文化娱乐消费支出4048元,增长8.9%;人均医疗保健支出1267元,增长9.3%;人均其他用品和服务消费支出329元,增长2.6%。年末全市城镇常住居民人均住房面积45.4平方米,比上年增长5.8%;农村常住居民人均住房面积64.1平方米,比上年增长4.7%。

社会保障统筹实施。城乡保障体系不断完善,城镇职工“五险”参保率、城乡居民养老保险覆盖率达96.3%以上。城乡居民基础养老金标准提高至125元/月,农村、城镇低保标准分别提高至530元/月、590元/月。新农合住院医药费补偿4.24亿元,惠及13.2万人次。

社会福利不断提升。年末全市拥有各类养老机构46个,老年人床位总数8887张。农村五保分散供养综合标准提高到8400元;全市发放五保、孤儿、三无老人救助金1400万元,向5.54万名80岁以上老人发放尊老金4070万元。精准扶贫、结对帮扶力度加大,全年帮扶脱贫2821户,惠及4252人次。开工建设安置房104万平方米,竣工85万平方米,交付6500套。

注:

1.公报中发布的部分数据因四舍五入的原因,存在着与分项合计不等的情况。

2.地区生产总值及其分类项目增长速度按可比价计算,为实际增长速度;其他指标除特别说明外,按现价计算,为名义增长速度。

3.根据国家最新修订的《国民经济行业分类》,2015年起将原第一产业中的“农、林、牧、渔服务业”,第二产业中的“开采辅助活动”和“金属制品、机械和设备修理业”等三类行业调入第三产业。

4. 高新技术产业产值根据江苏省科技厅和江苏省统计局联合下发的《关于发布〈江苏省高新技术产业统计分类目录〉(2012修订版) 的通知》(苏科高〔2012〕332号)进行统计,包括航空航天制造业、电子计算机及办公设备制造业、电子及通讯设备制造业、医药制造业、仪器仪表制造业、智能装备制造业、新材料制造业和新能源制造业。

5. 新兴产业包括新能源制造业、新材料制造业、生物技术和新医药制造业、智能装备制造业、节能环保制造业和海洋工程装备制造业。

6.2012年四季度起,国家统计局实施城乡一体化住户调查改革,统一城乡居民收入名称、分类和统计标准,在全国统一选取16万户城乡居民家庭,直接开展调查。在此基础上,计算城乡可比的新口径全体居民人均可支配收入以及分城乡居民人均可支配收入。耐用消费品拥有量为城乡一体化改革后的调查数据,与以前年份不可比。

7.规模以上工业统计范围为年主营业务收入2000万元及以上的工业企业。

8.建筑业统计范围为有资质的建筑业企业。

9.固定资产投资统计范围为计划总投资500万元及以上建设项目,房地产投资统计范围为房地产开发经营企业。

10. 社会消费品零售总额统计中限额以上单位是指年主营业务收入2000万元及以上的批发业企业(单位)、500万元及以上的零售业企业(单位)、200万元及以上的住宿和餐饮业企业(单位)。

11.公报中,就业、创业、农业、建筑、旅游、开放型经济、交通、邮电、财政、金融、教育、科技、文化、卫生、体育、人口、社保、民政、住建、环保等相关数据均来源于部门提供。

(市统计局)

启东市四套班子领导机构

中共启东市委第十二届委员会
书　记:徐　锋
副书记:黄卫锋　汤　雄　兰生峰(挂职,2月免)
常　委:姜　平　韩菊芳(女,6月28日免)
赵男男(女)　龚心明　周　春(7月27日免)
朱志强　王　凯　石光辉(7月27日任)
沈良杰(6月28日任)　陈延祥(7月27日任)
陈剑锋(5月3日任,12月26日免)
注:书记、副书记在常委中不重复列名。

启东市第十六届人民代表大会常务委员会
主　任:徐　锋
党组书记:徐　锋
党组副书记:张建新
副主任:俞翠明(1月14日免)　张建新(1月14日任)
潘国红　黄松涛(1月14日任)

启东市第十六届人民政府
市　长:黄卫锋
党组书记:黄卫锋
党组副书记:王　凯
副市长:王　凯　黄　忠　孙建忠　张卫生　袁圣菊(女)
汤葱葱　朱晓阳(挂职)　俞旭明(挂职,11月免)

政协启东市第十四届常务委员会
主　席:顾云峰
副主席:倪春元(12月19日免)　蔡建平　宋　逵
龚建涛
副处级督导员:朱家鼎
秘书长:许瑞华
副秘书长:陈　樊(11月7日免)　张卫华

中共启东市委工作部门及直属单位

中共启东市委办公室
主　任:龚心明
副主任:沈衍冰(11月7日免)　徐　霞(女)　黄　健

中共启东市委研究室
主　任:沈衍冰(11月7日免)
副主任:张俞华　施　亮

中共启东市委、启东市人民政府接待办公室
主　任:陈晓燕(女)
副主任:高一新　何淑峰　李永生(11月7日免)

中共启东市委保密委员会办公室
启东市国家保密工作局
主任、局长:徐建军
副主任、副局长:顾向华

中共启东市委机要局
启东市国家密码管理局
局　长:徐建军
副局长:顾向华

中共启东市委督查室
主　任:彭红辉(12月29日任)

《启东通讯》杂志社
社　长:彭红辉(12月29日免)

启东市档案局(馆)
局(馆)长:张建昌
副局(馆)长:卫　健(女)　王建华　杨　琴(女)

中共启东市纪律检查委员会
书　记：韩菊芳（女，6月28日免）　沈良杰（6月28日任）
副书记：王裕兵（10月31日免）　郁豪杰
常　委：赵志辉　蔡海伟　陆　松　邓正映
注：书记、副书记在常委中不重复列名。

启东市监察局（与市纪律检查委员会合署办公）
局　长：王裕兵（兼）
副局长：张巍巍（女）　赵志辉　蔡海伟

中共启东市纪律检查委员会机关内设机构
办公室
主　任：黄海燕（女）

纪检监察干部管理监督室
主　任：张雨华

宣传教育室
主　任：赵件华

党风政风监督室
主　任：倪　雄

信访室
主　任：陆允冲（5月26日免）

第一纪检监察室
主　任：沈龙飞（11月7日免）

第二纪检监察室
主　任：

第三纪检监察室
主　任：樊指南

第四纪检监察室
主　任：

案件监督管理室
主　任：施宇飞

案件审理室
主　任：

机关纪检监察工作室
主　任：郁向辉

农村纪检监察一室
主　任：周晓磊
副主任：黄　华（兼审计工作室主任）

农村纪检监察二室
主　任：林　泉
副主任：

农村纪检监察三室
主　任：王一东
副主任：施风华（兼审计工作室主任）

启东市党风廉政建设教育中心
主　任：黄海霞（女）

中共启东市委组织部
部　长：赵男男（女）
副部长：何卫东（9月14日免）　杨莹莹（女，10月31日免）
张海荣　沈向东

中共启东市委市级机关工作委员会
书　记：何卫东（8月16日免）　沈向东（10月18日任）
副书记：倪玮蔚（女，11月7日免）

启东市党员干部现代远程教育管理办公室
主　任：陈晓燕（女）

中共启东市委新经济新社会组织工作委员会
书　记：沈向东
副书记：徐　俊（12月19日免）
顾明霞（女，12月19日任）

启东市人才工作办公室
主　任：宋海华（11月7日免）
副主任：张　丹（11月7日免）　徐　俊（12月19日任）

启东市干部人事档案管理中心
主　任：顾明霞（女，12月19日免）

中共启东市委宣传部
部　长：姜　平
副部长：顾永辉　许锦飞　陈健梅（女）　郁锦标
黄翠芳（女，12月19日免）

启东市精神文明建设指导委员会办公室
主　任：顾永辉（兼）
副主任：陆健伟

启东市哲学社会科学界联合会
主　席：陈健梅（女，兼）
副主席：钱菁菁　郁豪杰（不驻会）　沈衍冰（不驻会）
赵凯旋（不驻会）　陈永生（不驻会）
高德群（不驻会）　周光华（不驻会）
施洪飞（不驻会）　沈永泉（不驻会）

李　飞(不驻会)　王　鸣(不驻会)
张笑慰(不驻会)

启东市对外宣传办公室
主　任:郁锦标(兼)

中共启东市委统一战线工作部
部　长:龚心明(7月11日任)
副部长:茅炎生(11月7日免)　周红丹(女,11月7日任)
沈宏飞

中共启东市委政法委员会
书　记:朱志强
副书记:周　辉(8月15日免)　袁永兵　赵建辉
纪检组长:耿松林
政治处主任:金海荣

启东市社会治安综合治理委员会办公室
主　任:陈燕飞
副主任:周建伟

启东市依法治市领导小组办公室
主　任:朱志强(兼)
副主任:周喆羽(女,11月7日任)

启东市新市民管理服务中心
主　任:袁永兵(兼)
副主任:

启东市国家安全办公室
主　任:周　辉(8月15日免)
副主任:郁裕娟(女,10月18日任)

中共启东市委农村工作办公室
启东市人民政府农村工作办公室
主　任:张海兵
副主任:陈俭辉　杨晓华　刘锦华
纪检组长:张　健(女)

中共启东市委610办公室
主　任:龚裕春(兼,8月15日免)
黄兴华(兼,10月18日任)
副主任:徐士冲(8月15日免)　蒋建东

中共启东市委老干部局
局　长:陈张贤(女,10月18日免)
张海荣(兼,10月18日任)
副局长:张成英(女)　施建琴(女)　龚　辉

中共启东市委台湾工作办公室
启东市人民政府台湾事务办公室
主　任:周红丹(女,11月7日免)
副主任:陈凯捷　顾鸿彪　陈　忠(3月29日免)

江苏省吕四台湾渔民接待站
站　长:

启东市机构编制委员会办公室
主　任:张海荣(兼)
副主任:王　虹(女)　朱卫强

启东市事业单位登记管理局
局　长:沈峻峰

中共启东市委党校
校　长:汤　雄(兼)
常务副校长、校务委员会主任:沈浩然(10月18日任)
副校长:施启兵　查建辉

中共启东市委党史办公室
启东市地方志办公室
主　任:黄翠芳(女,兼,12月9日免)
副主任:钮伟钢　沈冬云(女)

启东市信访局
局　长:朱海荣
副书记:赵　琛(女)
副局长:赵　琛(女)　黄永琴(女)　徐　燕(女)　陈　忠

启东市新闻信息中心
主　任:顾永辉(兼)
副主任:印雪平　张旦前　袁风华　陆一冬(女)
金　香(女)

注:市委部门与市政府部门系两块牌子、一套班子的,只在市委部门下列出机构名称。

启东市人大常委会办事机构

启东市人大常委会办公室
主　任:汤　枫(11月16日免)
副主任:黄卫星(8月16日免)　陆思冲(5月26日免)
施建洪(11月16日任)　顾健红
党组成员:吴风云(女)　杜锦德(11月7日免)
江林海(11月7日免)
李　英(女,11月7日免)　王建石
顾胜豪　潘炜华　徐东林(11月7日任)
陈　庄(11月7日任)　龚觉海(11月7日任)

茅炎生(11 月 7 日任)

启东市人大常委会研究室(与办公室合署)
主　任:吴风云(女)

启东市人大常委会财政经济工作委员会
主　任:杜锦德(11 月 16 日免)　徐东林(11 月 16 日任)
副主任:卞彩红(女)

启东市人大常委会内务司法工作委员会
主　任:江林海(11 月 16 日免)　陈　庄(11 月 16 日任)
副主任:顾悦捷

启东市人大常委会人事代表工作委员会
主　任:李　英(女,11 月 16 日免)
　　　龚觉海(11 月 16 日任)
副主任:施敏霞(女,10 月　日任)

启东市人大常委会城建环保工作委员会
主　任:姜汉杰(11 月 16 日免)　茅炎生(11 月 16 日任)
副主任:顾锦若　施建洪(11 月 16 日免)

启东市人大常委会教科文卫工作委员会
主　任:王建石
副主任:黄　婷(女)

启东市人大常委会农业和农村工作委员会
主　任:顾胜豪

启东市人大常委会民宗侨台工作委员会
主　任:潘炜华
启东市人大常委会专职委员:蒋建辉
　　　　　　　　　　　　施永辉(11 月 7 日任)

启东市人民政府工作部门及直属单位

启东市人民政府办公室
主　任:唐海兵
副主任:方　俭　黄　坤　张东霞(女)　郭海健
　　　朱海荣　沈　波

启东市政府研究室
主　任:江　昱

启东市政府信息中心
主　任:

启东市应急管理办公室
主　任:

启东市政府办公室督办室
主　任:施灵马(10 月 18 日任)

启东市发展和改革委员会
主　任:吴永东
副主任:陈　飞(10 月 18 日免)　季新斌(3 月 29 日免)
　　　王　凯(10 月 18 日免)　周光华
　　　陆燕飞(10 月 18 日免)　丁尹霞(10 月 18 日任)
　　　朱新球　周春雷　周连法
　　　黄是春(女,3 月 29 日免)　唐卫卫　孙国兵
　　　陆一锋(10 月 18 日任)
纪委书记:丁尹霞(女,10 月 18 日免)
　　　　陈　宇(女,11 月 7 日任)

启东市教育局
局　长:赵凯旋
副局长:施洪飞　潘卫斌　黄稼新(11 月 7 日免)
　　　李　磊(11 月 7 日免)　邱永涛(8 月 15 日免)
　　　倪玮蔚(女,11 月 7 日任)　朱圣辉(11 月 7 日任)
纪委书记:陆海峰

启东市人民政府教育督导室(与市教育局合署办公)
主　任:施洪飞
副主任:汤健辉

启东市中小学教师研修中心
主　任:王晓东
副主任:袁炳飞(8 月 15 日免)　季　萍(女,8 月 15 日任)

启东市高等学校招生委员会办公室
主　任:施洪飞(兼)

启东市教师服务中心
主　任:

启东市科学技术局
局　长:蔡　兵(11 月 16 日免)　陈　飞(11 月 16 日任)
书　记:蔡　兵(10 月 18 日免)　陈　飞(10 月 18 日任)
副局长:王建斌　季旭东　施东飞(8 月 15 日免)
　　　张晓卫(女)　黄东健
纪检组长:施迎春(女)

启东市民政局
局　长:陈　玲(女)
副局长:沈永泉　宋卫兵　张志辉
　　　施海霞(女,3 月 29 日免)　卢国斌
纪委书记:姜建涛

启东市老龄问题委员会办公室
主　任:陈　玲(女,兼)

启东市财政局
局　长:杜文华(女)
副局长:陈　阳(女)　陆　星　龚锦兵　谢旦英(女)
纪检组长:严颖熠
总会计师:孙丽娟(女)

启东市财政国库集中支付中心(8月1日更名)
主　任:陆庆辉

启东市国有资产监督管理办公室(挂牌)
主　任:
副主任:

启东市人力资源和社会保障局
局　长:杨莹莹(女,12月28日免)
　　　　杨海燕(12月28日任)
党委书记:杨莹莹(女,12月19日免)
　　　　　杨海燕(女,12月19日任)
副局长:陆婧婧(女)　高　辉　黄　健　王红忠
纪委书记:刘东波

启东市人才服务中心
市委高端人才服务站(增挂)
主　任:

启东市医保中心
主　任:黄卫星

启东市环境保护局
局　长:郭建辉
副局长:田锦浩　黄　辉　陆　杰　王幸运　蔡红辉
纪检组长:朱双群

启东市环境监察大队
大队长:

启东市住房和城乡建设局
局　长:杨新超(11月16日免)　高广军(11月16日任)
党委书记:杨新超(10月18日免)　高广军(10月18日任)
副局长:王　忠　范　飞　张曙辉(3月29日免)　黄建平
　　　　黄新慧(女)　郭鉴生　施建生
纪委书记:郑荣辉
总规划师:刘坚勇

启东市房屋征收管理办公室
主　任:

启东市城市管理行政执法局
局　长:吴胜昔
副局长:杨建辉(8月15日免)　吴　玲(女)
　　　　张祝英(女,3月29日免)　郁洪辉　谢石磊
　　　　席庆晟
纪委书记:龚汉平

启东市城市管理行政执法大队
大队长:谢石磊(兼)

启东市交通运输局
局　长:周惠锋
书　记:
副书记:周惠锋　施伯新(3月29日免)
副局长:朱凯岳　龚　英(女)　周　尧　黄　凯
　　　　赵庆辉　张红霞(女)
纪委书记:董杰贤(女)
总工程师:

启东市运输管理处
主　任:杨建辉

启东市地方海事处
处　长:樊　杰(11月7日免)

启东市乡镇交通运输综合管理所
主　任:卢　华(12月19日免)

启东市农业委员会
主　任:朱洪新(5月24日免)　王振宇(11月16日任)
书　记:施建伟(10月18日免)　王振宇(10月18日任)
副书记:朱洪新(3月29日免)
副主任:施建伟(10月18日免)　陈　辉　盛雪飞
　　　　倪为和　杨　芳(女)　施红华　沈晓宏(女)
　　　　杨忠杰　王晓峰
纪委书记:董　琰(女)

启东市农业技术推广中心
主　任:陈　辉(兼)

启东市水务局
局　长:顾　冲
书　记:王建康(3月29日免)　顾　冲(3月29日任)
副书记:顾　冲(3月29日免)
副局长:王建康(3月29日免)　汤正辉　查春威
　　　　蒋　涛(10月18日任)
纪委书记:马汉林(3月29日免)
　　　　　徐沈蔚(女,3月29日任)
局长助理:关冰艺(女)

启东市水务局堤闸管理所
所　长：管向华

启东市海洋与渔业局
局　长：王振宇(11月16日免)　任松德(11月16日任)
党委书记：王振宇(10月18日免)　任松德(10月18日任)
副局长：丁圣齐(3月29日免)　刘玉琴(女,10月18日免)
　　彭新华　许永新　吴新华(3月29日免)
纪委书记：崔卫刚

启东市渔政监督大队
大队长：王　强(3月29日免)　袁　华(10月18日任)

启东市商务局
局　长：陆建新(11月16日免)　宋海华(11月16日任)
书　记：陆建新(11月7日免)　宋海华(11月7日任)
副局长：张笑慰(10月18日免)　陈　娟(女)
　　杨丽华(女)　顾建涛(8月15日免)　孙　林
　　高　鹏　周卫东(3月29日免)
　　徐沈蔚(女,3月29日免)　张允若
　　陈　惠(3月29日免,11月7日任)
纪检组长：李　涛(女)

启东市招商局
局　长：陆建新(兼,11月7日免)
　　宋海华(兼,11月7日任)
副局长：顾建涛(8月15日免)　杨丽华(女)　张国政
　　段长虹　李海江　龚帅帅　卢　鑫

北京分局
局　长：高一新(兼)

上海分局
局　长：

浙江分局
局　长：

广东分局
局　长：高　鹏(兼)

产业招商综合分局第一分局
局　长：胥宏锋(兼)

产业招商综合分局第二分局
局　长：李　磊(兼)

启东市文化广电新闻出版局
局　长：许锦飞
副局长：沈　杰(3月29日免)　黄一彬
　　朱建辉(8月15日免)　施黄捷　姚　斌
纪委书记：顾则兵

启东市广播电视台
台　长：许锦飞(兼)
党总支部书记：沈　杰
副台长：沈　杰　黄　浩(3月29日免)　周凌峰

启东市卫生和计划生育委员会
主　任：沈俊涛(11月16日免)　薛　峰(11月16日任)
书　记：沈俊涛(10月18日免)　薛　峰(10月18日任)
副主任：苏高飞　黄风华(女)　顾东磊(女)　秦海松
纪委书记：顾蓉玲(女)

启东市审计局
局　长：邓卫星
副局长：黄　健　陈　芳(女)　黄　彬
纪检组长：葛西萍(女)

启东市统计局
局　长：郁丽春(女)
书　记：刘和生
副局长：刘和生　张　燚(女)　秦海宁(10月18日免)
纪检组长：朱建新(10月18日免)　秦海宁(10月18日任)
总统计师：陈建伟(10月18日任)

启东市安全生产监督管理局
局　长：茅石彬(5月24日免)　施伯新(5月24日任)
书　记：茅石彬(3月29日免)　施伯新(3月29日任)
副局长：黄慧聪　张潜泉　钱　锦(女,11月7日免)
　　郭洪新　王　辉(3月29日免)
　　樊　杰(11月7日任)
纪检组长：陈汉平

启东市安全生产监察执法大队
大队长：浦水兵(10月18日免)　黄　挺(10月18日任)

启东市市场监督管理局
局　长：倪　伟
副书记：王耀辉　陈爱东
副局长：王耀辉　陈爱东(1967年12月生)
　　陆　新(3月29日免)　范红梅(女,5月26日免)
　　陈爱东(1969年12月生)　倪建国　黄琛琛
　　朱曙晴(女)
纪委书记：袁　博

汇龙分局
局　长：黄　汉

开发区分局
局　长:陈　杰

惠萍分局
局　长:陆华伟

寅阳分局
局　长:薛卫宾

南阳分局
局　长:彭春华

王鲍分局
局　长:

吕四分局
局　长:高鑫鑫

北新分局
局　长:

滨海分局
局　长:范敏鸣

海复分局
局　长:徐　浩(12月19日免)

东海分局
局　长:

合作分局
局　长:董　勇

启隆分局
局　长:宋建荣

市综合检测中心
主　任:袁鑫梅(女)

启东市民族宗教事务局
局　长:秦启明(11月16日免)
党组书记:秦启明(11月7日免)
副局长:袁卓斌　仇英莺(女)　陆峤松
纪检组长:杨丽红(女,11月7日免)

启东市市级机关事务管理局
局　长:陈　飞
党组书记:龚觉海(11月7日免)
党组副书记:陈　飞
副局长:金宏林　徐　惠(女)　张建华

启东市沿海地区发展办公室
主　任:陈　飞(10月18日免)　吴永东(10月18日任)
副主任:罗玉飞　曹文伟　沈　卫(3月29日免)
纪检组长:仇卓辉

启东市行政审批局
局　长:薛　峰(11月16日免)
党组书记:杜国华
党组副书记:薛　峰(10月18日免)
副局长:杜国华　朱允如　陆卫杰　蔡晓荣　沈海闽(女)
　　朱海滨　沈亚美(女)
纪检组长:陈卫平

启东市政府投资项目工程建设中心
主　任:龚海勇
副主任:龚思伟　朱永成(5月26日免)
　　黄稼新(11月7日任)　陈袁兵(11月7日任)
纪检组长:张裕新

启东市金融工作办公室
主　任:张笑慰(10月18日任)
副主任:朱建新(10月18日任)

启东市供销合作总社
主　任:陆　辉
副主任:徐　杰　张　杰　曹　卫　张爱琴(女)

江苏省启东经济开发区
书　记:高红宇
主　任:高红宇(10月31日免)
副书记、副主任:袁素群(女)　吴永和
副书记:陈卫丰
副主任:陈　伟　陆琛杰　王必伟　顾政伟
副主任:高慧斌(挂职)　彭　博(挂职,9月2日任)
　　胡　炎(挂职,9月2日任)

中共江苏省启东经济开发区人大工作委员会
主　任:袁素群(女,兼,11月7日任)
副主任:陆琛杰(兼)

江苏省启东经济开发区启东科技创业园(留学人员创业园)管理办公室
主　任:陈卫丰(兼,11月7日任)
副主任:朱小健(挂职,9月2日任)

中共江苏省启东经济开发区纪律检查工作委员会
书　记:施　勇

中共江苏省启东经济开发区政法委员会
书　记:陈　伟(兼)

江苏省启东经济开发区办公室
主　任：陈卫菊（女，兼党工委委员）

江苏省启东经济开发区党群工作局
局　长：陆琛杰（兼）

江苏省启东经济开发区经济发展局
局　长：朱卫兵（3月29日免）

江苏省启东经济开发区招商局
局　长：陈健勇（11月7日免）　张国政（11月7日任）

江苏省启东经济开发区规划建设局
局　长：唐　杰

江苏省启东经济开发区财政局
局　长：周红九（女）

江苏省启东经济开发区社区管理局
局　长：张　杰（11月7日免）　陈健勇（11月7日任）

江苏省启东经济开发区统计局
局　长：徐天晴（女）

江苏省启东经济开发区安全生产监督管理局
局　长：王思杰（3月29日免）　朱卫兵（3月29日任）

江苏启东吕四港经济开发区
书　记：石光辉
主　任：徐永辉（10月31日免）
副书记、副主任：徐东林（11月7日免）
　　陆旭辉（3月29日免）
副书记：陆正明　陆旭辉（挂职，3月29日任）
副主任：王　华（11月7日免）　沈　捷
　　郁德群（12月19日任）　陶　郁（女）
　　吴　杰　胥宏锋（12月19日任）
　　汤国军（挂职）　王继强（挂职，9月2日免）

中共江苏启东吕四港经济开发区纪律检查工作委员会
书　记：陆正明
副书记：姚永辉

江苏启东吕四港经济开发区党政办公室
主　任：陆　杰

江苏启东吕四港经济开发区经济发展局
局　长：李　军

江苏启东吕四港经济开发区招商局
局　长：胥宏锋（兼）

江苏启东吕四港经济开发区规划建设局
局　长：
江苏启东吕四港经济开发区财政局
局　长：郁德群（兼）

江苏启东吕四港经济开发区渔港管理局
局　长：

江苏省启东圆陀角旅游度假区
书　记：樊天勇
主　任：
副主任：戎　武　董　波　黄　宇
　　沈裕辉（3月29日任，12月19日免）
　　于涛方（挂职，9月2日任）

中共江苏省启东圆陀角旅游度假区纪律检查工作委员会
书　记：彭雪滨

江苏省启东圆陀角旅游度假区党群工作局（法制办公室）
局　长：

江苏省启东圆陀角旅游度假区旅游事业发展局（招商局）
局　长：王　宁（3月29日任）

江苏省启东圆陀角旅游度假区规划建设局
局　长：

江苏省启东圆陀角旅游度假区财政局
局　长：倪忠兵（3月29日任）

江苏省启东圆陀角旅游度假区社会建设管理局（社会管理服务中心、政法综治办公室）
局　长：

江苏省启东圆陀角旅游度假区综合执法局（安全生产监督管理局）
局　长：

启东江海产业园
书　记：高广军（10月18日免）　陆燕飞（10月18日任）
副书记：刘　辉（11月7日任）
副主任：顾向东　沈浩然（10月18日免）
　　刘　辉（11月7日免）
　　沈春华　李　磊（11月7日任）

江苏省启东现代农业产业园区
主　任：

副主任:李雷兵(3月29日免) 张红华(女,3月29日免)

启东市国土资源局
局　长:丁晓明
副局长:陈　兵　张振兴　徐永华
纪检组长:朱炫炫

启东市土地储备中心
主　任:郁洪刚(1月11日任)

启东市国土资源局开发区分局
局　长:施汉成

启东市国土局吕四海洋经济开发区分局
局　长:夏正元

国家统计局启东调查队
队　长:陆志斌
副队长:周洪斌

启东市盐务管理局
局　长:
副局长:陈　强(主持工作)　缪　能

启东出入境检验检疫局
主　任:郁继东
办公室主任:顾　英(女)

中华人民共和国启东海关
关　长:缪建军
副关长:姚　秦

启东市国家税务局
局　长:季建新
副局长:费新士　郁立新　曹建涛
纪检组长:李广生

启东市地方税务局
局　长:沈春慧
副局长:严伟明　季红全　林海平　顾　辉
纪检组长:严伟明

启东市供电公司、启东市供电局
总经理、局长:马　军(1月20日免)　顾文权(1月20日任)
党委书记、副总经理:沈百新
副总经理、副局长:钮庆红　王轶峰　朱华雄
纪委书记、工会主席:顾立明
运维站经理:李　俊
总工程师:
总经理助理:姚沈兵(7月19日任)
副总工程师:陆为民

江苏省电信公司启东市分公司、启东市电信局
总经理、局长:戴建秋
副总经理、副局长:张　伟　陈　强
纪委书记:张　伟(兼)
工会主席:陈　强

中国邮政集团公司江苏省启东市分公司
党委书记:黄素娟(女)
总经理:黄素娟(6月21日免)　王嵩阳(6月21日任)
副总经理:徐　健　黄海泉

启东市烟草专卖局、南通市烟草公司启东营业部
局长、经理:刘　伟
副局长:秦亚忠
副经理:沈卫娟(女)

启东市气象局
局　长:张革新
副局长:符云鹏

吕四国家基准气候站
站　长:黄新时
副站长:张春雷

启东市航道管理站
站　长:黄　辉

启东市公路管理站
站　长:赵庆辉(兼)
书　记:陈　斌

江苏渔船检验局吕四分局
江苏渔港监督局吕四分局
局　长:吴玉恒
副局长:陆　跃

国家海洋局东海分局吕四海洋环境监测站
站　长:施东生
副站长:陆　飞

启东海事处
处　长:曾卫民
副处长:陈耀辉

政协启东市第十四届委员会各专门委员会

启东市政协办公室
主　任：许瑞华（11月7日免）　陆建新（11月7日任）
副主任：张卫华　俞井杰（女）　钱周全

提案委员会
主　任：黄晓苏（女，3月29日免）
　　　　龚海燕（女，11月7日任）
副主任：龚海燕（女，11月7日免）

学习与文史委员会
主　任：朱　伟
副主任：陈永生

科技与经济委员会
主　任：徐玉辉（11月7日免）　秦启明（11月7日任）

城乡建设与社会法制委员会
主　任：李　斌
副主任：

教卫文体委员会
主　任：管贻谋（11月7日免）　陈　樊（11月7日任）
副主任：

港澳台侨委员会
主　任：蔡　辉
副主任：

人民团体

启东市总工会
主　席：陈春柳（女，7月11日免）
　　　　陈张贤（女，10月18日任）
副书记：陈　辉
副主席：陈素伟（女）　陆建辉
纪检组长：倪永利

启东市妇女联合会
主　席：杨海燕（女，12月19日免）
副主席：张燕峰（女）　钱　锦（女，11月7日任）

中国共产主义青年团启东市委员会
书　记：朱　静（女）
副书记：蒋　涛（3月29日免）　李灵瑶（女）
　　　　王　尧（女，挂职，9月23日免）

启东市科学技术协会
主　席：朱咏梅（女）
副书记：黄新元（8月16日免）
副主席：季祖辉　王　凯（10月18日任）
　　　　施洪飞（不驻会）　苏高飞（不驻会）
　　　　张晓卫（女，不驻会）　陈　辉（不驻会）
　　　　陈　阳（女，不驻会）　朱新球（不驻会）
　　　　胡　生（不驻会）
纪检组长：张　静

启东市工商业联合会
会　长：蔡建平（兼，12月19日免）
　　　　宋　逵（兼，12月19日任）
书　记、副会长：茅炎生（11月7日免）
　　　　　　　　周红丹（女，11月7日任）
副会长：黄桂兰（女，12月19日免）　周敏华　朱蓉艳（女）
　　　　杨晓东（不驻会）　吴建新（不驻会）
　　　　吴险峰（不驻会）　沈琦博（不驻会）
　　　　陆永华（不驻会）　姚朔斌（不驻会）
　　　　顾志平（不驻会）　顾海健（不驻会）
　　　　徐　浩（不驻会）　蔡水洪（不驻会）

启东市纺织行业商会
会　长：陈旭东（不驻会）

启东市服装行业商会
会　长：季　彬（不驻会）

启东市化工医药行业商会
会　长：沈　涛（不驻会）

启东市玩具箱包皮革行业商会
会　长：黄慧新（不驻会）

启东市食品医药行业商会
会　长：

启东市建筑材料行业商会
会　长：叶惠平（不驻会）

启东市电动工具行业商会
会　长：顾志平（不驻会）
秘书长：陆慧慧（女，兼）

启东市水产加工行业商会
会　长：高海生（不驻会）

启东市机械制造行业商会
会　长:吴建新(不驻会)

启东市电子信息行业商会
会　长:陆永华(不驻会)

启东市轻工行业商会
会　长:

启东市归国华侨联合会
主　席:钮永能(12月19日免)
副主席:李爱玲(女)　陆誉升(不驻会)　薛　威(不驻会)
　　费新士(不驻会)　戴　宏(不驻会)

启东市文学艺术界联合会
主　席:郁锦标(兼)
副主席:许锦飞(兼)　李新勇　施黄捷(不驻会)
　　汤健辉(不驻会)

启东市残疾人联合会执行理事会
理事长:邓金涛
副理事长:赵雨玉(女)　盛中华(11月7日任)
纪检组长:王新裕

启东市红十字会
会　长:
常务副会长、党组书记:施正辉
副会长:张正兵　张兴隆　郁豪杰(不驻会)
　　赵凯旋(不驻会)　陆圣华(不驻会)
　　陈一萍(女,不驻会)　杜文华(女,不驻会)

人民武装　治安司法

启东市人民武装部
部　长:
政　委:陈延祥
副部长:石　磊

启东市人民法院
院　长:周东瑞(7月20日免)
党组书记:潘　建(7月11日任)
副院长、代院长:潘　建(7月20日任)
副书记:陆艾华(女)
副院长:龚建涛(兼)　陆艾华(女)　朱启斌(5月24日免)
　　季洪涛　樊　涛
纪检组长:蒋正飞
专职委员:陈南松

启东市人民法院政治处
主　任:朱碧慧(女)

启东市人民法院执行局
局　长:钱　晖(11月7日免)

启东市人民法院和合法庭
庭　长:林　辉

启东市人民检察院
检察长:瞿　忠(7月20日免)
党组书记:陈新建(7月11日任)
副检察长、代检察长:陈新建(7月20日任)
副检察长:陈亚萍(女)　方海军　吴晓飞(7月20日免)
　　张兰菊(女)　陆建中
纪检组长:李　斌

启东市人民检察院政治处
主　任:周柳柳(女)

启东市人民检察院反贪污贿赂局
局　长:郭卫东

启东市人民检察院反渎职侵权局
局　长:徐洪斌

启东市公安局
局长、督察长:黄　忠
政　委:茅晓东
副书记:茅晓东　龚裕春(8月15日免)
副局长:龚裕春(兼,8月15日免)　冯　平　黄兴华
　　龚陈兵　茅建辉　高慧斌　蔡红辉
纪委书记:姚友华(10月18日任)

启东市公安局指挥中心(科技情报大队)
主　任:王亚军(3月29日免)　周卫忠(3月29日任)
教导员:田　军(女)

启东市公安局办公室
主　任:邢　健

启东市公安局警务保障室
主　任:高　华

启东市公安局法制大队
主　任:张晓东(3月29日免)
　　姚友华(3月29日任,10月18日免)
教导员:顾　辉

启东市公安局政治处
主　任:孙善忠

启东市公安局警务督察队
队　长:张　冲(3月29日免)　王亚军(3月29日任)
教导员:孙　民(3月29日免)　朱伟荣(女,3月29日任)

启东市公安局国内安全保卫大队
大队长:潘海华(女,5月26日任)
教导员:薛卫东

启东市公安局经济文化保卫大队
大队长:陈建涛
教导员:沈周群(女,3月29日免)　施　标(3月29日任)

启东市公安局刑事侦查大队
大队长:张海涛
教导员:周卫忠(3月29日免)　黄海健(5月26日任)

启东市公安局经济犯罪侦查大队
大队长:沈雪飞
教导员:张晓东(3月29日任)

启东市公安局治安管理大队
大队长:范兴辉
教导员:高晓华

启东市公安局巡特警大队
大队长:虞海滨(3月29日免)　周一奇(5月26日任)
教导员:黄燕燕(女)

启东市公安局水上警察大队
大队长:周　辉(3月29日免)　虞海滨(3月29日任)
教导员:姚友华(3月29日免)　邱丽华(3月29日任)

启东市公安局交通巡逻警察大队(公路巡逻警察大队)
大队长:陈　斌
教导员:施　成

启东市公安局监管大队
大队长:李建新(3月29日免)　张　冲(3月29日任)
教导员:戴　炎

启东市公安局网络安全监察大队
大队长:顾伟杰(3月29日任)
教导员:施锦辉

启东市公安局出入境管理大队
大队长:沈咏勇(5月26日任)
教导员:曹海燕(5月26日任)

启东市公安局汇龙中心派出所
所　长:黄洪岗
教导员:洪　宇(3月29日免)　孙培光(5月26日任)

启东市公安局城西派出所
所　长:施　标(3月29日免)　洪　宇(3月29日任)
教导员:邱丽华(女,3月29日免)　孙　民(3月29日任)

启东市公安局开发区派出所
所　长:高慧斌(兼)
教导员:陈忆思(3月29日免)　曹黄辉(5月26日任)

启东市公安局惠萍派出所
所　长:陈忆思(3月29日任)
教导员:王金德

启东市公安局寅阳派出所
所　长:沈裕辉(3月29日免)　倪爱东(3月29日任)
教导员:黄海荣

启东市公安局东海派出所
所　长:张方东
教导员:朱伟荣(女,3月29日免)　黄向东(5月26日任)

启东市公安局南阳中心派出所
所　长:秦江华
教导员:仇洪彪

启东市公安局近海派出所
所　长:陈　俐(5月26日任)
教导员:王金平

启东市公安局海复派出所
所　长:马永兵
教导员:季伟宏(5月26日任)

启东市公安局北新派出所
所　长:赵晟琰
教导员:陈　忠(3月29日免)

启东市公安局王鲍派出所
所　长:顾伟杰(3月29日免)　施程骏(3月29日任)
教导员:倪　松

启东市公安局合作中心派出所
所　长:袁华健
教导员:赵　萍(女,10月18日任)

启东市公安局吕四港镇中心派出所
所　长:倪爱东(3月29日免)　丁　杰(3月29日任)

教导员：丁　杰(3月29日免)　包献国(3月29日任)

启东市公安局兆民派出所
所　长：包献国(3月29日免)
教导员：沈周群(3月29日任)

启东市公安局启隆派出所
所　长：施程骏(3月29日免)　施东辉(5月26日任)
教导员：季锡石

启东市司法局
局　长：朱小东
副书记：张　勇
副局长：张　勇　黄晓东(8月16日免)　龚正涛
　　　　姜莉莉(女)　王　涌(女)　陆　新(3月29日任)
纪检组长：杨　周(8月15日免)　沈龙飞(11月7日任)

启东市社会调解服务中心
书记、主任：朱志强(兼，12月19日免)
　　　　　　赵　琛(女，12月19日任)
副书记、常务副主任：陈　庄(11月7日免)
副主任：倪东华(女)　田　磊(女)

金融　保险

中国人民银行启东市支行
行　长：金志坚
副行长：陆红伟　苏俭雄
纪检组长、总稽核：陆红伟(兼)

中国工商银行启东市支行
书　记：沈建平
行　长：王　忠
副行长：卢雪燕(女)　黄继前　袁施萍(女)
纪委书记：曹伟杰
行长助理：沈煌杰

中国银行启东市支行
行　长：顾　兵
副行长：王能斌　朱　亮　刘　琴　姚晓云

中国建设银行启东市支行
行　长：王　新
副行长：龚炳康　高　峰　羌　霆　蒋松波

中国农业银行启东市支行
行　长：黄　飞
副行长：陈卫冲　李建中　陈劲松　方　健
纪委书记：李建中(兼)

中国农业发展银行启东市支行
行　长：单卫红
副行长：施　凯　窦婧逸

启东市农村商业银行
董事长、书记：陈卫兵
行　长：钱海天
监事长：倪建辉
副行长：吉洪彬　黄建东　沙健健　张卫平
纪委书记：倪建辉

中国人民财产保险公司启东市支公司
经　理：刘　进
副经理：陆凯兵　汤　勇

中国人寿保险公司启东市支公司
经　理：王　炜
副经理：
经理助理：黄欣欣(女)　徐陟勋

中国太平洋财产保险股份有限公司启东支公司
经　理：黄亚萍(女)

中国太平洋人寿保险股份有限公司启东支公司
经　理：沈　强
副经理：徐永菊(女)

启东市各区(镇)

滨海工业园(近海镇)
党(工)委书记：王春华
党(工)委副书记、主任、镇长：姚赛花(女)
人大主席：施元凯
党(工)委副书记、副主任：黄　嵘
党(工)委副书记：张　健(11月7日任)
党(工)委委员、副主任、副镇长：倪培华　唐　凯
党工委委员、副主任、副镇长：陆一锋(10月18日免)
　　　　　　　　　　　　　　施宇杰(女)
党工委委员、副主任、副镇长候选人：陈雨春(11月7日任)
　　　　　　　　　　　　　　　　　邓　单(11月7日任)
　　　　　　　　　　　　　　　　　张　杰(11月7日任)
副镇长：陈　俐(挂职，5月26日任)
副主任：杨　斌(挂职，9月2日免)
　　　　陈益平(挂职，9月2日免)
　　　　鲁小东(挂职，9月2日任)
　　　　范传杰(挂职，9月2日任)

人大副主席：施　冲(11月7日换届不提名)
人大副主席候选人：高　源(11月7日任)
党(工)委委员：黄东华　施向东　黄　林
管向梅(女,3月29日任)
党委委员：朱永安(5月26日免)
姜　维(挂职,6月28日任)
冯　杰(挂职,6月28日任)
纪(工)委书记：黄　林

海工船舶工业园(寅阳镇)
党(工)委书记：徐永辉
党工委副书记、主任：倪凯权(3月29日免)

党(工)委副书记、主任、镇长：
黄红春(3月29日兼任管委会主任)
人大主席：施永辉(11月7日免)
人大主席候选人：姚海燕(11月7日任)
党(工)委副书记：郁建峰(3月29日任,11月7日免)
沈裕辉(12月19日任)
党(工)委委员、副主任、副镇长：倪兴辉
姚海燕(11月7日免)
李　忠
党工委委员、副主任、副镇长：黄　皓　陆建辉
党工委委员、副主任、副镇长候选人：
徐向军(11月7日任)
袁雪松(11月7日任)
袁　芳(女,11月7日任)
副主任：沈裕辉(挂职,3月29日免)
倪爱东(挂职,3月29日任)
何树先(挂职,9月2日免)
张伦伟(挂职,9月2日任)
党工委委员、人大副主席：徐向军(11月7日免)
人大副主席候选人：沈春健(11月7日任)
党(工)委委员：周卫红(女)　曹圣伟(3月29日任)
管向梅(女,3月29日免)
梁俊锋(3月29日任)
梅风清(3月29日任)
党工委委员：王　宁(挂职,3月29日免)
党委委员：赵　亮(挂职,6月28日任)
纪(工)委书记：周卫红(女)

滨江精细化工园(北新镇)
党(工)委书记：黄松涛(3月29日免)
倪凯权(3月29日任)
党(工)委副书记、镇长：茅永杰
党工委副书记、主任：虞　星
人大主席：陆静涛(11月7日免)
人大主席候选人：郁建峰(11月7日任)
党(工)委副书记：沈剑刚(11月7日任)
副主任、副镇长：邱建石(3月29日任)
党工委委员、副主任、副镇长：沈风华
党(工)委委员、副主任、副镇长：车红兵(3月29日任)
陆海华(3月29日任)
彭雄辉(3月29日任)
党工委委员、副主任：赵凯华(11月7日任)
副主任：黄　成(3月29日免)　赵晟琰(挂职)
张相洋(挂职,9月2日免)
米浩宇(挂职,9月2日任)
党工委委员、人大副主席：赵凯华(11月7日免)
党(工)委委员：柏永辉(3月29日任)
袁晔晔(女,3月29日任)
毛孙房(3月29日任)
纪(工)委书记：柏永辉(3月29日任)

启隆生态科技产业园(启隆镇)
党(工)委书记：龚磊磊
党(工)委副书记、主任、镇长：薛　海
人大主席：朱德新
党(工)委副书记：沈　辉(11月7日任)
副主任、副镇长：蒋林健　蒋　涛(10月18日免)
副主任、副镇长候选人：陈　舰(11月7日任)
王　欣(11月7日任)
赵建群(11月7日任)
副镇长：施程骏(挂职,3月29日免)
施东辉(挂职,5月26日任)
唐　威(挂职,9月2日任)
党委委员：沈　辉(11月7日免)　陈　利　包俊花(女)
陈　舰(11月7日免)

启东市各镇党委、人大、政府

汇龙镇
党委书记：朱卫忠
党委副书记、镇长：龚　健
人大主席：陈卫东
党委副书记：李　伟
党委委员、副镇长：陈鹤飞(11月7日免)　毛新洪
副镇长：钱启林(11月7日换届不提名)
姚政东(11月7日换届不提名)　蒋海泉
陆庆兵(3月29日任)　黄洪岗(挂职)
江小浦(挂职,9月2日免)
夏永洪(挂职,9月2日任)
副镇长候选人：李永生(11月7日任)
张燕华(女,11月7日任)
李雷兵(11月7日任)
人大副主席：黄卫斌(11月7日换届不提名)
人大副主席候选人：袁允兰(女,11月7日任)
党委委员：施群忠　张燕华(女,11月7日免)

陈小茂(女) 陆庆兵(3月29日免)
陆　里(3月29日任)
张洁洁(女,挂职,6月28日任)

惠萍镇

党委书记:陈红飞
党委副书记、镇长:张生华
人大主席:陈天明
党委副书记:陈　威(11月7日任) 张庆辉(挂职)
党委委员、副镇长:陈　威(11月7日免)
沈新生(11月7日换届不提名)
副镇长:徐枫涛 杨　林(女) 范雪飞
陈忆思(挂职,3月29日任)
副镇长候选人:吴永华(11月7日任)

党委委员、人大副主席:
倪　芳(女,11月7日免人大副主席)
党委委员:倪　芳(女) 曹圣伟(3月29日免)
黄海彬 刘一龙(3月29日免)
孙开金(3月29日任) 施豪杰(3月29日任)
龚丹丹(女,3月29日任) 王欢欢(挂职)
蔡朝新(挂职,6月28日任)

东海镇

党委书记:江海龙
党委副书记、镇长:陆忠华
人大主席:施建辉
党委副书记:陈　霞(女,11月7日任)
党委委员、副镇长:毛雪斌 陈　霞(女,11月7日免)
副镇长:王　辉(11月7日换届不提名)
茅东华 施龚人 张方东(挂职)
副镇长候选人:殷丽华(女,11月7日任)
党委委员、人大副主席:茅永平(3月29日免)
党委委员:殷丽华(女,11月7日免)
秦国新(5月26日免) 陈　辉
陆红磊(3月29日任) 王向辉(5月22日任)
沈春健(挂职,11月7日免)

南阳镇

党委书记:王　珹(女)
党委副书记、镇长:陆　健
人大主席:姚锦涛
党委副书记:陆　飞(5月19日换届不提名)
陈　飞(3月29日任)
党委委员、副镇长:施海彬 陈相东
石国华(3月29日免)
陈　忠(3月29日任)
副镇长:曹永华 陈卫华(女) 秦江华(挂职)
副镇长候选人:吴　杰(11月7日任)
人大副主席:孙永兵(11月7日换届不提名)
人大副主席候选人:王凯杰(11月7日任)
党委委员:黄　健 吴佐海 陈　惠(女)
单　华(3月29日任) 马晓骏(11月7日任)
王华伟(挂职,6月28日任)

海复镇

党委书记:宋亚昌
党委副书记、镇长:黄海荣
人大主席:施建辉(11月7日免)
人大主席候选人:金陆健(11月7日任)
党委副书记:施海荣(11月7日任)
党委委员、副镇长:朱成竹(女,3月29日免)
施海荣(11月7日免) 沈石东
副镇长:李红燕(女) 李海东(3月29日任)
马永兵(挂职)
副镇长候选人:张红华(女,11月7日任)
人大副主席:李　辉(11月7日换届不提名)
党委委员:李海东(3月29日免) 施　冲
张红华(女,3月29日任,11月7日免)
陆海军(3月29日任) 任锴胜(3月29日任)

合作镇

党委书记:李荣昌
党委副书记、镇长:陶卫新
党委副书记、人大主席:任松德(10月18日免)
人大主席候选人:张　丹(11月7日任)
副书记:陆建兵(11月7日任)
党委委员、副镇长:陆建兵(11月7日免) 袁　玲(女)
副镇长:朱　芳(女,3月29日免) 朱张勇
陈雨春(11月7日免) 朱成竹(女,3月29日任)
袁华健(挂职)
副镇长候选人:龚黄健(11月7日任)
人大副主席:龚志祥(11月7日换届不提名)
党委委员:蔡卫刚(3月29日免) 龚黄健(11月7日免)
顾海东 王永刚(3月29日任)
沈春雅(女,5月22日任)
顾恬恬(挂职,6月28日任)
张利国(挂职,6月28日任)
管　笙(挂职,6月28日任)
管俊喆(挂职,6月28日任)
花凯凯(挂职,6月28日任)
朱　兵(挂职,11月7日任)

王鲍镇

党委书记:王峰华
党委副书记、镇长:黄豪杰
人大主席:徐张禄
党委副书记:陈　飞(3月29日免) 蔡栋梁(11月7日任)
党委委员、副镇长:金陆健(3月29日免) 夏晓娟(女)
张卫飞(5月21日任)

副镇长：王蘡冰　蔡栋梁（11 月 7 日免）
朱　芳（女，3 月 29 日任）
顾伟杰（挂职，3 月 29 日免）
施程骏（挂职，3 月 29 日任）
人大副主席：吴　杰（1 月 28 日任，11 月 7 日免）
党委委员：黄永辉（5 月 26 日免）　施华伟　陈　宇
蒋勤荣（3 月 29 日任）　董志松（3 月 29 日任）
杨本发（挂职，6 月 28 日任）

吕四港镇
党委书记：石光辉
党委副书记、镇长：潘双林（10 月 31 日免）
党委副书记、镇长候选人：王裕兵（10 月 31 日任）
人大主席：汤　辉（10 月 31 日免）
人大主席候选人：杨莹莹（10 月 31 日任）
党委副书记：尹国华　卢玉明（5 月 19 日换届不提名）
陆正明（挂职）
党委委员、副镇长：汤国军
成　瑛（女，11 月 7 日换届不提名）
田卫菊（女，5 月 21 日任党委委员）
副镇长：李国强（11 月 7 日免）
袁群生（11 月 7 日换届不提名）　陆慧慧（女）
副镇长候选人：朱芳芳（女，11 月 7 日任）
王兴建（11 月 7 日任）
徐　浩（12 月 19 日任）　夏正元（挂职）
倪爱东（挂职，3 月 29 日免）
丁　杰（挂职，3 月 29 日任）
许剑锋（挂职，9 月 2 日任）
人大副主席：朱德荣（3 月 29 日免）
人大副主席候选人：李国强（11 月 7 日任）
党委委员：周　勤　丁雪琴（女）
朱芳芳（女，11 月 7 日免）　蔡　敏
杨　娟（女，3 月 29 日任）
卢　华（12 月19 日任）

吕四港镇党政办公室（法制办）
主　任：杨　娟（女，12 月 19 日免）
彭颜艳（女，12 月 19 日任）

吕四港镇组织人事和社会保障局
局　长：朱芳芳（女，兼，12 月 19 日免）
印　静（女，12 月19 日任）

吕四港镇政法和社会管理办公室
主　任：周黎晖（女，12 月 19 日免）
茅卫东（12 月 19 日任）

吕四港镇经济发展和改革局
局　长：李海江（11 月 7 日任）

吕四港镇财政和资产管理局
局　长：林菊星（女）

吕四港镇建设局
局　长：王兴建（兼）

吕四港镇农村工作局
局　长：陈亦龙（3 月 29 日免）

吕四港镇社会事业局
局　长：周黎晖（女，12 月 19 日任）

吕四港镇综合执法局
局　长：顾海峰

吕四港镇安全生产监督管理局
局　长：姚舜禹

吕四港镇便民服务中心（招投标中心）
主　任：陆慧慧（女，兼）
副主任：

汇龙镇南城区街道党工委、办事处
书记、主任：林锋风
副主任：龚玉萍（女，3 月 29 日免）　顾培源　虞祖伟
党工委委员、纪工委书记：季炳红（女，3 月 29 日免）
施海霞（女，3 月 29 日任）

汇龙镇南城区人大工作委员会
主　任：林锋风（兼）

汇龙镇北城区街道党工委、办事处
书记、主任：陆红琴（女）
副书记、副主任：陆江华（女）
副主任：黄裕辉　许水红（女）
党工委委员、纪工委书记：沈海华

汇龙镇北城区人大工作委员会
主　任：陆红琴（女，兼）
副主任：陆江华（女，兼）

启东市各市属事业单位

启东市国有资产投资控股有限公司
董事长、总经理：张天安
董事、副总经理：陈一峰　仇春雷

启东市城市投资经营中心
董事长、总经理:周　兵
董事、副总经理:范　斌　王　卓

江苏省启东中学
校长、书记:
副书记:陆圣华　卢卫忠
副校长:陆圣华　钱宏达　陈仲刘　李　俊　顾春燕(女)
纪委书记:卢卫忠(兼)

江苏省启东中学办公室
主　任:陈宏杰
副主任:陈新健(女)

江苏省启东中学政教处
主　任:钱　辉
副主任:施晓辉

江苏省启东中学教务处
主　任:张玉萍(女)
副主任:吴伟丰(8月18日免)　陈建斌(8月18日免)
　　徐晓勇(8月18日任)　陈海东(8月18日任)

江苏省启东中学教科室
主　任:朱圣辉(11月7日免)
副主任:吴建军

江苏省启东中学总务处
主　任:刘　勇
副主任:

江苏省启东中学团委
书　记:

江苏省启东中学工会
主　席:王雪彬
副主席:龚　辉

江苏省启东中学奥赛中心
主　任:曹瑞彬
副主任:

汇龙中学
校　长:徐　辉
副校长:顾学冲　施　超　陆曙斌　顾永超
纪委书记:

第一中学
校　长:陈仲刘
副校长:高德群　宋凯东

大江中学
校长、书记:吴春华
副校长:徐浩亮
校长助理:袁永辉

东南中学
校长、书记:袁飞天
副校长:施袁辉(女)　蔡　凯(8月15日免)
校长助理:罗卫东

吕四中学
校长、书记:徐正辉
副校长:周　勇　袁冬晖　李　凯

江海中学
校长、书记:王　平
副校长:徐菊美(女)　方　浩

江苏省启东中等专业学校
校长、书记:朱雄鹰
副校长、副书记:叶建辉
副校长:陈　陆　耿一波　刘　松　陈袁兵(11月7日免)

启东市第二中等专业学校
校长、书记:施裕平

启东市人民医院
院长、书记:陆健泉
副院长:韩雪华　倪向阳　唐红萍(女)
　　张风雷(8月15日任)

启东肝癌防治研究所
所　长:陆健泉

启东市中医院
院　长:樊　健
书　记:
副书记:夏卫明
副院长:夏卫明　顾建如(女)　蒋　辉　魏　洪

启东市卫生监督所
所　长:李伟彬

启东市疾病预防控制中心
主　任:周　超

(市委组织部)

2016年启东市为民实事项目

项目一、社会保障类

计划完成：实施全民参保计划，城乡基本社会保险覆盖率巩固在96%以上；60周岁以上城乡无保障居民基础养老金发放实现全覆盖；提供就业岗位10000个，免费创业就业培训30班次，援助特困家庭、未就业高校毕业生等就业困难人员就业400人；按照南通市制定的脱贫标准，20%的低收入农户和经济薄弱村实现脱贫；开工建设市社会福利中心（老年公寓搬迁项目）；实施困难老人养老政府购买服务制度，受益老人超5000人。

实际完成：实施全民参保计划，城乡基本养老保险覆盖率达96.2%；60周岁以上城乡无保障老年居民基础养老金发放实现全覆盖，累计发放资金3.28亿元，受益人口26.7万人；就业创业扶持力度不断加大，提供就业岗位11000个，免费创业就业培训35班次，援助特困家庭、未就业高校毕业生等就业困难人员就业430人；实施精准扶贫，对农村人均收入低于7000元的农户实施建档立卡，低收入农户脱贫2821户4252人，增收达标率达28.84%，16个经济薄弱村集体经济收入均达到30万元；市社会福利中心计划投资7亿元，规划用地108亩、设计床位1600张，项目施工图设计、现场"三通一平"完成，桩基工程完工；出台《政府购买居家养老服务的办法》，符合条件的困难老人实现受益全覆盖。

项目二、教育发展类

计划完成：进一步完善城区学校布局，城东小学、克明小学、城东幼儿园、克明幼儿园启动建设，城北小学、实验小学开发区分校、城南小学、城南幼儿园竣工启用；完成29所中小学校数字化校园基础设施建设。

实际完成：城区配套学校加快建设，汇龙小学城东分校、长江小学学华分校、长江幼儿园城东分园、慕卿幼儿园学华分园开工建设，紫薇小学英邦分校、实验小学开发区分校、南苑小学城南分校、睦幼儿园城南分园主体工程竣工；建成中小学校数字化校园29所，全市所有学校均建成中小学数字化校园。

项目三、医疗卫生类

计划完成：稳步提高新农合保障水平，新农合人均筹资标准增至700元，其中政府补助提高至560元，住院补偿最高支付限额增至25万元；人均基本公共卫生服务项目经费增至65元；创建省示范村卫生室50家；推进沪启卫生合作，两大医疗管理集团同上海远程会诊系统全面开通使用；市妇幼保健院开工建设，市精神卫生中心基本完工。

实际完成：新农合保障水平不断提高，新农合人均筹资标准增至700元，其中政府补助提高至560元，住院补偿最高支付限额增至25万元；人均基本公共卫生服务项目经费增至65元；建成省示范村卫生室50家；沪启卫生合作力度不断加大，两大医疗管理集团同上海瑞慈医疗集团建立长期合作关系，各下属单位同上海交大仁济医院开通远程心电会诊中心，中医院同上海十院成立骨科联盟；市妇幼保健院桩基工程完工，市精神卫生中心结构封顶。

项目四、交通出行类

计划完成：宁启铁路、海启高速启东段加快建设；实施12条县乡公路整修工程和1000公里农村公路安保达标工程；完成农村公路连接道路30公里，亮化县乡公路25公里；调整优化公交线路2条，开通首条定制公交。

实际完成：宁启铁路启东段完成总工程量的60%，海启高速启东段加快建设，施工便道全线贯通；完成12条县乡公路整修工程和1000公里农村公路安保达标工程建设；完成农村公路连接道路30公里，省道336东段亮化完工；109路公交延伸至原惠丰镇，开通102路汇龙镇至原大兴镇公交，开通汇龙镇至启东高新技术产业开发区定制公交。

项目五、城市畅通类

计划完成：加快打通城市进出口快速通道，开工建设和平路北延、建设路南延、华石路北延；进一步完善新城区路网框架，开工建设钱塘江中路、黄浦江中路、民胜南路、公园南路；启动火车站片区路网建设，开工建设跃龙路、中群路、站前路等。

实际完成：城市进出口快速通道建设加快推进，和平路北延（站前路以南）建成通车，建设路南延全线贯通，华石路北延加快建设；新城区路网框架进一步完善，钱塘江中路、黄浦江中路、民胜南路、公园南路加快建设，分别完成工程量的60%、40%、40%和20%；火车站片区路网工程完成招投标，跃龙路、中群路、站前路前期工作加快推进。

项目六、住房保障类

计划完成：开工建设安置房100万平方米，施工总面积250万平方米，竣工60万平方米，交付6000套；开工建设公共租赁房700套，竣工400套。

实际完成：开工建设安置房104万平方米，施工总面积256万平方米，竣工85万平方米，交付6500套；开工建设公共租赁房700套，竣工400套。

项目七、宜居配套类

计划完成：新建城区农贸市场2个，新建夜排档市场、花鸟市场各1个；改造老小区休闲游园3个，新增城区慢行健身步道5公里；完成桃花洪闸拆建工程，改善聚阳河区域防涝能力；推进高标准水利建设，重点实施窄沟拓浚、废沟填埋、宅坨整治三大工程，疏浚土方450万立方米。

实际完成：南郊村农贸市场、汇东村农贸市场开工建设，夜排档市场建成投用，花卉市场加快推进；南苑新村、幸福二村、紫薇二村3个老小区休闲游园改造完成，累计新增和平北路、紫薇东路、南苑东路、灵秀公园慢行健身步道7公里；完成桃花洪闸拆建工程，聚阳河区域防洪排涝能力进一步提高；全力推进高标准水利建设，累计疏浚沟河土方642.5万立方米，完成水利占补平衡土地面积1888.41亩。

项目八、生态环境类

计划完成：新增城镇绿地面积70万平方米，新建小游园3个；实施中央河滨河绿带提升改造工程；加大大气污染防治力度，规范渣土运输管理，黄标车全境禁行，淘汰燃煤锅炉30台以上，环境空气质量达标率南通领先；巩固农村水环境整治成果，实施紫薇河、民乐河等城区河道生态修复。

实际完成：新增城镇绿地面积73万平方米，完成市一中东南侧节点、惠阳路与南苑路转角节点、御和湾北侧节点小游园3个；完成中央路与公园路、江海路、和平路的滨河绿带节点提升改造工程，改造面积3万平方米，新建的中央河北侧滨河绿带占地5万平方米(和平路—公园路)，可实施段已完成；大气污染防治力度不断加大，渣土运输管理进一步规范，黄标车限行区域扩大至全市范围，累计淘汰黄标车1105辆，淘汰燃煤锅炉35台，环境空气质量保持南通领先；持续推进城乡水环境综合治理，责任体系不断完善，管护手段不断提高，完成紫薇河、民乐河等城区河道生态修复，全市水环境质量进一步改善。

项目九、文化体育类

计划完成：广泛开展“共乐东疆”百项群众性文体活动，开工建设文化体育中心；加快南北街道、启东经济开发区文化站建设；提高公共图书藏书量，新增图书60000册，推进全市农家书屋通借通还；城区内6所学校运动场地完成改造并向社会开放；完成10个老小区体育健身设施改造升级。

实际完成：开展“共乐东疆”百项群众性文体活动4800场，覆盖近65万人次，文化体育中心桩基工程完工；完成南北街道、启东经济开发区综合文化站建设；公共图书藏书量进一步提高，新增图书6万册，完成100家农家书屋分馆管理员培训和60家农家书屋分馆硬件建设；完成南苑小学、海复小学等15所学校室外运动场地改造并向社会开放；完成紫薇二村等10个老小区体育健身设施改造升级。

项目十、公共安全类

计划完成：完善治安防控体系，在出城、出市主干道实现双向监控抓拍全覆盖，实施长龙二村、紫薇二村等15个老小区技防改造，切实提高群众安全感；推进食用农产品检测体系建设，实现全市食用农产品快检室全覆盖，全年完成快检不少于5万批次；实施“放心早餐”“放心豆制品”“放心肉”品牌工程；推进城区微型消防站建设，在重点区域实现“3分钟到场”目标。

实际完成：治安防控体系加快完善，投资1350万元对长龙二村、紫薇二村等15个老小区进行技防改造，同步建设出城、出市新建道路技防天网设施，全力压降各类刑事案件，群众安全感进一步提高；推进食用农产品检测体系建设，在各镇和重点农批市场、大型商场超市设立快检实验室23个，全年快检食用农产品55000批次，销毁不合格农产品超过33吨，保障市民“菜篮子”安全；成功培育放心消费早餐示范店28家、放心豆制品生产企业3家、放心豆制品小作坊20家、规范化肉品销售单位22家，全市食品消费环境不断提升；建成社区微型消防站和重点单位微型消防站290个，基本实现重点区域“3分钟到场”目标。

(市政府办)

2016年启东市大事记

1月

10—13日 政协启东市第十四届委员会第五次会议召开。大会通过政协启东市第十四届委员会第五次会议决议。大会期间共收到提案229件，经提案委员会初步审查，立案206件。

11—14日 启东市第十六届人民代表大会第五次会议召开。会议听取和审议黄卫锋代表市人民政府所作的《政府工作报告》。会议以举手表决的方式，分别通过《关于启东市人民政府工作报告的决议》《关于启东市国民经济和社会发展第十三个五年规划纲要的决议》《关于启东市2015年国民经济社会发展计划执行情况和2016年国民经济社会发展计划的决议》等。大会选举张建新、黄松涛为启东市第十六届人民代表大会常务委员会副主任，选举王建石、杜锦德、李英、潘炜华为启东市第十六届人民代表大会常务委员会委员。大会期间收到议案建议189件。

14日 由北京大学医学部主任助理吴明教授带领的国务院医改办调研组到启东，调研市综合医改工作情况。调研组对启东市综合医改工作给予充分肯定，认为市医改全面系统，思路清晰，有很多创新做法值得各地学习借鉴。希望启东认真总结经验，完善改革举措，积极探索一条现代化医改新路，为江苏乃至全国提供先进经验。

25日 省委书记、省人大常委会主任罗志军与南通代表团的代表们一起审议政府工作报告。省人大代表、市委书记徐锋汇报启东发展思路。他表示，2016年，启东将深入实施“领跑沿海、融入上海、包容四海”发展战略，加快建设“强富美高”新启东，努力为南通争当苏中新一轮发展“领头雁”多做贡献。

25—26日 新西兰黑斯廷斯市市长Lawrence Yule率考察团到启东访问。

28日 启东二手车交易市场开业。该市场由市政府规划，市城投公司投资建设，项目总投资1.1亿元，总占地面积约4万平方米。

1月 近海镇入围省创新型试点乡镇。

2月

1日 国务院医改工作座谈会召开，市人民医院作为全国唯一一家县级公立医院获邀参加。会上，市人民医院院长、党委书记陆健泉汇报市医改工作情况。国务院副总理刘延东充分肯定启东市全面推进医改工作所取得的成效，并提出三点要求：一是要辩证地看待医改工作，根据保基本、强基层、建机制的工作要求，创新出可复制、可推广的医改模式；二是要深刻领会中央重大政策精神，提高医疗质量和品质，满足多样化要求；三是要认真编制好“十三五”医改规划，不断推进分级诊疗、“三医”联动和现代医院管理等具体工作，为全面建成小康社会而努力奋斗。

2日 南通市委常委、副市长黄爱军，南通市政协副主席徐守铭一行到启东，走访慰问市部分烈军属、低保户等，看望敬老院老人。同时，深入企业检查安全生产工作。

3日 全市创建国家公立医院综合改革示范县实施方案汇报会在市行政中心会议室召开。

5日 南通市委书记陆志鹏到启东调研，充分肯定市沿海开发和城市建设成效，勉励启东市坚持抓项目促发展，力求好上又好、能快则快，确保“十三五”开好局、起好步。南通市委常委、秘书长黄巍东参加相关活动。

12日 第十七届中国·启东天汾科技五金交易会在天汾国际电动工具商贸城举行。此次交易会设标准展位600个、门面200多个、地铺200多个，来自全国各地的1000多家参展商参加交易会，参展人数超过3万人。

14日 全市党风廉政建设暨警示教育大会在市会议中心召开。市委书记、市人大常委会主任徐锋告诫全市各级领导干部从查处和曝光的案件中吸取教训，引以为戒，警钟长鸣，切实增强忠诚、干净、担当的思想自觉和行动自觉，为率先全面建成小康社会营造风清气正的良好环境。

26日 由伊朗驻上海总领事馆总领事伊瓦什率领的伊朗客商代表团到启东考察。

2月 国家经济动员办公室批复同意启东市依托江苏海四达电源股份有限公司建立华东地区(江苏)电源电池动员中心。

2月 省发改委下发文件，批复345国道启东段改扩建工程可行性研究报告，同意实施该项目工程。

2月 国家统计局启东调查队发布数据显示，市2015年居民消费价格指数(CPI)为101.1，即居民消费价格总水平同比上涨1.1%。

3月

9日 南通市委副书记、市长韩立明到启东，调研市沿海开发、转型升级和重大项目建设等相关稳增长工作。南通市政协副主席、市政府秘书长顾诺之参加调研活动。韩立明指出，启东要一着不让稳增长、调结构、惠民生、防风险，始终把项目作为“生命线”，发挥企业主体作用，务实化解难题、保障要素、优化服务、落实政策，确保实现“十三五”发展开好局、起好步。

15—16日 南通市委常委、组织部部长张兆江率市项目建设调研组到启东，深入了解市项目建设情况。

16日 南通市人大常委会党组副书记、常务副主任陈斌一行到启东，视察市依法治市工作。

18日 南通市委常委秦厚德到启东调研项目农业、高标准农田建设、中心镇建设情况。

23日 启东海关正式开关。南京海关党组书记、关长薛金楼和南通市副市长孙建华共同为启东海关开关揭牌。

24日 由省纪委常委唐小英率领的省法治创建工作考评组到启东，对市创建省法治建设先进县(市)工作进行考评验收。

△ 江苏省高级人民法院党组书记、院长许前飞一行到启东调研破产案件审理工作。南通市委常委、政法委书记、市人大常委会副主任曹斌参加调研。

30日 山东省济宁市兖州区区委书记张玉华，区委副书记、区长王骁率党政代表团到启东考察。

3月 国家发改委、科技部、财政部、海关总署、国家税务总局联合公布2015年(第22批)国家认定企业技术中心名单，江苏林洋能源股份有限公司榜上有名。这是启东市历史上首家获此殊荣的企业。

4月

7日 南通市政协副主席秦剑平率调研组到启东，就“完善‘大众创业、万众创新’生态环境”工作进行专题调研。

△ 南通市副市长朱晋到启东调研公立医院综合改革工作。

12日 南通绿神生物工程有限公司经江苏省电子商务企业信用信息公示服务网上注册申请，成为市首个顺利申领并成功悬挂“工商网监”电子标识的企业。

13日 东台市政协主席鲍宇率团到启东，专题考察市“正能量加油站”工作。

17日 市公务用车制度改革取消车辆专场拍卖会在百悦国际大酒店后楼宴会厅举行。此次公车改革中，全市实际封存车辆共356辆，其中一般公务用车185辆、执法执勤用车171辆。

21日 中国远洋海运集团董事长、党组书记许立荣一行到启东考察。南通市委书记、市人大常委会主任陆志鹏，市委副书记、市长韩立明，副市长孙建华、单晓鸣参加活动。

△ 国务院办公厅印发《深化医药卫生体制改革2016年重点工作任务的通知》，选取江苏省启东市、安徽省天长市、福建省尤溪县、青海省互助土族自治县4个县(市)作为全国县级公立医院综合改革示范县，深入推进县级公立医院综合改革示范工作。

22日 2016年启东市第二届全民读书节启动仪式在市图书馆举行。

23日 由国家新闻出版广电总局电影局与新西兰电影委员会联合主办的“2016(第八届)中国新西兰电影节”在启开幕。新中友好协会荣誉主席邓里，新西兰驻上海总领事馆副总理事MeganBimie，中国曲艺家协会主席姜昆，中央电视台著名电视主持人鞠萍出席活动。

24日 市委书记、市人大常委会主任徐锋接受南通电视台、南通电台、《南通日报》、南通网的联合采访。徐锋表示，启东有信心、有决心，按照南通项目建设推进会要求，好上加好，能快则快，加快市项目建设招商引资力度，为“强富美高”新南通建设做出贡献，也为启东“十三五”发展，建设“四个城市”“一堡三地”目标打下坚实的基础。

26日 南通市人大常委会党组副书记、常务副主任陈斌一行到启东，调研市“万名代表小康行”活动开展情况。

27日 省人大常委会党组书记、常务副主任蒋定之到启东考察，对启东市经济社会发展尤其是沿海开发成效给予充分肯定。南通市人大常委会党组副书记、常务副主任陈斌，南通市人大常委会党组副书记王向红参加相关活动。

26—27日 长江三角洲十三县(市、区)政协工作研讨会第42次会议在启东市召开。

28日 市在上海举办现代农业招商推介会。会上，20个项目集中签约，总投资达19.4亿元。

4月 “天工奖·万贯杯”工具五金年度最具影响力品牌评选30强进10强评审会议在上海召开。市电动工具品牌“东成”获评2015年度最具影响力市场占有率品牌。

5月

4日 市委召开全市“两学一做”学习教育工作座谈会。市委书记徐锋在座谈会上强调，要切实把思想和行动统一到中央、省委、南通市委的部署要求上来，以高度的政治责任感抓好学习教育，努力把党组织和党员干部队伍建设得更加坚强有力，为建设“强富美高”新启东提供坚强保障。

7日 市领导黄卫锋、王凯在市行政中心会见法国雅凯控股集团董事长约克一行。

9日 福建省政协副主席杨根生一行到启东考察。江苏省政协提案委副主任尹毅，南通市政协副主席陆玉明参加活动。

△ 国家铁路局组织上海、江苏等有关部门代表及专家在启东市召开《沪崇启铁路通道规划研究咨询报告》研讨会。

10日 南通市人大常委会党组书记黄利金、市委常委黄爱军一行到启东视察项目建设情况。

11日 最高人民法院在市举行“执转破”工作调研座谈会。最高院民二庭副庭长付金联，省高院党组成员、副院长何方，以及来自最高院、省高院、南京中院、南通中院，以及南通部分基层法院民二庭、执行局相关负责人共30人出席座谈会。

13日 第28届启东市科普宣传周开幕式暨江苏启东实验小学第16届科技节在实验小学举行。科普宣传周的主题是“创新引领　共享发展”。中国科学院院士薛永祺出席开幕式。

14日 由启东市公安局组织发起的国内警界资源协作论坛——“启东警务协作平台”工作会议在启东召开。来自全国29个省(市、自治区)公安机关一线的100多名行业专家、实战能手参会。央视《等着我》栏目组、《宝贝回家》公益网站，阿里、百度、银联相关部门负责人应邀参加。

19日 2015年度江苏省县市(区)新闻中心好新闻评选结果揭晓。市新闻信息中心共有19件作品获奖。其中，一等奖4件，二等奖3件，获奖等次、获奖件数均列全省县市(区)新闻中心第一。

20日 2016中国·启东国际经贸洽谈会在环球博圣酒店博圣厅举行。此届经贸洽谈会的主题为“放大优势，抢抓上海产业转移新机遇；创新引领，开创启东沿海开发新局面”。全国政协委员、国家住建部原副部长郭允冲，南通市副市长孙建华出席开幕式。来自美国、加拿大、日本、韩国、新加坡等国家和中国香港、台湾地区，以及国内的200多位客商参加开幕式。新华网、《人民日报》《文汇报》《新民晚报》、上海电视台、江苏电视台、《新华日报》等新闻媒体作相关报道。同日，重大项目颁证颁照和集中签约仪式在环球博圣酒店博圣厅举行。节会期间，累计签约项目50个，总投资逾237亿元。投资规模最大的内资项目是“新型建筑材料生产基地项目”，总投资30亿元；投资规模最大的外资项目是“PHA生物降解树脂生产项目”，总投资8.5亿美元。启东市人民政府与上海科学技术开发交流中心签订“协同创新战略合作协议”，与工信部中小企业发展促进中心、韩中协会签订“中韩(启东)中小企业国际合作区备忘录”；南通二建集团与中新房集团签订“战略合作协议”。

21—23日 市12个镇相继召开党员代表大会，选举产生新一届镇党委、纪委领导班子成员和出席市第十三次党代会的代表。

28日 由启东市人民政府、南通报业传媒集团联合主办的“日出江海韵动中国”百家媒体、旅行社聚焦圆陀角采风活动，在圆陀角旅游度假区恒大国际会议中心开幕。来自全国各地的100多家媒体和旅行社的代表体验启东圆陀角独特的江海旅游资源，领略长三角新兴休闲旅游目的地的风采。

5月 江苏省发改委、省海洋与渔业局、省沿海办在南京联合公布江苏首批海洋经济创新示范园区名单，市海工船舶工业园入选。全省共有5个园区获此称号。

6月

1日 公安部政治部批准在海四达爆炸事故中英勇牺牲的消防战士陈帅为烈士，并颁发献身国防金质纪念章。同日，江苏省公安厅追授陈帅“消防勇士”称号并追记二等功。启东市委决定，追授陈帅“忠勇消防卫士”称号，在“两学一做”学习教育中开展向陈帅学习的活动。

6日 江苏省委常委、副省长徐鸣到启东调研。南通市委副书记、市长韩立明，副市长单晓鸣，市政协副主席、市政府秘书长顾诺之参加调研。徐鸣对项目建设进展表示满意。他说，渔港开发建设起点高、手笔大，希望启东市按照“国内一流，国际知名”的要求，严格落实资金使用，加快基础设施建设，完善功能配套，全力打造现代化渔港。

△ 2016年全国“放鱼日”主会场(江苏)增殖放流活动在启东市举行。农业部副部长于康震，江苏省委常委、副省长徐鸣，南通市委副书记、市长韩立明，市委副书记、秘书长黄巍东，市委常委秦厚德，副市长单晓鸣，市政协副主席、市政府秘书长顾诺之参加活动。

7日 2015年度“启东好人”“最美家庭”颁奖典礼在市广播电视台演播厅举行。颁奖典礼集中表彰2015年度“启东好人”“最美家庭”。

13日 江苏省军区司令员李大清率省军区联合工作组到启东，考察国防后备力量建设情况。南通军分区司令员徐国安陪同考察。

18日 国家卫计委副主任、国家中医药管理局局长王国强一行到启东，调研市中医药发展和深化医药卫生体制改革工作情况。江苏省卫计委巡视员陈亦江，南通市副市长朱晋参加调研。

18—19日 山东省阳信县县委书记、县人大常委会主任马福祥率党政代表团到启东考察。

22日 南通市人大常委会党组副书记、副主任曹斌率考察调研组到启东，调研开展调动保护企业家积极性和推进重大产业项目建设情况。

△ 启东市在全市范围内实施不动产统一登记，房产证与土地证合二为一。

23日 全市深化财政国库集中支付改革工作会议在市党教中心召开。

27日 国土资源部在北京召开第三届国土资源节约集约模范县(市)表彰会。启东市被表彰为全国国土资源节约集约模范市。市委副书记、市政府市长黄卫锋出席会议，并接受表彰。全省共有10个县(市)获此殊荣。

29日 南通市委常委、副市长单晓鸣到启东走访慰问建国前老党员和生活困难党员。

30日 全市纪念建党95周年大会暨“两学一做”学习教育专题党课在市党教中心举行。

△ 中央文明办在浙江舟山举办全国道德模范与身边好人现场交流活动，发布6月“中国好人榜”。残疾女孩苏晓琳被评为“助人为乐”好人。

7月

6日 纪念郁寿丰(郁芑生)逝世九十周年研讨会在市行政中心举行。

8日 中华人民共和国启东出入境检验检疫局挂牌开检。江苏检验检疫局党组成员、副局长卢钟山，南通市副市长孙建华参加相关活动。

△ 徐州市政协副主席陈新生率队到启东考察市教育事业。

21—22日 新疆伊宁县委书记杨新平率党政代表团到启东考察。

25—27日 中国共产党启东市第十三次代表大会在市党教中心开幕。徐锋代表中共启东市第十二届委员会向大会作题为《践行新理念，建设新启东，奋力夺取全面小康社会建设新胜利》的报告。大会选举产生中共启东市第十三届委员会、中共启东市纪律检查委员会和出席南通市第十二次党代会代表。

27日 中国共产党启东市第十三届委员会第一次全体会议在市行政中心召开。会议采取无记名投票差额选举的方式，选举产生中共启东市第十三届委员会常务委员会委员。他们是：徐锋、黄卫锋、汤雄、姜平、赵男男、龚心明、朱志强、王凯、石光辉、沈良杰、陈延祥。会议采取无记名投票等额选举的方式，选举产生书记、副书记。徐锋当选书记，黄卫锋、汤雄当选副书记。会议通过中国共产党启东市纪律检查委员会第一次全体会议选举结果。批准沈良杰为中共启东市纪律检查委员会书记，王裕兵、郁豪杰为中共启东市纪律检查委员会副书记。

8月

4日 南通市委书记陆志鹏，南通市委副书记、市长韩立明率队，到启东市观摩重点项目建设情况，勉励启东：坚持高标准，注重高质量，推动重大项目建设再上新台阶。

△ 国家行政学院调研组到启东，就市“放管服”改革工作进行专题调研。

8日 2016年南通市党风廉政宣传工作座谈会召开，启东市作典型发言介绍先进经验。

8—11日 市委书记、市人大常委会主任徐锋率党政代表团先后赴浙江杭州的上城区、余杭区和湖州的安吉县及嘉兴的桐乡市学习考察，重点学习借鉴四地创新创业、“互联网+”、特色小镇、美丽乡村建设等方面的做法和经验。

12日 市委书记、市人大常委会主任徐锋接受南通电视台、南通电台、《南通日报》的联合采访。徐锋表示，全市上下将把思想和行动统一到南通市委全会部署上来，落实好上又好、能快则快发展总要求，突出项目建设和组织建设两大抓手，找准撬动改革发展的关键点和切入点，大力实施重大项目建设“双十”推进三年行动计划，集中精力抓项目促发展，抓创新促转型，努力实现“十三五”首战告捷。

17日 市委副书记、市长黄卫锋率市教育局、住建局、人社局等17个部门的负责人，走进南通广播电台“民心专列·政风行风热线”直播室，通过电波与群众互动交流，倾听民声，为百姓实实在在解决问题。

29日 2016年中国南通乡村旅游节开幕式在市惠萍镇举行。

31日 国家农业部办公厅副主任蒋建平一行到启东调研。江苏省农委主任吴沛良参加调研活动。

8月 工业和信息化部直属研究机构中国信息通信研究院在北京正式发布《2016年中国工业百强县(市)发展报告》，公布2016年全国工业百强县(市)排行榜。启东市位居全国第38位，比2014年排名跃升17位，其中发展活力排名第13位。

8月 第七届中国破产法论坛在北京举行，启东市人民法院破产庭受邀参加并在论坛上作主旨发言。启东市人民法院自入选为全国破产审判改革试点单位，改革工作获最高人民法院审判委员会专职委员杜万华，省高级人民法院党组书记、院长许前飞等领导高度评价，许前飞要求在全省推广“启东经验”。

9月

8日 启东市人民政府与江苏省信用再担保有限公司签订战略合作协议。

9日 CCTV发现之旅《精彩视界》长江寻根溯源之旅玉树行活动在启东

市举行启动仪式。

19日 南通市政协副主席杨展里、徐守铭一行到启东,就用好二孩政策,改善人口结构展开专题调研。

22日 由中国社会科学院财经战略研究院县域经济课题组完成的《中国县域经济发展报告(2016)》发布。启东跻身"全国县域经济综合竞争力100强",名列22位,比上年前移5位。

25日 2016UltraS启东·圆陀角国际铁人三项赛在圆陀角旅游度假区恒大海上威尼斯举行。来自中国、英国、美国、德国、意大利等地的近500名选手参赛。

10月

6日 第二届启东圆陀角风筝冲浪国际邀请赛在黄金海滩举行。来自中国、法国、德国、加拿大等国家和中国香港地区的50名选手参加比赛。

8日 全市领导干部会议召开,传达学习南通市第十二次党代会精神,要求全市各地各部门迅速将思想和行动统一到南通市第十二次党代会精神上来,切实按照南通党代会的决策部署,大力弘扬求真务实作风,扎扎实实做好下阶段工作。

16日 水利部副部长陆桂华到启东调研,充分肯定启东市在长江口(北支)湿地省级自然保护区建设方面所做的工作。江苏省水利厅水资源处处长季红飞、南通市副市长赵闻斌参加活动。

20日 南通市人大常委会党组副书记庄中秋、南通市人大常委会副主任程静一行到启东调研。

21日 国务院医改办专职副主任梁万年率队到启东,调研市县级公立医院综合改革工作。江苏省卫计委巡视员陈亦江参加调研。

27日 南通市委副书记、市长韩立明率有关部门主要负责人到启东调研经济社会发展工作。韩立明充分肯定2016年启东市各项工作,要求启东贯彻落实好南通市党代会精神,凝心聚力冲刺四季度,蓄势聚能谋划下一年工作。

△ 市召开创建食品安全城市工作推进会议,部署迎接省食品安全城市考核验收和国家食品安全城市创建第二次督导评估工作。

28日 连云港市政协主席张同生一行到启东考察。南通市政协主席王德忠陪同考察。

28—30日 启东市首届名特优农产品(南京)展示展销会在江苏国际农业展览中心举行。全市共有60多家精品农业生产企业参与活动,展示350多种农产品。江苏省人大常委会常务副主任、党组副书记蒋宏坤参观展区。

31日 高邮市市长潘学元率医管会成员到启东,考察市深化医药卫生体制改革工作情况。

10月 省经信委公布2016年江苏省"两化融合"示范试验区名单,启东经济开发区被认定为2016年省级信息化与工业化融合试验区,这是市首家获此殊荣的园区。

11月

9日 南通市政协主席王德忠一行到启东,专题听取2016年市政协特色工作和2017年工作思路汇报。

10日 北京大学生命科学华东产业研究院正式揭牌,开启政产学研合作新模式。

△ 国家科技领军人才创新驱动启东中心首批专家特聘仪式在博圣酒店举行。15人被聘为首批特聘专家。

10—12日 以"聚智聚资聚人才,创新创业创未来"为主题的2016中国·启东科技节暨国际经贸洽谈会在环球大厦博圣酒店举行。科技部人才中心副主任郝强、江苏省科技厅副巡视员李健民、南通市副市长徐新民、中国科学院院士李永舫、北京大学党委副书记敖英芳、扬州大学党委书记姚冠新等出席开幕式。来自美国、德国、英国、新加坡、芬兰、韩国等国家和中国香港、台湾地区的378位海内外客商,30多所高校、科研院所的160多位专家教授参加科技节。《新华日报》、江苏电视台、江苏人民广播电台、上海电视台、《新民晚报》《解放日报》《文汇报》等新闻媒体报道科技节盛况。此次科技节项目总投资266亿元。其中,投资规模最大的内资项目为"吕四—魁北克城"旅游项目,总投资100亿元;投资规模最大的外资项目为芬兰雅威环保设备制造项目,总投资5亿欧元。30个重大投资项目、20个产学研合作项目集中签约。

11日 北京大学生物医药发展(启东)论坛在市恒大国际会议中心举行。中科院院士朱作言、江苏省科技厅副巡视员李健民、北京大学科技开发部部长陈东敏、张江生物医药产业基地董事长王兰忠等170多位生物医药领域的行业领袖和投资精英出席论坛。

15日 全市领导干部会议在市党教中心召开。市委书记、市人大常委会主任徐锋传达省委十二届十三次全会精神,并就贯彻落实党的十八届六中全会精神提出要求。徐锋强调,要以党的十八届六中全会精神为指引,认真贯彻省委十二届十三次全会的各项部署和南通市委常委会有关要求,切实加强和规范党内政治生活,着力构建强化党内监督的新格局,落实全面从严治党的各项要求,奋力推动全面从严治党迈上新台阶。

17—20日 以"大众创业、万众创新"为主题的第九届国际发明展览会在江苏昆山国际会展中心举行。市启东中学代表队选送的5件发明作品夺得5项金奖和2项专项奖。

18日 全市创建全国文明城市工作推进会在市党教中心举行。

19日 上海潮汕商会会长姚文琛携上海、南京、杭州等11个长三角地区的潮汕商会到启东考察。

23日 2016'海外博士启东行交流座谈会在先豪国际酒店举行。来自美国、日本、马来西亚、以色列等国家和地区的27名专家教授参加座谈。

24日 市委召开常委(扩大)会议,传达学习省第十三次党代会精神。市委书记、市人大常委会主任徐锋主持会议,要求各地各部门把贯彻落实省第十三次党代会精神作为首要政治任务,摆上重要议事日程,狠抓当前,全力冲刺,争先创优,以工作的实际成效将省党代会精神落到实处。

25日 农业部办公厅副主任蒋建平率农业部涉渔行政许可事项综合调研组到启东调研。

△ 2016中国启东首届创新创业大赛决赛暨颁奖典礼举行。来自海内

外的51名高层次人才按照专业类别分组竞技。

△ 第十一届"苏步青数学教育奖"颁奖活动在浙江平阳举行。市教师发展中心王晓东获此殊荣，为江苏唯一的获奖教师。全国共有25名中学数学教师(教研员)获奖。

26日 连云港市赣榆区政协主席杨淑之率党政代表团到启东考察。

26—27日 县级公立医院在新医改中的发展研讨会在先豪国际酒店举行。省卫生和计划生育委员会巡视员陈亦江，南通市政协副主席、南通市卫生和计划生育委员会副主任陈宋义参加研讨会。此次活动旨在探讨、分享启东市县级公立医院改革的有关经验，进一步提炼、总结市综合医改尤其是县级公立医院医改的先进做法，并邀请省内外280多名专家学者就医改过程中遇到的问题出谋划策。

28日 南通市委书记陆志鹏到启东调研。南通市委常委、秘书长、副市长沈雷参加活动。陆志鹏强调，启东在接轨上海方面具有得天独厚、不可替代的优势，要深入贯彻落实省、南通市党代会精神，以更高的定位、更高的标准、更大的力度，全面推进跨江融合、接轨上海工作，为南通建设上海的"北大门"提供重要支撑，努力成为上海"北大门"的"门柱子"。

11月 启东市被国家农业部认定为全国休闲农业和乡村旅游示范县。

11月 第十二届中国中小城市科学发展指数研究成果暨"2016综合实力千强镇"榜单发布。启东市吕四港镇、汇龙镇、寅阳镇三个镇入选。

11月 消防战士陈帅入选11月"中国好人榜"，被评为"见义勇为"好人。

11月 国家工信部公示第一批符合《锂离子电池行业规范条件》的企业名单，江苏海四达电源股份有限公司名列其中。全国共有9家企业入围。

11月 市选手李忠卫在第七届全国数控技能大赛中获数控机床装调维修工总决赛亚军，获"全国技术能手"称号。

12月

1日 市委书记、市人大常委会主任徐锋，市委副书记、市长黄卫锋分别带队赴各地检查安全生产工作，要求各地各部门深刻吸取江西丰城"11·24"坍塌事故和近期各地事故教训，认真落实"党政同责、一岗双责"和企业主体责任，做到警钟长鸣、常抓不懈，切实做好岁末年初安全生产工作。

△ 市首张个体工商户"两证整合"的营业执照发出。

12日 市市镇两级人大代表换届选举法定投票日，全市90多万名选民参与投票。

14日 北京大学生命科学华东产业研究院第一次理事会(扩大)会议在市行政中心召开。北京大学生命科学学院院长、北京大学生命科学华东产业研究院理事长吴虹主持会议。会上，市委副书记、市长黄卫锋与吴虹签订关于联合组建北京大学生命科学华东产业研究院的协议及协议备忘录，签订北京大学生命科学启东产业创新基金协议书。

15日 华滋海工1000吨龙门吊下超大型液罐合拢，标志着该企业成功建造世界最大的C型船用液罐，以用于配套全球首制的85000立方米超大型半冷半压式乙烷、乙烯船。

16日 市召开第三次全国农业普查工作动员会议。

18日 全市首家公建民营养老机构——汇龙镇居家养老服务中心正式揭牌开张。

19日 由文化部民族民间文艺发展中心、江苏省非物质文化遗产保护中心主办的首届"吴歌论坛"在启东举行。文化部民族民间文艺发展中心主任李松，作曲家、音乐家樊祖荫，中央音乐学院音乐学系中国传统音乐理论教授钱茸等专家学者共同探讨吴歌的传承与保护。18日晚，"吴歌论坛"启东民歌展演在市少年宫举行。

22日 市召开党的十八届六中全会和省、市党代会精神宣讲暨全市党员冬训动员大会。南通市委宣讲团成员、启东市委书记徐锋就学习领会六中全会和省、市党代会精神进行专题宣讲，对2017年度全市党员冬训工作作出全面部署。

26日 位于近海镇爱民村的农业光伏配套发电项目正式并网发电，市第三个通过资源互补而建成的光伏发电项目成功运行。在此之前，市有两家企业运用建光、渔光互补成功兴建两个光伏发电站。此三个项目的成功并网发电，为国内光伏发电如何节能降耗提供一个可借鉴的全新模式。

27日 南通市举行各县(市)区全年重大项目建设现场观摩活动。南通市委书记陆志鹏率队到启东市观摩重大项目建设情况，先后实地调研米歌酒庄与品酒文化展示中心项目地、华滋海洋LEG海工项目建设现场、恒大五国温泉城项目建设现场。

△ 通启高速特大桥(48+80+48)米连续梁顺利合龙，该连续梁是宁启铁路Ⅱ期通启段(2个标段)首个合龙的连续梁工程，也是标段内跨度最大的连续梁工程。

29—30日 中国共产党启东市第十三届委员会第二次全体(扩大)会议在市党教中心举行。市委书记徐锋代表市委常委会作题为《全面接轨上海，全力促进民富，向着高水平全面建成小康社会阔步迈进》的工作报告。

12月 中国县域经济研究所发布《2016县域经济与县域发展报告》，公布第十六届全国县域经济与县域基本竞争力名单，市名列第24位，比2015年(第十五届)跃升12位。

12月 启东市全域永久基本农田划定方案通过南通市国土资源局和南通市农业委员会论证审核。

12月 省国土资源厅组织专家对《启东市矿产资源总体规划(2016—2020年)》进行评审，一致同意该项规划通过论证。规划以加大特色矿产资源(地热、矿泉水)勘查力度，提高宏观调控及社会服务能力为目标，拟设置汇龙镇、江海产业园、吕四港和圆陀角旅游度假区4个地热勘查区块，将四处地热探矿权转为采矿权。

12月 农业部公布2016年国家农民合作社示范社名单，市多吃点农地股份专业合作社名列其中。至此，全市共有国家级示范合作社7家。

12月 市神通阀门公司入围国家工信部第一批制造业单项冠军培育企业。此次入围第一批单项冠军的示范企业有60家、培育企业58家。

(季俊艳　黄亦美)

中共启东市委员会

责任编辑:沈冬云

重要会议

【中国共产党启东市第十三次代表大会】 中国共产党启东市第十三次代表大会于2016年7月25—27日举行。大会听取并审议徐锋代表中共启东市第十二届委员会所作的《践行新理念,建设新启东,奋力夺取全面小康社会建设新胜利》的工作报告。大会选举产生中共启东市第十三届委员会委员、候补委员,中共启东市第十三届委员会第一次全体会议选举产生新一届市委常委、书记、副书记。

大会充分肯定十二届市委的工作,一致赞同报告对过去五年工作的回顾和总结。五年来,在省委和南通市委的正确领导下,十二届市委团结带领全市百万人民,解放思想、开拓创新,求真务实、奋力攻坚,圆满完成市第十二次党代会确定的各项目标任务。突出稳中求进,综合实力跃上新台阶;加快创新转型,发展质效取得新提升;深化陆海统筹,开发开放实现新突破;注重城乡一体,人居环境展现新面貌;增进民生福祉,百姓生活得到新改善;坚持双轮驱动,区域发展增添新活力;从严管党治党,党风政风焕发新气象。五年来取得的巨大成就,为启东以后发展奠定坚实基础;五年来积累的宝贵经验,对启东以后工作具有重要的指导意义。

大会一致同意报告提出的以后五年启东工作的指导思想和奋斗目标。大会认为,以后五年是启东可以大有作为,实现跨越赶超、率先领先发展的黄金期;是启东加快创新转型,实现好上又好、能快则快发展的攻坚期;是启东奋力夺取全面小康社会建设新胜利的关键期。大会明确,要高举中国特色社会主义伟大旗帜,以马克思列宁主义、毛泽东思想、邓小平理论、“三个代表”重要思想、科学发展观为指导,深入贯彻习近平总书记系列重要讲话特别是视察江苏重要讲话精神,围绕“四个全面”战略布局,践行创新、协调、绿色、开放、共享的发展理念,深入实施“领跑沿海、融入上海、包容四海”发展战略,统筹推进经济建设、政治建设、文化建设、社会建设、生态文明建设和党的建设等各项工作,加快打造创新型城市、现代港口城市、休闲旅游城市、宜居宜业城市,建设经济强、百姓富、环境美、社会文明程度高的新启东,为奋力夺取全面小康社会建设新胜利、谱写好中华民族伟大复兴中国梦的启东篇章而努力奋斗。

大会强调,按照启东以后五年工作的总体部署,要全面融入上海,全力打造“一堡三地”,在推动“经济强”上实现重大进展;持续改善民生,在加快“百姓富”上创造更多成果;突出城乡统筹,在打造“环境美”上取得明显突破;注重文化建设和社会治理,在促进“社会文明程度高”上展现新的风貌;深入推进全面深化改革和全面依法治市,为建设“强富美高”新启东提供有力支撑。

大会要求,全市各级党组织要以深入实施全面从严治党“五个四”工程为总抓手,全面推进党的思想、组织、作风、反腐倡廉和制度建设,努力在推动全面从严治党迈上新台阶上取得更加过硬的成果。严格落实主体责任,切实增强管党治党的政治自觉;强化思想理论武装,汇聚干事创业的强大精神动力;坚持从严管理干部,着力建设高素质干部队伍;创新基层党建工作,提升基层党组织的凝聚力战斗力;持续加强作风建设,密切党同人民群众的血肉联系;严明纪律严惩腐败,构建风清气正的政治生态。

【市委十三届二次全体(扩大)会议】 2016年12月29—30日,中国共产党启东市第十三届委员会第二次全体(扩大)会议在市党员干部学习教育中心召开。全会深入贯彻落实党的十八届六中全会、中央经济工作会议、省第十三次党代会、省经济工作会议、南通市第十二次党代会、南通市委十二届二次全会和市第十三次党代会精神,听取和讨论徐锋代表市委常委会所作的《全面接轨上海,全力促进民富,向着高水平全面建成小康社会阔步迈进》的工作报告,总结全年工作,部署安排2017年工作,审议通过《中共启东市委关于学习贯彻党的十八届六中全会精神深入推进全面从严治党的决定》。

全会指出,2016年,市委团结带领全市人民,深入贯彻习近平总书记系列重要讲话特别是视察江苏重要讲话精神,坚决落实中央、省、南通各项决策部署,坚持稳中求进工作总基调,自觉践行新发展理念,主动适应经济发展新常态,突出项目建设和城市转型两大关键，统筹稳增长、调结构、促转型、抓改革、惠民生、优生态、强党建等各项工作，经济社会保持平稳健康发展，实现"十三五"良好开局。

全会认为，省第十三次党代会对未来五年江苏发展作出战略部署，对坚定不移推进全面从严治党提出明确要求，为做好各项工作指明方向。全市各级党组织要把学习宣传贯彻省第十三次党代会精神作为重要政治任务，结合贯彻落实党的十八届六中全会、南通市第十二次党代会精神，自觉把思想和行动统一到中央、省委和南通市委的决策部署上来，把智慧和力量凝聚到落实会议提出的任务要求上来，为高水平全面建成小康社会而努力奋斗。

全会明确，2017年是党的十九大召开之年、供给侧结构性改革的深化之年，也是深入实施"十三五"规划、高水平全面建成小康社会的重要一年。做好2017年工作，要在以习近平总书记为核心的党中央坚强领导下，全面落实党的十八大和十八届三中、四中、五中、六中全会精神，深入贯彻习近平总书记系列重要讲话精神，统筹推进"五位一体"总体布局和协调推进"四个全面"战略布局，坚持稳中求进工作总基调，牢固树立和贯彻落实新发展理念，以实施重大项目建设"双十"三年行动计划为抓手，扎实做好创新转型、沿海开发、城乡一体、民生改善、生态优化、深化改革和依法治市等各项工作，坚定不移推进全面从严治党，全面接轨上海，全力促进民富，向着高水平全面建成小康社会阔步迈进，以优异的成绩迎接党的十九大胜利召开。

全会要求，做好2017年工作，要围绕高水平全面建成小康社会总目标，把握稳中求进工作总基调，持续增强全面深化改革总动力，做好八个方面工作。着力创新，把创新作为引领发展的第一动力，加快转型发展，打造创新型城市；着力富民，围绕"七个更"目标，补齐民生短板，在共建共享中让人民群众得到更多实惠；接轨上海，实施"联动、参与、服务"三大战略，推进基础设施、科技创新、产业体系、平台载体、城市功能、工作机制等六大对接工程，推进跨江融合；提质增量，持续猛攻项目建设，推进重大项目建设"双十"三年行动计划，推动经济中高速增长、产业迈上中高端水平；提高农业农村发展水平，推进农业供给侧结构性改革，持续强农、惠农、富农，加快实现农业现代化；推进城市转型，加快转变城市发展方式，增强城市产业功能和综合服务功能，加快建设宜居宜业城市；加强环境保护，下大决心、花大力气加强生态保护和环境治理，推动生态水平持续大提升，建设天更蓝、地更绿、水更清、景更美的花园启东；统筹联动，深化文明创建，全面依法治市，防控各类风险，优化发展环境，努力营造文明有序、和谐稳定的良好社会氛围。

全会强调，全市各级党组织要根据党的十八届六中全会和省、南通市党代会精神的新部署新要求，实施全面从严治党"五个四"工程，严肃党内政治生活，持续净化党内政治生态；强化党内监督，构建党内监督新格局；落实管党治党责任，提高党建科学化水平，奋力推动全面从严治党迈上新台阶。要严格执行"九严禁"等纪律规定，确保市人大、政府、政协和镇人大、政府换届工作圆满完成。

【市委常委会议】 2016年，中共启东市委共召开30次常委会。会议主要讨论"两学一做"学习教育、市委党的建设工作领导小组2016年工作要点、学习贯彻党的十八届六中全会精神深入推进全面从严治党、省委第四巡视组巡视反馈意见整改情况、落实党风廉政建设责任制、乡镇领导班子换届、第十三次党代会选举工作、市委工作规则、市委常委会议事决策规则、市委进一步加强自身建设的意见、村（社区）党组织选举换届、市镇两级人大换届选举、市政协换届、城市转型发展、重大项目建设"双十"三年行动计划、推进供给侧结构性改革、推进社会主义文艺繁荣发展、加快推进生态文明建设、法治启东建设重要举措实施规划、加强市委巡察工作、成立市过江通道推进协调领导小组、"263"专项行动等重点工作和重要事项；研究确定市委推动全面从严治党迈上新台阶的意见、落实持续推进党建工作创新工程的意见、国民经济和社会发展第十三个五年规划纲要、市委全面深化改革领导小组2016年工作要点、2016年开展单项夺杯竞赛活动的意见、2016年度各镇园区工作目标管理绩效考核的意见、2016年度镇园区个性化考核办法、有关重点部门突破性工作夺杯竞赛活动实施意见、2016年机关镇园区效能考核办法、工业开放型经济有关政策意见、2016年招商引资工作意见、落实发展新理念深入实施农业现代化工程建设"强富美高"新农村的意见、实施脱贫致富奔小康工程意见、2016年加快发展现代农业的若干政策意见、加强和改进党的群团工作实施意见、加快项目建设实施意见、2016年全市协调推进"四个全面"战略布局责任分解、加强"三重一大"事项决策议事规则、促进红十字会事业发展的若干意见、加强党管人才工作实施意见、重点高层次创新创业人才引进激励实施办法、全面推进高标准农田建设工作意见、全面推进依法治市工作领导责任制实施办法、新形势下加强政法队伍建设的意见、加快推进现代公共文化服务体系建设的实施意见、推进领导干部能上能下实施细则、村级党组织星级创评实施办法等意见；研究召开庆祝建党95周年、重点工作"听看考"、2016中国·启东国际经贸洽谈会、2016中国·启东科技节暨国际经贸洽谈会等活动；听取习近平总书记重要指示、中央省委南通市委"两学一做"学习教育座谈会、省委十二届十二次全会、全省经济工作会议、全省宣传部长会议、全省组织部长会议、全省政法工作会议、十二届省纪委六次全会、南通市城市工作会议、南通市第十二次党代会等会议精神的传达；常委会还讨论有关人事任免事项。

（彭红辉）

重要活动

【全市综合表彰大会】 2月3日上午，全市综合表彰大会在市党员干部学习教育中心举行。会议回顾总结2015年全市各项工作，表彰各条战线涌现的先进典型，动员全市上下以先进典型为榜样，践行新理念、建设新启东，为率先全面建成小康社会而努力奋斗。市委副书记汤雄宣读《市委、市政府关于表彰2015年度先进集体和先进个人的决定》和《市委关于表彰2015年度党建工作先进集体的决定》。镇、园区综合考核夺杯单位，单项考核夺杯单位，重点突破性工作考核夺杯单位，市级机关星级评定五星级单位，党政群机关先进个人，工业企业50强，金牌企业、企业家等一批受表彰单位代表先后上台领奖。市委书记、市人大常委会主任徐锋在会上讲话。徐锋指出，2015年，全市上下深入贯彻习近平总书记系列重要讲话特别是视察江苏重要讲话精神，深刻把握“四个全面”战略布局、“强富美高”发展定位、“五个迈上新台阶”重点任务，统筹推进深化改革、创新转型、沿海开发、城乡建设、民生改善和党的建设等各项重点工作，全市经济社会保持平稳健康发展的良好态势。徐锋要求，2016年，全市上下按照市委十二届十次全体(扩大)会议的战略部署，践行新理念、建设新启东，努力实现“十三五”时期经济社会发展良好开局，为率先全面建成小康社会奠定坚实基础。

【上级领导到启东调研】 2月5日上午，南通市委书记陆志鹏到启东调研。南通市委常委、秘书长黄巍东，市领导徐锋、黄卫锋、龚心明等参加相关活动。陆志鹏一行先后调研广汇能源、华峰超纤和城市建设，市委书记徐锋介绍启东市沿海开发、接轨上海、园区建设等工作开展情况。陆志鹏书记充分肯定启东市沿海开发和城市建设成效，勉励启东市要抓好重大项目建设，持续加大有效投入，推动经济总量、质量、均量同步提升；注重加强与上海的规划、产业和功能对接，分享好上海发展的红利，加快做出“北上海”的样子，在接轨上海、融入上海上成为样板；加强沿江沿海统筹开发，完善重大交通基础设施，抓住项目建设“牛鼻子”，加大招商引资引智力度，在陆海统筹、江海联动上当好示范；在生态建设、社会和谐上扎实作为，打造沿江沿海产业走廊、经济走廊，打造沿江沿海生态走廊。11月28日，南通市委书记陆志鹏到启东调研。南通市委常委、秘书长、副市长沈雷，市四套班子领导徐锋、黄卫锋、顾云峰、汤雄等参加活动。陆志鹏深入启东市部分乡镇、园区、企业，先后察看神通阀门、江苏柳工、世邦机械、康耐特光学、西西艾尔、南通大学启东校区、博士创业园、恒大海上威尼斯、中远海工启东基地、启东产业技术研究院等处，了解项目建设、产业发展及园区转型情况，听取启东市工作汇报。陆志鹏强调，启东在接轨上海方面具有得天独厚、不可替代的优势，要深入贯彻落实省、南通市党代会精神，以更高的定位、更高的标准、更大的力度，推进跨江融合、接轨上海工作，为南通建设上海的“北大门”提供重要支撑，努力成为上海“北大门”的“门柱子”。调研中，陆志鹏还对安全生产工作进行检查。

3月9日下午，南通市委副书记、市长韩立明到启东调研启东市沿海开发、转型升级和重大项目建设等相关稳增长工作。南通市政协副主席、市政府秘书长顾诺之，市领导黄卫锋、王凯等参加调研活动。市长韩立明先后调研韩华新能源、胜狮能源装备、南通太平洋海工和华峰超纤，勉励启东要按照中央、省和南通市的部署要求，稳增长、调结构、惠民生、防风险，把项目作为“生命线”，发挥企业主体作用，化解难题、保障要素、优化服务、落实政策，确保实现“十三五”发展开好局、起好步。10月27日上午，南通市委副书记、市长韩立明率有关部门主要负责人到启东调研经济社会发展工作。韩立明一行考察江苏神通阀门股份有限公司、米歌酒庄黄酒生态产业园项目、启东乾朔电子有限公司、启东华泰陶瓷制品有限公司、搜搜五金交易网络交易平台、林洋光伏电池等生产建设现场，对启东市经济社会发展取得的成绩表示肯定，认为启东项目建设推进有力，接轨上海成效明显，改革开放深入推进，民生福祉不断增进，领导班子团结进取，发展环境风清气正，要求启东贯彻落实好南通市党代会精神，凝心聚力冲刺四季度，蓄势聚能谋划下一年工作。

3月15—16日，南通市委常委、组织部部长张兆江率市项目建设调研组到启东，深入了解启东市项目建设情况。张兆江一行调研东成机电、吕四渔港经济区、环抱式港池、华峰超纤、华滋海工、京沪重工、宏强重工、韩华新能源、姚记扑克、东泰新能源等地，并召开企业家、机关部门座谈会，听取项目建设推进情况以及相关意见建议，了解当前企业发展特别是项目建设存在的难点问题，共同研究化解问题的思路和举措。12月21日上午，南通市委副书记、宣传部部长张兆江到启东调研高标准农田建设和中心镇建设情况。张兆江一行察看合作镇兴隆文化园、兴隆村高标准农田建设项目区、圣合圣心玫瑰文化产业园、樱花公园，南阳镇中国供销·供天下农产品国际物流港等项目建设情况。张兆江认为高标准农田建设是推动农业增效、农民增收的有效路径，必须把群众广泛发动起来，把老百姓的工作做好；要对路桥、沟渠、绿化等统一规划，高标准、高质量完善农业基础设施，实现农业规模化经营；要充分考虑高标准农田建设未来发展方向，推广水稻等适宜机械化生产的农作物，确保高标准农田建设有高效益、农民有高收入；中心镇建设必须要有特色产业支撑，每个中心镇都要研究自己的特色产业，做好规划，努力打造特色。

5月10日上午，南通市人大常委会党组书记黄利金、市委常委黄爱军一行到启东考察项目建设情况。市领导徐锋、黄卫锋、王凯、孙建忠参加活动。黄利金一行先后实地察看吕四渔港经济区、海鲜一条街及品牌体验馆、华峰超纤二期、广汇能源LNG分销转运站、恒大海上威尼斯、华滋海工试压平台及出运通道、姚记扑克文化产业园、米歌酒庄等项目现场。黄利金对启东市项目建设取得的成效表示满意，认为启东项目建设呈现规模大、质量高、进度快的特点，全年目标任务明、推进工作措施实、措施落实成效明，尤其在资产盘活方面的做法值得推广，希望启东进一步放大区位优势和发展空间，鼓足干劲，推进招商引资和项目建设，争当南通项目建设的领头雁、排头兵。

6月6日上午，江苏省委常委、副省长徐鸣到启东调研。南通市委副书记、市长韩立明，副市长单晓鸣，市政协副主席、市政府秘书长顾诺之，市领导徐锋、黄卫锋一同参加调研。徐鸣一行先后察看吕四渔港经济区的规划建设情况，对项目建设进展表示满意，认为渔港开发建设起点高、手笔大，希望启东市按照“国内一流，国际知名”的要求，严格落实资金使用，加快基础设施建设，完善功能配套，打造现代化渔港。

6月18日下午，国家卫计委副主任、国家中医药管理局局长王国强一行到启东，调研启东市中医药发展和深化医药卫生体制改革工作情况。江苏省卫计委巡视员陈亦江，南通市副市长朱晋，市领导黄卫锋、张卫生参加调研。王国强一行先后察看合作镇卫生院、市中医院，听取市卫计委负责人关于深化医药卫生体制改革工作的情况汇报。王国强充分肯定启东市深化医药卫生体制改革工作，认为启东在加快公立医院改革、组建医疗卫生管理集团、构建分级诊疗制度、优化卫生资源配置、推行健康管理团队服务等方面作了积极探索，值得各地学习借鉴，希望启东继续研究在医改过程中遇到的新情况、新问题，为加快健康中国、健康江苏、健康启东建设，为国家全面深化医改、完善基本医疗卫生制度，让人民群众享有更好的基本医疗卫生服务做出更多贡献。

8月1日，南通市委政法委书记姜永华到启东，就启东市政法工作进行调研。市领导徐锋、汤雄、朱志强、黄忠参加调研。上午，姜永华一行先后实地调研市调解中心、市公安局城西派出所、市人民检察院、市人民法院、社会治理服务中心、政法委、司法局等地。下午，姜永华听取启东市政法工作情况汇报。市委书记、市人大常委会主任徐锋汇报2016年以来启东市经济社会发展情况。姜永华指出，启东市在搞好经济发展的同时，高度重视政法工作，政法部门坚持问题导向，创新工作举措，政法工作取得显著成效。就做好下一步政法工作，姜永华强调，要学习贯彻党的十八大，十八届三中、四中、五中全会精神和习近平总书记系列重要讲话精神，履行“三大职责”，努力提升政法工作水平，为推动经济社会发展和人民群众安居乐业提供优良政法保障。

8月31日，国家农业部办公厅副主任蒋建平一行到启东调研。江苏省农委主任吴沛良，市领导徐锋、袁圣菊一同参加调研活动。蒋建平一行先后实地调研韩华新能源(启东)有限公司、中远船务(启东)海洋工程有限公司、恒大威尼斯、滨海工业园、江海产业园、华峰超纤项目、金鼎海苔有限公司、吕四盈港水产品市场、海复农业园区、金海申水产有限公司、南阳镇启兴村等地。11月25日下午，蒋建平率农业部涉渔行政许可事项综合调研组到启东调研，先后实地察看吕四渔港经济区、仙渔小镇神鲜街、新渔港区船闸、环抱式港池、广汇能源、行政中心科技产业馆等地。

8月31日上午，南通市委常委、副市长王剑锋到启东调研。市领导黄卫锋、王凯一同参加调研活动。王剑锋一行先后察看吕四环抱式港池、吕四渔港经济区开发建设现场，认为环抱式港池概念好、方向对，发展前景广阔，吕四港渔港经济区规划科学合理，发展潜力巨大，勉励启东要进一步发挥吕四渔港经济区的综合功能，全力提升渔港经济效益和带动效应。11月16日下午，王剑锋到启东调研园区建设及跨江融合发展情况，王剑锋一行先后察看滨海工业园柳州重工鸿得利机械、启东经济开发区乾朔电子，了解园区的发展情况及相关企业的运营情况、项目建设情况。在随后召开的座谈会上，王剑锋听取启东市近年来园区建设及跨江融合发展情况汇报。王剑锋充分肯定启东市园区建设及跨江融合发展工作，他要求启东要利用独特的区位优势，在新一轮发展中科学定位，接轨上海，融入苏南；要完善机制，与上海建立更加紧密的双赢机制；要集约节约有序开发，对已有资源进行梳理整合，对存量资源挖掘潜力，科学合理利用现有发展空间。

10月16日下午，水利部副部长陆桂华到启东调研。江苏省水利厅水资源处处长季红飞，南通市副市长赵闻斌，市领导徐锋、黄卫锋、汤雄参加活动。陆桂华一行实地调研启东长江口(北支)湿地省级自然保护区，对启东市近年来在保护启东长江口(北支)湿地省级自然保护区建设方面所做的工作给予充分肯定。陆桂华指出，启东长江口(北支)湿地省级自然保护区对保护湿地生态系统和珍稀野生动物、维护长江水产资源的可持续利用具有极为重要的意义，启东要高度重视自然保护区建设工作，加倍珍惜宝贵的湿地资源，加大环境保护力度，依法严厉打击各类捕猎行为，为鸟类提供良好栖息环境，让湿地成为启东的一张亮丽名片。

10月21日下午，国务院医改办专职副主任梁万年率队到启东，调研启东市县级公立医院综合改革工作。梁万年一行察看启东市第一医疗管理集团，江苏省卫计委巡视员陈亦江，市领导黄卫锋、张卫生参加调研。2014年6月，启东被确定为江苏省医改先行先试的县市，2015年被国家卫计委确定为综合医改的联系点，2016年4月被国务院确定为全国县级公立医院改革示范县市。座谈会上，国家医改办、江苏省卫计委、南通市卫计委、南通市物价局、启东市相关部门对启东市县级公立医院综合改革工作中遇到的相关问题进行交流。梁万年认为，启东在加快公立医院改革、组建医疗卫生管理集团、构建分级诊疗制度、优化卫生资源配置、推行健康管理团队服务等方面作了积极探索，值得各地学习借鉴。启东在推进公立医院改革中，把医疗服务质量和水平放在首位，理顺体制机制，重视人才建设，举措扎实，成效明显，改革推进平稳有序，老百姓的获得感和医疗人员的积极性得到有效提高。希望启东坚持从实际出发，深化县级公立医院改革，解决各项难题，完善体制机制，总结经验成果，为全国公立医院改革提供可复制的经验。

【市举行陈帅烈士遗体告别仪式】 6月2日上午，在海四达爆炸事故中英勇牺牲的陈帅烈士遗体告别仪式在市殡仪馆举行。公安部副部长李伟、政治部主任夏崇源，公安部消防局局长于建华、政治委员王沁林；省委常委、政法委书记、省公安厅厅长王立科，省公安厅党委副书记、政治部主任左锁粉等领导向陈帅烈士敬送花篮。公安部消防局、中国人民武装警察部队学院、省公安厅、省公安厅政治部、现役办,省公安消防总队;南通市委、市人大、市政府、市政协,南通市委政法委,南通市公安局、南通市公安消防支队;启东市委、市人大、市政府、市政协等单位向陈帅烈士敬送花圈。公安部消防局副政治委员詹寿旺,政治部副主任李瑞丰、作战训练处副处长王治安;省公安厅副厅长程建东,省公安厅政治部副主任、现役办主任陈广宁,省公安消防总队总队长周详、政治委员梁新国;南通市人大常委会党组副书记、副主任、市委政法委书记曹斌,南通市政府党组成员、公安局局长陈旭,启东市委书记、市人大常委会主任徐锋,市委副书记、市长黄卫锋,市政协主席顾云峰等四套班子领导出席告别仪式。6月1日,公安部政治部批准陈帅为烈士,并颁发献身国防金质纪念章。省公安厅党委为陈帅追记二等功,并追授"消防勇士"称号,省公安消防总队党委追认陈帅同志为"优秀共产党员"。上海、广东、河北公安消防总队,中国人民武装警察部队学院发来唁电,多家新闻媒体对陈帅烈士的英勇事迹进行集中报道,社会各界和人民群众也通过各种方式,自发向陈帅烈士表示沉痛哀悼。

【2016年全国"放鱼日"主会场(江苏)增殖放流活动在启东市举行】 6月6日上午,2016年全国"放鱼日"主会场(江苏)增殖放流活动在启东市举行。农业部副部长于康震,江苏省委常委、副省长徐鸣,南通市委副书记、市长韩立明,市委副书记、秘书长黄巍东,市委常委秦厚德,副市长单晓鸣,市政协副主席、市政府秘书长顾诺之,市领导徐锋、黄卫锋、汤雄、袁圣菊等参加活动。上午8时许,连兴港江苏渔政启东基地,20万尾大黄鱼苗、10万尾半滑舌鳎苗、500万只海蜇苗被投放到黄海中。于康震表示,水生生物是水域生态环境的重要组成部分,养护水生生物资源是生态文明建设的重要内容。开展水生生物增殖放流对促进渔业种群资源恢复、改善水域生态环境、增加渔业效益渔民收入等方面具有重要意义。希望社会各界人士一起积极行动起来,携手参与增殖放流善举,共同建设"鱼水相亲"、人与自然和谐相处的美好生态环境。徐鸣指出,实施增殖放流是加强水生资源养护工作的有效举措,也是生态文明的重要内容,江苏已经连续11年组织开展水生生物增殖放流活动,投入放流资金2.3亿元,向江河湖海投入各类苗种150亿尾。全省各有关部门要以此次活动为契机,把水生生物资源的养护摆在突出位置,采取有效措施,调动社会各方面的积极性,保护和修复水域生态环境,让"水清鱼跃"成为江苏生态文明的鲜明标志。

【全市纪念建党95周年大会暨"两学一做"学习教育专题党课】 6月30日下午,全市纪念建党95周年大会暨"两学一做"学习教育专题党课在市党教中心举行。市委书记、市人大常委会主任徐锋结合学习党章党规和习近平总书记系列重要讲话,就做"四讲四有"合格党员的表率讲了一堂专题党课。市委副书记、市长黄卫锋主持会议。大会表彰全市先进基层党组织、优秀共产党员、优秀党务工作者和2015—2016年度"身边好党员"。徐锋在会上强调,"两学一做"学习教育,中央提出合格党员要做到"四讲四有"要求,每一名党员特别是党员领导干部,要以此来衡量自己、检视自己,自觉做到"四讲四有",树立起共产党员的先锋形象,争做合格党员的表率。徐锋要求,全市党员干部要把加强道德修养作为人生必修课,在改善道德环境、推动道德进步、共建道德家园上作好表率、当好模范。践行社会主义核心价值观,带头弘扬党的优良传统作风,率先垂范树立良好家风。要讲奉献有作为,做履责合格的表率。讲奉献、有作为,强调的是履责合格,就是要践行党的宗旨、敢于担当、善于作为。要在引领经济发展新常态上敢担当善作为,解放思想,提升能力,务求实效;在全面深化改革上敢担当善作为,信心要坚定,措施要精准,落实要有力;在增进民生福祉上敢担当善作为,在办实事、强基础、促和谐上持续发力。

【南通市委书记陆志鹏率队观摩启东市重大项目建设情况】 8月3—5日,南通市举行各县(市)区上半年重大项目建设现场观摩活动。8月4日下午,南通市委书记陆志鹏,南通市委副书记、市长韩立明率队,到启东市观摩重点项目建设情况。市领导徐锋、黄卫锋、王凯、石光辉、陈剑锋参加活动。陆志鹏一行先后察看江苏华峰超纤有限公司、姚记扑克产业园、韩华新能源等项目,并对启东市项目建设进行点评。陆志鹏指出,2016年上半年,启东市委、市政府紧扣经济发展,坚持招商引资和项目落实"两手抓",富有成效,全市经济运行、项目建设、城市建设、环境建设、民生建设情况良好,希望启东在下一轮的项目建设中坚持高标准,注重高质量,创优创新平台,抓住大项目,引进高科技项目,推动重大项目建设再上新台阶。同时,在城市建设上,启东要找准能够承接上海创新要素转移的城市建设平台,按照接受上海创新资源的转移为目标来发展城市,以吸纳创新资源为重点来建设城市。

【市党政代表团赴浙江考察】 8月8—10日,市委书记、市人大常委会主任徐锋率党政代表团先后赴浙江的桐乡、余杭、上城、安吉等县市区学习考察。市领导顾云峰、姜平、赵男男、龚心明、王凯、石光辉、沈良杰、孙建忠、张卫生,以及各镇、园区和相关部门主要负责人参加考察活动。市党政代表团在桐乡市,参观平安创客小镇、乌镇互联网医院、乌镇西栅旅游与开发保护等;在杭州市余杭区,参观艺尚小镇、杭州未来科技城(海创园)、梦想小镇等地;在杭州市上城区,重点参观玉皇山南基金小镇;在安吉县,参观灵峰街道横山坞村、目莲坞自然村、天荒坪镇余村村、昌硕街道双一村、天使小镇等地。返程途中,代表团成员结合考察内容,联系各自实际,讲感受、谈体会、思举措。在交流发言后,徐锋指出,近年来,浙江在转型升级、特色发展、生态建设等方面做出大量探索和实践,取得显著成效。此次赴浙部分县市区的学习考察,收获很大,体会很深。当前,启东已经进入实现好上又好、能快则快的发展轨道,下阶段,要根据市实际,学习先进地区的先进做法和成功经验,要学"敢想""巧做""借力""速度",推动全市经济社会又好又快发展。全市上下要围绕市第十三次党代会确定的奋斗目标，围绕“四个城市”建设，突出“一堡三地”，以项目建设为龙头，严格按照路线图、时间表落实各项工作任务；各镇、园区、部门要以此次考察为契机，迅速传达交流浙江先进县市区的经验做法；要紧密配合、上下联动，为实现好上又好、能快则快的发展目标做出应有的贡献。

【启东名列全国工业百强县38位】 8月，工业和信息化部直属研究机构中国信息通信研究院在北京正式发布《2016年中国工业百强县（市）发展报告》，公布2016年全国工业百强县（市）排行榜，启东榜上有名，居全国第38位，比2014年排名跃升17位，其中发展活力排名第13位。在工业和信息化部运行监测协调局及其他相关司局指导下，中国信息通信研究院工业百强县（市）课题组围绕“创新、协调、绿色、开放、共享”五大发展理念的要求，优化评价体系，形成由3大支柱（基础条件、运行绩效、发展活力）、9大支点（产业规模、产业结构、产城融合、劳动绩效、资本绩效、绿色绩效、投资积累、技术创新、两化融合）和28个指标构成的县域工业竞争力评价指标体系，同时依托制造强国产业基础大数据平台，丰富数据来源，创新评价方法，通过对2016年各县（市）工业经济发展水平进行实证分析和比较研究，形成2016年工业百强县（市）排行榜。

【启东名列百强县22位】 9月22日，由中国社会科学院财经战略研究院县域经济课题组完成的《中国县域经济发展报告（2016）》在京发布，启东跻身“全国县域经济综合竞争力100强”，名列22位，比上年前移5位。

【市委中心组学习会传达学习党的十八届六中全会精神】 10月31日下午，市委中心组学习会举行。会议传达学习党的十八届六中全会精神，开展“两学一做”学习教育专题交流研讨。市委书记、市人大常委会主任徐锋主持会议。徐锋指出，党的十八届六中全会明确习近平总书记的核心地位、正式提出“以习近平同志为核心的党中央”，对维护党中央权威、维护党的团结和集中统一领导，对全党全军全国各族人民更好凝聚力量抓住机遇、战胜挑战，对全党团结一心、不忘初心、继续前进，对保证党和国家兴旺发达、长治久安，具有重大而深远的意义。大家要认真学习、坚决贯彻落实党的十八届六中全会精神，增强“四个意识”特别是核心意识、看齐意识，紧密地团结在以习近平同志为核心的党中央周围，坚定地维护以习近平同志为核心的党中央的权威，自觉地在思想上政治上行动上同以习近平总书记为核心的党中央保持高度一致，扎实地把党中央的各项决策部署落到实处，为实现“两个一百年”奋斗目标、实现中华民族伟大复兴的中国梦而继续奋斗。学习会上，徐锋还对下阶段“两学一做”学习教育提出专门要求。会上，黄卫锋、龚心明、朱志强、王凯、石光辉、朱晓阳、潘建、陈新建等紧密联系自身思想、工作和生活实际，谈了学习体会，作了交流发言。

【北京大学生物医药发展（启东）论坛】 11月11日，北京大学生物医药发展（启东）论坛在恒大国际会议中心举行。中科院院士朱作言、江苏省科技厅副巡视员李健民、北京大学科技开发部部长陈东敏、张江生物医药产业基地董事长王兰忠等全国170多位生物医药领域的行业领袖和投资精英，以及市领导徐锋、顾云峰、汤雄、赵男男、王凯、孙建忠等出席论坛。2016年7月，北京大学和启东市人民政府正式签约，合作建设北京大学生命科学华东产业研究院，研究院选址在市科创大楼。建设集项目孵化、成果转化、产业人才培养和技术支持服务于一体的技术研发、产业孵化平台，具有国际化视野和水准的生物医药产业创新产业基地。11月10日，北京大学生命科学华东产业研究院正式揭牌。此次论坛由北京大学生命科学学院和启东市人民政府联合主办，聚焦生物医药产业的前沿进展和投资机会，为有技术、产业合作和融资合作需求的企业与高校提供交流平台。论坛开幕式上，市委书记、市人大常委会主任徐锋致辞。副市长孙建忠推介启东生物医药产业政策。陈东敏、王兰忠、李健民等作交流发言。季序我、魏文胜等专家作主题演讲。

【市四套班子领导下基层开展工作调研】 为全面总结2016年以来全市重点工作，及早谋划2017年全市经济社会发展的目标、思路和举措，10月25日至11月10日，市委组织开展市四套班子领导下基层工作调研活动。各调研组深入各镇、园区、街道和有关部门，采取听取汇报、察看现场、召开座谈会等方式，开展调查研究。11月29日，市委召开全市重点工作“首月听”活动暨市四套班子领导集中调研汇报会（务虚会），会上，各镇、园区主要负责人以PPT形式，汇报近三个月招商引资和项目建设情况，特别是百个重大项目序时进展、四季度新开工亿元项目任务完成情况，2016年各项经济指标完成情况预测等。各招商分局主要负责人汇报三季度在手项目信息的进展情况，以及近三个月招商成果和当前在手在谈重大项目信息。市四套班子领导结合各自分工和调研情况，简要回顾2016年各自分管工作所取得的成绩，重点交流2017年工作的设想。同时，针对挂钩联系点项目建设和信访稳定等重点工作，谈了下阶段的思路和打算。徐锋、黄卫锋、顾云峰、汤雄等市四套班子领导出席会议。

【六中全会和省市党代会精神宣讲会】 12月22日上午，市召开党的十八届六中全会和省、市党代会精神宣讲暨全市党员冬训动员大会。南通市委宣讲团成员、启东市委书记徐锋就学习领会六中全会和省、市党代会精神进行专题宣讲，对2017年度全市党员冬训工作作出全面部署。徐锋强调，学习好、宣传好、贯彻好六中全会以及省、市党代会精神，是当前和以后一个时期的重要政治任务；做好党员冬训工作，开展集中宣讲活动，是落实这一政治任务的重大举措。全市上下要树立看齐意识，增强创新意识，增强责任，开展2017年度党员冬训工作，推动六中全会和省、市党代会精神在启东落地生根。市委副书记、市长黄卫锋主持会议。市委中心组全体成员；各镇党委书记、镇长、人大主席、党委副书记、宣传委员；各园区党政主要负责人、分管负责人；南北城区街道主要负责人、分管负责人；市委各部委办局、市人大各委室、市各委办局、市政协各委室、市各人民团体主要负责人、分管负责人；各垂直管理部门主要负责人；市直属事业单位主要负责人；市委宣讲团全体成员；南北街道社区代表等出席会议。

【市获2016年度南通产业项目建设考核综合成绩第二名】 中共南通市委十二届二次全体会议12月27—28日举行。会议对2016年度南通市各县(市、区)产业项目建设和开发园区产业项目建设先进单位予以表彰。2016年，启东市全年新开工亿元以上工业项目70个，目标完成率达225.8%；新开工亿元以上服务业项目38个，目标完成率达271.4%。综合评价得分为101分，获2016年度南通县(市、区)产业项目建设考核综合成绩第二名，获评南通市项目建设2016年度先进单位，被授予年度流动红旗。启东经济开发区2016年连续四个季度考核，位列南通9个省级开发园区第一，获年度流动红旗。

(彭红辉)

组织工作

【领导班子和干部队伍建设】 *抓好集中换届*。高标准高质量完成市、镇、村三级党组织换届和人大、政府、政协换届。新一届乡镇领导班子成员中，35周岁左右年轻干部占比超四分之一；大学及以上学历占比比上届提高15.5个百分点；具有2年以上乡镇工作经历的干部达94%；15名“三类人员”进入乡镇领导班子，班子结构和整体功能得到进一步优化。严格落实严肃换届纪律要求，通过宣传教育、纪律承诺、谈心谈话、监督指导“四个全覆盖”，推动“九严禁”纪律入脑入心，全市上下形成风清气正的换届环境。

优化干部资源配置。出台《推进领导干部能上能下实施细则（试行)》，以正确的用人导向激励基层党员干部干事创业。选派12名市级机关年轻干部到薄弱村担任“第一书记”，研究出台《驻村“第一书记”目标责任制考核实施细则(试行)》，探索完善日常管理机制，激发“第一书记”履职尽责内生动力。统筹抓好年轻干部、高层次人才、省委选调生、大学生村官培养管理，面向全国重点高校公开招录第五批优秀青年人才22名，为干部队伍注入新鲜血液。对前四批共41名优秀青年人才进行集中考察调研，修订完善优秀青年人才管理办法，突出动态管理的原则。

强化干部教育培训。坚持把党性教育放在干部教育培训的突出位置，依托井冈山、延安等红色教育基地，分期分批组织中青年领导干部、乡科级后备干部、优秀青年人才、大学生村官进行党性修养专题培训，坚定理想信念，增强政治定力。坚持把五大发展理念学习培训贯穿干部教育培训始终，以党政“一把手”、新任乡科级领导干部和乡科级后备干部等为重点，聚焦改革发展需求，主动对接上海，借座上海交通大学举办新任副科职领导干部综合能力提升轮训班，依托寰球人才交流中心举办启东人才工作接轨上海培训班，提升干部队伍适岗履职能力。

加强日常监管。对照从严管理干部“五个要”的要求，建立健全领导班子和领导干部日常分析研判制度，全面、准确、及时地掌握班子运行状况和干部表现。建立由组织部牵头，纪委、政法、住建、审计等14家单位共同参与的从严管理干部联席会议制度，拓宽干部监督管理信息渠道。从严开展领导干部个人有关事项报告及核查工作，对198名换届提名人选和90名拟提拔重用对象进行重点抽查核实，对所有市级机关主要负责人和乡镇、街道、园区领导班子成员进行全覆盖核查，整体核查比例超过55%。严格执行乡科级党政主要领导“三责联审”制度，对任职满5年的未审对象全覆盖审核。稳步推进超职数配备干部消化工作，做好领导干部违规办理和持有因私出国(境)证件专项治理工作，开展“吃空饷”“在编不在岗”“超编进人”专项治理。

【人才队伍建设】 围绕“三优三新”产业发展需要，引进创新创业领军人才，形成高端人才加速集聚、新兴产业加快崛起的良好局面。

人才引进。研究出台《启东市重点高层次创新创业人才引进激励实施办法》，在实施“东疆英才计划”的基础上，对为市引才荐才的伯乐给予重奖。举办“海内外人才启东行”“海外博士启东行”以及第14届科技节等一系列活动，委托上海寰球人才交流中心承办首届“启东市创新创业大赛”，形成人才聚合效应。全年引进10名科技镇长团新成员，引进创新创业领军人才158人，其中引进“千人计划”专家等顶尖人才7人，申报入选省“双创人才”8人，其中2人入围省“高技能人才引进计划”，江苏林洋能源股份有限公司闵卫东教授团队入选省“双创团队”，人才入选数列南通各县市区第一。推动北京大学生命科学学院在启建立北大华东产业研究院，11月成功举办生物医药论坛。新建上海交通大学电子信息与电气工程产业研究院、华理工功能材料研究院启东产业基地、上海机电学院启东分中心等校地合作平台，以平台引项目、聚人才，为产业转型升级提供有力支撑。

人才培养。创新人才培养模式，盘活用好启东各类人才智力资源。实施“312高层次人才梯队培养计划”，其中，11人入选省“333工程”培养对象，13人入选南通市第五期“226工程”第二层次培养对象，40人入选南通市第五期“226工程”第三层次培养对象，形成省、市、县三级联动的高层次人才培养体系。实施“科技企业家培育工程”，送8名科技企业家赴深圳、清华大学等著名培训机构研修。举办“东疆大讲坛”3期，培训企业家300多人次，提升企业家注重战略规划、科技创新和资本运作的意识。通过培育和引导，新增省高新技术企业28家、高新技术产品99个。针对船舶海工、精密机械等行业技能人才短缺的现状，组织20多家骨干企业与市内外职业教育培训基地进行合作，定向培养技能人才20000多

人，其中高级工以上近6000人。

人才投入。修订完善市产业紧缺人才目录，为企业引进产业紧缺人才提供丰厚的生活津贴，开展科技镇长团引进和优秀青年人才等工作，共计投入3600多万元。发放2016年度“312计划”科研项目资助资金95万元，同时对省“333工程”、南通市“226工程”、市“312计划”培养对象发放图书资料补贴共计100多万元。举办“创新创业大赛”“海内外人才启东行”“海外博士启东行”“北京大学生命科学高端论坛”“科技节”等系列活动，共计投入419万元。5万平方米市级人才公寓一期工程完成主体结构封顶，国家级孵化器——启东市科创大楼落成。新建“千人计划”工作站3家，全年在“千人计划”专家工作站、博士后工作站、高校实践基地建设上共投入近200万元。

【基层党组织建设】 以“两学一做”学习教育为契机，以党建创新季度夺杯竞赛为抓手，制定出台《关于推动党委(党工委、党组)落实全面从严治党责任的实施细则(试行)》，全面落实基层党建各项重点任务。

推进“党建领航站”四有四化建设。以“党建领航站”建设为抓手，以“有明确具体的责任清单、有功能适用的活动场所、有特色鲜明的载体抓手、有内容丰富的展示平台”为基本要求，以“规范化、标准化、项目化、精细化”为主要目标，探索融合党建实践路径，增强基层党组织整体功能。落实“两清单一计划”，在全市各个基层党组织制定党建任务清单、惠民实事清单、统一活动日计划，将工作内容细化到月、责任到人，推动民生实事与党建同部署。落实“一村一品”党建项目，围绕教育引导群众、党员教育管理、基层民主自治等方面，通过上级出题、村级认领、交流展示、评比表彰等途径，在“一镇一特色”的基础上，推动“一村一品”党建项目全覆盖，先后培育出惠萍镇果园经济生态区“123”党建实践模式、滨海工业园“一刻钟”园区微党建、圆陀角旅游度假区“红帆助力”工程、北城区街道“点亮微心愿”工作法等特色党建项目260多个。落实“5+X”阵地配置，坚持以用促建，实施村级党组织阵地平台提档升级工程，规范设置一站式便民服务大厅、党群议事室、党代表工作室、党群活动室等基本功能区，实现党群活动阵地的互通共用，增强村级公共服务中心承载功能。搭建“线下+线上”展示平台，建设线下党建展示橱窗，建立线上“沙地红”微信群、村级流动党员微信群、非公企业党建微信群，及时传递基层党建动态，展示基层党建风采。探索开展社区“四务合一”在线党群服务中心建设，通过丰富版块内容、拓宽登录渠道、健全服务功能，推进“线下+线上”服务优势互补、无缝对接。全市303个村(社区)建成“党建领航站”291个，党组织的整体形象、运行机制、工作成效呈现全新风貌。

推进教育引导群众工作。以“两联四讲四引领”为抓手，强化基层党组织政治引领功能，建立健全基层党组织在服务中教育引导群众工作新机制，凝聚群众共识，形成推动发展的强大合力。完善镇、村、网格三级联动民情通道，实行镇村两级党群议事会制度，定期分析梳理社情民意。全市完成镇村两级惠民实事项目1770多件。建立党员领导干部每年讲一次党课、作一次报告、搞一次宣讲“三个一”制度，常态化开展“千人百团连民心”活动，推进教育引导群众工作。抓住建党95周年契机，推荐省级优秀共产党员1名，南通市级优秀共产党员、党务工作者18名，集中表彰市级优秀共产党员、党务工作者160名，以“吴仁宝式好书记”等为原型拍摄党建工作先进人物系列微电影，引导党员群众学赶先进。

夯实基层党建基础。做好村(社区)党组织书记集中换届，换届后村(社区)党组织书记的平均年龄为42.3岁，本科及以上学历占比较上届提高27.9%；村(社区)党组织班子成员平均年龄39.2周岁，比上届下降1.39岁，村级党组织班子队伍结构进一步优化。加大为民服务专项资金投入，在保证村级运转经费不少于20万元的同时，按照每个社区每年20万元的标准，由市财政拨付为民服务专项资金840万元。出台《关于进一步做好“两新”组织党建工作的通知》，全面推行“两新”组织党组织“一建五送”制度，推动“两新”组织新建党组织73个，得到省委组织部调研组的肯定。研究制定《先锋型机关(单位)考评细则》，细化围绕中心、严明规矩、促进担当、强化保障等4大项17个小项的考核指标，建立市级机关党组织抓党建季度自查、半年抽查、年终考评及述职评议相结合的“双查双评”机制，有力推动机关党建工作。

【党员队伍建设】 以强化党员日常教育管理为重点，加强新形势下党员发展和管理工作，加强党员队伍先进性纯洁性建设。

严格规范发展党员工作。贯彻控制总量、优化结构、提高质量、发挥作用的总要求，坚持把政治标准放在首位，注重在农村优秀青年、非公企业工人党员和高知识群体中发展党员。组织开展发展党员应知应会知识学习活动，加强《中国共产党发展党员工作细则》学习宣传，提升基层党务工作者业务水平。严把发展党员工作预审关，全面发展党员395名，为全市党员队伍补充新鲜血液。

强化党员队伍日常管理。全面推行“记、考、评”党员管理机制。实行党员记实管理制度，设计并印制6万余本《共产党员记实管理手册》，在农村社区先行先试的基础上，发放到每一名党员手中。出台《启东市党员积分考评管理实施办法（试行）》，分类制定农村、社区、两新组织和机关事业单位党员积分考评标准。根据记实管理手册记录情况，推行党员日常表现“三评两定一公示”季度考核模式。充分利用“记”和“考”的成果，常态化组织开展“寻找身边好党员”活动，结合“七一”表彰，集中命名55名“身边好党员”，树立一批可亲、可信、可学的基层党员典范。加强流动党员的管理工作，完善流动党员活动证制度和支部委员联系流动党员工作制度，10月份成立驻沪流动党员联合党委，实现对流动党员的有效管理。推进全市党员组织关系集中排查，确保全市每一名党员都纳入党组织有效管理之中。

强化党员队伍日常教育。以全面开展“两学一做”学习教育为抓手，严格落实党员教育联席会议制度,通过部门之间的协调配合,整合资源,形成抓党员经常性教育工作的合力。结合全国第53个"学雷锋纪念日",开展在职党员进社区"学雷锋、作表率"志愿服务活动。注重发挥"身边好党员"等先进典型在党员教育工作中的积极作用,结合基层党组织"三会一课""统一活动日",组织党员干部开展"我向先进学什么"主题讨论,营造学先进、比先进、争先进的良好氛围。举办首届党员教育电视片制片竞赛活动,征集20多部优秀党教片,用身边人身边事教育广大党员群众,其中《袖珍人生》《为了谁》《筑梦路上》等5部党教片在南通市第15届党教片制片竞赛活动中获奖。

(路少伟)

宣传工作

【概况】 2016年,全市宣传思想文化战线坚持以习近平总书记系列重要讲话精神为指引,全面贯彻落实中央精神和省委、南通市委部署,以围绕中心、服务大局为基本职责,围绕"两个巩固"基本任务和"三强两高"目标,坚持在服务大局中找准定位,在把握规律中开拓前进,在创新发展中彰显特色,文明创建、理论武装、舆论宣传、文化繁荣、队伍建设等各方面工作都取得新的成效,为建设"强富美高"新启东凝聚强大的精神力量。

【理论武装】 精心组织党的十八届六中全会精神和省市党代会精神的学习宣传活动。落实党委(党组)中心组学习制度,开展领导干部"带头学理论、带头写文章、带头作报告"三带头活动。利用"三堂汇学"工作载体,开展理论武装和"两学一做"学习教育,强化"启吾大讲堂"主阵地作用,2016年开展各类讲座60多场,各镇、园区、街道开展新一轮"启吾巡讲堂"镇村干部轮训班,培训干部1000多人次,"启吾微课堂"推荐相关理论学习内容60多次,组织微课堂考试5次,参考人员2万多人次。开展内容丰富形式多样的党员冬训活动,在上年度党员冬训中,集中宣讲50多场次,参训党员5万多人。开展全民阅读活动,培树各类先进典型。

【舆论宣传】 围绕市委、市政府关于城市转型发展、沿海开发、接轨上海、文明创建、从严治党等工作重点,组织各新闻单位相继推出"一把手谈项目""践行新理念,建设新启东""融入上海"等一系列主题报道。全年在南通市级以上主流媒体录用稿件1500多篇。初步建立各区镇、街道和市级机关各部门新闻发言人体系,全年举办各类新闻发布会20余场。策划制作启东城市形象宣传片《梦启东方》。完成年度重点党报党刊订阅和"南通发布"APP推广安装工作。

【文明创建】 以争创全国文明城市为抓手,开展"传递正能量、共建好家园"主题活动,培育和践行社会主义核心价值观。推进诚信体系建设,开展文明诚信示范街和"星级诚信经营户"创建,"信用启东"社会信用信息平台正式上线。推进"启东好人""文明家庭"评选活动,2016年,全市共推荐出月度"启东好人"126名,苏晓琳先后入选"江苏好人""中国好人",陈帅烈士获评"中国好人",顾邦祥、陆美茹获评"江苏好人",苏晓琳家庭获评全国最美家庭。至年末,启东获评全国道德模范提名奖1人,江苏省道德模范提名奖2人,"中国好人"16人,数量居江苏县级市前茅。成功承办江苏省道德模范与身边好人南通启东现场交流活动。"邻里守望、情暖夕阳"志愿服务工程实现村居全覆盖,入选江苏省首届志交会交流展示。至年末,全市在启东志愿服务平台注册的团队有520多个,注册志愿者人数9万余人,全年志愿服务时长超过200万小时。未成年人思想道德建设亮点频现,"东疆好少年""亲子沟通营"等活动蓬勃开展,成功承办南通市"七彩的夏日"未成年人暑期社会实践活动开幕式。

【网络管理】 做好日常网络舆情的监测汇报。做好启东网站论坛网络热点问题、敏感问题的舆情预判、内容审查和管理工作。推进新媒体、新载体、新平台和新终端的建设,全市形成以"启东发布""启东日报"官方微信为引领,22家重点部门和所有区镇街道微信公众号在内的政务类微信矩阵,实现用户一键访问所有政务微信平台。加强微博、微信信息发布的审核,修订微博、微信发布审核制度。

【文化建设】 深化文化体制改革,出台《文化体制改革发展中长期规划》。在全市开展"共乐东疆"百项文体活动,牵头全市30家相关单位,开展文艺演出、主题展览、文化沙龙和体育比赛等文体活动,每月向社会提前公示,引导广大市民积极参与,全年开展各类文体活动5000余场次,惠及近80万名群众。该活动获南通市宣传思想文化工作改革创新奖。推动"正能量加油站"扩面提质,在网格全覆盖的基础上,向网格内延伸,累计建成"正能量加油站"1983个,被评为南通市创新理论传播基地。"正能量加油站"建设成功经验在中宣部组织的基层宣传部长培训班上作专题介绍。推进城乡文化基础设施建设,市文化体育中心动工建设。抓好文化产业发展,一批重点文化产业项目做大做强。举办"2016(第八届)中国新西兰电影节"开幕式暨首映式、对接上海文化交流活动——乡音乡情评弹雅韵经典节目演出专场、"苏笛风韵"中国竹笛艺术节、吴歌论坛等活动。组织"感知启东"主题创作采风活动,一批文学、书画摄影、音乐作品在国际国内获奖,其中李新勇创作的长篇小说《风乐桃花》成为全省得到中国作协重点扶持的两部作品之一,省作协专门组织举办《风乐桃花》作品研讨会,"感知启东"主题活动获南通市宣传思想文化工作改革创新奖。

【队伍建设】 加强宣传文化系统自身建设,组织全市基层宣传思想文化工作者分批次参加培训。针对网络舆情引导、理论宣讲创新、社会主义核心价值观培育践行等重点工作,举办各类讲座、报告会、交流研讨会、观摩会20余次,提高宣传干部的政治素养和业务水平。强化新闻从业人员培训,加强业务研讨、业务培训和业务竞赛，有计划地安排新闻单位骨干到上级大报、大台跟班学习，培养新闻工作者的学习能力、实践能力和创新能力，组织新闻单位参加南通市新闻界“岗位大练兵、技能大比武”活动，所获奖项数量在南通各县市区位列前茅。深化“基层工作加强年”活动，扶持基层文化品牌、文化能人和民间群文协会建设。

（高　俊）

精神文明建设

【概况】 2016年，启东市以培育和践行社会主义核心价值观为根本，以创建文明城市为龙头，持续开展“传递正能量，共建好家园”文明创建主题活动，推进诚信建设制度化、志愿服务常态化制度化，培育弘扬道德典型，深化“正能量加油站”平台建设，抓好未成年人思想道德建设，市民素质和社会文明程度有明显提升。

【文明城市创建】 建立形成常态化考核督查工作机制，出台《创建文明城市长效管理考核办法》，编制《文明城市长效管理现场考核手册》。在充分调研、多部门反复协调商讨的基础上，列出文明交通宣传管理、农贸市场及其周边整治管理、背街小巷市政设施维护完善工作等十七项重点推进项目。在全市公开招募文明城市巡访志愿者，结合季度测评，常态化开展文明城市巡访工作。明确奖惩措施，强化抓基础基层、抓重点难点、抓常态长效的“三抓”考核导向。

【诚信体系建设】 全面推进诚信体系建设，开展文明诚信示范街和“星级诚信经营户”创建，“信用启东”社会信用信息平台正式上线。将诚信体系建设纳入对市级机关各部门年度效能考核和镇乡、园区、街道基层基础杯考核范畴，加快推进覆盖全市的信用信息系统建设，牵头多个部门在政务、商务、社会、司法领域开展诚信主题教育实践活动。制定《启东市自然人守信受益失信惩戒办法(试行)》《启东市社会法人守信受益失信惩戒办法(试行)》，加大对守信行为的表彰和宣传力度。加强对失信主体的约束和惩戒，形成扶正祛邪的制度机制和社会环境，形成倡导全社会崇尚诚信的良好风尚，为建设“强富美高”新启东提供良好的社会信用环境。

【正能量加油站】 全市“正能量加油站”持续健康发展，“正能量加油站”影响带动效应不断放大。2016年4月，开展“寻找一千双舞鞋的正能量主人”活动，3000多位市民积极参与拍摄“正能量加油站”站长的“五正”照片，987位市民获得正能量舞鞋的拥有权。提高广大市民对“正能量加油站”的关注度和站点活动的参与度。

截至2016年底，全市“正能量加油站”发展到1983个，基本实现村居乃至网格全覆盖。市公安局、卫计委、法院等19家单位结合各自职能精心制定“正能量加油站”服务菜单，涉及健康、安全、法律等35个服务项目，根据站点电话预约，安排专人送宣讲、演出等服务到站点。全年送服务到站点共713场；全市站点共开展各类宣传教育活动达5000多场次，辐射和服务人群超过30万人。

7月23日，市委常委、宣传部部长姜平在全国基层宣传思想文化工作创新研讨班作经验介绍。全国宣传干部学院《学习与交流》《中国江苏网》《江苏新闻网》《南通日报》《江海晚报》等多家媒体进行宣传报道。

3月5日，“日行一善，随手公益”志愿服务行动启动仪式举行

（郁卫兵/摄）

【道德典型培育】 坚持每月开展“启东好人”及“文明家庭”先进典型评选表彰活动，通过电视专题片、事迹报告会、“道德讲堂”宣讲、创编文艺作品、新媒体发布等多种形式进行宣传，让“凡人善举”走进乡村、社区、行业、学校，使发现好人、学习好人、争当好人的社会氛围日益浓厚。至年底，全市共推荐出月度“启东好人”151名、“文明家庭”27户。获评南通“文明家庭”13户。顾建康等10名市民当选2016年度“启东好人”，宋丕礼等10名市民荣获2016年度“启东好人”提名奖，陈克飞家庭等10户家庭被评为2016年度“启东市文明家庭”。苏晓琳入选6月中国好人榜助人为乐好人，苏晓琳家庭被评为“全国最美家庭”“江苏省文明家庭”。陈帅入选11月份“中国好人”榜见义勇为好人。顾邦祥、陆美茹荣获“江苏好人”。至2016年底，启东已获评全国道德模范提名奖1人，江苏省道德模范提名奖2人，“中国好人”16人，数量居江苏县级市前茅。

启东市美德基金会建立形成关爱帮扶道德典型的长效机制，对评选出的各级“好人”，给予奖励金，赠送人身保险。2016年，会同慈善基金会、红十字会、妇联等为各类道德模范送去慰问金和慰问品价值10万余元。此外，帮助苏晓琳出版书籍《插上梦想的翅膀》。

【“情暖夕阳”“文明交通”志愿服务】 自2014年3月起，启东市委宣传部、市文明办针对老人基数大、增速快、寿龄高、空巢多等特点，推出以居家养老为基础、机构养老为支撑、志愿帮扶为补充的“邻里守望·情暖夕阳”志愿服务工程。每个村(社区)依托辖区内的党组织、村(居)委会、正能量加油站等，建立爱心志愿者服务队，结对辖区内的孤老、空巢、残疾等七类需要服务的老年人，明确邻里守望、关爱照料、便民服务三个服务重点在全市开展志愿服务活动。2016年，全市各镇、园区、街道成立520多支志愿服务队伍，8000多名志愿者为5000多名重点服务对象常年提供志愿服务，实现村居全覆盖。该项目入选首届江苏省志交会展示项目，并在11月《江苏宣传工作动态》进行经验推介。

2016年9月，以文明单位志愿者为主体成立1500人的“文明交通志愿服务总队”，以城区主要交通路口和交通高峰时段为重点，开展志愿服务活动，倡导文明安全出行和遵守交通规则，提升市民的城市意识和安全意识，改善城市交通环境和城市品位，为市创建文明城市营造浓烈氛围。

【未成年人思想道德建设】 将“八礼四仪”活动由示范学校向城乡所有中小学校辐射，召开现场推进会16场次。2016年，全市各学校开展活动300余项。7月8日，承办南通市“七彩的夏日”未成年人暑期社会实践活动开幕式。面向启东市全体中小学生，开展“东疆好少年”评选活动。分热爱劳动、勤俭节约、爱学多才、孝老爱亲等十个类别，在城乡各选择中学1所、小学1所，进行试点。搭建成立“亲子沟通营”活动平台，把讲授、灌输转变多参与、重过程、深感悟的共同学习形式，坚持每周办好一次亲子活动，累计开展140余次亲子公益活动，有7000个亲子家庭加入其中，期间产生210余名志愿者。

（夏永红）

统一战线工作

【概况】 2016年，市委统战部贯彻落实中央、省委和南通市委统战工作会议精神，围绕市委中心工作，广泛凝聚人心和共识，发挥优势和作用，以“凝心促改革，聚力促率先”主题活动为主抓手，促进“两个健康”发展，加强非公有制经济领域统战工作；强化维稳意识，协调推进民族宗教工作；扩大对境外联谊，做好港澳台及海外统战工作；推进协商民主，开展党外代表人士工作。做好统战宣传信息工作，市委统战部连续三年被中央统战部宣传办公室评为宣传工作先进单位。

【非公有制经济领域统战】 *开展理想信念教育，加强宣传引导。*开展以“守法诚信、坚定信心”为重点的理想信念教育实践活动，引导企业把守法诚信作为安身立命之本，引导非公有制经济人士正确认识和把握经济发展新常态。组织全市非公有制经济人士代表、行业商会和基层商会负责同志学习习近平总书记在全国政协十二届四次会议民建、工商联界委员联组会时重要讲话精神，认识非公有制经济的地位和作用，探讨贯彻落实促进非公有制经济发展的举措，并就如何构建“亲”“清”新型政商关系进行学习和交流；围绕“守法诚信、坚定信心”主题，联合工商联、地税局、国税局，以“纳税人之家”为平台，以10个工业企业行业商会为重点，组织60多位非公有制经济代表人士参加学习税法活动，助推税企合作共进，建立民营企业涉税、维权的“快速通道”，营造守法诚信、依法纳税的良好氛围。

*搭建沟通协商平台，帮助解决困难。*建立政企互动交流平台，组织20名非公有制经济人士代表和10位有关部门主要负责人召开政企座谈会。会上，非公有制经济人士代表分别介绍企业的基本情况，以及企业发展过程中遇到的困难和问题，并对政府部门有关工作提出意见和建议。在听取各位代表发言后，政府相关部门负责人分别就该部门的政策规定作细致解答，针对企业发展中遇到的困难和问题作探讨，会后及时研究，帮助协调解决。安全有效运行中小企业应急互助基金，缓解中小企业融资难的问题。

*组织非公经济调研，提供决策参考。*围绕非公有制企业经济运行情况、创业创新、外贸进出口、转型升级等专题，深入企业开展调查研究，形成《2014—2015年启东民营经济发展报告》。组织全市非公有制经济人士中的人大代表、政协委员和工商联常执委建言献策，2016年，非公有制经济人士代表共提交各类提案、议案90多件。其中《加强政策落实，化解中小企业融资困境》《加快发展网络经济，扩大无形市场》《关心扶持中小微企业生存与发展的建议》等提案得到市领导重视。

*举办学习培训，提升经营能力。*举办非公有制经济人士学习培训品牌活动“东疆大讲坛”，邀请有关财务管理实战方面的专家作“全面‘营改增’政策解析及应对”“总经理的财务经营”“企业全面预算管理”以及“企业现金流和营运资本管理”的财务专题讲座，共计200多名企业高管或财务经理听取讲座。

*做好换届人事安排，加强工商联工作。*根据南通统一部署，做好工商联(总商会)换届工作，联合15个部门单位开展非公有制经济代表人士综合评价工作，做好工商联(总商会)人事安排。12月20日，召开启东市工商联(总商会)第十二次会员代表大会，选举产生99名执委、33名常委和14名领导班子成员，顺利完成各项换届任务。

【民族宗教】 *推进民族团结进步事业。*为做好外来流动少数民族人员的管理和服务，建立外来流动少数民族人员联络员制度，由市民宗局牵头，公安、工商、城管等部门相关人员以及各镇民宗助理、商民代表共30多人组建一支联络员队伍，具体负责联络协调工作，经常掌握动态，及时反映情况，对各自范围内的突发事件做到第一时间上报反馈；为加强到启东经商少数民族商民对所经营的兰州拉面、烤羊肉串等食品的安全意识，提升他们的法制观念，开展食品安全宣传活动，向少数民族商民发放食品安全宣传册，并举办食品安全知识培训，邀请市场监管局食品安全监管科工作人员就食品安全法内容、食品采购把关、食品制作流程的安全等方面作了讲解，使穆斯林同胞受益匪浅；培育少数民族扶贫项目助民致富，帮助少数民族群众提高收入。组织少数民族联谊会成员对全市4个少数民族扶贫基地开展专题调研，鼓励引导他们带领少数民族同胞共同致富。6月29日，省民委检查组到启东检查2014年度、2015年度少数民族发展资金项目实施情况，对此项工作给予充分肯定。

坚持依法管理宗教事务。开展宗教政策法规学习宣传月活动。举办“爱国爱教，抵渗防邪”为主题的宣传教育活动，提高宗教教职人员和信教群众抵制邪教的自觉性，推动宗教场所自觉抵制非法宗教活动，营造崇尚科学、反对邪教、共建和谐的社会氛围。开展民间信仰调研工作。由统战部和民宗局领导班子成员组成调研组，赴海复镇、吕四港镇等区镇开展民间信仰活动情况的专题调研，调研组听取区镇民间信仰调查摸底情况的汇报，探讨交流民间信仰与民俗文化、民俗活动的联系和区别，为做好民间信仰工作搜集第一手资料；开展“宗教慈善周”活动，组织发动佛教、天主教、基督教界信众进行慈善募捐，所有募集的款项都用于扶贫助困和捐助盐城地区“6·23”风灾；推进重点宗教场所建设和星级宗教场所创建工作。推进法音寺扩建工程，大雄宝殿竣工落成，天王殿奠基开工。汇龙基督教堂完成重建选址、工程立项等工作。有4家宗教场所完成星级创建，推进7家宗教场所完成创建。11月3日，启东市佛教办会完成换届。

【港澳台及海外统战】 加强境外联谊，密切交流交往。2016年，共接待港澳台及海外人士100多人次。组织举办香港乡亲联谊活动4次，凝聚更多的在港乡亲为港启两地的繁荣稳定、和谐发展做出贡献，指导同乡会组织开展乡亲联谊活动，参加省、南通市同乡社团的义工活动。春节前夕，赴深圳举办香港乡亲新春联谊活动，60多位乡亲参加活动，香港南通同乡会会长杨耀忠参加。

为侨服务。为境外代表人士提供优良服务，帮助解决在家乡的实际困难和问题，如社保养老金发放的历史遗留问题、房屋拆迁中的面积补偿、家中老人的托老、子女在启东上学、父母投靠香港子女办理单程证以及在家乡投资办企业过程中的一系列问题等。

组建青年社团，做好二三代工作。为调动年轻一代在港乡亲的积极性，提高在港乡亲的凝聚力，协助香港启东同乡会开展乡亲工作，筹备组建香港（深圳）启东青年联合会，邀请45周岁以下的在港青年或在深圳投资创业的启东籍青年企业家加入。

【党外代表人士工作】 引导党外人士建言献策。开展“我为双促献一计”活动，收到全市统战干部和统战成员提出的各类意见建议100多条，涉及优化产业结构、城市建设、社会保障、沿江沿海开发、环境整治等多种领域多个方面，体现统一战线各界人士围绕中心、服务大局、参政议政的热情和水平。

组织党外人士调查研究。开展各类专题调研，组织宗教界政协委员实地走访宗教活动场所，听取情况介绍，并围绕如何创建文明宗教、和谐宗教、法治宗教进行专题协商和建言献策；组织行业商会围绕非公企业经济运行情况、创业创新、外贸进出口、转型升级等专题，深入企业开展调研，帮助企业破解政策、资金等方面的发展难题，实现提质增效。

做好政协换届人事安排。根据统一部署，做好政协换届人事安排工作，严格遵守换届原则和纪律，按照各个程序和步骤，聘任十五届启东市政协委员313名、十二届南通市政协委员21名，完成县市两级政协换届人事安排的各项任务。

开展新媒体代表人士工作。筹建知联会新媒体代表人士工作委员会，按照边筹建边活动的思路，定期开展联谊活动，主动与新媒体人士交朋友，消除戒备思想，进行交流和沟通。召开新媒体代表人士工作座谈会，传达贯彻中央和省委统战工作会议的相关精神，引导新媒体代表人士加强自身修养，坚守道德法律底线，尊重秉持客观事实，做到理性发声、传播正能量。

做好留学人员统战工作。组织开展出国留学人员和留学归国人员情况的全面调查摸底工作，掌握基本信息，探索工作机制，建立留学人才数据库。6月3日，南通市留学人员联谊会领导到启东走访考察会员企业，关心支持他们的发展。

（陈　李）

台湾事务

【概况】 2016年，全市对台工作遵循“两岸一家亲、携手共发展”的理念，围绕建设“台资产业集聚、台企创新发展、台商投资环境、两岸交流交往”四个新高地的目标，全市对台经济、交流交往、优质服务、强化宣传等工作取得新成效。

【对台经济】 2016年，全市累计新批台资企业5家，总投资3009万美元，协议利用台资1689万美元。增资项目4个，增加总投资1496万美元。

开展入岛经贸交流活动。市委书记徐锋、市长黄卫锋、市委副书记汤雄及王凯、石光辉、张卫生、孙建忠等市领导分别率团赴台，开展招商活动。在台期间，拜会台湾工业总会、工商建研会及南区联谊会、台湾省渔会新北市工业会、电电公会、世界台湾商业联合总会、东港渔会、台湾港都会、CSA农产品协会、车辆工业同业总会、光电科技工业协进会、大鹏湾产业联盟等协会组织及国乔石化、正隆股份、台一集团、天明制药、矽格科技、弘驰绿色环保、协承昌化工、友荃科技、中国砂轮、台湾舒瑞普、EVP集团、立森科技、新力活生技、联电科技、友旺科技、健茂生物科技等有关台企。利用台湾论坛和行业协会活动等时机，适时在台北、新北、桃园、高雄等举办恳谈会，进行工业、现代服务业、旅游业、农业等招商活动；突出以各园区小分队为主招商，滨海工业园、滨江化工园、海工船舶园、圆陀角旅游度假区、吕四经济开发区等各自结合园区产业特点进行针对性招商活动。同时,市商务赴台批次明显增加,全年共办理15个企业的赴台报批手续,主要是参加台湾的有关展会活动及业务洽谈和培训。市台办履行职能,做好团组的报批、行程安排、客商邀请、会务、活动衔接等相关服务工作。

利用节会组织对台招商。全市利用各种节会活动开展对台招商。2016年,先后在北京、上海、东莞、深圳等地举办投资推介会。各园区、镇利用节会邀请台商参会。6月,国际经贸洽谈会上,有5个台资项目集中签约,总投资1.04亿美元、注册资金4200万美元,颁照台资项目2个,总投资3800万美元,注册资金2150万美元。

【对台交流】 扩大对台交流合作,加强与台湾岛内商会、协会、企业集团和大陆地方台协、台资企业的联系,推介市对台招商引资亮点项目,有针对性地邀请台商到启东考察、洽谈、投资。2016年,市邀请台湾社团组织和重点人士到启东。全年市台办参与接待的台湾团体、企业和重点人士主要包括台湾仁爱科技有限公司董事长林飞龙,台湾雷科科技股份有限公司董事长郑再兴,台一集团、国民党中央委员、台中市青年同心会总会长吴志诚,台中市国际青年商会秘书长洪铖谚,台湾清华大学退休教授施竹东全家,台湾中华妇女联合会副秘书长顾丽娟,接待市四有重点人士回启台胞邢珠明、顾卫国、张云飞等。市政协、台办、统战部专门组团赴台开展联谊活动,分别在基隆、台北、台中三地邀请启东籍旅台人士、大陆新娘、二、三代台胞进行联谊活动,介绍启东的经济社会情况,赠送启东宣传资料。了解启东同乡会、吕东同乡会的运转情况,建议他们加强同乡会建设,特别是加强二代台胞间的联络,发展壮大同乡会队伍。在台湾期间上门探望启东籍老台胞、台北荣富公司原董事长李启能和90岁高龄的御得香食品公司董事长吴纯忠。

【对台服务】 *行政推动优服务*。调整充实启东市对台工作领导小组和台湾同胞投资权益保障协调委员会成员单位,为保护台胞、台属、台企合法权益提供组织保障。市有关领导深入台企走访调研,实地了解情况,会办解决问题;市人大常委会深入有关台企、园区、重点职能部门,实地调研市贯彻落实《江苏省保护和促进台湾同胞投资条例》情况,召开专题会议听取市政府工作汇报,形成审议意见,加强对重点工作督办力度,推进台商合法权益得到进一步保障;市政协组织专题视察活动,调研市税务部门为台资企业服务情况,督促职能部门强化为台资企业服务意识。

调研解难题。9月,集中开展台资企业大调研、大走访活动,对每个正常运转的台资企业,进行走访调研,对调研中发现的问题及时与所在镇、园区沟通,帮助解决。帮助涌玉水产有限公司等台企和台商协调解决各类诉求12起,维护台商的合法权益。

【对台事务】 *开展慰问活动,增进台胞台属感情*。市台办对200多人次在启东重点台商台属、困难台属进行走访慰问;在夏季高温季节,组织慰问部分台商和台属,为台胞台属送上夏令用品;中秋佳节,邀请全市台资企业负责人和在启东的台商参加中秋联谊活动,通报全市经济社会发展及市领导重视对台工作的相关情况。全年共接待政策咨询、寻求帮助的台胞、台属30多人次,协调解决台属赴台寻亲、房屋拆迁、困难救助等事宜,发挥台办作为台属"娘家人"的特殊作用,体现党和政府对台商台属的关心。

借助台属力量,做好台谊会工作。2016年,市台办在台谊会理事和台界政协委员中开展"三联三帮"活动。即每位会长、理事和台界政协委员、台办干部联系一家台资企业,联系一个在启台胞、联系一个特困台属。3月,组织召开台谊会理事扩大会议,台办向台谊会成员宣传台海形势,组织学习中央对台最新政策;5月,组织台谊会成员外出参观考察,赴苏州参观工业园区、台湾诚品书店、国家级创业孵化示范基地、创梦空间、淘金创谷等园区和企业,拓宽台谊会人员的视野。为了加强台属之间的交流,组织8名台界政协委员各自联系数名台属,分别上门走访,宣传涉台政策。10月,组织台界政协委员到浦东张江科技园区参观浦东国际人才城、浦东留学人员联合会、蚂蚁空间、贝壳社等众创空间,为台界政协委员参政议政拓宽思路。

【对台宣传】 全市对台宣传围绕中央对台工作方针进行,通过更新网站,宣传对台政策和工作动态,上报工作信息。介绍启东区位优势、土地资源、产业基础,放大崇启大桥建成通车、吕四大港加快开发、启东港一类口岸开放获国务院正式批复等发展优势,宣传推介启东。

(杨峻琳)

老干部工作

【概况】 2016年,市委老干部局以开展"两学一做"学习教育为契机,以贯彻落实中办、国办《关于进一步加强和改进离退休干部工作的意见》(以下简称为《意见》)为主线,把握为党和人民的事业增添正能量的价值取向,加强离退休干部"两项建设",做好老干部服务管理工作,促进老干部工作的全面协调、健康发展。至年底,全市共有离休干部363人,其中抗日战争时期参加工作的离休干部52人、副处级及以上离休干部146人;市管退休干部1131人,其中副处级以上退休干部47人、正科级426人。易地安置在启东离休干部13人。

【学习贯彻离退休干部工作意见】 组织老干部工作者和离退休干部党支部书记学习《意见》,印发宣传学习资料1000多份,多次召开老干部代表座谈会和开办学习课堂,形成"结合实际学、指导实践用"的良好格局,让老同志在学习中感受党中央关怀。市委老干部局围绕"如何做好新形势下离退休干部工作"开展调查研究,听取基层老干部工作者和老干部代表的意见建议,梳理意见建议10多条,撰写专题调研文章2篇。局机关

7月16日，市委老干部局开展“关爱老干部，真情送健康”慈善公益活动
（市委老干部局/提供）

召开务虚研讨会议，围绕《意见》精神，对转型期老干部工作遇到的问题以及推动老干部工作科学发展、转型发展的途径和方法进行探讨，理清工作思路。

【老干部党建试点】 开展离退休干部党员“一方隶属、多方管理”党建试点工作，确定幸福二村为试点社区。改善社区活动场所和条件，健全298名离退休干部党员的信息库，建立离退休干部学习小组，聘请老干部担任党建顾问、未成年人思想道德建设辅导员、社会治安巡逻员、社区矛盾调解员，加大为行动不便的老干部提供日常照料、精神慰藉等方面的服务和帮助，使老干部能就近学习、就近活动、就近得到关心照顾、就近发挥作用。

【增添正能量活动】 组织老同志深入学习党的十八大精神和习近平总书记系列重要讲话精神，下发《关于深入推进离退休干部为党和人民的事业增添正能量活动的通知》，围绕“如何开展增添正能量活动”组织老干部展开讨论。开展“增添正能量，共建新启东”主题实践活动，组织开展“讲好中国故事”活动，围绕“展示阳光心态、体验美好生活、畅谈发展变化”，引导老干部重点讲好“讲理想信念、讲革命传统、讲党的历史、讲改革发展、讲幸福生活、讲身边典型”六类故事，举办“我为启东点赞”和“我为党的事业增添正能量”两个主题征文活动，引导老干部为地方、单位建言献策、献智出力。建立启东市老干部微信群，及时更新老干部局门户网站，将老干部先进事迹通过网络第一时间分享传递。9月，市召开全市老干部大会，100多名老干部和20个老干部集体得到表彰。召开为党的事业增添正能量座谈会，先进集体和个人进行交流发言。

【为老服务】 开通上海市中医医院——启东市老干部就医绿色通道。绿色通道建立后，市老干部前往上海市中医医院治疗就医一律享受五优先、三省、一保证（即优先挂号、门诊、检查、住院、诊疗；省时、省力、省钱；保证配备著名专家教授会诊或医治）的特优特快服务，并列入启东医保范围。7月，邀请上海市中医医院到启东开展“关爱老干部，真情送健康”慈善公益活动，13名专家教授为老同志开展义诊服务。9月，组织部分离退休干部赴上海市中医医院开展“健康养生体验日”活动，11月中旬中医医院专家教授到启东为老干部开冬季保健养生膏方。开展“社会齐奉献、六助进百家”活动，在开展医疗卫生服务的同时，帮助解决离退休干部在生活中碰到的实际困难和问题。

【精神文化生活】 改造公安巷老干部门球场和羽毛球场，更新老干部活动室硬件设施。老年大学共开设8个专业共85个班级，学员1460人、3990人次，每个教室配备电视、音响和教师用扩音系统；投入20万元更新电脑设备和投影机，接入100兆光缆；投入10万元采购35台电钢琴。开展丰富多彩活动。老干部集邮协会举办纪念中国邮政开办120周年暨启东市第十二届生肖邮展，开展集邮进校园活动；老干部门球协会举办县（市、区）春季门球邀请赛，来自南通部分市（区）及乡镇的10支门球队伍参加比赛；老干部摄影协会组织部分会员赴乡镇、园区进行采风活动，提高会员的摄影水

纪念中国邮政开办120周年暨第12届生肖邮展 （市委老干部局/提供）

平;老干部文艺队在文化馆参与“庆祝建党95周年——银发文艺专场演出”。老干部书画协会创作的纪念建党95周年70多幅作品在市图书馆集中展示。

(袁晓燕)

接待工作

【概况】 2016年,市委、市政府接待办严格落实中央、省、南通市关于公务接待工作的各项规定和要求,围绕市委市政府中心工作,着重聚力聚焦接待工作的科学化、规范化、特色化建设,完成各项重大接待任务,努力当好经济社会跨越发展的有力“推手”。

【上级各类考察调研接待】 2016年,有国家水利部副部长陆桂华、国家卫计委副主任王国强、全国政协委员、住建部原副部长郭允冲、国务院医改办专职副主任梁万年、水利部水资源司司长陈明忠、农业部办公厅副主任蒋建平、科技部人才中心副主任郝强、卫计委卫生发展研究中心研究室主任应亚珍、最高院民二庭副庭长付金联、国务院医改办公立医院处副处长章志红等到启东考察。有省人大党组书记、常务副主任蒋定之、省军区司令员李大清、省政府副省长徐鸣、省纪委常委唐小英、省委副秘书长、办公厅主任陈建刚、省政府副秘书长夏心旻、省农委主任吴沛良、省水利厅厅长李亚平、省卫计委巡视员陈亦江、省政府驻京办主任李明耀、省水利厅副厅长叶健、省高院副院长何方、省编办副主任张学才、省海渔局副局长张建军、省科技厅副巡视员李健民等启东考察。另外,南通市委书记、市人大主任陆志鹏,南通市委副书记、市长韩立明等到启东调研。

【兄弟县(市)以及大团队考察活动接待】 2016年,接待新西兰友协代表团、波兰商务团、青海同德县委考察团、山东济宁市兖州区党政代表团、山东阳信县党政代表团、吉林图们市考察团、新疆伊宁县党政代表团、内蒙古乌兰浩特市政府考察团、安徽天长市政府考察团、安徽广德县党政代表团、高邮市政府考察团、连云港赣榆区党政代表团。

【商务接待】 2016年,接待的商务考察有:中远海运集团董事长、党组书记许立荣、世界华人华侨社团联合总会副总会长张戎军、伊朗驻上海总领事馆总领事伊瓦什、长三角地区潮汕商会考察团、台北市温泉发展协会荣誉理事长张神其、顺风光电投资(中国)有限公司大区总经理卞金成、上海新亚国际旅游集团总经理陈旭东、国动网络通信集团公司董事长卢杰、中交天津航道有限公司总经理霍胜勇、大商集团项目组总经理吴蒙、广东股权投资协会会长詹晓锋、国弘集团上海公司董事长车强、招商局资本投资有限公司副总经理杨百千、日本东芝机械株式会社中国区总经理佐佐木、泰中经济贸易交流中心董事长蔡义批、中铝资本控股有限公司董事长蔡安辉、澳门商会会长岑士忠、上海静安区投资联合会会长罗振侯、香港大诚集团有限公司董事长刘士凯、中日经济贸易中心中国区代表田渊真次、天成集团总裁孔繁波、上海同捷科技股份有限公司董事长雷雨成、金诚集团董事长韦杰、芬兰雅威科技总裁闫献军、科学桥考察团、广州豪进集团董事长刘国杰、上海东鼎集团董事长邵东明。

【重大节会后勤保障】 2016年,市委市政府接待办参与筹办2016中国·启东国际经贸洽谈会、2016中国·启东科技节暨国际经贸洽谈会、2016中国·启东科技节暨北京大学生物医药发展(启东)论坛、南通市重大项目建设现场观摩活动。

(王东华)

机构编制管理

【概况】 2016年,全市由编办管理的机构有454个,其中行政机构74个,事业机构380个。全市编制总数17119名,实有人员总数15555人。其中,行政编制3326名,实有在编行政人员3128人;事业编制数13793名,实有在编事业人员12427人。

【行政审批制度改革】 *刷新政府行政效能。*协调取消全市范围内非许可行政审批,取消中央指定地方实施的户外广告登记等28项行政审批事项。破除审批前置瓶颈,凡已集中到市审批局的权力事项,在法律范围内,一律取消前置条件;凡符合政策的项目,审批过程中可多头并进、容缺办理;变原先需分别进行的评估、审查、检查、验收工作为并联进行、同步办理。优化提升审批效率,对企业投资建设项目审批流程重新优化整合,优化后38个审批事项调整为6个环节;审批平均用时为45个工作日,比原来压缩115个工作日;材料提交为125份,比原来精简151份。推行“一表制”收费,企业递交的申报材料从30份压缩到12份,减少60%,企业从原来跑8个部门缴10笔费用压缩为跑1个收费专窗缴1笔费用,压缩办理时间至少5个工作日。

*促进政务服务标准化。*协同市法制办、市审批局推进全市47个市级政府部门标准化权力清单及办事指南编制工作,加盟全省统一的“三级四同”(省、市、县三级,权力名称、编码、依据、类型四同)政务服务“一张网”。至2016年底,市本级权力清单及办事指南全部入库,并在江苏政务服务网上公布。打造启东市行政审批服务平台,该平台与江苏政务服务网、江苏省投资项目在线审批监管平台、南通市级行政审批服务平台对接,与启东市公共信用信息平台、启东市公权系统数据融合,实现网上审批全覆盖,审批服务一网通。

*强化事中事后监管服务。*下发启东市政府《关于全力推进双随机抽查机制加强事中事后监管的通知》,搭建启东市“双随机一公开”(在监管过程中随机抽取检查对象、随机选派执法检查人员,抽查情况及处理结果及时向社会公开)抽查

机制。编制随机抽查事项清单，并在市场监管、环保等重点行业重点领域先行试点。至2016年底，25个政府工作部门随机抽查事项清单全部编制完成并对外公布。指导省级经济发达镇吕四港镇、市级重点中心镇北新镇探索建立“双随机一公开”机制。协调市法制办、市审批局等相关部门，出台《启东市行政审批中介服务项目和收费目录》《启东市行政审批中介服务机构管理办法》和《启东市行政审批中介服务机构信用等级考评办法》。

【综合执法体制改革】 牵头市法制办等相关部门开展城市管理、市场监管、农林水利、社会事业、交通运输等领域的改革调研，拟定综合执法改革整体意向。2016年底，《启东市关于深化行政执法体制改革 全面推进综合行政执法的实施方案》（讨论稿）通过市政府常务会议及市常委会审议，相对集中行政处罚权改革方案上报南通市政府审批。

【关键领域体制机制改革】 为各镇（园区、街道）便民服务中心增挂启东市政务中心XX镇（园区、街道）分中心牌子；结合相对集中行政许可权改革，建成镇级便民服务中心12个，建成率100%；建成村级“一站式”公共服务平台304个，建成率100%。镇、村两级便民服务体系建设加快，吕四港镇40个行政村（居）均设立便民服务中心，17项民生类服务事项在村级便民服务中心办理。以吕四港镇为代表的试点乡镇实现镇级便民服务中心“一枚印章管审批”。

【事业单位改革】 开展承担行政职能事业单位改革，拟定《启东市承担行政职能事业单位改革试点方案》。整合或撤销小散和职能交叉的事业单位40家。创新医疗集团人员编制管理，出台《启东市医疗管理集团人员备案制管理实施细则（试行）》。依法规范事业单位登记管理，317家已登记事业单位年度报告全部审核通过并公示，公示率100%。推动事业单位法人“三证合一”，333家事业单位完成新法人证书换发。

【机构编制监督检查】 2016年，结合中小学校教职工编制核定方式创新，减少102名事业编制。会同组织、审计等部门对2016年确定的20家单位进行“三责联审”。制定下发《关于开展全市控编减编工作的实施意见》，加大机构编制监督检查力度。

（陆春峰）

党校工作

【概况】 2016年，市委党校学习贯彻全国、江苏省党校工作会议精神，围绕市委市政府工作部署，履行“干部培训、思想引领、理论建设、决策咨询”工作职能，坚持党校姓党、从严治校，以改革创新为动力，以质量立校为根本，把学员“请进来”培训、让教师“走出去”送教，统筹推进教学培训、科研资政、队伍建设和服务保障各项工作，实现党校事业在新常态下的新发展，为建设“强富美高”新启东提供智力支持和人才保障。

【干部教育培训】 按照市委干部培训工作的总体部署和要求，加强培训需求调研，创新培训组织方式，整合优质培训资源，优化培训课程设置，提高管理服务水平。2016年，分别与市委组织部、统战部、市级机关党工委、市人社局等部门联合举办“新任村（社区）党组织书记培训班”“全市统战干部培训班”“入党积极分子培训班”“新录用公务员初任培训班”“军转干部培训班”“近海镇中青年干部培训班”等6期培训班，培训轮训党员干部500多人次；开拓合作办班，承办上海市崇明县委党校两期村支部书记培训班的现场教学任务，培训学员300多人次。参与“千人百团连民心”理论宣讲活动，配合宣传部门举办“启吾巡课堂”，组建由骨干教师为主的“两学一做”学习教育讲师团，深入乡镇、部门、企业开展“送教上门”“点菜上课”。全年共授课40多场次，直接听众3200多人次。

配合市委组织部办好南通科技职业学院村干部学历提升班，做好南林大农业推广硕士班、省管干院函授班和中南大学远程教育班次的收尾工作。年末，南通科技职业学院班在籍学员70名；南林大农业推广硕士进入论文答辩阶段，部分2013级学员通过论文答辩，获得硕士学位证书；省管干院函授班、中南大学远程教育班学员顺利完成学业，拿到大专、本科毕业文凭（或学位证书）。

【教学改革创新】 围绕“理论教育和党性教育是党校主业主课”的要求，加强课程建设，重点抓好十八大、十八届三中、四中、五中、六中全会和习近平总书记系列重要讲话精神的学习研究。建立以培训需求为导向的培训内容更新机制，试行主体班新讲题招标立项，加快推进重点课程研发和引进更新，完善精品课试讲制度。2016年，市委党校推出10多个成熟课题。在南通党校系统精品课评比活动中，市委党校张凌林老师的“强化党员意识 争做合格党员”课程获二等奖。

以提高培训质量为抓手，改进讲授式教学，充实案例式教学，推进研究式教学，创新体验式教学，丰富现场式教学，努力实现教学方法多样化。加强现场教学基地建设，拓展党性教育和研究型现场教学基地培训项目，重点做好“抗大九分校纪念馆”等红色革命传统教育和现代服务业现场教学点的开发，梳理提升南通沿海开发现场教学的线路安排。

完善主体班次的项目化管理，抓好教学协调、教师选聘、教学质量评估、考试考核等各项教学管理，优化教学管理流程，不断形成规范、有序、高效的教学管理机制。加强专兼职班主任队伍建设，优化班主任工作流程，发挥班级临时党支部、班委会作用，探索新形势下的学员管理模式。

【决策咨询服务】 细化策划论证、优化资源配置、开展协作攻关，争取上级社科基金项目、省委党校重点课题等；加大与实际工作部门、政策研究部门的合作，争取委托课题。2016年，全校专兼职教师在南通市级以上刊物公开发表论文20多篇,新申报立项南通市级以上课题1个,完成结题2项,申报立项启东市级课题3项,完成结题3项。2016年,市委党校被评为南通市党校系统第九届科研工作先进集体。

围绕市委、市政府中心工作,研究全市经济社会发展中的热点难点问题。定期组织教师到基层一线调研、座谈,探索蹲点调研、挂职锻炼等方式方法,把握基层实际。2016年,全年确立9个市级决策咨询课题,受到市有关部门的重视。

【人才强校】 实施培训者培训工程,加大对教研骨干和青年教师的培养、挖潜力度,以提高教学水平和科研能力为重点,选派教师到上级党校、行政学院跟班听课,鼓励教师参加学术研讨、教学观摩、外出调研等活动。加强兼职教师队伍建设。2016年,新录用教师2名(研究生学历),1名教师晋升高级讲师。年末,市委党校专职教师共9名,其中高级讲师5名,讲师3名,助理讲师1名。

【办学条件改善】 做好新校区的功能设计和方案报批,争取各相关部门支持和配合,加快推进新校区项目工程建设。做好办公楼、学员宿舍等老旧设施的维护保养和适应性改造,确保过渡期教育培训工作不受影响。年末,新校区的扩建配楼立项、平面设计已完成,主楼装饰设计进入第二次招标阶段(第一次流标),其他工作有序推进。

推动以中央党校远程教学网络、校园网和数字图书馆建设为主要内容的党校信息化建设,努力实现教学和办公手段的现代化。完善党校网站,建设“网上党校”,打造对外宣传交流的窗口和学习平台。

深化完善“后勤服务社会化”改革,探索建立适应党校发展需要的后勤保障体制,强化管理工作,规范服务行为,拓展服务途径,改进服务手段,提高服务水平,实现社会效益和经济效益的最佳结合。

(邱艳娟)

机关党建

【概况】 2016年,机关党建工作围绕从严治党管党主线,以先锋型机关创建为统领,发挥牵头抓总职能,创新工作举措、强化组织推进,推动机关党建走在前、作表率。

【强化管党治党机制】 以“先锋型机关”考评体系为主线,强化管党治党机制。研究出台《先锋型机关(单位)考评细则》,纳入星级机关考评整体,明确围绕中心、严明规矩、促进担当、强化保障等4大项17个小项的考核指标,建立“季度自查、半年抽查、年终考评及述职评议”相结合的“双查双评”机制,细化职责任务,把责任和压力层层传递到位。市级机关各单位严格按照市委关于抓党建工作责任制的要求,明确单位党组(党委)主要负责人履行第一责任人职责、分管领导履行直接责任、其他班子成员履行“一岗双责”,抓党建责任体系进一步健全,组织领导进一步强化。

【支部工作】 建成智慧党建系统并上线运行,系统共设置考核管理、党组织管理、党员管理、入党积极分子管理等10个功能板块,将服务平台、展示平台和互动平台融为一体,提升支部工作整体水平。以提高组织生活质量为重点,推动机关党组织探索新形势下开展“三会一课”的有效形式,各单位党组织定期开展星级党员评定和党员党性分析等活动,严格党内组织生活的氛围日益浓厚。检察院、供电公司等单位党组织的“三会一课”灵活有效。注重培育机关党建工作典型,以纪念建党95周年为契机,评选表彰一批“一先两优”先进典型,共表彰75名优秀党员、8家先进基层党组织、8名优秀党务工作者,还先后推荐近30个单位或个人获上级表彰,组织党史知识竞赛、红色主题书法作品展等,教育引导党员“不忘初心、继续前进”,营造浓厚的创优氛围。

【队伍建设】 对机关党组织班子配备情况进行经常性调查,动态掌握机关党组织设置情况,年初以来对书记缺额的9家单位按程序要求及时督促配备到位。依托井冈山干部培训学院优质教学资源,举办机关党组织书记培训班,组织60多名机关党组织书记参加培训,提升党组织带头人政治理论水平和履职能力。抓好党员日常教育管理。严格执行发展党员全程纪实制度,提高发展党员质量。执行党员积分考评管理制度,加大积分考评结果应用力度,督促党员履行基本义务。搭建发挥作用平台。组织市级机关党员干部投身于精准扶贫、“双联双争”、结对帮扶等活动,各单位累计开展政策宣传、文明交通引导、便民利民、扶贫助困等各类志愿服务活动,受助群众近3万人次,形成在职党员服务社区群众、参与社区建设的良好氛围。

(朱柳柳)

史志工作

【概况】 2016年,全市史志工作取得一系列成果。《启东年鉴(2016)》《启东市志文论集》编纂出版,《烽火东南》(纪念抗日战争胜利70周年专辑)编辑出版,《中国共产党启东历史(第三卷)》开展专题编纂工作,收集整理《重要报告选录》100多万字,《启东红色地名录》进入终审。参与全市中心工作,为“两园四馆”文化项目建设提供资料,加强史志宣传,培育民间党史宣传典型,受到南通市地方志办的关注。

【《中国共产党启东历史(第三卷)》专题编纂】 《中国共产党启东历史(第三卷)》的编纂时限为1978—2002年,主要征集党的十一届三中全会后县(市)委、县(市)政府召开的综合性会议材料、形成的重要文件、报纸、年鉴、志书及反映全县(市)经济社会发展的重大影视或数字化资料等。1月上旬,市委党史办召开《中国共产党启东历史(第三卷)》专题资料征集专题座谈会,并梳理汇总座谈会反馈的问题、建议。1月18日,举办为期两天的全市党史编撰业务培训班。邀请南京市委党史工作办、江宁区委史志办、浦口区委党史办相关负责人，对党史三卷编写过程中的基本问题、基本线索和编撰中的经验教训进行专题讲解，65家单位的104名编撰人员参加培训。至年底，收到47家单位的84个专题稿件。

【《重要报告选录》收集、整理】 《重要报告选录》收集的是1978—2002年期间启东历次党委扩大会议、党代会、人代会、政协会议等所作的重要报告。至年底，收集整理资料8000多页近百万字，并会同市档案局对资料进行核实校对。

【《启东红色地名录》编辑】 2016年，市委党史办在全市范围内开展红色地名的调查工作，通过实地走访、查阅档案等方式，梳理启东市辖区内110个红色地名的来历，其中97个曾以烈士英名命名，13个具有红色印迹，共搜集135位新民主主义革命中牺牲的烈士生平事迹。同时收集烈士照片，拍摄烈士英名命名和有红色印迹的地名图片。至年底，该书进入最后审稿阶段。

【《烽火东南》编辑出版】 在2015年纪念抗日战争胜利70周年所收集整理的党史资料基础上，启动《烽火东南》(纪念抗日战争胜利70周年专辑）的征编工作。3月，专辑出版。全书设“抗战老兵篇”“抗战纪念地”“抗战图片展”，以图文并茂的形式展现启东儿女英勇抗战的伟大功绩；“抗战人物篇”“抗战亲历篇”“抗战纪事篇” 详细描述烽火东南的斗争画面；另设“抗战大事记”“抗战论文篇”。

【《启东市志文论集》编纂出版】 2月，《启东市志文论集》由中央文史出版社出版，共22.1万字。全书设专家评志、编辑谈志、修志文选、附录4个栏目，从不同侧面反映《启东市志》编纂的实践，对全面总结启东市第二轮修志的经验和教训、研究编纂理论、提升队伍素质起到积极作用，并为下一轮市志编修奠定基础。

【《启东年鉴（2016)》编纂出版】 9月，《启东年鉴(2016)》编纂出版。全书共101.8万字，按篇目、分目、条目3个层次编排，设35篇、236个条目、1135个分目。卷首公益版彩页设重要会议、大事要闻、社会事业与民生工程、现代农业、转型升级、城乡新貌6个专栏。全书共有随文图片164幅。参加第四届江苏省年鉴奖评选，《启东年鉴(2016)》获省政府办公厅地方综合年鉴综合优秀二等奖、条目编写类单项优秀奖。

【年鉴业务培训】 3月，市委党史办组织召开全市年鉴业务培训会议。邀请省地方志办副主任、《江苏年鉴》主编牟国义，省地方志办公室年鉴工作处调研员陈华分别作“年鉴记述内容的价值取向”“年鉴条目撰写的基本方法与行文规范”的专题授课，并结合《启东年鉴》，分析年鉴编纂工作中应注意的问题。全市121个单位和部门的年鉴撰稿人参加培训。南通、通州、海安、如东、如皋、海门地方志办观摩此次培训会。

【党史宣传】 2016年，市委党史办组织《强化党员意识 发挥先锋模范作用》《从一大代表说党史》《刘少奇〈论共产党员的修养〉》《传统家训及党员干部家风建设》等宣讲课程，先后在市级机关宣传系统、汇龙镇、北新镇、合作镇、市红十字会、合作镇曹家镇村、南苑新村社区等开展“党史宣传教育”活动。在《启东日报》《启东发布》等媒体上推出《红色记忆》专栏，以珍贵史料与图文结合的方式，介绍全市范围内较为知名的党史故事和党史人物。挑选党史书籍，赠送武警启东中队，密切军地关系。

【“两园四馆” 展陈资料提供】 2016年，市委党史办参与全市中心工作，为“明清产业园”“启东名人园”“郁芑生纪念馆”“李素伯纪念馆”“沈铁公纪念馆”和“启东历史陈列馆”遴选、核实启东历史上20多位名人生平事迹，为“两园四馆”提供基础资料，供领导和有关部门决策。

【民间党史宣传典型培育】 2016年，市委党史办重点培育以合作镇退休党员朱永继为代表的民间党史宣讲、展陈爱好者，定期赠送相关党史书籍、杂志和有关设备，指导他们收集整理党史资料并向周边学校等单位与村居群众义务巡回宣讲和展陈。在各镇各单位，建立完善宣传委员(干事)为主的党史联络员和以老干部为主的采编队伍，定期提供党史宣讲材料、组织相关业务培训，并适时提出工作要求，为党史工作开展奠定坚实基础。

（黄亦美　陈广辉）

档案工作

【概况】 至2016年底，市档案馆馆藏档案共7个全宗群220个全宗，共计档案91124卷、85158件，图书资料30000册。其中新中国成立前档案(民国档案、诉讼档案、革命历史档案、史志谱类档案、民国清丈档案)共1162卷，属国家重点档案，档案馆专门建有特藏档案室；档案门类包括婚姻档案、公证档案、死亡干部档案、印章档案、照片档案等。馆藏档案资料均编制相应的检索工具。馆藏档案建立文件级目录机读数据库，实现文件级目录的计算机检索。共接待到馆查档人数4186人次，提供档案资料2202卷，复印5408页。

【依法治档】 开展具有档案特点的普法和法治建设活动，提升档案依法管理的水平。局(馆)把贯彻实施《档案法》作为依法治档的重要举措，加大档案法律法规的宣传力度，利用报刊、微信、档案局门户网站、电视等传播媒体以及国际档案日、法制宣传日等重要时间点，精心组织、开展形式多样的档案法律法规宣传活动，努力形成全社会重视档案事业发展的良好氛围。

【农村土地承包经营权确权登记颁证档案管理】 局(馆)按照市委、市政府的总体部署，加强对农村土地承包经营权登记档案工作的业务指导、督办与检查,确保农村土地承包经营权登记档案收集完整、整理规范、归档及时、保管得当、利用便利。局(馆)专门编写、印制《启东市农村土地承包经营权确权登记工作培训资料》,在10月份分四期举办农村土地确权登记工作培训会,全市12个镇(园区)的分管领导、农经站长及两名专职工作人员,143个村书记、会计及一名工作人员500余人参加培训会。农村土地承包经营权确权登记档案培训,为全市农村土地承包经营权确权登记工作的检查、验收和确权登记档案规范管理、确权登记颁证成果的运用奠定基础。

【宗教活动场所档案工作创星评级】 局(馆)和市民宗局配合,开展大范围的集中业务培训,多次上门到各宗教活动场所进行现场指导,沟通协调。各宗教活动场所负责人亲自督促档案工作,加大对档案工作的投入,在经费使用上全力保障,解决工作开展中的实际问题,各场所工作人员全员发动,加强档案材料的收集,加班加点,严格按照档案工作相关标准,开展规范整理,形成文书档案、会计档案、声像档案、电子档案、设备档案、实物档案、基建档案等多门类和多载体档案,在此基础上,挖掘档案信息资源开展编研工作。市宗教活动场所的档案工作整体水平得到提升,宗教界工作人员档案意识得到提升,一部分基础条件较好的单位档案工作逐步走上制度化、科学化、规范化发展轨道。

【重大建设项目档案工作】 局(馆)按照重大建设项目档案管理办法,做好对全市重大建设项目档案工作的督促指导。加强同发改委等相关职能部门的联系,依托多方力量共同加强对具有重大建设项目企业的档案管理工作;依法做好重点建设项目档案登记工作。加强对重点建设项目档案工作的服务与指导,对各重点项目建设单位在项目开工后按照要求填写《重点项目建设档案管理登记表》进行登记。树立典型推广经验。局(馆)以广汇能源有限公司作为重大项目档案工作的试点,重点扶持指导。带他们出去参观先进单位的做法,同他们一起商讨制定企业重大事项档案分类方案,多次上门指导业务,邀请南通市局领导前来指导。广汇能源有限公司初步建立起一套比较规范的档案管理体系,以广汇能源为模板在全市进行推广,组织相关企业到广汇能源参观学习。

【机关档案规范化管理】 根据《江苏省机关档案工作规范化管理测评办法》文件精神,结合全市机关档案工作实际,采取以点带面、整体推进的原则,局(馆)先后至市环保局、市审计局、公路站等单位实地指导,并利用网络载体,对机关档案规范化管理工作进行宣传,提供机关档案规范化管理标准。全年共有2家机关单位、4家宗教场所,市国土局下属一家基层国土所申报并通过三星级复查。

【编研工作】 撰写档案专题资料。按照市委办关于印发《中国共产党启东历史(第三卷)专题资料征集实施方案》的通知,5月底前完成档案局改革开放以来部门的机构沿革、组织建设、重点工作和特色工作资料的收集和编写工作。开展编研工作。挖掘革命史料,研究历史档案,撰写《“红五月暴动”——启东早期革命时期一次大规模暴动》《投笔从戎的抗日英雄瞿犊》《启东抗日民主根据地的建立与发展》《启东抗日义勇军的发展演变历程》等文章,并在《启东通讯》杂志上发表;合编《启东改革开放时期重要文件选编》一书。与党史办合作,利用馆藏档案对1978—2002年期间的市委、市政府、市政协、市人大重要报告资料进行全面的收集整理,至年末,局编纂该书的相关工作任务全部完成。在局(馆)的政府网站上新开辟《启东纪事》栏目,详细记述启东每日发生的大事、要事和一些群众关心关注的、具有一定存史资料价值的,但不十分重要的“小事”“趣事”,以相对全面、完整地记录启东的每一天。

【征集和接收】 征集到《茅庆连家族往事录》家谱1本,《小品文研究》《春的旅人》《启东文史9》一套3本的李素伯系列丛书,《中国民间故事全书启东卷》《感知启东》《志诚同学、馥记同仁》通讯录,以及已故东南警卫团老战士朱野蒿手写的残缺版回忆录等10多本书籍资料。参与李素伯纪念馆的筹建。作为李素伯研究会的成员单位,赴南通大学、南通师范学校、南通图书馆等李素伯曾经生活、工作过的地方收集相关的历史资料。2016年,局(馆)与惠萍镇经过沟通协商,接收其遗漏的婚姻档案15卷,保证其镇婚姻档案一定程度上的完整性。全年,局(馆)共接收文书档案79卷、25844件、会计档案638卷、案件档案1388卷、电子档案13件、照片档案226张、印章档案3枚。

【馆藏档案数字化】 局(馆)加强对档案数字化工作的指导,做好目录与全文数据挂接、检验、汇总统计与备份工作。至年末,馆基本完成已进馆档案的全文扫描工作,做好数据备份。

(郁健飞)

启东市人民代表大会

责任编辑：沈冬云

综　述

【概况】 2016年，市人大常委会围绕经济社会发展大局，履行法定职权，发挥职能作用，较好地完成市十六届人大五次会议确定的目标任务。全年共举行常委会会议9次、主任会议13次，听取和审议“一府两院”专项工作报告16个，组织调研、考察、执法检查45次。（虞成晨）

重要会议

【市第十六届人民代表大会第五次会议】 1月11—14日，市十六届人民代表大会第五次会议在市会议中心举行。会议听取和审议市人民政府市长黄卫锋所作的《政府工作报告》、市人大常委会副主任俞翠明所作的《人大常委会工作报告》、市人民法院院长周东瑞所作的《启东市人民法院工作报告》、市人民检察院检察长瞿忠所作的《启东市人民检察院工作报告》，并作出相关决议；审查、批准启东市2015年国民经济社会发展计划执行情况的报告和2016年国民经济社会发展计划；审查、批准启东市2015年财政预算执行情况的报告和2016年财政预算；审查、批准启东市国民经济和社会发展第十三个五年规划纲要。会议补选汤枫为启东市人大常委会委员。会议共收到建议、批评和意见190件。其中代表10人以上联名提出的议案4件被转为重点建议办理。

【市第十六届人大常委会第三十七次会议】 1月12日，市十六届人大常委会第三十七次会议在博圣集团二楼会议室举行。市人大常委会组成人员共29人出席会议。会议补选陈斌、赵男男、谢晓军为南通市第十四届人民代表大会代表。

【市第十六届人大常委会第三十八次会议】 2月19日，市十六届人大常委会第三十八次会议在市行政中心科技楼举行。市人大常委会组成人员共25人出席会议。会议听取和审议市人大常委会研究室主任吴风云所作的《启东市人大常委会2016年工作要点(草案)》的说明，审议通过《启东市人大常委会2016年工作要点》和关于组织人大代表评议部分政府工作部门的决定。

【市第十六届人大常委会第三十九次会议】 3月29日，市十六届人大常委会第三十九次会议在市行政中心科技楼举行。市人大常委会组成人员共26人出席会议。会议听取和审议“一府两院”部分工作人员履职情况的报告，听取在启东选举产生的部分南通市人大代表履职情况的报告；审议通过法院有关人事任免事项和市公安局提请有关许可事项的报告，法院新任职人员在宣誓台前集体向宪法进行宣誓。

【市第十六届人大常委会第四十次会议】 5月24日，市十六届人大常委会第四十次会议在市行政中心科技楼举行。市人大常委会组成人员共27人出席会议。会议听取和审议市卫计委主任沈俊涛受市政府委托所作的《关于我市医疗卫生服务体系建设情况的报告》，听取市人大常委会教科文卫工委主任王建石所作的《关于我市医疗卫生服务体系建设情况的调查报告》；听取和审议市宗教局局长秦启明受市政府委托所作的《关于我市宗教管理工作情况的报告》，听取市人大常委会民宗侨台工委主任潘炜华所作的《关于我市宗教管理工作情况的调查报告》；听取和审议部分政府组成人员履职情况的报告；表决通过有关人事任免和辞职事项。

【市第十六届人大常委会第四十一次会议】 7月20日，市十六届人大常委会第四十一次会议在市行政中心科技楼举行。市人大常委会组成人员共33人出席会议。会议听取和审议市发展和改革委员会主任吴永东受市政府委托所作的《关于2016年上半年国民经济和社会发展计划执行情况的报告》；听取和审议市财政局局长杜文华受市政府委托所作的《关于启东市市本级2015年财政决算(草案)和全市2016年上半年财政预算执行情况的报告》和市审计局局长邓卫星受市政府委托所作的《关于2015年度市本级预算执行及其他财政收支情况的审计工作报告》，听取市人大常委会财经工委主任杜锦德所作的《关于2015年市本级财政决算和同级审计工作及2016年上半年计划和预算执行情况的初审意见》；

听取和审议市城管局局长吴胜昔受市政府委托所作的关于市贯彻实施《江苏省物业管理条例》情况的报告,听取市人大常委会环资城建工委主任姜汉杰所作的关于市贯彻实施《江苏省物业管理条例》情况的调查报告;表决通过有关人事任免和辞职事项。

【市第十六届人大常委会第四十二次会议】 10月11日,市十六届人大常委会第四十二次会议在市行政中心科技楼举行。市人大常委会组成人员共29人出席会议。会议听取和审议常务副市长王凯所作的关于市重特大项目建设情况的报告,听取市人大常委会财经工委主任杜锦德所作的关于市重特大项目建设情况的调查报告;听取和审议市农委副主任施建伟受市政府委托所作的关于市高标准农田建设情况的报告,听取市人大常委会农业和农村工委主任顾胜豪所作的关于市高标准农田建设情况的调查报告;审议全市市镇两级人大换届选举工作的有关事项,作出《关于启东市市镇两级人民代表大会换届选举有关问题的决定》《关于确定全市各镇新一届人民代表大会代表名额的决定》;通过启东市第十七届人民代表大会代表名额分配方案和各镇选举委员会组成人员名单。

【市第十六届人大常委会第四十三次会议】 11月16日,市十六届人大常委会第四十三次会议在市行政中心科技楼举行。市人大常委会组成人员共30人出席会议。会议审议通过有关人事任免事项。

【市第十六届人大常委会第四十四次会议】 12月5日,市十六届人大常委会第四十四次会议在市行政中心科技楼举行。市人大常委会组成人员共27人出席会议。会议听取和审议市公安局政委茅晓东受市政府委托所作的关于全市道路交通安全管理情况的报告,听取市人大常委会内司工委主任陈庄所作的关于全市道路交通安全管理情况的调查报告;审议通过市政府《关于在全市公民中开展法治宣传教育的第七个五年规划(2016—2020)》;听取和审议市审计局副局长黄健受市政府委托所作的关于2016年审计工作报告中指出问题整改情况的报告;听取和审议市政府办公室主任唐海兵受市政府委托所作的关于市十六届人大五次会议代表建议办理情况的报告;听取和审议市政府相关部门关于人大评议整改工作情况的报告;作出关于召开启东市第十七届人民代表大会第一次会议的决定和关于启东市第十七届人民代表大会第一次会议列席人员范围的决定。

【市第十六届人大常委会第四十五次会议】 12月28日,市十六届人大常委会第四十五次会议在市行政中心科技楼举行。市人大常委会组成人员共26人出席会议。会议听取和审议市人民政府副市长袁圣菊所作的《关于进一步加强水环境整治的决议》贯彻落实情况的报告,听取市人大常委会农业和农村工委主任顾胜豪所作的《关于进一步加强水环境整治的决议》贯彻落实情况的调查报告;听取和审议市财政局局长杜文华受市政府委托所作的关于调整2016年市本级财政预算情况的报告,作出关于批准2016年市本级财政预算调整的决定;听取和审议市人民政府副市长袁圣菊所作的关于2016年度市人大常委会审议意见办理情况的报告;听取市十七届人大一次会议筹备工作情况报告和市第十七届人民代表大会代表资格的审查报告,通过市人民代表大会有关专门委员会的设立和通过办法(草案)、市十七届人大一次选举办法(草案)、会议日程(草案)、组织机构及各项名单(草案)和市人大常委会工作报告(稿);表决通过有关人事任免和辞职事项。

(虞成晨)

重要工作

【概况】 市人大常委会坚持发展第一要务,围绕市经济发展中全局性、关键性的重大事项开展审查和监督,力促全市经济在新常态下实现平稳、健康、可持续发展。

*审查决定计划预算。*常委会听取审议计划执行情况和财政预决算报告,督促政府及其相关部门落实中央和省市委一系列稳增长、促改革、调结构、惠民生、优生态的政策措施,确保经济增长速度不减、质量更优。贯彻新预算法,推进预算公开和绩效评价,构建更加科学的全口径预决算监督体系。依法支持审计部门履行审计职能,对审计查出问题整改情况进行再审和满意度表决,增强决算审查监督力度。

*促进转型升级。*常委会把握转变发展方式这一主线,开展对重要领域、重点项目、重大投入的监督,支持政府加快产业结构优化升级。对科技创新工作开展专题调研和审议,就切实发挥科技创新在转方式、调结构中的引领作用提出建议意见,推动政府加快形成以创新为主要支撑的经济体系和发展方式。关注工业经济特别是先进制造业发展,积极助推政府聚焦市"三优三新"产业集群,有效延伸产业链条,提升产业能级。

*推进高标准农田建设。*常委会开展高标准农田建设情况的调研和审议,督促政府加快建设与现代农业生产和经营方式相适应的高标准农田。市政府高度重视常委会审议意见,改善农田基础设施,提高农业机械化水平,全年新增高标准农田5.6万亩,促进现代农业提质增效。

*助推重大项目建设。*常委会组织全体组成人员和部分人大代表深入市重大项目建设现场开展集中考察,听取审议政府专项工作报告,建议完善有利于释放园区发展活力的体制机制,推进八大园区提档升级、功能互补,提升承接上海优质产业转移能力,促使重大项目建设再提速、再增效。市政府开展"项目建设提速年"活动,以重大项目大突破推动沿海开发大跨越,全市重大项目建设取得突破性成效。

【专题调研】 *聚焦民生保障热点。*将事关群众切身利益的道路交通安全管理、物业管理、民族宗教管理等方面工作列入常委会重点监督议题,组织常委会组成人员开展考察调研、明查暗访、接待选民等一系列活动,及时掌握情况,跟踪工作进度,推动民生热点问

10月28日，南通人大到启东考察市现代公共文化服务体系建设情况
（市人大办/提供）

题的解决，拓展民生工作普惠面。常委会听取和审议全市道路交通安全管理情况的专项报告，要求政府强化源头管理、隐患排查和路面管控，保障道路交通安全。市政府以实施城市“畅通工程”为载体，加强城市交通规划和道路基础建设，推进道路交通综合治理，全市道路交通安全形势总体保持平稳。

推动生态文明建设。11月，常委会对市政府贯彻执行市人大常委会《关于进一步加强水环境整治的决议》情况进行调研，重点听取市农工办、财政局、环保局、住建局、城管局、农委、水务局、海渔局等相关部门的工作汇报，赴有关镇开展座谈调研，实地查看近海镇大圩村、向西村等地的水环境状况，听取各方面的意见和建议。调研组在常委会第45次会议上听取审议市政府关于《加强水环境整治的决议》贯彻落实情况的报告，针对要求市政府及其相关职能部门加大宣传力度，营造全民参与良好氛围；加大整治力度，标本兼治整治水环境顽疾；加强整体联动，提升整治工作实际水平；巩固整治成效，完善水环境管护长效机制，实现水面清洁、河坡整洁、水系畅通、水体洁净。

推进医疗卫生服务体系建设。5月，常委会开展医疗卫生服务体系建设情况专项调研，听取相关部门的情况汇报，实地走访部分镇卫生院和村卫生室，召开部分医疗机构负责人和村医代表参加的座谈会，广泛听取各方面的意见建议，并在常委会第40次会议上听取和审议医疗卫生服务体系建设情况的报告。针对经费保障机制还不完善、人才队伍建设有待加强、医疗惠民措施尚应完善、医疗服务难题亟需破解等问题，要求市政府及其相关职能部门健全多层次医疗组织保障体系，加强卫生人才队伍建设，完善投入保障机制，落实相关配套措施，加快推进市医疗卫生服务体系建设。

推进教师队伍建设。9月，常委会开展教师队伍建设情况专项调研，听取教育局等相关职能部门的工作汇报，并深入汇龙镇、合作镇和南城区街道办，召开由镇（街道）有关领导、人大代表、学校负责人、一线教师和家长代表参加的座谈会，并赴海门等地进行学习考察，广泛听取各方面意见建议。调研组在常委会第62次主任会议上要求政府及其职能部门推进人事制度改革，建立健全激励机制，加强师德师风建设，弘扬尊师重教之风，创造教师成长和谐环境，努力建设一支师德高尚、业务精湛、结构合理、充满活力的高素质专业化教师队伍。

推进食品安全工作。4月，常委会就全市食品安全工作开展专项调研，通过听取相关部门工作汇报、召开座谈会、现场视察等形式，深入了解情况，收集意见和建议。调研组在常委会第57次主任会议上要求政府加强宣传教育，坚持问题导向，提升食品安全监管效能，建立齐抓共管高效机制。

推进秸秆综合利用。6月，常委会对市农作物秸秆综合利用情况进行专题调研，先后听取市农委、财政局、环保局等部门的情况汇报，实地走访部分镇、秸秆综合利用企业，召开部分市人大代表座谈会，广泛听取各方面的意见建议。调研组在常委会第59次主任会议上建议市政府及其职能部门营造秸秆综合利用社会氛围，加快农田机耕路网建设，引导农民调整种植结构，做大做强秸秆综合利用产业，推进秸秆综合利用工作。

维护司法公正。先后听取审议刑事审判、民事行政检察、反贪污贿赂工

12月27日，市人大常委会组成人员考察市水环境情况 （市人大办/提供）

作等专项报告,开展执行工作、诉调对接、预防和查办职务犯罪、法官检察官队伍建设等情况的专题调研,监督支持法检两院深化司法改革、促进公正司法。将人民陪审员名额由65名增加至170名,推进人民陪审员制度落实。组织代表对“两院”有关工作进行视察、观摩庭审,增强司法工作的透明度和公信力。常委会开展法院基层基础建设、审判权运行机制改革情况的调研,促进法院为全市经济社会发展提供公正、权威、高效的司法保障。听取检察院反渎职侵权工作情况的报告,督促和支持检察院履行法律监督职能,强化反渎职侵权工作。

【推进依法行政】 对10个政府部门开展工作评议,由常委会组成人员和人大代表进行满意度测评,测评结果报告市委,通报“一府两院”,提升被评部门依法行政能力和为民服务水平。开展安全生产法、环保法、建筑法、城乡规划法等法律法规实施情况的检查,配合上级人大开展食品卫生法、江苏省保护和促进台湾同胞投资条例等执法调研和执法检查,督促政府依法行政、公正执法。支持政府深化相对集中行政许可权改革,提高行政效能。开展规范性文件备案审查,维护法制统一。常委会制定宪法宣誓办法,举行常委会任命人员向宪法宣誓仪式。听取社会诚信体系建设情况的报告,推进社会治理向法治化轨道迈进。加强法治宣传教育,作出《在全市公民中开展第七个五年法治宣传教育的决议》,推动新一轮普法活动深入开展。

【人大换届选举】 按照《地方组织法》《选举法》《代表法》等法律规定,组织市镇两级人大换届选举。把好代表“入口关”、选举“组织关”和全过程的“监督关”,依法足额选举产生新一届市、镇人大代表1495名。实行人大选举任命人员履职情况报告制度,将任后监督融于法律监督和工作监督之中,提升人事任免的科学化、规范化水平。

【人事任免】 坚持党管干部与人大依法任免相统一原则,审慎行使人事任免权。组织33人参加任前法律知识考试,依照法定程序任免国家机关工作人员81人次。探索加强干部任后监督的途径和措施,制定《关于市人大常委会任命的“一府两院”工作人员报告履职情况的暂行办法》,全年安排17位“一府两院”工作人员在常委会会议上述职,接受满意度测评,推动任免权与监督权的有机结合。

【信访受理】 全年共受理人大代表和人民群众来信41件,接待来访11起20多人次,反映与推动解决群众合法诉求,在化解社会矛盾、促进社会和谐中发挥积极作用。

【代表工作】 拓宽代表知政渠道。做好联系和服务工作,为代表履职创造良好条件。举办培训活动,帮助代表掌握履职的基本要求和方法。实行常委会组成人员联系代表、代表联系选民的“双联系”制度,加强与代表的沟通交流。向代表通报常委会重点工作,邀请代表参与调研、检查、考察、评议活动和列席常委会会议,保障代表知情知政权利。

搭建代表履职平台。创设平台,推进代表履职常态化、实效化。深化“人大代表之家”功能建设,全市52个“人大代表之家”基本达到“重规范、全覆盖、求实效”的要求。与新闻媒体合作开办“代表园地”“代表之窗”等专版专栏,开展优秀代表建议评选工作,激发代表履职热情。坚持人大代表述职制度,市镇近1500名代表回到选区、走访选民、报告工作,践行“人民选我当代表,我当代表为人民”的履职承诺。常委会组织全市各级人大代表开展“发挥代表作用,助力小康建设”主题实践活动,以“三张清单”和争当环境保护“啄木鸟”活动为工作抓手,引导和推动代表在全面小康建设的新实践中自觉地担当使命、履行职责,取得服务群众和助力小康建设的良好成效。

督办代表议案建议。启动代表议案建议网上办理系统,向社会公开办理进度和办理结果。实行由政府领导领办、有关部门重点办理,人大常委会领导督办、人大相关委室分工联系的办理制度,提高办理成效。对重点建议的办理落实情况逐条进行满意度测评,让常委会组成人员真实表达自己的意见,有效减少“被满意”现象。

约束激励代表履职。关注代表闭会期间履职情况,统一印发履职记录本,规范代表履职内容,促进代表完善自我管理。组织在启东的南通市人大代表回选举单位述职,接受市人大常委会监督。加强“代表园地”“代表之窗”等平台建设,展示代表履职风采,推进政府相关工作。邀请代表列席常委会会议,鼓励代表畅所欲言发表对“一府两院”工作的意见。开展代表优秀议案和建议评选活动,激发代表的主体活力和履职热情。

(虞成晨)

7月12日,市人大常委会开展“主任接待代表日”活动 (市人大办/提供)

建议办理

【概况】 市十六届人大五次会议以来，代表们履行宪法和法律赋予的职责，依照法定程序，围绕事关全市经济社会发展大局和人民群众切身利益的重要问题，建言献策，提出许多建议和意见。会后，经市人大人事代表工作委员会整理并移交市政府及各职能部门办理的建议、批评、意见(以下简称建议)190件，其中，经济发展方面16件，城市建设管理方面82件，农业和农村工作方面16件，教科文卫方面28件，民生保障方面14件，社会稳定和治理方面4件，依法行政方面17件，其他方面13件。所有建议均已按时办理完毕。所提问题已经解决或基本解决的70件，占36.84%；所提问题着手解决或已列入计划准备解决的101件，占53.15%；所提问题因受当前条件限制或其他原因逐步研究解决的19件，占10.01%。从反馈意见看，代表们对市政府及各承办单位办理工作的过程和结果给予充分肯定，初次答复满意率达98.99%，二次满意率达100%。

【重点建议办理情况】

1.关于施仲元等代表提出的《关于加速推进沪崇启铁路过江通道规划的建议》。

市政府办理情况：建设沪崇启铁路过江通道对江苏、上海及长三角地区的经济发展具有深远影响，尤其对启东经济腾飞具有重大现实意义。市政府高度重视，加快推进沪崇启铁路过江通道的建设。3月，江苏省方面就江苏铁路在“十三五”期间的建设与铁路总公司沟通交流中形成备忘录，明确把北沿江铁路作为重点推进的项目。5月9日，国家铁路局组织上海、江苏及相关部门的专家、领导在启东召开“沪崇启铁路过江通道”规划研讨会。形成专家意见：沪崇启铁路过江通道是北沿江铁路的重要节点，是沿海铁路的重要组成部分，兼顾启东至上海的快速通道，是落实国家“长三角经济带”发展战略及“长三角一体化”、“江苏沿海开发战略”铁路重大基础设施工程，及早进行规划研究很有必要，建议继续开展规划研究，结合上海市总体规划等要求，完善方案。6月，委托南京城市与交通规划设计院展开启东市跨长江北支通道工程研究，报省住建厅批准后，将崇启铁路过江通道纳入省政府批准的《启东市城市总体规划》。同时，市政府成立崇启铁路过江通道建设前期工作小组，组织推进过江通道建设。

2.关于石光辉等代表提出的《关于举全市之力推动吕四港新一轮大发展的建议》。

市政府办理情况：一是对接国家战略，打通进港航道。持续做好已建航道的研究、监测和维护，确保航道建设的科学规范；开展10万吨航道疏浚的启动工作；依托10万吨级航道资源优势，努力融入上海港口群。二是突出产业支撑，集聚一批重大项目以临港、传统产业为依托，加快“一港三区”建设，重点发展“3+3产业”和引进冷链物流产业，结合吕四港一类口岸和综合保税区建设，力争未来五年初步建成长三角一定影响力的冷链物流基地。召开市长办公会议，成立由相关单位组成的工作班子，明确各部门工作职责。三是加强规划引领，建好一些基础设施。全面完成吹沙成陆，建设道路、管网、供电等基础配套，加快构建高效便捷的综合集疏运体系；推进一类口岸开放功能建设，港口开发尽快实现从基础建设向经营管理转变；镇区全力推进省级新型城镇化试点、特色景观旅游名镇创建，加快建设“开放型”城市，建成“九横九纵”道路框架。四是围绕港城发展需求，启动一系列专项报批。东港池建材码头岸线、进港铁路、环抱式港池进港二期10万吨航道2016年底前分别报批至交通部、上海铁路局、省发改委。综合保税区相关报批先期以渔港经济区和临港产业项目发展需求为导向，开展鲜活农产品、进口冻品和粮油等指定口岸申报工作，争取设立综合保税区，搭建港口跨越发展的政策平台。以全国重点镇为依托，紧抓国家开展特色小镇培育工作的契机，开展特色小镇申报相关工作。五是注重人才培养，组建一支过硬队伍。港口发展方面，重点加快引进港口、航道、码头等专业人才，提升港口规划建设能力，并向管理、营运转变；产业发展方面，培养一批懂经济、懂产业、善专研的干部，推动港口产业集聚壮大；城市发展方面，组建一支得力的社会管理队伍，化解社会矛盾，挖掘吕四港人文、生态、旅游资源，推动特色港城建设。吕四港一类开放口岸获批，吕四港区航道正式通航，两个5万吨级综合海运码头投入使用；港口主体工程环抱式港池围堤工程、防沙导流堤工程竣工验收，港区10万吨进港航道一期工程竣工，形成岸线22.4公里，陆域22.97平方公里，环抱式港池雄姿初现。

3.关于汤辉等代表提出的《关于培育和践行社会主义核心价值观，进一步加强社会诚信体系建设的建议》。

市政府办理情况：一是建立全覆盖的“一网三库一平台”社会信用信息系统。建立自然人和社会法人信用信息系统，依法收集、整合区域内公民、社会法人和其他组织的信用信息，6月底完成2013—2015年度信用信息归集工作。设计、建设“诚信启东网”，依法依规逐步扩大信用信息的发布，增加服务功能，提升服务水平。二是构建守信激励和失信惩戒机制，营造崇尚诚信的社会环境。研究制定自然人和社会法人守信受益失信惩戒措施，加大对守信行为的表彰和宣传力度。对诚信企业和模范个人给予表彰，通过新闻媒体广泛宣传，营造守信光荣的舆论氛围。三是开展诚信主题实践活动，加强诚信宣传教育。以新闻媒体宣传、网络平台宣传、主题活动宣传为主要方式，以推动政务诚信、商务诚信、社会诚信和司法公信建设为主要内容，推进诚信宣传教育。通过开展诚信主题创建活动，组织“信用纳税”“争当诚信法律服务工作者”“诚信客运”“价格诚信单位”创建等系列活动，营造“诚信建设人人知晓，人人参与”的浓厚氛围。四是加强重点领域诚信建设，提升全社会信用建设水平。贯彻落实《政府信息公开条例》，强化政务公开，实现“阳光行政”，增加政务透明度。推进商务域信用体系建设，加大市场监管力度，打击违法经营、制假售假等失信行为,营造诚信市场环境。落实《企业信息公示暂行条例》,开展企业信用管理贯标和示范创建活动,促进企业自觉履行诚信义务,依法经营、照章纳税、严格履约,防范信用风险,提高企业综合竞争力,增强企业社会责任感。推进司法公信建设。推进审判流程公开、裁判文书公开、执行信息公开三大平台建设,完善执行联动机制、行贿犯罪档案查询制度,建立健全行贿犯罪档案查询与应用的社会联动机制。加快公安系统信用信息资源有效整合,落实全市公共信用信息系统提供公民基础数据的职责。

4.关于钱学诚等代表提出的《关于科学综合利用秸秆,促进低碳经济发展的建议》。

市政府办理情况:市政府按照"以秸秆机械化还田为主,其他多种形式利用为辅"的原则,探索形成秸秆综合利用体系,有效遏制露天焚烧秸秆。一是营造宣传氛围。对秸秆综合利用和禁烧工作进行宣传,发放相关秸秆综合利用的技术资料及倡议书;利用电台、电视台等媒体滚动播出秸秆综合利用的典型及政策,鼓励广大农民群众积极利用秸秆,自觉抵制露天焚烧秸秆的行为;各镇建立工作责任制,创新举措,开展秸秆综合利用宣传工作,通过印发秸秆综合利用工作宣传材料、拉横幅、路上流动广播等多种形式,教育农民自觉禁烧和秸秆综合利用。二是加大财政补贴力度。通过多次到兄弟县市调研,召开服务主体、利用企业、镇农业部门负责人等会议。采纳各方意见,形成财政补贴政策。三是推广综合利用技术。利用还田措施、能源化利用等形式,鼓励发展以秸秆为主要原料的板材、装修装饰材料产业,帮助企业延长产业链,扩大销售,提高产品附加值。四是争取项目扶持。对在市从事秸秆综合利用的企业,通过争取项目扶持放大综合利用的典型效应。鼓励各镇(园区)通过招商引资兴办秸秆利用企业,通过项目的实施,市在秸秆的饲料化利用、肥料化利用、基料化利用等多个方面树立典型,为更好地探索市秸秆综合利用奠定基础。

5.关于杜锦德等代表提出的《关于加强我市投资理财机构管理的建议》。

市政府办理情况:市政府严格按照国家、省、南通市的工作要求和部署开展相关工作,加强引导企业科学发展,远离非法集资活动,开展好防范与打击非法集资宣传活动,维护百姓切身利益和社会安定发展。一是加强组织领导,完善整治工作机制。成立市互联网金融风险专项整治工作领导小组,对全市涉及到互联网金融的投资理财机构等开展专项整治工作,并明确领导小组及其各成员单位的主要工作职责,建立日常联系机制,互通信息,督促、指导具体整治工作。各部门协调配合、共同解决专项整治工作中的有关问题。二是严控市场准入,抓好源头工作。对投资理财类企业严格市场准入,加强事中事后监管、完善协同监管机制。登记时,向企业统一发放《非法集资风险告知书》,由企业签署《远离非法集资活动承诺书》,在登记的第一时间做好政策宣传和行政指导,并在营业执照经营范围上加注一系列限制性用语,劝诫企业远离非法集资活动,从源头上促进投资理财类企业的规范发展。三是开展风险排查,全面强化工作预警。相关部门组成联合工作组,对市投资理财类企业登记的名称、经营范围中含有投资、投资管理、投资咨询、投资信息服务等字样的的企业,进行全面的摸底排查。对摸排出来的40多家投资理财类企业,逐一上门核实登记造册,提醒约谈。每月开展对市重点行业和领域的风险排查,摸清关键风险点,做到抓早抓小,早发现、早处置,始终保持高压态势,确保市投资理财类企业的风险在可控范围内。四是加大宣传力度,营造舆论氛围。各部门分工联动,搭建宣传平台,做到电视有形、报纸有文、网络有论、社会有舆论。全市银行、保险机构各网点、各小贷公司、各镇、园区积极配合宣传,利用QQ工作群、官方微信平台,自制宣传横幅、宣传手册、张贴海报、利用广场LED屏等高频率地向市民朋友宣传防范打击非法集资和互联网专项整治的内容。宣传非法集资的危害性,增强公民的风险意识和辨别能力,提高公众的金融意识、诚信意识和法律意识。组织开展广告资讯排查清理工作,共开展检查活动45次,出动人员98人(次),检查投资理财类广告51条。

6.关于汤永涛代表提出的《关于推动启东大众创业、万众创新的建议》。

市政府办理情况:一是补充完善推动大众创业,万众创新的新政策和新措施。通过转变政府职能,有效整合资源,集成落实政策,从改善创业融资环境、完善服务模式、培育创新文化等方面入手,为大众创新创业提供优质的服务平台和发展空间,加快构建面向全社会的创新创业载体,优化和完善市创新创业生态环境,以吸聚创新创业人才创业孵化,推动创新创业项目在启东落地转化和实现产业化。二是对创业人员办厂用地和在自己宅基地超面积建造的厂房给予适当照顾和支持。市政府鼓励引导建设一批高标准厂房,引导小微企业和初始创业者租用部分厂房实现项目起步,再根据经济条件状况逐步发展创业平台,逐步拥有企业自己的厂房和土地,减少投资风险,形成健康发展之路。同时进一步挖掘存量建设用地资源。盘活存量建设用地和低效建设用地资源,通过租用、扩建、合用等多种办法,在存量建设用地盘活利用上争取空间。制定一些优惠和奖励措施,引导存量国有土地的原有业主解放思想,支持合力共建,实现合力共赢。三是长年设立职业培训班。市政府在原有职业学校以外,于滨海工业园区、原和平小学、原启东市建工学校设立启东职业教育培训基地,为广大企业、职工提供职业培训。根据《职业教育法》要求,在进行学历教学的同时,实施农村劳动力转移培训、两后毕业生培训、企业职工培训、返乡农民工培训、退役士兵培训、建筑施工员培训、月嫂培训、村干部等多种社会培训,年均培训量7000余人次。

7.关于陆俊杰代表提出的《关于加快完善我市旅游产业的建议》。

市政府办理情况:市政府贯彻落实《国务院关于加快旅游业发展的意见》和《省政府关于全面构建"畅游江苏"体系促进旅游业改革发展的实施意见》,以创建海洋旅游示范城市为目标,以规划为引领、项目为支撑,转变发展方式、提升产业品质,努力实现旅游业态从观光旅游型向观光旅游休闲度假复合型转变。一是构建旅游产业格局。围绕“一区、一港、一岛、一城”和“沿海、沿江、沿道”这些集聚发展区域，汇聚各方力量，重点打造圆陀角旅游度假区、吕四渔港海洋风情区、启隆生态度假岛、汇龙都市休闲区及一组乡村旅游集聚区，发展旅游休闲产业，铸造“江海休闲都市”特色品牌，加快旅游度假目的地的建设步伐。二是完善服务体系。重点围绕行业服务、智慧旅游、旅游交通、旅游安全等方面，完善旅游公共服务，加快配套设施建设，为到启东游客提供一个良好的旅游环境。三是优化营销策略。通过强化营销理念、加大营销力度、创新营销方式，亮出并打好 “日出江海圆陀角”“三水相约度假地”“渔家生活吕四港”“沙地风情乡村游”和“休闲都市汇龙城”五张城市旅游“名片”。以客源地建设为抓手，推进市旅游市场的拓展。以“启东很亲”为主题，主攻上海旅游休闲市场，创造“工作在上海、休闲到启东”的氛围，做大上海这一主体客源地文章。整合全市宣传推广资源，利用大数据平台，实施组合式立体营销。四是加强政策导向和保障措施。发挥政府在旅游业发展进程中的引导和推动作用，从根本上完善政策配套、创新投入机制、加强市场监管，扶持旅游业的发展。坚持“人才兴旅”，加强旅游人才队伍建设，为全市旅游业蓬勃发展、可持续发展提供人才保障。

8.关于杜锦德等代表提出的《关于加快西城区生活配套设施建设的建议》。

市政府办理情况：针对西城区生活配套设施建设较为落后的客观情况，市政府统筹考虑，把西城区生活配套设施建设和经济开发区规划结合，坚持规划先行、生态先行、安置先行，全力打造生态园区、宜居园区。一是社区配套方面。总建筑面积1400平方米的林洋路夜排档和总建筑面积1600平方米的牡丹江路夜排档开工建设。总建筑面积5200平方米的善成小区邻里中心即将开工建设、总建筑面积2100平方米的钱塘佳苑邻里中心、总建筑面积18000平方米的富源小区邻里中心、总建筑面积3500平方米的海洪室内菜场以及总建筑面积3300平方米的韩华路夜排档等确保2017年开工。二是教育及医疗设施方面。在已有的童心幼儿园、华洋幼儿园、善成小学、晨曦中学的基础上，分别建1所双语幼儿园和实验小学开发区分校。在南部新区规划2所幼儿园、1所小学、1所初级中学及1所九年一贯制双语学校，建成后将完全能够满足开发区适龄儿童就学需求。在世纪大道北侧、科创路东侧规划一所专科医院，在各社区设置相应规模的卫生服务站，满足开发区居民医疗保健服务需求。三是健身设施方面。善成小区中心公园开工建设。占地21亩的社区健身公园、富源小区街头公园、钱塘佳苑中心公园、占地90亩的开发区城市公园完成规划及施工图招标。

9.关于朱伟等代表提出的《关于加强市区道路机动车停放长效管理的建议》。

市政府办理情况：市政府坚持“政府牵头、部门主导、依法治理”的原则，整合各部门的力量，着力解决市区道路机动车乱停乱放问题，努力打造畅通、有序、文明、和谐的城区道路交通环境。一是开展城区停车设施专项规划。政府牵头，建设、交通、公安、城管等相关职能部门共同参与，按照政府主导、因地制宜、统筹规划、协调发展的原则，在摸清停车矛盾现状、科学预测停车需求的基础上，研究确定城市停车总体发展策略、社会公共停车设施布局和规模，明确建设时序和对策。二是推进停车设施建设。加强机构建设，建立“城市道路停车管理办公室”，统筹市区道路停车泊位设置、规划、管理及收费，规范停车管理，并在四个入城口附近建大型车辆停车场，减少大型车辆对城区道路的通行干扰。加强设施建设，抓好大型公共建筑物、住宅小区、繁华商业街区、学校等人口密集区的停车场配建工作，合理设置城市主次干道停车泊位，改善静态交通，缓解交通拥堵；建立停车泊位诱导系统，在有停车场的地方设置相关标志标牌及显示屏等，提高现有公共停车泊位的利用率和周转率。三是加大对违法停车的查处力度。城区交警中队启用新的勤务管理模式，实行4个岗点警力平峰时段重点开展违停纠处，2个巡逻组警力着重加强对重点时段、重点路段的机动车辆乱停乱放的管理，该处罚的处罚，该拖移的拖移。利用道路监控设备，对违法停车实施抓拍，使机动车辆乱停乱放现象无处可藏。

10.关于朱咏梅等代表提出的《关于均衡城乡医疗资源，促进“分级诊疗”制度顺利实施的建议》。

市政府办理情况：随着医改工作的深入，“分级诊疗” 制度实施一年来的成效初显。但是，限于村级(社区)卫生室缺医少药的问题，乡村医生(社区医生)队伍年龄偏大，业务素质不高的现状，基层群众对基层医疗机构信任度不高，导致“小病不出村”的良好愿望没有得到基层群众的普遍欢迎，甚至成为“分级诊疗”制度全面实施的阻力。市政府因地制宜、逐步推进，创新机制、加强引导，平衡城乡医疗资源，促进分级诊疗制度顺利实施。一是组建两大医疗集团。医疗集团内部实行技术资源共享，人才有序流动。随着市医疗卫生信息化建设的发展，市医疗信息网络开始向村卫生室覆盖，医疗集团专家可为住在基层医院的病人实施远程会诊。两大医疗集团的成立，为逐步提升市基层医院医疗服务水平奠定基础。二是开展与大医院技术合作。人民医院、中医院分别与上海大医院联合办医，整体提高市医疗技术水平，方便市民就近享受大医院专家的诊治。2月，人民医院率先开设视频门诊，接受外省市大医院的技术辐射，至3月底，有140多名病人在人民医院接受上海等地著名专家门诊诊治，节省病人的时间和费用。三是加大基层医院基础建设和医疗人才培养力度。市财政加大基层医院投入力度，为基层医院添置医疗设备，市所有基层医院均配有彩色B超、300MA以上X光机、全自动生化分析仪、电解质分析仪、血球仪、尿液分析仪，6所镇社区卫生服务中心还有CT配置。开展全科医生规范化培训和全科医生转岗培训，培养适应基层医疗服务的人才，全面推行基层医院医生至上级医院进修学习制度，有效提升基层医务人员的医疗服务水平。

2016年人大代表优秀建议

表5

建议号	标　　题	建议人
001号	关于加速推进沪崇启铁路过江通道规划建设的建议	施仲元等
002号	关于举全市之力推动吕四港新一轮大发展的建议	石光辉等
003号	关于培育和践行社会主义核心价值观,进一步加强社会诚信体系建设的建议	汤　辉等
004号	关于科学综合利用秸秆,促进低碳经济发展的建议	钱学诚等
005号	关于加快发展启东精品旅游路线的建议	高红宇等
006号	关于加强我市投资理财机构管理建议	杜锦德等
007号	关于推动启东大众创业,万众创新的建议	汤永涛
010号	关于加快完善我市旅游产业发展规划,打造提升我市城市品位的建议	陆俊杰
020号	关于加快西城区生活配套设施建设的建议	杜锦德等
021号	关于组织实施老旧小区多层住宅改装电梯的建议	姜汉杰等
043号	关于加强市区道路机动车停放长效管理的建议	朱　伟等
064号	关于拓宽吕北公路新港至化工园区段的建议	黄松涛等
090号	关于铁路公路建设路基填土实行外购土的建议	江林海等
124号	关于强化对生猪养殖业管理的建议	施永辉等
129号	关于均衡城乡医疗资源,促进"分级诊疗"制度顺利实施的建议	朱咏梅等
130号	关于学校体育设施对公众开放的建议	王建石等
135号	关于治理餐桌污染保障人民群众"舌尖上的安全"的建议	吴风云等
171号	关于加强基层法治文化建设的建议	李　英等
181号	关于改进和加强宗教管理的建议	潘炜华

(虞成晨)

湿地鹭影　　(徐　昕/摄)

重要会议

【政府全体会议】 3月1日，市政府召开全体(扩大)会议，围绕市委十二届十次全会(扩大)会议和市十六届人大五次会议确定的各项目标，动员政府系统全体上下抓落实、推进各项工作，为"十三五"顺利开局和率先全面建成小康社会打下坚实基础。

市委副书记、市长黄卫锋强调三个方面意见。一是抓落实，认清全市面临的形势。要清醒认识和深入思考产业转型、动力转换、城市活力、群众诉求回应等事关全局的现实性、根本性、战略性问题。认清自身优势潜力和竞争压力，从中把握大趋势、抓住新机遇、抢占制高点，实现新突破。二是抓落实，开好局起好步确保首战必胜。要在经济运行上稳增长，围绕去产能、去库存、去杠杆、降成本、补短板五大任务，抓住一批影响和制约启东发展的重点问题，采取措施，加以创新突破。要在项目建设上下功夫，注重内源发展上项目，支持大企业大集团发展、扶持中小企业做大做强，保障资金、土地等要素资源；注重外源驱动引项目，推进招商引资，向上争取项目和资金。要在创新转型上求突破，以产业升级和创新驱动为关键着子，坚持优势产业和新兴产业并重，优化存量与扩大增量并举，以增量扩大提升存量，以存量优放放大增量，打赢稳增长、促转型、调结构的主动仗和攻坚战。要在民生保障上见实效，办好民生实事，突出精准扶贫，提升治理能力。三是抓落实，保持定力提振精气神。完成目标任务，牢固树立目标追求，保持实干精神；练就过硬本领，弘扬团队文化和精神；激发责任担当，自觉增强规矩意识。

11月8日，市政府召开全体(扩大)会议，贯彻落实中央、省、南通市对当前工作的最新要求和市第十三次党代会精神，总结年初以来工作，分析形势，部署安排下阶段重点任务，动员全市上下振奋精神、坚定信心，争分夺秒、奋力冲刺，打赢全年经济社会发展收官战，努力实现"十三五"良好开局。

市委副书记、市长黄卫锋回顾总结年初以来全市经济社会发展情况。全市上下紧盯年初确定的目标任务，坚持以供给侧结构性改革为主线，围绕项目建设这一总抓手，协调推进稳增长、调结构、促改革、惠民生等各项工作，经济社会保持平稳健康发展的良好态势。但是，实体经济下行压力增大，重大项目建设不容乐观，多重风险叠加需高度警惕，全市上下要对存在的问题不容忽视，发展的意识要更加强烈，对潜在的优势必须看清，发展的干劲要更加高涨。黄卫锋指出，全市上下要把实现目标作为当前最紧迫的任务，对照政府确定的总体要求和年初确定的目标任务，做到只能超、不能欠，只能完成、不能打折扣，努力交上一份出色的成绩单。咬定目标抓冲刺，对照目标找差距，抢进度，争进位；突出项目抓冲刺，项目招引要重磅出击，项目建设要加快突破，项目服务要提高效率；瞄准当前抓冲刺，推进重点工程，推进民生实事，维护安全稳定；统筹兼顾抓冲刺，抓好中央环保督察组交办件的长效整改工作，抓好高标准农田项目建设，抓好精准扶贫工作。同时，谋划好2017年的政府工作，围绕城市转型发展，谋划如何推进"四个城市""一堡三地"建设；围绕重大项目"双十"三年行动计划，谋划如何推进项目建设；围绕交通发展，谋划如何推进重大基础设施建设。黄卫锋强调，实现全年工作满堂红，重在抓好落实。政府系统要咬定目标不放松，不懈怠，不断增强执行力，落实工作责任，敢于攻坚克难，强化担当意识、创新意识、实干意识，严守纪律规矩，确保政令畅通，严格执行制度，坚决守住底线，全力完成2016年经济社会发展目标任务，确保实现"十三五"发展良好开局，为建设经济强、百姓富、环境美、社会文明程度高的新启东做出更大贡献。

【市政府常务会议】 2016年，市政府共召开常务会议11次。

市政府第45次常务会议。2月1日召开，讨论《启东市环境保护领域综合行政执法体制改革试点实施意见》《关于进一步推进全市城乡建设用地增减挂钩工作的实施意见》和市第二批"千人计划"专家工作站拟建站名单，听取被征地农民养老补助金标准动态调整、工业开放型经济相关政策及100个重大项目、市本级2016年部门预算编制情况汇报。

市政府第46次常务会议。2月25日召开，听取2016年市人大代表建议政协提案基本情况汇报，讨论《关于启东市南阳镇行政管理体制改革试点工作的实施意见》《关于加强金融支持实体经济的意见》。

市政府第47次常务会议。3月22日召开，讨论《启东市行政审批中介服务机构管理办法》《启东市行政审批中介服务机构信用等级考评办法》《启东市行政审批中介服务事项和收费目录》《关于进一步推进社会养老服务体系建设加快养老服务业发展实施意见》《启东市深化小型水利工程管理体制改革实施方案》，听取2015年度工业经济相关奖励政策兑现、2016年全市经济稳增长若干政策措施和全市重大项目建设情况汇报。

市政府第48次常务会议。4月22日召开，传达南通市委常委会关于工业企业达标排放百日行动和学校周边环境整治工作精神，讨论《启东市严格管控违法建设办法(试行)》《启东市网格化环境监管体系实施方案》，听取国投公司出资入股省再担保公司工作情况和有关案件汇报。

市政府第49次常务会议。5月23日召开，讨论《启东市城市亮化管理实施办法》《启东市乡村教师支持计划工作方案》《深化财政国库集中支付改革工作方案》《启东市重点高层次创新创业人才引进激励实施办法》。

市政府第50次常务会议。6月30日召开，讨论《北京大学生命科学学院江苏省启东市人民政府开展全面合作联合组建产业研究院的框架协议》，听取全市防汛工作、对南通市级中心镇南阳镇下放事权梳理工作以及2016年为民实事项目工作进展情况汇报，学习《不动产登记暂行条例》。

市政府第51次常务会议。7月22日召开，讨论《关于加快推进生态文明建设的实施意见》《2016年度生态文明建设目标任务书分解落实方案》《关于推进供给侧结构性改革的意见》《启东市政府购买居家养老服务办法》《启东市临时救助实施办法》，听取上半年全市经济运行、项目建设、招商引资和外贸工作，上半年全市安全生产以及全市食品安全工作开展情况汇报。

市政府第52次常务会议。8月26日召开，讨论《关于扶持薄弱村发展集体经济的实施办法》《启东市境外劳务纠纷及相关突发事件应急工作预案》，听取创建省优秀管理城市工作情况汇报。

市政府第53次常务会议。9月29日召开，讨论《关于进一步做好新形势下就业创业工作的若干政策措施》《启东市水污染防治工作方案》《启东市国有企业监督管理暂行办法》《启东市政府投资项目基本建设财务管理办法》《启东市国有粮食企业改革方案》《启东市物业服务收费管理实施细则》《2016中国·启东科技节暨国际经贸洽谈会活动方案》，听取机关事业单位养老保险改革、调整机关事业单位和企业退休人员养老金以及当前安全生产工作情况汇报。

市政府第54次常务会议。10月21日召开，听取市承担行政职能事业单位改革试点和综合行政执法改革方案、调整城乡居民医疗保险有关政策、提高退职乡村医生生活补助标准以及2016年市科学技术进步奖评审工作情况汇报，讨论《启东市困难残疾人生活补贴和重度残疾人护理补贴实施办法》《启东市促进生命科学产业发展若干扶持政策》以及2016年市“东疆英才计划”资助对象和“杰出人才成就奖”“高技能人才贡献奖”表彰对象名单。

市政府第55次常务会议。11月30日召开，讨论《关于加快推进现代公共文化服务体系建设的实施意见》，听取当前安全生产、全市拆违控违和畜禽养殖污染整治工作情况汇报。

(黄　健)

重要政务

【概况】 2016年，市政府顺利完成各项目标任务，为十六届政府工作画上圆满句号。全年实现地区生产总值880亿元，比上年(下同)增长9.6%。完成一般公共预算收入71亿元，其中税收收入总量列南通各县市第一。完成全社会固定资产投资615亿元，增长14%。实现社会消费品零售总额322亿元，增长10%。城乡居民人均可支配收入分别达37400元、19900元，增长8.2%、8.8%。

工业经济稳中有进。实现规模工业产值1864亿元，增长11.4%；实现工业应税销售700亿元，增长16.8%；列中国工业百强县市第38位，比上年提升17位。重点产业、企业支撑有力，“三优三新”产业占全市规模工业产值比重达72.4%，50强企业实现应税销售382亿元，增长9.8%。

服务业加快转型。实现服务业增加值390亿元，增长10.8%；完成投资252亿元，实施亿元以上服务业产业项目38个；实现服务业应税销售532亿元。成功承办南通江海国际旅游节、乡村旅游节，累计接待游客380万人次。

现代农业提档升级。实现农业总产值131.7亿元，新增高效设施农业面积1万亩、高标准农田5.6万亩，获评省发展现代高效农业成效显著市。建成国家级休闲农业星级示范点5个，成功创建全国休闲农业与乡村旅游示范市。实现农产品出口9500万美元，位居全省前列，“启东洋扁豆”获评国家地理标志。建成全省首家海水循环养殖基地，获评省平安渔业示范市。

项目建设成效明显。开展“项目建设提速年”活动，完成工业投资362亿元，增长10%。新开工亿元以上产业项目108个，其中10亿元以上项目6个，新竣工亿元以上项目52个，在南通市项目建设综合考评中名列各县市区第二，获年度流动红旗。成功创建全国国土资源节约集约模范市，拆旧复垦土地3030亩，争取各类土地指标1561亩。

园区经济加快发展。八大园区一般公共预算收入、工业应税销售占全市比重分别超过50%、80%。启东经济开发区在全省省级开发区综合评价中名列第二，吕四港经济开发区港口基础设施建设全面推进，海工船舶工业园入选省首批海洋经济创新示范园区，滨海工业园更名为启东高新技术产业开发区，滨江医药化工园安全生产和环境保护不断强化，圆陀角旅游度假区跻身华东地区滨海休闲旅游度假胜地，启隆生态科技产业园休闲旅游项目加快推进，江海产业园通航机场获民航华东管理局批复。

融入上海步伐加快。北沿江高铁纳入国家中长期铁路网规划和省“十三五”规划纲要，启沪城际快线日发188班次，崇启大桥车流量首次突破

1000万辆。加强对接上海张江药谷、紫竹科学园区，不断完善合作共建、产业联动模式；深入开展对沪招商活动，新增项目投资196.5亿元。积极打造创新载体，与上海交通大学合作建设产业技术研究院。

重点改革有序推进。取消行政审批事项30项，衔接上级下放事权8项，全市企业"五证合一"改革顺利实施，全面启动不动产统一登记工作，市、镇、村三级政务服务平台实现一体化管理。陆海统筹发展综合配套改革深入推进，农村土地承包经营权确权登记颁证工作有序开展。医药卫生体制改革被国务院确定为县级公立医院综合改革示范县市。推进综合行政执法体制改革，积极探索跨部门、跨行业综合执法。

对外开放更加深入。开展"项目引进年"活动，聚焦重点区域、重点产业，实施精准招商、产业招商，新增协议注册外资5.1亿美元，实际使用外资3.35亿美元，列南通各县(市)前茅；日立三环、上海鼓风机、泽生医药等一批重特大项目成功落户。经贸合作保持领先，完成外贸进出口29.6亿美元，其中出口25.7亿美元，增长3.5%；出口超亿美元企业达5家，韩华新能源出口8.9亿美元。中韩(启东)中小企业国际合作区成立，启东海关、国检获批设立。

创新能力不断增强。创新型城市加快建设，全社会研发投入占地区生产总值比重2.52%，完成高新技术产业产值894亿元，占规模工业产值比重48%，新增高新技术企业24家、授权发明专利191件，实施产学研合作项目172个；林洋能源、神通阀门获评省创新型企业百强。创新平台加快布局，成立北大生命科学华东产业研究院、国家科技领军人才创新驱动启东中心，启东经济开发区获评省"两化融合"试验区。技术标准战略大力推进，主导制定国家标准1个，参与制定、修订12个。人才工作南通领先，引进创新创业领军人才158人，其中国家"千人计划"专家5人、省"双创人才"8人、省"双创团队"1个，列全国创新创业中小城市百强第11位。

城市功能稳步提升。路网结构不断优化，世纪大道东延、江海路南延、和平路北延等6条道路竣工通车，钱塘江中路、民胜路南延、建设路南延等12条道路加快建设。城市景观不断美化，灵秀公园建成开放，蝶湖公园、中央河绿带加快打造；新增游园节点3个、健身步道7公里，完成桥梁亮化11座。城市功能配套日趋完善，二手车交易市场、大润发商业体建成营业，邻里中心、农贸市场建设有序推进。扎实开展城市环境综合整治"951"行动，强势推进拆违控违工作，全年拆除违章建筑33.9万平方米；开展市容整治，强化交通管理，城市环境面貌有效改善。

基础设施更为完善。宁启铁路启东段完成总工程量的60%，海启高速启东段加快建设。开展市域快速路网规划和城市综合交通规划研究，吕四港区铁路专用线完成预可评审。志圩公路开工建设，打通省道221茅家港、王海公路东元镇节点，国道345启东段、省道335吕四改线段完成设计，新建农村公路连接道路30公里。区域供水通久线、崇启线加快建设，"西气东输"工程稳步推进，危废处理项目开工建设，沿海变、圆陀角变等电力工程竣工投用。扩大公交线路覆盖面，新增新能源公交车43辆。

生态治理深入推进。严格落实中央环保督察要求，深入开展环保执法专项行动，关闭畜禽养殖场69家，关停企业39家、整改企业179家。大气污染防治扎实开展，空气质量优良率保持南通领先。巩固扩大水环境整治成果，重点河道生态修复工程加快推进，新增污水管网28.4公里。实施造林绿化工程，新增造林绿化面积1.2万亩、城市绿地面积73万平方米，林木覆盖率达25.2%；圆陀角湿地公园通过省级评审。农村环境"六位一体"深入实施，建成南通市级以上长效管理示范镇2个、"美丽乡村"3个。

民生实事有效推进。十大类40项为民实事项目基本完成，全年民生投入67亿元。坚持促进就业和支持创业并举，提供就业岗位1.1万个，新增个体工商户5957户，新登记企业2565户。社会保障体系不断健全，社保参保率超过96%，基础养老金标准提高至115元；实施"救急难"机制，城镇、农村低保标准分别提高至590元、530元，困难残疾人补助制度更加完善，慈善救助有效加强。精准扶贫、结对帮扶力度加大，实现脱贫2821户、4252人。开工建设安置房104万平方米，竣工85万平方米，交付6500套。人民医院内科大楼建成投用，精神卫生中心加快建设，文化体育中心、妇幼保健院、社会福利中心等一批重大民生工程开工建设。

社会事业协调发展。教育现代化建设加快推进，深化教育教学改革，加强师德师风建设，教育质量稳步提升；60所中小学建成省义务教育现代化学校。公立医院综合改革不断深化，分级诊疗制度有序推进，基层医院门诊首诊比例明显提高；建成省级卫生村30个、示范村卫生室50家。养老服务体系不断完善，开展政府购买居家养老服务，新增养老机构3家、床位500张。全民健身理念深入人心，"共乐东疆"百项群众文体活动蓬勃开展，15所学校运动场地向社会开放，建成省公共体育服务示范区，成功举办中国新西兰电影节、中国竹笛艺术节、国际铁人三项赛、吴歌论坛等活动。

社会治理不断创新。全国文明城市创建扎实推进，2人获评"中国好人"，累计建成1983个"正能量加油站"。村、居换届顺利完成；"信用启东"上线运行。平安启东深入推进，社会治理现代化、智能化水平稳步提高。丰富拓展"一综多专"大调解模式，综合运用诉讼、仲裁、调解等方式依法化解社会矛盾。食品、药品监管不断加强，实施放心食品、安全用药工程。严格落实安全生产"党政同责、一岗双责"和企业主体责任，安全生产形势总体平稳。应急工作制度化、规范化建设不断加强，突发事件防范、应对和处置水平有效提升。

(黄　健)

外事侨务及港澳事务

【概况】 2016年，市外侨办共受理党政干部出境团组11批48人次，其中自组团9批，随团团组2批，分别赴日本、韩国、新加坡、澳大利亚、新西兰、美国、加拿大、英国、瑞典、芬兰等国家和中国香港、澳门地区；通过历次推介，波兰商务团、世界华人华侨社团联合总会、泰中艺术家联合会、日本东京机械株式会社、中欧经济技术合作协会、国际华人科技企业协会、港粤中小企业联合会等先后到启考察，境外招商成效显著；为帮助企业更好更快的“走出去”，继续宣传推介APEC商务旅行卡，先后为7家企业办理商务旅行卡，受到企业家们的肯定。

【交流交往】 应韩国巨济市邀请，时任市政协主席顾云峰率代表团于10月赴韩友好访问，商讨2017年度友城交流计划和各领域合作事项，重点洽谈教育、卫生等行业的高级人才合作事宜，推进两市全方位合作交流；与美亚友好协会澳门分会建立合作关系，强化与美国亚特兰大中国学生学者总联谊会、南美江苏之友、加拿大华人社团联席会、香港启东同乡会、香港陈一心家属基金会等境外社团的联系和互动，增进亲情乡谊，促进合作发展。

【引资引智】 投身“2016‘一带一路’境内外企业对口恳谈会”等活动，同时带领市多个园区的招商人员一同参与，借助活动平台推介启东，吸引多位非启东籍的侨商前来交流，并与兄弟县(市)外侨部门就共享侨务资源、互相推荐有意向企业、组织及团体进行经贸互访、投资洽谈等方面进行深入交流。4月起，开展《江苏省保护和促进华侨投资条例》系列宣传活动，以期进一步凝聚侨心、服务侨商、吸引侨才、维护侨益，聚集和涵养好侨务资源，促进全市开放型经济持续健康发展。10月，与市侨联一起组织侨界人士赴浦东新区，围绕“服务发展谋良策，关注民生办实事”主题，参观考察浦东留学人员联合会、浦东国际人才城、张江高科技园区的贝壳社、蚂蚁创客空间等，通过学习浦东的新侨工作经验，加深彼此间的合作互通，争取吸引集聚更多新侨到启创业，为两地经济社会发展做出新贡献。

【为境外人士办实事】 全年共接待回启东考察讲学、省亲访友的华侨、华人、港澳同胞50余人，重点接待美国加州大学中国区招生首席代表顾黎辉博士、中国海外交流协会理事、美国爱默蕾大学教授顾履冰、旅美摄影家万晓燕以及香港启东同乡会会长陈峰等。定期深入各镇走访座谈，慰问归侨侨眷，对于身患疾病或家中有变故的归侨侨眷家庭，及时进行探视和慰问，多次至侨眷倪国浩老人家中进行探望或上门义诊等，全年共走访慰问归侨侨眷300多人次，对归侨侨眷慰问金额约8万元。受理华侨、侨眷来信来访多起，通过与相关街道办和部门沟通，妥善协调涉侨纠纷。帮助“青年千人计划”专家黄健华办理回国至浙江大学任教所需的在启东所有证明手续材料，帮助旅日华侨刘春燕等人办理恢复户口登记手续和领取居民身份证。跟进“郁氏奖学基金”等华侨捐赠项目的使用情况；为3名华侨子女办理中考、高考加分投档证明。举办“祖国情·华侨梦——万晓燕摄影展”，该展览以美国华人华侨的生活为主线，展现这个群体的海外生活百态，增进市民对美国华人及美国社会的了解。

(张婧婧)

旅　游

【概况】 2016年，启东旅游业贯彻落实《国务院关于加快旅游业发展的意见》和《省政府关于全面构建“畅游江苏”体系促进旅游业改革发展的实施意见》，以规划为引领、项目为支撑，转变发展方式、提升产业品质，努力实现旅游业态从观光旅游型向观光旅游休闲度假复合型转变。全市有省级旅游度假区1家——圆陀角旅游度假区；A级景区3家，其中AAA景区1家——黄金海滩、AA景区2家——紫薇公园、盈康农庄；省星级乡村旅游区11家，其中四星级2家——江天生态园、大自然度假村，三星级9家——盈康农庄、花柒休闲农庄、田仓农庄、滨海村渔家乐、如意农庄、目田农场、水果小镇、渔家风情、嘉仕有机农场；星级酒店5家，其中四星级酒店1家——启东宾馆，三星级酒店3家——吕四宾馆、吕四港大酒店、大唐宾馆，二星级酒店1家——中煤商务酒店；旅行社8家——新世纪旅行社、风帆旅行社、东疆旅行社、大众旅行社、时代旅行社、唯恒旅行社、江风海韵旅行社；分社2家、服务网点23家。限上住宿企业26家、床位数2983张，限上餐饮企业75家，餐位数26963个。全年全市累计接待游客403.73万人次，同比增长17.2%；实现旅游总收入50.78亿元，同比增长19.59%；过夜人数125万，同比增长30.41%。省级载体平台取得新突破。新获批省三星级乡村旅游区3家。

【项目投入】 在上海、深圳两地成功参与举办大型旅游项目招商会。编制旅游项目招商手册，修订完善市亿元以上旅游项目库(10个)，全年新开工旅游项目15个，启东碧海银沙建成开放，成为华东最美海滩旅游目的地，成功在周边旅游市场上线销售。启隆绿地长岛“梦幻岛”开始免费试营业；吕四仙渔小镇进入外装及商业策划阶段。恒大“碧海银沙”和“梦幻岛”启动国家AAAA级旅游景区创建；黄金海滩二期、五国温泉城、江海十里风光带、新湖体育公园、吕四神鲜街、鹤城公园、惠萍水果小镇、姚记扑克文化产业园、启东市文化艺术中心等一批项目加快建设。

【全域旅游框架确立】 全域旅游全面启动，旅游发展环境进一步提升。三水交汇、吕四渔港、铁板沙、海鲜美食成为江苏沿海旅游开发重要资源，吕四海上旅游实验区写入省政府《关于全面构建“畅游江苏”体系　促进旅游业改革发展的实施意见》，吕四渔港海洋风情区、圆陀角旅游度假区、启隆生态岛成为十三五江苏旅游发展重要节点。完成《启东旅游十三五专题策划》《启东创建海洋旅游城市专题策划》《启东乡村旅游专题策划》《启东旅游对接上海策划》等“3+1”策划，明确市旅游的发展方向和对接上海的措施。

【乡村旅游起步】 旅游风情小镇全面布局，规划策划相继启动编制。引导乡村旅游区聚集发展，特色发展。年末，全市有省星级乡村旅游区11家。全力推动乡村游集聚区的规划、招商和建设工作,惠萍水果小镇、合作风情小镇按照规划有序推进,部分区域对外开放。启东市成功创建全国休闲农业与乡村旅游示范县。

【旅游节庆氛围营造】 参与举办2016中国南通江海国际旅游节、南通乡村旅游节等节庆活动,启东旅游形象宣传片《我们去启东》上线,央视《发现之旅》的"海潮新沙"于1月上映。各类新媒体广泛报道,强势营造促进旅游消费的社会氛围。出台《启东市旅游团队补助实施细则》(试行),并在"启东市春季旅游市场发布会及惠萍乡村旅游集聚区万亩梨园赏花节"开幕式上发布。组织相关企业参加省南通市组织的各种推介会,加强与上海迪士尼开园线路对接。

【区域旅游合作】 与上海市旅游协会、上海网上旅游分会、景区分会对接,与上海各区的旅游局、咨询中心、社区等合作举办"旅游产品、旅游线路三走进"活动。沿高铁、沿高速、沿长江的旅游合作进一步拓展,最远的旅游团来自福建厦门。参与周边城市旅游联合营销,实现相关旅游资源共享。与江苏旅游新干线城市共推旅游资源,先后在全国10多个城市举办推介会,与大型组团社形成直接送客机制。开辟新加坡、香港和台湾修学游团队线路;整合启东旅游资源,新推5条特色旅游线路,并开展系列推介活动。

【行业管理】 重新修订《启东市旅游突发事件应急预案》,完善市旅游应急指挥中心成员单位联系表;制订行业安全生产工作计划,与旅游企业签订安全生产责任状。在全市旅游行业组织开展"安全生产月"活动,联合消防、交通、市场监管等部门,对旅游安全生产开展联合检查,确保全年未出现一起安全责任事故和重大旅游投诉。组织开展安全知识培训会,对全市各旅游企业主及分管安全生产工作的负责人进行消防安全、食品安全基本知识、应急求救等培训。

(张兴贵)

电子政务

【概况】 2016年,市政府信息中心(以下简称中心)整体规划,合理布局,做好政府门户网站普查及集约化,加强信息公开,建设移动办公一期项目,抓好信息安全管理,强化网络舆情建设,使启东信息化建设上一个新台阶。

【门户网站建设】 每日安排专人及时更新政务要闻、部门动态、镇区动态和市长重要活动等栏目信息,定期发布政府采购、在线访谈、政策解读和民生信息等内容。2016年,网站共发布17459条信息,访问量达139万人次。做好网站内容保障季度通报统计工作,调动各部门报送信息的积极性。全市40家部门报送3237条信息,录用1355条。做好专题专栏设计制作和民意征集栏目推广,关于征集2017年为民办实事项目建议的公开信通过"中国启东"门户网站向社会公开征集,保障公众的知情权、参与权及话语权。

【政府网站普查】 严格对照政府网站普查评分细则,对"中国启东"政府门户网站的栏目进行梳理,对网站的历史信息进行检查,确保网站符合普查要求。同时,中心通过QQ群、电话、组织培训会、强制统一"体检"等方式,联合软件公司对全市政府网站进行全面检查,组织及指导37家部门网站检查整改,确保全市所有政府网站全部达标。

【政府网站集约化建设】 召开全市政府网站集约化建设会议,规范关闭全市部分网站。按照上级政府网站建设管理要求和考核测评标准,结合启东实际,对"中国启东"门户网站的栏目设置和技术后台进行优化调整,统一建设标准规范,确保集约化的单位政务公开有窗口、互动交流有渠道、便民服务有载体。

【政府信息公开】 将政府信息公开工作纳入各区镇、部门效能建设考核体系,作为各区镇、部门建设高效性机关的重要指标,加强考核监督,为全年政府信息公开工作开展做好顶层设计、明确工作导向;突出对各级政府信息公开网站的日常监控,开展季度测评,定期通报情况,提高政务公开工作质量和水平。采取上门指导、集中培训与网上指导相结合的方式,从《条例》的解读、公开目录的制定、公开渠道建设、依申请办理程序等方面对各区镇、各部门的政务公开工作人员进行指导培训。2016年,门户网站"中国启东"主动公开政府信息4947条,其中主动公开市本级政府文件近470个,65项政府信息公开事项1454条,财政专项资金信息70条。

全市各级行政机关共受理政府信息公开申请406件,同比上升18.71%,其中市政府本级收到47件。从申请渠道看,信函是主要申请形式,申请量195件,所占比重达48%。

【移动办公系统一期建设】 5月起,中心根据周边县(市、区)的移动办公建设先进经验,结合启东实际,开展移动办公系统一期建设,在协同办公一期建设基础上,开发移动办公手机客户端,实现办公室环境下的电脑办公和外出移动环境下的手机或平板办公的无缝衔接。移动办公主要实现市委、市政府及两办各类收文、办文等的各环节,通过移动端(手机、平板)等终端进行实时联动办理,并与电脑端协同办公系统进行无缝衔接,同时制定部门通用标准收发文流程,为下一步移动办公向各部门扩展做好准备。

【电子政务外网改造及专线对接】 启东于2005年5月建成覆盖全市党政机关、镇(乡)、园区、街道的电子政务外网,原线路2兆带宽已不能满足电子政务需求,为确保各市级电子政务安全稳定运行,在行政中心电子政务外网架构的基础上,将行政中心外部单位的电子政务外网按照统一规划进行IP地址调整、带宽扩容(线路统一升级为100兆),相关升级改造工作于2016年9月全部完成。

为配合编制人事财政综合信息系统的建设,采取电子政务内网与财政专线对接的方式解决网络问题,对接工作于2016年10月全部完成。

【安全管理】 规范机房及电子政务网络管理，制定完善机房进出登记管理、电子政务机房设备托管、党政机关网站托管等各项运维制度。

在电子政务外网安全一期二期建设基础上查漏补缺，结合政法委社会信用信息系统建设，对中心机房及电子政务网络进行安全加固。添置VPN，规范外部网络接入行为；内网添置堡垒机、综合日志审计、数据库审计设备加强运行监控。添置网闸，用于规范内外网数据交换。购置网络版杀毒软件(100个授权)用于确保服务器的安全。

管理及指导全市的信息安全工作。中心转发南通市信息中心、南通市信安办信息安全事件通报，涉及单位29家，协助被通报单位整改，并及时反馈整改情况。

2016年，中心新增8个部门的13个托管系统，主要有国土局“不动产管理系统”、政法委“信用信息系统”、水务局“防汛指挥系统”、机关事务管理局“公车调度系统”。涉及各类设备37台，其中服务器30台。在规划部署部门托管系统时，优化技术方案，优选使用中心云计算中心资源。共为8个部门分配云计算虚机14台。

【网络舆情管理】 依托启吾东疆论坛“关注启东”“民生问答”“12345公共服务热线”等常设板块，吸引社会各界人士围绕发展经济、改善民生、建设文明启东、美丽启东发表观点、阐明看法、提出建议、交换意见。对机关部门的工作，通过实名论坛接受社会评议和监督。2016年，“启吾东疆”论坛“民生问答”版块共有网友政策咨询、投诉等内容的网帖共3580条，64家单位的网络发言人按期答复3357条，按期答复率93.8%。

围绕国内热点及全市重点工作，根据微博特点，做好部门信息的审核、编辑及日常微博编写、发布，针对部门信息报送信息不明晰之处，主动与部门联系，多方确认，确保发布的信息真实有效。同时，针对部门信息报送的相关情况，进行微博月度点评通报。特别在台风暴雨等灾害性天气期间，多角度发布部门相关应急进展情况。加强日常管理，与网友互动，对网友提出的相关问题给予及时解答。2016年，发布原创微博742条。

(沈晓敏)

行政服务

【概况】 2016年，在市审改办的指导和有关部门的支持配合下，市行政审批局开展行政审批制度改革、相对集中行政许可权改革试点、建设项目并联审批、市场准入“五证合一”和公共资源交易等重点工作，优化政务服务体系、提升政务服务效能，工作取得显著成效。

【行政审批制度改革】 围绕企业开办全过程、项目建设全流程，推进相对集中行政许可权改革试点工作。启东市企业登记“五证合一”工作自2016年10月1日起全面实施。该项改革是在2015年10月份企业和农民专业合作社“三证合一”基础上商事登记制度改革的推进和深化。该项改革在降低制度性交易成本、简化申请手续、节约办件时间、营造公平便捷的营商环境方面意义重大。全年共办理“五证合一”执照共5310张。试点容缺预审，推行并联审批，审批过程中多头并进，对基本条件具备、主要申报材料齐全且符合法定条件，但次要条件或手续有欠缺的行政审批事项，先予容缺受理并进行实质性技术审查；共享申请资料，依托审批平台的建立，加大信息共享力度，在审批系统中能够查找到的佐证材料，利用网络平台自行查找提取，不再需要申请人重复提供。优化审批环节，工业项目只需要提交125份申报资料，比原来精简151份；创新缴费机制，推行一表收费，企业从原来跑8个部门缴10笔费用到跑1个收费专窗缴1笔费用。解决“审批时间长，中介服务多、盖章多、收费多、材料多”问题，建设项目审批速度南通领先，全年累计发放施工许可证212张，其中施工许可全流程审批项目38个，总投资超50亿元，亿元以上重大项目47个，审批平均用时仅45个工作日，较改革前提速60%以上。规范中介管理，公开信用考评。推进涉审中介服务改革。4月，局按照南通和启东《关于加强行政审批中介服务机构监督管理工作的意见》，研究出台《启东市行政审批中介服务项目和收费目录》《启东市行政审批中介服务机构管理办法》《启东市行政审批中介服务机构信用等级考评办法》，将中介机构纳入监管范围。

【政务服务体系优化】 2016年，市政务服务中心各个事项进驻率、人员到位率、窗口授权率等关键指标持续上升，创业创新环境评价各项指标全省领先；行政审批、政务服务大厅办件总量达136万件，日均办件量5418件，按时办结率99.9%、群众满意率99.8%。1月，公安出入境启动“一号窗口”绿色通道，为有特殊紧急情况的申请人和高层次境

市政务中心出入境服务窗口　　(王婷婷/摄)

外人员提供人性化的特事特办服务。5月1日起，国务院将建筑业、房地产业、金融业、生活服务业全部纳入营改增试点，至此营业税退出历史舞台，2016年国税窗口共开出70000张增值税发票。6月5日，市不动产登记服务中心成立大会召开，标志着启东市不动产登记服务中心正式成立；6月22日，启东市不动产登记服务中心正式运行，开始受理全市不动产统一登记业务。10月18日，不动产登记和地税实现一手房登记联合办理；11月22日，实现二手房（个人）产权登记的受理、审核联合办理。该联办模式省内首创，实现两个部门同一个窗口“面对面”办公，将原来办理不动产登记和征税业务“两次取号、分别受理”变为“一次取号、同时受理”，方便办事群众，市民平均业务办理时间缩短一个多小时。8月底，“金税三期”项目组进驻大厅，10月8日“金税三期”优化版正式启用，政务服务中心地税窗口全体工作人员累计加班时长达2500多个小时，合计350多个工作日。“金税三期”上线后首个征期，地税窗口受理上门申报13107笔，咨询人员在14个工作日内接听咨询电话600多个，接待上门咨询人员420人次左右。12月，行政审批服务平台与专卖系统对接成功，烟草窗口实现行政审批事项在线办理、在线进度查询，为广大用户提供更方便快捷的服务；实现政务与专卖系统的互联互通，提高处理效率。

【三级便民服务体系建设】 为推进简政放权、放管结合，转变政府职能，解决服务群众最后“一公里”问题，加快实现“一窗受理、三级联动、分层负责”便民服务目标，1月，市在各镇（园区）便民服务中心增挂启东市政务服务中心××镇（园区）分中心牌子，同时增加18名行政编制，助推全市三级政务体系加快建设。12月，按照全省打造政务服务“一张网”建设的要求，组织全市39个部门录入权力事项6856个、编制服务指南6856份，推行权力清单标准化建设，倾力打造线上线下功能互补的政务服务新模式，提高政务服务效率。

【公共权力网上运行】 2016年，公权控制中心根据机关效能建设高效型考核的总体要求，开展公权网上运行日常电子监察监控，及时处理各类情况，对各进网单位开展月度通报、季度考核，年度汇总。公权网上运行系统共处理预报警56次，根据单位申请异常情况处理29起。对市管局、交通局、水务局等单位开展公权网上运行工作督查，联合市效能办开出效能告知单34份，公权运行工作取得一定实效。市公权网上运行工作在南通各县（市）行权绩效考核中名列前茅。启动行政审批系统服务平台建设，完成全市公权电子监察系统、法制监督系统的软硬件维护，加强行政审批局微信公众号、网站网络的日常管理。

（宗　凤　施海荣）

人力资源管理

【人事工作】 2016年，启东市人社部门配合上级人社部门做好省公务员考试录用工作，规范组织事业单位公开招聘4批次，共招聘人员228人；机关事业单位人员选调（聘）2批次，选调（聘）人员19人。人事考试安全率达100%。落实公务员职务职级并行政策，做好公务员动态登记及新参公管理单位人员培训登记工作，实施事业单位岗位管理制度。全面启动机关事业单位养老保险改革，出台改革实施办法，开展参保人员核定和登记工作。调整机关事业单位在职人员工资，涉及1.6万人。调整机关事业和企业退休人员养老金6.5万人，人均增资机关事业298元、企业168元。

【科技人员管理】 按照上级业务部门的工作部署，市人社局转发和下发相关专业系列高级、中级及初级职称的申报、评审相关文件。审核、中转各系列高级职称材料193份、中级职称材料77份；完成大中专毕业生初定专业技术职务813人。组织综合工程中级评审会，参评154人，通过130人。组织卫生系统高级职称申报材料审核及中转，参评126人，其中副高103人、正高23人。组织教育系统高级职称申报材料审核及中转，参评143人，通过140人。组织教育系统申报中小学一级教师、幼儿园中级等申报材料的审核、中转及评委会评审工作，参评61人，通过60人。组织二级建造师执业资格考试网上报名资格审核，新考生网上报名550人，初审通过330人；组织全国经济师网上报名资格审核，新考生初审通过162人，其中初级17人、中级145人。

【招才引智】 2016年，市人社局以大型人力资源市场为着力点、以特色市场为有效补充、以专题市场为突破口，做好人才资源的合理配置。全年开展大型人力资源市场4场，提供岗位6000个，达成就业意向4500人；特色市场9场，提供岗位2500个，达成就业意向2000人；专题市场15场（大润发超市专场招聘会、残疾人专场招聘会、分专业专场招聘会等），提供岗位3000个，达成就业意向2500人。完善启东人事人才网功能，开拓网上人才集市，提高人才招聘效率。全年在人事人才网发布招聘信息20000条，提供岗位8000个。推进清华大学博士实践基地、沪启合作过程、国外智力引进、国家级博士后工作站等智力引进和技术合作平台建设，畅通人才流动和人才合作的通道。全年共引进各类专业（技）人才6000人，其中引进博士生3名、研究生202名。至年底，全市人才资源总量达25.5万人。

（祝　赞）

信访工作

【概况】 2016年，全市信访工作树立“维护稳定是第一责任”的理念，逐步形成并完善“七项信访工作机制”，全市信访形势平稳可控。市信访部门共接待群众到市上访343批3280人次，其中集访131批2891人次；发生去省上访54批108人次；发生赴京上访216批446人次，其中集访17批147人次。办理群众来信1543件，办理上级交办件117件，办理市人民政府信访复查件101件，化解信访积案33件，召开信访事项协调会、听证会53次。

【领导接访约访】 10月18日，全市召开信访维稳工作会议，市委办、市政府办出台《启东市党政领导干部接访约访工作办法》，确定"一岗双责、领导带头、包案化解、依法办事"四个原则，按照"谁主管、谁负责、谁化解"的工作要求，改变过去的"事前无准备"接访为"事前有准备"约访，做到约访前有方案，约访后有结论、有反馈，力求化解，明确要求镇区、街道、部门主要领导要亲自约访接访，并组织带动班子其他成员开展约访接访工作，提高为信访群众解决问题的效率。市领导共接待来访群众66批432人次，有效吸附信访人，促使一部分信访问题得以化解。

【信访积案化解】 紧扣省、市工作的总体步骤，开展进京赴省重复访集中化解活动、化解信访积案集中攻坚活动，明确目标任务、工作原则、方法步骤，逐一落实化解和稳控责任。市联席办在3月、4月对各镇、园区、街道的信访积案化解情况进行督查指导。6月12日，召开市长联席会议，专项听取和研究部署全市信访积案化解工作。全年全市化解积案目标任务为30件，实际化解33件。

【压降越访非访】 坚持教育、警示、训诫、打击多管齐下，对进京非访人员，坚持处置违法行为与处理信访问题分开的原则进行依法打击。坚持综合治理、依法妥善处置越级上访、越级集访和进京非访，较好地扭转信访总量持续高位运行的被动局面，维护正常的信访秩序。健全完善驻京驻宁信访应急保障机制，配强驻京驻宁工作力量，形成前后方紧密联系联动、稳控和应急合力并进的良好局面。

【信访制度改革】 实施依法分类处理信访诉求。8月22日下午，在市住建局召开全市依法分类处理信访诉求工作现场会。通过依法分类处理信访诉求，厘清信访与诉讼、仲裁、行政复议、技术鉴定、行政裁决、劳动监察等法定途径的受理范围，根据法定途径分类处理清单和职责范围，把相关诉请导入相应途径解决。对信访事项，坚持法定途径优先，实行信访与诉讼分离，实现从过分依赖行政手段化解涉法涉诉信访问题向依法按程序处理涉法涉诉信访问题转变。推进依法逐级走访，实施权益保障卡制度。5月18日下午，召开全市群众依法逐级走访权益保障卡制度动员会，标志权益保障卡制度在全市正式推行。通过发放宣传资料、制作宣传板等途径营造引导群众依法逐级走访氛围。

【落实工作责任】 2016年，全市健全完善信访工作目标绩效考核机制，采用指标管理的办法从责任落实、奖惩办法、问责机制等方面进行明确和落实，加大信访工作考核奖惩力度。坚持以严格的责任追究保证信访责任制的落实，对排查不及时或在信访事件发生后，由于领导重视不够、措施不到位、工作不得力，造成事态扩大或影响严重的，严肃追究有关责任人的责任。如因工作失职导致非访或有影响的事件发生的，纪检部门将启动问责机制，对相关人员进行责任倒查，一查到底，决不姑息。

(杨凯峰)

公共资源交易管理

【概况】 2016年，市公共资源交易管理办公室累计完成各类公共资源交易项目1092个，交易总额143.83亿元，节约国有资金13.62亿元，与2015年相比交易总额增加40亿元，多节约国有资金1.8亿元。政府集中采购、招投标次数、工程量、交易管理水平均在南通市名列前茅。

【政府采购】 制定年度政府采购集中目录即《市政府办公室关于做好政府采购预算执行工作的通知》(启政办发〔2016〕3号)文件，明确《2016年度集中采购目录》《政府购买公共服务指导目录(暂行)》。《目录》适用范围为各级国家机关、事业单位(含教育、卫生)和团体组织(含协会)使用财政性资金的政府采购项目。政府采购限额标准：货物类和服务类中的印刷项目为10万元；其他服务类为20万元。公开招标数额标准：货物类100万元，服务类为60万元。政府采购限额以下由单位自行组织采购。限额以上至公开招标数额标准、且在目录内的项目由采购单位商市公共资源交易管理办公室依法选择询价、竞争性谈判、单一来源等采购方式或公开招标，委托公共资源交易所进行集中采购；限额以上至公开招标数额标准、但在目录外的项目由采购单位组织分散采购或委托公共资源交易所进行采购。各单位不得无预算采购、超预算采购、超标准采购。2016年完成政府采购441次，中标金额9.44亿元，节支率15.85%。

【建设工程招投标】 根据《中华人民共和国招投标法》及《江苏省招投标条例》，对投资额50万元以上的建设工程政府投资项目招投标，2016年完成工程招投标项目651个，标底总价99.81亿元，中标总价89.78亿元，节省财政资金10.03亿元，节支率10.05%；其中实施网上招标项目571个，工程标底总价为93.33亿元，招标控制价为90.03亿元，中标价为83.43亿元。中标价与标底价相比，节约财政资金9.9亿元，节支率为10.6%；与招标控制价相比，节约财政资金6.6亿元，节支率为7.33%。另外直接发包104个，发生额44.61亿元。

【公共资源交易平台整合统一】 贯彻落实《南通市整合统一的公共资源交易平台实施方案》精神，加快整合建立统一的公共资源交易平台，将土地使用权出让、国有产权交易、检验试剂采购、排污权交易、海域使用权交易并入市公共资源交易平台，推进公共资源交易法制化、规范化、透明化，提高公共资源配置的效率和效益。推进"互联网+公共资源交易"，提高公共资源交易电子化、信息化水平。以公共资源交易所异地搬迁、升级改造为契机，完善功能划分、提升硬件设施、改进服务流程，确保大厅布局合理，硬件设施一流，管理措施完备，软件配套先进，工作成效显著，努力争创“南通第一，省内领先”。

【评标专家管理规范】 面向全市公开征集2017年度综合性评标专家，做好新申报公共资源人员的资格初审。做好评标专家的抽取管理工作，与南通公共资源交易中心对接，确保限额以上招标项目在南通市范围内不分区域随机抽取，减少专家人为因素对评标结果的不正当影响。制定《启东市评标专家不良行为认定与记录暂行办法(试行)》，提高对评标专家管理的针对性和有效性。对评标专家进行业务培训，提升评标质量，减少因错评、误评造成的质疑和有效投诉。严肃评标纪律，对评标专家进行廉洁自律教育，营造客观公正的评标环境。

(蔡晓荣　吴振声)

政府投资项目工程建设

【概况】 2016年，市政府投资项目工程建设中心紧扣代建过程中设计、施工、监管等各个环节的要素，对政府投资项目工程进行科学管理，实现工程建设的质量、进度、投资的三大控制，彰显代建制度的规范性、科学性和高效性。截至2016年底，建设中心接手代建项目70多个，其中竣工项目50多个。通过有效的投资控制，没有一个项目出现“三超”(超计划、超概算、超预算)，通过招投标为财政节省工程造价超过4亿元，取得政府投资项目良好的社会和经济效益。

【代建项目造价控制】 中心重点把好四个环节：在初步设计阶段，根据项目的功能要求，确定相应的设计标准；在招投标阶段，做好标底的编制及最高限价的确定；在施工建设阶段，严格控制设计变更，有效进行投资控制；在工程竣工结算阶段，严格审查施工单位提交的竣工结算资料，仔细核对增加投资的部分，确保签证的客观性、准确性。其中的关键措施是严格控制设计变更。为防止施工单位随意变更设计，恶意增加造价，专门编制《项目变更管理办法》，按照制度严格把关初步设计阶段的项目编制投资概算和审核概算，对进入施工阶段后的变更设计申请，组织代建主体和监理、设计、施工单位专家实施四方联审会办。

【代建工程质量控制】 落实严格的质量责任制，明确规定各项目部主任为工程质量的第一责任人，项目部其他成员明确分工，各负其责。重点抓好图纸会审、队伍选择、施工方案审查、材料检验、现场管理、竣工验收等环节的监管。专门成立质量巡查小组，对代建项目进行不定期的突击检查和定期质量巡查，并通过召开“巡查通报会”和“项目推进会”，及时就工程质量问题向各施工、监理单位和项目部反馈，对存在的质量问题及时纠正。

(钮向东)

机关事务管理

【概况】 2016年7月29日，市编办批复同意市机关事务管理局增设公务用车管理科并调整编制，增加干部编制2名。调整后，局事业编制总数22名，其中干部编制14名，工人编制8名。市机关事务管理局推进机关事务集中统一管理和改革创新，获南通市机关事务管理创新项目三等奖。

【后勤服务保障】 履行市行政中心大业主管理职能。局业务科室与代建中心、物业公司一起严格设施设备承接查验关，发现问题督促建设单位及时整改，对移交项目尽快落实专业维保单位，局机关配备专业人员全过程跟踪，确保管理无漏洞，服务无盲点。加强机关食堂管理，多次征求服务对象意见建议，改进服务质量，选择启东宾馆入驻服务，2月，完成启东宾馆与玫瑰园大酒店服务机关食堂的交接工作。加强大院安全管理，做好市级重要会务服务。加强机关运行经费使用管理，加强大院物业、资产、绿化配置等方面管理，改进服务质量。

【公共机构节能】 完成2015年全市公共机构能源资源消耗统计，“十二五”期间全市公共机构能耗达到预期下降目标。6月，市公共机构节能办牵头开展“节能领跑、绿色发展”全国节能宣传周活动；12月，组织文广新局、南阳镇等重点部门节能管理员参加清华远程网络课程培训。新能源、新产品在新建公共机构中的使用推广力度加大。

【公务用车改革】 2016年1月1日，全市集中统一管理的公务用车平台正式运行。第一批完成公车改革的78家党政机关和31家市级机关下属参公事业单位在编在岗工作人员从1月份起正常领取交通补贴，应急公务及其符合条件的其他公务用车一律向公车平台申请，经确认后统一由平台提供用车服务。公车改革后，取消车辆分别通过拍卖和报废的方式进行处置，处置率100%。为补充公务用车平台的用车需求，在市交通局组建社会化服务平台即公务用车副平台，保障涉改单位用车需求。加强车辆管理，所有保留车辆均安装GPS定位系统，实时监测车辆行踪，确定调度命令的执行情况。完善公务车购置申请和审批材料、行驶证和机动车信息登记等建档工作，所有车辆建立“一车一档”。

【推进法治管理】 在办公用房管理、资产管理、公务用车管理、公务接待等方面明确办法、标准，制定《启东市机关事务管理局公务用车管理规章制度》《启东市党政机关公务用车服务平台保障办法(试行)》《启东市机关事务管理局公务接待用餐审批规定》，起草《启东市党政机关办公用房暂行管理办法》。创新工作机制，增强履职力度，在公务用车改革、办公用房管理等方面，对各镇、园区和市级机关各部门进行指导和服务。2016年，局多次组织党政机关办公用房使用情况检查，促进办公用房管理制度和上级有关要求有效落实。加强对服务外包企业的合同管理，严格执行条款，强化对服务质量的监管，确保各项服务外包合同履行到位，努力推进机关事务法治化建设。

(樊　燕)

综 述

【概况】 2016年，市政协以习近平总书记系列重要讲话特别是视察江苏重要讲话精神为指引，把握团结和民主两大主题，动员和组织政协各参加单位、政协委员、社会各界人士，围绕市委、市政府工作重心和民生福祉，拓宽知情渠道，延伸履职平台，创新工作方式，在协调关系、汇聚力量、建言献策、服务大局中发挥作用，为加快建设经济强、百姓富、环境美、社会文明程度高的新启东做出贡献。全年共召开常委会议5次、主席会议7次，开展重大协商议政活动26次。

（俞俊杰）

重要会议

【市政协第十四届委员会第五次会议】 中国人民政治协商会议启东市第十四届委员会第五次会议于2016年1月10—13日在市会议中心举行。会议学习和讨论市委书记徐锋代表中共启东市委在开幕会上所作的重要讲话。会议赞同市长黄卫锋所作的政府工作报告，赞同"两院"工作报告、"十三五"规划纲要(草案)及其他报告。会议审议并同意市政协主席顾云峰所作的政协常委会工作报告；审议并同意市政协副主席倪春元所作的提案工作情况报告。

【市政协第十四届二十一次常委会议】 1月12日上午，政协启东市第十四届委员会常务委员会第二十一次会议第一次会议在启东宾馆华夏厅召开。会议听取各小组讨论和审议情况的汇报。各讨论组一致认为，徐锋书记代表中共启东市委在市政协十四届五次会议开幕式上的讲话体现市委对政协工作的重视和支持。市政协十四届委员会常务委员会工作报告实事求是，具体、清晰地为2016年的政协工作指明方向，具有很强的前瞻性和可操作性。市政协十四届委员会常务委员会关于提案工作情况的报告内容翔实、客观实在，提案工作为推动市经济社会发展起到较好作用。

各讨论组一致认为，《政府工作报告》主题突出、语言精练、风格务实，精准总结2015年及"十二五"时期全市各项工作，分析未来五年市面临的经济形势，明确2016年及"十三五"奋斗目标和发展方向，立足启东实际，谋划长远发展，思路清晰、任务明确，全面客观、切实可行。认为《启东市国民经济和社会发展第十三个五年规划纲要(草案)》定位正确、目标明确、内容务实，对市未来发展具有重大指导意义。

黄卫锋感谢市政协委员对政府工作的理解、关心和支持。他说，各位委员提出的真知灼见，市政府将进一步梳理整理，改进提高，确保《政府工作报告》中提到的各项工作及各位委员提出的建议意见落到实处，满足人民群众的需求和期盼。希望全市上下正确认识、系统思考发展转型中面临的矛盾，坚定发展信心、勇挑发展重担，凝聚更强合力，助推经济社会发展。政协委员们给予政府工作更多的支持与关心，多建睿智之言，多献务实之策。

1月13日上午，政协启东市第十四届委员会常务委员会第二十一次会议第二次会议在启东宾馆华夏厅召开。会议听取各讨论组协商讨论市人民法院、市人民检察院工作报告情况的汇报。委员们一致认为，"两院"工作报告客观公正，实事求是，体现市人民法院和市人民检察院在维护社会稳定、打击违法犯罪、营造经济社会发展的良好氛围方面做了卓有成效的工作，为市经济社会又好又快发展提供司法保障。同时，委员们对"两院"做好下阶段工作提出建议意见。会议听取各讨论组对大会决议（草案）修改意见的汇报，并审议通过大会决议(草案)。

【市政协第十四届二十二次常委会议】 9月1日下午，市政协第十四届常委会第二十二次会议在市行政中心召开。会议听取市政府关于2016年上半年全市国民经济和社会发展情况的通报。市委副书记、市政府市长黄卫锋说，上半年，全市实现地区生产总值417.8亿元，同比增长9.9%；一般公共预算收入38.7亿元，增长2.9%；全社会固定资产投资280.3亿元，增长13.8%；社会消费品零售总额157.3亿元，增长11.1%；进出口总额105.2亿元，增长14.3%，其中出口89.5亿元，增长27.5%；城镇居民人均可支配收入18931元、农村居民人均可支配收入10065元，分别增长8.2%、9%。从主要经济指标来看，市总体上增幅高于南通，"双过半"任务基本完成，重点指标基本匹配。会议审议通过《关于我市“大众创业万众创新”的建议案》和有关决定，审议通过政协委员调整名单。

市政协主席顾云峰指出，推动大众创业、万众创新，需要从全局和战略的高度来认识。“双创”工作是落实和推进创新发展的新动力，是实现五年工作目标的战略选择，是适应经济新常态的现实需要，是建设“一堡三地”“四个城市”的必由之路；要抓住关键环节推动“双创”工作，激活“双创”主体，搭建“双创”平台，完善投融资机制；要共同营造“双创”工作的良好氛围，勇于解放思想，突出舆论引导，培育“双创”文化，强化行政推动。顾云峰要求，要把政协工作放到“强富美高”新启东和全面小康社会建设这个大局中思考谋划推进，要建言献策，多为建设新启东“添智力”，凝聚共识，多为建设新启东“聚合力”，加强团结联谊，多为建设新启东“增助力”。

市政府副市长朱晓阳表示，大众创业、万众创新对推动市经济社会持续发展具有重大意义，有利于打造发展新引擎，开辟发展新空间；有利于推进供给侧结构性改革，促进供给结构不断适应需求结构；有利于拓展新的就业渠道，创造新的就业领域；有利于更好发挥初次分配的作用，让更多的人通过劳动和智慧富裕起来，促进社会的公平、公正。

上午，与会人员考察科创嘉园安置区、人才公寓安置区、姚记扑克产业园、江苏华滋海洋工程有限公司、江苏华峰超纤材料有限公司等地。

【市政协第十四届二十三次常委会议】 12月1日上午，市政协第十四届常委会第二十三次会议在市行政中心召开。会议听取市政府2016年提案办理情况的通报。

会议听取市政府关于现代农业提档升级建议案落实情况的通报。市政府副市长袁圣菊说，近年来，市把引培农业龙头企业作为现代农业提档升级的重要支撑；把发展农民专业合作社作为现代农业提档升级的战略举措；把发展高标准农田、设施农业作为现代农业提档升级的主要抓手；把产业园区作为现代农业提档升级的创新平台；把健全服务体系作为现代农业提档升级的保障措施，农业农村工作取得新的成效，连续三年被评为省高效农业规模化显著县（市）。

会议听取市公安局负责人关于市政协民主评议“天网”工程应用情况“回头看”的报告，审议并通过关于“民主评议文化惠民工程”的民主监督建议书，审议通过政协有关人事任免调整名单。

市政协主席顾云峰指出，近年来，市政协围绕中心，服务大局，委员履职成效显著，协商机制更加健全，工作体制得到延伸，重点课题助推有力，各项工作体现新作为。他要求，市政协要广泛研究，深入调研，寻找重点课题，紧扣发展要务，增进民生福祉，为谋划明年工作早作筹备；要相互支持，积极补台，服从安排，立足本职，履行职责，做好工作，确保换届工作顺利完成。

【市政协第十四届二十四次常委会议】 12月30日下午，政协启东市第十四届委员会常务委员会第二十四次会议召开。会议听取市委统战部关于市十五届政协委员聘任情况的说明，协商决定政协启东市第十五届委员会委员聘任名单；审议通过《关于召开政协启东市第十五届委员会第一次会议的决定》（草案）和《政协启东市第十五届委员会第一次会议议程》（草案）；审议通过《政协启东市第十四届委员会常务委员会工作报告》（草案）和《政协启东市第十四届委员会常务委员会关于提案工作情况的报告》（草案）；审议通过《关于市政协第十四届常委会工作报告及提案工作报告报告人的决定》（草案）。会议委托十四届市政协主席会议主持政协启东市第十五届委员会第一次会议预备会议。

顾云峰强调，委员调查研究议政建言必须紧扣市委中心决策部署。要深入调查，在发现问题上多下功夫；要“研”字当头，在分析问题上多下功夫；要实事求是，在提出务实对策上多下功夫。要精心统筹安排，确保完成十五届一次会议各项筹备工作，落实责任、细化会务，动员全体工作人员集中精力、投入到筹备工作中。强化组织、明确纪律，继承发扬优良传统，服从大会组织安排，遵守各项会议纪律。加强宣传，营造氛围，发挥广播、电视、报纸、网络等新闻媒体的作用，组织一批专题报道和深度报道。常委会、界别召集人和政协工委负责人要共同做好委员的参会组织工作，以高度的政治责任感、强烈的大局意识和饱满的精神状态，高标准、高质量、高效率地完成会议的各项筹备任务，确保把此次会议开成一个团结民主、务实奋进、节俭高效的大会。

会议对政协启东市第十四届委员会优秀委员和2016年度优秀提案进行表彰。

（俞俊杰）

重要工作

【政治协商】 2016年，市政协常委会选择“大众创业　万众创新”作为专题调研协商课题，从“主体培育、平台建设、金融支持”三个方面展开调研。撰写的调研报告和《关于我市“大众创业万众创新”的建议案》经常委会协商报送市委、市政府科学决策参考。9月27日，《人民政协报》对此进行报道。

各专门委员会围绕社会热点、难点组织开展考察调研协商。就市区道路交通安全管理工作进行调研，提出要加强管理，重视创新，逐步改善老城区道路交通情况；加大道路交通安全法律法规的宣传教育力度，引导市民养成良好的交通习惯；齐抓共管，上下联动，形成合力等建议。围绕燃气建设、供给等进行探讨，提出华润等企业担负起保障经济发展和安全用气的主体责任，相关部门要科学规划、源头防范，齐抓共管、联合联动，注重实效、培训指导，确保燃气安全等建议意见。实地查看王鲍镇建群村污水泵处理站及村民种植的花木基地、合作臣义村特色乡村风貌，听取申报建设省美丽乡村情况。建议抓住主体和主业两个关键，夯实硬件和软件两个基础，建立资金政策和工作机制两个保障，强化组织领导，加强协调配合，形成强大工作合力。专题协商预防青少年犯罪工作。

组织中共界委员与市人民检察院、团市委、公安局、法院、司法局、教育局、妇联等相关部门协商座谈，听取专项工作情况汇报，探讨存在的问题及对策，提出建议意见。

聚焦经济建设，组织开展全市重特大工业项目推进工作调研。组织经济界、工商联界、科技界部分政协委员，实地考察建设工地现场和生产现场，听取相关工作汇报，提出“对照目标强责任，分项推进抓进度，招商引资勇争先，协调要素破瓶颈，优化服务供保障”等建议意见。组织开展市农村土地承包经营权确权登记颁证工作考察协商。组织部分农业农村界政协委员进行专题考察，采取外出参观学习，考察市镇村工作，听取工作汇报，开展座谈交流方式，肯定市推进工作的成功经验，指出推进过程存在的不足和矛盾，提出进一步完善政策体系，加强业务组织培训，加强工作指导，妥善处理相关矛盾，确保社会稳定等建议意见。专题协商农村“精准扶贫，促进协调发展”。组织农业农村界政协委员，实地到东海镇、合作镇、王鲍镇等镇村进行考察调研，了解工作情况，评估工作效果，推进工作进程，在此基础上，重点在落实政策、结对帮扶、督查考核等方面与相关部门、镇村干部、帮扶对象进行交流协商。

开展以基层公共卫生服务为主题的专题协商，提出要完善管理机制，激发基层医疗机构的活力，调动医务人员的积极性；加大财政投入，为促进均等化创造良好条件；加强人才队伍建设，加大基层医务人员的培训力度等建议，得到市政府和卫计委采纳。

组织贫困残疾人生活保障问题的专题协商会。在实地了解市残疾人的康复、保障、就业和创业现状的基础上，提出加大宣传力度，营造全社会助残扶残氛围，推进残疾人托养机构建设，做好成年残疾人的康复工作等建议。

【民主监督】 市政协围绕全市工作大局，坚持监督与服务并重，以提案督办、民主评议、专题考察等形式问计于民，助推党委、政府决策部署落实到位。

民主评议。2016年对市“文化惠民工程——加快省级公共文化服务体系示范区建设”开展民主评议。通过开展民主评议，加强民主监督，提出建议意见，推动公共文化项目、文化设施建设提档升级，加强公共文化服务供给。评议结果客观实在，被评议部门采纳，助推部门工作。

提案督办。开展市政府与市政协联合督办、市政协专委会和界别小组专题调研考察等不同形式、不同层面的督办协商，丰富将提案办理和视察调研、专题协商、民主评议等活动相结合的形式，使办理机制更加完善和规范。9月，组织提案委员会成员分两批对提案办理比较集中的卫计委、城管局走访督查，听取提案办理情况汇报，了解在提案办理过程中遇到的困难，推进提案办理工作，提高提案办理质量。抓创新，丰富协调督办形式。针对《关于加强农村电子商务》这一重点提案，形成《关于发展我市电子商务的建议案》递交市政府，得到市政府领导的高度重视，推动这一提案的办理和落实，促进市电子商务工作的发展。抓重点，选定重点提案。2016年选择10件提案作为重点提案，商请市政府领导分别领办，形成市政府领导结合分管工作牵头承办重点提案和市政协领导督办重点提案的工作机制。抓服务，提高提案工作水平。主动加强与市政府办公室的联系，共同组织对提案的督办检查，协调解决办案中遇到的困难和问题；主动加强与承办单位的联系，及时了解和通报办理进度和质量。对办理难度大的提案，配合承办单位做好协调工作，推动提案的办理落实；主动加强与提案人的联系，及时征求意见，反馈给承办单位，发挥提案委员会的桥梁纽带作用。2016年，有2件提案一次办理不满意，提案委员会及时与市政府办公室、承办单位沟通，二次办理取得满意的效果。完善提案办理激励机制。提案办结后，由市委办、人大办、政府办、政协办形成联合考核组对承办单位办理工作进行综合考评，提高提案办理工作规范化、制度化水平。

【参政议政】 市政协发挥委员主体作用，拓宽参政议政渠道，组织委员调查研究、建言献策，履职成果丰硕。

定期组织界别活动。2016年，开展以“服务发展谋良策，关注民生办实事”为主题的界别活动，市政协组织的专题协商、专委会调研、考察等活动，界别参与面达100%。17个界别组300多名委员近400多人次参与调研考察、座谈交流、建言协商、走访慰问等活动。提交的《危桥限高限宽　货物进出两难　吕四港镇通兴镇村区域内企业“叫苦”》以“各界之声”报送市政府主要领导、常务市长和分管市长，得到市政府领导的重视，相关部门市交通运输局与所在地吕四港镇人民政府及时跟进研究，科学论证，着手解决。

开展“移动履职”，探索政协群众工作新路。针对社会转型时期出现的新矛盾、新问题，市政协坚持为民导向，以敏锐的目光、崭新的视角审视当前农村存在的一些问题，组织驻镇(园区)、街道的市政协委员“移动履职”，服务基层群众。“移动履职”要求政协委员具体做到“五个一”，即每季度组织一次多方协商活动、走访一个实体企业、联系一户困难群众、反映一个群众诉求，参与一次公益活动。注重移动履职的基础建设。建立基层政协工委，在15个镇(园区)、街道分别设立政协工委，由党委副书记任政协工委主任、统战委员任副主任。将205位驻镇(园区)、街道的政协委员全部划分到各自所在的辖区。市政协核发每年每个委员1000元的工作经费予以保障，镇(园区)街道两级都拔出一定经费用于政协工委的运转和政协委员的履职。2016年，全市驻镇(园区)、街道的政协委员累计组织视察40多次，反映群众诉求问题330件，接待群众来访320人次，提交社情民意信息等方面的建言献策80多件。对于走访中了解到的较急且较易解决的问题，政协委员要在现场组织多方协商，努力找到解决问题的办法和途径。多方协商的成员包括政协委员、当地政府部门、村干部、当事人和周边群众代表等。寅阳镇党委将“培育打造产业集群”调研课题交给驻该镇的市政协委员，与委员们展开多轮协商。委员们提出的《关于充分发挥优势产业和骨干企业的集聚和辐射作用培育打造产业集群的建议》调

研报告，得到党政领导的高度重视。南阳镇政协委员针对“丁仓港北延工程的拆迁”课题，提出20多条建议得到党委政府采纳，该工程的拆迁任务圆满完成。参与公益活动。委员们先后帮助群众解决实际问题100多个，参与社会公益活动50多次。驻惠萍镇的市政协委员施永雷捐资50万元设立“永雷同学基金”，鼓励学生用功读书。推动基层协商，提升城乡社区治理水平。全市许多村、社区探索基层协商路径、方法，逐步形成一套多元参与基层民主协商的乡村、社区治理模式。王鲍镇九令村建立协商民主议事会，自2015年成立起，共收集到意见建议30多条，解决问题10多个。

【团结联合】 团结各界，增进共识。组织举办各界人士国庆、中秋茶话会，通报政情、传递民声。加强同工商联、人民团体的协作配合，围绕建设“强富美高”新启东、高水平全面建成小康社会这一共同目标，开展考察调研、座谈讨论等活动。加强与无党派和民族宗教界人士的走访联系，主动为他们知情明政搭建平台，支持他们参政建言、发挥作用。加强与香港、澳门政团、社团及代表人士的联系，壮大爱国力量。组织召开台胞台属中秋联谊会、归侨侨眷国庆座谈会、乡亲联谊会、政策学习会，推动经济文化交流合作。做好“三胞”回启东探亲接待服务工作，邀请海外侨领、海外高层次人才参加南通江海创业周和启东“海外才俊东疆行”活动。加强与周边县（市）政协的联系交流，举办长三角地区十三县（市区）政协工作交流会、沿海十四县（市）政协工作研讨会，共同探讨政协工作新思路，推动政协工作新发展。强化文史宣传。编写出版《城市记忆》，见证启东经济社会发展历程。

（俞俊杰）

提案办理

【概况】 市政协第十四届五次会议以来，全体政协委员紧扣人民群众普遍关注的热点、难点问题，着眼于全市经济发展、民生改善等重大问题，建言献策，共提出提案216件。其中，经济科技方面48件，城建交通方面72件，农村建设方面12件，教卫文体方面26件，社会保障方面14件，依法行政方面27件，其他方面17件。所有提案经市委、市政府及有关承办单位认真办理，办复率为100%。从提案办理情况来看，所提问题已经解决或基本解决的87件，占40.28%；所提问题着手解决或列入计划准备解决的126件，占58.33%；所提问题因受当前条件限制需逐步研究解决或留作参考的3件，占1.39%。从反馈情况看，委员们对市政府及各承办部门办理工作的过程和结果，给予充分肯定，初次答复满意率99.07%，二次满意率100%。

【重点提案办理情况】

1.关于姜卫娟委员提出的《关于严厉查处违章建筑》的提案。

市政府办理情况：市委、市政府在广泛深入调研的基础上，召开严格管控违法建设工作动员大会，要求坚决遏制违法建设继续蔓延势头，打赢打胜控违拆违攻坚战。加强制度建设，主体责任到位。出台《启东市严格管控违法建设实施办法（试行）》和《启东市严格管控违法建设工作考核办法（试行）》等文件，严格督促各控违责任主体及时缴纳控违工作保证金，建立健全控违组织机构，确保上下控违信息传达准确到位。实行分片包干责任制，对控违责任主体相关工作进行考核通报。加大宣传力度，法制教育到位。全市印发50余万份控违宣传通告。在重点管控区域张贴控违宣传通告，公布举报受理电话，在重点部位悬挂宣传横幅。联合报刊电视等媒体滚动播出全市控违拆违信息。明确工作职责，巡查管控到位。划定主城区控违工作管理区域，挂图督办卫片整改任务，完成一宗验收一宗；对于新增违法建设，督促责任主体，做到及时发现、及时拆除；对于存量违建，通过社区、村委会或责任主体做好工作，引导自拆；对于危房改造，督促责任主体严格落实先批再建，对没有通过审批的扩建改建，做到“晚上建、白天拆，白天建、当天拆”。开发“数字城管平台”，将涉及违法建设的投诉案件单独列出，实现各控违责任主体与“数字城管平台”全方位、全过程“互动”。对巡查中发现的难点、热点和百姓反响强烈的典型性存量违建，及时制定现场拆除方案，累计完成司法强拆6起。截至11月底，全市共拆除到位各类违法建设1425宗，拆除面积275241平方米。其中，卫片整改任务完成149宗171828平方米，拆除各类新增违法建设543宗28822平方米，拆除各类存量违法建设709宗64023平方米，拆除养殖污染违建24宗10568平方米。

2.关于顾红时委员提出的《建设“养老示范社区”》的提案。

市政府办理情况：市着力构建政府主导、社会参与、市场运作、家庭尽责、互助共济的现代养老服务体系。加紧市社会福利中心建设。项目占地110亩，建筑面积10万平方米，床位1600张，功能定位是集“社区日间照料、社区居家养老服务，自主老人颐养，失智失能老人护理，病残老人康复，救灾物资储备和护理实训基地等功能”为一体的综合型养老福利机构，该项目年内完成项目施工招标和“三通一平”工作，并奠基开工。加快城乡标准化居家养老服务中心（站）建设，为居家老人提供读书、看报、休闲娱乐、日间照料、用餐等功能服务。年末，全市共建成标准化居家养老服务中心（站）84家，年内新增30家，城乡标准化居家养老服务中心（站）建成率分别达到40%、25%。加快市级智慧养老服务信息平台的建设，实现困难老人家庭居家呼叫和应急救援服务全覆盖。探索“互联网+居家养老服务”建设，引进专业服务团队，为老年人提供居家生活、医疗保健、代购代缴、紧急救助等方面的服务。

3.关于黄卫星等委员提出的《建立文明城市创建长效机制》的提案。

市政府办理情况：深入开展文明单位、文明村镇、文明社区、文明校园、文明家庭等群众性精神文明创建活动。深化“传递正能量，共建好家园”主题活动，推进诚信建设制度化、志愿服务常态化，培育弘扬道德典型，选树一批“启东好人”，激励全社会崇德向善、见贤思齐。开展专项治理。推动“全民参与双评，践行文明交通”交通整治活动,1500名交通志愿者10月20起上路开展不文明行为劝导;完善城市配套设施,对全市公共基础设施进行巡查,针对巡查损坏情况,及时维护更新;开展露天烧烤整治活动,在市区建成区范围内依法取缔烧烤流摊;启动"户外广告整治工程",全市城区主要路段完成整治改造任务。健全长效机制。强化职能部门职责,推动专业工作建立例会制度和重大难点问题协调解决机制的建立。强化月度考核通报、曝光、约谈机制,推动文明程度的整体提升。

4.关于张晓卫委员提出的《加强我市农村电子商务发展》的提案。

市政府办理情况:市委、市政府通过外出考察、专题部署、搭建平台、引进人才、政策支持等,全力推动互联网经济发展,取得阶段性成果。加强宣传引导。加强面向农产品的电子商务培训活动,引导农产品向电子商务领域拓展。2016年年末,市有注册电子商务企业15家,启东打折网、启东百业网、波罗城等专业电子商务网站效应初显。打造发展平台。发挥创新型经济园、科技创业园、金凤凰科技园等公共服务平台作用,以优惠的政策吸引电商企业入驻,逐步构建电子商务区域中心;在职教中心等增设电子商务培训科目,为电子商务发展提供人才支撑;申通快递、圆通速递、EMS、顺达快递等物流企业快速发展,降低物流成本。招引培育并重。开展建设的供销农副产品批发市场,建成后将成为华东地区重要农副产品集散基地和市农村电子商务平台的货源基地。引进电商龙头企业淘金网等,联合打造地方农特产品电商展销平台。

5.关于浦新梅、陆伟等委员提出的《加强出租车管理》的提案。

市政府办理情况:市政府及相关职能部门出台启东市出租汽车服务质量考核办法,对企业经营资质、经营行为、服务水平、设施设备、运输安全进行综合考核,把考核结果与经营权期限、发展额度相挂钩。开展对全市出租汽车驾驶员规范经营行为、增强职业道德和安全意识等岗位知识培训;利用GPS信息监控平台,强化安全行车、规范经营、文明服务、车容车貌等方面的宣传,对违规车辆、人员及时通报,实时监控;配合公安、城管部门做好驾驶员交通安全教育工作,提升出租车的行业形象。实行出租汽车驾驶员违章经营行为记分制,对多次违规人员停业整顿,回炉再培训,培训后仍违章的吊销服务卡,取消营运资格,在源头上淘汰一批不合格驾驶员。推进出租汽车行业改革,推动建立多样化的出行服务体系,满足人民群众个性化出行需要。

6.关于陈卫等委员提出的《规范民间借贷行为》的提案。

市政府办理情况:市政府及相关职能单位从五个方面着力引导民间借贷行为,促进实体经济发展。加大宣传力度。多渠道、多形式开展宣传,帮助市民树立正确的金融借贷观念。对确有正常贷款需求的个人和团体,及时引导其到正规金融机构或合法正规的民间金融机构。加大市场监管力度。市公安局按照《非法金融机构和非法金融业务活动取缔办法》《中国人民银行关于取缔地下钱庄及打击"高利贷"行为的通知》等规定,及时配合中国人民银行,依法取缔、处罚"高利贷"行为。加大非法集资打击力度。及时立案侦查涉嫌非法吸收公众存款、非法集资等经济犯罪行为,及时通报民间"高利贷"黑名单。加大借贷双方权益维护力度。严格执行《最高人民法院关于审理民间借贷案件适用法律若干问题的规定》,维护借贷双方的合法权益。加大金融创新支持力度。鼓励金融机构向小微企业及"三农"发展提供创新型贷款,支持实体经济发展;鼓励金融机构开发自主品牌、商标专用权等企业无形资产质押贷款业务,支持消费品领域自主品牌建设。

7.关于许瑞华委员提出的《加大监管力度,减少农药残留污染》的提案。

市政府办理情况:加强宣传引导,推行绿色防控。在全市各镇分别创建小麦、青毛豆等万亩示范方,推广绿色防控技术,使示范方的主要病虫害专业化统防统治覆盖率均达100%,病虫害总体危害损失率控制在5%和3%以下。推广生物农药,提高低残留农药覆盖率。对上级下达市的蔬菜生物农药补贴经费实行公开招标,用于采购蔬菜生物农药,对全市主要的大型蔬菜种植基地、种植大户、合作社等2万亩蔬菜发放生物农药补助。加大检测力度,保障上市农产品的质量安全。全年投入550余万元推进"食用农产品农残检测全覆盖工程",在全市建立23个农残快检室,使食用农产品快检工作覆盖全市大小农贸市场、商场超市。建立食用农产品监管平台,实现检测数据实时上传并联网汇总。截至10月底,累计完成快检5万批次,合格率97.5%,销毁不合格农产品3000余公斤,查处销售不合格食用农产品案件4起。

8.关于张振岳委员提出的《重视社区卫生服务》的提案。

市政府办理情况:差别化完成卫生服务站示范化达标改造。市有城市社区卫生服务站26家,按照建成区常住人数,基本满足社区居民就近基本医疗和卫生服务需要,但部分服务站位于老城区,面积小、结构不合理,难于规范化。为此,市政府及相关职能单位采取差别化措施进行示范化达标改造。和平路和香榭水岸、城东村和汇东村服务站通过整合,达到省示范标准。南郊村等服务站按省示范标准改建,争创示范。近郊村拆迁地段规划新建居住区时,预先将卫生室按照示范化建设标准与小区物业管理等公共设施一并设置,同步施工,改善城区卫生服务站条件,方便居民就诊。多渠道缓解卫生服务站人员不足。和南通体臣卫校合作开设农村医学定向培养专业,培养三批近百名学生;鼓励镇医院返聘退休卫技人员到卫生服务站工作,允许退职健康、能够继续从医的乡村医生"退职返聘";全市以人民医院和中医院为龙头的两大医疗管理集团内部龙头医院对下级医院、龙头医院一级科室对基层医院、基层医院对村卫生室建立长期稳定的对口支援、结对帮扶工作机制,全市所有村卫生室都有镇卫生院执业医师定期驻村支援。

9.关于张利国等委员提出的《加强对摩托车等小型车辆管理》的提案。

市政府办理情况:市共有道路3787公里,机动车驾驶人39.8万名(其中汽车驾驶人21.8万人,摩托车、三轮汽车、四轮低速载货汽车驾驶人18万人)，机动车27万辆，(其中汽车16万辆、摩托车11万辆)。随着小型车辆保有量的急剧增加，交通事故总量呈上升趋势。对此，市政府及相关职能部门加强关注，统筹推进，2016年，组织开展交通秩序专项整治、学生接送车辆专项整治、城市工程运输车专项整治、危化品运输企业安全专项整治、暑期交通安全隐患集中整治，向管理要效益、向科技要警力，通过调整优化交通组织，精细升级管理手段，确保全市道路交通安全形势稳中有降。加强宣传。开展交通安全"五进"宣传活动，突出重点区域、重点人群，利用多种宣传媒介宣传，提高宣传的覆盖面和普及率。加强培训。严格摩托车驾驶人的学习培训，按照考试科目达标的要求进行考试。加强整治。把机动车酒后驾驶交通违法行为的整治作为日常工作的重点，加强对各交警中队查处酒驾违法行为的考核力度。

2016年市政协优秀提案

表 6

提案号	标　　题	提案人
193	关于建立文明城市创建长效机制的建议	黄卫星
69	关于推进市级中心镇发展的建议	杨　新
151、190	关于建设"养老示范社区"的建议	顾红时　蔡　辉
119	关于加强我市农村电子商务发展的建议	张晓卫
30	关于完善分级诊疗体系的建议	秦祖平
56	关于推进启兴沙规划开发研究的建议	科技与经济委员会
191	关于抢抓国家重大战略机遇　高效利用沿江岸线资源的建议	秦启明
18	关于强化接轨上海推进启东经济发展的建议	吴春华
54	关于加快发展启东旅游业的几点建议	徐玉辉
87	关于增强农民生态文明意识的建议	中共界
80	关于严厉查处违章建筑的建议	姜卫娟
226	关于加大监管力度　减少农药残留污染的建议	许瑞华
177	关于重视社区卫生服务的建议	张振岳
72	关于缓解城市交通压力　清除侵占人行道障碍的建议	沈　杰
62	关于整合医疗资源，方便民众就医的建议	施　超
237	关于注重科技创新，实现电动工具行业转型升级的建议	郁丽春
44、159	关于对机动车违停实行常态化治理的建议	张正兵　张卫华
90	关于加强对市区超载车辆管理的建议	李　斌
206	关于规范民间借贷行为的建议	陈　卫
24、35、165	关于加强出租车管理的建议	浦新梅　陆　伟　张　鑫

(俞俊杰)

责任编辑:沈冬云

“两个责任”落实

【概况】 2016年,启东市纪委协助市委把推进“两个责任”落实纳入全面从严治党的总体格局,以高度的政治自觉性,狠抓工作落实。实施项目化管理。建立党组织、纪检监察组织、单位主要负责人、班子成员等各个层面责任清单,逐项明确目标任务、严格标准时限,促进规范有序推进。推行全程履职记录。专门编印下发履职纪实手册,要求各部门各单位党组织及领导班子成员认真记录履职情况,做到及时、全面、真实、准确。如分管范围内发生重大腐败案件或“四风”问题突出,履职纪实情况将作为问责的重要依据。

【严格考核】 改变“平时不抓评时抓”的情况,推行“两个责任”落实一季度一考评、年底大检查工作制度。全年组织专项检查3次,发出专题通报3期,对存在问题的36个单位和个人,进行点名道姓公开通报批评。坚持下管一级,推进“两个责任”落实向村居、科队站所、企业党组织延伸。全市所有村、社区党组织及居、监委会均制订履职清单,实现与镇、园区、街道党(工)委、纪(工)委同部署、同检查、同落实。

(谢黎明)

4月5日,市纪委党风监督员督查行政服务中心窗口单位人员作风情况

(市纪委/提供)

作风建设

【监督优化】 2016年,市纪委面向社会公开聘请30名党风政风监督员,党风政风监督员包括党代表、人大代表、政协委员、党政干部、村干部、媒体记者等各个层面。全年抽调党风监督员参与公车私用、公款购买购物卡、违规公款吃喝等各类检查20多次,发现线索35件,并进行交办。

【专项整治检查】 针对案件查办中发现的少数党员干部利用职权,本人或以亲属名义参与违规经商、在管理服务企业投资入股分红等突出问题,在全市开展党员干部违规经商办企业问题专项整治,副科职以上领导干部、重要单位热点部门中层干部全部纳入整治范围。全市有3545名党员干部作出专项报告,市纪委按每月不低于10%的比例分批抽查,发现问题线索53条,提醒谈话43人,党纪政纪处分5人,相关做法被南通市纪委专刊推介、省纪委编发信息肯定。在年节假期,组织力量深入全市各重点领域开展专项检查15次、暗访200多批次,发现违反中央“八项规定”精神的线索35条。严肃查处、公开曝光启隆镇永隆社区党总支书记倪某、吕四港镇安监局副局长曹某等人违规公款吃喝、接受服务对象宴请等违纪典型案件,立案处分20人。

(谢黎明)

惩治腐败

【信访工作】 全年共受理群众来信来访672件。坚持从大局出发，做好纪检监察信访稳定工作。制定《党员干部谈话函询暂行办法》《纪检监察信访举报实施细则》，规范信访工作程序。提高信访办理质量，对初信初访，实行每月督查通报，推动基层负责办理，力争把问题解决在基层，从源头上防止集体访、越级访。对时间跨度较长的疑难复杂信访件，实行领导包案、专人负责，集中处理一批、化解一批。对信访老户，市纪委主要领导专门接访，摸清情况，掌握动态，督促有关单位做好工作，确保对象思想稳定，稳控在当地。

【违纪案件查处】 2016年，市纪委共立案审查违纪案件414件，处分440人，涉及副科级以上干部14人，挽回经济损失1016.35万元。实践监督执纪“四种形态”，共约谈、函询343人；组织处理154人、轻处分359人，占54.52%，属于大多数；重处分81人，占8.61%，属于少数；移送司法机关4人，属于极少数。坚持把查处群众身边的不正之风和腐败问题作为主要工作任务，严肃查处惠萍镇原镇长陈某某、寅兴垦区寅东水产养殖场原负责人黄某某、东海镇星宏村村支部原书记张某某、城管局环卫处车队原负责人俞某某等人贪污受贿案件，全部移送司法机关处理。

【安全文明办案】 加强硬件设施建设，利用办案间隙时间，联合市消防、气象等部门，对办案点设施进行全面检查，及时升级改造，消除安全隐患。健全管理制度，严格实行管办分离。推进一般性谈话场所规范化建设，在南通率先实现基层一般性谈话场所全覆盖，3个农村工作室和14个镇(园区)建成规范化谈话场所。

(谢黎明)

行政监察

【换届监督】 加强与组织部门协作，派出20多个督查工作组，对市镇村三级党组织，市人大、政府、政协和镇人大、政府换届，村(居)委会换届及市镇人大代表选举全程监督，受理排查反映违反换届纪律问题线索，实时监督换届风气情况，严肃查处换届工作中各种违纪违规行为。

【效能监察】 围绕全市重大项目、民生实事、违法用地整改、环境问题专项整治、信访稳定、“地条钢”专项整治等工作定期开展巡回督查，56人被追究责任。强化“12345”热线反映问题的跟踪督办，出台《机关效能建设问责暂行规定》，对查实的不作为、慢作为、乱作为等问题，发出告知单312张，问责104人。

11月25日，市纪委召开2016年第三轮巡察工作动员会 (市纪委/提供)

【廉政审查】 及时修订廉政审查实施办法，对全市拟提拔、表彰的186批次2539名干部进行廉洁审查，对存在违纪行为的63名干部据实出具审查情况说明，严把廉政审查意见回复关，坚决防止“带病提名”“带病提拔”“带病表彰”。

巡察工作

【概况】 2016年，市委专题研究巡察工作情况，指导巡察工作开展。市纪委协助市委制定《关于加强市委巡察工作的实施意见》，明确巡察工作定位，科学界定巡察监督范围和对象；成立巡察工作领导小组，定期研究巡察中需要解决的重大、突出问题。根据党代会提出全覆盖的目标，制订五年巡察计划，整合纪委及派驻机构等资源，建立由64人组成的巡察人才库，将全市82个单位全部纳入巡察范围，并对重点单位进行专项巡察。

【巡察重点突出】 市纪委重点检查被巡察单位党的建设、全面从严治党责任落实等情况，以及群众普遍反映的突出问题，尤其是发生在群众身边的“四风”和腐败问题，做到抓大不放小。把跟群众利益密切相关的城管局、医院、学校、社保中心等单位党组织作为被巡察对象。强化巡察结果运用，及时对问题进行分析整理，形成规范性意见，向相关部门发出巡察建议书7份，推动相关部门加强日常管理、健全工作机制。

【基层巡察】 制定《各区镇、市直机关党(工)委巡察工作基本流程(试行)》，规范基层巡察工作开展，通过示范传导、制度传导、检查传导，推动巡察工作向基层延伸。全年完成3轮共9家单位的巡察工作，并对21个村级组织开展巡察。在市教育局开展市级机关内部巡察工作试点，共发现党员干部违纪违规问题线索153条，立案处分108人，1人被移送司法机关。

(谢黎明)

源头预防

【廉政纪律教育】 2月15日，召开党风廉政建设暨警示教育大会。通过播放警示教育片、市委书记作重要讲话、市长提要求、纪委书记作工作报告，教育全体党员干部。开展“5·10”思廉日、算好廉政账教育月、“12·9”国际反腐败日等主题教育活动，实现廉政教育常态化。开通“清廉启东”微信公众号，搭建党风廉政建设对外宣传新窗口。实施“百千万”纪律教育工程，结合推进“两学一做”学习教育，通过专题培训、轮训等方式，集中抓好全市600多名领导干部、3000多名机关干部、6万多名普通党员纪律教育。组织开展党纪条规专项测试，增强党员干部纪律观念和底线意识；出台领导干部任前廉政知识测试办法，对拟提拔29名领导干部进行任前廉政知识测试。

【廉政党课】 实施“一把手”上廉政党课制度，明确各单位党政主要领导、纪委书记年内必须上好一堂以上专题廉政党课。其中优秀的廉政党课教案，在《启东日报》刊登；优秀的廉政党课视频，在启东电视台公开播放。为保证上课质量，各单位上课计划年初报送纪委备案，上课时纪委组织专人上门旁听。全市各部门各单位党政主要领导、纪委书记上党课450多场次，听课干部群众达10多万人次。

(谢黎明)

纪检监察队伍建设

【规范化建设】 2016年，市纪委规范机关工作流程，清理制度，查找薄弱环节，实施整改。通过层层审核把关、常委会研究讨论，新出台常委会议事规则、办公会议制度、财务管理制度、践行“四种形态”实施意见等40多项日常管理制度，实现用制度管人、管事、管权。

【干部管理】 先后2次召开全市纪检监察会议、1次委局机关队伍建设会议，对纪检监察干部管理提出聚焦主业、强化学习、敢于担当、团结协作等严格要求。出台《启东市纪检监察干部“十二个严禁”》，要求纪检监察干部在工作和生活中严禁违规收送礼金礼品、违规吃请、办案中说情打招呼等行为，促进严守“六项纪律”，规范履职、廉洁履职。

【组织建设】 强化镇区街道纪检监察组织建设，出台《镇区街道纪(工)委书记、副书记提名考察办法》《关于深化镇区街道纪检体制改革、推进镇区街道纪(工)委“三转”工作的指导意见》等制度，规范基层纪委领导提名考察，确保基层纪委“三转”到位。在镇党委换届期间，严把纪(工)委书记、副书记提名考察关，指导基层按要求调整机构设置、人员配置，切实把监督执纪职责担当起来。

(谢黎明)

吕四港开发 (徐 昕/摄)

社会团体

责任编辑：陈广辉

市总工会

【概况】 2016年，启东市各级工会组织紧扣“服务型工会”建设，实施建功立业、维权维稳、普惠服务、固本强基四项工程。启东市建会总数达5281家(新增277家)，职工总数275287人，工会会员270834人(新增会员12962人)，其中农民工193676人。工会组建率达95%，职工入会率达98%。全市推荐评选产生江苏省劳动模范9人，全国五一劳动奖章1个，南通市五一劳动奖状2个、奖章4个。加大“学习型、创新型、环保型、效益型、和谐型、安康型”班组建设，评选产生南通市级“工人先锋号”7个、启东市级“工人先锋号”20个。

【建功立业竞赛】 举办“技能比武显身手、岗位建功争先锋”暨第十二届“为劳动者喝彩”劳动竞赛，组织卫生、金融、教育、邮政、化工、机械6大行业14个工种技能比武，直接参与市级决赛职工2000多人，14人晋升技术等级。逐层推荐优秀技能人才参加全国、省级技能大赛，江苏神通阀门股份有限公司职工李忠卫在全国第七届数控技能大赛中获二等奖。

【服务发展】 职工素质提升工程。举办启东市第二届“职工文化节”系列活动，开展职工乒乓球赛、职工羽毛球赛、职工篮球赛、职工运动会、第二季新市民说启东方言大赛。推进“书香企业”建设，推动启东市各级“职工书屋”增量提质，江苏林洋能源股份有限公司获“江苏省2013—2015年度书香企业建设示范点”称号。

创新职工维权手段。挂牌成立“沙主席职工维权咨询工作室”和“启东市职工维权咨询志愿协会”。在工作室和启东工会官微平台，同步接受职工劳动争议咨询和解答。微信解答职工咨询87人次，接待职工来访咨询32人次，开展劳动法律法规培训2次。

做实普惠服务品牌。秉持“普惠+特惠”的服务理念，聚焦于有需要的职工群体，做大做强职工电子会员卡、职工关爱角、特困职工和困难帮扶等，实现精准化服务。“职工关爱角工程服务职工个性化需要”项目，获评全省工会服务职工十大优质项目。

优化提升服务平台。按照“社团+”的模式，开辟工会服务职工新天地。即以社团为基础，推出+文化节、+新媒体、+职工之家、+电子会员卡，在组织职工、服务职工、靓化职工方面，取得一系列成绩，得到省总工会、《工人日报》力推。

拓宽帮扶服务领域。2016年元旦春节期间，共计走访慰问特困职工220人，困难职工47人，发放慰问金24.35万元。畅通医疗绿色通道，确保职工享受“五优先”“三省”“一保证”的服务。以“送清凉、送安全、送健康”为主题，组织慰问金6万多元慰问220名特困职工。助学110人，奖学13人，助医99人，共计发放47.63万元。组织3期职工技能培训班。通过理论学习、上机操作、实践操作、参加省统一考试等环节，81名职工通过省级考核。

(戚　蕴)

共青团启东市委员会

【概况】 2016年，共青团启东市委紧抓党建带团建这一根本原则，瞄准增强“三性”(政治性、先进性、群众性)、力克“四化”(机关化、行政化、贵族化、娱乐化)的总体要求，坚持以改革求突破，以改革促发展，全市共青团工作有活力，有信心，有成效。共青团启东市委获评2016年度南通共青团工作优秀单位。

【组织建设】 2016年，批准成立圆陀角旅游度假区团工委。通过资源整合共享，将恒大海上威尼斯打造成团市委品牌活动“益启团聚吧”的首家线下活动基地。开展全市基层团组织星级评定工作，一季度一考核，考核结果通报所在单位分管领导。加强中学共青团建设，创新协作机制，《“团教家”三位一体青少年团建模式》获评2016年度南通共青团工作优秀创新创优项目一等奖。建设统一名称、统一标识、统一服务体系的“青年之家”8家，建成省级示范综合服务平台2家、南通级6家。

【思想引导】 开展主题活动。开展主题报告会、分享会、团日活动24场。开展“启东好青年”海选活动，评选出30位启东好青年，其中3名被评为南通好青年，2名被评为省级好青年。组织好青年故事分享会5场。举办首届致青春·2016启东青年风尚节，开展以“青文化、青公益、青对话、青户外”为主题

5月4日,团市委组织开展青春榜样讲述青春故事,聆听苏晓琳讲述自己的故事　(市团市委/提供)

的系列活动13场。

灵活运用互联网。强化新媒体宣传作用,形成"一体三翼"(青媒体=官网+官微+官博)的青媒体体系,官微粉丝数近6万人,数次登上团省委微信风云榜。录制"青年之声·青年说"有声栏目13期。建立55名直属网宣员队伍,加强网络舆情引导。原创公益广告作品《我们,就是志愿者》获南通公益广告一等奖。

开展工作项目化。依托"益启团聚吧"交友品牌项目,开展活动数10场,固定青年粉丝两百余人,活动直接联系青年五百余人。依托"亲子沟通营"公益活动项目,吸引2246个亲子家庭加入,成功开展活动30余场。依托由中学团委书记、少先队辅导员组成的东疆好少年志愿者团队,开展"阅读吧,少年!""七彩夏日"等活动,提升共青团的吸引力和影响力。

【服务青少年】 扶持青年社会组织。成立青年社会组织公益联盟,青年社团不断壮大。打造"启航"青少年事务服务中心,入驻启东市综治中心大楼,形成"阵地+队伍+机制+品牌"的青少年权益工作格局。

壮大社工人才队伍。全市取得专业资质社工总数300多人,其中兼职从事青少年事务社工人才100多人,组织开展青少年社会事务专题培训2次。

优化社会公益项目。密切联系青年公益组织12个、志愿者1200余人,"长安心防工程""关爱太阳花"等获评南通优秀志愿者服务项目。全市青年志愿者队伍常态化使用"志愿者打卡器",开展志愿活动50余次,服务青少年1000余人。

【服务大局】 搭建创业孵化平台,以"工作推进系统化、项目扶持社会化、平台建设有形化、创业服务专业化"为路子,构建创业培训、项目遴选、基地建设、融资对接4级联动模式,推动项目落地3个,发放农村青年小额创业贷款250万元。启东滨海众创空间获南通市团属"青创空间"三等奖。

统筹协调多方资源,提升青年创富能力。深入经济薄弱村开展"走帮服"活动4次。举办农村青年电商创业培训2期。评选出最善创新、最敢创业好青年各6名。联合启东农村商业银行选派12名金融行业青年骨干兼任镇、园区团(工)委编制外金融副书记。

拓宽就业实习途径。继续开展"启东籍优秀大学生暑期党政机关见习"活动,提供75个见习岗位,吸引200多名学生报名,组织开展"喜看家乡新变化""学党史、感党恩、跟党走"主题团日等活动6场。建立市级青年就业创业见习基地10个。

【队伍管理】 基础团务规范化。编制《启东市基础团务工作规范》等一系列管理制度。严格团员发展,提高考核占比,逐步降低团学比。分别举办农村基层团干部、中学团委书记、少先队辅导员培训班。建立团干部配备情况定期通报制度,协同各单位党组织从优选拔配备团干部。

团队活动一体化。开展团日活动、青春仪式、成长仪式,全市50所中小学少先队活动课100%进课堂,获省级少先队活动课大赛特等奖1个、一等奖2个。深入实施"六个一"(一课、一月、一员、一室、一角、一档案)团建项目,启东中学获评全省中学中职共青团工作"六个一"团建项目示范校。

联系青年有效化。联合教育局对全市中学进行集中走访调研。开展"走支部连百心"活动,建立"1+100"团干部直接联系青年制度,全市379名专兼职团干部常态化联系5万余名青年,"1+100"工作位居南通前列。定期举办"共青团与人大代表、政协委员面对面"活动。开展精准扶贫工作,结对帮扶贫困青少年30人。

(姚　洁)

市妇女联合会

【组织建设】 强化基层组织网络。抓住村两委全面换届的有利契机,推动落实村妇代会改建妇联工作。探索开启"网络妇联"建设模式,建立女大学生村官、女支部书记、家政培训学员等各类女性群体微信交流群,帮助大家在网络交流中相互学习、找到共识、开阔眼界。

提升基层阵地服务水平。继续探索将妇女儿童之家建设与"巾帼志愿服务""巾帼来料加工"、儿童安全守护等工作有机结合,以"项目进家"打造"一家一品"特色服务,发挥妇儿阵地的服务功能,增强基层妇女组织的凝聚力和社会认可度。

发展女性社会组织。按照省妇联提出的"城乡基层女性社会组织每个城市社区不少于3个、农村社区不少于2个"的目标任务,新培育文体类、服务类、公益类女性社会组织16个,其中村级12个、镇级2个、市级2个。组织开展优秀女性社会组织和公益项目评选活动，“婚姻家庭咨询师协会”“东疆爱心公益协会”项目都取得良好的社会效益，新兴女性社会组织成为专门服务弱势群体的社会力量。

【创业培训】 岗位创建。组织机关妇工委主任及“巾帼文明岗”负责人赴上海大学继续教育学院举办“巾帼岗位能力建设专题研修班”，提升机关妇女干部岗位能力建设水平。“三八”期间命名10个启东市级“巾帼文明岗”，全市共有各级“巾帼文明岗”及争创岗196个。

素质培训。开展妇女就业技能培训，以妇女创业就业培训为依托，开展以送政策、送岗位、送技能、送服务为内容的妇女创业就业培训，将“家政”“月嫂”“电子商务”等培训项目列入妇联常态化培训菜单，通过大众媒体平台，采取常年接受报名、满额即办班的模式，全年共举办家政、月嫂、厨艺等培训班4期，近300名妇女参加培训。加强妇联干部能力素质培训，组织机关女领导干部代表、市女企业家协会会员代表开展“提升自我觉察，绽放女性魅力”主题拓展训练，举办“全市基层妇女干部创新思维暨业务素质提升班”，提升基层妇女干部的“三性”（政治性、先进性、群众性）觉悟，召开女企业家协会年会，组织女企业家开展“挑战自我，携手前行”主题拓展活动，提升会员们的精气神和协会凝聚力。

典型培育。顺应“互联网+”的发展趋势，将培育视线延伸至巾帼电商领域，建成天汾电动工具电商基地。2016年共计新培育各类巾帼示范基地15个，六合果蔬专业合作社、启东果园旅游开发有限公司、田仓农业发展有限公司、天汾电动工具产业园获评省级巾帼示范基地。

【文明创建】 巡访“最美”。开展“好家风好家训好家规”评议活动100多场，“幸福家庭”图片秀800余张，“最美家庭”故事会30余场，“最美家庭”光荣榜150多个，征集“最美家书”200多篇，“传承好家风，传递正能量”文艺演出15场。5月国际家庭日期间，开展“最美家庭”事迹巡展进基层，共走进15个镇（园区）、街道，参与群众约1500人。与市委宣传部、市文明办联合举办2015年度“启东好人”暨“最美家庭”颁奖典礼，以视频短片、歌舞表演等形式弘扬和展示创建成果。

开展志愿者服务。围绕“邻里守望家庭互助”主题，在南、北街道试点实施“情暖夕阳”为老服务项目，在全市全面铺开，开展“一助一”“一助多”“多助一”结对帮扶，成立“爱心门铃”“社区天使在身边”“银龄互助”“8小时外”等志愿服务队，吸纳家庭志愿者2800余人，丰富服务供需信息库，受助家庭达3000余户。

风采展示。在“三八”期间举办庆祝表彰大会暨“巾帼建新功，共筑中国梦”主题演讲比赛，共享12名典型女性的精彩故事，充分展现巾帼风采。

【妇女维权】 参与维权维稳。不断拓展妇女诉求表达渠道，按要求推进妇联“阳光信访”工作，充分运用12338维权热线、“12345”政府公共服务热线以及QQ、微信等网络平台，倾听妇女诉求，积极予以回应解决，全年共接待信访咨询56起，均妥善解决。

深入开展法治宣传。采用宣讲式、咨询式、群发式、互动式等群众喜闻乐见的方式，让面向妇女和家庭的法治宣传形成全年不间断态势。全年共开展大型法治宣传活动6场，受益群众2600余人。利用电视、广播、报纸、微信等媒体宣传《中华人民共和国反家庭暴力法》，举行“反家暴，倡和谐，享平安”三八维权周主题宣传活动，创作反家暴文艺节目搬上村居纳凉晚会舞台，走进启东人民广播电台和启东电视台《法治广场》专题宣传反家暴法，助推法院发放南通市首张涉少人身安全保护令。举办第二十三期幸福家庭讲习班，通过聆听幸福家庭代表的事迹演讲、观摩“群众说事、妇联说理、法官说法”“三说”模式庭审现场录像等形式，使情、理、法有机交融，达到化解矛盾与普及法律、珍爱家庭与增进和谐的有机统一。

健全维权组织网络。在市妇女儿童活动中心建立婚姻家庭调解院，招募婚姻家庭咨询师、律师、心理咨询师、社会工作者、法律工作者等职业资格的专业人士担任调解志愿者，以确保解答的正确性及调解的高效性。周一到周五每天下午2:00—5:00安排调解志愿者值班，为居民提供婚姻家庭调解志愿服务。

【公益项目】 继续实施“启悦·微梦坊”公益服务项目，将服务民生实事化、项目化。2016年实施项目12个，其中“凝爱·陪读妈妈”“白丝带反家暴爱心行动”“为爱加油——新家庭幸福学堂”3个项目入选南通市妇联公益项目库，“手拉手传递温暖，心连心共促成长”“成长‘青轨线’”2个项目入选江苏省公益项目库。发挥女性社会组织服务指导中心的作用，引导条件相对成熟的社会公益组织向社团组织发展，不断壮大服务妇女儿童的组织队伍，“六一”期间，指导成立“东疆爱心公

庆祝三八妇女节暨“巾帼建新功 共筑中国梦”主题演讲比赛

（郁卫兵/摄）

6月1日,全市"童在蓝天下"庆六一活动暨启东市东疆爱心公益协会成立仪式在市广电演播大厅举行（市妇联/提供）

益"协会,使之成为一支专门服务困境儿童的社会力量。

【妇儿实事】 常态举办"智慧父母讲堂"。联合市教育局邀请专家开展"智慧父母大讲堂",举办大型讲座14场,受益家长近万名。联合相关部门开展"亲子沟通营"系列活动,围绕"爱、诚、敬、善"等主题开展"带个孩子回家过年""另类家长会""共阅书香读书分享会"等各类亲子活动近200场,参与家庭3000多个。发挥儿童安全体验教室作用,开展"小红伞"救护培训夏令营,邀请红十字会、消防大队的专业老师进行授课,全市城区38个社区的700余个家庭通过亲子体验和专题培训等形式,让孩子和家长共同学习掌握自护自救知识技能,为儿童健康安全成长撑起保护伞。深化"爱心助孤""春蕾计划"、关爱困境儿童等活动。指导实施"艾妮天使"——困境儿童关爱项目和"手拉手传递温暖,心连心共促成长"省级重点扶持的公益项目。成立东疆爱心公益协会,对全市困境儿童信息库的800多个困境家庭逐一走访,为确实困难的近240个困境儿童分别落实帮扶方案和负责人。2016年,募集关爱困境儿童资金15万元,结对困境儿童65人,新建春蕾班3个,发动组织爱心人士为380名困境儿童助力微心愿。利用节点走访慰问两癌妇女、贫困老党员、贫困单亲母亲等群体,共计关爱贫困妇女80人。发动"爱心公益社团"——"掌上启东"微信公众平台志愿者,慰问北新镇61位孤寡老人。

（翟春红）

市科学技术协会

【概况】 2016年,市科协服务创新驱动发展,提升全民科学素质,把科协工作融入党委、政府工作大局。开展"两学一做"学习教育,转变工作作风。朱咏梅获中国科协、国家人社部联合表彰的全国科协系统先进工作者。

【科普宣传】 2016年,科普推广团活动积极融入到市正能量科普宣传,充实由160名各类科普专家组成的市科普推广团(其中市本级40名,乡镇社区各10名),制定"正能量加油站"服务菜单,提供科技创新、健康保健、农技推广等各类科普宣讲主题109个,向全市所有村、社区、学校以及其他相关单位的"正能量加油站"提供卫生、健康、防灾减灾、农技推广等各类科普宣传资料,科普动漫、科普直通车等科普影视,开展镇(街道)、村(社区)、学校的"科普连民心"正能量加油活动22场,服务群众数千人。

"互联网+"科普初步探索。开通"启东科协"科普微信平台,缩短科普与民众的距离。不断完善《启东科普网》建设,拓宽网络平台,加快科普宣传传输速度。从省科协引进《科普动视》,用三分钟动漫诠释生活中的科学知识,在科协网上链接共享157部短片,并向电视台、电影院、党员教育平台推广。

【科普活动】 举办第28届启东市科普宣传周系列活动。中国科学院院士薛永祺,市委常委、组织部部长赵男男出席开幕式,并为启东实验小学"少儿科学院"、南通大学杏林学院科技梦社团党员服务站揭牌,南通大学杏林学院与实验小学签署"大手拉小手"科技教育合作协议书。"与科学家面对面"活动。红外和遥感技术专家、中科院院士、中科院上海技术物理研究所总工程师、研究员、博士生导师薛永祺,为实验小学学生作《红外线的发明与应用》的科普讲座。在南通大学杏林学院,薛院士与该校师生进行座谈,鼓励大学生广泛培养兴趣爱好为将来的创业创新打下基础。全国科普日期间,西北工业大学博士生导师、全国工业设计协会副会长余隋怀教授《从中华文明看科技创新》主题演讲在市第一中学举办,传播文化自信,引导向上和向善的力量。

"安全毕业礼"逐渐形成品牌。科协联合红十字会,为城区小学的毕业班学生开展校园急救技能培训。从安全理论的讲座到心肺复苏等实践操作技能的培训,从跟班老师的辅导到每个学生的学习,通过分阶段针对性培训,确保所有受训的毕业生掌握基本逃生和救助技能,受到老师家长的普遍欢迎。

科技创新。启东中学科技创新先锋队参加以"大众创业、万众创新"为主题的第九届国际发明展览会,夺得5项金奖和2项专项奖。成功举办第十三届青少年科技创新大赛。

【服务创新驱动】 带领中科院上海技术物理研究所启东光电遥感中心创业团队赴苏通产业园学习中科院微系统

5月13日，第28届科普宣传周活动开幕，图为同学们观摩3D打印技术
（袁　竞/摄）

所南通光电中心的创业经验，并协助组织召开第二次理事会，增聘匡定波、薛永祺院士为中心首席专家，理顺启东中心产业化发展思路，落实政策扶持。在神通阀门新建科技工作者之家，与常熟企业科协联合会达成共建协议，发挥企业科协在技术创新中的作用。从上海成功引进台湾的创意团队实施汇龙镇城北工业园的老厂房改造，成立启东市首家民营创客工坊。

【举办高端科技研讨会】 11月6—7日，由国内高光谱遥感界的学术泰斗、中国科学院院士童庆禧和薛永祺主导的高光谱遥感技术研讨会暨中科院上海技术物理研究所启东光电中心产业化发展论坛在启东博士创业园举行。会议集聚国家空间学会、中国遥感协会、中科遥感所、中科院上海技术物理研究所、中南大学、中科院上海技术物理研究所启东光电中心的专家教授以及北京比特联创科技股份公司等科创型企业代表。会议围绕“十三五”重大专项——遥感空间高光谱技术发展展开学术研讨，中科院上海技术物理研究所启东光电中心主任刘银年作关于高光谱成像技术进展的专题报告，会议就如何推进启东光电遥感中心产业化进程开展讨论。

（张　静）

市侨联

【概况】 2016年，市侨联广泛凝聚侨界力量，坚持“两个并重”(坚持国内海外工作并重和老侨新侨工作并重)，两个“拓展”(积极拓展海外工作和新侨工作)，发挥“六大作用”(服务经济发展、依法维护侨益、拓展海外联谊、有序参政议政、弘扬中华文化、参与社会建设)，筑牢工作基础，创新工作机制，集中独特优势，积极作为，完成各项工作任务，获江苏省首批“双五有侨联组织”和南通市侨联“优胜单位”称号。

【中心工作助推】 发挥资源优势，及时更新完善启东海外人才库，同海外侨团、重点华侨华人等保持经常联系；通过撰写提案、社情民意和界别活动周、小组视察等形式，履行参政议政、民主监督职能，做好侨界新一届政协委员的推荐工作；组织考察市桂林小学、国本中学的异地重建，监督向阳小学郁氏奖学助学基金运行和使用，关注市陈国本、袁丽珍夫妇妇女儿童医院大楼拆迁事宜等，依法维护捐赠者合法权益。

【侨情侨谊凝结】 参与各镇、园区、街道归侨侨眷座谈会，与海外侨界人士特别是一批重点代表人士保持经常性的联系，启动《江苏省保护和促进华侨投资条例》宣传活动，主办“亲情中华，祖国情·华侨梦——美籍华人万晓燕摄影展”，拓展海外侨务工作新领域。接待美国加州大学洛杉矶分校顾黎辉博士、西屋电器瑞典公司资深工程师盛东源博士、挪威船级社葛春花博士、中科院高能物理研究所朱宏博博士、昆山杜克大学副校长高海燕博士、香港启东同乡会陈峰会长等在内的海外侨胞、港澳同胞30多批次、100余人次。《新侨口述史》撰写扎实推进。顾履冰、陈向东、黄健华等11位新侨回启东接受采访，完成定稿10篇。

【侨界权益维护】 密切关注侨界群众民生，慰问困难归侨侨眷、侨界空巢家庭、海外高层次人才家庭等600多人次，发放慰问品、慰问金15万余元。受理涉侨来信来访20人次，为华侨华人、港澳同胞办理回国定居、恢复身份户口、子女办理入学证明、城市房屋拆迁、购买商品房、外汇兑换等实事20多件次。

（钮永能）

市残疾人联合会

【概况】 2016年，市残疾人工作围绕保障残疾人民生，全力推进残疾人小康进程目标，深化残疾人社会保障体系和服务体系建设。至年末，全市共有持证残疾人24271人，专门协会5个。

【社会保障】 2016年，全市享受重残救助和一户多残依老养残的共8644人，发放金额5052万元。出台《启东市困难残疾人生活补贴和重度残疾人护理补贴实施办法》，明确享受对象和补贴标准，两项补贴交接工作完成。出台《启东市残疾学生及残疾家庭健全子女教育专项补贴实施方案》，补贴范围扩大为义务制阶段、高中及高等阶段残疾学生和残疾贫困家庭健全学生。政策惠及238名对象，发放补贴16万元。会同市福利基金会开展“携手养老”项目，资助6620名重残人员养老保险费每人每年100元。新审批成立2家民办托养机构，全市托养机构达10家。新建3家市级扶贫基地，全市扶贫基地达11家，其中2家为省残联一星级扶贫基地。新建汇龙镇、南城区城河新村、香榭水岸、吕四港镇如意村4家“残疾人之家”。

【康复服务】 按照千名困难精神残疾人实现免费基本用药的目标，对307名低保户、五保户、低收入户以及易肇事肇祸重性精神病人，做好免费服用二代药工作，人均用药标准提高至每年3000元。动态审核715名普通困难精神残疾人，实行每年650元的服药补贴。出台《启东市残疾人辅助器具适配补贴办法》，扩大适配对象，提高补贴标准，优化补贴方式。55类辅具中有10种辅具补贴标准超省定标准，其中电动轮椅、电动代步车补贴标准从省定标准1000元提高至3500元。全年为1800多名残疾人适配2300多件辅具，合计补贴资金60余万元。市残联对0~14周岁残疾儿童进行筛查评估，为300名(疑似)残疾儿童做健康筛查。组织实施0~6周岁残疾儿童基本康复工作，并延伸受助面至7~14周岁肢体（脑瘫)、孤独症儿童。严格规范残疾儿童转介审批程序，全年转介72人，康复补助102万元。

【就业培训】 2016年，市残联开设计算机、电子商务等专长培训班；插花、面点师、保健按摩、种养殖等实用技能培训班；在企残疾人岗位提升培训班和职业道德教育培训班等，实现点单式培训，全年共培训500多人次。举办残疾人专场招聘会，100多名残疾人参加，现场达成就业意向50多人。出台《启东市用人单位按比例安排残疾人就业补贴和超比例奖励办法的实施细则》，对按比例安排残疾人就业的单位进行补贴，超比例的进行奖励，28家企业得到补贴或奖励。表彰奖励初始创业残疾人，对6名初次领取营业执照且稳定经营6个月以上的城乡无业残疾人员，每人给予补贴3500元。挖掘推荐自主创业新典型，评选先进典型30名，奖励金额4.5万元，其中一、二、三等奖各10名，分别给予2000元、1500元和1000元奖励。

【载体活动】 2016年，市残联在《启东日报》开设《残疾人风采》专栏，在电视台设立《江海潮涌》残疾人专题节目。3月，市残联创建“启东市残联”微信公众号，引导成立冬日暖阳公益协会。5月，理事长和各部室负责人一起走进“政风行风热线”直播间。选送运动员参加省残疾人运动锦标赛，其中田径赛获4金1银2铜，游泳赛获5金1银3铜，聋人篮球赛获男队亚军、女队第五的成绩。开展“残健牵手 喜看新貌”东疆行活动，35名残疾人参观崇启大桥、中远船务和恒大海上威尼斯。举办残疾人趣味运动会、盲人象棋比赛，100多名残疾人参赛。举办“残健牵手·共乐东疆”才艺表演赛。

(倪灵琳)

市文学艺术界联合会

【概况】 2016年，全市有作家、美术家、书法家、音乐家等10个协会和3个文联(南阳镇文联、检察官文联、汇龙镇文联)，活动丰富，会员数量增加，创作成果再上台阶。向上级协会推荐符合条件的艺术家加入上级协会，新增国家级会员3人、江苏省级会员11人、南通市级会员16人。2016年接待到启东交流和采风的艺术家5批近50人，组织2个采风小分队前往新疆和浙江进行创作采风。邀请2位国内颇有影响的艺术家到启东举办文艺专题讲座。开展“感知启东”系列创作采风实践活动和“书香启东·悦读与畅谈”活动，繁荣文艺创作。完成2016年度音乐、朗诵、舞蹈考级工作，培养和挖掘青年人才。

【市文联七届二次全委会】 4月8日，启东市文联召开七届二次全委会。第七届委员会全体委员共21名出席会议。会议增补文联全委会委员，阐释《感知启东》一书的编撰规则，介绍《献给大地的歌》编排情况。

【“中国梦·感知启东”系列创作采风实践活动】 “深入生活·扎根人民·感知启东”主题创作采风活动。市文艺工作者深入全市各地进行采风，创作一批有质量、有艺术价值的作品。延续2015年采风活动，2016年度共组织170多名艺术家，分7次深入吕四港镇、惠萍果园、汇龙镇、寅阳镇海工园、启隆镇、东海镇、北新镇等地开展系列创作采风，走向基层，观察启东风土人情，感受江海文化的魅力，激发创作灵感。采风结束，艺术家们创作大量的散文、纪实文学、诗歌、美术、歌曲、摄影作品，刊发在《启东日报》和相关的网站、微信公众号上，扩大社会影响。活动具有连续性、参与面广、成果展示及时三大特点。

“一本书”——《感知启东》(第一辑)采风作品汇编。2016年初起，市文联将采风创作的作品精选成书，即《感

6月24日，《感知启东》首发式 (郁卫兵/摄)

知启东》(第一辑),精选采风中创作的散文、诗歌、美术、歌曲、摄影等艺术形式的优秀作品,于5月份成书,6月首发。

“一台戏”——《献给大地的歌》“感知启东”采风精品展演。6月24日下午,市文联“五月风”文艺惠民活动之一——“深入生活、扎根人民、感知启东”主题创作采风作品展演暨《感知启东》第一辑首发式在启东市少年宫举行。南通市文联党组书记、主席王法,启东市市领导姜平、潘国红、张卫生、宋逵与市民们一起观看展演,并向相关单位和个人赠送《感知启东》一书。整场演出时长一个半小时,共12个节目,其中11个节目都源于上年5月以来采风活动后新创作的作品,突出原创性、本土性和艺术性。演出受到观众及社会各界的高度肯定。

【“书香启东·悦读与畅谈”活动】 2016年,市文联以读书为基本点,每月在图书馆、各镇、学校等地举办“书香启东·悦读与畅谈”活动,提高艺术修养。拨付专款,每次活动向前来参与的文学爱好者们赠送1~2本精美的图书,通过阅读方向指导、畅谈读后感等一系列活动设置,提高参与者们的阅读水平,促进创作提高。活动上畅谈的文稿经过整理,发表在网站和《沙地》杂志上。活动举办10期,共赠送书籍1000余本。

【《风乐桃花》长篇小说研讨会】 7月12日,江苏省作家协会、启东市委宣传部在南京联合举办李新勇长篇小说《风乐桃花》研讨会。省作协主席范小青、副主席汪政等20多位来自全国各地的著名作家、评论家、专家学者参加研讨会,对该小说给予高度评价。南通市委宣传部、南通市文联、启东市委宣传部的相关领导和专家出席会议。

【汇龙镇文联成立】 3月31日上午,汇龙镇文学艺术界联合会成立大会召开。会议宣读关于成立汇龙镇文联的批复,表决通过汇龙镇文联领导组名单、汇龙镇文学艺术界联合会章程(草案)。市文联和汇龙镇相关负责人一起为汇龙镇文联揭牌。

【展演活动】 展览活动。1月17日举办启东市第二届书画收藏精品展览;2月,举办启东版画院2015年度作品及甘南创作采风作品展;5月18日,“大美启东”启东市江海国画院成立一周年国画展开幕;12月28日,第七届启东市中国画展开幕。

演出活动。4月27日,举办“诗画启东,越韵江海”经典越剧折子戏演出,启东江海戏曲团揭牌,以节目购买的方式,支持启东戏剧艺术的发展;5月25日,“乡音乡情评弹雅韵”启东—上海两地评弹演艺交流演出,支持启东曲艺评弹的继承发展与区域交流合作;6月24日,举办“献给大地的歌”感知启东采风精品展演;12月18日,举行“吴歌论坛”启东民歌展演;12月19日,举行“吴歌论坛”吴歌展演。

7月12日,《风乐桃花》研讨会召开 (市文联/提供)

【文艺创作】 2016年,全市文艺工作者在国家级报刊上发表文章40多万字。出版长篇小说1部、长篇纪实文学1部、散文集1部、随笔集1部。发表中篇小说1部、短篇小说4部、散文114篇。长篇小说《乡村少年》、歌曲《大海不负打鱼人》入选2016年度南通市重点扶持作品,《生命原乡》入选南通市文联重点扶持歌曲。10件版画作品入选第31届伦敦原创国际版画博览会,2件版画作品入选“银川对话·中国美国版画联展”。11月1日,在南通市中心美术馆开幕的第二届南通市美术大展上,市美协选送的版画11件、中国画15件、水彩水粉画4件、漫画5件入选,其中1件金奖,2件银奖,2件铜奖,入选和获奖数均列各市(县)、区之首。1幅摄影作品入选在意大利开幕的“第五届无疆界(ISF)国际女摄影家展览”。5幅书法作品入选“南通市首届书法艺术大展”,1幅草书作品入选“南通市迎春书画名家邀请展”。

【文艺惠民】 春节前夕,市书法家协会举办义务为读者送春联活动。从4月份开始,启东市文联支持启东市民间文艺家协会开展民俗文化进校园活动。与江苏省吕四经济开发区联合邀请本土作家举行签名赠书活动。组织书法家参加全市“三送”到吕四盈港市场活动。委派专人,多次为汇龙镇残疾人苏晓琳的自传体纪实文学《为梦想插上翅膀》提出修改意见并联系出版。曲艺家协会、戏剧家协会等协会参与送文艺下基层活动100余场次。

【文艺队伍建设】 全年有14位文艺创作骨干参加江苏省文联、江苏省作家协会和南通市文联举办的学习习总书记在文艺座谈会上的讲话培训班。美协会员王帅申报的“国家艺术基金当代艺术于版画创作研究人才培养”项目获批,朱海燕、王帅两位画师申报的“江苏艺术基金(一般项目)2016年度艺术人才培养资助项目”获批。

(王思林)

市红十字会

【概况】 2016年，启东市红十字会以弘扬“博爱、人道、奉献”为主线，以“三救三献”[救灾、救护、救助，献血、献造血干细胞、献遗体器官(组织)]为核心，以“关注人的生命与健康，改善最易受损害群体的境况”为基调，以活动为平台，以创新为突破口，发挥红十字会在政府人道救助领域中的助手作用，实现“纵向进步、横向进位”的预期目标，推进启东市红十字事业发展。

【基层组织建设】 拓宽个人会员和团队会员发展领域，按照《中国红十字会章程》的要求，在尚未建会的街道(社区)、企业和事业单位、学校、医疗机构和其他组织中建立红十字会基层组织，新建基层红十字组织6个，以点带面为优化基层红会创造条件，营造良好工作环境。

【基础工作】 *无偿献血工作*。加大宣传力度，配合有关部门开展无偿献血工作。与市卫计委一起向市政府建议设立奖励机制。

造血干细胞捐献工作。进一步扩大造血干细胞库存量，全年新招募造血干细胞志愿者120人，超额完成20人。加强无偿献血与造血干细胞捐献工作的统筹协调，整合力量和资源，推动共同发展。加强与市中心血站的相互支持合作，与卫计部门的工作协调，在市妇儿中心增设血样采集点。强化服务意识，做好对捐献者的服务，减少捐献者的反悔率、流失率。

人体器官捐献工作。做好人体器官身后捐献的宣传发动工作。新增招募人体器官、遗体捐献志愿者7名，成功捐献遗体1名。做好捐献过程中的衔接协调、医学鉴定、捐献慰问、捐献者家庭救助慰问等工作，形成顺畅高效的工作运行机制。

【公益性应急救护知识普及】 制订普及公益性救护知识培训的全年计划及举措，完成初级救护员培训1440名，普及性应急救护培训11360名，完成率分别为137%、113.6%。坚持普及与提高相结合，重点做好化工系统、供电系统、教育系统等行业(岗位)和重点人群的培训。首次赴上海、如皋等地的启东企业进行救护员培训，为企业服务。对新高一学生进行全覆盖救护培训；对实验小学六年级毕业生作为毕业礼包进行全员救护培训。与妇联合作，在暑期进行亲子救护培训；与江天生态园合作，对参加暑期游泳培训的进行防溺水等救助培训。加强救护员师资培训，新增师资4名，其中2名为红会副会长。参加南通市救护员技能比武，获得团体二等奖，列县(市)第一，1名救护培训师资参加省赛。按照省级标准，建立启东市应急救护培训基地，获得省资助13万元，成为南通市第一家获得基地建设资助的县(市)。

【备灾救灾】 与卫计委协商，建立启东市红十字会备灾救灾仓库，面积超过100平方米，基本满足储存需要。优化与上级红十字应急救援体系的衔接，增强红十字会救灾应急保障能力。抓住省红会备灾中心与启东挂钩机会，建立良好的沟通渠道。与社会组织联系，依托志愿者探索建立各类救援队伍，强化培训演练，提高民间救援的专业化水平。首次购置与抗洪救灾密切相关的物资2万元左右，随时发挥助手作用。制定《启东市红十字会自然灾害应急预案》，提高备灾水平。

【博爱助困、助老】 实施“红十字博爱送万家”“关爱最美环卫工人”“613助老”项目，策划并实施“515助困工程”，成为省级项目，获得省红会资助5万元，共发放人道救助款、物67万元，进一步提高影响力和服务能力。开展红十字青少年活动，赴汇龙中学、近海镇海丰小学、启隆镇学校等学校调研红会工作，培养红十字志愿者队伍的后备力量。开展红十字博爱家园试点工作，东洲新村社区成为南通唯一一个省级试点，取得阶段性成果，在省红十字会博爱家园建设专题会议上做工作交流。

【服务品牌建设】 围绕应急救护、健康关怀、人道援助、造血干细胞捐献、遗体器官捐献、宣传无偿献血、宣传预防艾滋病、红十字运动传播、筹资劝募、国际人道服务等，继续抓好志愿者招募和管理工作。专门招募红十字志愿者，2016年新增5名骨干人员。“515志愿行动”成为市品牌，并受到省市红会的赞赏，也促进市太阳岛关爱工程的转型升级。

【资金物资筹措】 推进依托传统项目的常规筹资，开展“博爱在启东 人道万人捐”主题筹资活动，筹资22多万元。继续争取政府以购买服务的方式，将更多的体现人道主义宗旨的公益性项目交由红十字会实施；加强与财政等部门协调，活动经费得到基本保障。畅通受捐渠道，激发社会力量捐助热情，吸引本草大药房等企业参与捐物，多渠道募集救助资金或物资，推动市红十字事业发展。

(王琳超)

市哲学社会科学界联合会

【社科研究】 开展2016年度经济与社会发展重点应用课题研究。经广泛宣传，积极申报，2016年共立项课题37项，比2015年多4项。其中重点课题14项，一般课题23项。申报单位达到20家，比2015年多6家。10月份共计收到课题成果42项。经专家集体讨论、评审，评出“启东市设立综合保税区的路径选择”“以启东市分级诊疗现状探讨基层医疗服务体系改革方案”等优秀成果共计18项。对优秀成果予以一定奖励。

【社科普及】 *“一路阳光”社科知识进校园*。市社科联联合教育局，组织20名市心理咨询中心优秀教师走进全市100所中小学，开展惠及近5万名中小学生的“一路阳光”身心健康教育讲座，培育青少年社会主义核心价值观。16个主题，涵盖中小学12个年级，讲座对象涉及学生、家长及教师三类群体。至2016年年末，共开展讲座40多场，“江苏教育网”对相关活动进行宣传报道。

“亲子沟通营”系列活动。加强亲子交流促进家庭教育。市社科联联合市教育局、文明办、妇联共同组织“亲子沟通营”，围绕“爱、敬、诚、善”四大主题，以每周4~5场的频率，累计开展亲子活动101场次，常态化参与家庭3000多个，参与人数累计超4000人次。针对不同年龄段的孩子设立分群，制定群规，分享活动场景、参与感受；制作活动微信推文、照片流等，让更多家庭分享快乐、感受活动；设立《参与心语》《活动反思》两个栏目，心理咨询师进驻，与参与活动的父母、孩子交流、讨论，引导孩子感悟真、善、美，践行价值观；开设FM106.3广播电台特别栏目，更广范围传播宣传。

“启东市第二届汉字听写大赛”。在全市第一届汉字听写基础上，2016年市社科联联合市委宣传部、市语委、市教育局、市广播电视台，多部门开展第二届汉字听写大赛。社科联发动全市近5万名中小学生报名参加初赛，遴选105名选手进入全市复赛，经过半决赛、总决赛等6场比赛，最终产生启东市汉字听写大赛总冠军。增加亲子专场，通过“亲子沟通营”服务号平台开展初赛。启东市两台一报全程跟进报道大赛全过程，在启东电视台播放，激发学习汉字书写的热情，提高市民对汉字书写、传统文化的兴趣，提高全市群众社科素养。

社科普及示范基地建设。2016年，市新增2家南通级社科普及示范基地，分别为市图书馆和王鲍烈士纪念馆。南通市级以上基地达到4家。新增7家启东市级社科普及示范基地，分别为市少年宫、市汇龙中学、市新华书店、市消防大队、市珠江村镇银行、汇龙镇南城区建都新村居委会以及汇龙镇北城区长龙三村社区，市级基地10家。

12月8日，第二届汉字听写大赛在市少年宫举行　　（姜雨蒙/摄）

【学会活动】 心理卫生学会作为省级社科普及示范基地，在“一路阳光”“启吾大讲堂”“亲子沟通营”等系列活动中承担主要的承办工作。老龄协会在做好换届工作的同时，联合总工会、教育局开展“敬老孝亲”的主题活动，多达200多人参与演讲比赛，在启东电视台开辟一季度一场的《夕阳红》栏目，开展全市“情暖夕阳”经验介绍和交流汇报等。教育学会和社科联联合发文开展首届启东市优秀教育论文的评选，推动全市教师群体做课题的积极性。张謇研究会开展纪念张謇逝世90周年学术研讨会，共收到论文20余篇，其中优秀作品集结成册。

（张丽芬）

市工商业联合会（总商会）

【概况】 2016年，启东市工商业联合会（总商会）贯彻落实中央、省市关于加强和改进工商联工作实施意见，主动作为，创新服务，以“两个健康”为主题，开展非公有制经济人士理想信念教育实践活动，促进启东非公有制经济的健康发展和非公经济人士的健康成长。市工商联（总商会）获“江苏省‘五好’县级工商联”“南通市工商联系统先进集体”称号。

【市工商联第十二次会员代表大会】 2016年，启东市工商业联合会（总商会）第十一届执行委员会任期五年届满。12月20日，启东市工商业联合会第十二次会员代表大会在市党教中心召开。大会代表总额239人，其中非公经济人士占89.9%，实到代表221人。市委书记、市人大常委会主任徐锋，南通市委统战部副部长、南通市工商联（总商会）党组书记姚国钧到会并分别作重要讲话。大会听取并审议通过市工商联副主席周敏华代表第十一届执行委员会所作的工作报告，选举产生启东市工商联第十二届执行委员会。执行委员共99人，其中，非公经济代表人士78人。大会结束后，召开十二届执行委员会第一次会议，选举产生常务委员会。常务委员共33人，其中，宋逵当选为主席；副主席13人（其中，不驻会的非公经济代表人士10人）；秘书长1人。

【企业培训】 利用“东疆大讲坛”服务平台，加强对企业家的培训教育，提高企业家及企业团队的理论水平、组织水平、决策水平等各方面运筹经济的能力。5月11日，第39期“东疆大讲坛”特邀财务管理实战专家何昉祎，举办“全面营改增政策解析及应对”专题讲座，全市近100名企业经营管理人员到会听课。

【专题调研】 围绕非公企业经济运行情况、创业创新、外贸进出口、转型升级等专题，深入企业开展调查研究，帮助企业破解政策、资金等方面的发展难题，实现提质增效。组织全市各级工商联界别、工商联会员企业的人大代表、政协委员建言献策，其中《发挥南通海洋优势，扩大对韩水产出口贸易》等提案得到市领导的高度重视。开展民营经济发展情况调研，形成《启东民营经济发展报告2015—2016》。开展行业经济发展情况调研,完成《启东市服务业发展报告》《启东市建筑业发展报告》,入选《南通民营经济发展报告汇编》。

【交流合作】 组织会员企业参加各类国内外经贸交流活动。协助举办第十七届科技五金交易会,组织企业参与中国五金博览会、广交会等。

做好牵头协调。按照启东市委市政府的“三优三新”(海工及重装备、电力及能源装备、精密机械及电子等三大优势产业集群,新材料、新医药和通用航空等三大新兴产业集群)重点项目推进部署,牵头市发改委、人社局、启东经济开发区等部门和园区,强势推进规模集聚、创新驱动、品牌经营、外向开拓等四大战略,加快转型升级步伐,助推启东精密机械及电子产业集群发展。

推进部门联动。配合启东市发改委、中小企业局,围绕《启东市工业企业科学发展能力评价办法》,对各启东中小企业进行综合评价。与启东市国税局联动,以“纳税人之家”为平台,以10个工业企业行业商会为重点,组织税企联络员,开展调研、宣传、沟通、监督等系列活动,助推税企合作共进。

(张裕群)

市关心下一代工作委员会

【概况】 2016年,全市各级关工委组织发展到1177个,其中成立关工委的社区(村)304个,参加关心下一代工作和活动的“五老”(老干部、老战士、老专家、老教师、老模范)9400人。各级机关成立关工委组织17个,民营经济关工委在全市13个镇、1个开发区设立分会。关工委工作成绩显著,市关工委、市教育局关工委被评为全省关心下一代工作先进集体,5人被评为全省关心下一代工作先进个人。

【“学党史、学国史,听党话、跟党走”主题教育活动】 2016年,围绕建党95周年、红军长征胜利80周年,市关工委在全市组织开展“学党史、学国史,听党话、跟党走”主题教育活动。与市文明办、市教育局、市老干部局联合举行“党在我心中”主题演讲比赛,发动基层关工委参与阳光少年网“童心向党”系列活动。全市655名“五老”参加宣讲,编写宣讲材料372篇,听讲青少年2.04万人次,组织演讲比赛354场、征文比赛412场,参与演讲、征文的学生3.5万多人次。在省阳光少年网举办的“童心向党”专题教育竞赛活动中,全市上传征文、书法、电子小报作品300多件,21件作品获一等奖,20件作品获二等奖,65件作品获三等奖,启东市关工委获评2016年阳光少年网“童心向党”专题教育活动优秀组织奖,1人获评2016年阳光少年网“童心向党”专题教育活动优秀辅导员。

【校外辅导站建设】 2016年,市关工委强化校外教育辅导总站建设。6月,在王鲍镇召开主题教育现场推进会,观摩王鲍镇在乡村少年宫建立的校外辅导站总站的办班情况,推广王鲍镇校站结合、校宫结合和关工小组建在网格上的做法。开展校外教育辅导活动案例(计划)征集评比,表彰奖励27篇优秀校外辅导活动案例(计划)。圆陀角旅游度假区胜丰村和南城区街道彩臣三村校外辅导站的教案分别获全省校外教育辅导站电子阅览室优秀特色活动推广项目文字类一等奖和二等奖,南城区街道彩臣三村和圆陀角旅游度假区连兴港村校外辅导站的视频均获全省校外教育辅导站电子阅览室优秀特色活动推广项目视频类三等奖,获奖率列居南通市各县(市、区)榜首。充实辅导员队伍。市关工委与南通大学杏林学院启东校区结对,鼓励大学生参与校外辅导站活动,校外辅导站为大学生提供社会实践的阵地。全年共有21名启东籍大学生志愿加入到校外辅导员队伍。评选校外辅导站好学员。全市评出启东市级校外辅导站好学员100名,其中择优29名入评启东市级“三好”标兵。推荐的14名学生被评为南通市“三好”标兵,吕四港镇南星桥村校外辅导站、和合小学获评南通市“三好”标兵竞赛评选活动常态化建设先进单位。各校外辅导站活动各具特色,有“教子有方”公益讲座、“弟子规”教育辅导班、“四点半课堂”“舌尖上的启东菜,记忆中的家乡味”——亲子菜肴展示、“法在我心中”亲子阅读活动等。

【青少年法治教育】 2016年,全市建有法制教育报告团(组)16个,聘有法制报告员200多名。全市累计举办法制报告340多场次,听讲青少年达3.02万人次。8月15日,市关工委在市人民法院举办法制教育观摩活动,300多位“五老”骨干、中小学生和家长参加。各镇区与乡村少年宫结合成立少年法学苑,有130名“五老”参加,共举办报告会600余场,受教育人数3万人次。

【特殊青少年群体关爱】 2016年,据不完全统计,全市各级关工委累计扶贫助学学生502人,帮助孤残弃青少年147人,筹集助学助困资金16.54万元。4人被南通市综治办、关工委表彰为南通市“五老”参与社区矫正工作先进个人。南通市关工委、农委领导到启东调研青年农民创业基地建设,给予充分肯定。南通市关工委副主任黄鹤群撰写的《为青年农民创业插上“金翅膀”——记启东市关工委、农委关工委同志帮助青年农民创业的事迹》,在《苏南发展》杂志上刊登。市关工委举行《周报》“冰凌花”奖学金发放仪式。全市有4人获一等奖,一等奖奖金1000元,享受三年;15人获二等奖,二等奖资金500元。吕四港镇关爱留守流动儿童、服务大港开发建设的经验在南通市第9期关工干部培训班会议上作书面交流。教育系统有1000余名老教师参与转化问题学生的工作,接受帮助的问题学生有1200多名,从源头上控制青少年的违法犯罪。

(施洪辉)

综 述

【风险管控】 2016年，全市政法机关、信访维稳部门和各镇、园区、街道扎实做好各级“两会”、G20峰会、十八届六中全会等一系列重大活动以及涉军等重点群体的维稳工作，保持社会大局平稳安定有序。拓展“一综多专”大调解体系，妥善处理企业劳动争议、破产清算等。优化落实信访稳定责任，建立领导接访、源头预防、包案化解、目标考核、责任倒查、依法治访工作机制，严格规范信访秩序，全年未发生有重大影响的群体性事件和个人极端事件。

【社会治理】 “人民调解+医责险”医患纠纷调处模式影响扩大。1月，相关工作被中央电视台专题报道；10月，省司法厅在启东召开医患纠纷调处现场观摩会和省人大常委会调研组到启东调研，对启东的医患纠纷调处模式给予充分肯定。创新交通事故一体化处理机制，实现交通事故快速、便捷处理。市综治中心全面建成并进驻，三分之一镇（园区、街道）争创省“一级”综治中心，二分之一村（社区）争创省“一级”综治中心，2263个网格全部建成平安法治加油站。平安法治志愿者联盟建设初见成效，全市平安法治志愿者规模达5.5万人。深化“三强化三提升”工作机制，探索民情恳谈会、网格议事会、道德评议会等基层协商议事新模式。设立市级社会组织孵化中心，新培育公益服务类社会组织30个。村镇技防“天网”工程高效运行，老小区技防改造工程扎实推进。“互联网+警务”全国协作平台深化发展，为全国警务大协作做出积极贡献。开展综治信息化实战应用“大练兵”“大比武”活动，市代表队在南通首届综治信息化实战应用技能比武中获团体二等奖。《南通日报》头版头条报道市善治、自治、共治“三治合一”相关经验做法。

【依法治市】 2016年，市政法部门依法执政理念显著增强，领导干部学法制度进一步健全，党委中心组学法、政府常务会议学法、领导干部学法讲座、市委常委会议法等措施持续推进。法治政府建设步伐加快，全面建立政府法律顾问制，政府常务会议议题法制审核不断规范。持续推进行政机关负责人出庭应诉，出庭应诉率居南通前列。严格行政执法案卷评查，公开通报“十佳”与“十差”案卷。组织全市2312名行政执法人员集中考法，全面检验学法成效。公正廉洁司法深入推进，法院破产案件审理得到最高院、省高院领导高度肯定，《人民法院报》登载推广；检察院打造“三机制一平台”立体式启东案管新模式。法治文化建设不断深入，举办首届平安法治文化节，市、镇、村联动开展20余项平安法治文化活动，群众对法治建设的满意度不断提升。法学会会员发展全面广泛，专业研究会工作深入推进，开展课题招标、法学论坛、法学培训等活动。法治建设工作亮点凸现，连续8年开展法治型机关创建，此举在省、南通市产生一定影响。在全省率先成立预防和减少劳资纠纷咨询志愿者服务团队，打造法律志愿服务品牌。社会信用体系建设力度持续加大，社会公共信用查询

7月18日，启东市首届平安法治文化节开幕 （市委政法委/提供）

平台建成并运行,诚信宣传教育、主题创建活动深入推进。

(金海荣　陈　辉)

法治启东建设

【法治建设目标确立】 2016年，市委十二届十次全委扩大会议，把加强依法治市深化法治建设作为启东市国民经济和社会发展第十三个五年规划的重要内容之一，以争创全省法治县为目标，推进法治启东建设各项工作。起草下发《关于建立全面推进依法治市工作领导责任制的实施办法(试行)》和《法治启东建设重要举措实施规划(2016—2020年)》。市委常委会研究并讨论“七五”普法规划，市人大常委会讨论通过《关于在全市公民中开展法治宣传教育的第七个五年规划的决议》。细化目标任务，强化督查考核。严格落实法治提示函制度，针对市两家单位因行政机关(主要)负责人多次未出庭应诉而被南通依法治市办公室黄牌警告的情况，市专门调查核实，并根据市委领导要求，在全市通报批评。

【行政审批制度深化改革】 继续取消和调整行政审批事项，及时落实、衔接国务院、省政府、南通市政府取消和调整行政审批项目事项，共取消28项，衔接省政府下放事权5项。严格议题法制审核。全年对11次市政府常务会议涉及的32个议题进行法制审核，出具32份法制审核意见。

【政府法律顾问工作机制推进】 市政府法律顾问充分参与政府法律事务，通过参加政府常务会议、审查各类合同、出具法律意见书等形式，参与政府重大项目建设、招商引资、土地征收等重要事项的可行性论证，在政府决策前提出法律意见，审查各类经济合同28余件，参加各类协调会56余次。

【行政执法水平提升】 召开行政执法案卷评查通报会，对2015年度行政执法部门100个案卷的评查情况进行全面分析，通报抽查案卷中存在的20多个问题，并要求相关部门迅速整改到位。组织全市行政执法部门开展为期两个月集中学法活动。11月19日，全市2300多名行政执法人员参与闭卷测试，并将考试成绩情况作为各部门、各单位年度星级机关考核和基层基础杯考核的重要依据。2016年，行政机关负责人出庭共70件，出庭应诉率在南通地区领先。

【公正廉洁司法】 2016年，全市政法机关主动服务发展大局，强化法律监督，为经济社会发展提供有力的司法保障和良好的法律服务。市人民法院将依法破产与维护社会稳定，促进经济平稳有序发展有机结合，破产案件的审理得到最高院、省高院领导高度肯定，并被《人民法院报》登载推广。由市委政法委牵头，指导市人民检察院制定《关于进一步加强预防职务犯罪工作的意见》和《市级机关、镇、园区预防职务犯罪工作考核细则》，加强督促检查，推动市预防职务犯罪工作向常态化、制度化、规范化方向发展。规范司法行为。市人民法院探索和拓展“互联网+诉讼服务”的服务措施，成功搭建法院、邮政速递公司和受送达人的三方互动平台。市人民检察院打造“礼飞案管工作室”专属品牌，进一步完善“三机制一平台”(指“阀式”案件质量管理机制、“备案审查—评析反馈—整改落实”案件反馈机制、“质量点评通报+业务培训学习”纠错补缺培训机制和执法办案廉政风警示平台)的立体式启东案管新模式。市公安局落实执法办案责任制、终身负责制，有针对性地制定并落实监督管理措施，提升执法办案水平。推进司法改革。市法院落实立案、庭审、执行、听证、文书、审务“六公开”制度，着重抓好网络庭审直播、裁判文书上网等司法公开重点工作及窗口部门的司法公开工作，全年共开展庭审直播242件，在中国裁判文书网发布上网文书5678件。市公安局围绕“打造阳光警务”目标，突出向社会公众和特定对象两个公开，采用传统公开、新闻媒体、网络通讯三个渠道，做到执法依据、执法办案、行政管理、行政许可四个公开。通过司法改革，全年产生首批60名员额法官、39名员额检察官。

【法治文化宣传】 实施重点人群普法。继续推行党委(党组)中心组学法、政府常务会议学法等制度。全年共进行2次政府常务会议专题学法；继续实施市委常委会议法制度，2次专题研究市法治建设工作。举办公务员法律知识竞赛。全市39支队伍参与初赛，6支队伍进入决赛。出台以案释法制度，确定发改委、市管局、国土局等9家单位为第一批重点推进单位。开展“法治年货送渔区”“农民工学法周”“沙地普法名嘴东疆行”、家庭普法站小记者新闻发布会、全民法治阅读等活动，共计发放法律图书2600多册、宣传资料4万多份，教育群众12万多人次。营造法治文化氛围。联合市委宣传部、市文广新局等部门共同组织首届平安法治文化节，期间开展“平安法治文化进校园、进机关、进企业、进乡镇”“平安法治微传播作品征集展示”“平安法治歌词征集”“法治人物、法治事件、法治惠民项目、优秀网格员”评选等20余项平安法治文化活动。开展“公正廉洁执法示范点”“公正廉洁执法标兵”、第二届“十大法治人物”及“十大法治事件”评选活动，挖掘典型人物和事件。举办法治主题征文及法治建设优秀实践案例征集评选活动，其中“以家庭普法站为依托延伸法治启东教育触角”案例被南通推荐省依治办参评。4月，召开全市平安法治加油站启动仪式暨汇龙镇平安法治志愿者协会成立大会，将法治触角延伸至社会各个层面。加强法学会建设。组织全市法学会会员参加南通市法学会法学研究招标课题、“长三角法学论坛”“中国法学家论坛”“法治江苏建设高层论坛”等活动，并从中选取优秀课题及作品参加比赛。组织50多名会员赴苏州大学参加培训学习，提升会员的能力和素质。

【法治为民服务】 推进法治基础创建。持续开展“法治学校”“法治医院”“法治企业”“民主法治村(社区)”系列创建评比活动。9月，成立全省首家以个人名义命名的职工维权咨询工作室。至年底，提供法律服务300余人次。

落实法治惠民举措。确定27项法治惠民实事项目，并在《启东日报》公示。注重项目信息的公开和社会监督的作用。每月上报惠民项目进展情况，组织项目实施单位等对法治惠民工程实施情况进行现场推进，同时召开座谈会交流经验做法，督查工作进展情况。

【社会信用体系建设】 2016年，市委政法委深入开展社会信用体系建设。出台《启东市社会信用体系建设工作意见》，加强基础信用信息归集，开展诚信宣传教育和主题创建活动，归集整理自2013年度起的信用信息共计13.7万余条。10月，"启东社会公共信用信息服务平台"正式建成并运行。

【特困干警救助制度建立】 4月，市委政法委对经济负担沉重、生活特殊困难的干警家庭设立救济性、过渡性帮扶资金。8月，市委政法委将市维稳办、信访局、大调解中心工作人员和各镇、园区、街道政法委书记、政法综治办工作人员列入救助范围。这一做法被江苏长安网、南通政法综治网报道。全年共救助24人，使用救助资金43万元。

（金海荣　马　昕　徐长林　陈　辉）

综治平安建设

【领导责任制落实】 2016年，市委政法委深入贯彻落实中央、省关于《健全落实社会治安综合治理领导责任制规定》等文件精神。层层签订综治工作责任书，不断完善综治委成员单位述职、联系点、联席会议等制度。优化考核机制，将16个镇（园区、街道）分成两个竞赛小组，开展"基层基础杯"季度、年度夺杯竞赛，考核结果纳入镇（园区、街道）总体考核。加强结果运用，有10个镇（园区、街道）获奖，有5个镇（园区、街道）被黄牌警告。

【矛盾纠纷化解】 创新深化矛盾纠纷专业化调解机制，1月，"人民调解+医责险"医患纠纷调处模式被中央电视台专题报道。自2014年8月新机制建立起，共受理医患纠纷案件132件，调解成功130起，调解成功率98.5%，履约率100%。全面推广矛盾纠纷分级分层调处机制。全年受理调处矛盾纠纷3711件，成功调处3705件，调处成功率为99.8%。全面推行调解个案补贴机制，对2728件矛盾纠纷实施个案补贴，补贴金额达17.8万元。

4月26日，全市平安法治加油站启动仪式暨汇龙镇平安法治志愿者协会成立大会召开 （市委政法委/提供）

【信访责任落实】 2016年，市委政法委出台《关于进一步健全完善领导干部接访下访工作机制的意见》，改进党政领导约访接访模式。全年市领导共接待来访群众38批88人次。建立责任传递追究机制，对领导重视不够、措施不到位、工作不得力的，严肃追究有关责任人的责任。全年有3个信访问题突出的镇区主要领导分别被约谈。对省信访局交办启东市的12件重要信访积案集中交办，逐一落实化解和稳控责任。组织召开疑难复杂事项协调会、会办会、调解会和联合接访53次，化解信访积案27件。依法妥善处置进京非正常上访和越级集访，全年共处理信访相关违法犯罪行为案件2起，治安处罚6人。

【治安防控体系建设】 2016年，全市全面建成村镇技防"天网"工程和技防城，加快推进老小区技防改造工程，以及重要节点部位视频监控建设和技术升级换代。全面启动城区老小区技防改造三期工程建设，升级公安派出所视频监控中心8个，新增城区街道监控点位182处。建立24小时视频巡逻机制，以及全天候维修保障机制，设备正常在线率达98%以上。运用"互联网+警务"，进一步升级面向全国的多功能警务协作平台。在内部与贝雷工作室、讯网渔夫团队、"警网通"等知名协作平台建立协作关系，形成全国性公安内部工作通联网络；在外部与银联、阿里、百度、图钉软件等知名企业建立协作通道。至年底，累计完成各类协作事项2万余件，协破案件5000余起，抓获各类嫌疑人3000余名。推进平安法治志愿者联盟建设，制定《启东市平安法治志愿者联盟实施意见》和《启东市平安法治志愿者联盟管理办法》，推行平安法治志愿者积分奖励制度和星级评定制度，成立覆盖市、镇、村、网格的平安法治志愿者队伍，依托网格平安法治加油站，打造平安法治"5分钟"志愿服务圈。至年底，全市平安法治志愿者队伍规模达5.5万人，占实有人口总数的5%。

【违法犯罪打击处置】 聚焦大要恶性案件，快速侦破张某某组织他人偷越国（边）境案、"4·17"系列飞车抢夺案、施某某抢劫案等重大案件，破获"3·19"江南会所聚众斗殴案、"3·30"龙鼎聚众斗殴案、"5·14"邮电巷聚众斗殴案等涉黑涉恶案件，抓获涉黑涉恶人员275名，移送起诉154名，破获涉毒违法犯罪案件85起，抓获违法犯罪嫌疑人372人。市人民检察院受理各类报捕案件246件，批准逮捕各类犯罪嫌疑人258人，决定提起公诉563件717人，立案侦查贪污贿赂犯罪案件14件17人，立案侦查渎职案件1件4人，为国家挽回经济损失700余万元。市人民法院依法审结刑事案件564件，快速审结出租车司机开门肇事案、东辰公寓爆炸案、毒烤鸭案等一批社会影响极大的案件。持续开展邪教法轮功"净网"、全能神"震慑"及打击整治宗教非法活动等专项行动，严厉打击邪教组织。

【综治中心规范化建设】 9月，市级综治中心全面建成使用，市综治办、信访局、社会矛盾纠纷调处中心、涉法涉诉联合信访接访中心以及法律援助、社区矫正、安置帮教等司法行政部门实体进驻，依治办、维稳办、国安办、综治委各专门工作领导小组牵头部门、系列平安创建牵头单位派员进驻。组织协调、信息研判、督查督办、应急联动、便民服务、内部管理等机制建立健全，开展省"一级"综治中心创建工作。镇级综治中心全面改造升级，全市16个镇级综治中心全部达到南通示范级标准，三分之一镇(园区、街道)争创省"一级"综治中心标准。村级综治中心全面加强，运行机制不断规范、人员配置不断优化，二分之一村(社区)争创省"一级"综治中心标准。

【城乡社区网格化管理】 加强网格员绩效考核，建立季度考核和年度"星级"评价机制。制定《启东市城乡社区网格员工作责任清单》，划清网格员与村干部、村民组长之间的工作界限。鼓励各地结合自身实际，探索网格化管理特色工作。东海镇针对滩涂外来人员多、管理松散等特点，在黄海滩涂养殖区推行网格化管理，有效消除工作盲区；海工船舶工业园、滨海工业园探索企业管理网格化、安全生产网格化等特色工作机制。

【综治信息平台建设】 2016年，在实现省综治信息化系统专网线路"村村通"、终端和账号"全覆盖"、基础数据"全整合"的基础上，全市进一步规范运行机制，强化实战效能。建立健全定期会商、定期督查、定期通报等制度，开展全市综治信息员"大练兵""大比武"活动，参加南通市委政法委举办的综治信息化实战应用技能比武竞赛，市代表队获团体总分第三名(二等奖)，参赛的4位选手全部进入个人前十名。

【重点人群服务管理】 2016年，全市实施严重精神障碍患者监护人"以奖代补"政策，对426名严重精神障碍患者监护人，按照监护期每人每月300元标准予以补助，严重精神障碍患者监护管理率达100%。发挥手机定位监控和矫务通的监管作用，对97%以上社区服刑人员实施定位，实时定位成功率在96%以上。对4名服刑人员特困未成年子女、19名特困特殊人员进行帮扶慰问，发放救助金1.15万元，帮助1名刑释人员协调办理新型农村合作医疗，当年重新犯罪率为0.34%。按标准配备协管员，流动人口登记率达95%以上，私房出租户责任书签订达95%以上。

【重点行业领域监管】 2016年，全市深入开展重点地区整治，持续保持对南通市级挂牌单位（汇龙镇地区）和启东市级挂牌单位(吕四港镇)的严打高压态势，对全市所有重点场所进行"滚动式"排查，逐一落实18个突出治安问题和治安重点区域的整治措施。开展"平安寄递"创建活动和寄递行业排查整治"清源"行动，每季度对全市寄递企业进行一次大检查。强化剧毒危险物品单位治安防范硬件条件达标建设，共查处剧毒危险化学品、易制爆使用单位、烟花爆竹等涉危单位13家，收缴烟花爆竹等爆炸品5168件、气枪5支、仿真枪12支、管制刀具15把、其他管制器具14件。开展酒驾、"违章王"、建筑垃圾车等19项专项整治，共行政拘留交通违法人员161人，查处酒后驾驶1774起，醉酒驾驶32起。

(全海荣　马　昕　徐长林　陈　辉)

法治政府建设

【概况】 2016年，市政府把加强依法行政，建设法治政府作为启东市"十三五"规划的重要内容之一。制订出台《启东市贯彻落实法治政府建设实施纲要(2016—2020年)实施方案》，将法治政府建设重要举措全部纳入实施纲要，逐项明确改革路径和具体措施。全面加强对政府工作人员法治教育培训和执法资格考试，制定《关于在全市行政执法人员中开展集中学法的通知》，并组织全市2312名行政执法人员包括部门、镇区领导进行集中考法。

【政府职能转变】 深化行政审批制度改革。推进政务服务一张网建设，组织各部门编制"三级四同"标准化行政权力清单，推动全市30个市级部门行政权力清单及办事指南入库并上网公示。精简环节、压缩材料、创新管理、强化服务，解决审批中存在的"一长四多"问题，建设项目审批平均用时缩减为45个工作日，提速60%。制发《关于全力推进双随机抽查机制加强事中事后监管的通知》，搭建以"一表两清单、两库一平台"为主要内容的"双随机一公开"抽查机制。

深化行政管理体制改革。三级政务平台加速推进，试点镇实现镇一级便民服务中心"一枚印章管审批"，吕四港镇实现村级便民服务中心全覆盖；重点区镇改革稳步推进，南阳镇行政管理体制改革全面启动，第一批63项市级行政权力事项有序承接，北新镇行政管理体制改革试点开展评估。

推进综合行政执法体制改革。市以环保领域为突破口，出台《启东市环境保护领域综合行政执法体制改革实施意见》，归并环境保护行政执法职能；拟定《启东市关于深化行政执法体制改革全面推进综合行政执法的实施方案》并及时上报，构建权责统一、权威高效的执法体系。

【法制审查】 2016年，市严格执行决策前法制审查和社会稳定风险评估等制度。政府重大项目谈判及相关重大政策的制定实现法制全程参与，进行全程式法制审查和把关。凡需提交政府常务会议政策性决策事项，决策前必须经政府法制办进行法制审查，严格执行“合法性审查未通过一律不提交政府常务会议讨论”的规定。推行政府法律顾问制度，严格执行规范性文件制定、审查和发布程序，向南通市政府和市人大常委会报备规范性文件16件。

【行政执法监督】 2016年，市强化执法人员资格管理机制。全市清理行政执法人员366人、行政执法监督人员22人。开展全市行政执法案卷评查活动，对评查中发现的典型案例进行剖析，表彰“十佳”示范案卷，对执法评查结果靠后、问题突出的单位予以通报。完善“两法衔接”联动工作机制。定期组织相关行政执法机关与司法机关共同对行政执法过程中遇到的热点、难点问题或一些共性矛盾与困难进行会商，加强行政与司法的对接。

【行政复议应诉】 2016年，市通过全省“第二批行政复议工作规范化建设合格单位”的复核验收。全年市政府收到行政复议申请91件，受理85件，同比增长71.4%。经过审理，办结83件。其中不予受理6件，维持28件，终止15件，撤销5件，确认违法3件，变更1件，驳回26件。出台《市政府办公室关于加强行政应诉工作的意见》，督促部门高度重视行政应诉工作，明确工作责任，规范工作程序，加强应诉能力建设。2016年，海门市人民法院共受理启东市一审行政诉讼案件240件，开庭案件行政机关负责人出庭应诉率为100%。

【矛盾纠纷化解】 2016年，市创设的“人民调解+医责险”医患纠纷调处模式被中央电视台专题报道。创新交通事故一体化处理机制，成立交通事故一体化处理中心。市法院坚持开办“幸福家庭讲习班”，创新家事审判模式。市检察院推出“一二三四五”工作法（一体化办案机制、风险矛盾两段排除法、“三注重”工作理念、“四心”工作态度、矛盾纠纷调解五法），实现刑事和解工作“三效”统一。市矛盾纠纷分级分层调处机制和调解个案补贴机制初见成效，市、镇、村三级调解中心共受理调处矛盾纠纷3711件，成功调处3705件，调处成功率为99.8%。

【政府信息公开】 2016年，利用政府网站作为信息公开主要载体，通过网上政务大厅，继续加强重大政策、重大项目以及涉及民生等领域的政府信息公开工作。全年市门户网站“中国启东”主动公开政府信息11132条，其中主动公开市本级政府文件89个，65项政府信息公开事项1472条，财政专项资金信息72条。全市政府信息依申请公开共收到403件，其中市政府本级收到47起、涉诉4起，无败诉。

（郭海健）

公　安

【概况】 2016年，全市公安机关主动适应经济发展和维稳形势新常态，按照公安部全面深化公安改革、推进“四项建设”、省厅“一体两翼”（以审查逮捕为主体，以立案监督和侦查活动监督为两翼）总体布局和南通市局“123”升级行动计划（夯实派出所这一根基，打造维稳处突、侦查破案两把尖刀，强化情报信息、规范执法、实战警队三大支撑），做好各项工作，确保全市社会大局持续平稳。全年全市立各类刑事案件4556件，比上年下降7.98%。破获1024件，破案率22.5%。其中立“八类”案件54件，比上年下降3.57%，破50起，破案率92.6%。全市发生一般道路交通事故300起，比上年下降27.01%。推进社会面技防建设，城镇技防入户率达90%，农村技防入户率达90%。全年发放居住证7420张，比上年下降66.92%。受理公民出入境业务45856万人次，比上年增长13%。全年接警353225起，日均接警967起；有效报警171317起，日均接警469起。抓矛盾纠纷排查化解、安全监管、重点稳控等工作，圆满完成G20峰会、十八届六中全会、国家公祭日等一批重大安保任务。组织举办“论剑东疆”——启东警务协作平台工作会议。全国29个省（市、自治区）公安机关一线的100多名行业专家、实战能手报名参会。公安综合绩效位列南通第一，满意度位列南通第二。陈帅烈士11月入选“中国好人榜”，获评“见义勇为”好人。顾光被授予“江苏省先进工作者”称号。

【违法犯罪打击】 2016年，市公安局组织开展“三大战役”“猎毒”“治赌患·净风气”等专项行动，打掉恶势力团伙18个、吸贩毒团伙28个，4起命案均在短时间内破获，13起重大道路交通肇事逃逸事故均在48小时内侦破。全市治安呈现“三降”，即：刑事案件总量下降7.98%、“八类”恶性案件总量下降3.57%、大要案件平均破案时间下降至3天。

【公安体制改革】 改革警务运行机制。组建食品药品环境犯罪侦查中队，将12个交警中队整合成9个，试行水警与治安、近海所与近海交警中

市公安局组织开展重大突发事件处置演练　　（袁　竞　侯冰清/摄）

队、吕四所与吕四刑侦中队合署办公,健全常态化联合指挥机制,提高合成作战效能。

改革执法运行机制。建成派出所案件管理、执法办案、涉案财物管理“三个中心(室)”,实现对人、案、财物、场所、卷宗等重点执法要素的全方位监管。强化讯(询)问全程录音录像制度,推广轻微刑事案件快速办理机制,推行主办侦查员制度,构建严格规范的案件主办责任体系。

改革行政管理服务。深化户籍制度改革,开展无户口人员登记户口专项工作,为11名长期无法落户儿童办理登记入户手续。创新驾驶人培训考试、机动车号牌管理、机动车检验、异地缴纳交通违法罚款、道路交通事故处理综合服务等工作,推进出入境证件审批权限下放,最大限度方便群众。

改革队伍管理机制。推进人民警察管理制度改革,为287名民警实施职务职级并行,为30余名民警及其家属发放抚恤补助金60多万元,警衔津贴新标准等都在第一时间快速兑现。

【防控体系完善】 2016年,市公安局斥资1300万元实施社会面治安监控五期、老小区技防改造工程,推动辅警队伍规范化建设,组建无人机警务中队,培养狙击手、谈判专家等专业技能人才,开展人力情报建设会战,合作、北新等镇分别建成特辅警队伍,8支一般镇消防队、5支重点镇消防队实体化运作。建设基层所队,2016年建成一所(王鲍所)一室(DNA实验室)一站(技侦站)。

(王 卫)

检 察

【概况】 2016年,启东市人民检察院立足自身特色、区位特点和阶段特征,围绕“办案质量建设、业务素能提升、检察改革攻坚”三大任务,聚焦检察办案主业,提升队伍素能,各项检察工作继续保持全面良性发展。市人民检察院共获得各类集体表彰13项、个人表彰48人次,其中1人被评为全省检察机关民事行政虚假诉讼监督专项活动先进个人,1人获南通市五一劳动奖章。

【刑事犯罪打击】 2016年,市人民检察院开展打击严重暴力、黄赌毒等犯罪,参加非法集资、金融诈骗等涉众型经济犯罪专项打击整治工作,加大对危害食品药品安全、影响安全生产和电信诈骗等犯罪的打击力度,坚决遏制刑事犯罪高发态势,提升人民群众安全感。办理“梁某某汽车爆炸案”和“施某等人非法吸收公众存款案”两起引发社会广泛关注的案件。办案人员严格依照事实证据,并充分做好释法说理工作,有效处置办案中的不稳定因素。全年共受理各类报捕案件246件333人,批准逮捕各类犯罪嫌疑人199件258人;受理审查起诉609件793人,决定提起公诉563件717人。

【社会矛盾化解】 2016年,市人民检察院探索完善轻微刑事案件快速办理、检察环节认罪认罚从宽处理等工作机制,化解社会消极因素。对主观恶性较小、犯罪情节轻微的未成年人、初犯、偶犯,以及因邻里纠纷引发的轻伤害案件、交通肇事等过失犯罪案件作宽缓处理;维护犯罪嫌疑人的合法权益,强化逮捕必要性审查,慎重逮捕和起诉,做到该宽则宽,促进社会和谐。全年不批准逮捕55件86人,不起诉17件20人。通过规范化运作、高效化流转、多元化帮扶提升国家司法救助工作效能,对社会影响较大的张某等人故意伤害案的被害人近亲属救助10000元,缓解被害人家庭的生活困境,钝化社会矛盾。突出对涉罪未成年人的司法保护,严格执行涉罪未成年人社会调查、法定代理人到场制度,创建在校生犯罪案件特别保密机制,对未成年人犯罪尽可能采取不捕不诉措施,同时邀请专业心理咨询老师对涉罪未成年人开展心理疏导,加强与涉罪未成年人学校和家长的联系,构建精细化、专业化社会帮教网络,做好未成年犯的帮教、回访和挽救工作。联合市妇联、团市委、教育局等单位,开展“点津护航”法制校园行系列宣讲活动。

【诉讼监督】 2016年,市人民检察院围绕执法不严、司法不公等问题严格开展监督活动。加大批捕起诉审查监督力度,严把案件事实关、证据关、程序关。转变提前介入的工作重心,针对客观性证据时效性强、容易灭失的特点,提前介入的工作重心从出席案发现场、参与审讯犯罪嫌疑人、提前阅卷、参与案件讨论,不断向引导公安机关加强对客观性证据的收集固定转变。同时完善非法证据认定和排除机制,坚决监督纠正侦查违法、不规范问题。2016年,市公安局开展查处酒驾专项整治活动,市检察院在审查该类案件时,在4起案件中发现侦查机关未按照规定期限及时将抽取的血液样本送检。针对这一违法情形,市人民检察院全年共发出书面纠正违法通知书3份。

【民事行政监督】 2016年,市人民检察院坚持以执法办案为中心,探索多元化监督格局,推动民事行政检察工作健康有序发展。推进虚假诉讼监督工作,通过向律师、法律工作者和前来申诉的群众宣传监督虚假诉讼的成效,广泛收集案件线索,不断拓宽案源。全年共受理案件33件,发出再审检察建议2件,市法院采纳2件;发出执行监督检察建议13件,市法院采纳12件;发出审判程序违法行为监督检察建议3件,市法院采纳3件;发出督促履行职责检察建议12件,市公安局采纳7件,市房屋产权监理所采纳1件,市人民医院采纳2件。办结南通市人民检察院协办案件5件。开展部门协作发掘新型领域虚假诉讼案件,借助市检察院侦监部门办理案件时发现的涉嫌虚假诉讼线索,成功办理启东首起保险领域虚假诉讼监督案件。探索行政执法检察监督工作,与市环保局会签《关于环境保护行政执法检察监督工作协作机制》,打通行政执法检察监督通道。

【刑事执行活动监督】 2016年,市检察院开展社区矫正检察工作,对辖区内社区矫正机构工作进行监督检察,以不定期检察方式为主,重点做好纠正社区矫正人员的脱管漏管、对条件消失或重新犯罪社区矫正人员的收监执行、纠正社区矫正中的违法行为等

"三项监督"。通过突击检察,发现南阳镇司法所在开展社区矫正工作中存在涉嫌严重违规情况,造成1名在矫人员脱管,院刑事执行检察科在南通市院监所处的协助下进行调查核实,给予南阳镇司法所所长李某党内严重警告处分。坚持双向保障监督原则,在加强正向保障律师会见权利的同时,加强反向对违规律师会见的监督,保障律师合法执业权利。全年开展指定居所监视居住监督检察案件14起,办理羁押必要性审查案件15起,成功办理10件,取保候审10人,向市公安局发出书面检察建议书1份,向市看守所发出刑事执行检察建议2份,向市司法局发出书面纠正违法通知书1份,向南阳镇人民政府发出检察建议1份,均得到采纳及书面回复。联合市公安局制定《关于在指定居所监视居住工作中加强协作配合的意见》,确立信息快速通报机制,畅通检察机关的信息渠道,规范监督流程,提升监督质效。探索开展新增监督职能的方式方法,建立健全财产刑执行监督机制,与市法院签订《关于在刑事案件财产刑执行工作中加强配合协作的意见》,建立执行文书移交备案制度、执行变更监督制度、执行流程监督制度、执行处置跟踪监督制度。

【内部司法活动监督】 2016年,市人民检察院深度培育"礼飞案管工作室"专属品牌,打造启东案管特色。整合全院优质资源,完善"阀式"案件质量管理机制、"备案审查—评析反馈—整改落实"案件反馈机制、"质量点评通报+业务培训学习"纠错补缺培训机制、"执法办案廉政风险警示平台"的"三机制一平台"的立体式启东案管新模式,做好检察内部司法活动监督工作。全年共发出办案期限预警958次,发出风险预警案件23件,发出流程监控207次。

【反腐倡廉】 2016年,市人民检察院共立案侦查贪污贿赂犯罪案件14件17人,共受理渎职案件线索2件,初查2件,立案侦查1件4人,为国家挽回经济损失700余万元。

拓宽案件线索渠道。通过灵活运用刑事司法与行政执法相衔接机制、重点培植敏感重点单位侦查信息员工作机制、借力运用安全生产联合检查工作机制,建立行贿人信息库,大量、精准、定向获取办案信息源,有效破除线索瓶颈。全年共受理案件线索22件29人。以"智慧反贪"为抓手,主动转变侦查模式,构建以信息化、科技化、规范化、精品化为标准的办案新机制,提升办案质效。

突出办案重点。严肃查办发生在群众身边的"蝇贪"案件,重点查办社会保障、民生事业、城市化建设等涉及民生民利、影响启东经济社会转型发展的重点领域、热点部门和关键岗位的贪污贿赂犯罪案件。查处市政府投资项目工程建设中心党组副书记、市政府投资项目工程建设中心主任陈某某受贿一案。开展查办发生在群众身边损害群众利益专项活动和重点打击行贿犯罪专项工作。开展医疗领域职务犯罪专项工作,查处启东市人民医院检验科科长张某某贿赂案件,并成功立案查办医疗领域系列窝串案件9件12人。反渎部门先后在公司企业改制领域、现代农业项目财政补贴领域、农村公路建设领域以及"新网工程"领域摸排渎职犯罪案件线索。依法对没有认真履职造成国家现代农业专项资金重大损失的市农委4名工作人员立案侦查。

加强源头反腐。发挥行贿犯罪档案查询的预防作用。提供查询2153批次、4875人次,在工程建设领域筑牢预防职务犯罪防火墙。联合市邮政局开展"预防邮路"活动,组织"预防邮路志愿服务队春风巡讲"活动,开展预防宣讲12场次,发放"预防邮路"宣传资料2000余份,接受群众问询200余次。

【社会管理综合治理创新】 2016年,市人民检察院创新建立危机状态应急监督机制和社会风险信息无缝对接机制,建成化解矛盾、平息诉争的检察工作对接平台,有效防范信访案件背后的涉众性、群体性不稳定因素。不断深化涉法涉诉信访改革,加强初信初访受理、办理、答复,把管辖内信访案件息诉化解在首办环节,全面提高初信初访有效处置率。做好控申信息系统和网上信访系统的填录工作,全面提升控申信息化规范管理质效,发挥系统效能处理信访案件。市人民检察院控申信息管理系统录入工作成绩居于全省前列。4月,在全省控告申诉检察工作会议上,市人民检察院控告申诉信息管理系统工作的先进经验作法做书面交流。全省仅有三家基层院作交流发言。

【检察官入额工作】 2016年,根据省、南通市院关于检察官入额工作的部署,市人民检察院结合实际对员额配置、遴选资格、考试考核和遴选程序进行深度解读,重点强调员额制改革的本质、遴选工作原则和遴选纪律、正确对待个人进退留转和统筹推进各项工作协调发展等四个方面内容。2016年,全院有入额检察官39名,全部按照人员定岗方案调配到位,入额工作总体平稳有序。

(陆建辉)

法　院

【概况】 2016年,启东市人民法院共受理案件13793件,审执结13410件,结案率97.22%,总结案数、法官人均结案数继续保持南通前列,审判态势运行良好。市法院被评为江苏省文明单位,破产审判工作获最高人民法院、江苏省高级人民法院领导肯定,法警队副大队长陆海峰在全国法院司法警察技能比武中获个人三等功,另有30多个部门和个人获南通市级以上荣誉。4个典型案例入选《中国法院年度案例》《中国审判案例要览》,14篇文章被省级以上刊物录用。

【刑事审判】 全年受理各类刑事案件686件,审结661件,判处罪犯842人。依法审结出租车司机开门肇事案、东辰公寓爆炸案、董某生产销售毒烤鸭案等一批社会影响大、公众关注度高的案件。审结贪污、受贿、渎职等职务犯罪案件14件17人。审结施某非法吸收公众存款等经济犯罪案件1件3人。注重庭审在认定证据中的决定作用,强化人权司法保护,袁某涉嫌诈骗案因

3月29日,市法院召开新闻发布会,回应社会对出租车司机开门案关注
(市法院/提供)

证据不足撤回起诉。贯彻“教育、感化、挽救”方针,落实社会调查、轻罪记录封存等制度,审结未成年犯罪案件8件21人。

【民事审判】 全年审结民商事案件9059件。成立独立建制家事审判庭,化解各类家事纠纷581件。落实《中华人民共和国反家暴法》,发出南通市首份涉少人身安全保护令,禁止徐某对女儿实施家庭暴力,以及骚扰、跟踪、接触女儿及其相关近亲属。依法审理施某与浙江淘宝网络有限公司网络侵权责任纠纷等网购合同纠纷案件26件,审结民间借贷纠纷160件,审结建筑工程、房屋买卖、建设用地使用权转让等合同纠纷42件。妥善处理相邻权纠纷、土地承包经营权流转等涉及土地纠纷,保障农村土地承包经营权确权登记颁证工作顺利开展。

【案件执行】 全年执结案件3582件,实际执行率39.17%,执行到位额达2亿多元,拘留被执行人85人,限制出境9人,移送公安机关追究刑事责任16人。推进执行团队化运作模式改革,改进案件管理机制和工作协调机制。重视执行规范化建设,集中清理执行案款901件1311.4万元,公开选聘2家专业仓储公司保管司法扣押物。加强执行信息化建设,利用江苏法院“执行云”,将余额宝等理财产品纳入执行查控范围,完善网络冻结、扣划功能。与南通市公安局交警支队高速五大队建立协助执行工作机制,成功扣车2辆,拘留在车被执行人1人。开展“腾房”专项行动,顺利腾房60件,其中强制腾房36件,迫于强制腾房威慑自动腾房24件。审理执行异议案件59件,实现年内全部结案,其中异议成立4件、部分成立1件。

【矛盾纠纷化解】 2016年,市人民法院设立人民调解室,诉前调解纠纷546件,成功化解250件,司法确认120件。会同住建、城管等部门成立物业纠纷诉前调处机构,推进物业服务纠纷社会自治,打造“无讼物业服务小区”;邀请政府部门参与批量物业案件诉前调解工作,化解物业纠纷363起。参与道路交通事故一体化处理中心建设,将道赔纠纷化解在诉前。加强与妇联、民政、团委、老龄协会等单位协作,放大“幸福家庭讲习班”品牌效应,维护婚姻家庭关系稳定。1例赡养案件入选全省婚姻家庭典型案例,2件案例入选南通市婚姻家庭典型案例。

【司法改革】 2016年,市人民法院开展法官员额制改革,60名法官经省高院遴选委员会审核入额。加快书记员管理体制改革,6名编外书记员通过考核,进入单独管理序列。整合内部警力资源,8名执行实施人员成功转任法警。继续深化审判权运行机制改革试点工作,合理调整审判团队配置。完善院庭长插庭办案机制,院庭长带头办理重大疑难案件,全年院庭长共办理案件1927件,实现院庭长办案常态化。优化审判委员会工作机制,修订《审委会工作规则》,成立刑事和民事两个专业委员会。深化破产审判方式改革试点,推进府院联动机制常态化,新收破产案件10件,审结7件,至年底,在审破产案件31件。坚持依靠法治方式和市场手段处理破产案件,采取搁置权属争议、先行出清库存等方式,南通新友水产品有限公司成功破产重整;破产重整的太平洋海工顺利完成首制36000立方米液化乙烯(LEG)船的续建;金双喜实业公司破产和解稳步推

5月11日,最高人民法院执转破工作调研座谈会在启东市召开 (市法院/提供)

进，力争旗下“王中皇”品牌运营价值最大化。破产审判工作成效受到最高人民法院、江苏省高级人民法院领导高度肯定，省内外近30家法院赴市人民法院考察交流破产审判工作经验。

【经济社会发展服务】 2016年，市人民法院出台服务项目建设二十条意见，发挥司法审判在保障、引导、协调、监督、打击方面的职能作用，受到市委领导批示肯定。坚持依法执行与善意执行相结合，对恒通电汽、创森新材料等被告，灵活运用保全措施，维护企业正常生产经营。继续实施护航吕四港工程，完善各项联动工作机制，化解宏锦置业商品房开发等重大矛盾纠纷。支持、监督行政机关依法行政，审结涉政府民事案件30件，审查非诉行政案件36件，并就推进强制拆违工作、建立行政诉讼协调机制向市委、市政府作专题报告，保障项目建设推进。强化知识产权司法保护，办理假冒注册商标罪、商标权侵权、著作权权属等民事知识产权案件21件，对犯假冒注册商标罪的杨某、销售假冒注册商标商品罪的汤某等人，判处有期徒刑。

【便民利民服务】 2016年，市人民法院加快诉讼服务中心建设，形成诉讼服务大厅、诉讼服务网、“12368”服务热线“三位一体”的诉讼服务体系。实施立案登记制，立案大厅共受理各类案件9670件，受理网上立案77件，接听热线电话205件。全市5家律师事务所60名律师进驻公益律师工作室，免费为当事人提供专业化的法律咨询。与市公安局、民政局、住建局和行政中心建立联动协调工作机制，编制《会商纪要》，为当事人调取诉讼证据材料提供方便。落实《最高人民法院关于加强和规范人民法院国家司法救助工作的意见》，对7名困难群众减缓免诉讼费33.32万元，对2名权利受到侵害无法获得有效赔偿的当事人发放司法救助金8.3万元。

【司法公开】 2016年，市人民法院推进司法拍卖公开，在淘宝网司法拍卖平台挂拍房产、车辆、机器设备等，成交总价为8500多万元，同比增长7倍。创新司法公开平台，召开新闻发布会2场，庭审直播285件案件，公开生效裁判文书6671篇。对355件案件鉴定前通知各方当事人参与摇号，实现司法鉴定的公开化、公正化。加强与人大、政协的联系力度，邀请人大代表和政协委员参加“法院开放日”活动20人次，对2件代表建议、2件委员提案、54条代表审议意见，党组及时研究并整改落实。

【诚信建设】 2016年，市人民法院对虚构交通事故骗保的王某等5人追究刑事责任，对提交虚假证据的当事人沈某处以罚款5000元的处罚。依法制裁违约失信行为，加大执行力度，维护守信胜诉方合法权益，通过文峰广场显示屏、《启东日报》、法院微信等载体，定期公开曝光失信被执行人202人，司法拘留失信被执行人85人，罚款1人，移送刑事立案16件16人，追究刑事责任1件1人。严厉打击拒不履行生效裁判行为，于某元、于某国拒不执行判决、裁定罪案入选全省拒不执行判决、裁定被追究刑事责任二十大典型案例。

（倪栋威）

司法行政

【概况】 2016年，全市司法行政系统共受理法律援助案件1028件，办理各类公证8100件。推进基层基础建设，全市304个村居全部建立司法行政服务站，建立354个家庭普法站。全年全系统共获12项集体荣誉和30项个人荣誉。市司法局被授予“六五”全省普法工作先进单位，市法律援助中心被评为全省法律援助工作先进集体和江苏省维护妇女儿童权益示范岗。在省司法厅组织的《江苏省社区矫正工作条例》知识竞赛中，启东代表队获得佳绩，受到省司法厅赞誉。10月，省司法厅医患纠纷矛盾调处现场会在启东召开。

【法治宣传】 2016年，全市推进法治文化阵地建设。“宪法主题公园”被命名为第四批省“法治文化建设示范点”。各镇（街道、园区）均有1~2个法治文化阵地提档升级。家庭普法站村（社区）实现全覆盖。全市共建成354个家庭普法站。组建普法志愿者大队和普法社会化组织。普法志愿者们自创自演，阐述法律和法规，共计创作50多篇作品，演出300多场次，受益群众5万多人次。落实“谁执法谁普法”责任制。按照市委办、市政府办印发《关于落实“谁执法谁普法”责任制的实施意见的通知》的要求，制订2016年重点推进第一批实施计划表，各行政执法单位积极履行。强化学校、家庭、社会“三位一体”的青少年法治教育格局，与市教育局联合开展“法治进校园”系列活动，开展“学法小童星”评比工作。开展公务员学法考法活动。9月，与多部门联合在全市公务

4月8日，市司法局在人民公园广场向市民提供法律服务　（潘　杨/摄）

员中组织开展“弘扬宪法精神 建设法治启东”主题法律知识竞赛;11月,组织全市领导干部和公务员参加省司法厅的“万人学法”考试,参考率位于南通前列。开展“12·4”向宪法宣誓、“美好城市法律相伴”“法润东疆春风行动”“公益法治大讲堂”等大型宣传服务活动,取得良好效果。

【基层基础建设】 镇区公共法律服务中心、村居司法行政服务站推行“柜台式”服务,统一标牌标识、服务内容。社区服刑人员“在管在控”,刑释人员当年重新犯罪率得到有效控制。加大对基层司法所基础装备保障力度,提高科技化、现代化办公水平。市公共法律服务中心提档升级,并实现与调解服务中心、法律援助中心、社区矫正管理教育服务中心、安置帮教管理服务中心合署办公,方便群众办事。

【社区矫正】 市司法局推进社区矫正法制化、规范化、信息化、实战化、专业化、社会化“五化”建设,提高特殊人群的教育管控水平。2016年,共开展调查评估282人次,办理接收登记298人次,解除矫正312人次,组织入矫宣告51场、集中教育学习20场,心理矫治46人次,警告惩处150人次,撤销缓刑4人。开展遵纪守法专题教育,通过违规检讨、座谈交流、个别训诫、心理矫治等教育形式,不断纠正社区服刑人员行为习惯。以各司法所为单位,相对集中地组织社区服刑人员参加社区服务。突出重点人员精准管控,进行合理分级处置,增强工作的针对性。不断完善监管体系,由市司法局与各司法所负责人签订防脱追逃责任书,明确责任主体和工作职责,确保防脱防逃工作常态化。加快技防体系建设,提高定位监管准确率,实现社区服刑人员网上精准监管。

【安置帮教】 2016年,全市有回归刑释人员654人,帮教率达100%,安置率达99.4%,当年重新犯罪率控制在1.5%以下。严格落实刑释人员重点对象的必接必控措施,预防和减少重新犯罪。推动帮扶多元化。通过主动进监所帮教和开展远程视频会见,关心服刑人员。开展五年内特困刑释人员和服刑人员特困未成年子女情况排查,市镇两级及时协调落实帮扶,共发放帮扶金14000多元,协助办理新型农村合作医疗1人、职业推荐30余人次、最低生活保障5人、特困人员供养1人、住房救助2人。

【村(居)“一对一”法律服务】 全市各镇均建立公共法律服务中心,304个村居全部建立司法行政服务站。完善村(居)“一对一” 法律服务工作方案,及时调整村居“一对一”法律顾问,对法律顾问工作绩效每月一考核、每季一评定,促进“一对一”法律服务提质增效。101名法律服务人员共在全市304个行政村(居)面对面解答群众法律咨询3500多人次,发放各类普法宣传材料12000余份,举办法治讲座200多场次,受理电话咨询800多人次,调解各类纠纷100多件,代书法律文书80多份。部分法律服务人员通过加入村(居)微信群,实时解答村(居)民法律疑问。

【法律援助】 2016年,市法律援助中心共办理法律援助案件1028件,接待来电来访咨询13092人次,其中来访11249人次、来电咨询1843次。

*开展法律援助“零距离”行动。*对符合法律援助条件的受援人第一时间受理,实现服务“零等待”;联合民政、工会、残联,开展助残扶残、职工工伤法律援助服务,实现法律援助渠道“零障碍”;对涉及农民工工伤及劳务报酬纠纷的案件,实行“零门槛”办理。全年共为600多名农民工提供 “零门槛”法律援助服务,避免损失近千万元。2月,市法援中心受理李某等38名农民工讨薪案,由江苏扬子江律师事务所律师朱刘恺承办。在律师的努力和法院的支持下,创下法律援助案件当天申请当天结案的最短办案纪录。

*推出法律援助律师“点援制”模式。*建立执业律师、法律工作者、法律援助志愿者信息库,满足不同案件受援人的需求。市法援中心依据承办律师的办案特长,编制法律援助律师名册,由受援人自行选择律师为自己提供维权服务。全年由受援人点援办理的案件有132件。

*开展法律援助案件质量互评互查活动。*综合采用旁听庭审、案件回访、案件评查、重大疑难案件研究讨论等办法提高案件质量和服务质量。有5个案件获评南通资助案件一等、二等奖;律师刘娟承办的周某机动车交通事故责任纠纷案获评南通市十大残疾人优秀案例。

【公证服务】 2016年,市公证处共办理各类公证8100件,其中国内民事公证5600件、国内经济900件、涉外公证1600件,比上年增加15%,无一错证。接待、解答当事人法律咨询7000余人次,为当事人起草、修改各类法律文书1000余份。在南通和全省公证卷宗质量检查中,公证卷宗合格率100%。通过回访当事人、自查、互查等途径全面检查公证卷宗质量。对每名公证员、公证助理办理公证的情况进行统一登记备案,便于追溯。优化服务,完善各镇公证服务站和联络点等农村公证服务网络。开展公证进农村、公证助残月活动,对残疾人办理公证实行优先受理、优先办理、减免收费。

(卜跃明)

责任编辑：黄亦美

人民武装

【军事斗争准备】 2016年，市人武部战备工作实现常态化落实。按照省、南通市战备规范化建设部署要求，结合新军事指挥中心建设启用，完善和规范各类值班执勤制度，投入近40万元新建、改造“四室四库”等作战信息化指挥系统，配备防暴、抗洪抢险、安保维稳、应急处突、4G视频终端等战备物资器材，高效规范“四室四库”建设。建立部委办局机关情报信息员队伍，进一步健全情报信息报告工作机制。开展军事斗争实战化展开。3月9日至4月30日，9月28日至10月18日，两次累计动员和组织全市648艘次渔船参加“苏渔2016”系列海上民兵情报报情演练。抓好机关干部基本业务学习，在同步参加军分区每月组织的授课辅导基础上，坚持落实每天1小时业务或体能训练，全员参加军分区体能、技能、智能9个科目考核，军事基础和业务技能不断夯实。开展民兵专业分队训练。先后组织11个批次300余人次参加省军区、军分区和本级统一组织的跨区联训和专业集训，组织全市281名基层民兵营长进行民兵组织和基层建设应知应会理论知识考核。全市后备力量队伍平时服务、急时应急、战时应战能力不断提高。

【国防后备力量建设】 2016年，市人武部优化结构要求，及时对民兵编组任务和应急分队组建布局进行相应调整，完成基干民兵的编组任务。所编组的民兵组织队伍中，连(排)长党员率达100%，基层民兵营长100%进村两委。依据军委国防动员部《国防动员潜力指标体系(试行)》规定，由市国动委综合办公室牵头，市发改委、交通局、人防办、住建局、科技局、统计局、民政局、卫计委等政府职能部门参加，对全市7大类潜力资源、387项分支内容进行详实调查统计，掌握市国防潜力调查的数量、质量及分布。

【征兵工作】 2016年，市人武部在启东市电视台及时播发征兵信息，在全市镇、村、居委会重要场所张贴《兵役登记通告》，协调市公安局户籍科、市教育局招生办同步开展适龄青年普查工作，彻底落实兵役登记。发放征兵宣传册6000多份、悬挂征兵条幅600余条、张贴标语5200多条。下发兵役证2.5万张，每月定期通报网上兵役登记和报名情况。协调市卫计委抽调人民医院48名医务人员，其中高级职称以上医师占38%，参与征兵体检三年以上医师占85%；完善体检站硬软件设施，全面落实使用《全国征兵体检信息化管理系统》，提高体检速度，高峰期日体检量达200人次，完成上站体检2000多人，确保完成全市新兵征集任务。

【双拥共建】 2016年，市人武部与盐城市阜宁县花园街道冒港村建立共建关系，定点帮扶3名贫困家庭学生，定期走访慰问6个五保户家庭，第一

8月9日，王鲍镇聚星村公共服务中心，镇人武部工作人员与村应征青年及家长座谈交流
(姜新春/摄)

期帮扶项目主要以道路维修为主，投入14万元。高标准落实慰问战区部队营连主官家庭活动，协调部分镇结合农村危房改造计划，解决部分军人家庭和复转军人家庭实际困难。协调驻启部队开展送温暖活动，组织官兵参加义务献血，与5名贫困学生结成长期助学对子，分别与军分区干休所、73206部队炮兵一连建立“部所挂钩”“部连挂钩”共建关系，定期走访慰问挂钩社区、基层镇村老复退军人和困难群众，与南阳镇“十三五”期间建档立卡对象中8户一般贫困户建立结对帮扶关系，完成初步对接和首次上门慰问帮扶。

（陈学相）

人民防空

【概况】 2016年，全市人防工程开工面积、竣工面积均完成年度任务。坚持依法筹集人防易地建设费，完成年度任务456.4%。全年办理人防工程行政审批192件。全面加强人防工程平战结合使用工作，每一个竣工项目都签订人防工程安全使用责任书，人防工程平战结合率达90%以上。严格贯彻执行人防法律法规和《江苏省物业管理条例》，广泛接受社会监督，对使用中存在的违规行为坚决予以纠正。推进人防宣传教育工作，民防知识教育拓展到市区各小学，无偿提供民防知识教育读本3000余册。

【人防指挥通信与警报建设】 2016年，全市人民防空组织指挥机制进一步完善，人防地面指挥所运行良好，人防基本指挥所建成启用，指挥信息系统在各项演练保障和与上级民防实时互联互通中保持优良状态，人防机动指挥所建设稳步推进。人防专业队进一步健全，应急工作有效落实。开展机关准军事化训练和应急保障演练，组织参与“5·12”防灾减灾综合演练，近2000名学生、居民、人防专业队员参演。新增固定警报器、多媒体警报器各1台，防空警报器普查检测工作制度化，警报发放控制智能化，“9·18”防空警报试鸣工作圆满完成。

（陈　华）

消　防

【概况】 2016年，全市共有二、三级消防安全重点单位479家，超高层建筑1幢，高层建筑408幢，化工园区1个，重大火灾隐患单位2家，养老院、福利院70家，石油化工及易燃易爆场所45家，中小学、幼儿园、培训机构80家，医疗卫生机构13家，文物古建筑10家，施工工地118家，劳动密集型企业150家，各类小单位小场所近万余家。全年全市共发生火灾737起，死2人，伤1人，直接财产损失132万元，未发生较大以上火灾事故，火灾四项指数同比分别上升21%、上升0%、下降50%和下降15.92%，火灾形势整体较为平稳。在“5·31”海四达爆炸事故抢险救援过程中，副大队长陈帅牺牲，另有7名官兵重伤，成功疏散单位员工20余人，及时保护企业财产和周边群众生命安全。6月1日，公安部政治部批准陈帅为“革命烈士”。省公安厅党委为陈帅烈士追记二等功，并追授“消防勇士”称号，省公安消防总队党委追认陈帅烈士为优秀共产党员。中共启东市委追授陈帅“忠勇消防卫士”称号，号召全市各级党组织开展向陈帅学习活动。

【火灾数据分析】 从2016年火灾事故分析情况看，突出反映当前社会群众尤其是面广量大的城乡居民消防安全意识和自防自救能力水平有待进一步提升；老弱病残人士集中居住的老小区、社会福利机构、医院、学校等人员密集场所和“三合一”场所消防安全监管有盲区；此外，锂电池生产、加工、储存企业爆燃事故比往年多发，且事故造成的影响面较大，易燃易爆化工企业火灾事故依然是火灾防控的重中之重。

火灾原因。电气火灾仍为火灾事故发生的主要原因。其中电气引起的火灾398起，占火灾总数的54%；用火不慎引起的火灾53起，占火灾总数的7.1%；生产作业、吸烟、玩火、外来火种、其他原因等引起的火灾286起，占火灾总数的38.9%。

火灾发生场所。居民家庭火灾为火灾发生的主要场所。其中，居民家庭火灾401起，占火灾总数的54.4%；机动车、非机动车火灾30起，占火灾总数的4%；厂房、仓库火灾10起，占火灾总数的1.4%；船舶火灾3起，占火灾总数0.4%；其他293起，占火灾总数的39.7%。

火灾发生的区域。乡镇、农村地区火灾最多，共447起，占总数的60.6%。

12月27日，消防官兵开展大型公共娱乐场所消防安全夜查行动

（姜雨蒙/摄）

火灾24小时分布情况和发生月份。火灾主要集中在早8时至晚22时之间，其中上午10时至12时和晚18时至20时火灾发生概率最大，这两阶段是生产、生活和用火、用电最为集中的时间段。1—3月、6—9月火灾较多，均超过60起，基本符合冬季、夏季火灾高发的态势。

【消防安全检查】 2016年，大队列管重点单位209家，派出所列管重点单位270家，消防监督管理人员50余人，圆满完成各项安保检查任务和专项整治行动。大队深入开展消防安全监督检查工作，共检查单位2832(家、次)，发现火灾隐患数3724处，查封47家，“三停”45家，拘留3人，罚款145.05万元；派出所共检查单位6247(家、次)，发现火灾隐患数2661处，罚款22.29万元。全年共排查重大火灾隐患单位2家，并提请市政府挂牌督办，跟进、指导整改工作，2家重大火灾隐患单位于年底全部整改销案。

【灭火救援基础能力建设】 2016年，大队共有6名消防监督员、39名现役消防官兵、84名合同制消防员。大队不断规范和完善重特大灾害事故应急响应指挥机制，修订完善《启东市综合应急救援联合演练预案》，并开展综合应急救援联合演练，不断提升灭火和应急救援实战能力。全年大队共出警753起，抢救财产价值1亿余元，成功处置“5·31”海四达爆炸、“9·1”启东市协鑫热熔胶有限公司火灾、“9·29”江苏云帆化工有限公司爆炸等火灾事故。加强队站建设，配足配强车辆装备。推进3个新建站建设(吕四海洋经济开发区、海工船舶工业园区、圆陀角旅游度假区消防站)、1个消防站（滨江精细化工园区消防站）升级改造以及1个消防站（滨海工业园区消防站)迁址建设等工作。加强人员管理。市政府同意所有政府专职队纳入消防大队统一管理的范畴、人员编制增加至221人、人员经费由市财政统一保障、运行经费由市财政统一扎口等事宜。配强车辆装备。大队制定“十三五”消防装备建设规划，并推进落实。将消防战勤保障体系建设纳入政府应急管理体系，加强应急装备物资储备，2016年在启东滨江化工园区储备泡沫50吨和应急沙袋3000多个。

【社会面火灾防控】 加强区域联防。根据启东市单位分布情况，分别在2个商业圈、1个化工园区建立4个区域联防组织，实现资源整合，形成安全互查、经验互学、资源互享、应急互援的“四互”工作模式。完善微型消防站建设。大队推进209家二级重点单位建立微型消防站、3家社区微型消防站试点建设工作，开展3次全市微型消防站比武竞赛，并通过联勤联动、调度指挥、技能比武等形式推动微型消防站实体化运行，并把微型消防站纳入灭火救援指挥调度。推进简易消防设施安装。推进31家单位安装1000个独立式感烟火灾探测报警装置，57套简易喷淋。与市民政局联合推行养老机构消防设施改造“以奖代补” 举措。全市46家持证养老机构中有22家实施施工改造，其余24家开展设计工作。推进电动车充电桩安装。联合市城管局、派出所组织物业服务单位、村居“两委”部署开展“创建消防安全社区”活动，在小区内设置电动车集中停放及充电区域，配备相应消防设施、器材，防范电动车火灾事故。在对新建小区和公共建筑建审时，要求其将电动车充电桩作为必要项目纳入小区消防设计规划。

【全警消防机制建立】 2016年，大队落实派出所消防指导办公室2名公安民警常驻大队办公，建立健全派出所消防指导办公室工作制度，并通过召开派出所消防工作指导办公室工作例会、大队全体办公例会，促进多警种协调和融合，分析研判派出所消防工作落实情况，加强对派出所消防工作的领导。同时，每个派出所明确1名所领导具体分管消防工作，配备的专(兼)职消防民警和消防协管员各不少于1人，并保持派出所专(兼)职消防民警、消防协管员的相对稳定，确保整体工作的连续性。

（王季林）

边 防

【概况】 2016年，启东公安边防大队围绕“严防大案要案、紧抓民生小案、压缩民转刑案”为重点，不断改革勤务模式，提升信息应用水平，强化官兵实战能力，圆满完成“两会”、G20峰会等重大安保任务。大队各级共接处警4235起，受理刑事案件364起，破获80起，逮捕28人，受理治安案件929起，查处701起，处罚313人，调处各类矛盾纠纷1739起。以爱民固边战略为核心，以

“119”消防宣传日活动，图为消防官兵向市民演示消防器材操作方法

（姜雨蒙/摄）

基层基础工作为抓手，做好渔船渔民信息收集和日常管理工作。在警务工作中以联创联建、治安共防等多种途径，不断探索警企联动、警民联动新模式，服务地方经济发展能力与边防形象显著提升。5月，南通市公安局邀请连兴所刘剑作为优秀基层社区民警代表参加社区警务工作授课。

【“所际联动”模式试行】 2016年年初，大队党委通过调研论证，围绕勤务重点、突发事件、治安整治与案件查处等多个方面，拟定并试运行“所际联动”协作体系。2016年，大队在“固边1号”“固边2号”“G20安保”等大项业务工作开展过程中成功应用该模式，开展行业场所联查、港口集中清查等警务协作活动，期间联合查处治安行政类案件102起，办理边防行政案件51起。7月，大队借助协作带来的警力资源优势，有效防止太平洋船厂倒闭带来的群体性事件苗头向恶转变。

【情报收集应用】 2016年，大队从巡逻盘查、日常走访、港船管理三个环节入手，做好情报信息收集存储及应用工作，案件侦破查处率显著提升。大队刑事案件破案率同比上升36.4%，治安案件查处数同比上升28.1%。抓好巡逻防范工作。加强与驻地政府部门的沟通协调，推进社会面监控资源的整合利用。逐步深化日常巡逻防范机制，增强警用PAD的使用力度，做到巡防信息的“无延迟”上传；路面巡逻警力实行“巡逻、处警、查控”三位一体运行模式，在辖区重点区域和案件高发地段实行24小时巡逻防控机制，挤压违法犯罪空间，强化社会面控制能力。全年大队各级共盘查可疑人员1797人、盘查可疑车辆661辆，盘查过程中抓获网上逃犯6人，及时发现并救助群众53人，现场调处各类矛盾纠纷454余起。7月，吕四所在巡逻过程中及时发现并成功抓获欲实施盗窃的付亚某，带破入室盗窃案件14起。抓好社区警务工作。全年各所共走访群众6854余户，及时登记变更外来人口信息6274条，新增变更行业场所数据90条，行业场所录入率达100%，走访期间接收群众提供的有效线索47条。8月，连兴所根据群众提供线索，成功破获一起非法狩猎案件，央视、江苏省电视台、南通电视台等多家媒体报道，社会反响良好。抓好港船管理工作。针对“浮子筏”违法出海、摩托艇无证载客出海、非法捕捞等港口突出问题，加强与涉海职能部门的联合处置，先后组织7次海上联合执法。全年共查扣、拆解违法浮子筏16条，办理船管案件232起。针对港口区域治安乱点盲点以及消防安全隐患，采取走访摸排、重点管控、建立档案和联合处置等方法，严格打击违法行为，全力消除港区生产安全隐患，港口治安状况较往年有了明显改观。7月，连兴所主动出击，成功破获1起非法捕捞水产品案，抓获犯罪嫌疑人7人，收缴渔货3946.5公斤、底扒网32顶。

3月，启东公安边防大队开展集中查港查船专项行动 (启东边防大队/提供)

【侦查办案】 2016年，大队组建一支侦查办案队伍，治安打防能力显著提升。4月，侦查办案队在日常走访调查中了解到“曾因盗窃而被网上追逃的嫌疑人陈国某已潜入该所辖区”这条重要情报，后通过轨迹研判、情报预警，第一时间将偷偷潜入辖区企图再次作案的陈国某抓获，带破案件30余起。8月，侦查办案队会同上海警方共同破获1起网络诈骗案件，成功抓获犯罪嫌疑人彭某，为群众挽回经济损失22万元。全年侦查办案队先后自主侦破、协助侦破各类入室盗窃、电缆线盗窃、电信诈骗等民生案件49起，为群众挽回经济损失40余万元。

(鞠坤安)

综 述

【概况】 2016年，全市“三农”工作取得显著成绩，全年实现农林牧渔业总产值131.7亿元。全市粮食总产量26.14万吨，比上年下降0.6%，其中夏粮产量8.18万吨，下降3.5%；秋粮产量17.96万吨，增长0.8%。全年猪牛羊禽肉产量5.69万吨，比上年下降2.3%；禽蛋产量2.11万吨，增长1.2%；水产品产量36.39万吨，增长0.9%。全市渔业总产值66亿元，农民人均纯收入19900元，比上年增长8.8%。

现代农业呈现新亮点。农业总投入23.15亿元，新增扩建农业项目212个，新增高效农业面积10.7万亩，新增水稻种植面积1.7万亩、连片露地蔬菜面积1.4万亩、四青作物面积1.1万亩，新增无公害农产品50个。海洋渔业加快转型，新建远洋渔船6艘、标准化渔船72艘，建成全省首家海水循环水养殖基地，启东市获“省平安渔业示范县”称号。休闲农业取得突破，建成国家级休闲农业星级示范点5个，即启东市江天生态农庄有限公司、南通吕四港周园现代农业发展有限公司、启东市通海苑休闲生态农庄有限公司、启东金港休闲生态农庄有限公司、江苏嘉仕有机农业发展有限公司，启东市成功创建全国休闲农业与乡村旅游示范市。新型经济主体蓬勃发展，获评国家级农业龙头企业1家，实现零的突破，新增国家级示范合作社1家、省级农民合作社示范社7家、省级农机合作社示范社5家、南通市级示范合作社13家；省级示范家庭农场7家、南通市级示范家庭农场7家。“全托管”规模经营主体114家，服务面积超过5334公顷。

2016年获省级以上认证或荣誉称号单位(产品)

表 7

所获认证或荣誉	获得单位(产品)
国家级农业龙头企业	江苏双林海洋生物药业有限公司
国家级农产品地理标志	启东洋扁豆
国家级农民合作社示范社	启东市多吃点农地股份专业合作社
全国农民合作社加工示范单位	启东市恒富隆农产品种植专业合作社
全国休闲农业与乡村旅游五星级示范企业	启东江天生态农庄有限公司
农业部健康养殖示范场	启东市利民水产养殖专业合作社 启东市东旭水产养殖专业合作社
江苏省水美乡镇	近海镇
江苏省名牌农产品	江苏双林海洋生物药业有限公司（“第6要素”牌几丁聚糖胶囊）
江苏省“十家农民合作社十个畅销产品品牌”	启东市农武蔬果专业合作社(“盛正”牌丝瓜)
江苏省级休闲观光农业示范村	启隆镇永隆社区
江苏省级农民合作社示范社	启东市南阳镇八桥四青作物种植专业合作社、启东市三丰水产专业合作社、启东市江天蔬果种植专业合作社、启东市天燕紫菜养殖专业合作社、启东市启源蔬果专业合作社、启东市丰盈獭兔专业合作社、启东市新亚有机农作物种植专业合作社
江苏省农机合作社示范社	启东市近江农机专业合作社、启东市北新镇民旺农机服务专业合作社、启东市信启农机专业合作社、启东市启隆乡兴隆农机服务专业合作社、启东市圆陀角农机服务专业合作社
江苏省级示范家庭农场	启东市晨阳家庭农场、启东市黄宏宇家庭农场、启东市李安辉家庭农场、启东市杭健家庭农场、启东市市群群水稻种植家庭农场、启东市周兵家庭农场、启东市华哥水产养殖家庭农场

新增江苏省著名商标2个、江苏省名牌农产品1个、南通市知名商标3个、南通市名牌农产品5个。“启东洋扁豆”获国家地理标志认准。全市农业机械化水平达83%，农业科技进步贡献率达65.8%。启东市被评为江苏省发展现代高效农业成效显著市。

基础设施持续改善。全年新增高标准农田5.6万亩。全年疏浚土方643万立方米，整治泯沟横河10756条，完成宅坻填埋1028个，完成水利平衡土地面积1888亩。实施中央财政小型农田水利重点县工程、省级农村河道疏浚整治项目，小型水利工程产权体制改革全面完成。整治粪污沟621条，完成沟河贯通11162座，三、四级河道拆坝建(桥)涵63座，完成河道整治总长度91公里。江海堤防提标工程加快推进，实施护岸91公里，河坡草皮绿化19.6万平方米，新建涵闸13座、闸站2座。

农村环境持续提升。全面推进秸秆收储利用，秸秆机械化还田面积突破10万亩，综合利用率达90%以上。实施畜禽粪污治理工程，关闭畜禽养殖场69家，建成化粪池154座。实现绿化造林工程，新增造林面积1.23万亩，林木覆盖率达25.18%。“六位一体”农村环境长效管理落到实处，创建省级卫生村30个，建成省美丽乡村示范项目1个，创建南通市美丽乡村2个、南通市农村环境长效管理示范镇2个，创建江苏省水美乡镇1个、江苏省水美村庄5个。农村河道长效管护考核获全省第一等次。

农民收入持续增长。村级集体收入持续增加，全市实现村级总收入2.19亿元，其中261个村的经营收入都超过30万元，182个村的村营收入超过50万元，114个村的村营收入超过70万元，收入最高的汇龙镇城北村达894万元。全市首批168个经济薄弱村建设项目通过南通验收。脱贫攻坚工程扎实推进，4254个建档立卡收入人口实现脱贫，脱贫率达28.85%。农民人均可支配收入达19875元，比上年增长8.7%，增幅列南通第一。农民人均收入增幅连续6年高于城镇居民，城乡居民收入比例缩小到1.88:1。

(范成辉)

农村改革和农民保障

【南通市级中心镇建设】 北新镇新签约投资超亿元项目4个，总投资额6亿元，跟踪推进3个投资超亿元项目竣工投产，完成绿洲嘉园安置小区25栋住宅楼、综合配套工程的建设。南阳镇在手在谈项目22个，完成注册资金5000万美元，内资7.2亿元，推进宁启铁路、丁仓港北延工程南阳段拆迁安置工作，推动神通阀门能源装备项目、农产品国际物流港、商贸汽车城主体建设。

【农村改革深化】 2016年，土地确权登记颁证工作有序推进，全市85%的村完成颁证工作，发放土地承包经营权抵押贷款4017万元。各镇、园区农村集体产权交易平台全部建成运行，累计完成农村产权交易70笔，交易额达9556万元。农业保险服务方式不断创新，实现农业保险工作市场化、专业化、专职化管理。推进农民合作社综合社试点、镇供销合作社综合改革试点工作。创新农村金融制度，推行精准扶贫“特惠贷”，全年发放“特惠贷”1万元。

【一事一议资金财政奖补】 全市共有85个村实施85个财政奖补项目，其中水泥道路建设项目49个，总长度59.4公里；路灯亮化工程19个，安装路灯6875盏；文化体育场所3个；环境整治项目2个；自来水管网改造2个；公墓管理2个。项目总投入3389.53万元，其中省财政奖补资金2355.92万元，一事一议资金279.35万元，乡镇资金213.85万元，村集体资金411.22万元，社会捐助资金63.68万元，其他资金65.61万元。

【政策性农业保险】 2016年，新增水稻和单季参保粮食生产经营面积100亩以上的稻麦附加险2个新险种。主要种植业保险签单保费1420万元，参保率平均达95%；高效设施农业保费2026万元，保费占农业保险总保费58.79%。支付理赔款3376万元，受益农户13.27万户。启东市高效农业保险快速理赔工作得到省、南通充分肯定，在全省推广。

【被征地农民社会保障】 2016年，全市新批国征用地131公顷，城建用地435公顷，涉及9个镇(区)45个村247个村民组，需安置被征地农民5310人。至年底，将566公顷用地土地补偿费全部划转至相关集体经济组织，扣除集体留成部分后，全年累计分配土地补偿费1.07亿元，累计完成安置(含以往年度征地2016年度完成安置)4922人，筹集社会保障资金32106万

8月18日，王鲍镇农经站工作人员对久隆村土地承包经营确权登记颁证工作进行数据核实 (潘 杨/摄)

元，发放安置人员养老（含一次性）补助2806万元。全年发放2967名新老政策衔接人员养老补助资金1808万元、10069名被征地农民老年生活困难补助资金2993.8万元。

（范成辉）

农村经营管理

【农村土地经营权流转】　全市累计流转土地面积474694亩，占全市总承包土地面积的48.9%，其中专业大户流转土地面积181712亩，家庭农场流转土地面积28978亩，土地合作社入股面积26409亩，其他合作社流转土地面积55287亩。

【土地承包纠纷仲裁调处】　全年共有12个农户申请仲裁，立案审理3起。推进“诉调对接”机制，注重与市法院、信访、调解部门和各镇沟通联系。全市收到信访24件，上级交办信访21件，全部给予答复，接待上访共400人次。

【一事一议资金项目化管理】　全市议立项目925个，项目资金总额1991.54万元，占议筹资金75.1%，其中农田水利项目209个，安排资金462.6万元；道路桥梁项目206个，安排资金431.56万元；环境整治项目230个，安排资金665.96万元；路灯亮化项目130个，安排资金225万元；植树造林项目100个，安排资金110.6万元；公墓管理项目61个，安排资金101.22万元；偿还债务项目6个，安排资金4.76万元。

【扶持集体经济薄弱村】　2016年，全市共有集体经济薄弱村168个，采取市财政资金统筹为主，南通市财政补贴为辅的方式，购买商务中心、门面房及二手车交易市场、划转职工公寓楼等物业项目，对薄弱村进行扶持。物业项目总投资额达51522万元，其中南通市财政补贴6720万元、启东市财政补贴41019万元、开发区财政补贴391万元，村均资产达

惠萍镇鸿西村村民整治水环境　（姜新春/摄）

306.68万元。对于村级返还收益由项目实施单位套查兜底，每村每年不少于15万元。

【化解村级债务】　至年底，全市村级债务总额为3928万元，比年初的4172万元减少244万元，化解率为5.85%。

【农村脱贫帮扶】　2016年，全面完成全市人均纯收入低于7000元的农村贫困户和16个南通市级经济薄弱村的建档立卡和动态调整工作。全市共有建档立卡低收入农户9388户14744人，到年底低收入人口脱贫2821户4254人，脱贫率累计达28.85%。

（范成辉）

村庄环境整治

【概况】　2016年，全市重点开展生活垃圾处理、沟河保洁、农路管护、绿化管护、乱堆乱放整治、乱贴乱画清理为主要内容的农村环境长效管理工作。推行农村环境服务外包工作，全市64%的镇（园区）实现以镇（园区）为单位的市场化管护。加强考核检查，全年共发出整改通知书4507份，各镇（园区）共发出整改通知书15887份。加强绿化管护，全年共发放绿化管护资金近200万元。农村环境面貌进一步提高。王鲍镇、启隆镇获“南通市农村环境长效管理示范镇乡”称号，惠萍镇果园村、汇龙镇永阳村获“南通市美丽乡村”称号。

【沟河整治】　2016年，全市完成沟河疏浚土方1104.5万立方米，疏浚泯沟10756条，宅坵填埋1028个。推进拆坝建（桥）涵建设工程，完成三四级河道拆坝建（桥）涵63座，沟河贯通11162座。所有镇（园区）实施河道市场化管护，并加强对保洁公司的监督与考评。吕四港镇、北新镇等将河道市场化管护逐渐向泯沟整治推进，全面改变沟河环境面貌。推进河道机械化保洁，在通启河、新三和港河配置大型自动保洁船；在其余河道每20公里左右配备一艘机动保洁船，基本实现机械化保洁全覆盖。共配备大型机械保洁船2艘、机动保洁船16艘。推进配套设施建设，合理挑选垃圾清运中转站点位置，在通航河道周边每隔20~30公里设置一处垃圾集中转运点，共建设中转站点16处。

【生活垃圾无害化处理】　全市12座农村生活垃圾中转站运转正常，全年共无害化处理农村生活垃圾13.69万吨，人均日产垃圾0.52公斤。市农村生活垃圾实现100%无害化处理。

【农路养护】　2016年，全市乡村公路达4000公里以上，基本实现乡村公路全覆盖。乡村公路列养率达99%以上。市级投入管护资金400万元（每公里1000元），安保及养护示范村创建市级补助1320万元（共1200公里，每公里11000元）。

【财政投入】 2016年，全市市级财政共投入农村环境长效管理经费6252.55万元，其中管护员工资1158.08万元，管护员保险费8.35万元，垃圾焚烧费1705.69万元，飞灰填埋场支出104.73万元，垃圾渗滤液处置费46.32万元，农村生活垃圾中转站支出779.15万元（至11月底），绿化养护费396.56万元，沟河保洁和管护投入2053.67万元。列入大交通指挥部支出的农村公路养护经费400万元，安保及养护示范村补助1320万元。

（范成辉）

现代农业

【概况】 2016年，全市新增扩建农业项目212个，完成项目农业投入总额23.15亿元，其中超千万元项目投入总额18.06亿元，占总投资额的78%。

【农业龙头企业】 全市新增扩建农业龙头企业92家，总投入金额11.4亿元，其中农产品加工73家，总投资金额10.52亿元。新增江苏省级龙头企业3家、南通市级龙头企业5家；新增江苏省名牌农产品1个、江苏省著名商标2个、新增南通市名牌农产品5个、新增南通市知名商标3个。新获得“三品”认证的农产品63个。

【农业园区建设】 全市新增扩建农业园区117个，总投入金额11.63亿元。新增高效设施农业面积1.4万亩、设施大棚面积7395亩、连片露地蔬菜面积9000亩。启东洋扁豆获国家级农产品地理标志认证。

【农业招商引资】 4月28日，市在上海举办现代农业招商推介会，20个项目集中签约，总投资达19.4亿元。其中，中艺财富大生农业嘉年华项目总投资5亿元、果蔬加工项目总投资3亿元、康盛水产品物流园项目总投资1.77亿元。

【农民专业合作】 根据省农委有关规定，145家合作社进入2016年省合作社名录的编制工作；配合省农委做好在启东召开的全省合作社规范化推进工作会议；组织指导优秀合作社参与各级合作社的申报工作，共有18家合作社被评为南通市级合作社示范社，8家被评为省级合作社示范社，2家被评为国家级合作社示范社。

（范成辉）

种植业

【概况】 2016年，全市农业实现产效并举。现代农业稳步发展。全市累计高效设施农业面积达23.22万亩，占总耕地面积的21.69%。全市新建规模以上设施大棚(钢架大棚、钢架连栋大棚、竹架大棚、智能温室等)面积5100亩。传统农业生产形势总体平稳。结构调整取得初步成效，四青产业、果蔬产业、特色产业稳步发展，露地蔬菜生产特色凸显。启东洋扁豆获国家地理标志认定，累计有2个农产品获国家地理标志认定。

【粮棉油生产】 2016年，农作物生产遭受重大自然灾害，油菜亩产198.9公斤，比上年减少3.15%；小麦亩产328.1公斤，比上年减少70.9公斤，减少17.8%；玉米亩产408.7公斤，比上年减少3.2公斤；大豆亩产140.8公斤，比上年减少12.2公斤；棉花亩产76.9公斤，比上年减少3.1公斤。

【蔬菜生产】 2016年，全市蔬菜播种面积73.23万亩，比上年增加600亩；蔬菜总产量115.69万吨，比上年减少7200吨；蔬菜总产值18.17亿元，比上年增加0.11亿元，总体上蔬菜产品较为丰富，销售顺畅。根据全市10个蔬菜生产信息监测点调查，上半年受低温，下半年受夏季高温、短时强降雨、连阴雨等不利天气影响，常规蔬菜价格变动幅度与上年相比有所增大。以青毛豆为主的“四青作物”种植面积接近50万亩，“地产三宝”(香沙芋、香芋、山药)、韭菜、洋扁豆、青皮长茄等启东特色蔬菜在省内外有一定知名度，其特点表现为产品优势明显，市场需求发展潜力较大，生产规模渐增。继启东青皮长茄之后，启东洋扁豆成为国家农产品地理标志登记保护产品，进一步提升市农产品的品牌效应。

【农产品质量建设】 2016年，全市获无公害农产品认证的农产品267个，比上年减少18个；产量为49.08万吨，比上年增加14.18万吨，占可食用农产品比重为39.47%。获绿色食品认证的农产品有7个，产量为3175吨，占可食用农产品比重为0.255%。获得有机食品认证的农产品48个，占可食用农产品比重为0.0543%。开展无公害农产品监督抽检和蔬菜农残例行监测工作，对食用农产品生产基地进行农药残留监测，至年底，共检测样品4700个，其中定性检测4000个，定量检测样品700

弘农生态科技园工人在培管大葱苗 （郁卫兵 潘 杨/摄）

城东农贸市场农残快检 （袁 竞/摄）

个，检测合格率为98.6%。完成省、市级农产品例行抽样、监督抽样任务12次，共抽取样品250个，合格率达99.0%。

【农业技术服务】 2016年，市农委继续开展以一村一名农技员、农业部基层示范县、“科技三下乡”、农技培训和“农技110”咨询为主要内容的为农服务工作，普及农技知识，推广新技术、新品种，共举办培训班26期，培训3547人次。全年组织农技人员109名驻村蹲点，送科技“三下乡”活动6次，发放各类技术资料累计15万余份。全市四大主导产业良种覆盖率达98%以上，新技术应用覆盖率达97%以上。

【农业行政执法】 2016年，全市开展春季农资打假护农专项整治行动、种子专项行动、肥料市场专项整治行动、农药专项整治行动、夏季农资打假百日行动、秋冬季农资打假专项整治行动6个专项整治行动。全年累计出动执法人数563人次，检查农业投入品销售场所252家，共抽检农资样品172个，其中种子64个、肥料35个、农药49个、兽药24个，共查处案件13起，其中农药5起、肥料4起、兽药4起，全部结案，办案准确率100%，涉案金额4.5万元，挽回经济损失18万元。全年受理电话、来信、来访投诉、举报案件及督办案件2起，对于电话、来信、来访举报案件做到100%受理。

（张凯杰）

养殖业

【概况】 2016年，全市全年生猪出栏量为33.67万头，其中大中型规模养殖出栏量为24.38万头，规模占比为72.39%（超过省定规模比重72%的目标），大中型规模养殖场出栏量占比不断加大，比上年增长5%。全年家禽总出栏量为1472.27万羽，肉鸡总出栏量为1085.80万羽，其中规模出栏量为985.47万羽，规模出栏占比90.76%；年末蛋鸡存栏169.55万羽，其中规模养殖存栏146.36万羽，规模占比84.32%，比上年同期增长0.09%。年末奶牛存栏1040头，其中规模养殖1040头，规模占比100%，比上年同期增长1.35%。山羊全年总出栏量为86.88万头，其中规模养殖出栏量为6.86万头，规模占比为7.89%。

【动物疫病预防】 2016年，市农委及时做好春、秋两季重大动物疫病的集中免疫行动，开展夏季消毒灭源工作。全市畜禽的免疫密度持续保持100%，抗体有效保护率达80%以上，完成动物疫病免疫工作，全市未发生一起重大动物疫情。

【动物卫生监督】 2016年，市农委加强对规模养殖场的监管，以及对动物及动物产品饲养、经营、加工销售等企业和个人防疫条件的监督。严格把好动物及动物产品的检疫关，规范检疫，动物及动物产品检疫率、检疫出证率达100%。全市共检疫生猪20.87万头，无害化处理病害动物产品及“三腺”（甲状腺、肾上腺和病变淋巴结）3.11万公斤，确保畜禽产品质量安全。开展畜禽养殖环节投入品监管专项活动。加强“瘦肉精”常年监测工作，全市共抽检生猪2.76万头份，检测结果都为阴性。

【畜禽粪污治理】 2016年，全市畜禽粪污治理工作有序开展。至12月底，全市建造化粪池266座，堆粪场数219个，超额完成全市建造化粪池135座的任务。加大畜禽粪污治理力度，重新修订《关于进一步加强全市畜禽养殖户建设管理的意见》，进一步明确禁养区、限养区、适养区，以及不同区域内养殖场粪污治理等有关规定，市农委、环保局等相关职能部门根据“意见”研究制定具体实施办法，市纪委监察部门成立专项整治督导巡查领导组对此项工作实行专项跟踪督查。

（张凯杰）

林 业

【概况】 2016年，全市重点实施绿色通道造林、农村区域造林、机耕路林网建设、城建交通绿化、省级村庄绿化示范村建设、省级生态湿地公园建设、造林绿化管护七大工程，森林资源增速明显。全市新增成片造林面积12310亩，完成南通市下达任务数的120%。其中，绿色通道造林3000亩，交通住建绿化工程1500亩，农村区域造林绿化面积2710亩，机耕路绿化造林2100亩，园区绿化造林3000亩。全市创建省级绿化示范村4个。启东市代表江苏省接受国家林业局对2014—2016年国债防护林建设工程的检查，面积核实率100%，合格率99.6%。申请建立启东圆陀角滨海省级湿地公园，公园规划总面积1011.6公顷。2016年，新增自然湿地保护小区面积1.91万公顷，其中浅水海域1.64万公顷，潮间淤泥海滩0.27万公顷。

【林政管理】 2016年，全年共进行林政执法检查34次，其中放生野生动物7次。开展森林植物检疫工作，检疫调运植物或植物产品131次，开出植物检疫证114张、木材运输证114张。严格执行林地征占用审批制度，依法办理林地占用手续。

（张凯杰）

蚕桑业

【概况】 2016年，全市投产桑园面积2500亩，共发蚕种2821张。全年生产蚕茧119.2吨，平均张种产茧42.3公斤，蚕茧总产值451.83万元，平均茧价37.90元/公斤。通过推广蚕桑资源综合利用技术，稳定蚕桑生产综合效益，全市蚕桑总产值572.83万元，亩均产值2291.32元。全市参加保险蚕种2649.6张，投保率为93.9%，蚕农户获保险赔偿8.06万元。

（张凯杰）

蚕茧收烘站工人分拣蚕茧 （姜新春/摄）

海洋与渔业

【概况】 2016年，全市下辖渔业镇1个、渔业村8个、渔业服务有限公司16家，有渔业户35870户，渔业人口53227人，其中专业渔民18154人。全市实现渔业总产量36.54万吨，其中捕捞产量20.83万吨，养殖产量15.71万吨，与上年基本持平；渔业总产值突破66亿元，比上年增长1.54%。启东市被评为2015—2016年度省级平安渔业示范县，全省仅5家。

【服务海洋经济发展】 2016年，全市海洋生产总值448亿元，海洋经济已经成为市国民经济快速发展的重要支柱。市海渔局做好重大用海项目申报服务工作，吕四北部区域尾水排海工程、渔港经济区五宗变更用海取得海域使用证。推进省级海洋经济创新示范园区建设，4月，海工船舶工业园成为全省首批省级海洋经济创新示范园区。吕四港经济开发区获开发性金融促进海洋经济发展试点项目贷款超5亿元。

【海洋生态建设】 2016年，市海渔局加强海洋环境监测体系和能力建设，市海洋环境监测站实验室资格认证通过省级现场评审。通吕运河入海河口水质自动在线监测系统建设完毕。市新建海洋工程生态补偿落实率达100%，近海沉式人工鱼礁投放区选划研究准备工作完毕。

【海洋综合管理】 2016年，市海渔局推进养殖用海管理制度改革工作，加强养殖用海管理，做到依法管海用海。做好海域使用证发放工作，新增海域使用证17宗，面积4347.24公顷，其中潮间带1277.15公顷，浅海3080.09公顷。成立首个县级海域储备交易中心，开展吕四渔港经济区内海域储备挂牌出让前期准备工作。海域使用权直通车制度实施率100%。市海渔局被省海洋与渔业局评为2016年度江苏省海洋综合管理先进集体。

【海洋捕捞】 2016年，全市拥有海洋捕捞渔船（苏启渔）592艘，其中钢质渔船546艘、木质渔船46艘；总功率99120.39千瓦，总吨位81407吨；88.2千瓦以下渔船129艘，88.2千瓦及以上渔

吕四大洋港码头鱼货丰收 （王婷婷/摄）

船463艘（其中300千瓦以上22艘）；流刺网354艘、定刺网89艘、桁拖网23艘、单拖网12艘、流动张网53艘、定置张网8艘、杂渔具51艘。渔获物运销船32艘，均为钢质渔船。启东渔（乡镇管理渔船）108艘。渔获物资源特征为鲳鱼、带鱼、小黄鱼等经济鱼类，渔获量13.89万吨，比上年增加0.09万吨，其中鲳鱼1.76万吨、带鱼3.17万吨、小黄鱼1.14万吨，小杂鱼等次生资源产量为0.53万吨。

【高效现代渔业】 2016年，市海渔局以全面构建现代渔业产业体系为目标，新增高效设施渔业面积5000亩，永利、华哥水产养殖家庭渔场入选省级示范家庭渔场，盛金周、顾兰香水产养殖家庭渔场成功申报南通市级示范家庭渔场，成功申报1家省级农产品出口示范基地、2家农业部健康养殖示范场，完成1家农业部健康养殖示范场复查换证。圆陀角旅游度假区申报国家级休闲渔业示范基地，通过省海洋与渔业局现场检查。

【发展循环水生态养殖】 2016年，市海渔局借鉴先进设计理念，利用市海水池塘养殖优势，扶持水产养殖大户开展海水池塘工业化生态养殖，在全省率先建成海水池塘工业化生态养殖系统。该系统由启东市利民水产专业合作社投资新建，总投资30万元，建设规模为400平方米海水鱼养殖流水槽、35亩虾蟹养殖池塘。

【水产品质量建设】 2016年，市海渔局开展“三品”建设，新申报江苏省水产品无公害产地7个，完成水产品无公害产地复查换证9个，产品复查换证11个，完成率达100%。组织水产品质量监督检查9次，检测137项次，所检产品参数合格率和药残检测合格率均为100%。完成省海洋与渔业局下达的300个水产品药物残留快检任务，孔雀石绿和呋喃唑酮代谢物残留抽检合格率100%，同时完成省水产品质检中心下达的71个异地抽检样品的采集送样和接样。

【水生动物疫病监控】 根据市水产养殖品种及规模，科学设立10个监测点，4种监测品种（脊尾白虾、南美白对虾、扣蟹、淡水鱼），定期开展疫病监测，共完成水生动物检测样品77个。每月结合市水产养殖特点，针对不同时节，定期编写一期水产养殖渔事信息发至各镇渔技员，针对极端天气、紧急疫情等发布预警信息7期。

【渔业科技服务】 2016年，渔技人员深入基层一线，开展水产养殖技术指导，共举办各类渔业科技培训班43期，培训渔业一线人员1976人次，培育示范户400户，示范面积达1万亩，其中扣蟹养殖面积4000亩，梭子蟹与脊尾白虾混养面积6000亩，辐射带动周边渔（农）民1500户、辐射面积2万亩，户均亩增效10%左右。

【强渔惠渔政策】 2016年，市海渔局严格执行柴油补贴发放政策，共发放2014年度柴油补贴1.19亿元，惠及渔船897艘。做好2015年度渔业油价补贴发放准备工作，补贴总金额为6805万元。推进渔船更新改造，发放2015年海洋捕捞渔船更新改造项目补助资金3420万元，受惠渔民59人。

【渔业安全生产】 2016年，市海渔局累计开展规模性港口专项检查30余次，参加检查人员达280多人次，检查渔船500多艘次、港口6个。开展有限空间专项整治，海洋渔船安全信息系统设备配备率、开机率专项整治，海洋渔业企业安全生产主体责任落实三项专项行动。加强渔业安全生产宣传教育和培训活动。全年累计组织第一责任人培训4期，培训506人，普通船员培训122人，职务船员培训36人，渔业安全管理员培训40人，共发放宣传资料3000余份，制作横幅8条。做好渔业安全生产监管工作，渔业通讯指挥中心岸台实行24小时值班制度，对出海作业渔船实时监控，一天两次定时播报海洋气象和相关信息，确保海上抢险救灾、渔政执法过程中的指挥联络畅通。7月29日，市海洋与渔业局在江苏省海监渔政执法总队码头举办启东市渔业安全设施暨有限空间作业应急演练现场会，共有70余人参加。

【海洋渔业行政执法】 2016年，省、市、县三级联动，组织“清网”行动3个航次，共清理各类网具322扣、地笼61只。市渔政各港口分站与公安、边防紧密配合，共组织港口行动53次，参与执法人员276人次、执法车辆70多车次，共计立案101起，移送公安机关渔业案件23起，追究刑事责任32人。强化海监执法工作，与东海区五支队联合巡查4次，与省总队、直属支队、南通市支队联合巡查2次，与市支队联合进行海岛

9月12日，南黄海二号搜救综合演练 （姜新春/摄）

巡查2次，开展岸线执法巡查12次、养殖用海专项巡查2次。

【渔业行政许可】 2016年，市审验海洋渔业捕捞许可证606份，收取渔业资源增殖保护费91.36万元；发放海蜇专项捕捞许可证141份，收取海蜇专项资源增殖保护费37.81万元，共计收取资源费129.17万元。共受理审批捕捞许可事项94份，其中捕捞许可件56份，注销件38份。

【渔业增殖放流活动】 4月下旬至5月上旬，市海渔局投入30万元在市内河开展人工增殖放流活动，放流青鱼、花鲢、白鲢等各类鱼苗共计15万多尾，放流区域涉及全市所有二级河道及园区，逐步恢复内陆水域渔业资源，保护水域环境生态平衡，实现沟河的长效管理。6月6日，在启东市连心港码头举行全国“放鱼日”主会场(江苏)增殖放流活动。此活动由农业部、江苏省人民政府联合举办，市海渔局协办，共有20万尾大黄鱼苗、10万尾半滑舌鳎苗、500万只海蜇苗被投放到黄海。农业部副部长于康震，江苏省委常委、副省长徐鸣，南通市委副书记、市长韩立明等领导参加活动。

(冯 琪)

农业机械化

【概况】 2016年，全市农机装备总量持续增长，新增各类农机具2925台(套)。其中，大中型拖拉机77台，各类联合收割机40台。全年农机总动力达59.28万千瓦，农机化综合水平达75.9%。全年发放中央、省补贴资金544.49万元，启东市级财政补贴资金149.99万元，购机补贴惠及全市941户。开展农机化科技示范基地创建，评选2016年度启东市农机科技示范基地5个。

【农机安全生产】 2016年，市农委发放农机驾驶证5本，审验换证258人，新上牌入户拖拉机87台、联合收割机65台，检验变型拖拉机460台、手扶及小型拖拉机141台、大中型拖拉机268台、联合收割机176台，注销拖拉机585台、联合收割机20台、驾驶证390本。当年新增拖拉机、联合收割机上牌率为100%，参加农机政策保险农机340台，无挂车手扶拖拉机实行备案管理1027台。全年共开展农机安全检查65次，出动农机监理人员208人次，开展联合执法9次，出动安监、交警等人员76人次，查处纠正各类违章103起，安全隐患整改38次。

农机送检下乡 (潘 杨/摄)

【农机培训】 2016年，市农委共培训拖拉机、联合收割机驾驶员25名，其中24人取得驾驶证，合格率达96%；举办农机获证奖补培训班6期，培训学员410名；举办新型职业农民农机培训班1期，培训学员30名。

(张凯杰)

农业综合开发

【概况】 2016年，全市国家农业综合开发项目共有5个：3个高标准农田建设项目，1个产业化经营财政补助项目，1个财政贴息项目，财政总投资3999万元，其中争取上级财政资金3510.25万元。

【高标准农田建设项目】 高标准农田建设项目有3个。

合作镇高标准农田建设项目。项目建设规模0.5万亩，财政投资750万元。项目区涉及合作镇兴隆村。项目新建灌溉泵站3座、低压管道17.37公里、变压器3台、输变电线路0.3公里、过水涵75座、机耕桥3座、机耕路9.83公里、仓库480平方米、晒场1000平方米、种植女贞1900株。2016年，项目完成进度达70%。

海复镇高标准农田建设项目。项目建设规模1万亩，财政投资1500万元。项目区涉及海复镇桃洪村、安东村、搬场村、垦牧村。项目新建灌溉泵站12座、低压管道11.86公里、变压器6台、输变电线路4.25公里、过水涵295座、机耕桥6座、机耕路18.77公里、种植女贞3800株。2016年，项目完成进度达70%。

王鲍镇高标准农田建设项目。项目建设规模1万亩，财政投资1500万元。项目区涉及王鲍镇洪桥村、松桥村。项目新建灌溉泵站7座、低压管道5.7公里、变压器7台、输变电线路1.78公里、过水涵136座、机耕桥81座、机耕路19.27公里、仓库600平方米、晒场1000平方米、种植女贞4248株。2016年，项目完成招投标。

【产业化经营财政补助项目】 产业化经营财政补助项目有1个，即江苏双林海洋生物药业有限公司申报的“南通市启东市200吨梭子蟹出口加工改扩建项目”，项目总投资340万元，其中财政补助160万元，自筹180万元。主要建设内容：新建冷库230平方米，改建冷库600平方米，配电设备1套。2016年，项目完成并通过启东市级验收。

【产业化经营财政贴息项目】 产业化经营财政贴息项目有1个，即南通金鼎海苔有限公司申报的“南通市启东市3亿枚紫菜深加工出口流动资金贷款贴息项目”，项目总贷款3240万元，财政贴息89万元。2016年，项目完成并通过启东市级验收。

（张凯杰）

水　　利

【农村水利建设】 2016年，市计划疏浚整治农村河道工程450万立方米，累计完成沟河疏浚土方642.5万立方米，疏浚泯沟6978条，超额完成农村水利建设任务。完成泯沟填埋500条、宅圯填埋1028个，水利占补平衡土地面积1888.41亩，整治粪污沟374条。完成三四级河道拆坝建(桥)涵63座、沟河贯通9904座，水系畅通状况得到有效改善。完成2015年小型农田水利重点县项目南通市级验收，成为南通市首家通过市级验收的县(市)。完成2016年小型农田水利重点县工程，工程总投资4010.6万元，项目区位于南阳镇、合作镇、近海镇。主要建设内容：河道整治总长度27.4公里，实施护岸44.81公里，实施河坡草皮绿化5.18万平方米，新建涵闸13座、闸站2座。完成2017—2019年重点县项目申报工作，申请上级补助资金6000万元。省级农村河道项目持续推进。项目涉及王鲍、合作、惠萍。主要建设内容为河道疏浚土方17.5万立方米，河道护披工程25.2公里，维修新建涵闸1座。实施一二级水利危桥改造项目。项目涉及北新、王鲍、合作、南阳4个镇，主要改造桥梁2座，新建1座，拆除2座。

【水环境整治】 2016年，市水务局建立健全工作机制，加大资金投入，推动市农村河道长效管护工作。农村河道长效管护工作在全省考核中获优秀等次。9月，南通市农村环境“四位一体”长效管理“升级版”建设工作推进会在启东市召开，启东市作水环境整治工作经验介绍。实施农村河道市场化管护。各镇政府通过与承包商签订外包合作，实现管理权与监督权彻底分离。通过市场化管护，河道日常管护标准得到提高，避免管护单位之间相互推诿、扯皮，确保整片水系清洁。实施农村河道机械化管护。全市共有大型机械保洁船2艘、机动保洁船16艘，基本实现机械化保洁全覆盖。推进配套设施建设，在通航河道周边每隔20~30公里设置一处垃圾集中转运点，共建设中转站点16处，确保垃圾及时上岸，避免二次污染。投入58万元对农村河道信息化管护系统的操作流程进行完善和优化，把全市所有沟河都纳入监控范围。全市河道管护系统的数据点为120371个，比一期工程增加10万多个。

合作镇兴隆村实施横河护岸工程建设　　（袁　竞/摄）

【水利工程建设】 2016年，完成连兴港套闸主体工程及桃花洪闸拆建工程。推进启海界至大洋港西海堤加固工程，工程总投资3795万元，加固海堤总长3.1千米。实施崇启大桥上下游段和滨江化工园区段江堤堤顶道路工程、头兴河和蒿枝港河部分河段河坡坍塌护岸工程、十六总闸和蒿枝港闸启闭系统改造工程等维修项目，并组织开展对滨江化工园区外侧江堤及寅兴垦区和黄海滩涂公司外侧一线海堤等隐患地段实施除险加固工程。做好沿江沿海涵闸改建项目立项报批工作，编制完成五效闸拆建工程初步设计、戤效闸改造方案、塘芦港新闸外迁工程可研以及协兴港导流堤建设初步设计，完成江堤提标工程可研阶段的基础调研、堤线的走向和典型断面的确定和工程量的核实工作。服务市重大项目建设。京沪重工涉水工程开工建设；奔腾公司二期防汛专项工程1#、2#旱闸口通过验收；崇启大桥至三和港段岸线整治工程可研报告、初步设计等获省发改委批复。

【防汛防旱】 2016年，市水务局开展水利工程检查，完成防汛指挥决策系统建设，实现自动化监控、水情预报、水情调度、防汛信息服务和防汛会商的有机整合。组织对江海堤防、水闸等水利工程设施以及防汛物资配备等全面检查，及时做好各类水利工程水工建筑物、机电设备及其配套设施维护和检修。完成2015年度省级应急抢险项目(新港闸导游堤维修加固工程、协兴闸下游抢险工程及启隆镇抛石工程)，完成2016年中央特大抢险项目抛石防护工程（长江北支启东市滨江化工园区外侧主江堤）及因台风水毁的堤防抢修，及时消除工程隐患。全市储备块石6000吨、防汛编织袋18.4万只，其中市防汛仓库储备6.2万只、各镇储备12.2万只，另储备铁丝1250公斤，土

红阳港开闸排涝 (袁　竞/摄)

工布2.5万平方米、木材15立方米,争取省级储备块石1万吨。开展引江调水和排涝工作。春季组织16个潮汛的引江调水工作,有效改善内河水质;有效应对多场强降雨、“莫兰蒂”台风、“海马”台风带来的极端天气影响,安排各闸全力排水,保障全市各河水位正常。全年共计排涝362闸潮次,排水量30201.56万立方米,引水2754小时,引水量10250.48万立方米。5月27日,局联合南通市在市滨海工业园海堤组织防汛抢险演练。

【水政水资源管理】 2016年,市水务局开展各种执法巡查147次,出动执法人员626人次、执法车辆168次、执法艇6次,现场处理案件35起,立案查处7起。开展“护江行动-2016”和“清江行动”专项活动,严厉打击非法采砂。下达市年度最严格水资源管理制度目标任务,以及计划用水户年度取水计划。查处1起非法开采取用地下水违法行为,追缴水资源费13万元。开展排污企业退水水质监督管理,对市5家排污单位退水水质样本定期取样分析。开展地下水静水位监测工作,完成4个镇51口深井的封填。全年共征收水资源费567万元、农业水费400多万元,征收水利工程水费41万元。

【水利工程管理体制改革】 2016年,市水务局实施小型水利工程体制改革工作。制定《启东市深化小型水利工程管理体制改革实施方案》,召开动员会和推进会,汇总工程调查摸底数据逾10万组,全面完成改革任务。完成12座沿江涵闸、通吕运河启东段、通启运河启东段、新村沙南汉河等河道和水利工程管理范围划界工作,并通过南通市和省级阶段性验收。编制完成《启东市农业水利综合改革实施方案》,并报省水利厅备案。做好灯杆港创建省三级水管单位,头兴港闸通过省三级水管单位复核,并争创省二级水管单位的考核创建工作。

【水利建设资金】 2016年,市水务局共争取省级以上水利建设补助资金6251万元。重点用于农田水利工程、水利重点县工程、堤闸改造工程和防汛抗旱工程建设,市水利工程基础设施进一步改善。其中,中央特大防汛抢险经费200万元、2016年中央财政小型农田水利重点县项目2400万元、2016年农村河道专项工程77万元、水利工程维修管护补助258万元、桃花洪闸484万元、省级河道管护费39万元、北部海堤加固2670万元、河道长效管护费补助158万元、水资源费补助30万元、水土保持补助10万元、砂石资源费返还83万元。

(陆雪雷)

嘉仕有机现代农业园,位于启隆镇,总投资超1亿元,规划总用地3000亩 (徐　昕/摄)

综 述

【概况】 2016年，工业经济稳中有进。全市累计完成规模工业产值1862.74亿元，同比增长12.1%；累计实现全部工业应税销售720.4亿元，同比增长20.3%；列中国工业百强县市第38位，比上年提升17位。累计完成工业用电19.07亿千瓦时，同比增长5.4%；全年完成全社会固定资产投资614.84亿元，同比增长14.1%；其中工业投资352.69亿元，同比增长7.1%；服务业投资261.87亿元，同比增长25%。全市50强重点企业累计实现工业应税销售387.48亿元，占全部工业应税销售总量的53.8%。

【转型升级】 随着产业集聚的加速推进，重点产业、重点企业支撑有力，2016年，全市“三优三新”产业实现产值1349.79亿元，占全市规模工业产值的比重达72.5%。产业结构不断优化，全市完成高新技术产业产值904.59亿元，同比增长18.4%，占规模工业总量的48.6%，比上年年底提高2.1个百分点。创新创业载体量质齐升，北京大学生命科学华东产业研究院、上海交大电子信息与电子工程(启东)产业研究院签约落户，启东产业技术研究院，尚华启东生物制药科创中心等建设有力推进。国家科技领军人才创新驱动启东中心挂牌成立。全市完成新兴产业产值802.86亿元，同比增长17.5%，占规模工业总量的43.1%，比上年年底提高2.4个百分点。新增长点不断涌现，全市达到净增2000万元新增长点企业超过100家。推进企业上市，泰林股份、和和塑胶等企业在“新三板”挂牌。

【项目建设】 全市全年新开工亿元以上产业项目108个，其中工业项目70个，服务业项目38个，新竣工亿元以上项目52个。省、南通市级重大项目完成投资117.9亿元，完成年计划的116.2%。姚记扑克产业园一期生产车间竣工，设备开始订购，二期桩基工程完成，进入基础开挖；广汇能源启东LNG分销转运站一期码头泊位、2座5万立方米LNG储罐等工程基本竣工，二期项目进入施工；林洋光电产业园一期新建32000平方米生产车间结构封顶，生产设备陆续到场；华峰超纤、华滋海工等重大项目竣工投产。

产业发展

【概况】 2016年，根据《市级经济工作相关部门推进“三优三新”重点产业及现代服务业工作方案》相关文件精神，市进一步聚焦产业发展重点，推进项目建设、促进产业发展，全市“三优三新”产业均实现正增长，累计完成工业应税销售418.2亿元，同比增长9.6%，其中新材料产业、新医药产业增幅均超过15%。

【海工及重装备产业】 以海工船舶工业园为依托，做优做强以中远海工、宏华海洋为龙头的海洋油气钻井装备产业，以太平洋海工、振华重工为龙头的海洋特种船舶制造产业，以胜狮能源、京沪重工为龙头的海洋能源及重装备产业。依托滨海工业园，拓展海工船舶配套产业，重点培育具有较大规模、部分类别产品领先的海工船舶配套产业。依托吕四港环抱式港池区域建设临港重型装备产业的良好条件，重点培育以重大技术装备、重要基础装备为方向的重型装备产业，发展大型石化成套设备、港口重型机械、大型环保设备、海水淡化等资源综合利用设备、大型基础施工设备等。2016年，海工及重装备产业累计实现应税销售92.6亿元，同比增长6.4%。

【电力及能源装备产业】 科学规划，有序发展分布式光伏电站、海上风电、生物质能发电等新能源产业，重点支持大唐电厂加快发展超超临界火力发电系统，支持广汇能源LNG分销转运站项目建设，形成不少于300万吨年周转能力，成为长三角地区重要的能源供应基地。支持韩华新能源、林洋光伏等企业巩固光伏电池及组件产品制造能力，研究新一代光伏核心技术及产品，突破集中监控、微电网、光伏储能等光伏发电应用、并网技术。支持神通阀门加快发展大型核电机组的配套设备，以核电阀门为重点，打造新一代核电设备相关配套产品。支持海四达电源等企业发展高功率动力型电池和高温、低温、标准能量型电池系列产品。鼓励东泰新能源等发展新一代风电整机及碳纤维

2月，南通蓝岛海洋工程有限公司技术人员对出厂产品进行复查 (郁卫兵/摄)

风机叶片、关键铸件、大型塔架、高性能复合材料等风电产品。以已有产业及产品为基础，发展合同能源管理、智能电力监控及能耗管理系统等制造业服务化产业，实现能源装备产业高端化发展。2016年，电力及能源装备产业累计实现应税销售153.9亿元，同比增长9.8%。

【精密机械及电子产业】 支持东成、国强等电动工具企业采用锂电池、无刷电机、新能源电子、新材料在电动工具生产制造中的应用，开发人性化环保型电动工具、机电一体化的智能工具。加强产业链上下游延伸，推进电动工具公共服务平台建设，探索电子商务、互联网营销等现代营销手段，建成具有全国影响力的电动工具研发中心、生产中心、营销中心。以总集成、总承包和核心零部件为核心，重点发展节能装备，环保机械向高端化、系列化、配套化方向发展，突破润滑设备、油泵阀门、智能数控等国内一流、世界先进水平的关键共性技术及部件。支持林洋能源等企业重点发展包括智能开关（柜）、智能导线、智能电表等在内的智能电网输变电设备及柔性输变电设备。支持捷捷微电子、吉莱电子、优思通讯、华乐光电等企业重点发展大面积宽带隙半导体材料与器件、大功率LED芯片及其封装模块、大尺寸晶圆等集成电路的全套关键材料，着力发展集成光电子与微纳电子封装用高分子材料。2016年，精密机械及电子产业累计实现应税销售129.9亿元，同比增长7.6%。

【新材料产业】 支持华峰、方鑫化工等企业，重点发展超纤非织造布超纤材料、新型环保超纤材料、新型金属材料、$PM_{2.5}$过滤材料、可降解树脂等功能性及高分子先进复合材料。加快发展原材料废物利用、生产过程节能环保的低碳、环保、节能的新型建筑材料项目，着重培育新型建筑装饰装修材料、新型建筑防水材料、新型保温隔热材料、新型墙体材料等产品。支持德威涂料等企业发展新型防腐涂料及面向资源再生的材料。2016年，新材料产业累计实现应税销售15.9亿元，同比增长39.7%。

【新医药产业】 以启东经济开发区、滨江医药化工园、上海自贸区启东生物科技创新协作园为依托，加快海洋生物技术及产品的研发和产业化，努力发展特色海洋药物，推动海洋生物制品及保健品在治疗癌症、心脑血管疾病和抗艾滋病、衰老等方面的产业化进程；鼓励现有的中间体生产企业重点向原料药和制剂方向发展，支持希迪制药向甾体激素类原料药和新型抗生素制剂方向发展，支持东岳药业、诚信制药等企业发展新型原料药，提高技术含量，填补国内产业和技术空白；支持拜耳、盖天力等制药企业重点发展一批抗肿瘤、抗肝病、治疗心血管疾病药物以及治疗感染的抗生素药物；支持秋之友、尚华等生物科技企业加大研发创新力度，推进小核酸、干细胞、大分子抗体等基因工程药物的开发利用。2016年，新医药产业累计完成工业应税销售25.9亿元，同比增长16.9%。

【通用航空产业集群】 依托江海产业园，吸引国际、国内知名通用航空企业，重点引进商务机运营与托管、飞行培训、航空套材和装备项目等，鼓励研制中小型飞机、无人驾驶飞机等整装

启东泰安建材有限公司生产的新型保温砖 (姜 斌/摄)

制造和飞机维修改装，发展航空装备电缆等配套产品。

（朱晓霞）

重点企业选介

【韩华新能源(启东)有限公司】 公司主要提供全面的光伏产品、应用和解决方案，包括组件、成套设备、系统和大规模太阳能发电站。拥有世界领先的光伏技术，成功量产10亿片Q.ANTUM太阳能电池，电池专利技术优胜于普通晶硅电池及组件。2016年，公司实现应税销售65.84亿元，上缴税收1.01亿元。

【江苏大唐国际吕四港发电有限责任公司】 公司由大唐国际发电股份有限公司、中国大唐集团公司、南通国有资产投资控股有限公司共同出资设立的有限责任公司，负责大唐吕四港电厂项目的建设、生产、经营。一期工程建设4台660MW超超临界燃煤机组，总装机容量2640兆瓦。2016年，电厂发电量为141.89亿千瓦时，实现应税销售41.83亿元，上缴税收5.05亿元。

【中远船务(启东)海洋工程有限公司】 公司是中远船务工程集团旗下的海洋工程装备制造企业。主要从事海洋工程装备制造、改造、维修等业务，为国际石油公司提供海洋工程装备设计和建造一站式服务，是中国海洋工程装备制造业的先行军和领军者。生产的产品涉及从浅海到深海、从油气平台到海洋工程船舶的全部类型。2016年，公司实现应税销售16.93亿元，上缴税收0.68亿元。

【江苏林洋能源股份有限公司】 公司是国内知名的智能电表及用电信息管理系统终端产品、系统解决方案提供商之一。公司业务涵盖智能、节能、新能源三大领域，产品及解决方案主要包括智能电表及AMI系统、LED及智能照明系统、能效管理平台及节能服务、光伏组件及分布式光伏电站系统、分布式电站运营平台、微电网系统等。2016年，公司实现应税销售39.68亿元，上缴税收1.52亿元。

【江苏东成电动工具有限公司】 公司是国内专业电动工具制造重点骨干企业之一，为中国电器工业协会电动工具分会副理事长单位。公司主要生产各类电动工具产品及转子、定子等零配件，所生产的电动工具产品凡是在国家3C认证范围内的，均通过认证并取得认证证书。东成的产品被广泛运用于建筑装修、家居装潢、石材加工、船舶工业、水利工程等领域。2016年，公司实现应税销售34.62亿元，上缴税收1.45亿元。

（吕　满）

广汇能源LNG分销转运站码头建设现场　（徐　昕/摄）

重大项目选介

【华峰超纤产业用非织造布超纤材料项目】 项目地址在吕四港经济开发区，计划总投资41.64亿元，总用地面积1301亩，其中一期用地面积660亩。项目主要建设内容为：新建厂房和配套公辅用房建筑面积26.64万平方米，购置600多台套国产生产设备并引进30多台套进口生产线。至2016年底，一期项目竣工投产；二期项目6万平方米主体厂房结构封顶。

【广汇能源LNG分销转运站项目】 项目地址在吕四港经济开发区，计划总投资53亿元。一期海域建设1个10万吨级LNG卸船泊位、一座3890米引桥，并预留一个卸船泊位和2个液体化工品泊位，陆域建设2座5万立方米LNG储罐、LNG装车区及配套的公用工程设施；二期新增1个16万立方米LNG储罐；三期再新增1个16万立方米LNG储罐。至2016年底，一期项目竣工，二期项目完成地基处理和工程相关配套设施，16万立储罐完成桩基工程。

【华滋海洋LEG海工项目】 项目地址在海工船舶工业园，计划总投资21.4亿元，总占地面积950亩，项目主要建设内容为：建设舾装码头一座、岸侧材料码头一座，新建钢结构厂房、办公楼等建筑面积10万平方米，添置龙门吊、起重机、油压机等设备共计950台套。至2016年底，试压平台桩基工程打桩结束，移动式风雨棚轨道基础竣工，出运通道路基平整完成，总组平台基本完成，12月15日在总组平台举行液灌大合拢仪式。

【京沪重工海工装备、特种钢结构制造项目】 项目地址在海工船舶工业园，计划总投资20亿元，主要建设内容为：新建生产厂房等建筑面积20万平方米，购置龙门吊、电焊机等设备。至2016年底，主体厂房结构封顶，码头区域水下桩基工程完成。

【姚记扑克生产基地项目】 项目地址在启东经济开发区，计划总投资10亿元,主要建设内容为:新建厂房等建筑面积12万平方米,添置各种设备545台(套)。至2016年底,一期4万平方米主厂房、职工宿舍、职工活动中心、食堂结构封顶,内外墙实施装饰施工;二期打桩。部分设备订购。

【米歌酒庄项目】 项目地址在启东经济开发区,计划总投资10亿元,主要建设内容为:新增厂房等建筑面积10万平方米,添置相关设备。至2016年,两个储酒罐区储酒罐安装完成60%,勾兑车间、仓库车间结构封顶,内外墙实施装饰施工。

【尚华医药启东基地项目】 项目地址在滨海工业园,计划总投资10亿元,主要建设内容为:一是注册成立创新抗体医药研发公司,建立符合cGMP规范的抗体药物产业化基地,总面积2万平方米;二是建设综合性、多功能、现代化的新药研发临床前动物实验平台,整体规划面积1万平方米;三是开发4万多平方米公共服务平台。至2016年底,桩基工程完成,基础开挖。

【胜狮能源全球技术教育基地项目】 项目地址在海工船舶工业园,计划总投资30亿元,主要建设内容为:新建厂房10万平方米,添置起重机、焊接机、喷涂机等相关设备160台(套)。至2016年底,打桩完成,基础开挖。

【东成电动工具生产项目】 项目地址在吕四港镇,计划总投资10亿元,主要建设内容为:新增建筑面积7.5万平方米,购买先进的装配生产线等设备280台(套)。至2016年底,桩基工程完成,基础开挖。

(高　峰)

民营经济和中小企业

【概况】 2016年,启东市围绕南通民营经济工作会议所确定的民营经济发展总体目标和工作部署,突出“稳中求进、改革创新”的发展总基调,强化组织推进,创新服务方式,民营经济运行态势总体保持良好。全市新增个体工商户5874户,私营企业2487家;新增小规模纳税人4897户,新增一般纳税人491户。全市引进境内市外超千万元民资项目219个,注册资本额50.5亿元,其中超亿元市外民资项目17个,注册资本额8.6亿元。

【组织推进】 2016年,市组织召开工业开放型经济工作会议,开展中小企业转型升级等方面的专题调研活动,分析宏观经济形势对民营经济发展的影响,把握政策走向和发展趋势,对主要经济指标,逐月抓进度、赶序时、搞讲评,每月公布民营经济发展实绩,组织开展民营经济季度考核竞赛,调动各镇、园区发展民营经济的积极性,实现民营经济工作由突击性推进向持续性推进转变。加强全市各镇、园区和相关职能部门的沟通与协调,通过召开镇、园区负责人会议、民发办成员单位会议等,解决民营经济发展过程中遇到的各类问题,形成良性互动的民营经济工作机制。坚持外资、民资并举的双轮驱动战略,推进产业招商、驻点招商、节会招商,引进对沿江沿海开发关联度高、辐射力大、带动性强的龙头型、基地型大项目。

【转型驱动】 推动中小企业加大研发投入,加快技术革新,提高企业核心竞争力。开展科技型中小企业创建活动,促进中小企业生产经营管理走上科学化、网络化和智能化的轨道。中小企业创新培育成效喜人,江苏林洋光伏科技有限公司、南通森田消防装备有限公司、美通重工有限公司、江苏昂彼特堡散热器有限公司、南通富莱克流体装备有限公司、启东市联通测功器有限公司6家企业获“江苏省科技型中小企业”称号。江苏神通阀门股份有限公司入围工信部第一批制造业单项冠军培育企业。林洋能源的国家级企业技术中心,实现市该项目历史上零的突破。认定省级企业技术中心16家、南通市级企业技术中心39家,18个产品入选省重点推广应用的新技术新产品目录,5个产品被认定为省首台(套)重大装备及关键部件。

【平台搭建】 结合启东产业特色和区域发展重点,引导中小企业把创业的焦点集中到全市沿江沿海开发的八大园区平台。推进中小企业创业基地建设,引导启东市科技创业园、启东经济开发区科技创业中心、启东吕四科技创业中心加快完善信贷支持、资金扶持、人才支持等配套服务,为“大众创业万众创新”提供新的发展空间。

【服务优化】 优化服务方式和质量,为更好服务全市在册运行企业,通过到镇园区摸底、下企业调研等方式,建立完善在册运行企业联络机制,2300家企业录入数据库。提高启东企业家队伍的整体素质,推动中小企业人员、文化、技术和管理水平等综合素质的提升。市发改委联合市工商联共组织2次“东疆大讲坛”活动。9月,联合市电信局、南通金软科技举办全市中小企业“互联网+智慧制造”两化深度融合培训活动,80多家规模以上企业的信息化工作负责人和各镇、园区经发办(局)负责人参加培训会。通过一系列的培训,企业家们进一步增强对宏观经济走势、工业制造2025、新材料、“互联网+”以及“一带一路”倡议的深度了解和准确把握,提升新常态下经营管理能力和创新发展能力。贯彻执行上级政府和部门提出的化解中小企业融资难的各项政策措施,加大对中小企业的信贷支持力度。2016年,在保企业数为66家,在保责任余额2.59亿元,新增融资担保额2.87亿元。

(高　峰)

综　述

【概况】 2016年，市商务部门加强专业招商力量，加大外出招商频率，突破重大外资项目，稳定外贸增长，全市商务经济工作呈现良好的发展态势。

口岸开放和园区建设。一类开放口岸建设全面提速，海关、国检获批设立。以启东港口岸开放通过国家验收为契机，完善口岸联络协调机制，推进电子口岸互联互通和资源共享，接入“大通关”电子口岸统一信息平台，提高港口或临港产业物流对接。园区发展提档升级，启东经济开发区被认定为省“两化融合”试验区，在南通省级开发区产业项目建设考核中排名继续保持第一。

对外贸易。2016年，全市完成进出口总额30.21亿美元，同比下降1.5%。其中，出口26.51亿美元，同比增长6.8%；进口3.7亿美元，同比下降36.6%。全市海工船舶、电动工具产业进出口增幅较2015年同期有一定增长，融资困难自营出口形势严峻，太平洋海工处在重组阶段，对自营出口有一定影响；较好的产业板块（传统电动工具板块）国际市场需求有较大幅度的上升；其他产业板块（除纺织板块外）国际需求均有一定幅度的增长，整体上全市外贸进出口呈上升态势。

招商引资。成功举办国际经贸洽谈会、科技节暨国际经贸洽谈会。在上海、深圳、北京等地举办2016中国·启东投资环境推介会等78场境内外专题招商活动，并在日本、韩国、瑞典、丹麦、英国、德国、瑞士、澳大利亚、泰国、印尼等国家和中国台湾、香港地区举办启东投资环境说明会。全市累计新批外商投资企业29家，增资扩股企业9家，其中新批总投资超千万美元项目19个；累计新增工商登记注册外资5.1亿美元，实际到账外资3.47亿美元，同比增长135%。

境外投资。全年新批境外投资项目8个，增资项目1个。累计实现境外投资中方协议投资总额9081万美元。“一带一路”沿线投资，林洋能源在新加坡投资设立公司，中方协议投资额5000万美元。二建集团在泰国、马来西亚、柬埔寨、印度尼西亚分别投资设立公司，中方协议投资额3515万美元，在以色列获得住宅建设5年资格，二建集团得到不超过1000名的外籍人员工作签证，为后期承接工程打下坚实的基础。

服务外包。启东市全年新认定服务外包企业6家，总数达32家，累计完成服务外包执行额2887万美元，比2015年增长43.11%。瑞帆节能科技、南方节能科技、南方润滑股份、鑫业网络科技、启东建筑设计院等一批外包企业积极开拓服务外包业务，启东市服务外包产业发展、壮大。

（薛泠凤）

沿海开发

【概况】 2016年，全市沿海前沿区域10个镇、园区共实现地区生产总值650.78亿元，比上年增长10.1%，占全市总量的73.8%；完成固定资产投资445.7亿元，比上年增长10.1%，占全市

建设中的吕四神鲜街　　（潘　杨　郁卫兵/摄）

总量的72.5%;实现一般公共财政预算收入19.27亿元,比上年增长22.6%,占全市总量的27.1%;完成规模工业应税销售收入444.25亿元,比上年增长35.9%,占全市总量的63.5%。

【基础设施建设】 吕四港环抱式港池匡围、防沙导流堤工程及10万吨进港主航道一期工程基本完工。渔港经济区总投资近5亿元的仙渔小镇神鲜街主体结构封顶、品牌体验馆布展初步完成。新型功能材料产业园供汽、供电及污水处理等供辅设施竣工投运,港区承载能力增强。宁启铁路启东段完成总工程量的60%,海启高速启东段加快建设,吕四港区铁路专用线完成预可评审,江海产业园通航机场获华东民航管理局批复。

【重大项目建设】 吕四港区10万吨级航道工程、吕四港综合物流园、江海产业园等重大项目和园区建设工作纳入新出台的《中共江苏省委、江苏省人民政府关于新一轮支持沿海发展的若干意见》。列入省沿海开发2016年度重大项目投资计划的广汇能源、华峰超纤、胜狮能源全球教育基地等7个重大项目进展顺利,全年累计完成投资96.2亿元。吕四港经济开发区、启东高新技术产业开发区和海工船舶工业园全年共计新开工亿元以上工业项目30个,亿元以上服务业项目14个。圆陀角旅游度假区新开工旅游项目4个,完成基础设施投入2.7亿元。江海产业园新开工基础设施项目2个,完成投入5亿元。

(张　耀)

对外贸易

【概况】 2016年,全市完成进出口总额30.21亿美元,同比下降1.5%。其中,出口26.51亿美元,同比增长6.8%;进口3.7亿美元,同比下降36.6%。

龙头企业支撑作用明显。2016年,启东市有进出口实绩企业343家,其中超100万美元企业134家,超500万美元企业56家,超千万美元企业27家,超亿美元企业5家。进出口前二十强企业共计实现进出口24.89亿美元,占全市进出口总额的82.4%。20强企业中有17家企业实现正增长,5家超亿美元企业全部实现正增长。

2016年外贸进出口前20强企业情况

表8

企业名称	进出口(万美元)	同比(%)
韩华新能源(启东)有限公司	93107.7	1.4
启东胜狮能源装备有限公司	42913.6	45.3
南通太平洋海洋工程有限公司	31547.3	11.9
中远船务(启东)海洋工程有限公司	26052.2	27.9
江苏好收成韦恩农药化工有限公司	13763.7	3.2
江苏东成机电工具有限公司	5958.8	6.4
江苏皇室食品工业有限公司	4513.8	4.5
南通润邦海洋工程装备有限公司	4502.9	90.4
江苏康耐特光学有限公司	3789.9	1.6
启东道达重工有限公司	3178.1	946.7
江苏华峰超纤材料有限公司	2809.7	39.9
江苏国强工具有限公司	2682.0	7.8
南通艾德旺化工有限公司	2233.7	7.7
江苏科本医药化学有限公司	1883.3	-13.4
江苏龙腾鹏达机电有限公司	1859.9	-8.7
东进电子材料(启东)有限公司	1807.3	107.2
欧爱克斯(南通)服饰有限公司	1609.6	-7.4
南通宏强船舶重工有限公司	1590.7	504.4
日立金属三环磁材(南通)有限公司	1547.4	—
南通蒂龙针织制衣有限公司	1505.5	23.8

负增长企业较多，部分大户下滑严重。全市343家外贸进出口企业中负增长企业共144家，占比42.0%。外贸国际形势恶化，造成部分骨干企业进出口量下滑。50家外贸进出口骨干企业中有9家企业进出口同比负增长。

主要外贸板块有增有降。2016年，新能源和海工船舶两大板块的进出口总量占比分别为30.8%和36.5%，累计进出口同比较2015年分别增长4.3%、17.5%。医药化工和电动工具板块增长略为明显，全年进出口总量占比分别为10.9%和5.3%，累计进出口同比分别增长20.2%、14.5%。食品板块增长略为明显，全年进出口累计同比增长1.7%，占比为3.4%；纺织品和其他板块全年进出口同比下降0.1%、36.1%。

机电产品出口小步增长。机电产品是启东市第一大类出口产品，出口总量占比达79.6%，全年累计出口21.1亿美元，同比增长15.2%；高新技术产品作为启东市出口第二大类产品，全年累计出口10.55亿美元，同比增长6.5%；纺织产品、农产品出口有所下降。

2016年9家骨干企业负增长情况

表9

企业名称	进出口(万美元)	进出口同比(%)	2015年进出口(万美元)
启东市捷捷微电子有限公司	657.2	–43.8	1169.2
江苏百特电器有限公司	594.8	–35.8	926.1
南通金鼎海苔有限公司	828.3	–19.2	1025.6
江苏科本医药化学有限公司	1883.3	–13.4	2174.2
江苏海四达电源股份有限公司	1380.6	–13.3	1592.9
南通力邦工具有限公司	629.6	–10.4	702.6
江苏龙腾鹏达机电有限公司	1859.9	–8.7	2036.9
江苏林洋电子有限公司	943.4	–8.4	1029.8
欧爱克斯(南通)服饰有限公司	1609.6	–7.4	1738.1

2016年启东市外贸七大板块进出口情况

表10

七大板块	进出口(万元)	同比(%)	占比(%)
新能源	613058.8	4.3	30.8
医药化工	216115.5	20.2	10.9
海工船舶	726095.7	17.5	36.5
电动工具	106330.1	14.5	5.3
纺织品	80243.3	–0.1	4.0
食　品	67392.2	1.7	3.4
其他板块	178313.8	–36.1	9.0

2016年启东市按行业分进出口情况

表11

行 业	累积进出口(万美元)	进出口同比(%)	进出口占比(%)	累积出口(万美元)	出口同比(%)	出口占比(%)
纺 织	13395.9	-17.9	4.4	13058.4	-17.6	4.9
高新技术	110785.2	0.5	36.7	105466.5	6.5	39.8
机 电	237052.2	5.3	78.5	210954.5	15.2	79.6
农产品	10618.0	-4.5	3.5	9641.1	-3.0	3.6

亚洲市场出口持续走高。2016年，启东市与亚洲、非洲、北美洲、大洋洲、欧洲、拉丁美洲及东盟组织、欧盟组织134个国家和地区有贸易往来，其中亚洲依然是启东市最大的出口市场，占比67.6%，全年累计出口额17.92亿美元，同比增长8.6%。三大传统市场中，欧洲市场出口同比增长61.8%，日本市场同比增长6.4%。美国市场同比下降17.2%。

加工贸易稳步增长。加工贸易一直在启东市出口产品贸易方式中占主导地位，全年累计出口14.47亿美元，占比54.6%，同比较增长1.9%。一般贸易出口12.03亿美元，同比增长13.5%。

2016年按产消洲别、国别分进出口情况

表12

洲/国	累积进出口(万美元)	进出口同比(%)	进出口占比(%)	累积出口(万美元)	出口同比(%)	出口占比(%)
亚 洲	201676	4.7	66.8	179167	8.6	67.6
非 洲	2440	-69.6	0.8	2439	-69.6	0.9
欧 洲	58561	4.6	19.4	45038	61.8	17.0
拉丁美洲	13366	-29.5	4.4	13365	-29.5	5.1
北美洲	15765	-24.2	5.2	14745	-19.3	5.5
大洋洲	10341	0.9	3.4	10299	1.7	3.9
美 国	15142	-22.6	5.0	14124	-17.2	5.3
日 本	44840	8.5	14.8	42389	6.4	16.0

2016年按产品贸易方式分进出口情况

表13

贸易方式	累积进出口(万美元)	进出口同比(%)	进出口占比(%)	累积出口(万美元)	出口同比(%)	出口占比(%)
一般贸易	132342	12.3	43.8	120303	13.5	45.4
加工贸易,其中	168552	-9.8	55.8	144749	1.9	54.6
1.来料加工装配贸易	451	-93.2	0.1	301	-94.0	0.1
2.进料加工贸易	168101	-6.8	55.6	144448	5.4	54.5

【进出口超亿元外贸企业进出口运行情况】 韩华新能源。1—12月，公司实现进出口61.25亿元，同比增长7.3%；出口57.62亿元，同比增长12.7%；进口3.62亿元，同比下降39.4%。累计销售63.21亿元，产量2078兆瓦，利润6.22亿元。

胜狮能源装备。1—12月，公司实现进出口28.27亿元，同比增长3.2%；出口22.96亿元，同比下降2.4%；进口5.31亿元，同比增长37.4%。全年实现销售21.34亿元，同比2015年全年销售27.86亿元下降23.4%。

太平洋海工。1—12月，公司实现进出口20.70亿元，同比增长18.1%。其中出口18.31亿元，同比增幅39.7%；进口2.39亿元，同比下降45.9%。船舶方面产品主要有22000立方LEG船、27500立方LNG船、17000立方LEG船、36000立方LEG船；海工方面有在制科研项目再气化模块1个，新接LNG再气化模块2个。公司2016年6月1日起，由于中集安瑞科终止对SOE股权收购，公司处于半停产状态。恢复生产的项目有：模块M019/020/021，船舶S1019/1020/1034/1035。

好收成农化。1—12月，公司实现进出口9.07亿元，同比增长9.6%。其中出口9.0亿元，同比增幅11.7%；进口705万元，同比下降68.5%。12月份市场供应紧张。

中远海工。1—12月，公司实现进出口17.0亿元，同比增长34.6%。其中出口14.52亿元，同比增幅2374692%；进口2.49亿元，同比下降80.3%。公司开展海上生活平台、FPSO等船舶制造。1—12月，进口材料技术等1.13亿美元，出口额为2.22亿美元，同比增长213.8%。

（姚晓波）

利用外资

【概况】 2016年，全市利用外资稳步推进，增资扩股成为重要支柱。全市累计新批外商投资企业29家，增资扩股企业9家，其中新批总投资超千万美元项目19个；累计新增工商登记注册外资5.1亿美元，实际到账外资3.47亿美元，同比增长135%。完成南通下达的全年计划目标2.8亿美元的123%，完成工作目标3.35亿美元的103%。实际到账外资在南通9县（市）中排名第四，较2015年同期上升3个位次。重大外资项目有所突破。滨海工业园引进世界500强日立集团投资的日立金属项目，项目总投资1.5亿美元。发挥土地出让、资源利用等方面利用外资的优势，圆陀角的恒大温泉城项目、汇龙镇的大润发项目、惠萍的红星美凯龙项目等，充分挖掘外资潜力，把利用外资作为项目推进的前提条件，为全市利用外资做出重大贡献。

实际利用外资未取得重大突破。虽然全市利用外资比2015年有较大增长，但是由于宏观经济形势较为复杂，导致投资者决策缓慢，大部分在手、在谈外资项目还在洽谈推进阶段，尤其是重特大外资项目储备较少，项目推进难度加大，短期内要实现落地、形成有效外资到账还有较大不确定性，实际利用外资总量不大。并且由于土地指标和客观经济因素，区镇之间利用外资差距比较大。

（郁艳艳）

外经合作

【概况】 2016年，全市新批境外投资企业8家，增资境外投资企业1家，中方协议投资额9081万美元；实现对外承包劳务营业额10753万美元。至年底共审批备案项目16个，备案人员164名，其中外经公司项目1个，外派人员12人；八方公司项目13个，外派人员49人；中信公司项目1个，外派人员52名，江苏南通二建项目1个，外派人员51人。用足用好国家外经扶持政策。为外经公司、八方公司、中欣集团、启安集团、外派劳务服务中心申报国家对外经济技术合作专项资金。共获扶持资金26.23万元。

【对外投资】 2016年，中方协议投资额9081万美元，报批境外投资企业8家，增资1家。分别是：江苏林洋电子股份有限公司收购立陶宛电子公司股权，增资217万美元；南通启益建设集团在蒙古设立南通启益建设集团，中方协议投资额30万美元；江苏欣捷衬布有限公司在美国设立欣捷国际，中方协议投资额200万美元；江苏南通二建集团有限公司在泰国、马来西亚、印度尼西亚、柬埔寨投资设立境外公司，中方协议投资额3515万美元；江苏林洋能源股份有限公司在新加坡投资设立新加坡林洋能源科技有限公司，中方协议投资额5000万美元。另有江苏摩多利传动机械制造有限公司在法国投资设立瑞肯传动国际等。

【对外承包工程】 2016年，市商务局帮助南通启益建设集团有限公司取得对外承包工程经营资格，全市拥有9家承包劳务经营权企业、2家劳务合作、5家建筑承包、1家设备安装、1家船舶制造。经营的规模、涉及的行业不断扩大。做好跟踪服务工作，支持企业品牌建设。长裕公司申报对外承包工程资格证书。鼓励开拓对外承包工程市场，提升对外承包工程规模和质量。江苏南通二建开辟马来西亚、缅甸、印度尼西亚、柬埔寨、以色列等“一带一路”沿线新市场，在以色列获得住宅建设的5年资格；江苏启安建设有两支队伍分别进入尼加拉瓜、沙特；江苏南通二建推进与尼日利亚、沙特、加纳、缅甸等国家相关项目的洽谈。

【对外劳务市场集中整治】 市商务局根据市政府办要求下发《关于开展对外劳务市场集中整治工作的通知》，编制《启东市境外劳务纠纷及相关突发事件应急工作预案》。在《启东日报》刊登启动对外劳务市场联合整治公告，公布投诉举报电话，在启东电视台连续播放联合整治公告，通过平台电子显示屏不间断播出整治信息、投诉举报电话，协调社区组织出国劳务政策法规宣讲、发放宣传资料，营造联合整治的氛围，提高广大群众的参与度。

（黄东辉）

服务外包

【概况】 2016年，经南通市商务局认定的服务外包企业32家，其中新认定6家，服务外包业务合同额和业务执行额明显增长。2016年，全市累计完成服务外包执行额2886万美元，比2015年增长43.11%。

【重点服务外包园区】 启东经济开发区创新型经济园。启东创新型经济园是启东市发展服务外包产业的主要载体，集服务外包基地、科技孵化基地和总部经济基地为一体，包括科创大楼、国动产业园和互联网产业园三块。其中科创大楼建筑面积9.2万平方米；国动产业园规划建筑面积35万平方米，以办公和研发为主要形态，供服务外包企业入驻；互联网产业园占地1000亩。科创大楼和国动产业园一期已有服务外包类企业入驻。园区引进北京大学生命科学华东产业研究院、上海交大电子信息与工程(启东)产业研究院等资源，建设集投资、项目孵化、成果转化、产业人才培养和技术支持服务于一体的技术转移平台，为发展信息技术外包和生物医药知识流程外包提供有力支撑。2016年，启东创新型经济园被列入南通市服务外包重点园区。

2016 年新认定服务外包企业基本情况

表 14

企业名称	注册资本	企业基本情况
中科星地光电科技启东有限公司	200 万元	公司由中科院上海技术物理研究所提供技术支持，从事光电一体化技术研发，光电系统、遥感仪器技术研发、技术推广服务，受国家相关管理部门委托开展“空间技术服务”。有博士 8 名、硕士 6 名
启东心动传媒科技有限公司	500 万元	公司是信息技术综合服务提供商，为政府机关、企事业单位提供新型、专业化的信息化建设服务
南通市启测环境检测技术有限公司	300 万元	公司主要从事环境监测、防雷工程服务等
启东市东观信息技术有限公司	100 万元	公司主要从事信息技术咨询、数字内容服务，在档案图书数字化领域具有专业经验。有高级工程师 3 名
南通翔飞光电技术有限公司	500 万元	公司专业从事光电一体化技术和太阳能发电研发等
江苏南方节能科技有限公司	10000 万元	公司主要从事各种节能技术研发、推广、服务及合同能源管理和润滑液压系统节能管理及专业维护服务等

滨海工业园上海自贸区启东生物科技创新协作园。2015年5月，作为上海张江药谷研发基地的后续平台，上海自贸区启东生物科技创新协作园揭牌成立。2015年8月，尚华医药集团与启东市政府签约，在上海自贸区启东生物科技创新协作园建设尚华启东生物制药科创中心。2016年4月，尚华启东生物制药科创中心开工奠基。

【重点服务外包企业】 江苏瑞帆节能科技服务有限公司。服务外包执行额达5400多万元。公司是江苏瑞帆环保装备股份有限公司的控股子公司，专业从事研发设计、运营管理和节能服务业务的解决方案提供商，主要服务对象为国内钢铁等冶金企业，向化工领域和国外服务进军。

江苏南方节能科技有限公司。服务外包执行额达4300多万元（简介见“新认定企业”）。

江苏南方润滑股份有限公司。服务外包执行额达800多万元。该公司是江苏南方润滑设备有限公司的控股子公司，前身为“南方润滑设备”维护服务事业部。南方润滑股份公司是南方润滑从装备制造业向生产服务业转型的载体，是一站式润滑液压维护服务和节能服务崭新平台，主要从事节能服务工作和产品后市场服务——润滑液压系统专业维护服务工作。主要服务对象为国内钢铁等冶金企业，处理领域由母公司产品扩大为所有润滑设备制造商的产品。

启东鑫业网络科技有限公司。服务外包执行额达500多万元。公司是江苏省高新技术企业、启东市首个“双软”(软件企业认定和软件产品的登记)企业，也是启东市信息技术领军企业、政企信息化专家。产品与服务包括大数据综合型服务、信息系统软件产品研发、智能工程设计与施工、IT基础技术支持和新媒体平台服务等领域，为政府和企业客户提供综合性的信息技术解决方案。

启东市建筑设计院有限公司。服务外包执行额达500多万元。该公司为建设部批准的建筑工程甲级和岩土工程甲级(勘察、设计、咨询、监理)设计单位。公司业务范围涵盖建筑工程勘察、设计、岩土工程总承包、建筑装饰、工程监理等行业。

中科星地光电科技启东有限公司。服务外包执行额达500多万元。(简介见“新认定企业”)。

【2016南通（上海）服务外包发展合作】 11月29日，市商务局组织市内服务外包企业，邀请上海服务外包企业参加在上海举办的“2016南通(上海)

国动产业园内全国最大五五金交易平台搜搜五金城　　（袁　竞/摄）

服务外包发展合作恳谈会”。恳谈会上，上海同磊土木工程技术有限公司与启东经济开发区管委会签约，在创新型经济园建立一个集结构设计软件研发（3D3S）、传感器及精密仪器研发生产和结构健康检测的综合性研发生产基地，总投资3亿元；上海恒阔信息技术有限公司与启东经济开发区管委会签约，在创新型经济园建设一个集软件开发，信息技术咨询服务，信息系统集成服务，数字内容服务，商务信息咨询服务等于一体的服务外包企业，总投资人民币1000万元。

【产业扶持】 2016年，启东市根据《市政府关于进一步加快发展服务外包产业的实施意见》，对2015年度服务外包产业进行扶持，对瑞帆节能科技、南方润滑股份、鑫业网络科技、启东建筑设计院等服务外包企业给予57.7万元扶持资金。

（孙　林）

招商引资

【概况】 2016年，启东市举办78场境内外专题招商活动，并在日本、韩国、瑞典、丹麦、英国、德国、瑞士、澳大利亚、泰国、印尼和中国台湾、香港等地区举办启东投资环境说明会。全年应邀到启东考察企业近千家，其中上市企业、央企、中国500强企业、世界500强企业近百家。2016年，全市新增签约项目118个，其中内资项目85个，超亿元项目76个，超50亿元项目5个，总投资368亿元；外资项目33个，超3000万美元项目7个，总投资16.5亿美元。项目涉及新能源及光电、文化旅游、通用航空、新材料等新兴产业。

【招商模式创新】 2016年，市招商工作实现目标化、专业化，结合市“三优三新”主导产业，开展专题招商活动，召开台湾LED产业、电子信息、生物医药、服务外包等多产业专题招商活动。项目信息质量显著提高，驻外分局新增重大项目信息主要涉及粮油深加工、新能源企业、文化旅游产业、产业发展基金等优势新型产业，如：天成粮油、豪进电动汽车、金诚项目、招商汇海产业发展基金。

【重大项目招商】 2016年，全市新增领证领照项目145个，其中内资项目113个，总投资150.8亿元；超亿元项目有60个，超5亿元的6个，分别是总投资10亿元的3D打印项目、总投资10亿元的智能科技项目、总投资20亿元的盈创科技项目、总投资5亿元的文化旅游项目、总投资10亿元的物流项目和总投资6亿元的现代农业项目。外资项目32个，总投资9.68亿美元，其中总投资超5000万美元的5个，分别是总投资6000万美元的隆德融资租赁项目、总投资9980万美元的远嘉航海装备科技项目、总投资1.5亿美元的日立金属磁材项目、总投资1亿美元的恒大温泉城项目和总投资1亿美元的香港高源机械项目。

【境内投资推介会】 2016年，市委、市政府举办国际经贸洽谈会，累计签约50个，总投资237亿多元。举办科技节暨国际经贸洽谈会，签约项目总投资266亿元。此外先后在北京、上海、浙江、深圳、成都等地举办2016中国·启东投资环境推介会、启东—祝桥外迁企业对接会、日本制造业企业专题招商会等启东投资环境推介活动，扩大启东的知名度和影响力，宣传启东拥有的区位优势和资源优势，向数以百家的上市企业、央企、世界500强企业介绍启东的发展理念和发展前景，得到广大客商的热烈反响，全年有100多批境内客商到启东考察并达成合作意向。

【国（境）外招商】 2016年，先后在日本、韩国、瑞典、德国、瑞士、澳大利亚、泰国等国家开展“2016年中国启东投资环境说明会”“现代农业专题招商会”等境外招商活动，扩大启东在海外的知名度和影响力，使更多国家和地区的优质企业了解启东的投资环境。通过推介，有60多批次的境外客商到启东考察，并表达浓厚的合作意向，一些企业签订合作意向书。

【招商考核】 开展主题竞赛、考核评比，激发全市上下招商引资的热情。坚持强化领导促招商，完善“每月会办、双月点评、每季考核、半年现场会”的工作推进机制和重大项目市领导挂帅责任制，每季由市主要领导召开利用外资点评分析会，加强督促检查，强化序时推进。坚持节会活动促招商，以举办国际经贸洽谈会、科技节暨国际经贸洽谈会等重大节会为契机，对镇乡园区节会目标任务进行考核，实现压力有效传递，以市领导小分队拜访为契机，推进一批重点、重大项目快落地、顺利签约、快速进展。坚持主题竞赛促招商，全年每季度通过开展“听看考”“上海招商大会站” 等主题竞赛活动，持续营造比学赶超的良好氛围。坚持点评考核促招商，对招商引资、利用外资、项目建设等工作实行“旬汇报、月点评、季考核”，实行“十天一统计、每月一点评” 考核制度，每旬对各镇乡、园区新在手在谈、新签约和新领证领照项目实行汇总统计，加强督查考核力度。

（陆沈平）

口岸管理

【概况】 2016年，启东市突出一类口岸开放验收和启东综合保税区申报工作重点，协调抓好口岸建设和口岸管理。3月23日，启东海关正式挂牌成立；7月8日，启东出入境检验检疫局正式挂牌成立。全年国际航行船舶进靠启东口岸54艘次，新船出口13艘。共计办理各类支持性文件、报件40余批次。

【机构建设】 2016年，启东海事、启东边检、联检单位家属楼建设完成，各项设施设备配置到位。启东海事处搬迁至新的办公大楼办公，启东边检站成立并入驻，家属楼也一并启用。启东检验检疫局大楼改造工程基本结束，内部装修、智能化等工程相继落实。启东海关大楼改造工程有序推进，全年投入基建工程资金5000余万元。

（孙学珍）

海　　关

【概况】 2016年3月23日，启东海关挂牌成立，机构规格正处级，隶属南京关区，业务管辖范围为江苏省启东市，其前身为1997年8月28日成立的南通海关驻启东办事处。内设综合科、监管科、稽查科3个科室，有工作人员13名，负责启东口岸“一个窗口”无纸化项下涉及纸面单证的现场递交，开放码头巡查、监管场所管理、查验、船舶监管和保税仓库管理，加工贸易核查、核销、稽查和企业管理等业务。

【通关监管】 2016年，启东海关共监管进出口货物73.1万吨，货值5.5亿美元，征收税款4366.7万元。监管进出境船舶43艘次，进出境人员958人，审批供船物品87批次，价值110万美元。深化区域通关一体化改革，通关无纸化、税费电子支付率分别达到98.5%和100%，位列关区前列。办理加工贸易合同设立147份，备案金额1.6亿美元，核销到期手册182份，全年加贸手册报核及时率、结案及时率均保持100%。开展海关监管场所安全隐患大排查，对辖区6家监管码头、1家新造集装箱堆场和1家保税仓库实地巡查，对安全隐患及时落实整改。简政放权，落实优化内部核批事项，减少3个内部核批事项，做到“目录以外无核批”。

【开放型经济】 2016年，全市实现外贸进出口总值198.75亿元，比上年同期增长4.4%，占同期南通市进出口总值的9.77%，在全市9区(市、县)位居第5位。其中，出口174.29亿元，增长13.1%，占同期南通市出口总值的11.49%；进口24.46亿元，下降32.6%，占同期南通市进口总值的4.72%，贸易顺差149.83亿元，扩大27.23%。南通地区进出口十强企业启东占3席，韩华新能源(启东)有限公司、启东胜狮能源装备有限公司、南通太平洋海洋工程有限公司分别以外贸进出口总值61.2亿元、28.3亿元、20.7亿元位列南通地区进出口十强第2名、第6名和第10名。

【推进区域经济发展】 2016年，启东海关制定五大关级课题，对广汇能源LNG码头海关监管场所建设，多次进行实地现场协调指导，明确监管要求，推进项目进展。与市商务局联合开展开通启东至上海集装箱内支线班轮的前期调研，支持太平港务公司申请公共码头经营资质，开拓内支线航运业务。支持启东申报建设进口肉牛屠宰加工项目，发展冷链物流业，参与专题研讨，落实跟踪服务。为启东申报设立综合保税区提出政策建议，探索启东接轨上海自贸区的有效途径。联合国检等其他口岸管理部门，共同开展“百企帮促、千企挂钩、万企直通”活动，服务启东外贸“提速、减负、增效”。

【企业服务优化】 2016年，启东海关开展“联系政府、对接项目、服务企业”活动，主动上门服务，对接地方政府和重点企业，建立关长挂钩重点企业和园区的服务制度。关领导主动走访启东八大园区，上门服务重点项目和企业30余家，向地方报送《海关工作专报》8期，开展对启东外贸进出口情况的预警分析，定期提供外贸进出口数据并提出对策和建议，为地方发展出谋划策。推进提升重点企业信用等级工作。全年完成启东胜狮能源装备、韩华新能源2家企业高级认证前期准备，为当地企业享受更多的通关便利创造条件。帮助企业解决疑难问题。在宏强船舶公司申请手册遇阻的过程中，深

启东海关在中远船务(启东)海洋工程有限公司进行现场调研和业务指导

（启东海关/提供）

入分析、协调解决各种问题，使企业避免产生数十万元港口货物滞压费用。创新服务理念。启东海关建立关企微信联络群，覆盖启东市主要外贸进出口企业超过100家。全年通过微信平台进行政策宣传300次，回答各类咨询150次，发布通知50次，预约工作30次。服务空间不局限于启东市，辖区内企业遇到的所有海关通关事宜，包括在上海等外口岸的，都接受咨询、帮助协调。

（毛欣康）

出入境检验检疫

【概况】 2016年7月8日，启东出入境检验检疫局正式挂牌开检，机构规格正处级，内设6个科室，分别为：办公室、综合业务科、卫生与食品检验检疫科、检验监管科、动植物检疫科、查验科。全年全市共检验检疫出入境货物4839批/5.34亿美元，同比分别减少7%和23%。其中，出境3518批/4.78亿美元，同比分别下降15.55%和20.86%；入境209批/0.56亿美元，同比减少26.67%和37.15%。签发各类原产地证书5471份/8.13亿美元，同比分别增加37.5%和40.7%。其中，一般原产地证书1620份/4.25亿美元，同比分别增加24.33%和91.08%；普惠制原产地证书1026份，金额1.98亿美元，同比分别减少12.16%和增加22.84%；签发自贸区优惠原产地证书2825份/金额1.91亿美元，同比分别增加87.09%和减少2.01%。

【业务建设】 7月28日，在南通各代管局、办事机构中率先担当起ECIQ（电子检验检疫）业务主干系统的试行任务。启东出入境检验检疫局解决企业申报中的单证上传问题、报检机构和领证机构选择问题，机构内部流程流转不畅问题；与南京机场局、上海虹口办事处、浦东机场局等机构沟通协调，帮助企业解决负面清单货物通关地设限问题，并及时向南通局检务科汇报。全年共检出不合格进口商品53批、不合格出口商品25批、不合格出口食品和危化品180批，进出口不合格品检出情况与上年同期相比分别增加48.04%、-21.88%和142%。通过大规模的岗位培训，赴南通、南京、扬州等地学习，邀请南通局相关职能科室负责人和业务骨干到启东指导动植检规范化建设和口岸核心能力建设，为启东顺利通过口岸卫生核心能力建设验收做准备。

【重大项目建设服务】 2016年，启东出入境检验检疫局出台《服务地方重大项目建设工作方案》，并把服务华峰超纤项目和广汇码头开放工作作为重点工作，做到提前介入，全程跟踪服务。特别是在设备、原材料进口时，做到货到即检，快验快放，监管到位。华峰超纤公司进口6条生产流水线，货值3500万美元，局累计为其开标箱200多只，加班达20多天；广汇码头建设基础工作有序推进，局主动联系如东中石油LNG码头进行学习交流，多次联系南通局对口业务科室的人员进行专门辅导、对接。

【示范区建设】 2016年年初，启东出入境检验检疫局与吕四港镇政府、启东天汾电动工具商会召开联席会议，针对示范区建设共同商量推进方案，对委托江苏检验检疫机电检测中心进行检测、研发服务外包的，为其开通检测绿色通道，积极服务并缩短检测时限。利用检验检疫系统、质监系统人才技术优势，组织开展面向出口企业的国际标准培训，帮扶企业提高检验人员素质。利用检验检疫系统CQC等认证认可资源，免费为示范区企业提供相关咨询和指导，帮助其获得质量管理体系、环境管理体系、职业健康安全管理体系等认证，以企业提高管理水平和商业竞争力。

（陈　凯）

蝶湖大桥项目建设现场　（潘　杨/摄）

江苏省启东经济开发区

【概况】 2016年，启东经济开发区围绕“江苏省离上海浦东最近的开发区”的目标定位，打造先进制造业集聚区、现代服务业核心区。依托互联网产业园、科创大楼、国动产业园和国家级科技企业孵化器等创新平台，全区经济社会呈现大发展、快发展的良好态势。全年完成一般公共预算收入45722万元，同比增长37.7%；完成工业应税销售149亿元，同比增长10.6%；完成规模工业产值564亿元，同比增长88.7%。在2016年度南通市省级开发园区产业项目建设考核中持续保持第一。在启东市9个夺杯考核中获得二金三银二铜七个奖杯。2015年，在全省89家省级开发区科学发展综合评价中名列第二。获批“江苏省知识产权试点园和江苏省信息化和工业化融合试验区”。

【产业发展】 2016年，启东经济开发区放大区位优势，学习研究上海、苏南等地先进园区的创新转型、产业发展经验做法，全力支持生物医药，重点发展新能源和储能设备，提升发展半导体电子信息，加快培育发展金融后台数据处理和数据中心建设。北大生命科学华东产业研究院、上海交大电院启东产业技术研究院、中韩(启东)中小企业国际合作区揭牌成立。开发区承办的北大生命科学产业启东论坛顺利召开，论坛接洽的领星生物检验所、微生物检测等5个项目加快推进。上海交大电院校友会理事会投资项目交大锦绣申江一期投资5000万美元，占地150亩，推进顺利。顺应产业发展趋势，引入华夏幸福基业对开发区进行整体开发，加快产城融合发展，激发园区创新发展活力。

【招商引资】 2016年，启东经济开发区坚持“项目为王”招商理念，创新工作机制，瞄准精准招商、突出产业链招商，尝试整体解决方案，项目落户成功率明显提高。先后在上海、深圳等地举办招商活动60多次，全年协议利用外资10227万元，实际到账外资6073万元，超额完成全年目标任务。做大生物医药产业，主动对接张江药谷，加快沪通生物医药合作示范区推进工作；主动对接张江集电港，做强半导体电子信息和集成电路产业；主动对接浦东陆家嘴金融中心和上海高校联盟，支持培育云计算中心、数据处理和互联网+产业；主动对接浦东金桥外资企业集聚区，加快引入世界500强制造企业。同时，夯实驻点招商，加快企业技改，培育平台招商，有效提高重大项目信息捕获的能力。

【项目建设】 2016年，启东经济开发区从立项审批、征地拆迁、要素保障、证照办理等关键环节入手，抓重点、攻难点、快推进，确保保质保量完成项目建设要求。全年新开工亿元以上建设项目23个，总投资93.6亿元，其中列入市重点项目14个，纳入南通市重大项目1个，竣工投产项目16个。姚记扑克文化产业园、塔达希时装研发、米歌酒庄等重大项目加紧推进。海四达动力与储能用锂离子电池、韩华新能源智

米歌酒庄黄酒生态产业园项目主体房屋封顶，图为工人安装酿酒设备

（郁卫兵/摄）

2016年江苏省启东经济开发区各行政村基本情况

表15

村　名	人口(人)	耕地面积(公顷)	党组织书记	村委会主任
城西村	3619	13	陈佩兰	陈佩兰
华石村	2003	0	沈春辉	沈春辉
大洪村	4300	114.9	陈锦康	陈锦康
瑞章村	2101	0	许红梅	许红梅
新村村	2312	0	卞忠平	卞忠平
小效村	4304	0	陈佰涛	陈佰涛
庙效村	2609	169	季成辉	季成辉
三星村	1385	132.8	曹文杰	曹文杰

能化车间、诺斯安通信技改等重大项目投产运营。

【园区配套】 2016年，启东经济开发区结转地块全面完成，成片拆迁加快推进，完成成片地块17块，收回集体土地承包权8086亩，基本实现净地等项目的目标。人才公寓安置区、科创嘉园一期、凯洪家园B区二期等8个地块计81.63万平方米共5013套安置房加快建设，锦绣四期、林洋好家园东侧等6个地块计90万平方米共5734套进入开工状态。道路和基础设施建设加快推进，互联网产业园中心环路、牡丹江西路、海洪南路等道路加快建设；人民路河、银河路河等河道生态修复工程，通江路、林洋南路等道路绿化工程全面完成。富源路和善成一村环境改造取得突破。林洋路和牡丹江路夜排档全面竣工，开展招租。善成小区中心公园建成投用，邻里中心开工建设。双语幼儿园、实验小学开发区分校加快推进。

（项　羿）

江苏启东吕四港经济开发区

【概况】 2016年，吕四港区镇实现规模工业总产值、高新技术产业产值、规模工业应税销售分别为427.3亿元、27.2亿元、132.7亿元；完成规模工业入库税收8.2亿元。实现财政总收入、一般公共财政预算收入分别为11亿元、5.2亿元；固定资产投资125亿元，增幅15%；服务业应税销售18亿元，增幅20%。实际利用外资7395万美元，外贸出口3.65亿美元，进口7190万美元。2016年，吕四港开发区位列全省开发区综合排名57名，吕四港镇入列全国重点镇、位列全国综合实力千强镇第142名。

【产业建设】 突出先进制造业和新型海港产业。先进制造业重点推进电动工具等传统产业转型升级，新材料、新能源和新装备等集聚发展。东成兆民工业园、胜晟科技等电动工具项目开工建设；总投资超百亿元的华峰工业园一期超纤项目竣工，6条进口流水线全部投运，5条流水线设备安装，全年实现应税销售4亿元，一期扩建项目6.8万平方米厂房全面开工建设；广汇能源项目栈桥、两个5万立方米罐区初步竣工，二期16万立方米储罐项目开工建设；天成粮油项目奠基，中新房新型建材、PHA可降解树脂等重大项目有序推进。新型海港产业推进海洋渔业向精深加工、旅游业融合发展；新兴港口物流重点发展冷链物流和多式联运物流产业。金城魁北克城、润恒水产品冷链物流、马士基拖轮项目推进顺利，渔港经济区神鲜街、渔港品牌体验馆土建竣工，全面开展招商宣传，重点打造以渔业为特色，旅游与产业融合发展的“仙渔小镇”。

【招商引资】 依托港口平台，借助中国·启东国际经贸洽谈会、科技节等重大节会，宣传推介吕四港。天汾科技五金交易会连续17次成功举办，会展规模和效应不断提升，2016年累计成交额70亿元。成功引进天成粮油、金诚魁北克城、PHA可降解树脂等超10亿项目13个，实际利用外资7395万美元，外贸出口3.65亿美元，进口7190万美元。

【港口建设】 围绕建设“上海北翼第一海港”目标，重点推进港口基础设施建设。港口核心环抱式港池形成岸线22.4公里，陆域22.97平方公里；小庙洪10万吨级进港主航道一期工程完工，环抱式港池一期5万吨级进港航道疏浚完工；与中交合作总投资20亿元的PPP项目工程快速推进，环抱式港池东港池吹沙完成，形成2万亩用地；港区5万吨级公共码头、进港铁路工程报批

吕四新渔港码头卸鱼棚建设　（郁卫兵/摄）

全面展开。渔港经济区国内规模最大的人工渔港——吕四国家级中心渔港建成启用;总投资近5亿元的仙渔小镇神鲜街主体结构封顶、品牌体验馆布展初步完成。新型功能材料产业园供汽、供电及污水处理等供辅设施竣工投运,港区承载能力不断增强。

【城市建设】 瞄准打造一座有滨海特色的魅力新港城的目标，加快推进城市建设。启动新一轮吕四港区镇规划编制,突出港、产、城融合发展。重点打通城区道路,鹤城南路、兴区东路、鹤城北路等路段完成新建改造，镇区三环路全面贯通;吕北公路、王海公路、221线等路段完成改造,累计改建主干道35公里。加快城镇改造力度,核心镇区面积新增2.5平方公里,开发百源公寓、港城国际公寓、盈港公寓、翰林苑、福港公寓等一批精品商住楼；实施秦潭、东皇山、袁家灶等15个村的农民集居区建设,累计开发商住楼、农民集居区72.78万平方米;市民广场、街心花园、东风桥完成改造;新环卫所、粪便处理厂完成施工图设计，城镇化率从“十一五”末的42.6%提升至50%。市政管理体制全面创新，建成绿色现代农业园区示范工程2个、绿化示范村达标工程8个,获评南通市农村环境长效管理达标乡镇。全国重点镇、省新型城镇化试点镇成功申报，省特色景观旅游名镇通过专家验收。

【社会文化事业】 十项惠民实事项目基本完成,社会保障体系不断完善,养老、医疗、工伤等社会保险覆盖面进一步扩大,失地农民、残疾人员等困难群体的社会救助机制不断完善,“十二五”末,城乡社保覆盖率达85%,21个村集体经济收入超70万元，人均可支配收入达19540元,年均增长12%。养老、慈善事业健康发展,2家农村幸福院、9家居家养老服务站建成，村居慈善工作站全面推开。教育现代化建设扎实推进,11所中小学完成校舍改建;7所幼儿园顺利回购并成功创建成省优质公办幼儿园；鹤城中学异地新建工程开工建设。广电卫生事业健康发展,广播电视入户率、室外音柱通响率均达100%;32个村级卫生服务站建成,7家省示范村卫生室成功创建;吕四血透中心建成投运。文化惠民工程深入实施,“语言文字规范化达标乡镇”通过验收;送戏送影下乡、纳凉晚会、“启东好声音”吕四地区海选等各类文化活动开展百余场次；镇文体中心、村农家书屋、健身路径建成开放;“全民阅读·书香吕四”系列活动扎实推进;“正能量加油站”全面覆盖,群众业余生活不断丰富。公共安全保障体系健全完善,天网工程、“四级”监控综合指挥平台全面建成，镇巡防中心建设切实加强,实现实战指挥“可视化”和治安防控“实时化”“全覆盖”,各类违法犯罪依法严惩。“六五”普法通过终期验收,成功创建“法治南通乡镇”。安全生产管理升级，镇获评省级安监机构能力建设达标乡镇。

※附※

2016年江苏启东吕四港经济开发区大事记

1月20日,总投资5000万元,服务于新材料园区企业的公共管廊配套工程顺利投入使用。

3月15日,华峰超纤产业用非织造布超纤材料项目一期进入试生产。

5月10日，广汇能源LNG分销转运站项目二期16万立方米LNG储罐立项。

5月16日,总投资1.95亿元的吕四国家中心渔港展示馆及美食街工程主体结构封顶。

9月20日,总投资1.66亿元的吕四环抱式港池东港南路道路及配套设施工程开工建设。

9月25日,景观面积12万平方米的张謇垦牧文化遗址公园景观工程（一期)开工建设。

11月10日，启东市政府与天成集团签订天成集团启东农业高新产业园区项目投资协议。

12月28日，天成集团启东农业高新产业园区项目奠基。

(杜燕萍)

启东滨海工业园(近海镇)

【概况】 启东滨海工业园(近海镇)总面积109.6平方公里,耕地面积4951公顷。人口6.832万人,辖20个行政村,1个农村经济合作社,204个村民组。2016年年底,启东滨海工业园更名为启东高新技术产业开发区。2016年,区镇全年实现财政收入3.65亿元;实现全部规模工业产值124.4亿元,其中高新技术产业产值为63.5亿元；实现全部工业应税销售59.71亿元。全镇20个村集体经济总收入1992.66万元,全部村集体经济收入超30万元,其中有11个村超70万元,1个村超50万元。

【工业经济】 2016年,园区(镇)共实现应税销售59.7亿元，同比增长31%;实现全部固定资产投资76.28亿元,同

园区俯瞰 (启东滨海工业园/提供)

比增长10.4%；实现工业投资60.64亿元；实现高新技术产业产值60.1亿元，同比增长14.1%；实现服务业投资15.64亿元，同比增长94.3%。新增工业规模企业8家，新增服务业规模企业3家，新增亿元企业2家。

招商引资实现新突破。通过“百日攻坚”“百日冲刺”等考核办法，采取优胜劣汰方式，加强招商团队的建设，创建独特的招商“狼群文化”，对项目采取群狼战术，力争项目早签约，早投产。2016年共签约上海鼓风机厂有限公司、上海森林特种钢门有限公司、日立金属三环磁材（南通）有限公司等项目55个，合计总投资72.8亿元，注册资本24.93亿元。拥有广州豪进集团、上海申茂电磁线有限公司等在手在谈项目31个。

转型升级迈上新台阶。在项目推进过程中，落实服务专员制度，确保项目按照序时节点快开工、快建设、快竣工。2016年，区镇新开工项目共30个，其中鑫然物流、睿鹏金属等亿元以上项目14个，尚华医药项目投资超10亿元。在项目推进过程中6个项目推进小组深入现场，协调难题，及时发现项目建设在土地、资金等方面的问题，区镇在全市产业项目建设年度考核中取得第一名。

产城融合取得新进展。围绕建设宜商宜居滨海新城的目标，推进产城融合发展。截至年底，四海家园二期工程完工；滨海客运站加紧建设；灯光系统、智能化系统完成方案编制；规划展示馆硬件建设完工，进入沙盘等软装潢阶段；滨海夜市一条街项目建设完成，室外配套工程加紧施工；近海镇文体活动中心建设场地浇筑完成；生物医药协作园道路绿化工程、祝桥产业园供给排水配套工程建设及拓展区河道整治工程建设速度加快。

【农业经济】 2016年，园区（镇）按照“因地制宜、稳步推进、特色主导”发展思路，推进“一园七基地”建设。龙大高效示范园形成生态循环、立体种养模式；扩展工厂化伞型大棚南美白对虾养殖基地1000亩；培育以森源、景源为代表的苗木种植基地6000亩；巩固特色蔬菜种植基地2000多亩；培育地膜西瓜种植基地6000多亩；发展千亩水稻基地；发展沿海水产虾蟹混合养殖基地6000多亩；发展高效智能温室大棚基地。引进“两大”光伏发电项目。总投资1.3亿元的15兆瓦渔光互补光伏发电项目实现并网；总投资1.5亿元的农光互补项目推进顺利。集群化推进农产品精深加工项目，其中包括新型农业科技类、食品生产类、海产品加工类、木制品加工类和新型饲料类等5大类、13个小类的集群规模。落户园区的农产品加工企业33家，总投资10.6亿元，实现销售7.74亿元，出口销售额达3.5亿元。全镇50亩以上的专业大户有96家，承包耕地2.1万亩，家庭农场、专业大户经营面积占总耕地面积的30%以上。全镇种养型家庭农场65家，其中南通市级2家、省级1家；“全托管”经营主体15家，其中南通市级2家；合作经济组织58家。陈氏家庭养殖、万佳四青作物等合作社获评省级规范化示范社。南通海明星食品有限公司“金海霸”产品、“花石记”产品分别被评为省、南通名牌产品。

【实事工程】 2016年，园区（镇）实现350公里农路全覆盖，完成交通安全示范村建设任务。实现路灯亮化全覆盖，累计安装6351盏路灯。实现便民乐民全覆盖，20个村一站式服务平台建设全部完成。查处72处违章建筑，拆除面积23000多平方米。加快集镇整治，镇区道路、向阳老街等完成修缮改造；规范治理“路边摊”，市场秩序明显改观，滨海夜市一条街初具规模。完成农村土地挂钩复垦310亩，完成耕地占补平衡150亩。疏浚横河51条、沟河4500条，土方近300万立方米，完成量占全市任务总量的1/3。埋设DN40涵6300座、DN80涵70座、DN20涵1000余座，建造节水控制闸15座。提升河道养殖防汛功能，累计拆除四级以下河道阻水设施3500只，泯沟网簖及拦网4293只。

改善水质、净化水面环境。建设化粪池271座、沼气池1座，综合治理109条受污泯沟。投入60多万元，实施生态放养工程，在通海大道、南海公路沿线的泯沟放养鱼蟹苗4万多公斤。通海大道、南海公路、临海公路主干道沿线绿化断档补缺近300亩，全镇累计绿化面积6200亩。2016年，镇获评省文明镇。

【社会事业】 2016年，园区（镇）参保人员20000人，参保率89%，农村合作医疗保险参保率90%。逐步推进村级卫生室提档升级建造，完成7个村的省级示范卫生室改造。救助体系不断完善，危房改造快速推进，全镇累计122户危房改造全部完成。完善低保救济和困境救助机制，开展精准扶贫。加大对社会各类弱势群体的关注和关爱，全年累计发放各类困难对象补贴5420多万元。帮扶载体不断创新，“情暖夕阳”工程扎实开展，2000多名志愿者定期为1000多名孤寡、空巢、残疾等生活有困难的老年人累计服务上万次。20个村、5个规模企业建成远程教育活动室，安装音柱音响504个；村级文体广场全部建成，群众文化生活不断丰富。

【精神文明建设与党建】 2016年，园区（镇）强化队伍管理，落实机关干部考核，调整配备中层干部，利用村党组织换届选举契机，落实村党组织书记星级管理。针对机关、农村、企业不同特点，开展“午学一刻钟”“舞前一刻钟”“工间一刻钟”等“一刻钟”党建活动，优化区镇党建工作形态。开展“滨海好声音”“海滨之夜”纳凉晚会、“小候鸟夏令营”等“共乐东疆”80项文体活动。开展“感动滨海”好党员、好媳妇、好邻居等十大类新人新风尚典型评选活动，涌现江苏省劳动模范廖远朝、南通优秀志愿者施汉冲、市见义勇为先进分子陈玉新等一批先进典型，提升区镇文明素质和社会文明程度。整合资源，投入1000多万元，建设1000多平方米区镇党群综合服务中心和1万平方米文体活动中心。加快“正能量加油站”提档升级，实现“正能量加油站”网格全覆盖。强化20个村级党组织“四有四化”建设，村村高标准建好党建领航站。

2016年启东滨海工业园(近海镇)主要经济社会指标

表 16

项　　目	单位	数量	项　　目	单位	数量
总面积	平方公里	109.6	粮食总产量	吨	24035
年末户籍人口	人	61832	棉花总产量	吨	369
耕地面积	公顷	4951	油料总产量	吨	6820
地区生产总值	万元	439966	水产品总产量	吨	28013
第一产业增加值	万元	61716	工业总产值	万元	1590278
第二产业增加值	万元	25310	企业实交税金	万元	32484
第三产业增加值	万元	122940	建筑业总产值	万元	95634
财政收入	万元	36595.79	小学校数	所	3
农民人均纯收入	元	19985	中学校数	所	1
设施农业占地面积	公顷	1254	医疗卫生机构	个	23

2016年启东滨海工业园(近海镇)各行政村基本情况

表17

村　名	人口(人)	耕地面积(公顷)	党组织书记	村委会主任
公益村	2662	221	韩卫红	韩卫红
塘芦港村	3310	232	陆建英	陆建英
临海村	2065	231	沈翠如	沈翠如
爱民村	2156	159	黄建兵	黄建兵
大圩村	2029	181	龚克娜	龚克娜
海丰镇村	2485	215	苏冲飞	苏冲飞
川流港村	2415	204	王风华	陈　新
杨香圃村	2627	181	陈　华	陈　华
合兴圩村	2758	219	顾　群	顾　群
利民村	4018	318	黄红香	黄红香
黄海村	4230	418	张晓燕	张晓燕
东进村	4230	418	范本思	范本思
小闸口村	3872	370	薛美珍	薛美珍
海界村	2437	215	顾江赛	朱海健
协兴港村	3172	272	杨　勇	杨　勇
向阳村	3429	342	陆燕飞	陆燕飞
新阳村	2728	259	杨　琳	杨　琳
建东村	2221	190	李炳生	李炳生
向北村	3335	343	张裕玉	张裕玉
向西村	2674	271	陆亚声	陆亚声

(管向梅)

启东滨江医药化工园（北新镇）

【概况】 2016年，启东滨江医药化工园（北新镇）实现生产总值75亿元，其中一产增加3.65亿元，二产增加值46.6亿元，三产增加值24.9亿元，财政总收入4.12亿元。农村人均纯收入实现19945元，同比增长9.1%。

【工业经济】 2016年，园区（镇）完成工业总产值203亿元，其中规模工业产值160亿元，实现应税销售81亿元，实现工业税收4亿元，规模以上服务业营业收入1.35亿元。新兴产业产值、高新产业产值占比均超过50%。全社会固定资产投资50亿元。

产业招商。2016年，园区（镇）紧盯化工行业龙头投资方向，以传统招商为基础，不断寻求网络招商、委托招商新模式。招商局组织招商小分队赴长三角、珠三角、环渤海等地开展投资推介和拜访活动。2016年，园区新批注册外资1344万美元，实际到账982万美元，签约5个项目，分别是1.5亿元金美化学紫外线吸收剂项目，3000万美元德威水性涂料项目，1.5亿元苏州吴赣药业重组远航医药项目，2800万美元艾德旺化工有机锡系列产品项目，1亿元赛文（上海）涂料的卷材涂料、印铁涂料等项目，2000万美元道纳新材料纳米材料研发生产。

江苏好收成韦恩农化股份有限公司 （启东滨江医药化工园/提供）

项目建设。2016年，园区（镇）共有国启环保、欣捷衬布、兴达日化等11个项目被认定为南通市亿元以上项目，新竣工项目9个，新投产项目5个。金美化学紫外线吸收剂项目、合成化工加工油剂项目、泓泽添蓝润滑油项目、德威涂料项目、世纪之花高档面料印染项目、台湾兴达日化项目开工建设；方鑫不饱和聚酯树脂技改项目、宝凯含氟精细化学品改建项目等完成土建；海丰新材料卷材涂料项目、欣捷热熔粘合衬布等项目试生产。

科技人才。2016年，新申报省“双创”计划人才3名，立项2个；新引进“千人计划”专家1名；申报启东“东疆英才”2名；申报金美、丰益、科本、宝凯为高新技术企业；申报宝凯为南通市级工程技术中心；新兴产业产值、高新产业产值占比均超过50%。

美丽的小城镇 （启东滨江医药化工园/提供）

【现代农业】 2016年，园区（镇）努力培育新型农业经营主体，开展招商引资，加快农产品加工业和现代农业园区建设，服务好项目建设和新农村建设，全年新（扩）建农业项目25个，完成投资额17896万元。新增高效农业面积11440亩，新增产量20940吨，新增无公害农产地1600公顷，新增50亩以上露地蔬菜10家，种植面积共1751.5亩。全镇完成高标准农田建设71800亩，占总耕地面积90915亩的78.9%。新增100亩以上“全托管”农民服务组织16家，总面积3120亩，全托管行政村覆盖率100%。全镇列入2016年政府优先扶持名录的合作社17家，申报省新型主体建设培育项目的4家，申报省级和南通市级示范社各1家。2016年建成规范化合作组织7家。

【中心镇建设】 2016年，小城镇开发稳步推进，7.98万平方米的新水湾安置房小区建成并交付使用，6万平方米东锦商业街和4万平方米西郊花园二期建成并投入销售，绿洲嘉园安置房小区全面完工并且进入交付程序。中心镇建设全面启动，中心镇区2公里的“一横两纵”道路通车；中心镇二期道路工程进场施工，整个中心镇的道路主脉络将打通；滨江实验学校工程完成施工图设计，展开桩基施工。

市西苑路、中心镇建设区一期、国信热电、宁启铁路二期、天江公路416户拆迁安置工作全部完成;中心镇建设区二期、500米隔离带拆迁安置全面完成。

【社会事业】 2016年,推进农村卫生工作,新建庙南村、红阳村、永济村、万安村、邦道村5个村卫生室。富民村、光卫村、新桥村3个村卫生室开工建设。推进村公共服务中心建设,永丰村公共服务中心完成建设并投入使用,介英村公共服务中心在建。做好保民生、促和谐工作,全年为困难群众发放冬令、春节慰问救济金达27万余元。做好临时救济和大病医疗救助工作。共为958名困难群众提供临时救助,金额达30.69万元。为23名低保对象办理大病医疗救助,发放医疗救助金4.83万元。

【党建工作】 2016年,基层党建以四有四化为载体,扎实推进基层组织建设,整合24个村公共服务中心资源,把"党建领航站"建成党员活动之"家"。坚持把学习教育作为党建工作的龙头任务,领导班子成员先后为普通党员上"两学一做"党课16场次,普通党员讲主题党课78场次,"两学一做"学习教育取得初步成效。选树道德模范,以好人群像培育文明社会风尚。园区(镇)评出10位"北新好人"。开展"邻里守望·情暖夕阳"志愿服务活动,成立各类志愿服务团队25个,累计开展各类志愿服务活动637次,参与志愿者9600多人次,实现志愿服务常态化。

2016年启东滨江医药化工园(北新镇)主要经济社会指标

表 18

项　目	单位	数量	项　目	单位	数量
总面积	平方公里	105.45	粮食总产量	吨	19799
年末户籍人口	人	72876	棉花总产量	吨	911
耕地面积	公顷	6061	油料总产量	吨	65970
地区生产总值	万元	751805	水产品总产量	吨	4163
第一产业	万元	36589	工业总产值	万元	2399824
第二产业	万元	466368	企业实缴税金	万元	29808
第三产业	万元	248848	建筑业总产值	万元	0
财政总收入	万元	41230	小学校数	所	4
农民人均纯收入	万元	19945	中学校数	所	1
设施农业占地面积	公顷	1282	医疗卫生机构	个	41

2016年启东滨江医药化工园(北新镇)各行政村(社区)基本情况

表 19

村　名	人口(人)	耕地面积(公顷)	党组织书记	村(居)委会主任
三和村	2243	174.6	沈赛兵	沈赛兵
北新村	1870	133.9	钱永珍	钱永珍
建西村	2350	197.3	曹　俭	曹　俭
光卫村	2515	225.2	范华华	范华华
富民村	2265	201.2	李红俭	李红俭
灯杆村	3461	427	杨春风	杨春风
介英村	1911	186.4	陈洪钢	陈洪钢
普东村	2361	189.7	龚　辉	龚　辉
铁昌村	2500	205.98	方玉英	方玉英
庙南村	1768	165.7	施建香	施建香
新桥村	2898	291.7	李卫忠	李卫忠

续表 18

村　名	人口(人)	耕地面积(公顷)	党组织书记	村(居)委会主任
双仙村	3085	256.1	庄春花	庄春花
永济村	4380	476.1	杨向红	杨向红
红阳村	2589	300.1	顾海飞	顾海飞
花效村	2731	119.9	袁赛杰	袁赛杰
邦道村	2386	166.9	倪晓红	倪晓红
永丰村	4986	500.4	袁惠新	袁惠新
振兴村	2576	233.9	薛永斌	薛永斌
民丰村	2328	185.3	茅凯迪	茅凯迪
新庄村	2415	247.7	陈　华	陈　华
建新村	2483	269.2	张　健	张　健
安联村	2913	276	曹　辉	曹　辉
万安村	2298	221.3	袁永香	袁永香
永安村	4089	409.4	何红燕	何红燕
居委会	5100	—	沙正平	沙正平

（陈燕华）

启东海工船舶工业园（寅阳镇）

【概况】 2016年，启东海工船舶工业园（寅阳镇）实现规模工业总产值232.7亿元，同比增长16.3%；规模工业应税销售110.9亿元，同比增长22.6%；一般公共预算收入2.91亿元，同比增长36%；新增工商登记注册外资完成5619.4万美元，完成全年目标的112.4%；实际到账外资4482.6万美元，完成全年目标的112.07%。

【园区建设】 2016年，园区（镇）完成项目投入2.1亿元，推进园区基础设施配套。实施项目12项，办理各类工程招标63项。中心功能区、西功能区、海工大道东延段、富阳路、寅中路、集镇改造、污水管网改造等重大工程项目开工建设。中心功能区海欣花苑、消防站，西功能区江欣花苑交付使用。海工东路、二道堤堤顶路竣工验收；海工大道、海工中路、人民路、兴和路绿化工程完成；人民路、东和线景观提升工程、街心花园通过验收；中心镇区、海工中路、海工大道、大同线、二道堤、江寅线、希士路口—希士北桥、希士营房—敬老院段亮化工程竣工验收完成。污水处理厂及外围管网进行整改、维修、保养。完成13家企业环保违法建设项目清理工作。

【工业经济】 2016年，园区（镇）适应市场形势的发展需要，指导企业加快结构调整、转型升级、加大技术投入和设备更新力度，化解企业的市场压力。推动振华海工、蓝岛海工、宏华海洋等成功转型升级，增强企业的抗风险能力。

项目建设。为华滋海工、胜狮能源、宏强重工、蓝岛海工等企业化解土地、资金、项目审批等方面的突出矛盾，在项目手续完善等方面对企业支持。围绕京沪重工、胜狮能源、华滋海工等重特大项目抓好跟踪服务，蓝岛海工码头建设、国立箱包桩基工作持

中远海工“高德 4 号”出海试航　　（袁　竞/摄）

续推进。

招商引资。推进太平洋重工、爱德华重工等破产企业的重组整合，吸引优质海工制造、重型装备制造的龙头企业参与拍卖重组。紧抓上海产业转移带来的契机，招引重大项目落户园区。5月5日在上海浦东惠南镇举办2016中国·启东投资环境推介会，9月22日在上海举行上海(青浦)招商会，先后引进上海后浪展览、益铭模具、上海霓辉混凝土制品、上海科大重工4个项目落户。

【农业经济】 2016年，园区(镇)项目农业、设施农业加快推进，农产品特色更加鲜明，全年新扩建现代都市项目10个，新建、扩建农业龙头企业3家、农业园区5个、水产养殖园区2个。新增设施农业2600亩，新增连片露地蔬菜1370亩。高标准完成生态片林、示范道路绿化、成片造林等绿化任务，完成成片造林505亩。水利建设有序推进，水环境整治、沟河疏浚等工作常态化开展。完成15个村高标准水利建设，投入2000多万元的中央小农水项目通过验收。

【社会治理】 2016年，园区(镇)加强治安重点地区排查整治，加强人口服务管理，推行网格指导1335工作法，畅通民主诉求表达的渠道，开设“群众议事点”“网格流动义诊”。创新社会治理，推进平安法治志愿者队伍建设。全年各类人民调解组织共开展矛盾纠纷排查58次，受理纠纷315件，调处成功315件。

【民生实事】 2016年，园区(镇)城乡低保、医疗救助、临时救助等保障到位，共发放低保补助金490.9万元、医疗救助金18万元、临时救助金18.6万元，伤残军人抚恤金、复员军人补助金等498.2万元，合理安排冬令补助、春节救助等资金，缓解特殊群体的生活困难。加快老龄事业发展步伐，全年发放尊老金376万元。

2016年启东海工船舶工业园(寅阳镇)主要经济社会指标

表 20

项　　目	单位	数量	项　　目	单位	数量
总面积	平方公里	106	粮食总产量	吨	22781
年末户籍人口	人	83198	棉花总产量	吨	1362
耕地面积	公顷	6144	油料总产量	吨	8179
地区生产总值	万元	655249	水产品总产量	吨	71073
第一产业增加值	万元	64214	工业总产值	万元	2916640
第二产业增加值	万元	295258	企业实交税金	万元	68938
第三产业增加值	万元	295777	建筑业总产值	万元	2641
财政收入	万元	31588	小学校数	所	5
农民人均纯收入	元	18921	中学校数	所	3
设施农业占地面积	公顷	54	医疗卫生机构	个	24

2016年启东海工船舶工业园(寅阳镇)各行政村基本情况

表 21

村　名	人数(人)	耕地面积(公顷)	党组织书记	村委会主任
林启村	3487	283	朱红星	王海荣
寅南村	2485	213	张金模	张新宇
寅中村	2942	250	梅凤清	张新雄
寅北村	2558	226	施红辉	鲁俊生
江夏村	2432	154	郑芳如	郑芳如
寅西村	3173	220	陆亚辉	陆亚辉
俣字村	2645	210.24	施风雷	施风雷
蹴效港村	2643	213.3	梁俊锋	郁　娟
稷字村	2690	267	陆正彬	陆正彬

续表 21

村　名	人数(人)	耕地面积(公顷)	党组织书记	村委会主任
江楼村	2289	237	陆　英	陆　英
和合镇村	4732	334	袁　洪	袁　洪
农武村	2140	180	施金花	施金花
裕丰村	3626	293.33	黄凯萍	黄凯萍
和丰村	2117	149.33	陆武兵	陆武兵
建丰村	1870	160	黄建飞	黄建飞
庆佳村	2850	247	周范忠	周范忠
洪飞村	2912	222	沈　燕	沈　燕
临海桥村	3012	260	施泳帆	施泳帆
晁汀村	2746	267	沈　浩	沈　浩
东清河村	2736	256	秦汉兰	秦汉兰
步梯村	2295	219	郁水华	郁水华
益成村	2733	212	吕　娟	吕　娟
拥政村	3074	235.46	陆刚强	陆刚强
常乐村	4054	268	黄　飞	黄　飞
长兴村	5518	326	黄晓宇	黄晓宇
白港村	4438	336.2	尹湘晖	倪小勇
和合居委会	4938	—	陆正平	陆正平
寅阳居委会	2876	—	吴允辉	吴允辉

（王序瑢）

启东江海产业园

【概况】 启东江海产业园是江苏、上海两地政府为贯彻国家战略开发的沪苏合作示范项目，由启东市人民政府、上海城投（集团）有限公司双方共同投资开发建设。园区位于启东中部沿海区域，北靠吕四大港，南邻启东滨海工业园，西至临海高等级公路，东至围堤岸线，总规划面积约39平方公里。

【项目报批】 *通航产业园报批*。2016年2月，民航华东管理局以《关于江苏南通启东江海产业园通用机场场址的审查意见》（民航华东函〔2016〕41号）同意江海产业园场址为拟选场址，通航机场、通航产业园的可行性研究报告形成初稿；4月，通航机场可研报告形成初稿；6月，社会稳定风险评估评审报告通过审批；10月，机场环评完成网上公示并上报至南通市环保局审批。

区域建设用海报批。2016年1月，国家海洋局以《关于江苏省区域建设用海规划有关事宜的函》，同意江海产业园南部区域建设用海规划开展下一步工作；3月，国家海洋局咨询中心在启东组织召开江海产业园南片10平方公里区域建设用海咨询会；4月，《海域使用论证报告》《海洋环境影响评估论证报告》《工程可行性研究报告》等相关规划形成送审稿；8月，“生态”篇章完成送审稿；10月，“生态”篇章完成公示并报送至江苏省海洋与渔业局；12月，组织召开南片区域建设用海听证会议。

【启动区建设】 2016年，启动区周边5条道路竣工验收。总投资1.37亿元的经二路、通沪路、启沪路等5条道路路面、人行道完成竣工验收，道路交通等附属工程建设完成，形成固定投资额7000万元。规划展示楼基本完工。整个规划展示楼地上4层，地下1层，总建筑面积9200平方米。规划展示楼土建工程、幕墙、室内装修等工程基本完工，形成投资额5000万元。

【招商引资】 2016年，园区围绕通用航空、文旅、科创等产业展开对点招商，多次赴上海、北京、浙江、厦门、深圳等地开展招商活动。在深圳组织召开“中国·启东（深圳）投资恳谈会”，参加会议的企业达20余家。与上海证券交易所、上海张江高新技术产业开发区、上海浦东新区老港镇、深圳外资进出口促进处等机构主动对接，多渠道获取项目信息。截至12月，累计获得有价值的项目信息超过140条，完成注册

恒大夜景　　(圆陀角旅游度假区/提供)

企业4家,签约项目4个,在手洽谈项目超20个。其中长泰亚龙湾项目首期规划完成,主要建设大型航空广场、体育公园、迪士尼小镇、六星级宾馆等,总投资30亿元。2016年,园区实际到账外资240万美元。

(冯　俊)

启东圆陀角旅游度假区

【概况】 江苏省启东圆陀角旅游度假区位于江苏省最东部,东临黄海,西至连兴港河,南依长江,北至国道336线,规划总面积约45平方公里,下辖3个自然村。这里是万里长江的入海口,也是长江、黄海、东海三水交汇之地和长三角地区最早迎接日出的地方,旅游资源丰富,生态环境优美,区位条件优越。2016年,度假区游客接待量近300万人次,实现旅游收入近15亿元。

【园区建设】 2016年,园区深刻领会“水韵江苏”的内涵,确定新一轮发展思路,力争做好大禹治水、连兴港渔人码头、黄金海滩湿地公园、碧海银沙、五国温泉城和启东恒大童世界6个项目。以体育文化产业为依托,大力推进旅游基础设施和旅游文化项目建设,加快把度假区高水平建设成集生态观光、运动休闲、科普教育、会议会展、度假人居等多功能于一体的中国江风海韵体验基地和长江口生态度假基地的国家级旅游度假区。

【旅游度假产业】 作为启东旅游发展的核心板块,度假区依托恒大海上威尼斯、新湖长江公园、黄金海滩湿地公园等重点旅游项目,加强基础设施建设,提升旅游服务水平,优化旅游生态环境,旅游事业不断发展。碧海银沙双色海、威尼斯酒店以及国际会议中心、运动中心、娱乐中心等九大中心和酒吧街、美食街等项目先后建成并对外营业,黄金海滩湿地公园被评为国家AAA级旅游景区,恒大四星酒店、五国温泉城、江海文化景观大道等一批在建项目稳步推进,恒大童世界项目正式签约。

2016年启东圆陀角旅游度假区各行政村基本情况

表22

村　名	人口(人)	耕地面积(公顷)	党组织书记	村委会主任
圆陀角村	3850	536	施拥军	施拥军
胜丰村	3302	292	倪忠兵	高　峰
连兴港村	4649	422	李　平	李　平

(龚红宇)

产业发展

【概况】 2016年，全市完成建筑业总产值768亿元。全市建筑企业获省级以上优质工程52项，其中获“鲁班奖”工程1项、“国家优质工程奖”工程3项、“詹天佑奖”工程3项。启安集团承建的科聚亚高新材料（南通）有限公司机电安装工程获评“中国安装工程优质奖（中国安装之星）”，中远船务（启东）二期分段装焊车间工程首次获“中国钢结构金奖”，长江国际1#罐区10万立方米改扩建工程获“全国化学工业优质工程奖”。二建集团陆永飞获“中国建设工程优秀工匠”称号，樊有福获“第八届全国优秀建造师奖”。二建集团第12次获中国企业500强称号（排名294位），连续六次进入中国建筑业竞争力百强企业（第18位）；二建集团、建筑集团、启安集团连续多年保持省“建筑业百强企业”称号，蝉联省“建筑业竞争力百强企业”；启安集团连续七年保持省“建筑业百强企业”建筑安装类第1位。

【产业规模】 全年完成房屋建筑施工面积7236万平方米，其中新开工面积2365万平方米；承建10万平方米以上项目166个，超高层（29层以上）项目568个；完成企业营业额817亿元，同比保持基本稳定。建筑业总产值中，二建集团完成466亿元，建筑集团完成72.86亿元，启安集团完成70亿元，中欣集团完成46亿元，启益集团完成31亿元。二建、建筑、启安、银洲集团成为全市纳税强企。

【市场开拓】 2016年，东北市场完成施工产值71亿元、新签合同额120亿元；天津市场完成施工产值65亿元、新签合同额70亿元；苏州市场完成施工产值65亿元、新签合同额72亿元。南通二建集团在南方的广州、深圳，华北的河南、河北及西北的宁夏、青海等新兴市场增幅明显；启安集团成为西藏地区江苏唯一的品牌建筑单位。南通二建成功获得进驻以色列总承包的入围资格，其第八事业部在阿尔及利亚的1000套公共住宅项目开工建设，十一事业部的印尼职工配套住宅项目签约，中吕事业部的缅甸300兆瓦重油机电厂项目、东诚事业部的8亿元造价水库项目基本锁定。中欣集团在继续巩固沙特、阿尔及利亚市场的基础上，进一步拓展缅甸、柬埔寨、马来西亚等新市场，全年完成境外劳务营业额8500万美元。

2016年获创优夺杯奖建筑工程及企业

表23

奖项名称	获奖工程名称	获奖企业
鲁班奖	新疆电力调度信息中心	江苏南通二建集团有限公司（参建）
国家优质工程奖	卡特彼勒（天津）有限公司3500发动机及发电机组组装厂项目	江苏南通二建集团有限公司（承建） 江苏启安建设集团有限公司（参建）
	石家庄国际城四期65#、68#、69#、70#楼及地下车库	江苏南通二建集团有限公司（承建） 江苏启安建设集团有限公司（参建）
	新疆医科大学第六附属医院门诊医技住院大楼工程	江苏南通二建集团有限公司（承建） 江苏启安建设集团有限公司（参建）
中国土木工程詹天佑奖	昆山华润国际社区一期	江苏南通二建集团有限公司（承建）
	南京江宁天泰青城苑	江苏南通二建集团有限公司（承建）
	苏州和美家园	江苏南通二建集团有限公司（承建）

【转型升级】 南通二建集团进入PPP领域，其东裕事业部与中国黄金集团建设有限公司以共同出资模式组成联合体，中标乌海市2016年城市排改项目，合同造价6.7亿元，建筑面积33.63万平方米；东诚事业部以施工分包模式与核二十三合作承接涟水安置房，合同造价5亿元。建筑集团由以住宅建筑为主向以公建项目为主转变，并致力于装配式建筑的研发与生产，酒店服务业始终保持启东领先。骅东公司的名仕建设和名瑞商贸公司协调发展，确保多元经营的可持续发展。启安集团做专做精机电、石化安装，并向光伏、医疗净化和外资项目等领域延伸，承接的电站建设容量超过700兆伏，合同总额超过20亿元。全市建筑企业完成新资质换证工作，共有特级资质企业2家、一级资质企业9家、二级资质企业40家。

【科技创新成果】 全市建筑业共获发明专利23项、国家级QC成果24项、省级QC成果51项、省级工法21项。二建集团编撰的《施工BIM技术指南》由中国建筑工业出版社出版发行，晋中市大学城项目BIM应用成果获中国建设工程BIM大赛单项二等奖。启安集团的《C型钢龙骨组拼式干挂石材安装施工工法》获评省级工法，《一种小间隙双剪力墙变形缝模板》获国家专利；《医疗洁净空间的工业一体化施工方法及在工程中的应用》等6篇论文获省部级等级奖；"提高零星特殊部位填充墙砌体成型质量""降低大型储罐纵缝自动焊接热裂纹一次发生率"分别获国家级QC成果等级奖，"铝合金木塑模板混凝土剪力墙外观质量控制"等6项成果获省部级和南通市级QC成果奖。

【发展环境优化】 2016年，启东建筑业总部产业园建设启动。全市开展安全生产专项治理，倡导企业绿色施工、文明施工和安全施工，共创国家AAA级绿色示范工程2项、省级文明工地70项。组织安管人员培训3335人次，新证申报331人，中岗人员继续教育培训换证670人，B、C类安全员继续教育10批次4325人次，二级建造师继续教育586名，小型项目管理师继续培训教育260名，特种作业人员继续教育培训换证887名。

(陈　华)

获奖工程选介

【新疆电力调度信息中心工程】 工程由新疆电力公司投资兴建，江苏南通二建集团有限公司参建。由办公楼、调度楼及中间报告厅组成，总建筑面积67185.9平方米，办公楼地下2层，地上23层，建筑高度99.9米，框架—核心筒结构，筏板基础；调度楼地下2层，地上7层，建筑高度34.7米，框架—剪力墙结构，独立基础。工程总造价4.21亿

新疆电力调度信息中心工程

新疆医科大学第六附属门诊医技楼

卡特彼勒发电机组主厂房

南京江宁天泰青城苑

元。工程应用建筑业"十项新技术"中的十大项24小项，2013年12月通过自治区科技示范工程验收，整体应用水平达到国家先进水平。施工期间未发生过安全事故和质量事故，多次成功举办现场观摩会，先后获"自治区建筑安全文明施工现场""国家AAA级安全文明标准化工地""自治区青年文明号""全国建设工程优秀项目管理成果三等奖"等称号，获新疆维吾尔自治区工法1项，获陕西省建设优秀QC小组二等奖、新疆维吾尔自治区优质工程天山奖。2016年，工程获评鲁班奖。

【新疆医科大学第六附属医院门诊医技住院大楼】 工程由江苏南通二建集团有限公司承建、江苏启安建设集团有限公司参建，建筑面积7.05万平方米，建筑高度84.7米，地下2层，地上20层。工程采用天然地基，筏板基础，主体为混凝土框架剪力墙结构。2013年4月26日开工，2015年4月30日竣工，2015年5月13日备案并交付使用，总投资3.99亿元。2016年，工程获评国家优质工程奖。

【卡特彼勒（天津）有限公司3500发动机及发电机组组装厂项目】 工程位于天津空港经济区内，由江苏南通二建集团有限公司承建、江苏启安建设集团有限公司参建。一期项目总建筑面积7.15万平方米，总投资金额约2.86亿美元，主要结构类型为钢结构、钢筋混凝土框架结构，分为：1幢主厂房（钢结构）、1幢仓库（钢结构）、1幢办公楼（砼框架）及10个附属建筑物单体。2016年，工程获评国家优质工程奖。

【石家庄国际城四期工程】 工程位于石家庄市裕华区槐北路473号，由江苏南通二建集团有限公司承建、江苏启安建设集团有限公司参建。工程65#楼地下2层、地上19层，68#、69#、70#楼地下2层、地上32层，总建筑面积15.17万平方米，工程采用CFG复合地基，筏板基础，剪力墙结构。2011年12月开工，2013年4月竣工并投入使用。2016年，工程获评"国家优质工程奖"。

【苏州和美家园】 苏地2012-G-3地块建设项目工程二标段由苏州高新中锐科教发展有限公司开发建设，江苏南通二建集团有限公司施工承建。工程结构体系为剪力墙结构，总建筑面积约14.5万平方米，26~32层。2012年12月15日开工，2014年10月16日竣工。2016年，工程获评中国土木工程詹天佑奖。

【南京江宁天泰青城苑】 工程由江苏南通二建集团有限公司承建东佳事业部承建，总建筑面积7.27万平方米。1#楼地下2层，地上22层，建筑面积1.82万平方米。2010年8月1日开工建设，2012年9月12日竣工交付。2#楼地下2层，地上27层，建筑面积1.92万平方米。2010年8月16日开工建设，2013年1月10日竣工交付。3#楼地下2层，地上32层，建

石家庄国际城

苏州和美家园

昆山华润国际社区一期工程

筑面积3.53万平方米。三栋楼均为框架剪力墙结构。2010年10月10日开工建设,2013年4月28日竣工交付。2016年,工程获评中国土木工程詹天佑奖。

【昆山华润国际社区一期工程】 项目地处昆山市城西门户与市中心交界之核心地段,由江苏南通二建集团有限公司第七事业部承接。建筑面积为9.99万平方米。地下1层,地上33层住宅。主体结构为框架剪力墙形式。2013年6月28日开工,2015年5月1日竣工。2016年,工程获评中国土木工程詹天佑奖。

(陈　华)

行业管理

【概况】 2016年,市委、市政府把鼓励、加快建筑业发展摆在重要位置,安排专项资金对建筑业企业创优夺杯、科技创新等进行奖励。全年评出金牌企业5家、银牌企业1家、铜牌企业2家。有3家建筑业企业入选全市纳税20强企业。宣传国家的产业导向和发展方向,引导有实力的企业转变观念,逐步由传统产业向现代化产业发展。谋划兴建吕四卓达绿色建筑新材料启东产业园;启东建筑集团金江砂公司的装配式建筑推广建设。行业主管部门推进安全质量重点工作,开展安全质量隐患整治及"打非治违"专项行动。先后查出事故隐患2160条,开具整改通知书292份、停工通知书68份、移交通知书52份,约谈9个单位。建筑工程质量稳步提升,安全事故发生率创2008年后新低。市内建筑业项目共获评AAA级安全文明标准化工地10个、省级以上安全文明工地6个。全市有250多家企业完成新资质证书的换证工作,共计受理上报各项资质申请45件。

(陈　华)

企业选介

【南通二建集团】 2016年,二建集团承建施工面积5100万平方米;完成企业总产值507亿元,其中施工产值466亿元;在手合同总额1330亿元,其中新签合同额506亿元,实现施工产值、新签合同双超500亿元的年度目标。集团跨年度结转净合同额480亿元,具有较大把握的意向合同额有285亿元。公司参建的"新疆电力调度信息中心"项目获鲁班奖,另获国家优质工程奖3项、詹天佑奖3项。全年获省级以上优质工程奖44项、省市级质量观摩工程45项、省级以上用户满意工程20项,新疆乌鲁木齐高铁医院、新疆译制大厦获评"全国建筑业绿色施工示范工程",获评"国家AAA级安全文明标准化诚信工地"10个,73个项目获评省级文明工地、绿色安全或观摩工地。获国家发明专利3个、国家实用新型专利20项、国家级项目管理成果奖19个,国家级QC成果奖19个,省级QC、工法、新技术示范工程以及项目管理成果奖113个。集团第十二次获"中国企业500强"称号,排名第294位;连续六次进入中国建筑业竞争力百强企业前20位,位列第18位;连续十二次入围中国承包商80强,名列第13位,在省内综合实力百强企业和竞争力百强企业评比中继续保持领先优势。集团获评全国建筑业先进企业、全国优秀施工企业、全国用户满意企业、中国建设企业社会信用评价AAA级企业、中国银行/中国建设银行AAA级信用企业。集团东方凯尔事业部陆永飞获"全国建筑业工匠大师"称号,樊有福获"第八届全国优秀建造师奖"。

【启东建筑集团】 2016年,启东建筑集团实现经济总量77.65亿元,其中施工产值72.86亿元,在建施工面积606万平方米,新签合同额50.5亿元,新开工面积212万平方米。公司先后获"全国优秀施工企业""2016年度中国工程建设诚信典型企业""2014—2015年度'守合同重信用'企业""2015年度中国建筑业竞争力200强企业""江苏省建筑业百强企业(综合实力类)""江苏省建筑业竞争力百强企业""2016年度江苏省建筑业企业安全生产先进单位""南通市建筑业竞争力三十强企业""南通市五一劳动奖状"等荣誉。

【骅东公司】 2016年,公司本部实现各类经济收益8255万元;交纳国家税费5621万元,其中交纳启东地方税费2997万元;完成投资2.4亿元,实现项目销售2.56亿元,实现税后利润2511万元。公司获"南通市建筑业优秀企业""江苏省建筑业优秀企业"等称号。

【启安集团】 2016年,集团实现施工产值70亿元,新签合同额77亿元,同比分别增长17%、26%。创国家优质工程奖3项、中国安装之星1项、中国钢结构金奖1项,省(部)级优质工程8项。另有工法、QC成果、专利、科技论文、BIM设计获得行业大奖。公司获全省建筑业百强企业机电安装类第一名,这是集团公司自2009年以来连续第7年摘获这一殊荣,成为全省唯一保持"七连冠"纪录的企业。集团首次跻身全国建筑业竞争力200强企业,名列188位。首次荣膺启东市"市长质量奖",并获"全国优秀施工企业""全国信用AAA企业""国家'守合同重信用'""江苏省建筑业竞争力百强企业""江苏省安装行业最佳企业""南通市建筑业竞争力30强企业""苏藏两地先进企业""进疆建筑十强企业"等称号。集团成为西藏地区江苏唯一的品牌建筑企业,"启安"商标通过江苏省著名商标认定。集团董事长殷炜东获评全国建筑业先进工作者、江苏省建筑业优秀企业家。

【启益集团】 2016年,集团完成总产值31亿元,承建施工面积413.6万平方米,其中当年新开工面积69.6万平方米,新签合同额33.1亿元。创省市级文明工地5项、省市级优质结构工程5项。

【银洲建设集团】 2016年,公司新签合同额19.8亿元,实现施工产值8.25亿元,建筑业产值同比增长30%。完成入库税收3602.25万元,涨幅达18.5%。公司承建的南通皇家二期项目被评为南通文明工地、江苏省文明工地。其中15#楼、17#楼获南通优质结构工程奖,获南通"紫琅杯"奖入围候选资格。银洲·金融中心5#、6#楼项目获"南通优质结构工程奖""南通市文明工地"称号,并申报江苏省"扬子杯"。汇东小区东南侧安置房C区、南通滨河五期安置房B标项目获"南通市文明工地"称号。

(陈　华)

住房和城乡建设

【概况】 2016年，市住房和城乡建设局（以下简称住建局）围绕“城市建设大提速”工作主题，加快中心城区建设，统筹城乡发展；加快住房保障和建设，规范房地产市场管理，全面推进城乡建设。全年完成城乡建设总投资100亿元，其中市政基础设施建设25亿元。

【城乡规划】 规划编制和研究。2016年，在城市总体规划的框架下，加快完善城乡规划体系。地下管廊、海绵城市、城市公共交通、户外广告、城乡消防、城市停车场充电桩布局、“十三五”人防等专项规划完成最终成果，过江快速路纳入城市总体规划。开展滨江新城一期、城市重要交通节点、蝶湖水系及水源等规划研究，建立规划成果一套图系统。督促指导各镇、园区的规划编制，完成全市镇村布局规划及小城镇环境整治规划，编制吕四港镇近期建设地块和海工园控制性详细规划，修编江海产业园总规和控规。

规划审批与管理。2016年，严格规范“一书两证”审批程序，实行逐级报批，层层审核，严把建设项目的报建关、审核关。全年完成规划条件意见书204份；选址意见书32份，发证面积15.39万平方米；用地规划许可证92份，发证面积218.06万平方米；建设工程规划许可证125份，发证面积449.17万平方米；规划核实发证64份，发证面积179.49万平方米。

【市政设施建设管理】 以“路畅、树绿、水清、街美”为目标，住建局推进城市基础设施建设，城市面貌日新月异，城市功能不断提升。

市政道路。城市路网不断完善，老城区瓶颈路、断头路逐步打通，新城区、火车站片区道路加快推进。重点实施世纪大道东延、建设路南延、江海路南延等18条道路，其中世纪大道东延、江海路南延、和平路北延等6条道路竣工通车，钱塘江中路、民胜路南延、建设路南延等12条道路加快建设。推进市域快速路网规划和城市综合交通规划研究，改造公园北路、河南路、民乐路等老旧道路。全年新增城市道路20公里，年末，城区共有主次干道65条，总里程达140.8公里，城区交通路网结构进一步完善。

城市绿化亮化。以争创国家级园林城市为目标，全力打造“绿色启东、生态启东”，全年累计实施绿化142万平方米，竣工73万平方米。紫薇公园完成景观提升，灵秀公园建成向市民开放，蝶湖公园加快建设。实施市一中东南侧节点绿地、幸福二村小游园、中央河滨河绿地等8个景观项目，新增城市慢行步道7公里。建设和平北路、南苑东路、紫薇东路、丁仓港路南延、江海路南延等12条道路配套绿化工程，施工面积58万平方米，竣工42万平方米。公园北桥等9座桥梁水景及城东花园C区等9个安置小区亮化陆续实施，城市夜景进一步提升。

排水设施。加快城市封闭式排

江海南路绿化　（市住建局/提供）

世纪大道沿线北侧地下排污沉井建设工程现场

（郁卫兵　潘　杨/摄）

水系统建设，全年实施世纪大道南侧惠阳河处水闸、惠阳河紫薇路处水闸工程、惠阳河牡丹江路处泵站及水闸工程、南苑路南侧惠阳河处水闸工程，并逐步实现智能排水。完成紫薇河、民乐河、庙港河、南城河生态修复工程，江海南路、公园北路河道整治加快推进。紫薇三村、滨江花苑、启秀花园等小区雨污水管道完成改造，新增排水管道5000米，盖板沟2000米。

污水处理。全市建成污水处理厂11座，实现集镇生活污水处理全覆盖。9个建制镇污水管网加快建设，全年新增集污管网28.4公里。2016年，城市污水处理厂共处理污水1768.26万吨，COD累计削减量约2485.81吨，日平均处理污水量达4.8万吨，污水经处理后各项指标均达到国家排放标准。城市污水集中处理率91.16%。

基础设施维护。做好市政基础设施维护管理，对养护管理考核办法进行完善。完成幸一路、清泉路等背街小巷整治，对中央西路、华石北路等城郊结合部进行美化。维护路灯的正常照明，确保亮灯率达98%以上。落实做好12345来电、数字城管所反映的问题，全年处理派单4139件，完成率达100%。

【房地产市场管理】2016年，全市房地产市场保持稳定发展。全年共批准商品房预售许可50个、共计229.11万平方米，批准商品房现售备案38个，共计155.34万平方米。全市累计销售商品房32803套，同比增长169%；销售面积328.7万平方米，同比增长152%；销售金额255.18亿元，同比增长206%。二手房累计交易6648套，同比增长57%，销售面积77.24万平方米，同比增长72%。全年完成商品房网上合同备案32803份；商品房网上合同变更、撤消450份。

在稳步推进商品房开发销售的同时，不断提高行业管理水平。开展全市房地产开发经营行为的大检查，组织相关部门组成联合检查组，对全市在建、在售楼盘进行综合大检查，共计41个项目，涉及开发企业37家。完善与税务部门、统计部门的数据共享机制，做好商品房销售与契税征缴系统工程信息互通，加强协调配合，实现“以税调控房产、以房产促税收”的目的。做好房地产市场统计分析，多渠道对商品房市场、二手房市场、土地市场、政策性住房建设等方面的数据进行采集、汇总，每月形成房地产市场形势分析报告，为政府决策提供参考依据。

※附※

房地产项目、企业选介

恒大海上威尼斯　位于启东市寅阳镇圆陀角风景区，与上海隔江相望，是集酒店、会议、健康、饮食、娱乐、运动、儿童、羽毛球、网球、商业中心及酒吧、商业美食街等配套于一体的国际级海洋生活旅游度假居住区。项目规划建设用地面积约9000亩，总建筑面积约700万平方米。该项目首期、二期开发建设已完成，其中住宅约130万平方米、商业约70万平方米。住宅涵盖独栋，双拼，情景洋房，小、中、高层等各式类型。2016年，项目销售金额达72亿元，销售面积为108.6万平方米，销售套数为10676套，回款金额57.2亿元。项目三至六期在建住宅总建筑面积约120万平方米。

绿城·玫瑰园　坐落于启东市城东板块，东临惠阳河，西至华山路，南靠民乐路，北到长江路。项目占地约16万平方米，总建筑面积约45万平方米，包含12幢经典桂花系电梯多层景观洋房、13幢城市精品公寓、7幢法式平层官邸和7幢墅类产品，并配备2大主题功能会所、室内室外双泳池、3.8万平方米中心花园、15000平方米休闲景观长廊等奢适配套。2016年，绿城·玫瑰园共销售房源550套7万余平方米，成交金额逾8亿元。

西欧翡翠苑　由江苏西欧集团投资、江苏八建集团有限公司承建。项目位于建设路灵秀路向东150米，总用地面积64113平方米，建筑面积190284平方米，由4栋25层、4栋26层组成，总户数1687户，容积率2.5，绿地率35%。项目西临100多亩的灵秀公园、大型的购物广场大润发，东临景观河惠阳河，北临太平洋百货，项目户型集中在85平方米~167平方米，2016年销售套数158套，累计销售1687套。

御和湾花园　占地总面积14.37万平方米，总建筑面积43万平方米。北区12幢高层、2516套住房，南区6幢高层、1304套房屋与64套多层组成，建筑上采用简欧art deco建筑形态，外立面采用欧式简约线条。整个小区景观轴平均宽度近80米，期间设置生态步道，两旁密植红枫林、竹林、柳树等，东侧结合景观轴设置健康会所，室内游泳池。66平方米~134平方米的丰富房型，80多平米南北通风的三朝阳房型。2016年，公司针对御和湾北区剩余房源与南区11月份开盘的2幢房屋进行营销活动，年末，全部售罄。

启东市金新泰房地产开发有限公司 公司成立于2013年6月27日，由瑞德集团有限公司（香港）及启东市荣泰商业管理有限公司共同投资，注册资本1298.9万美元，为中外合资企业。公司经营范围包括房地产开发、经营、房屋租赁、物业管理，开发资质为贰级。2014年1月17日，通过拍卖购置启东市汇龙镇汇东村东至彩臣巷，南至灵秀中路，西至民胜中路土地，共45.7亩宗地。该项目由大型外资零售企业大润发入驻，总建筑面积2.14万平方米。该项目东侧将打造建筑面积7410平方米的高档商业街（其中商业街一共三层，一层共计92家商铺，二层共计59家商铺，三层共计32家商铺），及建筑面积1.69万平方米精品住宅。2016年，公司开展英皇国际二期工程，占地面积为13511.48平方米。其中，高档住宅小区53562平方米，共计386户大中小型精品户型；商业设施2万平方米，共计320间。

启东市兴隆房地产开发有限公司 成立于2010年10月10日，注册资金为5618万元，暂贰级开发资质。2010年以3.925亿元拍得位于先豪大酒店北侧地段，注册启东市取生置业有限公司，在该地块开发“凯旋华府”高档小区。公司于2015年更名为启东市兴隆房地产开发有限公司。2016年，有4幢高楼计74622平方米、806套商品房实现封顶。共销售房屋1089套，面积11.71万平方米，销售收入7.98亿元，上缴税收4162万元。另有4幢高楼522套、5.55万平方米商品房进入预售。

南通迪颖房地产开发有限公司 成立于2005年4月，注册资金人民币2000万元，经营范围为房地产开发、销售。企业开发资质暂贰级。2005年5月18日，南通迪颖房地产开发有限公司经拍卖取得位于汇龙镇政府两侧65501平方米土地。土地用途为商业、居住用地，其建筑容积率2.4、建筑密度26%、绿地比例30%。建设项目名称为东方维也纳花园。该地块规划建筑面积15.72万平方米（不含地下车位和人防工程），其中多层住宅9幢1.55万平方米，高层住宅11幢12.54万平方米，沿人民路、民胜路、民乐路二层、三层商铺16250平方米，住宅总户数1130户。第一期9幢多层和4幢高层及沿人民路、民胜路商铺，其中多层住宅面积1.55万平方米，高层住宅4.2万平方米，商铺9800平方米；二期开发建设高层7幢8.34万平方米，商业6450平方米。2016年，开发建设东方维也纳花园5#楼，商住总面积15012平方米，地下建筑面积1845平方米，总高28层，住宅100套，商业1000平方米。

南通银洲房地产开发有限公司 成立于1991年，1998年变更为股份制企业，2004年组建以房地产开发为主业，以建筑、建材、物业管理、公用事业等为辅业的“一业为主、多元经营”的江苏银洲集团。2008年，公司被批准为国家一级开发资质企业，企业资信等级为“AAA”级。公司开发及承建的竣工项目有银洲·城市一品、银洲·金融中心一期、北上海花园等，总开发面积达48.81万平方米。2016年，在建项目银洲·皇家花园（南通）二期总开发面积13.23万平方米，银洲·皇家花园（启东）二期总开发面积12.22万平方米，锦绣四期项目总开发面积27.42万平方米，人才公寓项目总开发面积18.89万平方米。2016年总开发面积254473.16平方米，全年竣工面积159887.1平方米。

启东崇和置业有限公司 隶属于绿地控股集团，成立于2013年，贰级房地产开发资质，注册资金6000万元。上海长岛项目是启东崇和置业有限公司在启东市启隆镇新村沙和海门市海永乡永隆沙开发工程。项目共分为ABCD四个区，总占地面积约18平方公里。经过开发建设，长岛项目启东B区初现雏形。2016年，实现总售出签约9326套，总签约面积75万平方米，总签约金额达76亿元。

韦德置业（南通）有限公司 成立于2005年7月22日，注册资金579.994万美元，位于启东市人民西路2008号，是房地产开发叁级资质企业，主营房地产开发与经营。公司开发的清华苑，位于启东市经济开发区百悦大酒店北侧，建设规模约2.5万平方米，包括3幢7层电梯住宅，1幢17层高层住宅，地下车库及配电房。

启东先豪房地产开发有限公司 上海华龙集团与台湾先豪国际集团合资成立的房地产开发公司，注册资本500万美元。2016年，新开工建设47000多平方米。

碧桂园 成立于1992年，至今有25年的发展历程，于2007年在香港联交所上市，是一家以房地产为主营业务，涵盖建筑、装修、酒店开发及管理、教育、物业管理等行业的国内著名综合性企业。自2007年上市以来，一直处于中国房地产开发企业前10强，2011年入选福布斯亚太上市公司30强，碧桂园于2016年的销售额超3088亿元，在全国房地产企业销售排名第三。启东中邦房地产开发有限公司于2016年4月21日正式转股碧桂园，中邦上海城项目于2016年10月6日开盘。2016年，洋房累计签约1024套，销售额共计20.14亿元，去化率100%，累计缴纳税收1.2亿元。

【住房保障与建设】 住房保障。2016年，按照省市住房保障工作要求，推进保障性安居工程建设，以“制度健全、政策完善、供应有序、进退规范”为目标，构建住房保障体系，突出问题导向，探索住房保障工作难点，抓好住房保障各项工作。全年新开工公租房700套，竣工400套，实施棚户区改造3000套。持续加大廉租房租金补贴力度，实际享受补贴29户，全年补助金额共计6.84万元。所有符合条件的困难家庭都领取租金补贴，实现廉租住房保障的高水平“应保尽保”目标。

加强老楼危楼安全管理，开展全市老楼危楼拉网式全面安全排查，加强对城市危险房屋的治理，严格落实老楼危楼安全排查治理责任。各镇乡、园区、街道及市有关部门共排查房屋2101幢，排查总建筑面积160.72万平方米。其中公房266幢，建筑面积13.63万平方米(教育系统6幢2.15万平方米，粮食系统92幢2.16万平方米，卫生系统57幢3.21万平方米，供销系统68幢4.25万平方米，宗教局10幢1.09万平方米，通兴农场33幢0.77万平方米)；私房1835幢，建筑面积147.09万平方米。组织相关技术人员对所排查的危房问题进行实地调查摸底，对初步确定为危险房屋，不适宜继续居住的住户，由街道、社区或公房产权主管部门发放危房撤离告知书，共计发放危房撤离告知书524份。

安置房建设。安置房建设初步实现市委市政府提出的"零过渡、零脱幅、零差距"的目标。相继开工怡福苑南侧、科创嘉园一期、克明花园南区、团结新村三期、北上海花园A区等，累计新开工面积104万平方米，加上结转地块，全年实际施工总面积达256万平方米。惠萍家园一期、惠丰双庆村、东疆婚房、怡福苑南侧等9个项目竣工，北上海C区二期、城东花园C区一期等地块陆续交付，全年竣工总面积达85万平方米，交付6500套。建设过程中，严格落实安置房建设项目安全质量管理和考核办法，重点强调"三个严格、三个确保"制度，确保工程建设质量。即对工程施工、监理和材料选用，严格实行招投标制度，以确保质优价廉；对工程项目质量管理，建立一套严格的质量监管体系，实行建设单位、监理单位、施工单位、质检单位四层把关制度，对建设的每道环节全面把关验收。对各分项工程，严格实行交叉作业、整体推进的施工操作制度，以确保一次性到位。

【房屋产权交易】 按照不动产统一登记与交易管理衔接的要求，顺利完成登记职能及相关档案、人员移交工作，确保不动产登记顺利开展。上半年不动产统一登记职能整合前，共完成房屋所有权登记1.2万件，房屋抵押权登记8500件，接待房产档案查询5.2万余人次。全年共完成单位自建房测绘102件，测绘面积142万平方米，商品房测绘68件，总面积170万平方米，测绘成果审核22件。登记与测绘工作均做到"零差错"。

【房屋征收】 严格按照《启东市国有土地上房屋征收与补偿暂行办法》等政策法规，完善城市规划区内拆迁补偿方法，明确房屋征收范围、标准、程序，确定征收补偿内容、安置方式。依法发出房屋征收决定1份。全年共受理裁决申请2份，召开裁决前调解会2次，通过调解签约1户，作出裁决1份。全年全市共计完成拆迁腾房3363户、交净地113块。做好房屋搬迁行业管理工作。对有关镇、园区拆迁人员进行政策辅导和拆迁现场案例分析；对拆迁评估机构和征收公司进行重新备案公示；对入启施工的拆房公司全部备案，并签订房屋拆除施工安全责任状，做好日常拆房现场安全管理工作；启动编制市房屋动迁管理系统。

吕四华峰职工公寓(公租房)　　　　(市住建局/提供)

【公共服务设施建设】 大润发商业中心建成营业；文化体育中心、妇幼保健院、社会福利中心等一批重大民生工程开工建设。克明村、汇东村等邻里中心和农贸市场加快进度；夜排档市场建成投用，花卉市场不断推进。

【供水】 全市全年累计完成售水5108.14万吨，水费回收率总公司97.72%、吕四水厂98.67%，漏损率总公司21.2%、吕四水厂19.83%，水质综合合格率100%。区域供水通久线启东专线海门段球墨铸铁管完成铺设，启东段进入招投标，崇启线完成管线铺设。

市自来水总公司共承接安装项目71个，合同金额2527万余元，修理DN100以上92处。针对城区西片压力不稳的情况，在人民路庆丰路安装一根DN300球墨牵引管，缓解用水高峰压力。加大抽查力度，确保用水规范。全年共抽查大用户表936只，小用户表915只，处理违章55起，追缴水费25万余元。新装压力监测点10个，流量监测点1个，均采用太阳能板供电，可实时采集数据并发送上传到SCADA系统。累计已安装远传监测点158个，其中压力点76个，流量点132个。中心调度室启用，初步完成对各泵房视频监控远传和终端调度软件的完善工作。

吕四水厂配合做好吕四港镇镇区道路改造，对吕四中心路、悦来巷、扬启高速施工影响范围地段，以及天汾镇村串场河南侧段、陈涛路(府前路至串场河段)的供水总管进行搬迁改造。配合做好吕四镇政府的拆迁安置工作，先后完成吕北村拆迁安置区、三甲村十组拆迁安置区的室外供水管道安装工作。完成海洋经济开发区江苏华峰超纤材料有限公司工业接管工程、天汾电动工具公共服务中心室外供水工程、吕四中心渔港美食街供水总管安装、翰林苑房地产项目的室外供水工程、吕四海鲜一条街南侧品海路给水工程、以及吕四港经济开发区纬三路供水总管和吕四中心渔港南、北、中三岛的南半部卸渔棚区的给水管道安装。累计新设DN200以上的管道长度达13.6公里。

【供气】 2016年，全市液化石油气用量20000吨，天然气用量2366.7万立方米。城市气化率达99%，新增市政燃气管61.4公里，居民用户7777户，工商业用户96户。全年共对所有燃气企业安全检查60余次，开出整改通知书5份。其中，燃气安全生产专项大检查4次；组织安评公司专家对全市所有燃气公司对照《江苏省燃气安全检查标准》逐项进行一次安全排查；利用全市危化品专项整治的契机，邀请相关行业专家开展为期两个月的燃气安全生产摸底专项普查，共清查整改隐患二十余处。加大燃气执法力度，打击倒气和无证经营行为。2016年，共查处非法倒气窝点5个，查处无证上岗行为10起。加大对过期未检测钢瓶的检查力度，确保钢瓶使用安全。全年共报废螺丝钢瓶10000只，全市基本杜绝螺丝钢瓶充装现象，充装合格率100%。加大安全用气宣传力度。通过电视台、报纸等新闻媒体向市民进行宣导购买合格专用瓶，杜绝购买黑气，如何正确使用燃气，如何识别无证送气人员等。在市民广场进行燃气安全知识咨询活动，共发放宣传资料300余份，接受百姓咨询10余次。联合启东华润燃气有限公司在小区开展管道燃气安全宣传活动。通过安全用气宣传图片、宣传影像、技术人员现场讲解、安全人员入户检查等方式，为小区用户安全用气提供保障。对全市11处违章占压情况进行现场检查，整改完毕2处。对全市第二批19名送气服务人员进行岗前培训，考核合格后发证。全市所有送气人员均持证上岗。

【白蚁防治】 坚持"预防为主、防治结合、综合治理"的指导思想，以"服务社会、服务群众"为宗旨，做好全市房屋白蚁防治工作。全年完成754幢房屋施药，计342万平方米，其中下乡施药87次。接报白蚁危害67户，上门鉴定40户，灭治施药15户，灭治处理面积2000平方米。推广实施IPM示范项目，实现白蚁防治绿色环保。完成2010年、2011年、2012年度白蚁预防房屋的回访复查工作。

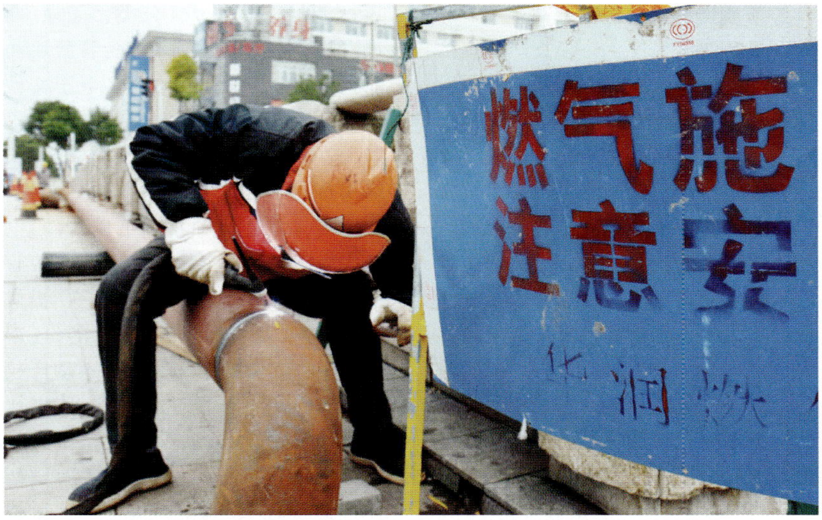

华润燃气施工人员焊接燃气管道 （姜新春/摄）

【基本建设管理】 落实施工许可管理办法，严格把好发证关。住建局全年共核发施工许可证215份，许可建筑面积578.6万平方米。严格审查建设单位法定手续办理情况、房地产项目容积率的执行情况，对符合竣工验收备案条件的工程及时给予办理备案手续，办理房屋竣工验收备案项目117个，备案面积245万平方米。组织对惠萍家园二期、东方维也纳二期等项目的深基坑支护工程的评审，确保基坑施工的安全。

严格施工图审查，从源头上确保建设工程质量。全年发放施工图设计审查合格证148份，审查面积348万平方米，确保报建项目施工图设计审查合格率达100%。

加大对建筑工程抗震设计审查力度，在初步设计评审阶段就对抗震专项审查，严格把关大型公共建筑及学校、医院等人员密集场所的抗震设防力度，强调寅阳、和合、惠萍、东海应进行7度设防。把好抗震设防审查证书发证关，全年发出抗震审查证书123份，审查面积403万平方米。

根据《江苏省建筑节能管理办法》和《南通市建筑节能管理实施细则》，加大建筑节能宣传力度，修订完善《建筑节能宣传手册》并发至全市各房地产企业、施工企业、设计企业、监理企业。抓好建筑节能闭合管理，从规划评审、初步设计评审、施工图审查、建筑节能专项验收各个环节抓好建筑节能的落实。2016年，民用建筑节能专项验收备案48.8万平方米，其中居住建筑35.2万平方米、公共建筑13.6万平方米。

严把项目信誉保证金、工程款支付保证金的交纳关，要求建设单位签订自律公约，作出按合同付款、不拖欠工程款的承诺。全年收缴建设单位信誉保证金和项目支付保证金共计1850万元，办理保证金退款4366万元。

【教育培训】 做好全市建筑业教育培训工作，完成386名中岗人员新证报名和318名中岗人员继续教育；组织全市586名二级建造师、260名小管师继续教育培训考试。根据省住房城乡建设厅的要求，确定启东市中等专业学校为市安全员（B、C类）考证的定点考场，并组织建筑业企业"三类人员"新证考试331名，完成3335名"三类人员"继续教育。完成《2016年启东市专业技术人员管理工作要点》规定的各项工作任务，组织171名建设系列中级职称的申报和初审。

【建设工程造价管理】 贯彻住建部《工程造价信息管理办法》，建立健全启东工程造价信息网络平台，加快市工程造价管理工作向规范化、流程化、便捷化迈进的步伐。做好人工成本信息采集与发布工作，并根据市场变化情况及时发布价格调整文件，全年共发布《启东建设工程造价信息》6期，出台《南通市建筑与装饰安装工程补充计价定额》，完善计价机制。全年共受理现场安全文明施工措施费考评单21个，核定现场安全文明措施费373个项目、工程类别及工期17个项目。

【建设工程质量监督】 2016年，受理建设工程质量报监项目1755个，建筑面积1138万平方米，其中新开工1084个，建筑面积537万平方米；住宅工程分户验收覆盖率、合格率均为100%。严格落实五方企业主体责任，明确建设单位、勘察单位、设计单位的项目负责人和施工单位的项目经理、监理单位的总监工程师为工程质量终身责任人，并按要求设置永久性责任标牌。健全和完善日常巡查、专项检查、综合检查、监督抽查等监督检查制度，确保对工程质量实施有效监督。对全市进入主体施工阶段的安置房工程进行拉网式检查，对其他房屋建筑和市政工程进行质量抽查，共发现质量问题1106条，结构隐患58处，发出整改通知书273份，质量检查情况通报5期。加强对检测过程和检测行为的监管，坚决依法严厉打击虚假检测报告行为，对有检测行为不规范的检测单位进行不良行为记录，纳入诚信管理。加强对重要建筑原材料的质量控制，进入市工程项目的重要建筑原材料实施登记，除按规范要求由各方责任主体进行送检外，加大抽检力度。加强工程质量通病的防治工作，针对渗漏、裂缝、空鼓等质量常见问题，要求新建工程应当将有关质量常见问题防治措施纳入施工图设计文件。

【城建档案管理】 城建档案信息管理系统完成升级，实现建设工程业务指导管理与档案整理、分类、著录、鉴定、保管、统计的集成处理，各版块功能得到进一步提升，尤其是电子文件处理、查档利用、统计信息等效率提高。全年共入库、上架档案5154卷，扫描图纸12011张，文字材料35800张，并实现工程建设项目的纸质文件、电子文件和声像文件的一体化挂接管理。全年共接待查档者788人次、提供档案812卷、出具复印凭证2169份，未发生服务对象投诉事件。为不动产权证登记、市区地下通道改造、地界纠纷、设计参考、司法取证等提供大量的参考依据。与建设单位共签订《档案报送责任书》140份，出具《工程档案接收证明书》126份，在建工程业务指导78次。多次对恒大威尼斯、绿地享乐城、碧桂园等项目现场进行指导，查看资料整理情况，出具整改清单。加大重特大项目的提前介入通知单、安全监督报告、质量监督说明等必要档案的收集力度，完善建设项目档案资料。

【城建监察】 围绕城市建设、工程管理、房产开发、村镇建设、公用事业五大监察重点，开展城建监察执法工作。共查处各类案件283起，其中规划建设类4起，建设类70起，市政公用事业类2起，住宅装饰装修207起；全年立案查处29起，已结案25起，罚款总额150.70万元。利用“安全生产月”“12.4”全国法制宣传日等，深入建筑市场、工地、群众中宣传相关法律法规，共制作下发《中华人民共和国城乡规划法》《中华人民共和国建筑法》《中华人民共和国安全生产法》《建设工程质量管理条例》《江苏省实施〈中华人民共和国人民防空法〉办法》等宣传册1000余册，发放燃气、住宅室内装修等方面宣传单2000多份。开展城乡规划实施、基本建设、房地产等方面的专项检查，对发现的违法违规行为在查实有关情况的前提下，要求当事企业、个人立即加以整改，问题突出的进行立案查处，达到警示一个，教育一大片的目的。

(陈　华)

城市管理

【概况】 2016年，启东市城市综合管理局(以下简称市城管局)坚持“百姓城管、科学城管、法治城管”三大核心理念，以“常规工作有亮点、重点工作有突破、创新工作有特色”为导向，抓好工作责任担当与落实，城市管理水平进一步提高，城市形象品位进一步提升。

【市容市貌管理】 市容秩序整治。强力整治马路市场，先后取缔长江新村、善成小区、松花江路、幸福二村、紫薇二村、长兴街等一批群众反映强

6月13日，市城管执法大队、市环保局环境监察大队对露天烧烤开展执法行动
(潘　杨/摄)

烈的马路市场。通过联合执法、错时管理、不定时检查等措施，彻底取缔城区露天烧烤和占道排档摊点。抓市容市貌专项整治。2016年，共计教育整治流动摊贩（占道经营）达9300余人次、超门窗经营3600多处；教育查处擅自处置、倾倒建筑垃圾等违章行为33起；联合公安部门清理市区主要路口、桥头等严重影响市容的“僵尸车”187辆。

户外广告管理。严格规范户外广告设置，不定期对市区主干道两侧擅自设置、超过期限、陈旧破损的户外广告进行集中清理。先后拆除大型破损的楼顶广告9处，拆除非法设置的商业性路灯杆广告700多处，清理各类横幅、字幅6100多条，清理破损布幔广告2602平方米。推进街景整治工程项目。民乐路及世纪家园小区周边道路户外广告整治先后完工，新一批街景整治工程项目（公园路、和平路、河南路、团结街、建新路）跟进，2016年底开工建设。加强公益广告设施管理。对市区38座候车亭广告位及市区公园广场新设的城管法制宣传栏进行日常维护，利用这些橱窗广告进行爱国主义教育、文明城市创建等公益宣传。

便民临时摊位管理。妥善做好节庆期间民俗文化用品摊点的疏导点设置工作，在人民路人民桥西侧路南道板砖、长兴街邮政局广场前、和平路长江路口西北侧等5处设置疏导点；根据市区实际需求规划设置37处季节性地产瓜果销售点；做好市区便民临时摊位许可设置办理，共办理早点摊位82个，完成水果摊位以旧换新29个。

城市环境综合整治。在总结前三年城市环境综合整治工作基础上，开展调查摸底，分析城市管理问题成因，梳理确定整治项目，征求各部门及各界群众意见，编制《启东市城市环境综合整治接续实施方案》。列入年度整治目标责任书的15个“九整治”项目、49个“三规范”项目、230个拓展项目全部完工。

部署“三创”工作。围绕民乐中路创成江苏省城市管理示范路、世纪家园社区创成江苏省城市管理示范社区的目标，作为牵头部门，强化督查考核，按序时要求对各责任单位的推进情况进行督查，对督查发现的问题现场交办，及时整改，促进各项工作达标，如期实现创建目标。

公共自行车网点管理。每月对市区75个公共自行车各网点进行考核，对报修的公共自行车督促公共自行车管理公司即时修理。推进公共自行车网点信息化建设，2016年初起，抽调技术人员着手网点地理位置信息采集工作，通过几个月的编程和调试，“启东城管”微信公众号公共自行车查询功能正式开通。

【违法建设管控】 建立工作机制，构建合力控违格局。提请市政府成立市控违办，召开控违拆违工作动员大会，全面打响控违拆违攻坚战。全市成立由市长任组长，纪委书记、常务副市长、分管副市长等市领导任副组长的拆违控违领导小组，负责全市违法建设严格管控工作的协调指导、监督检查。按照“杜绝增量，减少存量”的总体目标，以市政府名义制定出台《启东市严格管控违法建设办法（试行）》《启东市严格管控违法建设月度考核评分细则》等文件，从制度上强化源头监管，落实“属地管理”主体责任，形成全市上下合力控违的良好态势。

加大宣传力度，营造控违浓厚氛围。印发控违宣传通告，在重点管控区域进行张贴；印制控违宣传单，分发到全市每家每户。市“两台一报”将控违拆违作为报道重点，开辟专题专栏，高密度报道控违拆违信息。借助市委宣传部“正能量加油站”活动，利用纳凉晚会走进社区、走进农村、走进百姓，以快板、小品等形式宣传控违拆违。通过座谈会，与村居干部、党代表、人大代表、政协委员及百姓代表进行交流，把市委市政府坚决打击违法建设的精神传达到每一位与会者。

运用法律资源，破解拆违难题。对于施工中的违法建设，研究出台快速拆违程序，即发出《责令停止建设、限期拆除决定书》后，当事人拒不停止建设或拆除的，实施快速处置，实现“即查即拆”，有效遏制新生违法建设。尝试拆违代履行工作机制。即对已经或者将危害交通安全、造成环境污染或者破坏自然资源的违法建设，由市城管局依法代为拆除，同时明确对在公共场所、城市道路搭建的违法建设视作障碍物，由市城管局依法立即代为拆除。代履行工作机制的实施，缩短违法建设的强制拆除程序，提升拆违效率。针对部分违法建设无法确定当事人或者部分当事人避而不见造成查处难等问题，规范相应的查处程序。即在初步调查获取必要证据的基础上，采取在违法建设所在地张贴或通过市城管局门户网站发布公告等形式，督促违法建设当事人依法接受调查处理，对

拆除违章建筑　（姜新春/摄）

公告期满仍未拆除违法建设的,由市城管局依法组织强制拆除。2016年,督促当事人自拆及强拆违法建设20864.5平方米。

坚持拆建并举,提升整治工作成效。以惠民利民为宗旨,对有条件的拆违地段实施整体改造,完善功能布局。如市开发区的善成小区,建成于2003年,共有居民1450户。经前期统计,小区内违法建设达296处。2016年6月,通过联合执法全部予以拆除。针对小区服务配套设施滞后的情况,拆违结束后,市城管局联合市开发区管委会对整个小区的规划重新进行调整,实施整体改造,社区健身广场于2016年10月投入使用。全部完工后可增加停车位1200个,改造绿化2000多平方米。

【环卫管理】 *加强清扫保洁,提高环境卫生水平*。2016年,接管64万平方米道路的清扫保洁任务,及时定人定岗定责,强化日常清扫保洁,确保新接管路段环卫保洁工作快速步入正轨,实现常态化管理。推行水冲洗、机清扫、人保洁的环卫作业模式。洒水降尘扩展范围,增加作业车辆、作业次数,及时抑尘,净化空气。机械洗扫围绕城区主次干道机动车道、人行道采取循环洗扫方式,机械化清扫率达到85%以上。开展非生活垃圾集中治理。加大对背街小巷、城郊结合部、无主户地段环境卫生的整治力度,突击整治卫生死角、环卫保洁盲点。2016年,共清理积存垃圾11000多吨,清理卫生死角3000多处。

加快设施投入,提高环卫作业水平。推进垃圾中转站建设。中央路垃圾中转站完成工程项目招投标,进入土建项目建设阶段。港东路中转站完成编标、评审,办理土地指标和招投标。飞灰填埋场投入使用。2016年,科学规范填埋飞灰43031.87吨,全市生活垃圾实现全程无害化处置。提档升级环卫车辆。淘汰报废11辆黄标车,投入约600万元,新购洒水车、洗扫车、垃圾收集转运车等环卫机械化车辆18辆。

完善承包机制,深化作业模式改革。按照环卫作业社会化服务、科学化管理、市场化运作的总体要求,2016年,通过对内公开招投标的方式将"牛皮癣"治理、河道保洁、粪便处置工作承包给专业队伍,实现"管、干"分离。做好"牛皮癣"治理,由责任单位每天对市区主次干道及开放式居民小区建筑物、构建物、公共设施设备立面的乱涂写、乱刻画和乱张贴进行全面清理。在"牛皮癣"治理工作上基本做到,巡查中发现的及时清理不过夜,新产生的"牛皮癣"在30分钟内清除,使"牛皮癣"因存在时间短而失去广告效果。落实河道保洁。将河道保洁分成2个责任标段,承包给不同的责任公司,做到随发现随清理,确保河面无漂浮物,岸坡无垃圾和杂物,洁化河道提升水质。抓好粪便处置。配备5台吸粪车、1辆疏通车、无害化粪便处理设备等,由责任单位对城区所有公厕化粪池、居民住宅小区化粪池进行清运、清掏。

强化"四害"消杀,降低城区蚊蝇密度。配备10辆电瓶消杀车、10台新型电动式喷药器,12名喷药人员对4座垃圾中转站、62座公共厕所、918只果壳箱及沿路、新村地段的7200多只垃圾桶进行喷药消杀,使用药液6050公斤。配备16名专职人员,对城区16条河道、116条泯沟、54个小区下水窨井池、1498幢楼房的化粪池,按照每7天一个周期投放缓释粉,用药28000公斤,有效减少蚊蝇孳生地。夜间9-12时用车载式超微粒雾化喷药机,对东至高速公路东侧口、南至沿江公路、西至小花溆、北至宁启高速公路至通海大道的主次干道、公共场所、绿化带、居民小区进行巡回喷药消杀,降低蚊蝇密度。

【物业管理】 *健全管理制度*。推行物业管理招投标制度,要求新建住宅前期物业管理必须通过招投标的方式选聘物业服务企业,出台《启东市物业服务收费管理实施细则》《启东市前期物业管理招投标监管程序》等配套文件,实施物业管理季度考核制度,把考核奖惩落到实处,将各物业服务企业综合考核结果在《启东日报》、中国启东政府网等媒体进行公示,并与物业管理招投标挂钩,凡综合考核分在65分以下的,在整改到位前不得接管新的物业管理项目,促进物业管理规范化建设。

培育先进典型。推进江苏省、南通市优秀物业项目创建,培育龙头物业管理项目。2016年初,挑选出一批设施设备完善、台账资料齐全、环境整洁、绿化覆盖率高的物业项目参加申报。通过创建,恒大威尼斯小区被评为南通市"物业管理接轨上海示范项目",绿城玫瑰园和润福花苑被评为"南通市优秀小区"。

加快诚信建设。制订《启东市物业企业信用档案管理办法》,完善考核评价标准,将平时的考核结果记入企业诚信档案,并通过市城管局的网站向社会公示,提供社会查询和网上投拆服务,接受社会监督。以此作为指导开发单位和业主委员会择优选聘信誉好、服务优的物业服务企业的依据,督促物业企业依法经营,诚信经营。

强化矛盾协调。建立物业纠纷多元化解机制,与启东市人民法院、汇龙镇、南北街道办、开发区联合成立物业矛盾纠纷庭前调解委员会,形成纠纷化解合力。

规范住宅专项维修资金管理。修改和完善《启东市住宅专项维修资金使用流程》,规范维修资金的使用程序。在电梯、消防等特种设施设备维修时,建立与启东市市场监管局特检所、消防大队等部门之间的联动机制,确保维修资金使用安全、公开、透明。同时,对维修资金信息化管理系统进行升级改造,建立分账到户、网上查询系统,业主可以随时通过市城管局网站对自己的维修资金账户进行查询,提高管理效率。

【依法行政】 *建立健全依法行政相关制度*。修订完善《当事人送达地址确认书制度》,着力破解执法文书送达难问题;出台《行政执法全过程记录制度》《重大行政处罚案件讨论制度》等制度,规范行政执法活动,提高行政执法效率。

尝试"零口供"执法办案模式。针对在实际办案中当事人不配合调查取证造成取证难的问题,市城

管局打破传统办案思路，尝试采集视听资料、“第三方”证人证言等多种方式获取证据，构建相互印证的完整证据链，准确认定违法事实，以此作出行政处罚决定。2016年，市城管局尝试采用“零口供”方式共立案2起，且均为违法处置建筑渣土类案件，并最终实际到账罚款4万元。

定期开展法制业务培训。紧扣实用性和针对性，不断梳理执法问题和困惑，制定培训计划，确定培训课题，通过集中面授、分组座谈、个案讲评、交流探讨、法庭旁听、模拟演练、月度考试、质量评估等多种形式，开展一月一次法制培训、一月一次业务考试、一季一次执法评估，参加时间和考试成绩全部列入年度考核，使全体执法人员熟悉法律、熟练执法，全面巩固教育培训成果。在2016年“弘扬宪法精神，建设法治启东”公务员法律知识竞赛中，市城管局代表队取得第二名的佳绩。市城管局报送的《杨某集装箱式活动房乱堆放案例》入选2016年江苏省城管执法典型案例。

（沙晓辉）

供　电

【电网情况】　截至2016年，启东境内共有35千伏及以上变电所33座，其中220千伏变电所5座，110千伏变电所13座，35千伏变电所15座，主变容量301.95万千伏安，35千伏及以上公共输电线路877千米。另有110千伏用户变3座，35千伏用户变14座。

【供电量】　2016年，国网启东市供电公司累计完成供电量30.58亿千瓦时，同比增长9.71%，售电量29.26亿千瓦时，同比增长9.55%；最高负荷59.94万千瓦，同比增长4.82%。

【电网基本项目】　完成固定资产投资2.06亿元；业扩报装完成2.18万户，新增容量49.49万千伏安，同比增长20.99%。竣工投运220千伏沿海、110千伏圆陀角等6项输变电工程，完成110

市供电公司在农户家中检修家用分布式光伏发电板　（潘　杨/摄）

千伏合兴变立项前期工作。密切关注启隆地区用电需求，竣工投运35千伏启隆临时站。

【配农网建设】　编制“十三五”配网整体规划，累计储备配、农网项目资金达4.89亿元。启动小城镇中心村项目，签订《小城镇中心村电网改造协议》。

推进配农网建设改造，累计完成配农网项目1663个，合计投资3.96亿元，新建10千伏线路194.8千米、新增更换配变498台，户均配变容量达到3.38千伏安，10千伏线路联络率达到98.04%。

【供电服务】　强化客户导向，参与售电侧改革，创建5764个供电台区服务微信群，转变服务方式和服务理念。深化“服务一体化”，上线业扩管控手机APP，主动服务全市98个重大项目，大项目平均接电周期缩短6天。对全市1667家企业开展“5A级电力客户创建”，协助整改用电安全隐患。完成电力体检1076户，免费提供优化用电建议书1055份，为用户节约成本2100万元。按期完成源网荷互动体系一期建设任务。推进“三表合一”采集建设和调试，新增接入用户5300户。建成2个高速快充站、1个公交充电站、2个城市快充站。

（姚薇薇）

交通运输

【概况】　至2016年底，全市公路总里程4837.28公里，公路密度400.44公里/百平方公里。其中，高速公路40.25公里，一级公路251.61公里，二级公路139.97公里，三级公路305.46公里，四级公路2857.55公里。公路客运站场8个，其中一级站1个，三级站3个，四级站4个。航道总里程649.3公里，其中五级航道53.85公里，六级航道88.15公里，七级航道73.42公里。通航船闸1座。港区2个，其中吕四港区规划岸线33.3公里，启海港区规划岸线18.3公里。码头泊位64个（生产性泊位6个，修造船、海工泊位58个）。

【交通工程建设】　铁路规划建设取得新突破。宁启铁路启东段建设施工紧张有序推进，沿线高架桥梁桥下工程全面完成，路基工程全力推进，启东段需土石方375万方，年末，完成203万方。中铁十局开工以来累计完成产值投入10.5亿元，占合同总额的64%。北沿江高铁规划研究工作取得新进展。

重点公路工程加快推进。2016年，围绕“六横六纵、两沿两高速、一环一通道”公路网规划，加快推进公路建设步伐。海启高速加快建设，海启高速是上海连接苏中、苏北地区的

12月27日，宁启铁路二期通启段首座特大桥连续梁顺利合龙

（郁卫兵/摄）

重要通道，对吕四港开发和中西部地区发展具有重要意义。按照省、南通市的要求，推进各项前期工作。基本完成沿线866户拆迁工作，完成全线便道施工和项目部建设，全线备土工作基本到位，年末，海启高速全面进入施工阶段，加快推进沿线路基清表和沟塘回填。市境内干线公路建设加快推进，完成临海公路全线绿化；永兴路东段完成路基总量的50%；志圩公路中段施工单位进场，全面开工建设；天江公路便道施工和道路范围内清表工作加快推进；丁仓港路北延全面推进前期拆迁工作。完成17条市乡公路大中修工程和2000公里农村公路安保工程；完成省道336线东段亮化工程。重大项目报批工作加快推进，国道345启东段、省道335吕四绕城段完成初步设计，由省交通运输厅组织评审工作。

*港口建管有序推进。*推进南通港总体规划修编工作和吕四港区环抱式港池控制性规划工作。小庙洪10万吨级进港航道一期工程完工并通过交工验收，二期工程报批工作全部到位，组织开展招标，待相关前期工作到位后组织实施。推进港口重特大项目的服务保障，服务卓达港务、东凌粮油、大唐二期码头工程，推进沿海企业岸线申报相关工作，服务广汇推进相关工作。抓好港口未批先建专项整治行动，相关企业通过整改。配合做好通用航空机场的报批，年末，机场选址获批，项目立项审批工作加快推进，为临港产业发展提供有力保障。

【行业管理】 2016年，市交通局坚持把服务百姓、满足市民交通需求作为交通运输发展的着力点和出发点，创新工作举措，服务市民出行。

*优化运输服务体系。*优化调整城市公交，增加105路城东至城西班线，延伸109路公交至惠丰镇，开通102路汇龙至大兴镇公交，实现汇龙至周边卫星镇城市公交全通达。开通汇龙至滨海园区定制公交，服务园区发展。开通北新、王鲍镇镇村公交，满足西部市民出行。完善公交设施，新增节能环保型公交43辆。出租汽车完成更新。推进镇村公交建设，实施方案已出台，准备新增优化10条镇村公交线路，投放公交车23台，2017年5月底前到位。优化启沪城际快线，启东市到上海客运班线日发班次188班，停靠上海12个站点，成为启沪两地交通的主要方式。运输市场环境不断净化，加强非法营运专项整治，有序推进寄递渠道安全管理。

*完善农村公路路网。*通过2004年至2016年十二年的农村公路建设，市新建农村公路近4100公里，农村道路基本通上白色水泥路。2014年以来，市交通局注重于农村公路路网的完善，每年安排一定的建设计划，对一些农村连接路、群众反响强烈的道路进行改造，进一步服务农村百姓出行。

*推进公路养护管理。*坚持以“提升路况质量、改善路容路貌、增强服务能力”为目标，推进公路养护规范化管理。干线公路重点抓好重点路段环境整治，农村公路重点抓好安保达标村创建。专门制订创建的标准、要求和奖惩办法，组织人员进行月考核、月通报，把考核实绩与乡镇综合考核、创建资金拨付有机挂钩，实现奖优罚劣的工作机制。严格检查考核，做到每月考核通报、每季排名点评，推进公路管护规范化建设。

【安全管理】 2016年，交通安全生产工作稳步推进，交通安全生产态势总

农路（市交通局/提供）

市区新增交通技术监控点　　（潘　杨　徐　璐/摄）

体良好。全系统未发生重特大道路、水上交通事故、火灾爆炸事故、工伤死亡事故、因运输管理不善而造成危险化学品的泄漏事故；单位内部无重大工伤事故；通航水域未发生因管理不善而造成48小时以上的航道阻塞事故。制订年度安全生产管理目标责任制，层层细化分解，使安全生产各项工作任务落到实处。组织开展"春运"安全生产活动，"深化安全生产月活动""严厉打击非法违法生产经营建设行为专项行动""夏季安全生产百日竞赛活动"，每项活动都有详细的工作方案，做到有计划、有部署、有检查、有总结，力求活动组织严密，整改措施有力，检查严格细致，落实有序规范。

【运输生产】 2016年，全市境内公路客运量911万人次，旅客周转量6.53亿人次，货运量856万吨，货物周转量13.43亿吨公里。内河货物运输量190万吨，货物周转量4.03亿吨公里。

【航政管理】 2016年，市航政部门严格执行《中华人民共和国航道法》《中华人民共和国航道管理条例》及其《实施细则》等航道法规，加强航政管理，取得明显成效。全年市航政部门共审批临跨过河设施14起，其中报南通市处审批5起，站审批9起，实施行政处罚1起、罚款300元。累计巡航210天，巡航总里程达1.95万公里，巡航期间对航道技术状况、临跨河设施、航政许可、航道标志标牌进行检查，发现问题及时整改、修复。全年共收取航道补偿费53.79万元，其中收取固定设施及浮吊船补偿费20.28万元，建设桥梁、临时设施等补偿费33.51万元。全年清障扫床2次，扫床里程达539.32公里，打捞沉石0.8吨，其他障碍物0.4吨。按照上级要求和规定，对所有发光航标建立"一标一档"制度，做到上标检查与遥测检查相结合，确保航标正位率100%，正常发光率达到99%以上，为广大船民安全航行提供指路明灯。

【路政管理】 *干线公路养护质量稳步提升*。坚持突出日常养护管理。以精细化为标准，加大养护检查考核力度，全面落实月度巡查、考核通报、计量支付等工作。提前完成省道小修、水毁修复工程、336省道小修路段改造、撑架桥等6座桥梁桥头跳车处置和路面灌缝等项目。推进南阳村桥、惠和镇桥改造。全面完成干线公路路网调整。按照最新的国省干线路网调整方案，开展沿江公路升级为356省道的各项工作。开展相关检测统计。配合养护企业、检测单位，开展省道公路路况检测。

农村公路管理成效显著。强化月度考核。坚持每月一次大范围、高质量的月度考核，监督养护企业全面完成养护任务。完成总投资2050万元的年度养护大中修计划，具体包括全市约7万平方米道路维修、9.5万平方米沥青罩面以及5万米的县乡道灌缝工作。加强桥梁检查，编制危桥改造计划。针对管养桥梁定期检查情况，站上报合汇线中央河桥等7座危桥改造计划，完成197座县乡道桥梁的定检工作。实施公路安全生命防护工程，对志圩线、吕北公路等11条线路实施83公里农村公路安保工程。

路政管理实现依法治理。规范路政许可。全年完成许可受理43起、处理案件132起，各项许可事项均达管理目标要求，无经行政复议被撤销、变更案件。严格执法管理。全站完成处罚案件立案数267个，其中一般程序119起，简易程序148起，占全年任务的135%。开展路域环境整治及示范路创建。对公路用地内堆积、路面污染、农作物种植、秸秆焚烧等违法行为进行及时处理。采用联合整治、安装护栏、种植绿化等举措，对221省道启东公园北桥、336省道胜丰菜场等一批马路市场进行综合整治。联合公安，采取增设行车道、安装护栏等措施，对336省道惠萍镇集镇段进行整治。采取挖除多余的桥下平台、用钢管阻隔桥下与外部空间等多种举措，对辖区内25座干线公路桥梁桥下空间实施专项整治。争取市财政投入500万元，对临海公路启东北段等六座大桥实施桥下绿化。公路沿线垃圾箱（桶）的整治全部完成，与336省道沿线镇村协调，改建砖混结构垃圾箱7个、设置移动垃圾桶20个，同步实施地面硬质和绿化种植，方便垃圾清运，并种植法青等绿化，实现美化、净化。加大超限治理。全年共查处超限车辆51起，卸驳载货物977吨，收取罚款23.3万元。

（陈永兵）

铁路建设

【概况】 2016年，宁启铁路启东段全力推进。年末，全长39.5公里的宁启铁路启东段累计完成工程总量的64%，完成总造价10亿余元。完成钻孔基桩、铁路承台、铁路墩台、路基水泥搅拌桩、碎石铺层、路基加固、框架中小桥、圆涵及框架涵等基础工程建设，完工率达100%。在此基础上，完成钢梁拼装场、填料拌合站和启东制梁站等大型临时工程。市沿线镇村基层组织和广大民众全力支持铁路建设，服务保障工作有力推进，拆迁安置基本完成，海复、汇龙两镇的铁路拆迁集中安置区加快建设，许多镇村零星安置的上百农户住上新房，铁路建设用地所有青苗赔付等工作全面完成。

开展其他两条铁路的谋划。2016年5月9日，国家铁路局在启东召开规划研讨咨询会，专家意见明确指出沪崇启铁路过江通道是北沿江铁路的重要节点，应及早进行规划研究。积极向上沟通争取，沪崇启铁路的前期工作加快推进。做好吕四港区铁路专用线的前期工作。5月24日，在上海铁路局完成吕四港区铁路专用线的预可评审。

(陈永兵)

环境保护

【概况】 2016年，市环保局以生态文明建设为引领，以改善环境质量为主线，强化环境调控，深化污染治理，严格环境监管，着力解决危害群众健康、影响可持续发展的突出问题，全市环境保护工作稳步推进。

【环境空气质量】 二氧化硫、二氧化氮、可吸入颗粒物、细颗粒物、一氧化碳、臭氧。

2016年因网络或仪器设备等故障，环境监测站子站全年共获有效监测数据350天。对照《环境空气质量标准》(GB3095-2012)标准，市区受细颗粒物影响，环境空气质量未达到二级标准。环境空气质量日综合评价达标天数为282天，达标率为80.6%。具体结果如下：

二氧化硫年均值为17μg/m³，24小时平均第98百分位数为36μg/m³，均达到年均值一级标准和日均值一级标准，日评价达标天数366天，达标率100%。

二氧化氮年均值为19μg/m³，24小时平均第98百分位数为61μg/m³，也均达到年均值一级标准和日均值一级标准，日评价达标天数365天，达标率99.7%。

可吸入颗粒物年均值为54μg/m³，24小时平均第95百分位数为123μg/m³，均达到日均值二级标准，日评价达标天数358天，达标率97.8%。

细颗粒物年均值为41μg/m³，未达到年均值二级标准，超标倍数为0.17倍；24小时平均第95百分位数为92μg/m³，未达到日均值二级标准，超标倍数为0.23倍，日评价达标天数327天，达标率89.3%。

一氧化碳年均值为0.8mg/m³，24小时平均第95百分位数为1.2mg/m³，均达到年均值一级标准和日均值一级标准，日评价达标天数366天，达标率100%。

臭氧日最大8小时滑动平均值的第90百分位数为154μg/m³，达到日均值二级标准，日评价达标天数332天，达标率90.7%。

降尘。2016年，市区自然降尘平均值为6.7吨/平方公里·月，比参照标准(8.0吨/平方公里·月)低1.3吨/平方公里·月，与2015年持平。

降水。全年共收集降水样品83个，降水量为1704毫米。pH值范围为4.83~6.12，年平均值为5.52。全年酸雨出现频率为42.2%，与2015年相比上升8.1%。

【水环境质量】 水源水。饮用水源地南通洪港水厂取水口：2016年南通市环境监测中心站的监测结果表明，南通洪港水厂水质达到《地表水环境质量标准》(GB3838-2002)中Ⅲ类水质标准，全年12次监测水质的达标率为100%。

备用水源地汇龙地面水厂取水口：2016年监测结果表明，汇龙地面水厂各项监测指标年均值能达到《地表水环境质量标准》(GB3838-2002)中Ⅲ类水质标准，全年5次监测的达标率为100.0%。

长江水。2016年长江北支启东段(国控)的总体水质符合《地表水环境质量标准》(GB3838-2002)中的Ⅱ类水质标准，达到其水质功能类别的要求。

近岸水域(距北岸500米)水质：各项水质指标年均值均符合《地表水环境质量标准》中的Ⅱ类水质标准，水质状况为优。

中泓两侧水域(距北岸1000米、2000米)的水质：各项水质指标年均值均符合《地表水环境质量标准》中的Ⅱ类水质标准，水质状况为优。

与2015年相比，长江北支启东段水质无明显变化。

主要内河水。2016年全市主要内河水水质整体有所改善。

通启运河：聚南大桥断面(国控)总体水质符合Ⅲ类标准，水质为良，与上年相比，水质状况有所改善；通启运河的近海大桥断面(省控)总体水质符合Ⅲ类标准，水质为良，与2015年相比，水质状况有所改善；通启运河桥断面(省控)总体水质符合Ⅲ类标准，水质为良，与2015年相比，水质状况有所改善。通启运河整体水质符合Ⅲ类标准，水质为良，与2015年相比，水质状况有所改善。

通吕运河：天西大桥断面(省控)水质总体水质符合Ⅲ类标准，水质为良，与上年相比，水质状况有所改善；如意村断面(省控)总体水质符合Ⅲ类标准，水质为良，与2015年相比，水质状况有所改善。通吕运河整体水质符合Ⅲ类标准，水质为良，与2015年相比，水质状况有所改善。

三和港：沿江公路桥断面(启东市控)总体水质符合Ⅲ类标准，水质为良，与2015年相比，水质状况有所改善。

蒿枝港：海复大桥断面(启东市控)总体水质符合Ⅳ类标准，水质状况为轻度污染，主要污染物为高锰酸盐指数(0.1)，与2015年相比，水质状况无明显变化。

南引河：民主三条桥断面(南通市控)总体水质符合Ⅳ类标准，水质状况为轻度污染，主要污染物为氨氮(0.1)，与2015年相比，水质状况有所下降。

头兴港：头兴港北桥断面(南通市控)总体水质符合Ⅲ类标准，水质状况为良好，与2015年相比，水质状况无明显变化；沿江公路桥断面（启东市控）总体水质符合Ⅲ类标准，水质状况为良好，与上年相比，水质状况有所改善。头兴港河整体水质符合Ⅲ类标准，水质状况为良好，与2015年相比，水质状况有所改善。

城镇地表水。头兴港河头兴港北桥断面（南通市控）总体水质符合Ⅲ类水质标准，水质状况为良好。与2015年相比，水质无明显变化。

南城河和平南桥断面（省控）总体水质仅为劣Ⅴ类，水质状况为重度污染，主要污染物为氨氮（1.1）、总磷（0.1），与2015年相比，水质明显下降。

两条河水质相比较，头兴港河的水质明显好于南城河。

地下水。2016年，市潜水层设1个测点：永阳村70号；第三承压层设2个测点：东元水厂深井和吕四水厂深井，于5月、8月各监测一次，分析项目22项。监测结果表明，永阳村70号浅井水质类别符合《地下水质量标准》（GB/T14848-1993）Ⅲ类标准，污染程度为"良好（Ⅰ类）"，主要污染物是氨氮、亚硝酸盐氮、总硬度、铁、锰等，说明当地潜水层受到地表径流有机污染影响，且含盐较高，属矿化型水质。东元水厂深井水质符合Ⅲ类标准，为"良好（Ⅰ类）"，主要污染物是氨氮、亚硝酸盐氮、总硬度等；吕四水厂深井水质符合Ⅲ类标准，为"良好（Ⅰ类）"，主要污染物是氨氮、亚硝酸盐、总硬度等。从两口深井水质状况可以看出，启东市第三承压层总体水质符合地下水标准Ⅲ类，水质级别为"良好（Ⅰ类）"，水质受到一定程度的地表径流有机污染影响，且含盐偏高，属矿化型水质。

【声环境质量】 功能区噪声。2016年市区共设7个功能区噪声测点，其中居民文教区3个测点、混杂区2个测点、工业区1个测点、交通干线两侧1个测点。监测结果表明，各个功能区环境噪声年均值均符合《声环境质量标准》（GB3096-2008）中的相应标准，各测点季度的测定结果也均符合《声环境质量标准》（GB3096-2008）中的相应标准。和上年同期相比，功能区噪声质量等级没有变化。

交通噪声。2016年，市区主干道昼间交通噪声平均值68.0分贝，符合《声环境质量标准》（GB3096-2008）中4类区昼间标准，道路交通噪声质量等级为好，所有监测路段的交通噪声值均达标，与上年相比，交通噪声质量等级无变化。

区域环境噪声。2016年，市区设置128个区域环境噪声监测点，覆盖面积18.0平方公里。昼间等效声级平均值为54.7分贝，噪声质量等级为较好，与上年相比，区域环境噪声质量等级没有变化。声源构成以生活源为主，占58.6%，其次是交通源，占21.9%，工业源占11.7%，施工声源占7.8%。

（茅文湖）

【大气、水、土壤污染防治】 市环保局坚持环境保护与促进发展相协调、环境治理与改善民生相结合，把为社会提供基本的环境质量作为必须保证的公共服务，推进污染防治工作。

推进大气污染防治工程。国信热电6#机组完成脱硫、脱硝、电除尘改造；协调大唐电厂3#、4#机组完成超低排放改造；化工园区6家企业完成挥发性有机物治理，19家重点企业通过清洁生产审核；推进燃煤锅炉淘汰，推进黄标车淘汰工作。环境空气质量在南通保持领先地位。

制定水污染防治方案。制定《启东市水污染防治工作方案》，以改善水环境质量为核心，坚持水域陆域、城镇乡村、地表地下统筹，实施分流域、分区域、分阶段综合治理，系统推进水污染防治、水生态保护、水资源管理工作。

统筹土壤污染防治。编制《启东经济开发区电镀中心重金属污染防治"十三五"规划》，完善区域重金属环境质量监测体系建设。加强危险废物重点源动态管理，开展危险废物专项整治。组织开展农村环境质量试点监测，完成省控17个土壤环境质量监测点位核查。

【环境执法监管】 市环保局坚持有法必依、执法必严、违法必究的原则，开展行政执法监督检查，增加立案数量，加大个案处罚力度，做到发现一起，查处一起，严查严处，努力扭转"守法成本高，违法成本低"的状况，维护人民群众的环境权益。

深化环保执法亮剑行动。全年共对77家排污单位进行立案查处，立案罚款金额445.4万元。其中，实施按日计罚1起，移送公安机关4起，查封扣押6起，限产停产1起。

突出重点行业专项检查。专门成立5个专项行动工作小组，重点对化工园区企业、区外化工企业、印染企业、危险废物的生产、经营单位及信访矛盾激烈问题进行督察，提出整改要求及化解措施。共计现场检查722厂次，排除环境隐患73个，限期整改企业169家。

探索推进环保体制改革。构建网格化环境监管体系，制定《启东市网格化环境监管体系实施方案》，明确相关部门环境监管职能，完善各级网格工作机制。推行日常监管"双随机"检查制度，建立包含企业名录库和执法检查人员名录库的动态信息库，通过摇号等方式，从企业名录库中随机抽取检查对象，从执法检查人员名录库中随机选派执法检查人员开展现场监察。

加大环境信访调处力度。在日常监管中加强与企业之间的交流，及时了解和掌握群众的诉求，解决因信息不畅，沟通不够而导致的环境信访。同时，将环境安全隐患排查作为信访应急的重要内容，全面掌握风险源企业的环保措施、应急预案、责任制的落实情况，对环境安全问题和污染隐患做到"早发现、早处置、早消除"。

【建设项目环境管理】 优化重大项目服务。主动对接省环保厅、南通市局，推进上级审批与验收项目的服务工作，协调项目排放总量，传化长江岸线整治项目、国信热电搬迁项目、开元民生、世纪之花、东岳药业等项目顺利取得上级环评批复。主动联系走访广汇、华峰超纤、北部区域污水处理厂等在批在建重特大项目，协调环保技术论证，预估环境可行；对已批建的重大项目，协调解决环评审批与验收所面临的困难和问题，完成胜狮集装箱、华能风电二期项目、神通阀门、海四达电源扩建、道明化学等重大项目环评审批及环保竣工验收。

强化事中事后监管。联合市行政审批局发布《关于取消或调整启东市建设项目环保管理有关事项或流程的通知》，取消建设项目环境影响咨询表，实施建设项目环保试生产报告制度，调整建设项目竣工环境保护验收流程，简化审批环节，提升工作效能。强化建设项目事中事后环境监管，推进环境监察、环境监测和环评管理联动机制的完善落实，提高企业污染防治水平，从源头上防范环境污染和生态破坏，推动企业转型升级。

加强环境信息公开。开展企业环境行为信息评价工作，完成131家企业的分级评定，将信用评定结果抄送中国人民银行及物价局。做好信用体系建设及“双公示”工作，全面归集自然人及社会法人信用数据信息，统计2013年至2016年的信用数据上报至启东信用信息平台及双公示平台。

【环境专项治理】 2016年，市环保局按照上级部门的总体部署，以解决一批人民群众关切的突出环境问题为目标，对交办的各类事项进行全面细致排查，制定整治工作方案，实行清单化、项目化管理，确保各项工作齐头并进，按期完成。

开展环保违法违规项目清理。在前期全市环保大检查已开展排查的基础上，精心制定环保违法违规项目清理工作推进方案，对全市建设项目环保违法违规行为进行细化、分类，将工作任务、完成时限分解细化，并按照“关停一批、登记一批、整治一批”的要求，分门别类进行清理整治。

开展化工园区专项整治。联合园区管委会，成立专项检查组，对园区危险废物处置、集中供热等基本情况进行排查梳理。针对园区废气扰民现象，制定LD废气检漏与修复方案、园区废气监控方案，建立化工园区环境空气质量预警。采取节假日、夜间突击抽

胜科污水处理项目，主要服务吕四港经济开发区石化新材料工业园工业企业
(郁卫兵/摄)

查，对多家发现有恶臭超标的企业进行立案查处。

推进畜禽养殖污染整治。牵头各职能部门推进畜禽污染综合整治，按照禁养区全部关闭，限养区适养区全部整改并通过验收的标准，对养殖场(户)实行分类管理，全面清理整顿非法和不符合规范标准的养殖场(小区)、养殖专业户。全市禁养区养殖场(户)共85户，至年末，拆除35户养殖场(户)，占比为41.2%。

【环保基础工作】 2016年，市环保局落实环境监管长效机制，提高全市环境污染防治和监督管理水平。

推进生态建设工程。发挥市生态文明建设领导小组办公室职责，起草制定《全市年度生态文明建设工程目标任务书》《关于加快推进生态文明建设的实施意见》，统筹协调全市生态文明建设相关工作。编制完成《启东市“十三五”环境保护和生态建设规划》《启东市生态文明规划》，推进自然保护区规划调整相关编制工作；组织推进覆盖拉网式农村环境综合整治试点工作；建设“生态文明建设宣传一条街”，推进绿色学校、绿色社区创建。

协调总量减排。围绕“十三五”主要污染物减排和年度减排目标责任确定的任务，制定年度减排工作计划，确定电力行业改造、淘汰落后产能、污水处理和畜禽污染治理等四大重点减排领域，统筹上报重点减排项目。开展年度环境统计，摸清环境底数，对156个工业源、农业源、生活源进行调查排摸。制定总量控制目标，对信实精密、泓泽添蓝等20多个有关项目实施总量指标核定。完成启东市首家排污权有偿使用交易。

严格环境质量监测。做好国控、省控、市控地表水监测、省级生态补偿同步监测以及环境空气、降水、降尘和环境功能区、环境区域噪声监测等工作。加大对饮用水备用水源地监测，开展涉重企业周边空气、水、土壤环境污染调查。每天在电视台和省、市环保网站发布环境空气质量日报和实时报，按照市重污染天气应急预案的要求及时发布重污染天气空气质量预警。

(朱文津)

综　述

【概况】 2016年，全市实现服务业地区生产总值392.42亿元，同比增长11%，占地区生产总值的比重为44.5%，比上年底提高1.1个百分点。累计实现服务业应税销售534.22亿元，实现服务业税收38.45亿元。

【项目建设】 2016年，全市共完成服务业投资261.87亿元，同比增长25%，继续保持良好势头。实施亿元以上服务业产业项目38个，累计总投资达65.1亿元；其中超过5亿元以上项目4个，超过10亿元以上项目2个，分别是半步堂公园道项目和恒大五国温泉城项目。

【企业培育】 强化服务业企业的跟踪服务，对重点企业落实专人负责，按月分析，促进服务业企业提高能级。2016年，应税销售1000万元以上的重点服务业企业达102家，全市250家规模以上服务业企业实现营业收入85亿元，同比增长13%，其中新增规模以上服务业企业7家。

【集聚发展】 天汾电动工具商贸城提档升级，通过省集聚区重新审定和南通现代服务业集聚示范区评审。启东创新型经济园获"南通市现代服务业集聚示范区"称号，2016年完成投资18.5亿元，实现销售收入6亿元，完成税收1亿元，新增应税销售超千万元以上企业14家。

（张　华）

商贸流通

【概况】 2016年，在消费升级和结构调整不断深入的双重拉动下，启东消费品市场呈现出增速稳中有升的运行态势。全市住餐企业带动作用明显，但部分传统商超企业销售不乐观。全年实现社会消费品零售总额324.57亿元，同比增长10.8%，镇乡、园区限额以上社会消费品零售总额100.19亿元，同比增长9.4%，新增上限企业8家，删除11家，实际减少3家。

【重点商贸流通项目】 总投资70亿元的恒大国际会议中心，2016全面竣工并投入使用，建筑面积5.6万平方米的国际会议展览中心，满足国家级以至国际级一流会议标准。大润发超市于2016年11月28日开业，总投资5.23亿元，占地45.7亩，总建筑面积10万平方米。国内最大家的家居装饰及家具商场运营商家红星美凯龙多次考察启东，项目初步选址在惠萍镇。

【市场运行监测预警】 根据商务部和省商务厅对2016年主要生活必需品、生产资料和重点流通企业进行监控的要求，全市网上直报企业共有40家；全年报送周分析81篇，商务信息143条，先后完成药品流通统计、商务服务业、商务流通业、再生资源回收行业等统计工作。开展典当、拍卖等行业风险排查工作，上门了解企业的运营模式，确保企业依法经营；做好再生资源经营企业备案登记和报废汽车拆解监管工作；2016年度共完成黄标车核查327辆。

【行业管理】 商贸流通领域的行业管理主要包括拍卖行管理、典当行管理、再生资源管理、二手车市场管理、报废汽车回收拆解管理等。再生资源经营企业备案、报废汽车回收拆解等在手管理内容，根据省和南通市商务局的要求，把相关工作列入重要议事日程，做好检查督促，按序时进度完成相应工作。

2016年，多部门联合检查20多次，检查人员达60多人次，检查企业160多家次，排除隐患20多条。发放宣传标语6条，宣传图片5张。同时，通过短信平台、QQ群、微信群等方式，宣传安全政策法规，及时警示灾害天气，强化安全预防，时刻绷紧安全生产这根弦。

【成品油市场管理】 全年共组织65次重点检查活动，由消防和安监共同参与的18次，由局分管领导带头参与13次，由职能科室组织34次，发现问题及时提出整改意见，并责令限期整改，指导成品油经营企业的安全生产工作。会同安监、消防等部门开展安全月活动，对全市109家加油站（点），协同所在镇（乡）开展拉网式专项检查活动。会同质监局召开全市成品油经营企业管理工作会议，贯彻落实安全生产工作，通报加油站年检工作情况,宣传计量标准化工作,并提出要求。组织对全市109家加油站(点)负责人和工作人员进行安全知识培训、上岗培训,印制发放加油站安全工作台账400多套,实行规范化管理。整顿行业秩序,开展塘芦港、连兴港地区加油站(点、船)专项整治活动。在2015年重点整治的基础上,2016年对全市群众反映的热点问题和重点户头,开展专项整治检查活动,协调矛盾。配合市有关部门和上级商务部门,对塘芦港、大洋港加油企业了解工作,做好对个别企业的接访、协调和应诉等处置工作。在做好全市加油站点的规划工作,修编全市加油站发展规划的同时,做好2016年加油站迁建计划的编制确认,并报省厅同意。做好年检工作,对全市82家正常经营加油站点进行一年一度的证书年检。对年检中查出的存在问题,及时反馈给各有关企业,进行限期整改。指导加油站的管理,监管成品油经营市场。

【"双打"工作】 市政府专门成立由21个核心部门组成的启东市打击侵犯知识产权和制售假冒伪劣商品工作领导小组。各部门成立部门"双打"工作组,建立上报案件及信息制度,根据部门职能工作的实际情况确定"双打"侧重点,将"双打"工作成果进行量化考核,引导市场主体诚信守法经营。结合市侵犯知识产权和制售假冒伪劣商品行为的特点,明确全市"双打"工作的执法重点:以打击侵犯著作权、商标权、专利权以及植物新品种权等行为为整治重点内容;以产品制造集中地、商品集散地、侵犯知识产权和制售假冒伪劣商品案件高发地为整治重点地区;以新闻出版业、文化娱乐业、高新技术产业和农业为整治重点领域;以图书、音像、软件、汽车配件、手机、药品、种子等为重点查处产品。严厉查处侵犯驰名商标、涉外商标的违法行为;严厉查处违法印制、出售商标标识及包装、装潢的行为;严厉打击利用互联网侵犯注册商标专用权和销售假冒伪劣商品的行为;加强对著名商标、地理标志的保护;查处假冒伪劣商品的源头,构成刑事犯罪的坚决移送。双打各成员单位共立案219起,结案202起,涉案金额159.1万元,抓获犯罪嫌疑人28人,刑事拘留10人,起诉2人。

【安全生产】 2016年,市商务局与重点企业签订安全生产责任状,将责任落实到位,同时多次召开专题会议,牵头消防等部门对重点商贸流通企业进行多次实地检查,开展夜间巡查,查找隐患,落实整改,确保商贸流通领域的安全无事故。对各重点商贸流通企业、加油站、A级景区、星级饭店、旅行社下发多项安全生产文件,督促其做好安全生产工作,全年没有发生重大安全事故。

(徐　健　林建飞)

供销合作

【概况】 2016年,市供销总社以《中共中央、国务院关于深化供销合作社综合改革的决定》精神为指导,围绕"三农"工作中心,以改革促进发展,以发展提升服务,开展以"为农服务社"提档升级为主要内容的农村社会化服务体系建设,牵头组织实施全市25家为农服务社的提挡升级,完成南通市政府下达的年度考核任务,将供销合作社打造成为农服务的生力军和综合性服务平台。

【供销合作社改革】 根据供销合作社综合改革的总体要求,2016年,市供销总社展开对南阳供销社综合改革的试点工作,在此基础上完成全市15个建制镇的基层供销合作社的重组。改革后的供销总社,下辖1家市属公司、15家基层供销社、1家农资连锁企业、2家行业协会、1个电子商务网站,供销社基本形成为农服务的完整网络体系。

【中国供销·启东农产品国际物流港】 "中国供销·启东农产品国际物流港"项目,是由市供销总社招商并落户启东的央企大型农产品物流项目。项目计划占地1000亩,投资20亿元。项目将启东农产品的特色优势与央企品牌、资源、网络、商户、政策、金融等优势结合,立足启东、服务上海和长三角区域,辐射全国,目标建设成为全国网络市场体系中的区域性核心市场。2016年,供销总社作为项目协助建设部门,支持项目建设,主体工程部分完工并投入使用。相关配套建设有序推进。

【启东农产品供应网】 "启东农产品供应网"是由市供销总社于2012年组建的一家农产品营销综合性网站。2016年,作为全市农产品企业现代综合信息平台,该网站为全市农产品产供销信息的收集、整理和发布,发挥作用。网站发布的农产品信息涵盖全市90%以上的各类农副产品、80%以上的农业生产企业、专业合作社及生产基地。

【"海滨农资"连锁销售网络】 "海滨农资"连锁企业是由市供销总社牵头转制、供销商业公司参股的农资连锁

中国供销·启东农产品国际物流港建设项目　　(潘　杨　郁卫兵/摄)

企业，系“启东市农资行业协会”会员单位。2016年，“海滨农资”依托农资行业协会平台，坚持为农服务方向，整合农资市场资源，筹建农资连锁配送网络，基层连锁销售网点达250多家，全年销售规模占全市市场份额的三分之一，基本形成完整的农资销售连锁网络体系。

【启东农产品流通协会】 市供销总社依托“启东农产品流通协会”平台，参与全市现代都市农业、接轨上海、农产品营销等重大建设活动。2016年，市供销总社与“上海江桥农贸市场”达成筹建“沪苏万亩农产品基地”建设战略合作协议；下半年组织相关农产品企业参加“全省农产品名特优新展销会”“通沪两地农产品对洽会”，促进农产品企业走向市场，参与流通，扩大市农产品的品牌知名度。

（施新建）

粮油贸易

【概况】 2016年，全市粮食系统加快转型升级，推动科技创新，在科学保粮、仓储设施建设、“放心粮店”管理、落实市场监管职责等方面取得较好成绩。

【粮食流通监管】 加大储备粮检查力度，促使企业在粮食安全、台账资料、库区环境、粮温监测等各个方面强化管理。规范粮食收购秩序，开展粮食库存、放心粮店、成品粮油销售、粮食质量安全监测等专项检查，共检查各类粮食主体的粮食100多批次，维护市场秩序稳定。

【仓容仓貌管理】 2016年，加快储备库建设速度。抓住机遇，精心编制规划，筹措资金，储备库项目投入3000多万元，用于仓房建设和设备添置，夯实“粮安工程”基础。启东市地方粮食储备库5栋高大平房仓结构封顶，内部设备安装完成并投入使用。

【地方储备粮管理】 贯彻落实省政府丰产增储行动计划，适度调整地方储备粮规模，严格执行储备粮轮换管理制度，创新轮换方式，按照粮食市场供求和需要轮换的实际情况，确定轮换数量，保证轮换目的，增加市场供应。夯实政府调控粮食的物质基础，为销区粮食安全提供有力保障。

（季　辉）

食盐专营

【概况】 2016年，启东市盐务管理局（南通市江口盐业公司）顺应盐业体制改革和转型发展大局，抓主营业务，依法行政，强化食盐市场监管职责，规范食盐批发环节专营流程，保障启东食盐市场的供应和食盐安全。全年实现销售总量1.36万吨。

【食盐市场监管】 2016年，市盐务局累计检查碘盐零售户2000余户，走访食品加工点150家、餐饮点500家、各类食堂300家、居民灶台1500余家，共查处盐业违法案件22起，移交公安刑事侦查2起，立案2起2人，查处盐产品13.7吨，没收盐产品5.5吨。全市未发生任何食盐安全事故。加强“食盐放心店”创建工作，2016全市共有“食盐放心店”400家。

（陆永生）

烟草专卖

【概况】 2016年，启东市烟草专卖局（分公司）共完成卷烟销售32749箱（每箱250条，下同），同比减少5.79%；实现含税销售额11.5亿元，同比减少1.6%；税利3.26亿元，同比增长4.69%，费用率2.52%。

【专卖管理】 2016年，市烟草局（分公司）坚持向市场监管要销售，向规范经营要发展，针对卷烟市场特点，重点开展冬季会战，闪电19号、20号专项整治行动，全年共查获涉烟违法案件97起，1万元以上案件19起，其中5万元以上5起，上报涉烟违法网络案件1起，涉烟违法分子取保候审3人，判刑1人，查获各类违法违规卷烟2205.9条，没收假烟249条，到账罚没款11.48万元。

强化专卖内部监管，市场净化率保持在98%以上。坚持依法行政，规范许可审批行为，卷烟零售许可证办理缩短至8个工作日，通过开展上门办证、上网办证等提高烟草零售许可证办理效率，发放许可证207份，延续许可证754份。强化证件后续监管，常态化开展“休眠户”“无效户”清理工作，确保无证经营控制在2%以内。

【卷烟营销】 2016年，市烟草局（分公司）突出“面向市场、面向客户、面向品牌”三个面向营销体系建设，精确把握市场动向及消费环节，变“推销”为“拉销”，推动营销质效提升，全年重点品牌销售30807箱，占比94.07%。其中，销售前茅的品牌：中华1911箱，增长0.79%；利群1969箱，增长51.44%；云烟2433箱，同比减少0.9%；黄鹤楼718箱，同比减少29.49%；苏烟3611箱，增长0.12%；细支烟销量285箱，增长36.8%；低焦油卷烟销量2594箱，占比7.92%；人均销量保持南通地区前茅。

【精益管理】 用精益管理支撑发展。在卷烟营销方面，明确销售目标、服务目标、物流降耗目标，做到目标责任明确到部门和岗位。在专卖管理方面，不断完善市场监管体系，抓住对标目标，提升精准监管的效率，强化基础管理。全年受理12345热线53起，12313举报49起，处理满意率100%。在财务管理方面，加强定额管理成本费用控制和三项费用率优化。在物资采购方面，实行全面公开招标。在安全管理方面，全年安全无事故，通过省安监局的安全生产标准化二级复评。开展基层创优活动，顺利通过江苏省优秀县级局（分公司）的检查验收。

【文化建设】 2016年，市烟草局（分公司）积极创建学习型、服务型、责任型“三型”企业，倡导学习型文化，全年分别以政治理论、政策法规、领导素能、岗位知识和专业技能为专题，开展学习教育培训，组织员工学习教育培训1500人次，撰写各类论文10篇。

倡导服务型文化,强化服务理念的转变,坚持专销联动,做到高效、全民,缩短办证时间和入网销售时间,坚持为弱势客户提供差异化服务,建立面向零售户系统的信息采集和沟通机制,以满足需求为追求,深化消费者服务。倡导责任型文化,履行社会责任,参与援助灾区重建、开展扶贫帮困、关爱儿童等志愿服务活动,全年各类捐赠近7万元。

(苏建辉)

石油经营

【概况】 2016年,中石化启东石油分公司加油站完成销量总量10.68万吨,其中零售94900吨(汽油67696吨,柴油27204吨),直分销1.19万吨,实现非油销售2223万元。IC卡充值1.61亿元,发卡14353张。

【业务经营】 2016年,成品油销售保持强劲增长,批发业务稳中有升,易捷非油品业绩增长,98#汽油在8座加油站有售,全年新增10座24小时站点,中石化启东石油50%以上的站点实现24小时营业。在吕四地区增加1座中石化轻资产站。

(陈　胜)

邮　政

【概况】 中国邮政集团公司江苏省启东市分公司有在编员工510人,内设综合管理部、人力资源部、市场经营部、财务核算部4个职能部门和金融业务、电子商务、函件业务、发行投递、集邮5个专业。2016年,实现业务总收入1.82亿元,全年完成收支差额4724万元。储蓄余额规模92.66亿元,汇兑业务完成2.58万笔,全年订销报纸累计1792.50万份,订销杂志累计133.62万份,国内小包业务完成37.80万笔。2016年,公司蝉联2013—2015年度“江苏省文明单位”,荣获南通市机关事业单位治安保卫工作先进集体,邮政服务综合满意度达96.8%,南阳、久隆支局分别被评为“南通市青年文明号”和“南通市青年文明号争创集体”。

邮政快递业务增加　(王婷婷/摄)

【机构设施】 启东邮政有营业网点50处,其中金融类服务网点45处,均配备齐补登折机、ATM(CRS)自助机具,纯邮政服务网点5处。2016年,邮政平均每一营业网点服务面积为24.2平方公里,平均每一营业网点服务人口为2.24万人。邮乐购加盟店316个,电商运营中心1个,邮政自营店45个,村邮站259个,自提点20个。全市共有邮政信箱(筒)197个,邮政报刊亭22处,各类服务用车24辆。有计算机(在用)190台,终端机301台,投递手持终端29台,农投智能手机115部。

【通信网络】 全市汽车邮路9条(其中南通邮路1条),投递邮路总条数112条,其中农村投递线路92条,全部摩托化,农村投递线路长度(单程)7756公里。城市投递线路20条,全部更新为电动自行车,城市投递线路长度(单程)828公里。城市小包专投线路7条,专投线路长度(单程)364公里。邮政城区投递无休,每日平均投递2次,农村快递包裹投递无休,每日投递2次。

(王　欢)

电　信

【概况】 2016年,中国电信启东分公司(以下简称启东电信)致力于做领先的综合智能信息服务运营商,秉承“用户至上、用心服务”理念,深化改革,推进互联网化转型,加快全业务规模发展步伐,加大社会渠道建设力度,加速通信网络升级换代,为广大市民用户提供内容丰富、业务智能、服务高效、价格优惠的通信服务。公司被评为2013—2015年度江苏省文明单位,公司党委被中共启东市委、南通市公司党委评为“先进基层党组织”。

【经营发展】 2016年,启东电信贯穿“加快发展、转变方式、深化改革、推动创新、加强管理”工作主线,围绕“4G进攻战、光改歼灭战、新兴业务大会战”三大战役,以问题为导向破解发展难题、以竞争为导向抓执行,开展启东行业智能化、农村信息化、家庭智慧化建设,业务涵盖4G移动业务、宽带接入业务、电信电视业务、固定电话业务、网元出租业务以及各种行业信息化业务。2016年,启东电信完成南通市公司下达的收入预算指标,市场地位得到巩固与提升;加大社会渠道建设力度,代理零售网络覆盖得到补充和优化;开展“通信升级、满意服务”系列活动,扩充完善电信

电信光缆管道铺设　（袁　竞/摄）

政府、企业通信网络；改进提升推进新兴业务发展，启东政府、企事业单位运行“智慧化”程度，市政园林路灯监控项目被评为全省物联网标杆项目三等奖，政府舆情云项目成为南通地区云业务标杆项目。

【网络保障】 保障全市党政军通信安全和百万人民通信畅通，推进通信网络升级换代工作，调整投资结构，重点投资全市光网建设、4G网络建设，建成一个业务种类全、覆盖范围广、通信质量高、服务能力强的综合信息网络。启东电信率先启动“光网城市”建设，在全市范围内有计划、逐步推进电信用户光网迁改工作；4G网络覆盖进一步优化，网络质量指标在全行业领先，无线中心被评为“全国质量信得过班组”称号。

【服务优化】 2016年，启东电信加强客户响应及重大项目支撑保障工作，缩短响应时限，提升服务感知，完成市公安四期、人民医院大楼搬迁、滨海园区搬迁等重大项目的建设和响应工作；提升客户服务能力，率先提出宽带“当日装、当日修、慢必赔”服务承诺。完善各项服务规范，落实“首问负责制”，使服务管理规范化、制度化，提升客户满意度。

（张　端）

移动通信

【概况】 2016年，中国移动江苏公司启东分公司在省公司“大连接”战略和“创新、精细、均衡”三轮驱动的指引下，以4G建设发展和信息化应用为重要手段，加快市场发展进程，公司发展取得较好业绩。启东移动通过技术创新、管理创新、服务创新提升自身竞争力。增强4G业务广域和深度覆盖，4G基站总数超700个，实现城市、县城和乡镇的连续覆盖，数据业务覆盖率达95%以上。加强服务布点，全市共有300多家营业厅和特约代理点。通过10086、网上营业厅和掌上营业厅打造线上服务模式，用户普及率达61.11%，立体化的服务模式得到用户认可。

【信息化能力提升】 2016年，公司加快实现转型，依托集团综合信息服务能力和互联网服务能力，为各行业提供固定电话、互联网专线、数据专线、室内无线覆盖、监控网络以及智能化工程、软件平台开发、信息系统集成等综合信息化服务。“蓝天卫士”监控平台为政府部门实时监控秸秆焚烧，助力文明城市建设；水务局防汛项目实时监控水位，为防汛决策提供重要依据；公安局社会面监控分布于各重要路口、小区及公共区域，为“平安启东”保驾护航。

【服务体系优化】 公司落实全过程品质管理，以投诉处理为抓手，以责任考核为手段，加强服务标准落地，通过不知情定制管控、垃圾短信治理、伪基站集中治理等工作，保障用户信息安全。响应国家对电话用户真实身份信息规定登记的要求，年末，公司用户实名率已达99.8%，新入网用户100%实名。从2015年起，通过全网统一套餐、流量安

公司工作人员为市民解答手机使用问题　（移动启东分公司/提供）

心服务、宽带提速优惠、降低国漫资费等持续开展“提速降费”服务。

(卞红华)

联合网络通信

【概况】 2016年,中国联合网络通信有限公司启东市分公司(简称启东联通)围绕省公司“1513”行动纲领,秉承“以德为本、以勤为本、以人为本”的工作理念,在通信行业市场竞争中发挥主动性,实现收入稳定增长。2016年,完成收入约6500万元,用户数约20万。公司在规范客户服务、安全生产管理、参与社会公益等方面多管齐下,坚持全方位发展,得到社会的支持与认可。分别荣获南通市、启东市委颁发的“文明单位”称号。

【网络建设】 启东联通以全业务经营和4G发展为引擎,坚持以用户为中心,加强技术、业务、服务和管理创新,提升综合实力和核心竞争力。以“加快目标网建设,提升网络全业务服务能力”为主线,推进“沃超越”精品网络建设工程。完成语音网工程,启东联通共开放2G基站200多个、3G基站150多个,4G基站300多个,为启东地区的联通用户提供良好的网络服务。

【客户服务】 启东联通树立精品服务意识,创建品牌示范窗口,改变过去窗口的单项业务受理为全业务受理,用户无论到哪一个窗口,都能受理所有业务,根据用户需求,添加和完善便民服务措施,新增叫号机、客户休闲区,提高窗口服务水平。

(联通公司)

中广有线

【概况】 2016年,中广有线信息网络有限公司启东分公司(以下简称分公司)深化体制改革、推进业务转型升级。对内改造网络、细化管理、优化运营体系,为分公司的持续发展夯实基础;对外拓展市场,强化服务,创新营销模式,以服务带动效益提升,按序时进度完成各项目标任务。

【业务拓展】 稳步发展数字电视业务。由于电信IPTV和互联网电视的不断发展,数字电视市场竞争激烈,分公司调整市场竞争策略,提高产品质量,提升服务水平,巩固数字电视用户群。加大业务宣传和推广力度,结合不同时段、不同用户群体有针对性地开展营销活动。2016年,为配合城区、农村网改推进,满足新开通、购买副机和老用户等不同用户的需求,分别推出“单向网区域高清包”“双向网区域高清包”“高清置换套餐”“新开通家庭套餐”“装宽带送互动”等营销套餐。针对节日和特殊时段,策划节日营销和活动套餐,以“实物礼品”赠送的形式促进业务销售。五一节期间,推出装宽带“油”礼相送活动;国庆期间,推出新用户安装优惠活动;欧洲杯期间,推出办高清送啤酒活动,12月,策划新年充值送好礼抽大奖活动,针对“惠28”“炫45”的套餐推广推出好礼相送活动,取得较好的社会反响和销售业绩。

发展宽带业务。“有线宽带”是在三网融合的大背景下,分公司与江苏有线、浙江华数合作,推进有线数字电视基础业务和增值业务发展、构建全业务广播电视网的重要举措,巩固数字电视用户群,实现启东广电网络宽带用户稳步增长。

【优质服务】 2016年,分公司以市政府开展的政风、行风纠风工作活动、“人民满意服务示范窗口”创建和“政风行风”评议为契机,贯彻服务、质量、效益、创新等理念,加强队伍建设,强化服务意识,推进各项工作。分公司及基层站的效能建设排名在全市均名列前茅。全年电话呼叫中心呼入电话89357次,接通电话80492次,平均接通率90%,回访用户4285户,处理用户投诉14起,解决特殊问题39起。

做好12345热线、网络等其它渠道的用户报修和咨询问题的处理,专人负责做好12345热线故障处理的进度跟踪和回单工作,全年共受理报修3375起,无超时、无回访不满意的情况发生。

【事业建设】 2016年,分公司为农村网改做好各项准备工作,根据市农村有线电视网络建设现状,参照其它县市双向网改建设经验,融合设备供应商的意见和建议,在《启东市农村广电网络FTTH改造规划方案》的基础上,起草并讨论通过《中广有线启东分公司建设工程费用定额》《中广有线启东分公司建设工程预算定额》《中广有线启东分公司建设工程机械台班费用定额》三个企业标准。完成光缆、光设备等各类网改器材招标工作,部分器材已采购入库,网络设计图逐步完成,为下阶段农村网络全面推进双向网改,开展宽带、互动电视等增值业务作好准备。

【安全播出】 2016年,分公司根据全市一、二级干线网络安全特性,制定《网络巡查制度》,全年共计巡查线路3600多公里,处置网络抢修200多单,派发运维工程30单。对全市一、二级292公里干线全面维护、消除故障隐患,确保干线网络传输处于良好运行状态。严格执行安全播出、机房值班、零报告、安全生产等相关制度,加强安全教育,提高安全意识,规范安全施工操作。尤其是在传统节日及“全国两会”“6·4”、G20杭州峰会、十八届六中全会、省党代会等安全播出敏感时段,按照上级广电主管部门、省市公司相关要求做好安全播出工作。

(施鸣健)

综 述

【机构调整】 2016年，市政府办公室发出《市政府办公室关于印发启东市人民政府金融工作办公室主要职责内设机构和人员编制规定的通知》，启东市人民政府金融工作办公室由在启东市人民政府办公室挂牌调整为独立设置，为启东市人民政府派出机构，正科级建制。内设综合管理科（银行保险科）、资本市场科两个科室。

【全市金融机构情况】 2016年，启东市金融组织体系进一步健全和完善，金融业态不断丰富。至年底，全市共有20家市级银行业机构和232个银行业机构网点，从业人员3965人；保险从业机构23家，其中财险公司14家，寿险公司7家，保险中介公司2家，服务网络覆盖城乡，保险的密度和深度不断提高；证券营业部2家，分别是华泰证券营业部和中信证券营业部，共托管投资人账户63907个；农村小额贷款公司6家，融资性担保公司5家，融资租赁公司2家，典当行1家，通过备案的股投、创投企业9家。

【银行存贷规模】 2016年，全年本外币各项存款余额为1248.54亿元，比年初增加164.90亿元，增长15.22%，存款增量位列六县（市、区）第五。本外币各项贷款余额为712.78亿元，环比增加25.61亿元，比年初增加61.16亿元，增长9.39%，贷款增量位列六县（市、区）第五。全年贷款增量不多，但结构日趋优化。截至12月末，实体经济贷款增加额位列六县（市、区）第二，政府平台类贷款余额位列第五，个人贷款增加额位列第一。国库收入稳步增长。至12月末，共入库预算收入123.78亿元，其中中央级收入16.54亿元、省级收入1.93亿元、县级收入105.3亿元。外汇形势稳中有进。在“控流出、扩流入”的宏观背景下，2016年，全市贸易进出口总额31.30亿美元，同比减少8.41%，贸易顺差22.39亿美元，同比增长26.24%；货物贸易项下收支总额27.37亿美元，同比减少5.68%，收支顺入17.86亿美元，同比增长17.82%。现金供给合乎需求。全年日现金出入库量达121.91亿元，同比减少15.84%。其中，投放现金59.71亿元，同比减少6.05亿元；回笼现金62.21亿元，同比下降16.88亿元；轧差净回笼2.5亿元，同比减少10.83亿元。

【企业上市挂牌】 2016年，林洋能源在2015年成功增发融资18亿元的基础上，2016年又成功增发融资28亿元。江苏神通年初成功通过现金加股权并购无锡法兰，交易额达3.3亿元；年中出资8000万元与盛宇投资设立产业基金，年底增发定增4.63亿元通过证监会发审。泰林股份、和和新材两家企业成功登录全国中小企业股转中心。首创股份8月底在天交所成功挂牌。

【辖内金融风险防范】 2016年，市金融办发挥市金融稳定协调机制作用，加强辖内金融风险排查，高标准完成互联网金融风险专项整治清理整顿工作；高度关注宏观政策和形势变化带来的潜在金融风险隐患，做好资金链较紧的重点骨干企业监测和协调工作，确保辖区金融的安全运行；加强对到期贷款的风险防控，摸清贷款真实用途，督促金融机构合理收贷，防止因金融机构共同退出导致企业资金断流，形成系统性的风险聚集。

【打击非法集资】 2016年，市金融办搭建宣传平台，打击非法集资，做到电视有形、报纸有文、网络有论、社会有舆论。各相关部门、镇、园区、街道及各银行机构通过张贴海报、悬挂条幅、电子屏字幕播放等形式宣传防范非法集资内容，合计悬挂横幅100余条，张贴海报300余份、电子屏字幕40多块，投入专题宣传经费2万元。针对全市摸排出的306家投资理财类企业，市金融办牵头市管局、公安局、人行等部门进行拉网式排查，全部上门走访调查和提醒约谈到位，共发放《非法集资风险告知书》120份，签订《远离非法集资承诺书》80份，经风险排查其中需重点关注的企业有38家。

（朱怡蓉　龚宝妹）

中国人民银行启东市支行

【金融服务改革】 2016年，中国人民银行启东市支行推进经营权抵押贷款工作。支行全年发放土地承包经营权抵押贷款4107万元。

金融服务站规范建设。全市297个行政村共布设农村金融综合服务站240家,集银行卡查询、转账、消费、小额取现、水电费缴纳、电信缴费、广电费缴费、跨行收付款等业务功能于一体。全年业务交易共48.87万笔,同比增长50.48%,交易金额9716.79万元,同比增长47.05%。其中,取现业务5.27万笔,同比增长4.58%,金额为1454.69万元,同比增长26.82%;生活类代缴费业务42.06万笔,同比增长80.24%,金额6588.25万元,同比增长79.76%。有30家被评为优秀服务站,10家被评为示范服务站。

探索供应链融资模式。支行督导金融管理部指导辖内金融机构开展供应链应收账款质押贷款投放工作。8月、9月,启东农商银行确定1家应收账款供应链的核心企业和5家上游企业,合计投放应收账款质押贷款2238万元。支行督导外汇管理部为千力物流有限公司办理南通辖内首家跨境融资业务备案,金额为1090万元港币;加强对韩华新能源跨国资金池运营的服务指导,该资金池累计发生跨境交易8909.2万美元,同时也为其办理2笔境外放款,分别为1800万美元和1.35亿元人民币。

深化金融消费权益保护工作。支行完善机制,细化措施,指导金融机构健全内部工作机制,简化投诉处理流程,主动披露潜在风险,突出宣传教育,提高服务质量,规范服务行为,提高金融消费者风险识别能力和风险防范意识。全年支行共收到12345转来的投诉11起,政府转来的信访交办单1件,经过沟通、调解,金融消费者均得到满意答复。

【金融精准扶贫】 支行会同市农工办、财政局制定印发《启东市精准扶贫“特惠贷”试行办法》,为有一定生产能力的贫困农户提供“5万元以下、3年期以内、免除担保抵押、扶贫贴息支持、市级风险补偿”的低利率、无成本、纯信用贷款。11月30日,“特惠贷”成功发放,两位贫困农户共获1万元的无成本信贷资金支持。对政府分配的10户7000元以下低收入人口进行建档立卡,并赴贫困户开展慰问活动。

【金融服务产品创新】 推广“绿色型”抵押贷款。创新指导启东农商银行先后出台《排污权抵押贷款管理办法》《合同能源管理项目收益权质押贷款管理办法》。启东南方润滑公司将合同能源管理项目的未来收益权作质押,北新化工园区以有偿取得的排污权作为抵押物,全年两项绿色贷款共发放近1000万元。

推行“苏科贷”项目。支行联合市科技局,指导辖内企业申请“苏科贷”项目,帮助科技型企业开拓融资渠道。2016年,全市共有11家科技型企业成功申请“苏科贷”,贷款总额为3950万元。

探索再贷款抵押机制。11月初,支行有效推动启东珠江村镇银行成功发放首笔信贷资产质押支农再贷款,金额为3000万元;12月初,启东农商银行成功发放金额为5000万元的信贷资产质押支农再贷款。

打造“智慧城市”。支行配合南通开展市场调研,10月,成功推行“金融IC卡智慧闪付工程”上线运营。

【金融生态建设】 构建市场利率自律机制。支行根据《关于降低实体经济企业融资成本的指导意见》,构建“启东市市场利率定价自律机制”,推动《启东市市场利率定价自律机制存款利率定价与营销自律规则》出台,引导金融机构利率下行,不断降低融资成本,加大金融支持实体经济力度。

加强社会信用体系建设。督促金融管理部配合做好全市社会信用体系建设工作,推动启东信用网正式上线运行,形成“政府主导、人行牵头、各方参与、服务社会”的工作模式,这也是建设陆海统筹发展信用培育基地的重要举措之一。开展银行业金融机构银行失信行为专项整治活动,倡导启东市自律机制主任委员单位启东农商银行向银行业金融机构发起的《启东市银行业诚信经营倡议》,严厉打击逃废债、银行失信等行为。强化征信服务。自助查询设备实现全覆盖,全年使用自助查询设备查询征信人员达18478人次。

防范金融市场风险。支行全年牵头召开协调会10余次,参与政府牵头召开的协调会20余次,协调解决宏强重工股份有限公司、上海杜邦龙机电有限公司吕四分公司等重点企业的银行融资问题,及时化解潜在金融风险。各部门共开展打击非法集资、征信管理、反假宣传等活动20余次,依托“政风行风热线”和《启东日报》“银行业界”版块,普及金融知识,提高金融消费者维权意识,维护辖区金融稳定,防止系统性风险发生。

【基础工作】 开展会计二级达标复验工作。对2014年起会计凭证、登记簿、各类清单进行自查,整理2009年起的会计档案,全面清查固定资产和采购档案,加强会计内部控制和风险防范,提高会计核算和管理水平。支行顺利通过会计二级达标复验。

实施人民币流通满意工程。优化辖内流通中现金的货币结构,加强小面额货币调拨,有计划地增加各种面额货币投放,满足市场需求,提升辖区流通中人民币的质量。

扩大硬币自循环影响力。全市12个建制镇成功设立11个硬币自循环清分鉴定网点,利用社会化清分公司的力量,成立流动硬币清分站,上门为公交公司等单位开展硬币自循环工作。全年共完成硬币循环187.77万枚,金额169.63万元。

【执法建设】 2016年,支行全面整合监管力量,加强对银行业金融机构的综合评价、综合执法,年内对浦发银行、招商银行分别开展综合执法检查,严格按照制度、程序提出检查意见,增强银行机构合规经营意识。8月,支行对江苏启东珠江村镇银行开展资产真实性评估,发现该行不良债权转让存在不真实嫌疑,及时加强存款保险相关工作,按要求做好存款保险费的上缴。11月、12月,对迁址后的浦发银行、民生银行加入人民银行金融管理与服务体系进行现场检查、审核。开展货物贸易外汇管理非现场监测。全年共监测546笔,现场核查企业16家,对韩华新能源、太平洋海工和中远船务等6家企业下发“风险提示函”,对4家银行开展约谈。

(朱怡蓉)

中国工商银行股份有限公司启东支行

【概况】 至2016年12月31日，中国工商银行股份有限公司启东支行本外币各项贷款余额76.64亿元，较年初增加8.09亿元；各项存款余额123.64亿元，较年初增加25.51亿元；实现中间业务收入1.73亿元，完成拨备前利润3.81亿元。支行在全省工行系统县（市）支行综合考核中名列第一名，获“精品县（市）支行”称号。

【个金业务】 2016年，支行将存款任务分解落实到网点和部门，组织开展储蓄存款“周周赛”活动；定期组织开展各类业务产品沙龙活动，推行网点大堂“微沙龙”营销，深入市场营销，鼓励各网点利用空闲时间、抽调人员，对周边商铺、企业和社区挨家挨户进行走访宣传，改善客户体验，增强增存能力；主动服务建筑企业年终分配和机关企事业单位代发工资、奖金津贴等分配工作，拓展批量业务市场。截至12月31日，人民币储蓄存款余额较年初增加3.17亿元，个人金融资产总额较年初增加4.3亿元，均列南通工行系统第二。

【对公存款】 2016年，支行加强“工商企业通”客户服务，通过网点代办、工商驻店模式，做好新客户扩容工作。加强招商信息平台监测，跟踪服务好招商引资项目和企业。加强大额资金客户服务，主动对接做好账户管理和资金结算工作。推进拓户提质，启动部门联动、网格化营销的团队服务模式，做好机构优质目标客户营销工作。拓展银票、保函、信用证业务，抓好保证金存款，带动存款增长。挖掘对公客户潜力，促进存款增长。加强重点客户服务。突出上市公司、机关事业单位、建筑企业等服务重点，主动服务财政国库资金电子化改革和上市公司定增资金归集，推介集团公司资金池服务。截至12月31日，人民币对公存款余额较年初增加22.04亿元，列南通工行系统第一。

【资产业务】 2016年，支行转变观念，完善管理，持续拓展创业贷、项目经理贷款，探索小企业贷款拓展新办法、新路子。支持优质信贷客户和市场。支持启东经济发展，不断加大城市和园区基础建设信贷投放力度，主动服务招商引资项目和中小优质企业。全年公司贷款较年初增加3.68亿元。推进个贷业务快速增长。介入优质按揭项目，主动服务碧桂园中邦上海城、绿城玫瑰苑、恒大海上威尼斯等项目开盘，全年新增按揭贷款楼盘8个，新增个人贷款4.4亿元，列南通工行系统第一。截至12月31日，支行人民币各项贷款余额较年初增加8.09亿元，列南通分行系统第三。

【中间业务收入】 2016年，支行先后在南通工行系统首次推出电子银行承兑汇票质押业务、上市公司并购项目贷款、上市公司掉存通业务、备用信用证业务、跨境资金池业务、私人银行理财资金投资业务等一批新产品、新业务。加强银行卡业务拓展推广，全年新发银行卡8187张。抓好POS收单商户拓展，将收单业务嵌入网点对公新开户流程，全面做好存量和增量特约商户的营销拓展，新增特约商户81家，累计消费额8.3亿元。加强汽车4S店和二级经销商服务，推动分期付款业务快速发展，全年办理汽车分期付款业务8377万元。加强贵金属营销，推介龙凤传家系列、猴年生肖系列、各类邮币类等产品，全年累计销售实物金银和积存1号879万元，销售积存2号705公斤。发展现金管理业务，新增16户省行级票据池现金管理客户、资金池3户，成功签订南通工行首个“跨境人民币双向资金池业务”合作协议。加强互联网金融拓展，成立互联网营销团队，将无卡（折）客户和无网银（手机银行）客户向有网银客户转化，开展融e联产品营销，拓展融e购电商平台客户。全年实现中间业务收入1.73亿元，实现拨备前利润3.81亿元，均列南通工行系统第一。

（周 健）

中国农业银行股份有限公司启东支行

【概况】 至2016年12月31日，中国农业银行股份有限公司启东支行各项存款余额为150.81亿元，比年初增加13.3亿元。其中，个人存款余额121.56亿元，比年初增加7.4亿元，总量和增量均列四行第一；对公存款余额28.75亿元，比年初增加5.9亿元。日均存款余额150.63亿元，比年初增加15.7亿元，其中个人、对公存款日均分别增加8亿元和8.64亿元；个人存款余额和日均存款余额占四行份额的50%以上，对公存款余额和日均创历史新高。各项贷款余额达60.84亿元，比年初增加3.6亿元，增量列系统第一。其中，个人贷款余额20.46亿元，比年初净增4.81亿元。实现营业净收入3.15亿元，同比增加640万元，增量列系统第一；实现中间业务收入7089万元，同比增加846万元；实现拨备前利润2.28亿元、拨备后利润2.23亿元，同比分别增加3740万元和4708万元；经济增加值9999万元；成本收入比为26.36%，低于年度目标3.32%。上述效益指标全面完成南通市行目标任务。全年新开各类账户659户，其中基本账户431户、一般账户83户、其他账户145户。年末个人有效客户达179976户，比年初增量1163户，个人加权贵宾客户增量5506户。个人贵宾客金融资产增量15.8亿元，比上年同期增长4779万元。成功投放南通首单光伏发电0.8亿元、南通首单银贷通项目0.38亿元、棚改项目5亿元、协兴生态渔业贷款1亿元、水系整治项目3亿元等贷款。代理寿险总额3.57亿元，创历史新高；成功拓展启东人寿保险年金1800万元；国际业务基础精细化管理取得成效，首次获评外汇银行A类行；开放式理财日均保有量3.44亿元，同比增加1.4亿元，增长68%；信用卡分期付款交易额7048万元，同比增加2076万元，比上年增长42%；信用卡有效客户新增6922户，同比增加2924万元，增长73%。

【存款总量】 储蓄存款。提高网点的现场管理水平,通过差别化、人性化的服务,促进储蓄存款的稳步增长;发挥银行卡对储蓄存款的绑定功能,抓好金穗借记卡、贵宾卡以及惠农卡等银行卡的发放工作,提高卡存款对储蓄存款的贡献度;开展储蓄存款增存"龙虎榜"、新春储蓄存款上台阶专项营销活动等竞赛活动,激发全员增存积极性。

对公存款。建立存款的内生增长机制,通过关系绑定、渠道绑定、资源绑定、产品绑定来形成稳定的客户群体和存款增长源头。从注册性资金、日常结算资金、机构类资金、客户项目建设资金、产品锁定资金等多个来源,寻找对公存款增加的途径和方法,其中同业存放,邮储10亿元、农发行3亿元。

外汇存款。抓资本金和结算账户的开立。全年资本金累计到账2227万元,比上年同期增加536万美元。通过分析不同币种之间的汇率和利率的走向,运用掉期存款、远期结汇等产品,有效稳定资金留存。

【信贷投放】 2016年,支行完成新批及投放的企业3家:启东市华虹新能源电力有限公司渔光互补项目0.8亿元(南通首单光伏发电)、南通国润融资租赁有限公司银赁通项目0.38亿元(南通首单银赁通项目)、启东衡麓市政有限公司棚改项目5亿元(年内投放1亿元)。投放启东市协兴生态渔业有限公司渔业贷款1亿元、启东市通达水利综合开发建设有限公司水系整治项目3亿元。加大个人贷款的投放力度。通过对个贷中心实行事业部制考核引导、网点主任直接下达穿透式个人贷款营销目标方式,全行个贷增量实现较大突破。

【产品营销】 电子银行业务。利用节假日走进市场、走进企业批量集中营销,提高电子银行产品渗透率;通过"乐享周六 美食半价""十元观影"、刷卡购物送礼等活动提高信用卡的发卡量和有效率;通过柜面营销、短信营销、车展营销、4S店营销等方面建立汽车分期营销网络,通过与个贷中心联动,批量推送装修分期的营销短信及商铺分期,信用卡分期得到较大发展。瞄准各类专业市场,加大转账电话和POS机投放力度,抢占和锁定优质客户资源及结算资金;拓展吕四船闸掌银支付,向阳小学、和平幼儿园手机缴费项目,抢占新兴支付市场。至年末,信用卡中间业务收入683万元,完成目标任务的98%;电子银行中间业务收入1053万元,完成目标任务的101.25%。

外汇业务。全年贸易融资发生量19.77亿元,在南通农行系统排名第二,发生量占全南通发生量的23.58%;国际业务基础精细化管理取得成效,首次获"外汇银行A类行"称号。

【风险管理】 至年末,支行法人客户继续保持零不良,成功退出和收回中欣公司2700万元。个人不良管控有效落实,年末控制在市行下达的1300万元之内,不良占比0.6%,低于全行1个百分点。全年成功堵截各类诈骗案件39起,金额1000多万元,有3人次被市公安局表彰。全行未发生重大案件、责任性事故及声誉风险事件。

【专业营销团队优化】 2016年,支行组建以网点主任、客户经理为基础,联络员为辅的多支营销专业团队,提高与客户一对一的市场营销能力。支行公司业务部牵头负责重大项目、工业企业百强、进出口企业50强等名单制客户、农业龙头企业、投行业务和国际业务等营销;网点具体负责小微企业和新型合作社的营销;公司业务部、零售银行业务部对辖内的龙头企业和重点企业进行"公司+农户"模式营销;个贷中心人员和重点网点(吕四支行、个贷中心客户经理)对吕四地区渔船改建及重点船厂进行"富渔贷"业务营销;沿海5家网点重点对有海域使用权的养殖企业、专业大户进行营销;基础性网点重点对生产经营类农户开展小额贷款的营销。

(汤巍威)

中国银行股份有限公司启东支行

【概况】 2016年,中国银行股份有限公司启东支行本外币各项存款余额为94.10亿元,较年初增长7.98亿元。人民币各项贷款余额为65.64亿元,较年初增长7.87亿元,其中公司贷款较年初增加1.77亿元,零售贷款较年初增加6.09亿元。实现营业净收入2.89亿元,拨备前利润2.26亿元。全年成功堵截3起通讯诈骗案,涉及金额72.9万元。

【资产业务】 2016年,支行围绕陆海统筹启东金融示范区的服务优势,立足"银企、银区、银政"三个互动,支持区域经济建设。全年新增企业授信额度16.36亿元。围绕"拓渠道、亮品牌",开展零售贷款源头营销活动,派出专职队伍,实施驻点金融服务。全年住房贷款新增量达6.08亿元。

【负债业务】 2016年,支行通过与上级行联动、同企业签订战略合作协议等方式,持续开展融合银企双方发展的深度合作,成功争揽股票募集资金、销售房款、资本金等大额资金近40亿元。在个人存款业务上,各经营性机构分级联动,争取企业代发薪、相关分配资金的落地。全年共实现企业代发薪15.16亿元,个人客户折算新增7971户,新增金融资产5.62亿元。支行人民币储蓄存款余额为56.61亿元,较年初增长2.01亿元。

【产品拓展】 2016年,支行营销跨境人民币业务,实现跨境人民币交易量3.64亿元,占启东市场份额的40.79%。国际结算贸易量8.34亿美元,占启东市场份额的27.61%。开立保函5.35亿元。全年有个人电子银行存量交易客户数20026户、中银易商交易客户数4109户,新增保障卡2512张,新增非保障借记IC卡27137张,新增嘀嗒支付721户,全量信用卡分期1.2亿元。全年共实现中间业务净收入7348万元。

(王 健)

中国建设银行股份有限公司启东支行

【概况】 2016年,中国建设银行股份有限公司启东支行完成主营业务收入4.25亿元,同比净增2010万元;中间业务收入1.47亿元，同比净增1728万元。实现拨备前利润3.38亿元，同比净增4350万元；税前利润2.89亿元，同比净增3211万元。通过债权转让等方式，年内现金回收一笔新增不良1.2亿元。全年未发生重大恶性案件、重大安全责任事故、重大群体性事件。支行获“2013—2015年度江苏省文明单位”称号。

2016年，支行完成简版智慧柜员机12家、普通版2家；新增离行式自助银行7家，其中在建3家。

【存款业务】 至年末，支行完成全口径存款时点余额141.18亿元，时点新增15.91亿元；日均余额138.99亿元，日均新增10.98亿元。一般性存款时点余额141.16亿元，时点新增15.98亿元；日均余额138.91亿元，日均新增11.09亿元。其中，储蓄存款时点余额83.41亿元，时点新增3.74亿元；日均余额84.06亿元，日均新增4.06亿元。对公存款时点余额57.75亿元，时点新增12.24亿元；日均余额54.85亿元，日均新增7.03亿元。四行相比，支行对公存款时点余额与日均余额同列第一；全口径与一般性存款日均余额以及个人存款日均余额与日均新增均列四行第二；全口径、一般性以及对公存款日均新增同列四行第三。

【贷款业务】 至年末，支行各类贷款余额77.04亿元，四行占比27.44%，列第一；新增6.46亿元，四行占比25.74%，列第三。其中，个贷余额26.04亿元，四行占比31.97%；新增7.22亿元，四行占比30.69%，两项指标均列当地四行及南通系统第一。

【国际业务】 支行全年新增贸易融资1609万美元，列四行第二、系统第一；实现到账外汇资本金(含外债)6611万美元，跨境人民币业务量9.3亿元，同列四行第一；完成金宏口径外汇结算98227万美元，首次跃居四行第一，同比净增15420万美元；结售汇量34593万美元，列四行第二、系统第一，同比净增6594万美元。

【资产业务】 2016年，支行强化项目储备，全年报批政府通、重大基础设施固贷、投行等储备项目近30亿元，有效缓解支行建筑业贷款占比高、风险过于集中的资产经营压力。做优小企业业务，围绕优质制造业、百强纳税企业、上市及拟上市企业等，拓展“助保贷”“税易贷”等小企业产品，完成大数据客户13户，“助保贷”入池企业17家，新增“助保贷”3700万元。做强个贷品牌。紧盯全市10多个重点楼盘，通过配备个贷客户经理、建立任务型团队、目标底线管理措施等，做好房贷宣传咨询服务工作。全年共计投放个人住房商业贷款2279笔11.48亿元，个人住房公积金贷款795笔3.38亿元；年底实现个人住房商业贷款余额25.26亿元，公积金房贷11.36亿元，分别较上年新增7.82亿元和1.88亿元。发展信用卡分期业务。全年实现分期交易额1.5亿元，四行第一、系统第二，较上年净增4978万元。其中，汽车分期3531万元，装修、车位分期1678.8万元，分期通完成4930.7万元，一般分期4816.18万元。

【短板业务发展】 2016年，支行围绕产品零售、代发工资、结算账户、移动金融等短板业务，建立任务型团队，推进底线目标管理和全员营销竞赛。全年销售实物金16.2万克，同比增幅73.6%；代销基金5524万元；代理保险4.64亿元，同比增幅53.5%，；实现各类保本、非保本理财产品销售余额7.17亿元，较年初净增3700万元。新增个人资产客户17997户，同比增幅7.97%；个人有效客户净增33309户，增幅8.9%；AUM500万元以上个人高端客户新增16个。对公基本结算账户新开659户，累计净新增616户。实现代发单位账户204户，当年新激活38户，其中基本户代发142户，贷款户代发62户。累计代发个人账户42412户，代发金额21.22亿，实现资金沉淀5.97亿元，同比新增1.67亿元。新增借记卡6.98万张，其中鲁班龙卡新增2.45万张。新增信用卡发卡14647张，达标商户净增224户，全量商户净增538户。通过鲁班龙卡签约电子银行、学校幼儿园收银台、手机银行缴党费、签约拆红包等活动平台，移动金融替代率达99%。

【金融服务创新】 支行根据市场与客户需求，发展金融新产品。与驻地15所中小学、幼儿园合作开通校园卡空圈、移动收银台等平台业务；与人行、法院、国税、市委组织部等企事业单位建立掌上银行交党费业务；在当地率先搭建第一个“菜蓝宝”移动闪付项目；在系统内营销首笔人民币CCS外汇货币掉期业务128万美元、首笔家族信托业务1000万元以及首单双代付业务200万美元和跨境受托支付800万美元、首笔跨境双向人民币资金池等创新业务。发展机构业务，成功拓展财政、法院、行政审批局等大系统机构客户，与市人民医院、市第一中学建立业务合作关系，签约启东市国土局网上招投标项目、启东市公共资源交易中心网上招投标项目、启东市财政集中支付项目、启东法院诉讼执行款账户等，机构类存款日均余额26.27亿元，日均新增6.17亿元。

（吴玉章）

江苏银行股份有限公司启东支行

【概况】 截至2016年12月31日，江苏银行股份有限公司启东支行各项存款余额55.13亿元，较年初减少1059万元，其中个人存款余额新增1.74亿元，对公存款余额较年初减少1.28亿元，储蓄存款较年初新增1.18亿元；各项贷款余额达44.47亿元，较年初减少3.71亿元，其中个贷较年初新增1.31万元，公司类贷款较年初减少4.99亿元；国际结算量3.12亿美元，跨境人民币2.37亿元；小企业资本节约口径完成3.72亿元，较上年新增4854万元，资本节约口径户数155户，较年初新增26户；非保本理财销售22.37亿元，代销保险1651万元，代销基金1982万元，贵金属销售457万元，个人网银新增7439户，手机银行新增7994户，理财客户新增535户，完成中间业务收入3294万元。

【资产业务】 2016年，支行重点加强与市城投、交投、经济开发区、滨海工业园、滨江化工园、海工园等客户关系维护。成功投放市滨海工业园绿轩园林项目1.5亿元、花花苑项目1.5亿元、长江船舶1.5亿元、融海投资2亿元、启东经济开发区科创中心流动资金贷款1亿元、启东天诺建设项目贷款0.7亿元。加大对表外资产业务营销,成功投放海启高速项目3亿元、御龙房地产人才公寓项目1亿元、南郊村安置房0.7亿元和启东城市发展基金3.5亿元。强化“税e融”、科技金融等低资本消耗的小微企业信贷营销,先后与启东市城北工业园、滨海工业园合作开展“税e融”等小微产品推介会,完成支行的小企业指标。发展个人贷款业务,组织客户经理驻扎绿城香格、中邦上海城、翡翠苑、御河湾等售楼中心办理个人住房贷款,拓展伊顿公馆、长龙御景园二新楼盘。重视卡易贷、分期付的营销,丰富支行零售贷款群体。

【负债业务】 2016年,支行加强对建筑施工企业跟踪落实,确保总额2亿元的施工分配规模,成功营销二建集团、建筑集团、启安集团、捷捷电子等累计2000多万元股东分红储蓄存款。推进零售客户回馈工作。通过办理电子银行送伞、社区外拓等宣传营销活动,吸引客户,辐射营销理财产品、“惠多宝”“智存宝”等特色产品,开展对零售基础客户群的维护与转介,发展一批30万元以上存款及理财VIP客户。消化储蓄大户年初3000多万元存款转出,关注授信客户的结算回笼,发展绿色存款,本外币资本金、财政存款、事业单位存款成为对公存款的有效补充。

【中间业务】 2016年,支行开展投行、票据、资金管理等新业务。开展民生信托8亿多元的托管业务,新增城市发展基金3.5亿元,新投结构化融资4.7亿元,叙作二建的融易管业务1.5亿元。

(张　艳)

交通银行股份有限公司南通启东支行

【概况】 2016年,交通银行股份有限公司南通启东支行做大社会融资规模,提升服务实体经济水平。至年末,贷款余额8.76亿元,存款余额14.47亿元。全行实现经济利润2973万元。新一代531系统(即业务信息系统)实现境内全面上线,为产品创新、客户拓展、效率提升、风险管理打下坚实基础。持续推动小微企业业务发展,加大信贷资源投入,推广展业通经营模式。推进基层营业网点转型发展,加快普惠金融网点建设。

(谢忠涛)

上海浦东发展银行股份有限公司启东支行

【概况】 截至2016年末,上海浦东发展银行股份有限公司启东支行实现各项存款余额22.82亿元,比年初增加3.91亿元,其中对公存款余额19.23亿元,储蓄存款余额3.59亿元。各项贷款余额11.54亿元,其中对公贷款余额9.42亿元,个人贷款余额2.12亿元。全年实现主营业务收入4060万元,其中对公营业收入2300万元;对私营业净收入1340.64万元,对私财富类中收355.24万元,信用卡净收入65.78万元,实现净利润2940万元。

(沈翠娥)

中国邮政储蓄银行启东市支行

【概况】 2016年,中国邮政储蓄银行启东市支行严格执行精细化管理,稳步推进经营体制改革,强化风险管控制度,加强能力建设,优化资源配置,推动企业良性高效发展。全年储蓄存款总余额22.2亿元,比上年净增3.55亿元;个人贷款余额18.84亿元,比上年净增5亿元。

【个人贷款】 2016年,支行根据市场变化,及时调整组织架构,实现信贷业务发展与管理分离。结合农业现代化衍生的金融需求,做好农村信贷服务创新,如渔船网批质押贷款、渔船改造工程贷款、滩涂养殖批量化小额贷款、紫菜加工行业小额贷款等。个人贷款余额达到18.84亿元,年度净增达5亿元,规模和净增均列全区县行第一。

【对公业务】 2016年,支行公司存款日均余额6.64亿元,较上年日均增长1.75亿元;小企业贷款结余9590万元,年度净增1720万元;买入“福费廷”2.93亿元,办理外汇结算410万元;投放公司贷款9.84亿元,较上年增长8.34亿元,是全区获批项目最多、投放最多的县行。

【风险管控】 2016年,支行加强全面风险管理体系建设,构筑业务、风险、审计多层级全过程的防控体系。健全案件防控领导小组,层层签订案件防控责任书,构建资金安全联动机制;加强邮银案件联防,坚持邮银联席会议、案防工作会议及风险报告工作制度,深化案件专项治理;开展多类别检查活动,加强检查的深度和力度,提高检查质量。强化资产保全制度的落实,建立部门间正常的信息沟通和联合机制,有效控制不良贷款逾期率,至12月底全行总体不良率0.08%,全区第一。全年共组织安全检查12次,发现的隐患按期全部得到整改。

(陈蓓蕾)

中国农业发展银行启东市支行

【概况】 2016年,中国农业发展银行启东市支行企事业单位年底存款余额8.36亿元,其中4月末存款余额突破25亿元、日均存款突破20亿元。全年企事业单位日均存款17.85亿元,比年初增长9.01亿元,增幅101.65%,创造新的纪录。全年发放贷款8.55亿元,实现账面利润8226.7万元,同比盈利增加3174.14万元,增幅62.82%。信贷风险有效遏制,全年无事故案件及严重违规违纪问题发生。

【支农贷款发放】 2016年,支行参与市政府和粮食、财政等部门对粮食增储方案的研究,提前做好信贷资金需求测算和风险防范措施落实工作,及时向上级行申报贷款材料并进行流程跟踪,确保信贷资金的及时足额供应,确保地方粮食安全。至12月末,支行累计发放县级储备粮贷款2532万元,支持企业增储、轮换储备小麦1042.4万公斤、稻谷1028.5万公斤。主动对接政府，向上争取信贷，重点围绕棚户区改造、水利和农村流转体系建设等重点支持领域，抓好信贷投放和项目营销工作。全年累计发放中长期项目贷款8.2亿元，用于支持南郊村农民集中居住和全市水利综合整治项目建设。年末贷款余额19.78亿元，剔除政府债券置换提前收贷10.16亿元，比上年增长3723万元；在手营销项目3个，其中棚户区改造项目1个、农村流通体系建设项目2个，贷款总金额21.7亿元；储备项目1个，贷款金额32亿元。

【基金项目】 2016年，支行建立与市发改委、财政局等部门和重点园区、城投公司等沟通对接机制，做好基金项目申报入库和评估、投资工作，探索基金补位和投贷结合新路。全年共投资基金项目2个，金额4.69亿元，其中启东市东郊棚户区改造项目的基金投资规模达3亿元，为全市农发基金单体投资规模最大；启东市南郊村农民集中居住项目则在全市农发行系统首创股东借款投资方式。

（陈思屹）

江苏启东农村商业银行股份有限公司

【概况】 至2016年底，江苏启东农村商业银行股份有限公司各项存款余额353.73亿元，比年初增加40.79亿元，增幅13.03%；各项贷款余额209.57亿元，比年初增加20.25亿元，增幅10.70%，其中实体经济贷款176.80亿元，比年初增加19.60亿元；五级分类不良贷款余额4.19亿元，占比2.00%；全年实现营业收入20.43亿元，营业支出16.78亿元，净利润2.90亿元；资本充足率12.59%，核心一级资本充足率11.46%；银监监管评级相关指标达到二级标准。

【服务地方经济】 重点项目重点服务。对绿色能源项目广汇能源、韩华公司以及市重点基础设施项目宁启铁路建设、龙大沿海建设等加大投放，累计投放重点项目贷款9.46亿元。

持续推进“阳光信贷”。做好“阳光信贷”建档和更新工作。截至年末建档46539户，其中新增建档9895户，新增用信1945户。

推广“互联网+”客户用信。对100万元以下的个人保证、信用贷款全面开通网上银行或手机银行自助放贷功能，可实现7×24小时自助放贷及还款，提升客户贷款便捷度。

优化支农支小服务。持续推广支农支小明星产品“流转贷”，截至年末累计办理“流转贷”业务440笔6.19亿元。支持企业节能减排，推出排污权抵押贷款、合同能源管理项目收益权抵押贷款；结合企业出口创汇，推出出口退税托管账户质押融资业务；针对农村土地流转集约化利用，推出农村承包土地经营权抵押贷款。

升级消费金融服务。升级农户小额信用贷款，重点满足农民、个体工商户生产经营活动以及为改善生活质量的消费需求；升级“方便贷”，额度提高到20万元，并可由具有一定经济代偿能力的一个或多个借款人亲属提供连带保证责任，年末客户数达315户，余额3083万元。发展一手房、二手房按揭贷款业务，全年累计发放个人住房按揭贷款2817户，年末余额13.95亿元；加大贷记卡营销推广力度，累计发行圆鼎贷记卡1144张；依托贷记卡创新“随心分”业务，累计办理业务295张，余额2279万元。

【电子银行业务】 截至2016年末，个人网银及企业网银26881户，全年新增2924户，同比增长12.21%；手机银行36268户，新增16982户，同比增长88.05%；第三方支付客户数82949户，新增59796户，同比增长258.26%；省联社微信账户绑定37636户，新增22070户；微信公众号关注量74394户，新增40394户。电子支付交易笔数372.69万笔，其中网银交易笔数32.24万笔，交易金额495.02亿元；手机银行交易笔数87.2万笔，交易金额140.79亿元；第三方支付交易笔数253.25万笔，交易金额3.95亿元；微信预约笔数13293笔，预约金额1425.96万元。电子银行替代率达71.99%，电子银行客户覆盖率20.47%，电子银行客户活跃率29.41%。

【科技支撑加强】 结合商务转型发展的总体规划，持续推进全行各类系统建设工作，提升科技支撑水平。11月15日，“启富东疆”APP上线。年末注册客户数达108726户。2016年，上线运行包括新OA办公系统、不良贷款管理系统、理财双录系统、绩效考核系统、COMSTAR系统、鹰眼识别系统、校园一卡通、圆鼎生活汇平台、理财平台、基础数据平台三期、微信平台11个自建系统；委托省联社开发代收燃气费、市民卡系统等民生服务类系统；推广应用省联社移动银行一期二期、图形终端、新客服系统、借记卡同号换卡、银联在线网银支付系统、票据系统、柜面清等系统。

【内控管理】 2016年，公司全面提升物防、技防、人防等能力，完成7家网点“135工程”安防达标建设，实现全年安全无事故。强化内控合规管理。全年开展检查项目31项，根据检查结果，对违规行为进行记分建档，至2016年末，全行违规积分308人次907分。组织开展专项治理活动，检查共发现信贷、理财、票据等方面存在问题78个，并对存在问题及时整改。加强员工行为管理，开展“员工行为规范排查整治”活动，组织全员参加合规知识“月月考”，考试通过率均达90%以上。强化轮岗交流、亲属回避等“四项制度”执行，全年共交流中层干部14名，员工轮岗共430人次，执行亲属回避6人次。抓好信用风险管控，开展不良贷款攻坚战活动，改变清收方式，尝试通过淘宝网拍卖方式处置不良贷款，推进清前堵后工作。全年累计清收各项不良贷款1.22亿元。流动性风险、声誉风险、操作风险等各类风险得到有效管控，全年未发生有重大影响的风险事件。

（陶帅君）

中国民生银行股份有限公司启东支行

【概况】 2016年，中国民生银行启东支行各项存款余额26.68亿元，比年初增加10.34亿元，其中大公司存款余额22.62亿元，较年初增加10.33亿元；中小存款余额700万元，较年初增加435万元；小微存款余额350万元，较年初增加3万元；储蓄存款余额3.95亿元，比年初减少279万元；贷款余额11.52亿元，比年初增加6.28亿元。其中，公司贷款8.05亿元，较年初增加5.14亿元；个人贷款余额3.47亿元，较年初增加1.14亿元。零售贵宾客户数1080户，私人银行达标客户数10户，全年累计管理理财资产9.27亿元。新增投放启东市保障房建设投资有限公司中长期贷款项目6亿元、启东沿海水利建设有限公司中长期贷款项目1.6亿元。

（朱　剑）

招商银行股份有限公司启东支行

【概况】 2016年，招商银行股份有限公司启东支行制定零售条线以优秀零售银行品牌建设为核心，夯实客户基础，抓好优质服务，对公批发条线实现“四个并重”(机构与公司客户并重、本外币经营并重、大中小客户并重、传统银行业务与新兴融资业务并重)的工作思路，外拓客户，内抓管理。至年末，存款余额为19.45亿元，比年初新增3.56亿元；贷款余额18.09亿元，比年初新增6.09亿元。

【市场营销】 2016年，支行重视分析研究当地社会经济地方特色，重视客群建设。在政府平台类客户中，先后走访、营销启东市城投、国投、交通、吕四开发区、启东经济开发区、滨海工业园等多个核心平台，联络银企合作关系，取得良好效果。在实体经济企业中，营销南通二建、启安集团、西欧电子、德林通信、中超建设、林洋集团等多个骨干企业，使其在支行开户，建立授信业务关系。在零售条线上，成功营销多位超千万元AUM个人高端客户、有效金葵花客户及多个个贷客户。

（施晓燕）

江苏启东珠江村镇银行

【概况】 截至2016年12月末，江苏启东珠江村镇银行贷款余额63960万元，比年初增加8406万元，增幅15.13%。其中，对公贷款余额34626万元，比年初增加8551万元，增幅32.79%；个人贷款余额29334万元，比年初减少145万元，降幅0.49%。各项存款余额67438万元，比年初增加2281万元，增幅3.5%。其中，对公存款44874万元，占存款总额的66.54%；储蓄存款22489万元；临时性存款75万元；保证金存款13769万元，占存款总额的20.42%。日均存款为48878万元(发起行考核口径)，较年初增长9950万元，增幅25.58%，考核指标完成率为450.23%。按五级分类口径统计有4笔不良贷款金额为222万元，不良率为0.35%，较年初降低1.13%。

2016年，营业收入大幅增长，支出下降，利润增长较快。截至12月末，支行营业收入3131万元，比上年同期增加623万元，增幅24.83%。营业支出2300万元，比上年同期增减180万元，增幅8.51%。实现净利润602万元，比上年同期增加277万元，拨备前利润为1032万元（资产减值损失为205万元，上年同期为281万元），比上年同期增加318万元，增幅44.54%。监管指标合格。截至12月末，支行拨备覆盖率为721.21%；拨贷比为2.51%，高于监管指标要求；资本充足率15.44%；核心一级资本充足率14.93%；单一客户贷款集中度8.54%；单一集团客户授信集中度13.08%，流动性比例41.62%，均符合监管指标要求。至年底，支行新增对公有效户26户，个人储蓄有效户227户。

（李玲玲）

中国人民财产保险股份有限公司启东支公司

【概况】 2016年，中国人民财产保险股份有限公司启东支公司累计实现保费收入1.77亿元，市场份额占33%，累计支付赔款1.23亿元，同比增长12.96%，财务口径赔付率72%，综合成本率98.16%。公司定期对理赔人员进行全方面培训，提高理赔人员的专业素质，定期对赔案进行抽查与复核。加强理赔管控，提升理赔服务质量与速度。

（启东人保）

中国人寿保险股份有限公司启东支公司

【概况】 2016年，中国人寿保险股份有限公司启东支公司总保费收入5.15亿元，同比上年增长1.14亿元，增长率28.54%，为中国人寿保险股份有限公司县域发展“实力百强”公司。首年期交保费1.24亿元，同比增长59.7%，是公司成立后期交保费首次过亿元；短期险保费2593.57万元，同比增长26.88%。个险业务，首年期交保费1.02亿元，同比增长63.18%，10年期及以上首年期交保费6490万元，同比增长59.76%。银保业务，新单保费收入1.13亿元，同比增长8.48%，首年期交保费2193.29万元，同比增长44.59%，增长率列全辖第一。团险业务，短期险保费1587.25万元，同比增长16.20%。个险队伍持续发展，持证人由年初1045人增长至1477人。公司全年理赔给付2018.93万元。

【安康关爱行动】 2016年，公司实施“安康关爱行动”，为市55周岁(含)以上的老年人提供农村小额意外伤害保险。全市125952位老年人参与“安康关爱行动”，总保费513.742万元，覆盖率达51.98%。向177位百岁老人赠送意外伤害保险，赠送保额354万元。全年共有1691人获赔，赔付金额271.77万元。

（宋泽源）

天安财产保险股份有限公司启东支公司

【概况】 2016年，天安财产保险股份有限公司启东支公司坚持“效益、管理、改革、创新”的经营方针，实施传统财产险业务和理财险业务双轮驱动发展策略，险种结构不断优化，保费规模稳步攀升。全年实现传统财产险业务收入1987万元，理财险业务收入4670万元。传统性业务赔款支出1113万元，简单赔付率56%。

（秦晓春）

财 政

【一般公共预算收支】 市十七届人大一次会议审议通过的2016年全市一般公共预算收入71.03亿元，同口径增长5%。全市一般公共预算总来源101.76亿元。其中，全市一般公共预算收入71.03亿元，中央税收返还收入3.27亿元，一般性转移支付收入8.43亿元，专项转移支付收入8.37亿元，地方政府债券收入1.9亿元，上年结余结转8.23亿元，调入资金0.53亿元。全市一般公共预算总支出101.76亿元。其中，全市一般公共预算支出89.02亿元，上解上级支出9.78亿元，结转下年支出2.96亿元。收支平衡。

【债务情况】 截至2016年底，市地方政府债务限额189.4亿元，其中一般债务125.5亿元，专项债务63.9亿元。市地方政府债务余额186.16亿元，其中一般债务123.52亿元，专项债务62.64亿元。地方政府债务风险总体可控。

【财政政策稳增长促转型】 *扶持产业发展。*全年累计投入支持产业发展专项资金1.2亿元。支持稳增长政策实施，支持企业技改，加快转型升级步伐，提高企业开拓市场的能力，累计投入资金1.1亿元。设立金融机构中小企业贷款风险补偿资金池资金，鼓励金融机构向中小企业放贷，缓解中小企业"融资难、融资贵"问题。

*支持科技创新型企业发展。*全年累计投入科技进步专项资金3100万元。鼓励基础创新，对高新企业、高新产品等基础创新工作实现奖励全覆盖。推动"大众创业、万众创新"，为创业创新的众创空间提供政策、资金双保障。推进知识产权战略实施，支持企业参与知识产权管理标准化建设。

*开拓产学研协同创新新局面。*重点支持北大生命科学华东产业研究院等创新载体建设，扶持镇(园区)与高校、科研院所开展产学研合作，2016年度拨付资金2500万元。

【优化支出保障民生】 *推动教育事业加快发展。*全年累计投入财政资金19.23亿元。推进校舍标准化、校舍安全、校舍维修改造、薄弱学校改造等"校安工程"项目顺利实施，共投入财政资金2.33亿元。支持学校均衡发展，加快学前教育发展，完善扶困助学机制，落实乡镇辞退代课教师生活保障，共投入财政资金1.18亿元。

*巩固基层医疗改革成果。*全年累计投入财政资金10.97亿元。提高国家基本公共卫生服务人均补助标准，足额拨付财政资金6201万元。支持基层医疗卫生服务机构基础设施建设改造，共投入财政资金1788万元。推进医疗卫生体制改革，足额保障医疗卫生机构运营、人员经费，全面提升医疗卫生综合服务水平，共投入财政资金1.52亿元。

*落实社会保障政策。*全年累计投入财政资金12.42亿元。严格执行各类优抚对象生活补助标准自然增长机制，提高城乡低保、农村五保供养、孤儿集中供养、重残等补助标准，共投入财政资金2.22亿元。提高新型农村合作医疗财政补助标准，基本实现"新农合"制度全覆盖，共投入财政资金3.25亿元。实施城乡居民基础养老金补助政策，共投入财政资金2.69亿元，让市民从"普惠式"养老政策中得到更多实惠。

*加大农业建设投入。*全年累计投入财政资金8.85亿元。加大"四位一体"农村环境整治、水利建设、绿化造林、农路农桥、清洁能源工程等农业农村基础投入，共投入财政资金1.84亿元。加快现代农业发展，支持现代农业园区建设、更新改造渔业捕捞船舶、推广农业适度规模经营、扶持农业产业化龙头企业发展、启动高标准农田建设，共投入财政资金4.87亿元。落实强农惠农政策，通过"一折通"发放各类财政涉农补贴资金1.09亿元。

【财政监管优化】 *加强财政资金绩效管理。*2016年，共选取37个30万元以上项目作为重点监控绩效项目，编制绩效目标，涉及专项资金达10.63亿元。对2015年涉及民生保障和社会关注度比较高的8个项目进行绩效再评价，涉及项目资金达2.95亿元，提高财政资金使用效益。

*加强政府采购管理。*建立日常检查和重点抽查相结合的监督检查机制，加强对行政事业单位政府采购预算执行情况、政策执行情况的定期检查和专项检查，不断提升政府采购效率。全年完成政府采购项目421个，成交总额9.32亿元，总金额较上年翻番，

3月,市财政局开展财政文化建设特色活动 (市财政局/提供)

节约财政资金1.75亿元，节支率达15.8%。

加强政府投资项目基本建设财务管理。重点加强项目实施过程管理,全年完成估算及资金来源审批项目超200个，审批金额总规模达109.32亿元。通过科学评审,14个估算审批项目平均核减率9.92%，节约建设资金4296.77万元。779个项目标底评审平均核减率2.4%，节约建设资金1.32亿元。参与安置房建设、吕四导流堤疏浚等重大项目异地审计工作，确保财政资金发挥最大效益。

加强政府债务管理。优化政府融资产品结构,改变单一贷款融资模式,新增企业债、公司债、产业基金、资产证券化、融资租赁等融资方式,满足城市建设资金需求。大幅降低融资成本,将贷款综合成本从原来的基准利率最高上浮70%，降低到当前基准利率上浮10%左右,节约还贷利息。做好转贷省财政厅置换债券工作，完成三批置换债券46.66亿元。

加强预决算公开。全市62家一级预算单位、139个部门(单位)根据规定的公开范围、内容和方式,完成年度预决算公开工作，在市政府信息公开网站、主管部门网站或单位门户网站上进行预决算公开，提高预算管理透明度,自觉接受社会监督。

【财政改革创新】 深化国库集中支付改革。7月1日起,全市市直预算单位全面实施国库集中支付改革,重点落实"健全国库单一账户体系、调整资金支付方式、规范资金支付流程、调整会计核算中心职能、强化预算单位财务主体责任、推行分级分类的会计核算管理模式"六个方面工作。通过完善机制,强化监管,提高财政资金使用绩效。

确立国有企业管理新机制。制定《启东市国有企业监督管理办法（暂行)》，进一步规范和加强国有企业监督管理，完善国有企业管理体制和制度,并按照政企分开、社会公共管理职能与国有资产出资人职能分开、不干预企业依法自主经营的原则，代表政府依法履行出资人职责，落实出资人权利。

完善政府投资项目基本建设财务管理。制定《启东市政府投资项目基本建设财务管理办法》,明确项目建设单位履行基本建设主体责任，加强资金预算、资金来源、资金专户、投资过程、竣工结(决)算等管理,严格基本建设财务管理,控制建设成本,节约建设资金,提高资金效益。

全面推行公务卡结算方式。为配合国库集中支付改革实施，规范财政财务管理,提高公务支出透明度,控制预算单位现金流量和现金风险，简化财务结算报销效率流程，从7月起,在市直行政事业单位全面推行公务卡结算方式,将预算单位办公费、水电费、会议费等16个费用项目列为公务卡强制结算项目。

转变和增强政府采购管理职能。落实采购单位主体责任，强化财政部门监管职能,简化政府采购业务流程,提高集中采购限额标准，不断提升政府采购效能和质量。前移审核关口,严格审核采购预算合理性,对300万元以上重大政府采购项目实行多部门会审制度，对专业性较强的采购项目进行专家论证,加强履约验收检查,加大政府采购信息公开力度。增加政府购买公共服务总量，提高公共服务供给的质量和财政资金的使用效率，全年采购资金达23.14亿元。

(王　雷)

国家税收

【概况】 2016年，全市工商各税共计入库41.81亿元,同比增长17.9%;入库地方级国税收入39.97亿元,同比增长20.88%。其中,国内增值税入库30.91亿元,同比增长34.46%,入库四大行业(建筑业、房地产业、金融业、生活服务业)"营改增"增量8.49亿元;市本级企业所得税入库8.95亿元，同比降低10.28%。全市累计完成地方公共预算收入17.3亿元,总量在南通六县(市、区)中排名第一,增幅位列第二。

【增值税收入】 2016年,受"营改增"影响,增值税上涨幅度较大。全年国内增值税入库30.91亿元，同比增长34.46%。全市共计42户纳税人入库增值税16.29亿元,占全市增值税总量的52.7%。市入库100万元以上增值税的纳税人共358户，入库增值税24.74亿元,占全市增值税总收入的80.03%。其中1亿元以上企业2家,入库增值税4.3亿元,位列六县(市、区)第一;5000万元~1亿元企业10家，入库增值税6.77亿元,位列六县(市、区)第一;1000万元~5000万元企业30家，入库增值税5.23亿元,位列六县(市、区)第六;100万元~1000万元企业316家，入库增值税8.45亿元,位列六县(市、区)第六。

【"营改增"收入】 2016年,四大行业入库"营改增"增量8.49亿元,其中建筑业2.28亿元、房地产业5.18亿元、生活服务业6954万元、金融业3374万元，远远高于其他五县(市、区)(海安26726万元、如东22590万元、如皋32597万元、通州48747万元、海门43633万元)。其中，有13户纳税人入库“营改增”税收超千万元，共计入库增值税5.02亿元，占千万元以上企业的30.83%。

【工业销售收入】 2016年，全市实现工业应税销售额715.4亿元，比上年同期增长22.9%。应税销售总量、增幅分别位列六县(市、区)第五、第一。工业用电量实现19.07亿千瓦时，同比增长5.36%，总量、增幅分别位列六县(市、区)第六、第三。工业用电量是反映工业经济的重要指标，此指标相对落后，反映市产业结构还有待优化。

【服务业销售收入】 2016年，全市实现服务业应税销售额199.6亿元，比上年同期增长76.1%。应税销售总量在六县(市、区)中虽排名最后，但增幅排名第三。

【固定资产抵扣】 2016年，市一般纳税人共申报固定资产抵扣2.85亿元，同比增长8.94%，抵扣总量、增幅均名列六县(市、区)第五。固定资产抵扣的减少说明市企业发展后劲不足。

【所得税收入】 2016年5月，全面推开“营改增”试点后，中央与地方增值税收入划分比例进行调整，地方级收入由25%调整到50%，全市入库市本级企业所得税8.95亿元，同比降低10.28%；在一般预算收入中占比21.25%，比上年同期减少17.67%。全年入库10万元以上市本级企业所得税的纳税人共248户。其中，亿元以上企业1家，入库所得税合计1.88亿元；5000万元~1亿元企业3家，入库所得税1.82亿元；1000万元~5000万元企业11家，入库市本级企业所得税2.6亿元；100万元~1000万元企业61家，入库市本级企业所得税2.1亿元；10万元~100万元企业171家，入库市本级企业所得税0.56亿元。重点企业两极分化较为突出。

5月1日，市第一张增值税发票开出 （潘　杨/摄）

【三小税种收入】 2016年，市消费税增长8.17%，主要增长点是电池、涂料行业，增量较大；受央行政策影响，市利息个人所得税几近为零，基本可忽略；车辆购置税减少11%，主要是2015年10月1日起1.6升及以下的乘用车购置税税率由10%减至按5%征收，切实为纳税人减负。

（花晓春）

地方税收

【概况】 2016年，全市共组织入库全口径税收收入(含两税)50.18亿元，其中入库公共财政预算收入37.64亿元，同口径增长8.81亿元，增幅为30.6%。入库社保(四险)18.41亿元，同比增收1.44亿元，增长8.5%，圆满完成政府下达的目标任务。

【税收征管】 2016年，市地税局聚焦“营改增”，开展专项清理活动。全年共完成建筑项目核查1401个，入库税款1.35亿元。护航“金三”上线，各项考核指标“零扣分”，实现双轨运行到单轨直铺的平稳过渡。与工商、国土、房交所等相关部门合作，把牢信息采集、信息发布、资料审核、变更登记等重要关口。全年共完成“两个转让”(入库股权转让、入库资产转让)466户，入库税收2.53亿元。其中，最大单笔入库股权转让个人所得税1.2亿元，最大单笔入库资产转让税收1148.36万元。加大房地产预售环节的控管力度、日常环节的监督力度和清算环节的评估力度，全年共计入库土地增值税4.14亿元，同比增收2.48亿元，增长150.13%。与工商部门合作，先税后证，在企业办理股权变更、资产转让环节清缴欠税；与法院合作，对欠税企业冻结的款项优先予以支付欠税；与部门国税合作，提请其按规定停限供发票、停开外经证(外出经营活动税收管理证明)，促使企业主动清缴。完成系统内“欠税清缴”流程326户次，清缴入库税款4186万元；社保启动149户，启动率达100%，最大单笔强制执行清欠入库社保费1142万元，对2家企业法人提请阻止出境。市地税局欠税欠费综合管理专项考核成绩在南通领先。

【依法治税】 2016年，市地税局健全外部监督，畅通公开渠道，推进税收救济关口前移，“启吾东疆”、“12345”热线回复率达100%。深度发挥稽查震慑效应，全年直接查补收入2272.93万元，查处300万元以上案件2起，查补入库税款总额列南通前茅。局处罚案卷被市依法治市领导小组评为行政处罚优秀案卷、被南通市地税局评为一等奖，局被评为南通市法治宣传教育工作先进集体。

【纳税服务】 2016年，市地税局与国税部门联合走进企业，开展税收政策答疑、纳税服务需求调查等工作；贯彻行政审批制度改革，推动产权交易联合办理，优化资源、窗口重组，真正为市民减负提速。该项工作被省政府和社会各界予以充分肯定，被《中国税务报》多次报道。全年在联合窗口办理一手房产权登记1208套、二手房806套，不动产办理从原来多个窗口往返4~6次缩减到1次，平均一手房每次业务办理时间减少90分钟，二手房办理时间由原来的3天缩减到2个小时。出台《关于国地税深度合作的实施意见》，确定“2+8”事项①为全年深度合作项目。配套12个方案，明确实施细则和推进要求，为深度合作提供制度保障。双方依托同一个办税服务厅统一现场管理，统一导税，统一自助办税，联合代开发票，联合登记，联合征收，联合宣传辅导，联合信用等级评定。该做法在南通市地税局推进会上做专题经验介绍。

【风险应对】 2016年，市地税局强化涉税情报收集运用，全年收集52个综合治税单位涉税情报59项，对其中15个单位25项重点情报进行分析应用，入库税款2.52亿元。全年上报大额税源类信息140篇，录用29篇，录入数据保障平台涉税信息775条，入库税款4.36亿元。完成物业管理、建筑业等5个行业的个人所得税汇缴、企业所得税汇缴专项分析工作，涉及企业800多家，上报专项风险报告1篇。整合广告业税收风险管理模型指标，验证南通下达的各类指标41个，涉及近300家企业数据。各分局打破区域界限，实施统筹式、交叉式应对，加强风险应对管理。选取物业管理、建筑业等4个行业试点实施“项目经理人”制度，共推送任务77户次，查补入库各项税费700多万元。

【队伍建设】 2016年，市地税局绩效管理工作成绩显著。14名“启东地税之星”均为绩效考核优胜者，南通市地税局推介相关做法。启动“启明星”工程，获南通市地税局创新项目二等奖；组建人力资源管理师团队，优化储备人才结构；依托东疆税校，全年共组织培训26期2858人次，该做法分别被省地税局和南通市地税局推介。4人入选全省地税系统“素质提升‘115’工程——岗位能手项目”。

（徐坚笙）

市地税局到船舶工业园开展税法宣传 （市地税局/提供）

国土资源管理

【概况】 2016年，市国土资源系统按照“保障发展、保护资源、节约集约、维护权益、改革创新”工作总要求，“服务稳增长、调结构、促转型、惠民生、优生态”等工作主题，为全市经济社会发展提供优质服务支撑，实现“十三五”良好开局。

【服务发展】 2016年，市国土局紧盯紧抓支持政策，共计向上争取到各类用地指标1561.3亩，其中为胜狮能源装备有限公司全球技术教育基地项目和半步堂文化旅游项目争取到重大产业项目用地计划405亩，为国信启东热电有限公司热电联产项目和久隆110千伏输变电工程争取到单独选址计划156.3亩，争取到省厅追加未利用地计划500亩。完成征地报批11批次2685亩，其中农用地1649亩，耕地1286亩，海启高速启东段农用地转用方案获省政府批准，报批农用地2142亩。完成《启东市“十三五”土地开发与保护规划》《启东市工矿废弃地复垦利用规划(2015—2020年)》和《启东市土地利用总体规划(2006—2020年)实施评估报告》编制，获得规划流量指标1.5万亩。完成土地利用总体规划一般性修改和原则性修改各1次，将5738亩有条件建设区调整为允许建设区，将11804亩限制建设区调整为允许建设区。

【资源保护】 实现国土资源管理在镇(园区)重点工作考核、耕地保护在“三农杯”考核中分值再提高。实现市宁启铁路和海启高速启东段项目用土全部采用外购工程土，有效减少挖废耕地3923.8亩。组织开展城乡建设用地增

---

①“2+8”事项：2个拳头项目：推进联合注销管理，推进联合催报催缴及非正常户管理。8个重点项目：联合开展户籍清理，联合开展纳税信用管理，统一税务行政处罚标准，共建纳税人权益保护组织，联合开展对中介机构的管理，联合开展企业所得税综合服务与管理，联合建设对外信息发布平台，推进联合办税服务。

减挂钩310个项目的工作，新增农用地141.13公顷（2116.95亩），新增耕地132.83公顷(1992.45亩)。完成覆盖126个项目120.49公顷(1807.35亩)的耕地占补平衡任务，通过上级验收。城市周边和全域永久基本农田划定工作基本完成，划定市城市周边范围内基本农田29876亩，规模比划定前增加3953亩，划定市全域永久基本农田929085亩，超额完成3285亩。

【土地节约集约】 2016年，启东市成功荣膺“全国国土资源节约集约模范县(市)”，获得500亩用地奖励指标。市被评定为“2015年度全省高标准厂房建设和使用先进地区”。编制市2016—2018年低效用地再开发规划和2016年度低效用地再开发实施方案，对市2010年以来征而未供土地进行全面摸底调查，督促征而未供项目完成供地2宗94亩，督促低效用地企业开工建设12宗1020亩，收回低效利用建设用地8宗3650亩。建设项目供后情况全程跟踪监管有力推进，对项目开工竣工等情况进行全过程动态监控。

【改革创新】 开展市陆海资源规划统筹利用，调整使用1600多亩，为一大批重特大项目及民生项目提供规划空间保障。《启东市陆海资源统一交易平台试点管理暂行办法（征求意见稿）》拟订。科学布局“慧眼守土”实时视频监管系统，选定视频监控“千里眼”布控点299个，实现全区域覆盖。土地综合执法工作机制初步构建，6月，市严格管控违法建设工作领导小组成立，实现全市新增违建基本杜绝，存量违建有效消减。

【不动产统一登记】 6月5日，市不动产登记服务中心成立。6月22日，市不动产登记服务中心正式运行。先后引入排队叫号系统，设置咨询服务窗口，开辟重大项目绿色通道，不断优化审批环节和压缩办件时限。10月，市不动产登记信息接入国家级信息平台。11月，在全省率先实现不动产登记和地税部门“业务联办”，将“一站式办理”升级为“一窗式服务”。共计受理不动产登记各项业务20000多件，发放不动产权证书8725本，发放不动产登记证明4835份。全年共计受理办理信息公开事项106件。

人才公寓项目建设现场　　（袁　竞/摄）

【基础工作】 加强工作目标考核、绩效考核，推行以考促绩，以严增效。制定出台系列文件，对局机关财务、公务接待、政府采购等工作进一步规范。局政务窗口被评为人民满意示范窗口，不动产登记中心窗口被评为市政务中心“红旗窗口”，12个参评分局、所中11个在各镇、园区年度效能考核中名列前三名。共组织开展“两学一做”专题学习7次，开展家规家训和廉政文化作品征集、“讲述党的好故事，践行核心价值观”演讲比赛、“在党言党，做合格共产党员”道德讲堂等主题活动9次。立足国土系统“能力建设年”，开展专题业务集中培训11次，开展不动产统一登记业务轮训9期。共6次赴结对村、社区开展共建工作，2次赴结对驻启部队慰问。局被市委、市政府授予2016年度启东市文明单位称号，启隆所、东海所、南阳所也获上述荣誉。

（丁　一）

国有资产投资管理

【概况】 2016年，启东市国有资产投资控股有限公司总资产为82.5亿元，净资产达10.5亿元。至年底，在建工程估算总投资额为25亿元，实际完成投入18.42亿元，公司资产营业收入突破3362万元。全年新批贷款授信17.7亿元，放款12.73亿元。国投担保公司为中小企业发展提供融资担保服务，总担保金额7.62亿元。

【重大投资项目建设】 2016年，公司建立工程管理机制，采用业主代表负责制办法，明确岗位职责，确保公司投资建设项目的高效有序开展。对公司原有在建项目，督促项目进度，确保项目建设质量。对尚未建设的新项目，合理科学编制规划设计，细化方案，快速高效开展项目建设。

人才公寓项目。该项目总投资约6亿元，占地面积40.1亩，建筑面积101418平方米，共由5幢高层公寓及相关生活配套区组成，涵盖人才居住、人才市场及生活配套等功能区。2016年完成1~6号楼主体结构及三层裙房楼封顶，自来水、供电、燃气、电信广电等配套工程完成预算编制、评审等工作。

克明花园南区安置房项目。该项目位于汇龙镇克明村，由23栋多层住宅楼和1栋综合楼组成，总建筑面积97996.25平方米，总投资约4.5亿元。该项目在公司接手前因拆迁安置、土地等矛盾，停滞推进近五年。公司按市政府要求接手后积极沟通，排除各种困难，协调群众矛盾，推进拆迁工作，补齐各项施工手续。2016年，项目主体结构基本封顶，内外装饰装修工程及水电工程均完成，初步达到竣工验收要求。

协兴港综合开发项目。该项目一期码头工程于1月11日完成并通过竣工验收，一期吹沙工程于6月开工，12月竣工。二期路网前期工作有序推进，海堤南路西延红线放线测量、二期路网总代理的确定、路网设计方案，均于12月完成，并报送至市住建局，等待组织专家评审。

南通大学启东校区二期项目。2016年第一季度，一期工程零星配套遗留工程全部完成。根据市委、市政府要求推进二期工程建设，该项目被市政府列为市“十大民生工程”之一，并排在第一位。公司通过市政府协调，在校方办理省教育厅、发改委的办学许可批复的同时，完成代理招标、施工图设计招标和文件制定、勘察招标文件的制定以及扩初设计评审等工作。12月，完成施工图的设计、审核及标底编制、标底评审、工程施工招标等各项开工前期工作。

东海14000亩农业围垦项目。根据国家、省发改委意见，农业围垦区域用海一律停批。公司密切关注国家政策变化，主动开展工作，争取尽早取得国家批复。同时根据政策方向，推进以项目用海的方式吸引客商投资。9月，深圳铁汉公司完成14000亩整体综合利用开发的概念规划，并向市政府作专题汇报。

金融建筑产业园等新项目。2016年，金融建筑产业园完成代理单位的确定、设计方案及施工图设计招标，方案设计的深化确定、用地红线的划定和设计合同的签订等工作，督促推动金融建筑产业园的土地评估、拆迁等前期工作。跟踪政府中信科技大楼的收购，做好对接和前期准备等工作。

吕四车辆考试与检测中心建设。根据2016年8月27日市政府专题会议要求，公司迅速推进该项目的前期工作，10月底完成项目立项变更，11月底完成方案及施工图设计，12月底完成施工图消防审核和施工图审图等工作。

【二期企业债券成功发行】 3月8日，期限7年总额为15亿元的国投公司企业债券(二期)顺利发行。二期债券申购资金82亿元，发行利率仅为4%，发行利率同期同级最低，为启东其他平台的债券发行拉低融资成本，积累债券多期发行经验。

【担保工作】 至年底，公司下属子公司国投担保公司共担保88笔，总担保金额7.62亿元，出保总额6.03亿元，在保金额1.59亿元；出现代偿4笔，代偿金额2960.8万元，收回代偿额960.26万元。

【基金管理】 公司通过股权投入、合作开发等形式引进优质的民营企业，成立引导基金、股权投资基金，对外探寻具有高成长性、高收益性的企业，不断壮大公司规模，提升公司效益。主要投资新能源、环保、IT、先进制造业(含电动工具)、医药行业等。2016年，公司与北京熔拓达园投资管理有限公司成立南通东拓创业投资企业（有限合伙)，基金规模1亿元；与央企招商局资本合作成立产业投资基金，总规模100亿元，首期启动资金20亿元，公司首期出资5亿元，12月基金设立取得南通审批局的前置审批同意。

【资产管理】 至2016年底，公司资产管理收益达3362万元，确保国有资产保值增值。公司在做好原有未到期出租资产租金收缴工作的同时，完成对原吕四水产公司闲置土地及原龙王庙部队土地评估工作，与吕四港经济开发区沟通协调资产的转让。配合圆陀角旅游开发区，将336线省道顶端滩涂池塘及黄金海滩风景区、圆陀角景区等在建工程资产及时移交圆陀角管委会管理，并做好相关结算工作。加紧处置公司闲置资产。对通过司法拍卖受让的南通贸联科技公司再次盘点，确保接受资产账实相符，与原资产管理人做好结算工作。在与市相关监管部门沟通协商的同时积极招商，合理高效处置贸联公司机器设备及库存资金，防止国有资产流失。

（王　栋）

城市投资经营管理

【概况】 启东市城市建设投资开发总公司拥有全资、控股子公司16家，截至2016年，公司总资产为267亿元，净资产达128亿元，新增项目投入23亿元，实现收入16亿元。

【项目建设】 安置房项目。全年开工面积达86.05万平方米，安置套数5969户，涉及怡福苑南侧多层、台角小区、惠萍家园二期、永阳村、士清村、制药厂东侧、庙港新城项目7个地块。全年安置房竣工面积达80.2万平方米，安

市政道路项目建设　　（市城投公司/提供）

置套数6235户，涉及惠萍家园一期、南郊家园C区二期、惠丰双庆村、北上海花园C区二期、彩臣三村东侧多层、怡福苑南侧、城东花园C区7个项目。

市政项目。全年和平北路、建设南路、世纪大道东延、华山南路等13条道路实现通车，通车里程达16.84公里。公园北路、河南中路等4条道路按时完成改造。牡丹江东路、公园南路、民胜南路等6条道路开工建设。

绿化项目。全年实施公园绿地、节点绿地、道路绿地、安置小区绿地等27个项目，完成绿化面积70多万平方米。灵秀公园开园，蝶湖片区蝶湖大桥基本完成，道路及土方造型分别完成60%。全年完成河道生态提升15.55万平方米，河道整治2000米，建设投运泵站5座，亮化桥梁11座。

【融资工作】 2016年，公司科学编制融资计划，严格控制融资成本，不断优化融资方式、期限、成本，改善债务结构，将融资重点放在资本市场及政策性银行。全年完成新增融资80多亿元，资本市场直接融资成效显著，发行公司债17亿元，资产证券化8亿元，申报企业债13亿元。至年底，资本市场直接融资、政策性银行贷款、政府债务置换金额所形成的债务占债务总额的75%左右，基本形成良性的、可持续性的、低成本的融资格局。

【事业发展】 二手车市场投入运营，全年交易车辆6957辆，交易金额达1.4亿元，市场交易服务费收入近80万元。成立衡盛股权投资基金中心，开展中小企业创业投资基金、投贷联动业务。与苏合农副产品销售专业合作社合作组建农业发展有限公司，以农贸市场、商超和电子商务为依托，开展"线上""线下"经营业务，经营农副产品。投资成立热力公司，与滨江精细化工园的供热管网、国信启东热电公司的供热管网组网运行。投资建设社会福利中心、文化体育中心、妇幼保健院项目，工程建设进展顺利。成立城投养老服务有限公司、新城文化体育服务有限公司、妇幼保健院三家子公司，为后续发展经营打下基础。

（陆　星）

市场监督管理

【"质量强市"战略】 2016年，全市新增管理体系认证企业128家，其中质量管理体系认证（ISO 9000）企业105家。江苏启安建设集团有限公司、江苏宏强船舶重工有限公司获2015年度启东市市长质量奖。全市获评南通市质量标兵企业5家、现场管理良好行为企业5家，通过省工业企业质量信用AA级评价企业3家。全市有35名企业质量管理人员获南通市首席质量官证书。6家企业在南通市QC成果发布赛中获奖，总成绩居南通各县（市、区）首位。

【技术标准管理】 2016年，全市企业完成产品标准网上备案449个，重点工业产品采用国际标准及国外先进标准新增50个。江苏启力锻压机床有限公司申报国标委工作组成功获批，南通宏大实验仪器有限公司等7家企业主导起草的12个行业标准实施发布。全市有3家企业申报省高新技术创新标准化试点，3家企业申报省标准化良好行为AAA级，汇龙镇敬老院申报全国服务业养老标准化示范项目，市农委申报5个农业地方标准。

【商标品牌建设】 2016年，全市新认定江苏省著名商标5个、南通市知名商标16个。至年底，全市累计有中国驰名商标8个、江苏省著名商标46个、南通市知名商标105个。获评江苏省名牌产品8个、南通市名牌产品30个。江苏林洋新能源科技有限公司、江苏宏强船舶重工有限公司、江苏神通阀门股份有限公司3家企业入榜2016年中国品牌价值评价信息名单。

2016年启东市新认定"三名"商标企业名录

表 24

商标类型	商标注册人(利害关系人)	商标名称
江苏省著名商标	江苏瑞帆环保装备股份有限公司	瑞帆 RUIFAN
	南通国安水产有限公司	GASC
	美通重工有限公司	MANTALL
	南通润邦海洋工程装备有限公司	润邦海洋
	江苏东成电动工具有限公司	东成
南通市知名商标	江苏富勒水泵系统有限公司	图案
	启东吉莱电子有限公司	JILAI
	南通三信塑胶装备科技股份有限公司	图案
	南通森田消防装备有限公司	海神及图形
	江苏国莱特空调设备有限公司	GTAIR

续表24

商标类型	商标注册人(利害关系人)	商标名称
南通市知名商标	朗峰新材料科技股份有限公司	londerful
	南通市喜利得润滑设备有限公司	Hilleader 喜利得及图形
	江苏浙南装备技术有限公司	ZENA
	南通华信食品有限公司	华璐食品及图形
	江苏河海嘉裕节能科技有限公司	裕能
	南通艾德旺化工有限公司	CITROCIZER
	江苏澳兴服装集团有限公司	天猪 TIANZHU
	南通宏利调味品有限公司	味世佳
	南通亲家公海鲜礼品有限公司	亲家公水产及图形

2016年启东市获评名牌产品企业名录

表 25

名牌产品类型	企业名称	产品名称
江苏省名牌产品	江苏昂比特堡散热器有限公司	昂比特堡牌高压铸铝散热器、智能暖吧(室内加热器)
	江苏西欧电子有限公司	西欧 XIOU 牌电子式电能表
	江苏天宇石化冶金设备有限公司	天宇牌阻火器系列
	江苏启力锻压机床有限公司	启力牌冷挤压压力机
	江苏陆氏金刚石工具有限公司	陆氏王牌金刚石圆锯片
	启东市南方润滑液压设备有限公司	南润牌稀油润滑装置
	江苏双林海洋生物药业有限公司	第 6 要素牌儿丁聚糖胶囊
	美通重工有限公司	MANTALL 牌高空作业平台
南通市名牌产品	南通好又鲜水产食品有限公司	吕鲜食品牌盐渍水产品
	江苏孝君水产品进出口有限公司	孝君牌冷冻水产品
	南通京海申水产有限公司	京海申速冻食品
	启东市万佳四青作物专业合作社	花石记牌绿色食品、豆类蔬菜
	南通米粒海苔食品有限公司	涛跃牌海苔
	启东尤希路化学工业有限公司	尤希路牌水溶性切削液
	江苏宏强船舶重工有限公司	宏强重工牌海洋工程装备
	江苏风神空调集团股份有限公司	风神牌组合式空调机组
	江苏嘉盟电力设备有限公司	MELEC 牌铜铝端子
	江苏国莱特空调设备有限公司	GTAIR 牌一体化全新风空调
	美通重工有限公司	MANTALL 牌高空作业平台
	江苏启尖丝杠制造有限公司	启尖牌滚珠丝杠副
	启东市南方润滑液压设备有限公司	南润牌稀油润滑装置
	江苏碧松照明股份有限公司	索田牌荧光灯电感镇流器

续表25

名牌产品类型	企业名称	产品名称
南通市名牌产品	启东市恒安防爆通信设备有限公司	MEIDI 美笛牌无主机扩音对讲系统
	启东腾达阀门有限公司	腾达牌阀门
	启东市富强橡塑制品厂	JIN FU QIANG 牌高耐磨氟胶密封制品
	江苏苏洋机电工具有限公司	苏洋牌单相两极不可拆线插头
	江苏咪咪电缆有限公司	咪咪牌电线电缆
	江苏龙腾鹏达机电有限公司	龙腾鹏达牌高压清洗机
	南通市滨海装饰材料有限公司	荣邦牌铝型材
	南通盛乐防爆电器有限公司	盛乐牌正压型防爆配电柜、防爆控制箱、防爆照明(动力)配电箱、防爆接线箱
	南通东之杰电气有限公司	DZJ 牌新型智能造船用施工升降机
	南通市久正人体工学股份有限公司	长臂猿牌显示器支架
	南通森田消防装备有限公司	海神牌 PVC 衬里消防水带
	江苏河海嘉裕节能科技有限公司	裕能牌水轮机
	南通艾德旺化工有限公司	CITROCIZER 牌塑料助剂
	启东鑫天鼎热熔胶有限公司	Shinetidy 鑫天鼎牌聚酰胺、聚酯热熔胶
	江苏启粮集团驾校有限公司	启粮牌汽车驾培服务
	韩华新能源(启东)有限公司	烁旺牌太阳能光伏组件

【信用体系建设】 2015年度企业信用信息公示工作于2016年6月30日截止，全市应申报市场主体63319户，完成申报58630户，年报率为92.6%。其中，个体工商户应申报49076户，完成申报47683户，年报率97.2%；企业应申报14243户，完成申报10947户，年报率76.9%。

【检测机构建设】 2016年，市综合检验检测中心投入300多万元，增添食品、电动工具、计量检定检验等设备。电动工具检验实验室完成升级改造，基本满足市电动工具企业各种规格产品的常规检测。实验室资质评审工作完成，共有食品、农产品、化工、机电、建材、冶金等304项产品和291项参数通过评审。全年出具检验报告21375份。

【市场安全监管】 2016年，市市场监督管理局在全市推行农贸市场长效管理，继续实行农贸市场早管制度，确保全市农贸市场在经营资格、商品质量、交易秩序、卫生环境、消除安全隐患等方面达到创建标准。组织开展“平安市场”评比活动，全市评选“平安市场”25个；人民桥市场、吕四盈港市场开展“星级文明诚信商户”评比，两个市场均被列为市创建全国文明城市重要考察点位。

【食品安全监管】 2016年，全市开展“江苏省食品安全城市”创建活动，实施食品安全“天网”行动，深化食品安全日常监督检查与专项整治。全年开展餐饮食品安全大会战、学校食品安全专项治理、农村集体聚餐专项管理等专项行动，与食品经营主体签订责任状8523份，发出行政提示书1085份，立案查处食品案件173件，移送公安机关3件，罚没入库164.95万元。完成“放心豆制品工程”“放心早餐工程”“放心肉工程”和“食用农产品农残检测全覆盖工程”四项市政府为民办实事项目，成功培育豆制品生产企业4家、豆制品小作坊16家、放心消费早餐示范店25家、规范化肉品销售单位20家，建设农残快检实验室23个，完成快检56251批次，销毁不合格农产品33吨。有效应对食品安全应急处置和保障工作，全年完成19起疑似食物中毒事件的应急处置，保障中高考、经贸洽谈会等全市重大活动期间1.67万多人次的用餐安全。

【药品安全监管】 全年开展11项药品、医疗器械和化妆品专项检查，检查生产、经营、使用单位488家次，回收各类风险防控自查表363份，上报药品不良反应报告637份、医疗器械不良事件报告184份，立案查处药品、医疗器械、化妆品案件42件，罚没入库118.54万元。完成“问题疫苗”等公众事件处置，全面加强全市麻精药品、含麻黄碱类复方制剂等特殊药品的监管，保障市民用药安全。

【特种设备安全监察】 2016年，市监管局继续健全特种设备安全责任体系，全年对特种设备使用单位、生产经营单位进行责任告知855家，明确企业主体责任。对执法人员强化考核、培训和业务指导，全局特种设备安全监察员证持证人数达78人。加强重点行业、重点部位的隐患排查治理，开展餐梯、小锅炉、码头吊、压力管道等薄弱环节的专项整治，全年检查特种设备使用单位464家，排查出各类隐患174条，发放安全监察指令书133份，立案57件、罚没入库138万元。优化特种设备民生保障工作，推广气瓶新标识安装和信息化管理系统升级，全年安装气瓶二维码新标识21万只；推行电梯激光防伪二维码电子标签和电梯责任保险，全市有50%的电梯参保电梯责任险。完善特种设备作业人员考试中心软硬件建设，投入30万元添置电梯等考试设备，安装全覆盖监控设备，强化考试规范性，全年共考核特种设备作业人员1090人次。

【产品质量监测】 2016年，市监管局对涉及民生安全的重点产品全面加强质量监测，共开展电动工具、成品油、建筑材料等产品的质量监督抽检302个批次。针对社会热点，组织开展电动四轮车、基础教育装备、检验检测机构、食品相关产品生产企业的专项检查。对抽检和检查中发现的问题，强化整改和查处，并建立约谈机制，督促企业严把生产各环节质量关，共约谈质量不合格企业5次。

【计量监督管理】 2016年，监管局完成集贸市场和基层医疗机构计量器具“两免费”检定建档工作，共检定36家集贸市场的2045台电子秤，261个医疗机构的878件医疗计量器具。开展重点集贸市场计量器具专项检查，立案计量案件17件，查获不合格计量器具21台。

【市场领域行政执法】 全年开展医疗广告整治、打击侵犯知识产权和制售假冒伪劣商品行动、网络金融行业风险排查、集贸市场计量器具检查等专项执法行动，妥善应对“e租宝”“莆田系医院”、水产路市场缺斤少两等社会热点问题。2016年，市场监管局立案查处各类经济违法违规案件512件，其中食品类173件，药品、医疗器械、化妆品类42件，特种设备类57件，产品质量、标准类79件，计量类17件，商标广告类55件，不正当竞争类案件6件，罚没款入库806.7万元，罚没物资117.3万元。

【消费投诉处置】 2016年，消费投诉举报处置工作中坚持快速分流、快速调查、快速处理、快速反馈“四个快速”，“12345”“12331”“12315”平台实行直线即时分流，有效提高处置的时效性。全年各平台共分流信息3450件，接待来人来访113件，接收来电投诉举报190件、来信66件。对消费者反映强烈的重点经营者实行“行政约谈”，确保矛盾纠纷及时得到妥善化解。制定完善应对职业打假人投诉举报的处置流程，全年共妥善处置职业打假人投诉举报70起。

【“放心消费”创建】 2016年，全市开展品牌消费集聚区放心消费创建、“诚信旅游放心消费”创建、放心消费“百千万”工程、“文明诚信经营户”“平安市场”“平安药店”等创建活动。开展消费知识宣传活动，全年累计发放各类宣传资料6000余份。

(茅双双)

物价管理

【价格指数概况】 2016年，启东市居民消费价格总指数为102.1%，商品零售价格总指数为101.3%，相比上年均有所上升。其中，食品烟酒类104.1%，医疗保健类101.1%，教育文化和娱乐类100.5%，居住类102.6%，衣着类101.3%，生活用品及服务类102.2%，交通和通讯类99.2%。食品类中食用油99.3%，粮食类100%，蛋类99.5%，水产品类105.6%，鲜菜类115.1%，干菜类101.9%，畜肉类111.3%，禽肉类97.8%，畜肉制品109.7%，禽肉制品101.4%。总体来看，2016年居民消费价格未显大起大落。

【平价商店管理】 2016年，市物价部门按照《关于对农产品平价商店实施考核奖励的意见》，采取定期考核与不定期考核、社会力量监督与行政力量监督相结合的办法，指导监督平价商店加强长效管理。考核针对销售价格、品种、公示牌、供应量、产品质量等方面展开，对考核中发现的问题要求及时整改到位，并按实记入考核得分，对全年综合考核不合格的取消平价商店资格并摘牌。定期开展复验工作，复验工作严格按照平价蔬菜销售价格、品种执行规定情况；平价粮、油、肉、蛋销售价格、品种执行规定情况；平价销售区面积情况；平价农副产品价格对比表或标价签规范使用情况；平价农副产品品种供应量、新鲜度、质量标准执行情况；店容店貌、铜牌标识、门头招牌、服务承诺等情况；台账信息记录上报情况等九个方面展开。落实考核通报制度，完善动态管理机制。全市有平价商店3家，累计检查800家次平价商店的经营管理情况，规范拨付省级平价店奖励经费共计8.5万元。

【价格调控】 市物价部门支持国家和省、市实施重点领域价费改革，保障各项价费政策执行到位。贯彻落实放开、调整的部分行政事业性和经营服务性收费的项目、标准，规范医疗卫生机构药品加价率管理、放开部分经营服务收费、调整耕地开垦费标准、水泥企业用电实行阶梯电价政策、完善银行卡刷卡手续费定价机制、贯彻江苏省公立医疗机构病房床位价格管理办法等。调整市高污染企业污水处理费征收标准，并对企业环保信用评价确定为“红色”等级的6家企业和“黑色”等级的1家企业分别执行差别水价。调整市非居民管道天然气销售价格和自来水价格，完善居民阶梯水价政策。经市政府常务会议讨论，制定公布《启东市物业服务收费管理实施细则》。

【医药价格综合改革评估】 2016年，根据省、南通市物价局工作要求，市物价部门分别对人民医院、中医院2家县级公立医院和6家中心卫生院2016年1—6月期间和2015年11月至2016年10月期间医药价格综合改革实施情况开展绩效评估工作，并对市

4月29日，市发改委在人民公园开展宣传活动，发放《江苏省价格条例》和《启东日报》，现场接受市民咨询和受理价格举报 （市发改委/提供）

8家开展公立医院医药价格综合改革的医疗机构所实施的南通市级定价项目进行梳理。

【价格秩序维护】 2016年，市物价部门开展节假日价格政策宣传提醒活动及市场价格检查，发放《关于规范节日期间市场价格的行为、稳定市场物价的政策提醒函》。开展对商品房、景区、药品等行业明码标价的专项检查，对涉企收费减免落实、机动车安全技术检验收费、机动车停放和物业收费等价格政策执行情况进行专项检查。配合医保部门，督促全市医保定点零售药店加强价格诚信建设。开展对商品房明码标价的不定期监管。组织执法人员参加省、南通市组织的关于价格执法检查等多项培训，提高执法预见性。

【价格维权】 2016年，市物价部门价格举报中心共受理办结价格举报及政务热线转办的价格咨询或投诉案件100多件，主要涉及超市标价不规范、物业收费、停车收费、药品价格等问题。市价格举报中心工作人员通过现场协调及相关政策宣传，成功办结全部举报咨询件。

【价格监测和成本监审】 2016年，市物价部门关注价格苗头性、倾向性问题，向政府或价格主管部门报送监测分析。关注不同时段重要商品市场价格走势，不定期开展价格专题调研分析，配合市新闻部门做好价格宣传工作。按标准选取样本点，高效完成社会养老、生猪养殖、主要农作物生产情况以及渔业产销情况等专项价格调查任务。完善对市农贸市场农副产品的价格监测工作，重新修订委托定点监测合同，增加检测品种，强化工作制度落实。配合做好对农副产品平价商店的监管。联合市住建部门启动商品住房价格监测日常监测，收集商品房实际成交价信息，落实信息公开。继续完善成本调查与监审工作机制，完成对市2个自来水厂和4家污水处理企业2013—2015年度的定价成本监审。首次落实水价成本公开制度。完成商品房成本调查分析专项工作任务。配合南通市物价局对市4家机动车检测企业经营情况开展调查摸底。

【价格认证公共服务】 全年价格认证中心共完成公安部门委托刑事案件价格鉴证300件，价值520万元；完成地税部门委托涉税房地产交易个案610件，价值4.5亿元；涉税企业股权转让案件38件，价值20亿元；完成新增小区基准价格认定上线16个，各类行政执法案件7件，价值22.3万元。建立涉税营业用房交易价格数据库。主要重大价格认定案件有：根据市有关办公会议要求，为办理第一批93个经济薄弱村房产证和土地证，对滨海工业园区内的四海家园5幢房屋房地产价格进行认定，认定总价值2.7亿元；对市电镀中心废水处理成本进行认证；对公安部门委托的匡某某诈骗案中涉及的模具价格进行认定；对市检察院委托的一起渎职案件中涉案羊棚价格进行认定。

（陈赛群）

统计管理

【概况】 2016年，启东市深化统计工作改革，优化统计业务流程，应用信息技术，不断提高统计数据质量和统计服务水平。实施常规统计调查35项、专项统计25项。高质量编制全市“十三五”统计规划，及时编印并完善《启东统计月报》《沿海十四县市重要指标》《启东统计手册》《启东统计年鉴2015》《启东统计分析》等常规统计资料。

【第三次全国农业普查工作启动】 市统计局做好第三次全国农业普查前期工作，实现普查机构、办公室及人员、普查经费“三落实”。6月，市组织实施南通市第三次全国农业普查市级综合试点工作。试点镇为南阳镇，试点村为启兴村、佐鹤村、乐庭村，共计调查1356户普通农户、8户规模农业经营户、9户农业经营单位。全市共选调普查指导员526人、普查员2347人。集中各镇（区）普查业务骨干，参加江苏省级、南通市级和启东市级三级农普培训会议。集中全市各镇PDA操作员，面对面培训，现场演示操作流程。10月起，通过流动字幕广告、“农普杯”法制知识竞赛、制作农普宣传动漫片等方式，增加社会公众的认知度。全面开展清查工作。12月1—31日，市开展农业普查摸底工作。

【重点项目入库服务】 市统计局抓新项目入库，要求专业人员对每一个新入库项目进行核查，确保项目符合入库标准。对5000万元以上的投资项目和房地产开发项目入库材料严格审核把关，对亿元以上项目实地抽查，提高项目入库质量。熟悉了解投资项目进展情况,及时和项目统计人员联系，对项目投资额的合理性进行评估,以使投资额真实反映项目进展情况,按月通报项目申报情况,促使各镇整改落实。加大对外协调力度,与发改委、国地税、供电局、住建局和商务局等部门建立联系渠道,及时掌握项目信息,配合大项目办做好项目的新增入库工作。全年有200个亿元以上重点项目入库。

【统计年定报工作】 按照国家、省、市统计局的工作部署和统计报表制度规定，加强与基层统计和统计调查单位的沟通协调，加强对统计人员的业务培训指导，严格按照制度规定的填报范围、口径、计算方法和标准执行,完成核算、农业、工业、商贸、服务业、投资等各项常规统计调查，做到规范填报、手续齐全、数出有据、逻辑严密、程序规范。

【专项统计调查】 市统计局发挥统计调查短、平、快特点,开展反映市经济社会发展和关乎民计民生民意的统计调查25项,如生猪养殖调查、"三新"企业认定核实、建筑服务业发展调查、非公单位人才资源状况调查、"四众"(众创、众包、众扶、众筹)企业专项统计调查、新兴产业人才统计监测调查、楼宇经济调查、跨境电商调查等。完成1%人口抽样调查、企业创新调查后续工作,做好数据资料汇编、课题开发、论文汇编、数据推算及分析,系统总结调查工作经验。

【重点课题研究】 2016年,各个专业对"十二五"期间启东市经济发展走势进行分析,完成《数说启东"十二五"》《"十二五" 启东农村住户增收情况分析》《"十二五"启东房地产市场发展回顾》《启东"十二五"规上工业节能降耗浅析》和《关于"十二五"时期启东消费品市场发展情况的调研报告》等统计分析报告。确定《启东市海工船舶产业发展与研究》等统计调查课题7项,钱剑波撰写的《启东市文化产业对县域经济发展影响力的调研报告》在启东市2016年度经济与社会发展应用研究课题评比中获三等奖。

【重点统计监测】 根据省、南通市调整的相关指标口径及目标值，着力抓好"八项工程""两个率先""转型升级"等监测工作。发挥政府综合统计统揽全局、统筹协调的职能,做好政策措施实施效果的动态监测和目标完成情况的跟踪监测。加强上下沟通、部门联动,整合利用各类资源,形成部门综合联动的监测体系。推进国民经济核算制度方法改革，建立主要数据动态监测制度,形成月度情况有数据报告、重大问题有预警报告、重要情况有专题报告的服务模式。

【统计数据质量提高】 市统计局完善统计数据质量管控机制,开展事前、事中和事后数据质量检查、抽查,加大对建设领域数据、工业数据、贸易数据、劳动力数据等专业指标的审核力度,对联网直报平台调查数据实时监控,对主要数据指标异常波动情况重点监控,对各专业采集、审核、评估、发布数据提出具体要求，形成主要领导亲自抓、分管领导直接抓、相关专业具体抓的数据质量管控机制，有效增强统计数据匹配性、协调性和支撑性。继续推行统计数据联网直报，筹措资金建立国家、省、市、县、乡镇内网"五级"联网,实施网络改造。抓好基本单位名录库维护,对各镇统计员进行培训,要求各镇统计员按单位的经营地划分对辖区单位逐个核实，乡镇如实填报基本单位情况表,做到单位个数不重不漏。2016年,市统计局共收录全市14502个法人单位、2077个产业活动单位,成功新增单位2119个，对全市基本单位个数及分布做到心中有数。

【统计基础建设】 2016年，市统计局深入开展统计机构规范化建设"回头看"活动,巩固创建成果。重点围绕"三查三看"(查人员编制解决情况，看基层统计力量配备现状；查协统员选配情况，看基层统计网络延伸现状;查"四库"建设情况,看基层重点工作落实现状),帮助基层解决实际问题。以点带面，全面推进村居一级统计规范化建设。组织国税、地税、供电公司等单位参评省、南通市"部门规范化建设示范单位"。

【统计执法】 至2016年底，市统计局有12名持证行政执法人员,3名执法监督人员。加大对重点行业、重点企业统计违法案件的查处、通报力度,全年共查处案件2件。结合第三次农业普查,对普查登记中存在的各种不配合行为采取政策宣传讲解、下发催报通知单等方式予以解决。组织劳动工资、投资、贸易、工业等统计行政指导及执法检查50余次,发现问题及时纠正和查处,由统计执法向执法服务转变。

【统计信息发布】 市统计局创新信息发布形式。动漫原创作品《〈统计法〉明确规定的十三个不得》在启东统计公共微信号发布后,广受好评。并在江苏省统计局举办的"迎农普·江苏统计'微传播'创新大赛"中获三等奖,并被国家统计局微信平台录用。全年向各级统计网站和报刊杂志报送各类分析报告、统计信息共计788篇,其中被江苏省统计信息网录用分析报告30篇、统计信息91篇；被国家统计局信息网录用统计信息2篇;被报刊杂志录用分析报告16篇、统计信息5篇。

(汤丹花)

※附※

国家统计局启东调查队

完成"三农普"遥感测量。运用遥感技术实施农作物播种面积测量,开展秋冬播、春夏播"三农普"遥感测量工作。在试点田块分析遥感测量工作量和现场调查所需时间，发现测量所面临的问题,制定现场测量工作方案,规划工作流程路径。对所有参与遥感测量工作的人员和乡镇调查员进行为期两天的系统业务培训，组织全体人员到试点村万英村进行现场模拟调查。实地测量中,启东队业务人员与样本村调查员共同开展野外调查；实地调查结束后,召开数据会审会议,集中镇村调查员统一进行数据会审，检查梳理,对问题数据及时补缺再调查。

调查工作创新。对地农作物调查重检查、抓质量。7月上中旬,对全市20个粮食抽样调查点的基础工作进行抽查,实地抽取5个样本村,做到"一查三看",查台账登记是否及时,看账面是否清晰、完整、平衡,看是否与农户种植实际情况相符,看是否漏登农户的情况。畜禽监测调查推进联网直报。2016年,部分大型养殖实行联网直报。完善规范城乡住户调查。细化住户调查的相关制度,建立《主要数据反馈制度》《数据编码及审核制度》,完善辅调员考核办法和工作规范等。加强基础台账建设,建立每月数据留底,每季反馈数据制度。推进电子记账工作。强化检查CPI调查。深入农贸市场、超市、商场对采价工作进行指导督查,会同物价、农委等部门掌握粮棉油价格、畜禽价格、水产品价格等指标,进行对比分析,搞好数据质量监控。推进企业调查工作,提升直报率。2016年,新设立小微调查工作、建筑业小微调查工作、采购经理、规下工业等实现企业全部联网直报。每家直报企业建立电子台账,通过与企业的财务报表数据、进货销货单等原始单据的核对,确保数据填报的准确性。

信息分析。2016年,启东调查队开展当前企业转型升级新形势下"互联网+制造业"调研,对采购经理国家样本企业进行走访调研,开展小微工业企业转型升级调研、"互联网+政务"服务走访调研、地税系统满意度调查、食品安全调查、走访种粮大户了解夏季农业生产形势等。全年撰写工作动态50多篇、经济信息40多篇、统计分析12篇,被总队内网录用工作信息35篇、经济信息30篇、统计分析7篇。

(范蓓蓓)

审计管理

【概况】 2016年,市审计局共完成财务类审计项目47个,查出违规和管理不规范金额8.01亿元,促进市政府出台规范性文件2个,出台全局性改革措施1项;发现并移送案件线索3条,2人被追究刑事责任;完成工程类审计项目491个,送审金额44.97亿元,核减3.23亿元。

【预算执行审计】 2016年,市审计局围绕推进财税体制改革,推进对财政资金全口径、全过程的审计监督。对于预算编制不完整、不具体、财政存量资金清理盘活不力等问题,被审计单位积极整改。把促进工业经济发展奖励作为专题开展审计调查,发现个别企业为取得设备投入和技改方面的补贴,将旧设备或非生产设备列入技改设备申报奖励,同一事项重复申报奖励等问题。市审计局将调查结果以情况专报的形式向市政府作报告。市政府高度重视,明确由市政府办公室、市发改委等部门修订完善有关文件。

【领导干部经济责任审计】 2016年,市审计局根据市纪委、市委组织部委托,共实施完成18个领导干部经济责任审计项目,其中任中审计12个,占比67%。项目重点关注被审计单位贯彻执行中央八项规定和省委十项规定情况、"三公"经费支出等情况。经济责任审计项目的组织和实施方式改进,同类型项目统一制定实施方案,同一时间段实施,审计组定期召开业务会,确保审计工作覆盖面基本一致,发现的问题处理口径一致。

【企业审计】 2016年,市审计局实施新城园林公司和启东市容环境卫生管理处审计。指出新城园林公司在工程款支付、现金管理等方面存在的不规范问题;指出环卫处不按统一标准收取垃圾清运费,设施设备管理制度不全等问题。

【政府投资审计】 2016年,市审计局完成工程类审计项目491个,送审金额44.97亿元,核减3.23亿元,平均核减率7.2%。其中500万元以上项目67个,严格按审计程序实施并出具审计报告;500万元以下项目413个,按简易程序实施并出具核定单;委托中介机构协审项目11个,由中介机构出具咨询报告,市审计局出具审核意见。2016年下半年开始,市审计局筹划实施政府投资建设项目委托中介机构协审办法,经市政府同意,采取公开招标方式,建立由11家中介机构组成的启东市政府投资协审中介机构库,并启动第一批委托审计,实现工程审计组织方式的重大转变。

【重大政策措施落实情况跟踪审计】 2016年,市审计局根据江苏省审计厅统一部署,实施2016年二季度、四季度国家和省重大政策措施落实情况跟踪审计,着力监督各部门落实稳增长等政策措施的具体部署、执行进度和实际效果等情况,及时发现和纠正有令不行、有禁不止行为,推动国家重大决策部署和重要政策措施落实到位,促进政策落地和不断完善。对实地调查和走访过程中发现的企业在"营改增"过程中碰到的困难与问题深入分析原因,提出审计建议,提高企业对政策的认知,利用政策为企业降本增效。

【参与全省异地交叉审计及上级抽调工作】 2016年,根据江苏省审计厅统一部署,市审计局选派4名审计干部赴苏州吴江区开展保障性安居工程跟踪审计,同时配合盐城东台审计组在启东开展审计工作。选派1名审计骨干参与江苏省医疗保险基金审计组,开展全省医保基金异地交叉审计。审计骨干发挥计算机攻关团队成员的优势,对全省医保基金实施前期数据分析,从冗杂的数据中抓取疑点,为实施审计扫清障碍,提供线索。选派1名审计人员参与南通大型公共建筑审计调查。5名审计人员被抽调参与市纪委对市福利彩票中心、第四人民医院、职教中心等8个单位的巡察工作。

【审计信息化建设】 2016年,市审计局一次性投入70多万元,购置服务器、扫描仪等设备,用于建设"南通市数字化审计综合平台"。逐步采集中央财政转移支付资金、扶贫工作、社会保障等相关电子数据,并按照上级审计机关规定的标准、方式和要求向上报送。对于已采集的财政管理信息系统数据,强化数据的安全保密管理,严格规范保管和使用相关数据处理。

(沈晓燕)

安全生产监督管理

【概况】 2016年，市安监局严格落实责任目标，着力健全监管机制，扎实开展安全生产大检查和重点行业领域专项整治，确保全市安全生产形势平稳。全市共发生各类安全生产事故12起，死亡13人，杜绝较大以上生产经营性事故的发生，继续保持安全生产持续向好的发展态势。

【安全生产大检查】 2016年，结合安全生产季节特点和行业特性，市安监局组织开展“一节两会”、夏季、国庆期间、省党代会期间安全生产大检查活动，对全市各镇(园区)、各行业领域进行安全生产大检查。特别是11月24日，江西宜春市丰城发电厂三期在建项目发生冷却塔施工平台坍塌特别重大事故后，市成立以市长黄卫锋任组长的专项行动领导小组，采取市委领导包片、市政府领导包线的方式，分插到各片区和条线，推进各镇(园区)及重点行业领域安全生产大检查工作扎实开展。市安委办组成督查组，对各地各部门安全生产大检查、隐患大整治开展情况进行综合督查。

【重点行业领域专项整治】 2016年，市安监局持续开展道路交通、危化品、有限空间、涉氨制冷、涉爆粉尘、消防安全、建筑施工、海洋渔业、特种设备等重点行业领域安全专项整治，着力解决重点行业领域的突出安全问题，有效防范事故发生。加强危化品企业安全监管力度，实行“红、黄、蓝”表管理，25家企业列入黄表、86家企业列入蓝表，对11家企业立案查处。全年共排查安全隐患1.1万条，关停企业4家，实施停电措施2家。重点对开发区马路市场等7个南通市级、42个市级重大隐患挂牌督办，明确整改时限，严格整改效果，至年底基本整改到位。

【安全生产监管执法】 市安监局年初制订年度安全生产监管执法检查计划，每月确定执法检查和复查任务。严肃查处检查中发现的违法非法生产行为。全年共事前处罚121件，处罚金额110万元。严肃查处市二手车交易市场新建工程高处坠落、泰安建材物体打击等7起生产安全事故，对生产安全事故责任者进行经济处罚，另有4人移送司法机关追究刑事责任。

【企业安全生产主体责任落实】 2016年，市安监局严格落实企业安全生产主体责任，全市1709家企业完成建档，分别有109家企业和203家企业获评镇级和市级“落实安全生产主体责任示范企业”称号。

【安全生产标准化建设】 2016年，市安监局实施企业提档升级工程，有1家企业通过一级安全标准评审，2家企业通过二级安全标准评审，169家规模以上工贸企业通过三级标准化评审，107家小微工贸企业通过安全标准化评审。

【安全生产宣传培训】 2016年，市安监局开展“安全生产月”活动和针对性安全培训，提高职工防范救护能力和岗位安全意识。加大对持证人员培训考核的监管，共组织企业主要负责人、安全生产管理人员培训3000多人次，培训特种作业人员近千人次。

(陆辉标)

水上安全监督

【概况】 2016年，南通启东海事处利用海事专业优势、资源优势和技术优势，积极服务启东市一类口岸开放，推动港口安全配套设施建设，推进“江海风”服务品牌和“苏冀电煤航线”品牌创建，服务港口企业发展，开展专项治理，消除安全隐患，确保辖区海上交通安全形势持续稳定。5月31日，启东海事处正式入驻新的海事业务用房。

【水工现场监管】 2016年，全市沿海有南通港吕四港区广汇能源LNG分销转运站工程码头前沿及附近水域疏浚作业、启东市北部区域达标尾水排海工程(海底管道段)施工、吕四港区环抱式港池PPP项目疏浚工程和沿江江苏京沪重工有限公司高技术海洋装备及大型特种钢结构制造项目新建出运码头工程4处。在巡查、巡航过程中，对当场可以纠正的事故隐患责令其立即整改，并针对发现的无证施工等现象进行严肃处理。加强对船舶超航区航行、配员不足等违反行为的查处力度。辖区沿江船舶工业带的启东润邦海洋、启东宏强船厂、上海振华重工启东海洋工程有限公司以及启东中远海工等多家船舶修造企业先后有18艘新造船或海工平台在长江北支顺利完成各类涉水作业。启东海事处加强现场监管和维护，对作业方案、安全措施的落实情况进行作业前检查，对作业人员进行码头现场安全教育与宣传，向作业时段进出启东沿江港口的船舶发送安全信息，对作业现场进行安全维护等，确保作业安全。

【水上交通安全专项整治】 2016年，启东海事处整合长江综合执法“雷霆行动”、船舶标识和AIS使用情况专项整治、严禁内河船参与海上施工专项整治、燃油抽检、非法码头专项整治、水上交通安全大检查、安全生产月、G20峰会、砂石运输船舶整治等一系列专项活动，加强宣传贯彻力度，加大巡查频次，陆域巡查与电子巡航齐抓，对辖区船舶修造企业、砂石码头以及水工施工现场进行全面检查，全力维护辖区水上交通安全。其间，共计开展陆域巡查1000多小时，巡查里程4.6万多公里；海巡艇巡航70多小时，现场警戒、维护各类作业15次；共发放各类宣传材料近2000份。实施行政处罚16起，处罚金额9.5万元。收到辖区企业水上安全大检查自查自纠表10份，发放安全管理建议书22份、事故隐患整改通知书7份；开展G20期间入浙船舶专项检查12艘次，发放宣传材料78份，未发生一起漏报、误报、违规前往浙江相关水域的情况。

【防抗恶劣天气】 2016年，启东辖区遭遇台风、寒潮大风天气71天，雾霾天气36天。启东海事处做好恶劣天气防抗工作，共发放防风告知书108份，发

启东地方海事为水工作业安全护航，图为通启河久隆桥旧桥拆除

（姜新春/摄）

布恶劣天气预警信息3.88万条，辖区未发生安全责任事故和水域、大气污染事件，安全形势持续稳定。

【支持地方建设】 2016年，启东海事处全方位沟通协调，推进南通海事局与启东市人民政府签定的第三次战略合作备忘录各项措施的落实。启东海事处多次陪同启东市政府、吕四海洋经济开发区管委会等单位，赴上级机关就海事行政许可手续的办理进行汇报、沟通和协调，为他们办理合法手续创造条件，在较短的时间内，合法合理地完成一大批涉水工程行政许可。

【服务企业】 2016年，启东海事处利用海事技术和行业优势，积极为企业破解难题，服务企业发展。特别秋冬交替的季节，大唐吕四港电厂电煤需求量巨大，进出港船舶多，吕四港航道日渐繁忙。为缩短船期，保障电煤运输安全，启东海事处深化“苏冀电煤航线”品牌创建，打造“船畅其行”特色品牌，专门为其开辟“绿色通道”，在安全检查和签证等方面提供方便。全年共服务电煤运输船243次，运煤量400.45万吨。在防抗恶劣天气和海工平台进坞拖带各环节，启东海事处主动为中远船务联系熟悉当地水文的全回转、大马力拖轮，为企业排忧解难。

【法律法规宣传】 2016年，为了尽快帮助辖区涉水企业完善各类行政许可手续，启东海事处积极宣传海事法律法规，主动帮助指导企业完善报批手续。及时向企业宣传海事法律法规以及办理行政许可的条件和程序，要求企业按照法律法规规定及时办理相关手续，促进建设单位提高安全意识，落实安全措施，保障水上交通安全和防止环境污染发生。

（彭玉章）

住房公积金管理

【概况】 2016年，全市归集住房公积金8.40亿元，完成年初目标8.09亿元的104.85%，比上年增加8556.62万元，同比增长11.34%。归集余额22.82亿元，比上年增加2.01亿元。全年新开单位176家，新单位实缴额1874.08万元。新建人数达14369人，是上年同期的1.1倍；实缴人数68866人，比上年增加4746人，实缴人数增长7.40%。2016年，南通市住房公积金管理中心启东管理部和14家房地产开发商签订楼盘按揭贷款合作协议，共有14个按揭项目，面积为80万平方米。全年为1896户职工发放公积金贷款7.40亿元，同比增长11.14%。启东管理部创下个贷连续10年零逾期的最新纪录，切实保障资金的安全使用，支持启东房地产市场的稳步发展。

（徐　菊）

鹤城公园新景　（徐　昕/摄）

科技管理与服务

【概况】 2016年，市科技局推进创新型城市建设，加强产业技术创新、企业自主创新和社会发展创新，推进创新人才、创新载体和创新环境建设，加速高新技术产业发展，促进产业转型升级，实现科技进步与经济社会发展的紧密结合、相互促进与协调发展，全面提升沿海开发水平，为率先基本实现现代化提供强有力的科技支撑。

【高新技术产业】 2016，全市实现高新技术产业产值993.08亿元，占规模工业的比例达53.31%，较上年同期提升6.83个百分点。企业研发投入占GDP比例达2.53%。有87个产品被认定为省级以上高新技术产品，24家企业新被认定为高新技术企业。

【产学研合作】 2016年，全市组织开展“启东——天津大学智能建筑产学研合作专场洽谈会”“2016启东市重点企业走进中科院研究所系列活动”“启东——中科院长春应用化学研究所产学研合作洽谈会”“2016国家科技领军人才创新驱动中心启东产学研合作洽谈会”等产学研活动。企业的产学研合作范围扩大、领域拓宽、程度加深、质量提高。全市组织实施产学研合作项目176项，技术交易额2.56亿元，带动企业投入31.6亿元。

【知识产权工作】 2016年，全面推进知识产权工作。运用多种媒体，加大知识产权宣传教育力度，以增强全民自主创新能力和知识产权保护意识。全年举办专利知识培训班7期，参训1000多人次。培育知识产权工程师11名、知识产权贯标体系内审员19名和知识产权总监2名。开展专利消零企业专项行动，对市150多家零专利企业开展专门培训辅导，促进企业知识产权创造。开展企业知识产权标准化建设，参加贯标的企业达58家，其中通过第三方认证企业12家。全市实现专利申请量6127件，授权量2598件，其中发明专利申请1110件。万人发明专利拥有量达13.87件。江苏海四达电源股份有限公司发明专利“一种大容量高功率磷酸亚铁锂动力电池及其制造方法”获首届南通市专利金奖、江苏神通阀门股份有限公司发明专利“一种插板阀”和启东尤希路化学工业有限公司发明专利“抗黄斑、环保型湿平整液”获南通专利奖优秀奖。

【科技项目与科技成果】 全年立项科技项目25项。获南通市级以上科技进步奖9项，其中省科学技术奖二等奖2项，南通市科技进步二等奖4项、三等奖3项。组织南通市科技成果鉴定19项。向高校、科研院所输送企业项目需求信息500多项，向企业发布高校、科研机构最新成果信息3000多项。

2016年启东市立项科技项目

表 26

项目类别	项目名称	承担企业
省重点研发计划	新能源汽车用高比能动力电池及管理系统研发与应月	江苏省新动力电池及其材料工程技术研究中心有限公司
	具有多目标协调控制功能的高速大容量混合储能系统在光伏电站中的应用研究	江苏林洋能源股份有限公司
	糟醉鱼制品生物增香与品质控制关键技术研究与应用	南通好又鲜水产食品有限公司

续表 26

项目类别	项目名称	承担企业
省博士集聚计划	张文文	启东东岳药业有限公司
	范星都	江苏朗峰新材料有限公司
省“科技副总”计划	李　博	江苏双林海洋生物药业有限公司
	祝国梁	启东丰顺船舶重工有限公司
省工程技术研究中心	江苏省海工新能源装备工程技术研究中心	宏华海洋(江苏)油气装备有限公司
	江苏(康耐特)光学材料工程技术研究中心	江苏康耐特光学有限公司
	江苏省 LED 智能照明工程技术研究中心	江苏林洋照明科技有限公司
	江苏省环保染料工程技术中心	恒升化工有限公司
南通市工程技术研究中心	南通市和和高分子材料工程技术研究中心	江苏和和新材料股份有限公司
	南通倍佳高强度软管及配套设备一体化工程技术研究中心	南通倍佳机械科技有限公司
	江苏华滋海工气体工程技术研究中心	江苏华滋海洋工程有限公司
	新型含氟新材料中间体工程技术研究中心	南通宝凯化工有限公司
	南通市丰顺绿色船舶制造工程技术研究中心	启东丰顺船舶重工有限公司
	南通蓝岛海洋工程技术研究中心	南通蓝岛海洋工程有限公司
	南通市林洋光伏高效组件工程技术研究中心	江苏林洋光伏科技有限公司
	南通市过滤设备工程技术研究中心	南通星达过滤设备有限公司
	南通液压工程技术研发中心	江苏恒源液压有限公司
	启东市恒瑞电源科技工程技术研究中心	启东市恒瑞电源科技有限公司
2016 年中央引导地方科技发展专项资金	定量化遥感比较辐射计研制	中国科学院上海技术物理研究所启东光电遥感中心
省企业知识产权管理贯标	南通柏盛化工有限公司	
省重点企业研发机构绩效评估	江苏神通阀门股份有限公司	
2016 年度知识产权创造与应用	启东	

2016年启东市获南通市以上科技进步奖项目

表 27

项目名称	申报单位	获奖类别
第三代多功能超深水集约型海洋风电安装船的关键设计制造技术	中远船务(启东)海洋工程有限公司	江苏省科学技术二等奖
电力计量终端可靠性保障关键技术、体系及应用	江苏林洋能源股份有限公司	江苏省科学技术三等奖
纯电动汽车用 18650 型锂离子动力电池模块	江苏海四达电源股份有限公司	南通市科技进步二等奖
苛刻工况耐冲蚀偏心旋转阀	江苏神通阀门股份有限公司	南通市科技进步二等奖
高速低功耗 BVTD 双向高压触发器件	启东吉莱电子有限公司	南通市科技进步二等奖
基于循证的前馈控制应用于连台手术护理风险管理的研究	启东市人民医院	南通市科技进步二等奖

续表 27

项目名称	申报单位	获奖类别
盘式空气生态箱	江苏风神空调集团股份有限公司	南通市科技进步三等奖
智能电网 AMI 系统	江苏林洋能源股份有限公司	南通市科技进步三等奖
高饱和磁感低成本非晶纳米晶超薄带	朗峰新材料科技股份有限公司	南通市科技进步三等奖

【农业与社会发展】 2016年，市科技局推动农业和社会发展科技创新。培育各类科技创新服务载体，全面推进产学研合作，组织申报实施各类农业和社会发展科技计划项目，开展可持续发展实验区建设及科技“强农惠民”工作。全年列入省重点研发计划农业项目1项、省政策引导类计划农业科技社会化服务奖补资金项目2项；全市累计拥有国家农业科技园区1个、省级技术创新战略联盟1个、省级现代农业科技园1个、省级农业科技型企业7家、省级科技型农业专业合作社4家、省级农村科技服务超市分店2家、便利店5家、南通市级农业科技型企业14家。按照江苏省科技超市“六有”标准，抓好启东设施蔬菜产业分店和便利店建设，开展科技服务活动，带动农民增收致富。在2016年省厅组织专家组开展的省“科技服务超市万村行”活动中，市省级设施蔬菜产业科技超市分店被评为优秀，1家分店、5家便利店被评为合格。

全年共组织开展各类送科技下乡活动12次，展出180多板次，发放科技图书和科技资料6000多份，解决各类农业技术难题25个，签订农业技术服务合同15个。与农业部门组织推广农业新技术新成果12项、农业新品种30个。

【科技创新服务体系建设】 2016年，市科技局推进滨海工业园众创空间建设，滨海博士创业园内开辟2000平方米，成立启东淘金创谷，被南通市科技局认定为南通市级众创空间；开发区科创大楼3000平米的创新公园完成建设。启东科创园与复旦科技园股份有限公司签约，在开发区建立复旦大学科技互联网产业园。全市累计拥有国家级科技企业孵化器1家、省级科技企业孵化器4家。与北大生命科学学院联合组建北京大学生命科学华东产业研究院，在江苏属首家。国家科技领军人才创新驱动启东中心挂牌运行，在南通地区是第一家。启东产业技术研究院对外开放。2016年，朗峰新材料科技股份有限公司、南通秋之友生物科技有限公司12家获省科技成果转化风险补偿专项资金贷款3650万元。

【科研机构和科技队伍建设】 全年新增省级工程技术研究中心4家、南通市级工程中心10家。全市累计拥有省级工程技术中心39家、南通市级工程中心138家、省企业研究生工作站21家、省重点实验室1家、省重点研发机构9家。每万名劳动力中研发人员达130人，每万名劳动力中人才数达3200人。

【科技宣传】 2016年，市强化科技进步在综合考核中的考核力度，组织实施“人才科技杯”夺杯竞赛活动，每月通报各镇、园区科技创新工作目标任务完成情况；专题组织召开科技创新工作点评会，总结经验，指出问题，分析原因，表扬先进，鞭策后进。组织召开高新技术企业推进会，分析形势，宣传政策，落实各项工作措施，调动企业抓创新、谋发展的积极性。加大科普宣传力度。2016年科普宣传周和科技节期间，市科技局编印《科技创新政策百问》宣传手册，发放到全市科技型企业手中，组织开展科技节期间的科技进村入户，科技融入社区，科普文艺专场演出，专家教授现场指导到田头，专家学者作专场报告，老专家、老科技工作者科技咨询和义诊活动，医务专家进村作健康知识讲座，科技资料赠送活动等。发放科普资料8000份。各镇印发科普小报、科普资料近1.5万份。

（许海英）

防震减灾

【概况】 2016年，启东市地震局重点围绕健全地震监测预报、震灾预防和地震应急救援三大工作体系，不断加强防震减灾能力建设。

地震监测。台站建设维护与监测环境保护。园陀角强震台建设完成并开始试运行。加强对地震台站设施的维护，做好地震观测环境的保护工作。宏观测报管理工作、异常的核实工作。2016年，共接报3起异常报告，其中2起井水水位异常、1起地面拱起，及时调查核实，分析原因，作出判断。

群测群防。健全防震减灾助理员、联络员制度，完善地震宏观异常测报网络、地震灾情速报网络、防震减灾科普宣传网络。

震害预防。做好新建、扩建、改建建设工程的抗震设防监督管理工作，对必须进行地震安全性评价的重大工程项目实行跟踪管理，确保监管到位。

【防震减灾社会动员】 2016年，市地震局开展地震安全社区示范建设工作。汇东新村社区按照地震安全示范社区创建标准，开展创建活动。开展防震减灾法律法规及地震科普知识的宣传。参与科技送下乡、科普宣传周、防灾减灾日等活动，全年共发放宣传资料6000多份，赠送防震减灾书籍300套。

（许海英）

气象测报

【概况】 2016年，启东市气象局在推进气象现代化建设和县级基层气象业务体制综合改革的基础上，加强软硬件和人才队伍建设，着眼于提高公共和决策气象服务能力和水平，社会效果显著。推进农业气象服务体系和农村气象灾害防御体系建设，加强气象为农服务，在直通式服务的基础上，根据农工办农业保险的需求推出相关服务。

【气象设施现代化建设】 大气探测网络。2016年，根据中国气象局统一部署，两个国家级有人值守自动站均启用双套新型自动气象站进行地面大气探测，其中吕四国家基准气象站安装天气现象自动观测仪、雨滴谱仪、称重式雨量筒等先进设备，担负为中国气象局测试新装备任务，摸索新装备使用和维护经验，以备全国推广。经社会化保障的23套全新区域自动气象站和3套农田小气候自动观测站（含光合作用指数、二氧化碳浓度等要素观测）运行稳定，数据准确，上传及时，全年未出现数据错误，为市气象灾害预警和农业生产提供重要数据参考。沿江、沿海及G40国道沿线更新多套交通气象站用于实时观测长江、黄海和高速公路上的各类气象数据，为公路运输、航运和渔业生产直接提供服务。

气象业务系统。2016年，市气象局机房更新改造项目通过验收，气象数据传输专用内网电信专线、联通备用专线与党政网、工作用互联网正式分离，提高气象数据内网的安全性，同时CMAcast卫星小站系统接收的风云二号C/D/E卫星数据正式接入预报服务平台，提升气象信息传输和天气预报制作效率。全市布置于各村公共服务中心和重点企业的共计85块气象信息显示屏运转良好，及时播发气象预报、预警信息与各类宣传、通知，方便气象与其他信息的传播。

【气象服务】 公共气象服务。2016年，市气象台做好每天常规天气预报的制作和发布与传递，加强与广电和报纸等传统媒体的合作，市气象局开通“启东气象”新浪和腾讯微博、“启东天气”微信公众号。通过学习辅导、岗位培训和竞赛，提高灾害性天气（台风、强对流、暴雨等）、节假日（春节、端午、国庆等）和重大社会活动（春运、中高考、环太湖自行车赛等）期间的服务能力与质量。

为农气象服务。2016年，市气象局推进气象灾害应急准备认证工作。年末，全市接近1/2行政村完全认证。会同市农委作栽站、植保站、蔬菜站、市蔬菜专业合作社、市家庭农场、镇农村服务中心等专家举办多次座谈会，请他们对农村专项气象服务提出意见和建议。与市农工办合作，市气象局将种养殖大户和参加农业保险的用户纳入气象专业服务对象，在进行“直通式服务”的同时，普及农业保险知识，推进农保工作。

专业气象服务。2016年，市气象局加强对江对海气象服务的力度。完成广汇能源码头项目的气象服务，确保施工过程没有出现任何一起因为气象灾害出现的生产事故，与多家沿江大型船舶制造企业，如中远海工、太平洋海工、宏华海洋以及大唐电厂等，签订气象服务合同，为其提供定时、定点和随时的气象服务，在工程进度安排和安全作业生产等领域密切合作，为企业产生良好的经济效益提供气象保障。

【气象宣传】 在“3·23”世界气象日前后，市气象局联合市水务局开展气象宣传活动。除在人民广场开展定点宣传外，针对当年度“直面更热、更旱、更涝的未来”主题，市气象局加强对气候变化、极端天气和气象灾害多发等方面的科普工作，通过广场展板、微电影放映和开放日等活动向广大市民普及气象知识，提高群众气象防灾减灾意识和能力。

（龚溪峤　黄　诚）

新款植保机使用演示　（袁　竞/摄）

综　述

5月17日，启东市小学、初中学生首届校园足球联赛在汇龙中学举行
（潘　杨/摄）

【概况】 2016年，全市共有中小学校幼儿园141所，其中小学49所，初中21所，普通高中7所，职业高中2所，特殊教育学校1所，规划幼儿园61所。小学在校学生共计37233人，一年级至六学级学生数分别为6224人、6296人、5856人、6364人、6373人、6120人；初中在校学生18959人，初一至初三学生数分别为6474人、6349人、6136人；普通高中在校学生9225人，高一至高三学生数分别为3053人、3070人、3102人；职业高中在校学生总计为5022人，职高一年级至三年级学生数分别为1440人、1772人、1810人；特教学校在校学生共有121人；在园幼儿18210人。全市共计在校学生88770人。全市共有在职教职工7305人，离退休教职工6202人。全市学校占地面积275万平方米，校舍建筑面积122万平方米。

【办学条件】 全年新增公办幼儿园3所、省优质幼儿园8所，回购办园点10个。城乡配套学校建设加快推进，投入7.5亿元规划建设城乡配套中小学、幼儿园12所。全年投入7215万元，加强教育装备建设，全市所有学校建成南通市数字化校园，建成教育现代化学校60所，校园网络升级至千兆。28所学校建成南通市长安学校，10所学校被评为南通市学校管理工作先进集体。

【教育内涵发展】 市教育局加强中小学责任督学挂牌督导工作，建成省责任督学挂牌督导工作示范县(市)。成立中小学“正能量加油站”87家，组织开展“启吾大讲堂——智慧父母”、亲子沟通营等活动200多场次，有效拓展家校沟通平台。举办启东市第六届中小学校园艺术节、青少年科技创新大赛、校园足球联赛等体艺赛事50多项。

【教育教学质量】 学前教育保教水平得到提升，建成幼儿园课程游戏化建设省级项目1个、南通市级9个。追求课题研究内涵，15个省级规划课题、29个南通市级课题、4个省教研课题、15个南通市教研课题获准立项。

【教育教学改革】 市教育局抓牢高效课堂建设，全面推行并丰富“三段四模块”课堂教学范式，搭建“东疆之春”“江海星光”“东疆引航”等5大教科研训平台。启动全市中小学阅读工程，开展“阅读吧，少年”展示活动。深入开展课程改革，22个学校进行梦想课堂建设试点。市开发区中学与新学校(北京)教育科技研究院合作，打造“新学校”教改项目。启动中小学语文主题学习研究，12所学校开展先行先试。创新人才培养模式，启东中学创新实验班、创新人才班招生。

【师资队伍】 2016年，共招聘新教师58名，定向培养乡村教师88名。鼓励教师学历进修，共有142位教师实现学历提升，其中硕士研究生学历24人，共发放奖励金23.3万元。汇龙中学、滨海实验学校、实验小学、大洋港小学、和睦幼儿园获评省教育工作先进集体，2名教师获评省优秀教育工作者，2名教师获"首届省教学名师"称号，2名教师晋升江苏省第十三批特级教师。

【服务经济社会】 启东中专创建成江苏联合职业技术学院办班点，计算机及应用实训基地被评为省职业教育高水平示范性实训基地。全年新增省级标准化居民学校12所，新增省级社区教育中心3个、南通市级5个。全年完成15所学校体育运动场地改造并向社会开放。开展"共乐东疆"百项文体活动，建成省公共体育服务示范区。

（费雷雷）

学前教育

【概况】 全市有幼儿园61所、办园点18个。完成公办幼儿园建设1所，成功创建江苏省优质幼儿园4所、南通市优质幼儿园2所。所有规划幼儿园全部实现独立法人资格。在园幼儿18210名，幼儿毛入园率98.15%。

【保教质量攀升】 2016年，新增课程游戏化南通市级项目3个、启东级项目6个。组织幼儿园园长赴上海交通大学进行专业素养和管理能力集中培训，邀请江苏教师培训中心开展省级幼儿园园长任职资格培训。通过"江苏省幼儿园信息管理系统"和"五年行动计划实施管理系统"网络平台，对幼儿园进行信息采集。围绕江苏省教育规划"十二五"重点课题"基于幼儿可持续学习的教师教育行为优化研究"总课题展开市本研究，开展城乡幼儿园对口支教工作，组织开展公办幼儿园教师基本功等级考核，帮助农村幼儿园提高保教质量和办园水平。组织幼儿园好课评比，滨海幼儿园、豆豆幼儿园分别承办"幼儿园名师送教"活动，辐射和推广46个优秀活动。

（费雷雷）

小学教育

【概况】 全市有小学49所，其中直属小学2所、镇小学47所。教学班852个，在校学生数37233人，毕业生数6120人。

【教研活动】 3月，全市举办启东市"语文主题学习"实验工作启动大会；5月，承办"南通市小学语文骨干教师培育站"研训活动。10月，承办"南通市中青年名师校园行"小学语文教学交流研讨活动。5月、8月、12月分别进行小学"语文主题学习"实验专题研讨活动。11月22日，举行南通市小学数学学科基地联盟学校教研活动暨季国栋名师工作室研讨活动，来自南通市的80多位代表与会。12与27日，蔡宏圣名师工作室面向南通市对外展示，来自南通市的多个名师工作室团队与会研讨。

【教学业务】 2016年全国"一师一优课"活动中，小学阶段语文、数学、英语、思品、科学等学科共获部级优秀课50节、省级优秀课48节、南通市级优秀课178节。4月，吴慧慧获江苏省小学语文录像课优课评比一等奖。5月和6月，陆玲玲和曹健获南通市小学数学课堂教学优课评比活动一等奖。9月，汪东玮获南通市小学语文青年教师教学基本功比赛一等奖。张飞获南通市劳动与技术优秀课评比一等奖；陈健获南通市小学科学教师实验技能比赛一等奖；陈泳霏获南通市综合实践活动教学技能大赛二等奖。

（费雷雷）

4月27日，市小学素质教育现场会暨"八礼四仪"现场观摩会在和合小学举行

（茅赛男/摄）

初中教育

【概况】 全市有初级中学21所，其中直属初中8所、镇初中13所。教学班396个，在校学生数18959人，毕业生数6136人。

【教学质量管理】 3月，召开2016年启东市初中教学质量分析会。4月，出台启东市初中教学质量及中考质量考核方案。4月和10月，两次举行启东市"江海星光"初中校长沙龙活动；10月和11月，召开两期启东市第五届初中"江海星光"教科研系列活动。

【教研培训】 1月，组织各初中校长参加江苏省第八届初中校长论坛。3月，组织初中校长参加江苏省初中学校"e学习专题研讨"活动。8月21—25日，举行初中各学科暑期全员培训。11月16—18日，举行启东市初中"同题异构"等教学竞赛活动，共有206位教师参加。

（费雷雷）

高中教育

【概况】 2016年，全市共有普通高中7所，教学班208个，在校学生9225人。

【高考成绩居全省前茅】 2016年,启东市文科均分331.79分,超出省本科线6.79分;理科均分341.62分,超出省本科线26.62分。普通类本一上线率29.34%,超省平均16.89个百分点;普通类本二上线率76.64%,超省平均36.71个百分点。总分400分以上考生有27人,1人进入全省前20名,42名考生进入全省前1000名。

【教科研训】 下半年,开展第五届"江海星光"系列教科研训活动。10—12月,举行三期校长沙龙。10月,开展同课异构活动和高三优课展示活动。

(费雷雷)

中等职业教育

【概况】 全市共有中等职业学校2所,即江苏省启东中等专业学校、启东市第二中等专业学校。共开设数控、机械、电子、计算机应用、财经商贸、建筑等10多个大类30多个专业,在校生5022人。2016年,全市招收新生1440人,职高学生毕业率为100%,毕业生就业率为98.5%。对口高考报考人数为670人,本科上线率为35.2%,是省平均数的两倍(省平均为17.24%),总上线率达100%。参加中级工考核通过率为97.5%。

【办学水平提升】 2016年,启东中专继续与有关高职院校进行7个专业的"3+3"中高职对接,成功创建成五年制高职办班点,招生机电和数控两个专业。启东中专机电技术应用实训基地被评为2016年江苏省高水平示范性实训基地。在2016年南通市职业学校技能大赛中,学校获9金13银33铜。实训教学2个项目获一等奖、3个项目获二等奖;在信息化教学设计比赛中,获5金2银7铜,并有1个项目参加省决赛;在微课比赛中,教师获3个一等奖、6个二等奖、8个三等奖;在课堂教学大赛中获1个一等奖、7个二等奖、15个三等奖;在省教学大赛中获4个三等奖;在2016年第七届江苏省职业教育创新大赛中获2块银牌;在2016年第七届江苏省中等职业学校"文明风采"大赛中,获2金5银8铜;在CKC杯纵横码汉字输入大赛全国赛的网络比赛中有2人获全国一等奖,2人获二等奖,1人获三等奖。

(费雷雷)

普通高等教育

【南通大学启东校区】 南通大学启东校区位于启东市滨海工业园,占地面积1200亩,校区总体规划建筑面积32.7万平方米。办学层次以本科办学为主,校区有杏林学院20个专业,在校生人数2077人,教职员工171人。2016年,启东校区录取新生1192人,录取率100%;实际报到1139人,报到率95.56%。

2016年,启东校区启动二期工程建设工作。项目总建筑面积4万平方米,总投资约2.7亿元,已列入启东市"十三五"发展规划。主要包括2幢教学楼、4幢学生宿舍、1幢中型体育馆,总建筑面积约4万平方米。二期工程可行性研究报告通过省教育厅和发改委组织的专家评审,施工图进入报审程序。

(贡钰榕)

特殊教育

【概况】 全市有特殊教育学校1所,班级数14个,在校学生121名,毕业生数8名。

【教育教学水平】 9月,学校开办智障青少年职业教育高中班,招收学生7人,重点进行广告设计与制作的学习培训。11月,学校师生舞蹈队参加全国首届特殊教育学校排舞公开赛,分别获师生合作组自选曲目和规定曲目二等奖。1名教师获2016年CKC杯全国纵横汉字输入大奖赛智障组指导教师一等奖,1名学生获CKC杯全国纵横汉字输入大赛智障组冠军,2名学生获二等奖。

(费雷雷)

成人教育

【社区教育】 市完善以启东市社区学院为龙头、乡镇社区教育中心为骨干、村级居民学校为基础的覆盖全市的社区教育网络。启东市寅阳镇社区教育中心和启东市合作镇社区教育中心两家单位建成江苏省级社区教育中心。启东市吕四港镇如意村和巴掌村、汇龙镇临江村和光荣村、近海镇公益村和大圩村、寅阳镇农武村和稷字村、合作镇蟠龙村和二效镇村、北新镇万安村和北新村、惠萍镇大兴镇村和果园村、南阳镇新河村和乐庭村、王鲍镇中施村和大生村、东海镇戴祥村、海复镇四堤村和北固村21所居民学校建成省级标准化居民学校。

【现代农民教育培训】 全市各镇社区教育中心、各职业中学,开展新增劳动力培训、农民实用技术培训、创业农民培训、返乡农民工培训等,共举办现代农民教育培训班225期,受训总人数18356人次,完成南通市教育局下达的任务数122%。

【学习型社会构建】 全市在"江苏学习在线"注册学习用户3942个,实名注册用户3463人,累计学分96万分,共获学习证书3304张,全年获得月度、季度和年度"学习之星"共173个。社区教育中心协同社区居委会和科协、卫生、消防等单位,开展养生、时事政治、老年人心理保健、安全防火等城乡居民学习活动,全市共有29150人次参与学习活动。

(费雷雷)

民办教育

【概况】 年初,全市民办幼儿园23所,民办非学历教育培训机构19个。6月,启东市教育局注销启东市新希望计算机培训中心和启东市南方电脑培训中心两家单位的民办学校办学许可证,市行政审批局批准设立启东市华洋幼儿园、启东启航教育培训中心、启东菁华教育培训中心、启东轻舞飞扬艺术培训中心。年底，全市民办幼儿园24所，民办非学历教育培训机构20个。

（费雷雷）

市直属学校选介

【江苏省启东中学】 2016年，学校有学生2237人，班级53个，教职工268人。其中，专任教师235人、江苏省特级教师5人、硕士研究生38人、南通市级以上学科带头人及骨干教师20人，启东市学科带头人及骨干教师24人。学校升学率100%。

办学特色。学校形成以学科竞赛为龙头，艺术、体育、科技创新特色并举的办学特色，深化教学改革，构建实践性、体验性、自主性教学相结合的“新课堂”，促进学生全面发展。2名学生入选全国中学生数学、化学奥赛冬令营。以发明创造为主的科技创新项目在各级各类比赛中获奖46项，其中国际发明金奖5项、专项奖2项，国家级金奖1项，省级奖9项，南通市级奖7项，启东市级奖21项，2人获市“优秀辅导教师”称号，在江苏省同类学校中名列前茅。学校获评江苏省科普教育基地。

教、学、研互动提升。以科研促进教师培训，以教师专业成长促进教学有效性的提升，以教学的高效促进学生学习质量的提高。教师自制课件并拍摄多堂高质量的教学观摩及微课，上传国家专业平台。1人获“一师一优课”教育部优课奖，2人获江苏省优课奖，7人获南通市教师优秀课比赛及基本功大赛一等奖。学校获南通市高一军训会操比赛一等奖、南通市校园足球联赛总决赛(高中男子组)一等奖。

【启东市汇龙中学】 2016年，学校有教职工316人，专任教师269人。其中，江苏省特级教师1人、中高级教师240人、研究生学历28人、南通市学科带头人8人、南通市骨干教师5人、南通市名师培养对象7人。2016年，汇龙中学被省教育厅评为江苏省教育工作先进集体，被南通市教育局评为安全管理工作先进集体，被南通市红十字会评为南通市红十字系统先进单位，被南通市科协评为科普宣传先进集体。

德育工作。开展德育工作，切实维护校园安全，建设校园文化，加强法制教育和健康教育，德育队伍逐渐优化。1人被评为启东市优秀德育工作者，1人获“启东市最美教师”称号，4人被评为启东市优秀班主任，1人获启东市班主任优秀论文评比一等奖。

教学工作。落实素质教育，推进“绿色课堂”，追求课堂教学高效率。抓好教学常规，立足课堂，加强教研教改，提高教师教学水平。3人获南通市优课评比一等奖，3人获二等奖；1人获南通市青年教师基本功竞赛一等奖，1人获二等奖；在启东市级比赛中，2人获一等奖，3人获二等奖；在“一师一优课，一课一名师”比赛活动中，1人获国家奖，2人获省优课，5人获市级优课，4人获县级优课。

科研工作。开展课题研究，承办各级各项教研活动。学校2个名师工作室多次开展活动。教师发表论文80多篇，获奖论文20多篇。1人获省第八届“行知杯”论文比赛活动一等奖，7人获三等奖；2项省级课题成功结题；1人成功申报一项“十三五”省级立项课题。

【启东市第一中学】 学校地处启东市新城区，占地面积300亩，建筑面积约10万平方米。由市政府投资4亿元兴建，学校按30轨建制，2015年9月开始招生，有在校学生1800名。教师队伍中有特级教师、正高级教师1名，南通市级以上骨干教师7名。学校被省教科院确立为“普通高中科研基地”。

拥有设施先进的教学楼、办公楼、科技馆、图书馆、艺术馆、体育馆和四季恒温游泳馆。艺术馆建筑面积3550平方米，拥有功能教室18间；体育馆建筑面积300平方米，内设标准篮球场，拥有2200个座位；游泳馆拥有8泳道、50米国际标准比赛泳池；体育看台拥有3760个座位。

2016年，共开33节启东市级以上公开课，其中10节属南通市级。在优课、教师基本功比赛中，获南通市一等奖1个、二等奖2个、三等奖5个。32名学生在启东市级以上文体比赛中获奖。

【启东市大江中学】 2016年，学校有学生940人，班级22个。教职工215人，其中教师198人。学校拥有江苏省特级教师1名，南通市学科带头人1名，中、高级教师120多名，启东市级学科带头人、骨干教师10人。学校获南通市首届教育改革创新典型案例、第七批南通市级依法治校示范校、南通市数字化校园合格学校等称号。

2016届高考，学校文科总均分332分，超省本科线(325分)7分；理科均分337分，超省本科线(315分)22分。学校普通类本一上线数78人，上线率17.06%，超省本一率(12.45%)4.61个百分点；普通类本二上线数371人，上线率81.2%，超省本二率(39.93%)41.27个百分点。

【启东市东南中学】 2016年，学校有年级一个，班级8个，学生320人，教职工147人，其中，专任教师139人，硕士研究生3人，南通市骨干教师1人，启东市学科带头人及骨干教师8人。学校高考升学率100%。学校依托省爱国主义教育基地、省学校德育基地，建立以德育基地为阵地、以日常行为的养成为基础、以德育活动为突破口的德育体系，形成鲜明的德育特色。

注重教师队伍建设，学校注重教师教科研能力的提高。根据四合院编成的校本教材被评为市优秀校本教材。2016年，有1个省级课题、2个南通市级课题结题。教师撰写的教科研论文，有100多篇论文在省市级刊物发表，有3人获南通市级以上好课评比等级奖，20多人获启东市级优课比赛等级奖。

【启东市吕四中学】 2016年，学校有学生1623人，班级35个，教职工199人，其中专任教师177人，硕士研究生10人(另有12人在读)，南通市学科带头人1人，南通市骨干教师6人，名师工作室成员9人，启东市级优秀教育人才51人，赴国外进修7人，国家注册心理咨询师23人。

教师发表或获奖论文89篇，市级以上各类教学优课和技能比赛获奖85人次，其中教育部优课2人、省优课2人、南通市优课16人，获评的优课涵盖各个年级、各个学科。2016年高考，高分增长值在南通市49所高中名列第三，115名学生升入本二以上院校。学校“多元发展，提升质量”的办学经验多次在南通市教育工作会议上作专题介绍。

【启东市江海中学】 2016年，学校有学生537人，班级13个，教职工125人，其中专任教师74人，硕士研究生4人，启东市学科带头人及骨干教师5人。学校升学率100%。

创新人才培养模式。学校以感恩教育、心理健康教育为办学特色，采用分级管理年级自治的管理模式，重视全方位提升学生素养，深化教学改革，构建以实践为主的“新课堂”，促进学生多元发展。2个班级获评启东市优秀班集体。

教师队伍建设。学校制定切合实际的校本培训方案、高效的管理方案；完善集体备课制、推门听课制、督察视导制、干部蹲点制；以“152010”课堂教学模式为基础，推进“三段四模块”课堂教学范式；以优课评比、基本功大赛等为载体，调动教师积极性，挖掘教学潜能，提升教学有效性。有18人次在启东市优课评比中获奖，4人在启东市班主任论文评比中获等级奖，1人在启东市班主任基本大赛获二等奖。

【江苏省启东中等专业学校】 学校占地186亩，建筑面积61064平方米，固定资产总值9921万元。2016年，学校在校学生2272人，专任教师272人，“双师型”教师比例为82%，专任教师本科以上学历比例为90%，专任教师硕士以上学历比例为19.5%，专任教师高级职称教师比例为20%。

2016年，江苏省教育厅正式批准学校成为江苏联合职业技术学院办班点，开设数控技术应用、机电技术应用2个五年制高职专业。“3+3”中高职分段培养项目有10个。新增电子电工、计算机应用两个南通市职业学校学科(专业)基地，举办“启东市职业教育电子电工中心组教研活动暨耿一波电子电工名师工作室研讨活动”；在南通市优秀教育人才评比中，2人被评为南通市学科带头人，1人被评为南通市骨干教师，1人获“南通市优秀班主任”称号，3人获启东市“园丁奖”，4人获“启东市优秀教育工作者”称号。

课题研究。学校有5项省级课题和3项启东市级课题顺利结题。1项省级课题立项，2项南通市级课题通过中期评估。在省“行知杯”优秀论文评比中，获二等奖2个、三等奖4个；在省职业技术教育学会2016年职业教育优秀论文评选中，获二等奖1个、三等奖2个；在南通市第九届教师专业成长优秀论文评比中，学校获奖比例达70%，超过南通30%的平均获奖率。

教学竞赛。在2016年职业学校教学大赛中，获省三等奖2项、南通市一等奖4项、南通市二等奖8项、南通市三等奖19项；在南通市职业学校信息化教学设计比赛中，获一等奖1个、二等奖2个、三等奖4个；在江苏省职业学校技能大赛中，获3银5铜；江苏省职业教育创新比赛，获二等奖2个、三等奖1个、入围奖7个；在江苏省青少年科技创新大赛中教师组获三等奖，中学组获二等奖1个、三等奖4个；在南通市职业学校技能大赛上，获一等奖6个，二等奖8个，三等奖18个。学校获2015—2016学年度南通市职业学校技能大赛团体优胜奖和“南通市第七届职业教育创新大赛优秀组织单位”称号。

【启东市第二中等专业学校】 2016年，学校有学生2707人，班级62个，教职工229人，其中专任教师193人，硕士研究生18人，南通市级以上骨干教师1人，启东市级学科带头人2人，启东市级骨干教师5人。学校专科升学率为100%，本科率37.97%。

学校共有65人次在南通市技能大赛、课堂教学大赛、信息化教学大赛、微课比赛、文明风采大赛、班主任基本功大赛、纵横码比赛、创新大赛中获等级奖。10人获全国及江苏省级比赛的等级奖。2个省级课题结题，成功申报1个省级课题、7个南通市级课题，教师发表或获奖论文48篇。

学校开设建筑类施工预算等培训，合计125人。组织建筑专业统一岗位考试考前培训，培训81人次。实施“校校联合”“校企合作”，探索“订单式”人才培养模式。南通市迪皮茜公司与学校的合作被评为南通市校企合作最佳组合。

【启东市折桂中学】 2016年，学校有班级38个，教职工203人，在校学生总数2000多人。学校有专任教师156人，其中有硕士14人，南通市级学科带头人、骨干教师、教坛新秀6人，启东市级优秀教育人才16人，中高级教师142人。学校完成省市级研究课题8个。

2016届中考，180名学生达启东中学录取分数线。学校获得南通市第三届“江海天籁”中小学生合唱节初中特等奖第一名。

学校注重科技创新，培养创新人才，在省市科技创新大赛均取得优异成绩，先后获“启东市科技创新大赛团体金奖”“江苏省青少年科技教育先进学校”等称号，并被授予“江苏省优秀少年科学院”称号。学校注重环境教育，培养师生环保理念，开展环保活动，先后被评为启东市、南通市“绿色学校”等。

【启东市百杏中学】 2016年，学校有学生1795人，班级34个，教职工173人。其中，专任教师169人、硕士研究生4人、南通市级以上学科带头人及骨干教师2人，启东市学科带头人及骨干教师14人。学校升学率100%。

学生在体育、艺术、读书、演讲等活动中获启东市级一等奖以上55人次，12人获市“优秀辅导教师”称号。学校获评“南通市促进教育事业发展先进集体”。

学校组织教师参加各种教学活动竞赛。2016年，5人获启东市级以上优课评比一等奖，1人获启东市级以上班主任论文评比特等奖，2人获启东市级以上班主任论文评比一等奖，1人被评为南通市优秀班主任，3人被评为启东市优秀班主任。

【启东市长江中学】 2016年，学校有学生1770人，班级34个，教职工223人。其中，专任教师200人、硕士研究生2人、启东市市级以上学科带头人及骨干教师21人、启东市教坛新秀2人。学校升学率100%。

学校在启东市青少年科技大赛中

获银奖，多名学生获单项奖。在教育局组织的“独奏、独舞、独唱”、校园艺术节、初中生英语口语比赛、“初中生与社会”现场作文比赛、“关爱成长、法治护航”演讲比赛、“法在我身边”征文比赛、启东市关工委的征文比赛、南通市中小学网络读书活动中多人获奖。组建启东市第一支学校门球队，参加各种比赛。学校女子排球队在南通市级各种比赛中获六连冠。注重教师队伍建设，在微课比赛中，1 人获部级优课奖，3 人获省级奖、多人获市级奖。

【启东市南苑中学】 2016年，学校有学生2144人，班级42个，教职工187人。学校179名专任教师中，中学高级教师59名，一级教师101名，具有本科及以上学历的教师165名。

学校以“弟子规”为国学经典教学特色。推进“三段四模块”高效课堂模式。获首批全国学校体育工作示范学校、江苏省绿色学校、江苏省平安校园、南通市足球特色学校、南通市第二批规范汉字书写教育特色学校等称号。全年有2人获“一师一优课”教育部优课奖，2人获“一师一优课”江苏省优课奖。

【江苏省启东实验小学】 2016年，学校有教学班88个，学生3574人，教职工267人，江苏省特级教师5人，南通市名校长1人，南通市名师培养一梯队成员2人，导师1人，南通市学科带头人10人，南通市骨干教师12人，南通市教坛新秀1人，启东市学科带头人7人，启东市骨干教师23人，启东市教坛新秀15人，研究生3人，在读研究生2人。2016年8月成立江苏省启东实验小学开发区分校，有教学班3个。

学校办学条件达到省实验小学标准建设要求，拥有藏书79300册，学生计算机网络教室(电子阅览室)5个，多媒体教室100个，课件制作室1个，校园网络管理中心1个，美术专用教室9个，音乐专用教室12个，舞蹈房2个，科学实验室5个，建有少儿科学院、师生作品展览收藏馆、启东市少儿版画苑、金海豚少儿电视台，搭建起较为成熟的校本课程体系。

学校教师在各级各类报刊、杂志共发表文章589篇；教师教育教学成果获奖253次；学生发表文章176篇，在各级各类比赛中获奖人次达351次。

【启东市南苑小学】 2016年，学校共有学生2302人，47个教学班，教职工145人，其中专任教师143人，研究生1人，本科学历97人。南通市学科带头人及骨干教师以上9人，启东市学科带头人及骨干教师以上15人。

学校获南通市教育系统先进基层党组织、南通市教育行风建设先进学校、南通市绿色学校、南通市“小交警”交通指挥手势会操比赛二等奖、启东市青少年科技创新大赛团体金奖、“碧桂园杯”启东市第二届汉字听写大赛优秀组织奖等荣誉。

【启东市实验幼儿园】 2016年，在园幼儿931人，班级24个，教职工95人。其中，专任教师55人、南通市学科带头人1人、南通市骨干教师2人、南通市教坛新秀1人、启东市学科带头人及骨干教师5人。

教师队伍建设。围绕江苏省“十二五”教育规划课题“美术游戏与幼儿个性发展研究”，开展教师好课比赛、美术区角游戏研讨、集体教学有效性等教育教学研究活动，促进教师专业化成长。27人次获启东市好课一、二等奖，老师在各级杂志上发表文章28篇。

课程游戏化项目建设。通过理论学习、实践探讨、沙龙研究等方式，利用各种资源，与孩子们共同创设游戏情境，丰富游戏材料、创新游戏主题。幼儿园成为首批“江苏省课程游戏化建设”项目单位。11月，承办启东市幼儿园“八礼四仪”现场会，获领导、专家、同行的高度评价。

【启东市和睦幼儿园】 2016年，幼儿园有25个班级，825名幼儿，其中6个大班、9个中班、10个小班。教职工94人，专任教师57人、本科学历占97%，其中省特级教师1名、省优秀教师2名，南通市骨干教师4名。4名教师被评为启东市青蓝工程优秀师徒，3名教师分别被评为启东市优秀教育工作者、启东市优秀班主任、启东市优秀德育工作者。

2016年，投入10多万元进行游戏区域改造。6月，幼儿园作为省园本课程研讨现场，接待来自南京市、上海市的几十位专家、学者，并作“园本课程——民间体育游戏的开发与运用”的现场交流汇报。11月，幼儿园接受“南通市课程游戏化项目”的现场督导，得到专家好评。

在第十二届世界华人幼儿创意美术大赛、第九届上海国际幼儿创意绘画大赛中，100多人次获奖。在第二届“南通市教育机器人比赛”中，6人获特等奖、5人获一等奖、2人获二等奖、6人获三等奖，幼儿园获团体二等奖。在2016年启东市“母子读书会”比赛中，获启东市一等奖2个、南通市二等奖1个。

全年累计有80多篇论文在省市级发表或获奖。在启东市优课比赛中获特等奖5个、一等奖8个、二等奖6个；2位教师参加苏州“新高度幼教改革观摩研讨”活动，向全省教师展示优课；1位教师参加南通市音乐活动展示。在启东市第十三届、十四届名师送教活动中有25人次分别参与优课展示、点评活动。在启东市案例评析比赛中获特等奖3个、一等奖8个、二等奖7个。撰写教育信息50余篇，分别刊登于江苏教育新闻网、南通“六一树”网、启东教育网、《启东日报》、“东疆好少年”微信平台、“和睦幼儿园”公众微信号。

南通市“十二五”课题“幼儿园‘三小科技’园本课程实践研究”结题，3个南通市“十三五”课题申报成功。幼儿园作为启东市“乡村学前教育骨干教师培育站”站点，2016年承办培训研讨活动10多次。幼儿园申报“八礼四仪”示范学校，启东电视台对幼儿园开展的八礼四仪活动作专题报道。派遣教师到城北幼儿园、茅家港幼儿园支教，确保两所幼儿园通过省优质园评估检查。到吕四陈秋翠凤幼儿园指导工作，成功通过“南通课程游戏化项目”督导验收。幼儿园获评南通市文明单位、启东市巾帼示范岗、启东市幼儿园保教考核优秀单位。

（费雷雷）

文化 体育

文化综述

【概况】 2016年，启东市文化广电新闻出版局深入实施文化惠民工程，营造良好舆论氛围，提高改善文化民生，打造江海特色文化品牌，取得明显成效。广电新闻宣传凸显亮点，开设《精彩启东，走进镇乡园区》《启东建筑业发展巡礼》《走进家庭农场》等专栏，其中"一把手谈项目"系列报道，受到《南通收听收看》的高度肯定。全年在南通电视台用片近百条，在江苏电视台录用40多条，有3条新闻被中央台采用。文化体育中心正式建设。南阳镇、寅阳镇、启东经济开发区、南北城区街道综合文化服务中心，14个村综合性文化服务中心示范点和15个社区文化室标准化建设全面完成。群众文化活动蓬勃开展，"村村乐""百姓自助舞台"、全民读书节系列活动、第二季"起舞东疆"全民舞蹈秀和"乡村好声音"主题活动等"共乐东疆"百项文体活动丰富多彩，文化"五送"和农村数字电影放映工程全面完成。以"启吾大讲堂"为载体，坚持每月一次文化讲座、每季一次专家学者讲座，全年举办各类讲座共21场。"2016(第八届)中国新西兰电影节"开幕式暨首映式、对接上海文化交流活动——乡音乡情评弹雅韵经典节目演出专场、"苏笛风韵"中国竹笛艺术节、"吴歌论坛"等文化交流活动扎实开展。戏曲艺术进校园活动有序展开。文艺精品创作成果丰硕，成功举办"启东版画院2015年度作品展暨甘南行·启东版画院采风作品展"。朱建辉的《索线》系列和《影》系列共10件作品代表中国版画应邀参加"第31届伦敦原创国际版画博览会"，这是该博览会举办31年来中国版画首次参加展览。李新勇的长篇小说《风乐桃花》通过评审，成为中国作家协会2015年度重点扶持作品，也是江苏省唯一的一部作品。7月，江苏省作家协会、启东市委宣传部在南京联合举办李新勇长篇小说《风乐桃花》研讨会。"中国梦·深入生活·扎根人民·发现启东"主题创作采风活动深入开展，推出"一本书""一台戏"。文化产业发展动力强劲。省级文物保护单位"苏北抗大九分校"主体修缮工程完成，并建成张謇垦牧教育纪念馆和抗大九分校纪念馆，正式开放。曹家镇天主堂修复完成。张謇垦牧文化遗址公园、明清古建文化产业园、启东名人园、郁寿丰(芑生)纪念馆、沈轶公纪念馆、李素伯纪念馆、启东历史陈列馆建设稳步推进。

(韩全永)

9月5日，"启东乡村好声音"比赛举行　　(市文广新局/提供)

文化活动

【"共乐东疆"百项文体活动】 2016年初，由市委宣传部牵头，市文广新局会同教育、工会、共青团、妇联等部门，设计100多项群众喜闻乐见、彰显本土特色的文体活动，市财政共投入500多万元。其中，"村村乐"活动，利用村公共服务中心，采取政府主导、镇村主办、企业支持等办法，开展普及全市村(社区)的各种文体活动；“百姓自助舞台”，每周为市民和文体社团提供展演平台，并开通“网上百姓自助舞台”对演出节目进行网络展示，演出45场；启东市第二届全民读书节系列活动，参与面涉及全市各大行业和乡村社区，活动历时超过7个月；第二季“起舞东疆”全民舞蹈秀和乡村好声音主题活动，历时2个多月，报名人数5000多人，观众参与人数超过3万人次；文化“五送”和农村数字电影放映工程，完成送戏80多场，送电影1000多场，送书20000册，送展览10场，送培训8次；“启吾大讲堂”，邀请专家学者举办各类讲座21场，举办书画摄影等文化展览活动22场。至年底，“共乐东疆”百项文体活动开展率达100%，活动场次达4800场，活动参与人数近65万人次。10月8日，《南通日报》头版头条对启东开展该项文体活动作报道。

【“苏笛风韵”中国竹笛艺术节】 8月23—26日，启东市成功举办“苏笛风韵”碧桂园大名府中国竹笛艺术节。艺术节期间举办中国竹笛专业委员会年会和中国竹笛艺术论坛、竹笛艺术发展研讨会等活动，举办中国竹笛名家江苏行专场音乐会、中国优秀新生代竹笛演奏家专场音乐会、启东喜洋洋少儿笛艺团专场音乐会。中国竹笛界泰斗、96岁高龄的竹笛演奏家陆春龄，中国笛坛张维良、荣政、易加义、郝益军、张健、王健平等12位名家同台献艺。

【首届“吴歌论坛”】 12月18—20日，由文化部民族民间文艺发展中心和江苏省文化厅非物质文化遗产保护中心主办、南通市文广新局和启东市人民政府承办的“吴歌论坛”在启东举办。研讨会上，专家们对吴语文化区民歌传承、保护、研究的现状，信息化背景下民歌保护的机遇与挑战，民歌保护的新理论与新方法等内容展开研讨交流，提出富有建设性的意见和观点。闭幕式上，宣读成立“吴歌论坛保护协作体”倡议书。论坛期间，举办“启东民歌展演”和“吴歌展演”。

【戏曲艺术进校园活动】 4月27日，启东江海戏曲团成立，性质为纯民间社会团体，不占经费，不占人员编制，实行市场化运作，政府以扶持、奖励和购买服务的形式，对其公益性演出活动予以资助。11月起，江海戏曲团组织戏曲艺术进校园活动。演出以越剧、评弹、锡剧等江浙沪地区代表剧种为主，包括沪剧清唱《金丝鸟在哪里》、评弹《游子吟》、锡剧对唱《双推磨》、越剧对唱《十八相送》、越剧折子戏《孟姜女过关》等，覆盖全市10所中学、11所小学。

【“中国梦·深入生活·扎根人民·发现启东”主题创作采风活动】 2016年，市继续深入开展“中国梦·深入生活·扎根人民·发现启东”主题创作采风活动，先后深入王鲍镇、南阳镇、惠萍镇、海复镇、圆陀角、吕四海洋经济开发区等地开展创作采风。每一次采风结束后，都精选艺术家的采风作品发表在《启东日报》上，同时通过“启东日报”“启东发布”等微信平台推送。2016年，推出“一本书”“一台戏”。“一本书”，即采风作品汇编《感知启东(第一辑)》，精选采风中创作的散文、诗歌、美术、歌曲、摄影等艺术形式的优秀作品；“一台戏”，即《献给大地的歌》主题采风汇报演出，所有的节目都来自于“感知启东”主题采风，突出原创性、本土性和艺术性。6月24日，《献给大地的歌》——“感知启东”主题创作采风作品展演于启东市少年宫举行，涌现出《大海不负打渔人》《听风吹》《生命原乡》等原创歌曲作品。

【“正能量加油站”活动】 至2016年底，全市城乡建立“正能量加油站”1923个，实现“有固定的活动场地，有积极主动的站点负责人，有统一形象标识的音箱、电视机等设备，有以核心价值观为引领的宣传内容，有正常运行的工作机制”的“五有”目标，做到村居乃至网格全覆盖，并广泛进入学校、企业及社团，常态化参与活动超过5万人，每年开展各类宣传教育活动5000多场次，辐射和服务人群超过30万人。

(韩全永)

【李素伯研究会成立】 5月9日，启东市李素伯研究会成立仪式在市行政中心举行。市委宣传部、市委党史办、市地方志办、政协文史委、市档案局、市文联及海复镇等部门相关负责同志参加成立仪式。热心李素伯研究的老同志应邀出席。研究会旨在研究李素伯在散文创作和理论研究领域取得成就和应有的地位，在更大范围内扩大李素伯在中国现当代文学史上的影响，促进文化事业不断发展，提升启东市人文优势，增强城市软实力。

※链接※

李素伯

李素伯原名文达、又名绚，字素伯，别字质庵。20个世纪二三十年代，李素伯致力于现代小品文创作与研究，出版《小

12月18日晚，“吴歌论坛”启东民歌专场展演，吕四夏家班表演网邦号子

(市文化馆/提供)

品文研究》专著,开创现代小品文研究的先河,成为中国小品文研究开拓者。

1908年,李素伯出生于海门长江边的中和镇。幼年丧父,加上江岸倒塌,母亲遂与李素伯兄弟俩人迁居于启东海复镇。十岁时,母亲去世,兄弟两人由海复镇姨母照顾生活。

童年生活的艰辛并没有浇灭李素伯求知的欲望,他先就读于海复镇初级小学,后进入垦牧高等小学。1923年9月,升入江苏省第一代用师范学校,后转入省立南通中学师范班。李素伯在通师期间,先后受业于当时有南通“四大才子”之称的顾怡生、徐益修、曹勋阁、顾贶予先生门下,“皆得亲炙而请益”,使他“略知学术途径”。

李素伯酷爱文学,对古典诗词刻苦钻研,有很深的功力,作过旧体诗词数百首。求学期间,他曾用2年多的时间,在读书之暇,精选古今诗篇4000多首,装订成8册,分16卷,并作序,“惟以自适其意”,以求“终身沾溉不尽”,命之为《独赏集》。可惜,未能付印,现已散失。4000多首诗分类整理,耗时2年。

此外,他对“五四”新文学作品和外国进步文学作品的研习,也下了很大的功夫。1932年1月,李素伯的《小品文研究》专著在上海出版。这本专著第一次较为全面、系统、深入地论述“五四”以来小品文创作和研究的特点和成绩,并为此后的发展开拓道路。该书意义非凡,外界评论很多,认为该书是“我国小品文研究的开辟草莱之作,其筚路蓝缕之功,泽及后世。”同时,认为李素伯在现代小品文研究中占有重要的地位,是小品文研究的开拓者。

1937年3月2日,李素伯因病去世,年仅三十,后葬于海复镇。

(陈广辉)

文化市场管理

【概况】 2016年,全市共有娱乐场所76家,其中歌舞厅(KTV)33家、游戏机43家,网吧73家,出版物发行经营单位160家,印刷企业144家,演出经营单位5家,电影放映单位9家,文化市场经营单位467家,从业人员近万人。市文化市场综合执法大队开展以网吧接纳未成年人为重点的寒暑假网吧整治行动,集中开展文化市场各项专项治理、打击“三假”查堵政治性非法出版物、扫除淫秽色情文化垃圾、整治学校周边环境和迎青奥文化市场专项整治等活动;以“净网”行动、“清源”行动和“秋风”行动为载体,开展“扫黄打非”活动。加强版权宣传保护,开展版权知识宣传。加强版权监管,完善版权管理体制机制,加强版权行政执法人员培训,提高版权行政执法能力。开展打击侵权假冒专项行动、“剑网行动”,严厉查处侵权盗版大案要案和非法出版物。推进巩固政府机关软件正版化整改成果,推动建立软件正版化工作长效机制,软件正版化工作在有影响的企业中逐步推行。全年先后出动检查2194人次,检查经营单位549家次,收缴盗版光碟6000余张,收缴盗版书刊4000余册,行政处罚10家,罚款1.5万元,取缔游商地摊6个。

(韩全永)

图书发行

【概况】 2016年,启东新华书店做好各种文献和学习资料等政治读物的发行工作,并根据启东当地经济发展的特点,为科研单位、中小型企业,特别是为“三农”选配实用的读物和科技用书,为启东经济建设服务。全年新华书店实现销售4604.47万元,同比增长17%,占集团公司下达的基础指标的119%,圆满完成集团下达的经济指标。

【服务优化】 2016年,公司在硬件设施方面,对销售趋势较好的商家推出整改意见。针对三楼少儿专柜读者群体的特点,更换不同颜色的儿童桌椅,方便小读者们更好地阅读体验。在每个楼层都增设一台图书查询机,让读者更直观的了解想要图书的库存和存放位置。针对日益壮大的网购群体,年底开通“凤凰启东书城”微信订阅平台,实现外地读者邮寄、支付宝支付等服务项目,逐步形成“店商+电商+微商”三位一体的全渠道运营模式,整个线上与线下日趋完善。继续发挥新华书店的品牌资源和优势,开展“党的光辉照我心”“一带一路,共筑梦想”等校外读书活动,每周末开展“亲子沟通营”亲子文化系列活动,推进启东全民阅读。

(新华书店)

市图书馆

【概况】 2016年,启东图书馆累计办理新证3015张,验证7903张,接待外借读者143949人次,接待内阅读者94252人次,借还图书473955册次,新增馆藏42869种,新增图书91599册次。

【读者活动】 2016年,市图书馆在驻启导弹部队设立“沿海边疆基层文化服务点”,并赠送歌德电子图书借阅机、电视机、电脑及近千册图书。春节期间特邀书法家协会开展“纳福致祥——猴年喜送春联”活动,举办“喜迎猴年,开门送书”活动,送出图书300册;开展2015年度优秀小读者表彰活动、少儿新春猜谜、吉祥中国图片展、新春小电影放映等活动。3—4月,开展“爱上阅读书写梦想”征文比赛,共收到征文156篇。评选出一等奖1名、二等奖5名、三等奖8名、优秀奖10名。4月22日,启东市第二届全民读书节启动仪式在市图书馆举行。会上,“全民阅读”特种邮票发行揭幕。南大图书馆馆长计秋枫做题为《当前的中国外交》的讲座。4月,承办启东市首届经诵读大赛。9月29日,“板凳女孩”苏晓琳新书《为梦想插上翅膀》新书首发式在市图书馆举行。此外,组织开展南通市“传习礼仪亲子共读”活动、图书馆服务宣传周活动、2016年度红领巾读书征文活动、“七彩夏日”系列活动、江苏省少儿数字图书馆推广活动、启东市“我的书屋,我的梦”农民读书征文、“阅读让生活更精彩”征文演讲比赛等活动。

【“启吾大讲堂”】 2016年,共举办讲座21场。内容主要有南大计秋枫教授的《当前中国外交》,苏州大学心理咨

11 月，“阅读让生活更精彩”征文演讲比赛举行，图为获奖者合影
（市图书馆/提供）

询中心主任讲师陶新华教授的《积极心理学在家庭教育中的作用》，中国工艺美术大师、中国民间文艺家协会副主席、南通蓝印花布博物馆馆长吴元新的《非物质文化遗产的传承与保护》，江南大学教授、研究生导师庄若江的《城市的文脉与特色解读》等。

【精品展览】 2016年，市图书馆举办各类展览活动13场次。其中，4场季度图片展，主题分别为“吉祥中国图片展”“我们一起学雷锋图片展”“天下为公党风廉政建设展览”“纪念长征80周年图片展”，另有“启东版画2015年度作品展暨甘南行·采风作品展”“第二届书画收藏精品展”“祖国情华侨梦——万晓燕摄影展”等展览9场次，参观者达37600人次。

【资源共享电子阅览服务】 2016年，市图书馆做好共享工程与公共电子阅览室的开放工作，全年接待10007人次。每周二、周四影像放映厅向读者放映馆藏资料及影片共计85场，接待读者1660人次。在省图书馆牵头下，市图书馆成为江苏省少儿数字图书馆成员单位，做好少儿数字资源的推广使用工作。

【古籍普查】 2016年，市图书馆组织学习古籍普查知识，对馆内近6000册古籍进行普查登记，并重新分类整理，把民国本从古籍中区分。

【农家书屋分馆建设】 8月，市图书馆完成农家书屋分馆图书的招标采购与及编目工作。9月，完成部分设备及铜牌、条码、借书证等准备工作。9月底，农家书屋分馆建设工作陆续开展。采取以镇为单位进行业务辅导的方式，开展分馆建设，至年底，实际建成46家。

（顾　蕾）

市文化馆

【概况】 2016年，启东市文化馆突出文艺创作，坚持文化服务品牌建设，创新开展民俗文化进校园、首届吴歌论坛等活动，在非物质文化遗产保护和传承方面有突破性的成果。

【文艺创作】 2016年，市文化馆杨晓燚创作歌曲《生命原乡》，袁水芳创作新民歌《海婆娘》，马瑞雪创作歌曲《大海不负打渔人》《何处不乡愁》《行走在大地上》，江帅创作音乐快板《我要做明星》。黄永旺撰写的论文《论现阶段县级文化馆总分馆制的深入建设问题》入选第二十七届苏锡常通群文信息研讨会、《从地域文化景观角度浅析中小型城市应如何打破博物馆发展滞后的尴尬局面——以江苏省启东市为例》入选2016年国际博物馆日主题论坛，创作《食品保胃战》《僵尸复活》等漫画。馆内文艺辅导员陈艳艳编排的《断桥》《爱的天使》获“华强城杯”南通首届最美广场舞最炫舞大赛二等奖，广场舞《站在草原望北京》《中国字画》获南通市首届“小康村”农民广场舞大赛中“规定套路”“自选套路”“组织”三项金奖；尹一玲编排的《旗袍秀——太湖美》在“2016环球国际·模特服饰舞蹈艺术盛典”中获优秀编导奖、团队金奖，广场舞《站在草原望北京》《天籁之爱》获南通市首届“小康村”农民广场舞大赛“规定套路奖”“自选套路奖”“组织奖”三项金奖。季天然辅导市信访局参加2016年南通市信访系统迎国庆唱歌比赛，获三等奖；辅导华联新村社区参加“清风如画·唱响南街”纪念长征胜利80周年暨南街道廉政歌曲合唱比赛，获二等奖。

【品牌建设】 2016年，文化馆有六个成熟且实现常规化运转的文化服务“品牌”：“百姓自助舞台”每周五下午开演，全年演出场次达45场；“少儿梦想舞台”每个月月末演出，全年演出10

3 月 4 日，百姓自助舞台锡剧联谊会专场《秦香莲铡美》　（市文化馆/提供）

3月29日，在长江中学首场展示启东民俗文化，图为沙地灶头画　　（市文广新局/提供）

场；“第三届象棋擂台赛”在每周日下午进行，月末月赛，季末季赛，年末总决赛；每个季度出刊《启东文艺》，展示启东群文艺术，全年四期共刊载文艺作品150多件；“民俗文化进校园展示”共开展10场；数字文化馆全年共上传各类活动信息、文艺作品、网上展板等800余件，网站总点击量超过50万次。

【文化集中放送】 春节期间成功举办第四届市民文体周暨2016年新春文体系列活动。“七彩夏日”活动开展专门针对孩子的音乐考级；组织2016年南通市“小神童”杯围棋个人锦标赛，全国象棋棋王赛启东赛区选拔赛；夏季送戏下乡，达70多场；派辅导人员协助各镇文艺编创、组织工作200多次；慰问结对共建的启东消防支队官兵。在十月“公共文化服务展示月”中，开展交流演出5场、象棋锦标赛、“向上，向善”戴珩文化理念文化实践作品分享会等活动。

【非物质文化遗产保护】 2016年，市文化馆开展“启东民俗文化到校园”非遗展演活动，将项目传承人带进启东10所学校，现场演示。配合市文广新局“弘扬传统文化、戏曲艺术进校园”的主题开展活动21场，走进21所学校，演出沪剧清唱《金丝鸟在哪里》、评弹《游子吟》、锡剧对唱《双推磨》等经典戏曲节目。12月，首届吴歌论坛在启东举办，市文化馆做好演出、接待等工作。18日晚，举行启东民歌展演，吕四渔民号子、沙地山歌、洋钎说书以及启东新民歌参加展演。

（江　帅）

启东版画院

【概况】 2016年，启东版画院共创作新作38幅，8位画师作品参加各类画展10多场。其中，朱建辉的版画作品参加海南国际艺术双年展——20世纪、21世纪世界艺术当代性中的版画专题展；朱建辉的《索线》系列和《影》系列共10件代表中国版画应邀参加5月4日在英国皇家美术学院举办的第31届伦敦原创国际版画博览会，这是该博览会举办31年来中国版画首次参加；朱建辉的版画作品《溯》系列2幅作品参加银川对话·中国美国版画联展，在银川美术馆展出；陈刚、朱燕、王帅的3件作品参加“江苏省优秀青年美术作品展览”，在江苏省现代美术馆展出。11件作品入选第二届南通市美术大展，其中朱建辉的作品获金奖，章水雄的作品获银奖。朱建辉的水印版画《鸟儿飞过太行山》系列2幅作品参加“走进太行·河北古村落版画作品展”，在河北美术馆展出。朱建辉的版画作品《国粹》应邀参加“首届紫金京昆艺术群英会”——京昆艺语·书画摄影作品展，在江苏省现代美术馆展出。朱建辉的版画作品《状态·存在(一)》入选由中国美术家协会主办的“艺术与和平——中国当代美术作品国际巡展”，在欧盟总部布鲁斯首都布鲁塞尔中国文化中心展出。

全年举办作品展3场。其中，2月，在市图书馆举办启东版画院2015年度作品展暨甘南行·启东版画院采风作品展，展出作品80多幅；12月26日，原点·朱建辉版画30年作品展在南通大学艺术学院美术馆举办，展出朱建辉各个时期代表作品50件；12月28日，在市图书馆举办农商银行杯·启东市第七届中国画作品展览，评选出入选中国画作品42件，其中12件作品分别获一、二、三等奖和优秀奖。

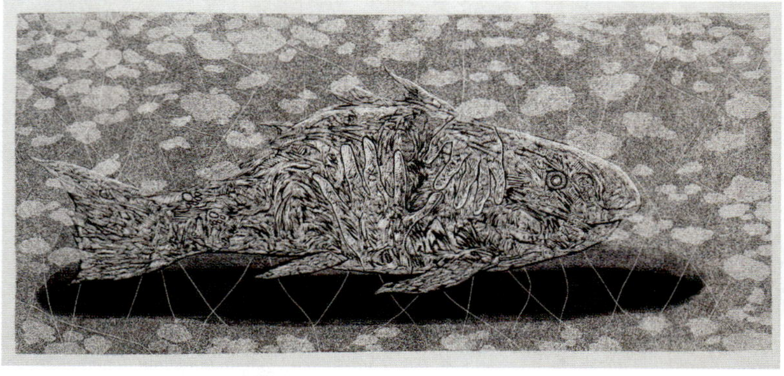

濠梁之鱼（黑白木刻）90厘米×180厘米 2016获第二届南通市美术作品大展银奖　作者：章水雄　　（市版画院/提供）

夏天里（套色木版画）75厘米×90厘米 2016获第二届南通市美术作品大展金奖　作者：朱建辉　（市版画院/提供）

2016年启东版画院作品参展、获奖、发表、收藏一览

表 28

作　者	作品题目	展览、发表、收藏等情况	时间	主办单位	备注
朱建辉	十二生肖 NO.8	南通市迎春书画展	2 月	南通市文广新局	—
	冬天里	首届江苏美术奖作品展	3 月 18 日	省文联、省美协	获奖提名
	西游日记·克鲁姆洛夫	海南国际艺术双年展	3 月 26 日	三亚市人民政府	—
	西游日记·阿尔斯塔特				—
	西游日记·柏林				—
	索线(一)(二(三)(四(五)	第 31 届伦敦原创版画博览会	5 月 4 日	英国皇家艺术学院	—
	影(一)(二)(三(四(五)				—
	宋庆龄(一~五)	金陵图书馆·首届全国藏书票邀请展	5 月	金陵图书馆	—
	人民的儿子·邓小平	南通市政协庆祝中国共产党成立 95 周年书画展	6 月 28 日	政协南通市委员会	—
	鸟儿飞过太行山(一)	江海镂金·2016 南通版画艺术展	7 月 1 日	南通市委宣传部、南通市文联	—
	鸟儿飞过太行山(二)				—
	溯(一)	银川对话·中国美国版画作品联展	10 月 9 日	国家画院版画院、银川新闻传媒集团等	—
	溯(二)				—
	溯(一)	《银川对话·中国美国版画作品联展作品集》	10 月 9 日		—
	溯(二)				—
	夏天里	第二届南通市美术作品大展	11 月 1 日	南通市委宣传部、南通市文广新局、南通市文联	金奖
	鸟儿飞过太行山(三)	走进太行·河北古村落版画作品展	11 月 14 日	中共河北省委宣传部、河北省文化厅	—
	鸟儿飞过太行山(四)				—
	鸟儿飞过太行山(三)	《走进太行·河北古村落版画作品集》	11 月	河北美术出版社	—
	鸟儿飞过太行山(四)				—
	国粹	京昆艺语·首届紫金京昆艺术群英会书画摄影作品展	12 月 5 日	省委宣传部、省文化厅、省文联	—
		《京昆艺语·首届紫金京昆艺术群英会书画摄影作品集》			—
	状态·存在(一)	艺术与和平·中国当代美术作品展国际巡展	12 月 6 日	中国美术家协会	—
		《艺术与和平·中国当代美术作品展国际巡展作品集》		外文出版社	—
	水色画作品 12 件	流美时光·4 人水彩画写生作品展	12 月 21 日	南通市委宣传部、南通市文联	—
	茧~索线·奕彩 40 件	原点·朱建辉版画 30 年作品展	12 月 26 日	省美术家协会、南通大学	—
章水雄	向往苍穹	首届江苏美术奖作品展	3 月 18 日	省文联、省美协	获奖提名
	鱼之二	第十六届全国藏书票暨小版画艺术展	5 月	中国美协藏书票研究会、广东美协版画艺委会	—
	藏书票一、二、三、四				—

续表 28

作 者	作品题目	展览、发表、收藏等情况	时间	主办单位	备注
章水雄	生存状态四	南通青美协版画提名展	6月	南通市文联、美协、青美协	—
	秋草				—
	秋草	江海镂金·2016南通版画艺术展	7月1日	南通市委宣传部、南通市文联	—
	残荷				—
	生存状态三	南通市青年版画家邀请展	7月	南通市文联、美协、青美协	—
	生存状态四	疏桐流响——2016南通市优秀青年书画家邀请展	10月19日	南通市文联、美协、青美协	—
	生存状态五				—
	濠梁之鱼	第二届南通市美术作品大展	11月1日	南通市委宣传部、南通市文广新局、南通市文联	银奖
	玄痕之印				
	生存状态五六	视界—南通青年艺术家邀请展	11月	南通市文联、美协、青美协	—
	玄痕之印二	2016南通市青年美术家年会展	12月	南通市文联、美协、青美协	—
朱 燕	悦·遇	南通市迎春书画展	2月	南通市文广新局	—
	净·尘	首届江苏美术奖作品展	3月18日	省文联、省美协	—
	水彩两幅	南通市第五届“三月画会”女画家作品邀请展	3月	南通市文联、美协	—
	悦·遇	第十六届全国藏书票暨小版画艺术展	5月	中国美术家协会藏书票研究会、广东省美术家协会	—
	迎风(一)				—
	净·尘	江海镂金·2016南通版画艺术展	7月1日	南通市委宣传部、南通市文联	—
	春色早春	南通市青年版画家邀请展	7月	南通市文联、美协、青美协	—
	造·化之三	“彩笔丹青”江苏省优秀青年美术家作品展	10月21日	省委宣传部、省文联	—
朱海燕	秋水辋川图	首届江苏美术奖作品展	3月	省文联、省美协	—
	残荷之一	春色满园–2016南通市青年美术家协会学术邀请展	3月3日	南通市美协	—
	残荷之二				—
	残荷之三				—
	心境之一	第十六届全国藏书票暨小版画艺术展	5月	中国美术家协会藏书票研究会、广东省美协	—
	墨韵	江海镂金·2016南通版画艺术展	7月1日	南通市委宣传部、南通市文联	—
	疏影	江海镂金·2016南通版画艺术展	7月	南通市委宣传部、南通市文联	—
	哈尼山水	第二届南通市美术作品大展	11月	南通市委宣传部、南通市文广新局、南通市文联	—
	惊之一	2016南通市青年美术家协会会员年展	12月	南通市美协	—
	迹之一	南通市青年美术家协会版画作品展		南通市美协	—
	迹之二				—
	静物Ⅱ号				—
朱海燕	父辈·吾辈	《翠苑》第232期发表		常州市文联	—
	荷塘月色				—

续表 28

作　者	作品题目	展览、发表、收藏等情况	时间	主办单位	备注
朱海燕	听风	《翠苑》第 232 期发表		常州市文联	—
	秋水辋川图				—
	浮生偷得半日闲				—
	哈尼山水				—
	依荷听雨				—
	禅				—
	秋壑远眺图				—
	谈现代水印木版画的趣味性(文)				—
	水印木版画版痕语言的探索(文)	《翠苑》第 236 期发表		翠苑·民族美术、常州市文联	—
夏水涛	古道·笃行	江海镂金·2016 南通版画艺术展	7 月 1 日	南通市委宣传部、南通市文联	—
	古道·行竹	第二届南通市美术作品大展	11 月	南通市委宣传部、南通市文广新局、南通市文联	—
陈　刚	清心(一)	江海镂金·2016 南通版画艺术展	7 月 1 日	中共南通市委宣传部、南通市文联	—
	风尘	“彩笔丹青”江苏省优秀青年美术家作品展	10 月 21 日	省委宣传部、江苏省文联	—
	净土	第二届南通市美术作品大展	11 月	南通市委宣传部、南通市文广新局、南通市文联	—
丁静时	竹林清风	江海镂金·2016 南通版画艺术展	7 月 1 日	南通市委宣传部、南通市文联	—
	湖石	第二届南通市美术作品大展	11 月	南通市委宣传部、南通市文广新局、南通市文联	—
王　帅	城霾之一	“彩笔丹青”江苏省优秀青年美术家作品展	10 月 21 日	中共江苏省委宣传部、江苏省文联	—
	禾木山色	国家艺术基金版画人才培养项目作品集	10 月	天津人民美术出版社	—
	薰衣草				—
	禾木观景台				—
	巴音布鲁克草原上的薰衣草				—
	头像组合				—
	无题				—
	月亮湾				—
	城霾				—
	城 MAI(二)				—
	国家艺术基金版画项目学习考察创作心得				—
	艺术基金考察之感受				—
	城霾	第二届南通市美术作品大展	11 月	南通市委宣传部、南通市文广新局、南通市文联	—
	大美新疆之三	吉林省版画双年展	11 月	吉林省文化厅、吉林省美术馆	—

续表 28

作　者	作品题目	展览、发表、收藏等情况	时间	主办单位	备注
王　帅	大美新疆之一	2016 南通市青年美术家年会展	12 月	南通市文联、美协、青美协	—
	月亮湾	国家艺术基金版画人才培养项目作品展	12 月	天津美术学院美术馆	—

（朱建辉）

4月，朱建辉应邀参加河北画院组织的走进太行·全国版画名家河北古村落采风活动。6月，朱建辉接受杭州艺境时空摄制组和北京大韵堂艺术杂志的独家采访。8月24—25日，院5位全国美协会员赴宜兴参加中国美术家协会深入学习贯彻习近平总书记文艺工作座谈会重要讲话精神专题研讨班的学习、研讨、交流活动。朱海燕、王帅申报的“江苏艺术基金（一般项目）2016年度艺术人才培养资助项目”获得批准。章伟雄加入江苏省美术家协会，陈刚符合中国美协入会条件并完成申报工作。

广播电视

【概况】 2016年，市广播电视台开设《精彩启东，走进镇乡园区》《启东建筑业发展巡礼》《走进家庭农场》等专栏。其中“一把手谈项目”系列报道，受到《南通收听收看》的高度肯定。在对外宣传上扩大影响力。全年在南通电视台用片近百条，在江苏电视台录用40多条，有3条新闻被中央台采用。在2015年度广电新闻创优中，共有4件作品获南通市一等奖。

创新节目形态。《启东新闻》开设子栏目《今日视点》，做强深度报道和新闻评论。电视方言节目《东疆闲话》增设《政策导读和生活提示》。《百姓人家》专门采制“正能量加油站”系列节目。《法治广场》选取身边的案例以案说法，生动而鲜活。广播以“整点新闻”的滚动直播概念打造全新播报形式，并全面改版下午档直播节目。打造亲子互动品牌——“亲子沟通营”。

实施媒体融合。3月，新媒体部正式成立。5月，微信公众号“启东台”、官方微博“启东台”、PC端台网正式运行。官网点击浏览数突破75万人次。微信公众号“启东台”运行不到1个月，头条点击就实现第一个“10万+”。

参与市委市政府中心工作。完成市政府党教中心报告厅电视直播系统设备的升级及验收工作，省单频网、多频网、市单频网设备的安装调试完毕等。规划台融媒体发展技术方案并进行论证。“起舞东疆·第2季全民舞蹈秀”“少儿春晚”“建党95周年主题晚会”“启东好人、最美家庭颁奖典礼”“第二届外地人说启东话”等大型活动圆满成功。参与市政府对外宣传片的拍摄制作和市科技馆规划建设。

（张春雨）

启东日报

【概况】 2016年，《启东日报》日发行量2.7万份，启东新闻网平均日点击量在4000以上，启东手机报用户超过5000户，移动启东客户端及用户数3000户，《启东日报》公众微信号粉丝约3.3万人，《启东日报》官方微博粉丝约1.2万人。市新闻信息中心获评2016年度江苏省“文明办网”先进单位。

【主题宣传】 重大主题报道。围绕党的十八届五中、六中全会精神，高强度地报道全会决定、习近平总书记关于决定出台的说明等，围绕全市深入开展“两学一做”主题教育，先后推出《“两学一做”在启东》《抓党风　传家风　树新风》等专栏，对市“两学一做”中涌现出来的先进事迹、优秀典型进行深入广泛的报道。围绕“十三五”开局，聚焦项目建设，策划推出《起航“十三五”共筑“小康梦”》《开局之年看项目》《好上又好　能快则快——项目建设提速年》等主题报道。围绕市十三次党代会，会前策划提出“展示新成就　喜迎党代会”系列报道，设计制作宣传展板；会中以报纸、微信、微博等全媒体联动，高密度报道会议议程、全方位解读会议热点；会后连续推出系列评论，各地各部门以及基层党代表贯彻落实会议精神的报道。做好对外宣传工作。全年累计在《新华日报》头版提供通讯稿件4篇，《南通日报》头版通讯稿件逾10篇，还配合编辑10多个启东专版，分别在《新华日报》《扬子晚报》《南通日报》《江海晚报》等媒体刊发。

重点工作报道。围绕全市各地各部门在产业升级、沿海开发、对接上海、科技引领、城镇建设、民生改善、生态建设、党建创新等方面的具体部署和工作实践，相继推出《创建全国文明城市　共享和谐美好生活》《践行核心价值观　传递社会正能量》《“一把手”谈项目》《“双创”英才聚东疆》《“互联网+”在启东》《启东建筑业巡礼——铁军风采》《民生实事进行时》《控违拆违　攻坚克难》《发力供给侧改革——启东故事》《践行新理念　建设新启东》等30多个专栏，策划做好“两会”、经贸洽谈会、党代会、科技节等重大节会宣传报道。

重要典型报道。推出《身边的感动》《身边的好党员》《劳模风采》《赞个正能量加油站》《最美教师》《走近东疆英才》等特色专栏，挖掘和推广“中国好人”苏晓琳、顾邦祥、王辉，“身边好党员”朱红梅、黄建生、彭菊生，“最美教师”施晓伟、蔡海燕、殷宝霞等一大批各行各业先进典型。

【特色创新】 2016年，市新闻信息中心改革内部机构，重构新闻采编流程，以全媒体集群为平台，按照生产流程以及传媒产业发展趋势和市场化要求，设置总编办、财务室、技术部、快报部、全媒体采集部、全媒体编发部、全媒体广告部、全媒体管理部。通过资源整合、职能优化，提高新闻采集、加工、发布的"时、度、效"。利用多种媒介形态，掌控舆论引导的话语权和主动权。市新闻信息中心共有7种媒介形态：报纸、数字报、新闻网站、微博、微信、手机报、客户端，发挥各自传播优势。7月，推出生活时尚频道——"无启不有"，专注于打造启东本土多功能权威资讯平台，内容涵盖时尚、生活、美食、旅行等方面。接地气，讲好启东故事。开设《民生视点》《寻找启东好人》《社区故事汇》《街谈巷议》《12345热线》等一批贴近百姓民生的新栏目，通过社情民意，服务民生工作，帮贫济困，扭丑扬善，传递社会正能量。

（陈红美）

启东通讯

【概况】 2016年，《启东通讯》履行党委、政府机关刊物发布政令、指导工作、探索思路、服务发展、传递信息、交流经验、展示风采、开拓视野等工作职责，围绕市委、市政府的各项中心工作，深入全面宣传市委、市政府的重大决策，及时反映全市经济社会发展过程中的新动态、新举措、新经验，在发挥好党委、政府机关刊物的舆论导向和工作指导作用方面作新的努力和尝试。

【主题宣传】 2016年，《启东通讯》重点宣传贯彻中共启东市委第十二届十次全体（扩大）会议、第十三次党代会，市人大十六届第五次、市政协十四届第五次会议等重大会议精神，设置《领导要论》《重要报告》《政务论坛》等栏目，作较大篇幅的宣传报道。同时，围绕市委提出的"践行新理念、建设新启东，奋力夺取全面小康社会建设新胜利"工作主题，设置《工作研究》《农村发展》《城市建设》等栏目，对沿江沿海开发开放，推进新型城镇化建设，企业转型升级，民生事业发展作调查研究。全方位、深层次、多角度反映市委、市政府对启东经济好上又好、能快则快发展的坚强决心和高效措施。对各镇、园区、部门积极行动、投身建设的热潮作全面的宣传报道，发挥舆论宣传的指导作用，为建设"强富美高"新启东营造氛围。开设《"两学一做"》《廉政建设》等栏目，深入思考全面从严治党的必要性，提出切实可行的监督措施，用生动现实的例子警示教育广大党员干部廉洁奉公、勤政为民，真正发挥党刊在思想宣传阵地中应有的教育作用。

【创新创优】 2016年，《启东通讯》在丰富杂志内容、提升杂志可读性上作探索。重点办好《瀛东漫笔》《书香启东》《旧史钩沉》《东疆之子》等特色专栏，专题探访各镇历史，围绕启东江海地域特色文化和启东优秀儿女作报道，增加杂志的可读性。

（彭红辉）

体　育

【体育设施建设】 2016年，市实施为民办实事工程，完成老小区10套健身路径和行政村70套篮球架的器材安装，提高城乡健身设施覆盖率，改善健身环境。推进学校体育场地对外开放工作，完成启东中专、百杏中学、南苑中学、开发区中学、实验小学、南苑小学、汇龙小学等15所学校场地、门卫、路灯、围网等改造并向社会开放。

【全民健身活动】 以"共乐东疆"为活动载体，全市组织开展全民健身节、市民文体周、全民运动会、职工文化节等全民健身活动30多项。全市有足协协会、篮球协会、微型马拉松协会等体育社团38个、体育健身俱乐部11个，健身站点达1900多个。组织开展全民健身送下乡活动、老干部门球赛、乒乓球联谊赛、"东疆决" 国际武术文化节等活动40多场次。启东市广场舞协会获全国首届广场舞总决赛常青组一等奖。

【体育竞赛】 2016年，市举办江苏省第七届全民健身运动会毽绳大赛，来自全省16个代表团，共计220名运动员参加比赛。承办国际铁人三项赛，比赛由天然水域游泳、公路自行车、公路长跑三项目组成，来自英国、美国、德国、意大利等国家数百名选手参与比赛。主办风筝冲浪国际邀请赛，来自中国、法国、德国、加拿大等国家和香港地区的50名选手参加比赛，活动得到国家体育总局水上运动管理中心高度认可。创办"FKI国际搏击王争霸赛"，赛事得到深圳电视台、云南电视台、陕西电视台、武汉电视台、成都电视台等媒体支持，成为长三角地区最具品牌影响力的搏击格斗赛事。组队参加省、南通市级田径、乒乓球、羽毛球、篮球、足球、排球等体育赛事，竞赛成绩良好。

【体育产业】 体育彩票销售量持续增长。2016年，体育彩票销售总量10091万元。规范高危险性体育项目经营，下发《关于要求经营性游泳场所办理〈高危险性体育项目经营许可证〉的通知》，对各经营单位进行宣传、动员。全年共发放许可证书9张。申报江苏君之地置业有限公司的水上运动功能区及场馆综合性体育健身设施建设项目，获省专项资金补助。

（吴　伟）

2016元宵健步走活动　（张以潘　杨/摄）

责任编辑:黄亦美

综 述

【概况】 至2016年底，全市有医疗卫生机构421家,其中三级医院2家、镇中心卫生院（社区卫生服务中心)11家、分院24家、村卫生室（社区卫生服务站)269家、民营医院7家、社会和个体医疗机构104家、卫生单位4家(卫生监督所、疾病预防控制中心、妇幼保健和计划生育服务中心和卫生进修学校)。全市卫生技术人员4192人，每千人拥有卫技人员4.39人，高级职称386人，中级职称1230人，执业医师（助理）2203人,注册护士1898人,平均每千人口执业(助理)医师2.30人,每千人口注册护士1.98人;病床3980张,每千人拥有床位数4.17张。

【卫生改革】 全市以市人民医院和市中医院为龙头组建两大医疗管理集团，所有公立医院全部纳入集团化管理。两大集团分别成立理事会和监事会,实行总院长负责制,集团内医疗机构在理事会统一领导下实行院长负责制。集团内部实行发展规划、人事管理、财务管理、资源调配、绩效考核五个统一管理，建立分工协作、分级诊疗、人才培养、质量管理、技术共享五大运行机制,组建消毒供应、病理、会计核算三大资源集约中心,远程会诊、远程教育、远程影像、远程临检、远程心电五大技术共享中心。龙头医院对下级医院、龙头医院一级科室对基层医院、基层医院对村卫生室建立长期稳定的结对帮扶、对口支援工作机制，全面推行市级医院医生驻镇、镇级医院医生驻村制度。2016年,两大医院共下派38名中级以上医师对口支援,门诊接诊13365人次,开展查房861次,举办各类讲座262次,指导手术280次,疑难病例会诊602人次。实行人员总量控制和编制备案制管理。集团内人员柔性流动。建立以体现医务人员技术劳务价值为核心的岗位绩效工资制度，实行工资总量制。分级诊疗制度逐步完善，市级医院住院病人逐步趋于合理化，基层医院住院病人明显增多。2016年，全市市级医院住院病人135206人次,同比减少4.47%,基层医院住院病人67693人次，同比减少4.16%,基层占比为50.07%,同比略有上升;总门急诊3357927人次,其中基层医院2409598人次，占比为71.76%,县域内就诊率达88.31%。全市基层医院上转参合患者34916人次,市级医院下转1532人次,全市基层首诊、分级诊疗、双向转诊、急慢分治的就医新格局基本形成,“小病不出村、常见病不出镇、大病到市级医院”目标逐步实现。4月，市被国务院确定为全国县级公立医院综合改革示范县(市)。

【医政管理】 医院内部质量管理体系不断完善,病历质量全面提升,优质护理水平逐步提高，医疗质量安全事件发生率明显降低。学专科建设进一步加强，全市获国家级以上科研项目5项、南通市新技术引进奖5项、南通市科技计划项目立项4个、南通市卫计委青年科研基金项目1个,获国家实用新型专利10个。市妇幼保健院、市精神卫生中心和残疾人康复托养中心建设加快推进,人民医院内科大楼、第三人民医院新病房大楼等相继启用。人才队伍加快建设，全年引进硕士研究生18名、本科毕业生95名。

【公共卫生】 2016年，人均基本公共卫生服务经费提高至65元,12类45项基本公共卫生服务项目全面实施。居民健康档案建档合格率98%,60周岁以上老年人免费健康体检率90.5%,重性精神病患者规范管理率88.33%。高血压、糖尿病患者规范管理率分别达90.57%、89.83%，法定传染病发病率90.35/100000,以镇为单位适龄儿童预防接种率维持在95%以上,7周岁以下儿童系统管理率97.29%。基层孕产妇建卡率100%,产后访视率98.6%,高危管理率100%。卫生应急规范化乡镇覆盖率36%，两个规范化门诊覆盖率73%,示范镇卫生院覆盖率78%,省示范村卫生室覆盖率41%。

【妇幼卫生】 全市全面实行孕产妇健康管理和儿童健康管理分级诊疗服务。产前筛查率91.59%,新生儿疾病筛查率99.23%，助产技术服务复核评审率100%,母婴保健技术服务机构和人员持证执业率100%。加强两个危急重症急救中心建设,启东市获“省妇幼健康优质服务示范县(市)”称号。非医学需要剖宫产率从年初的60%降至52.99%。爱婴医院复核评估通过率100%。妇幼卫生重大项目规范实施，完成“两癌”筛查项目,农村孕产妇住院分娩补助项目完成率127.1%，全年新增叶酸服用3332人，任务完成率114.52%。全年为6161例孕产妇进行艾滋病、梅毒和乙肝检测，发现梅毒阳性7例、HIV阳性4例，均予干预和治疗。孕前优生检查项目完成率113.3%，咨询指导及随访服务率100%。

【爱国卫生】 2016年，市巩固扩大国家卫生城市创建成果，城市卫生面貌保持良好状态。全面促进卫生镇、村创建，全年建成省级卫生村30个。完成农村项目改厕任务5200座，无害化户厕普及率95.54%。生活饮用水监测点覆盖率100%、合格率100%。投入"四害"消杀经费40多万元，"四害"密度及媒传疾病发病率得到有效控制。建成省级健康社区2个、省级健康单位2个、省级健康促进学校2个。

（徐卫菊）

疾病预防控制

【传染病管理】 传染病疫情持续下降。2016年共报告法定传染病19种1520例，11例死亡病例，其中7例艾滋病病例、3例狂犬病病例、1例手足口病病例。总发病率135.71/100000。报告甲类传染病1种1例，为霍乱病例，报告乙类传染病11种1011例，甲乙类传染病发病率90.35/100000，持续下降；丙类传染病7种508例，其他传染病8种207例。疫情报告实时监测、审核制度实现全覆盖，定期分析疫情报告质量，在南通市领先。全年市传染病报告及时率100%、审核及时率100%，未出现重卡。加大医疗单位的传染病管理工作督查力度，每季度不定期现场督导，发现问题及时指出并要求限期整改，对存在问题进行二次督导，检查通报按季度及时反馈至各医疗单位。

规范疫情预测预警和重大疫情、突发公共卫生事件调查处理。完善各类突发公共卫生事件应急预案，做好各类应急物资的储备，建立异常信息快速反应处置机制和流程，每日监控传染病网络直报系统，及时发现和报告可能的聚集性发病、暴发疫情苗头及其他异常情况，及时调查并处理预警系统中产生预警信息66起，2起疑似事件，规范处置4起突发公共卫生事件；规范有效处置2起人感染H7N9禽流感疫情。

传染病管理信息化建设。5月起，推进基于HIS系统（医院管理和医疗活动中进行信息管理和联机操作的计算机应用系统）的传染病拦截系统，38家公立医院全部完成改造工作，在南通市领先。

【免疫规划】 常规免疫接种。全市接种点除启隆镇外均实行按周接种。重点抓好适龄儿童"五苗"（乙肝疫苗、卡介苗、脊灰疫苗、百白破疫苗、麻疹疫苗）常规免疫和省扩大免疫规划疫苗的免疫接种以及百白破、麻风腮、脊灰、流脑、乙脑、白破二联的适时加强；各类疫苗的接种率持续保持在较高的水平。完成新生儿建卡、建证6194人，一月内新生儿建卡、建证率均达100%。完成免疫接种163402人次，其中一类疫苗接种143602人次，二类疫苗接种19800人次。一类疫苗接种率95%以上。

AFP病例监测管理。完善AFP（甲胎蛋白）监测系统，加强AFP病例快速报告和常规报告特别是"零病例"报告的及时性，减少和杜绝病例漏报现象。全年全市报告AFP病例2例，报告率为1.91/100000，报告病例48小时调查率、双份标本合格采集率、标本及时送检率及60天随访率均为100%。

计划免疫相关疾病监测与控制。开展麻疹疫情的预测、报告以及应急接种等防治措施的严格落实。对26例麻疹病例及时流调和标本采集，应急免疫接种率达100%。在稳固提高新生儿乙肝疫苗接种率和首针及时接种率的基础上，开展乙肝病例的流行病学调查和实验室检测。

疫苗接种副反应监测和接种证查验。11个镇（除启隆镇外）开展预防接种副反应监测，共90例；对全市126家幼儿园、小学接种证全覆盖查验，查验率为99.81%；对所有补种儿童实行免费接种。

预防接种管理。6月，对各镇预防接种门诊运行情况进行专项督导。开展流动儿童专题调查，及时掌握流动儿童的动态，避免免疫空白。推广应用预防接种服务APP软件，提高预防接种的服务质量。逐步推进预防接种异常反应补偿保险机制，全市有61名儿童参加预防接种异常反应补偿保险。

【结核病防治】 2016年，全市非结防机构累计发现转诊肺结核病人和疑似肺结核病人825例、网报825例、转诊到位率43.16%；追踪率100%、追踪到位449例、追踪到位率98.25%；总体到位率98.63%。定点诊治医院共确诊肺结核病人470例。其中，新登涂阳患者130例，涂阳发现率27.66%，新登病原学阳性患者169例，病原学阳性发现率35.96%，涂阳发现率和病原学阳性发现率均超额完成南通市指标。对106例涂阳病人和130例涂阴患者的痰标本进行免费痰培养，涂阳病人痰培率81.54%，涂阴病人的痰培养率38.26%。对169例阳性病人的密切接触者进行筛查，筛查率达100%。新登涂阳患者131例，其中治愈116例，治愈率88.55%；新登涂阴患者404例，完成疗程390例，完成疗程率96.53%；死亡病例12例。结核病患者的系统管理率95.95%。新确诊耐多药（MDR-TB）病例6例，完成耐多药结核病发现任务数的120%。其中4例患者纳入耐多药治疗管理。

结核病防治健康教育。2016年，全市市、镇、村三级开展防痨宣传222次，累计发放含有结防宣传内容的健康教育资料10余万份。开展结防业务培训25次。

实施结核病人优惠减免政策。发放结核病人和疑似结核病人胸部CR摄片和肝肾功能检查免费券；筹集增资50万元，对肺结核患者及疑似患者开展Xpert免费检测。2016年，累计发放胸部CR摄片免费券608张、肝肾功能检查免费券328张，结核病人受益面达100%；开展Xpert免费检测188例。

创新结核病人督导管理方式。通过现场访视督导与电话督导相结合的方式，开展对结核病患者的督导管理，及时分析、评估各社区卫生服务中心和村医对结核病人督导治疗管理质量，并将其列入平日工作考核的重要内容。实时拍摄镇结防人员、村医和患者“三见面”照片。全市全年累计督导在治在管结核病人1486人次，提交“三见面”督导图片资料1420份。

开展学校结核病防控。开展学校结核病防控“五个一”工作，即每年建好一份学校结核病防控工作基础档案，每年开展一次学校新生入学体检，每学期开设结防知识一堂课，每学期进行一次在校师生结核病核心信息知晓率调查，社区卫生服务中心对学校校医和相关人员每学期进行一次结防培训。2016年，成功处置8所学校的11起疫情，对2491名密切接触师生进行电视透视筛查、胸部摄片和结核菌素试验，对6名PPD中度阳性以上者进行预防性治疗，133名PPD中度阳性以上者实施为期两年的医学观察；对11例首发肺结核病例落实规范化的抗结核治疗和督导。

【性病艾滋病防治】 2016年，市疾控中心对全市60多家娱乐场所从业人员进行每月一次高危行为干预，艾滋病病毒抗体检测759人次；发放宣传画、宣传小册子等宣传资料9301份、安全套29796只。对1108名既往出国劳务输出人员、羁押场所人员等高危人员开展艾滋病病毒抗体筛查。开展以临床手术病人、产妇等为重点的全人群HIV抗体检测，全年共报告HIV抗体检测样本133896例，全人群检测率达11.95%，发现59例阳性复检者。完成122人次的自愿咨询检测工作，发现HIV阳性复检者13例。每个季度开展CD4（人体免疫系统中一种重要免疫细胞）检测，共388人次。

【地寄疟防治及四害监测】 全年共监测6批碘盐，抽取8~10周岁儿童200份和育龄妇女100份盐样和尿样检测，以镇为单位开展农村饮用水水碘含量监测。参加盐碘、尿碘、水碘检测外质控考核工作，顺利通过考核。规范寄生虫病防治。中心按突发疫情处置方案常年储备一定数量的药品和物资，储备恶性疟病例救治药物，3人份双氢青蒿素哌喹片、1人份青蒿琥酯针剂及3人份氯伯合剂。加强药品管理。发放疟疾快速诊断试纸条在各医疗单位推广使用，全市设有13个门诊镜检站、1个中心镜检站，建成较完善的市、镇疟疾镜检网络系统。2016年，共血检1276人次，无阳性血片，血检率占辖区总人口的0.11%，完成年初的计划。11月，对市三个镇幼儿园和低年级小学生642人开展肠道寄生虫虫病和蛲虫病监测。启动海产品食源性寄生虫病监测。

【慢性病防治】 按季度对慢性病防控工作开展全市范围的工作督导。组织开展全市范围的高血压、糖尿病规范用药培训及规范用药竞赛。各医疗机构完善35周岁以上患者就诊测血压制度，利用各种诊疗机会发现高血压、糖尿病患者；加强医防沟通协调，提高高血压、糖尿病等的发现和及时归口管理率。开展慢性病社区诊断工作和慢病自我管理小组活动，基本完成三年一次的慢性病社区诊断工作，完善调查报告。2016年，全市新成立并开展活动29个慢病自我管理小组，约600人直接参与活动。中心慢病专线人员直接参与汇龙镇、南阳镇、王鲍镇及惠萍镇的健康自我管理小组活动。开展对口帮扶和示范创建。市新创建健康社区5家、高标准健康小屋5家。加强“四害”监测和开放口岸医学媒介生物监测。按时完成省中心监测方案工作要求，所承担的市一类开放口岸医学媒介生物监测工作进入结案阶段。

【卫生监测】 食品安全风险检测和食源性疾病监测。开展食品中化学污染物及食品中的有害因素监测。全年监测各类食品69件，及时上报监测信息。对2家餐饮单位12件样品进行餐具消毒效果抽样监测。配合省疾控中心开展贝类海产品中诺如病毒的监测工作，采集贝类海产品112份，分批送省疾控中心检测。2016年，共报告食源性疾病病例231例，超额完成21.6%。

食源性疾病暴发流行病学调查培训。全年有70多人参加培训，规范开展11起食品安全事件的流行病学调查处理。

公共场所卫生监测。全年按时完成52个监测点、120份水样的饮用水水质监测，合格率100%；开展8家学校直饮水监测工作，61份水样，合格45份，合格率73.77%。对174家公共场所进行监测，检测样品851件4042项，合格率分别为94.01%、98.74%。

开展劳动与职业卫生监测。开展重点职业病监测，共报告用人单位信息25条，有毒有害工人健康监护汇总表89张，疑似职业病报告卡2张。共审核用人单位信息103条，有毒有害工人健康监护汇总表411张，疑似职业病报告卡3张。对57家企业进行职业性健康监护，体检1715人次数，体检人员正常人数1515人，职业病专科复查232人，发现职业禁忌人员12人，疑似职业病2人，职业病危害相关异常14人。发放从业人员健康证明15500多份。

学校卫生监测。2016年，市共报告学生因病缺课6547人次，9145.5人日，因病缺课率为0.01%，人均因病缺课天数为1.4天，发热依旧是缺课最多的原因，占四成以上。对全市20所中小学校进行学生常见病督导工作。完成38所学校的教学环境监测，完成全市中小学校学生体检。

【检验质量管理】 2016年，市疾控中心完成自来水、公共场所、医院污水、卫生监督所委托样品、碘盐、居民户盐、尿碘、自送样品，医院消毒效果、食品风险监测等2192个样品12666项次检测工作。完成15308份食品从业人员和公共场所从业人员的肠道致病菌检验。分离到1株沙门氏菌阳性菌株。高效完成突发事件检测，及时开展12起疑似食物中毒、2起H7N9禽流感疫情、1起霍乱疫情的采样、监测工作。开展实验室质量控制工作。做好检验用消耗试剂特别是影响检验结果的试剂的验收工作；加强检验人员的培训，做好原始记录的完整性、真实性、原始性审核。做好实验室能力验证和实验室间的比对。3月，参加江苏省疾病预防控制中心组织的尿碘、盐碘、水碘的室间比对考核；7月，参加扬通徐镇泰五市质控协作网的室间比对考核，理化水中氯化物、酱油中铅、微生物盲样考核；9月，参加江苏省质量监督研究院的水中重金属汞的能力验证；11月，参加南通市疾病预防控制中心组织的理化水中硫酸盐，微生物盲样考核。1次实验室能力验证和3次实验室室间比对都取得满意的结果。抓好质量管理。1月10—11日，江苏省质量技术监督局对中心进行检验检测机构资质认定的现场评审。针对评审提出的5个不符合项，分析不符合项产生原因，并制订整改计划，2月5日整改工作全部完成，及时取得检验检测机构资质认定证书，通过7大类、13小类、264项参数的计量认证。

【体检工作】 2016年，中心为11211人体检，其中从业人员体检9084人、职业体检2150人。完成工作量数10万项次。为1108名外出劳务人员、506名看守所羁押人员、其他270名高危人群免费筛查，共新发现艾滋24名、梅毒感染者8名。检测疑似麻疹风疹标本26例，麻疹1例、风疹2例。

【健康教育】 2016年，市疾控中心印发4期计200万份健康教育入户资料；征订省级健康知识入户挂历1.7万本，《江苏居民健康读本》500本、《常见慢性病防控的健康管理读本》500本、《基本公共卫生服务系列光盘》95套、《中小学健康教育系列光盘》17套，分别发至相关基层单位；各医院、服务站宣传专栏刊出12期《健康之窗》宣传画；制作4期共24版健康之窗模板，供各部门、各单位下载刊出；编辑印发健康教育处方30种、宣传折页12种。在市爱卫办牵头下在人民公园广场开展爱国卫生月和健康教育宣传月活动，免费为市民测量血压400余人次、血糖100余人次，展出20块宣传画板，发放各类资料15种5000余份。协助相关科室分别开展卫生宣传日活动12次。组织健康素养学习与考试，完成4392人次社区居民学习与考试。完成47574人次网上学习与考试任务，超额完成南通市下达的全年工作指标。通过市镇二级培训形式，培训合格健康指导员477名。开展全国专业机构现状调查。利用中心微官网开展宣传，发布各类健康教育信息。加强“全民健康生活方式行动”信息管理，及时规范填报各类健康相关专项行动工作信息。在汇龙镇、东海镇、寅阳镇成功开展南通市级健康素养监测工作。

（黄飞雁）

卫生监督

【卫生许可】 2016年，市卫生监督所开通手机短信平台，建立许可到期提醒机制，避免监管相对人因疏忽出现许可证失效现象。下放经营面积在50平方米以下乡镇理发店的行政审批，由各镇卫生监督分所组织验收并对场所进行免费现场快速检测，并负责现场审核，经检测和现场审核合格的，由卫生监督分所签署审核意见后，直接到市政务中心卫计委窗口按即办件领取公共场所卫生许可证。全年许可审核科共发放卫生许可证346件，其中公共场所卫生许可证309件、放射诊疗许可证29件、集中式供水（管道分质直饮水）许可证8件；无1件违诺、超时。探索新建、改建、扩建项目的预防性卫生审查及技术指导工作，全年实施公共场所预防性卫生监督3件。

【食品安全标准跟踪管理】 6月，市卫生监督所开展食品安全标准宣传进社区进企业活动，宣传主题为“尚德守法共治共享食品安全”。组织开展食品安全宣传周现场宣传活动，发放宣传材料200余份，现场解答市民安全知识方面咨询30多人次。落实食品安全标准跟踪评价工作，提出标准贯彻实施和标准修订相关建议，集中开展《食品中污染物限量》（GB2762）等4个食品安全国家标准跟踪评价。

【学校卫生】 5月，市卫生监督所制订并下发《关于印发2016年启东市学校卫生监督综合评价实施方案的通知》，并组织分所监督员进行专项培训。对全市144所学校进行综合性检查，并开展校园卫生综合监督量化评价工作。先后出动卫生监督员605人次、卫生监督车辆197台次。至10月底，完成全市范围内的中小学（含农村学校、寄宿制学校等所有学校）基本情况的调查及综合评价，全面掌握辖区内学校卫生基本情况；建立健全学校卫生档案，建档率达100%。对检查中发现问题的46家学校，卫生监督员当场出具卫生监督意见书，责令限期整改。落实学校卫生工作措施，加强传染病管理。对市所有学校开展传染病防控工作监督检查，重点检查学校内设医疗机构或保健室的设置及学校卫生工作开展情况；医疗机构持有效执业许可证、医护人员持有效执业资质证书情况；传染病疫情报告、消毒隔离、医疗废物处置情况。督促各学校建立和完善传染病防控制度，严格落实各项防控措施。加强学校饮水卫生监督管理，5月，在全市开展学校饮水方式摸底调查工作。全市使用管道直饮水方式的学校8家，使用桶装水饮水机方式的学校64家，使用净水器方式的学校1家，使用开水器、保温桶方式的学校1家，使用其他饮水设施和方法的学校4家。10月，对8家使用直饮水方式供水的学校，发放临时卫生许可证。

【公共场所卫生监督】 2016年，对辖区内公共场所单位开展全覆盖监督检查，开展住宿场所、游泳场所专项整治，对19家住宿场所进行处罚。全年对全市近1000家公共场所经营单位开展卫生监督检查，查处各类公共场所违法行为73起。开展专项卫生知识培训1次，推进相关行业的监督管理。

【生活饮用水监管】 启东市的供水模式为区域供水。全市共有集中式供水单位2家、二次供水单位8家，其中宾馆酒店2家，其余6家均为居民住宅楼。涉水产品生产企业3家。更新完善各区域供水单位、二次供水单位的基础档案，建档率100%。强化夏季及汛期生活饮用水卫生监督，对2个区域供水加压泵站及应急供水厂进行卫生监督检查。敦促市疾病预防控制中心在夏季及汛期加大生活饮用水卫生监测频次，及时了解全市生活饮用水水质的卫生质量。8月，对2家区域供水加压泵站及8家二次供水单位进行监督检查，并对其中7家二次供水单位的二次供水水质进行监督抽检，检测结果均符合《生活饮用水卫生标准》GB5749-2006。

【放射诊疗与职业卫生监督】 5月，市卫生监督所对41家放射诊疗单位开展全覆盖监督检查。各单位放射诊疗工作场所有所改善，部分分院、分中心因放射工作场所放射防护不达标，统一组织对陈旧、不合格机房进行改造。患者防护用品配备增强。人民医院、中医院等医院采购受检者放射个人防护用品。落实《职业病防治法》等法律法规，放射诊疗机构建立完善放射卫生管理制度、辐射事故应急预案，对放射人员建立职业健康档案，在岗从事放射工作的人员佩戴个人剂量计并能定期检测，按规定对放射防护设施进行防护性能检测、评价。对监督检查中发现存在问题，情节较重，且未及时整改的单位，卫生监督所依法予以行政处罚。

【消毒卫生监督】 1月19—25日，市卫生监督所在全市范围内开展餐具、饮具集中消毒服务单位卫生监督工作，并对各集中消毒单位消毒后的餐具、饮具监督抽检。全市有餐具、饮具集中消毒服务单位27家，均正常运行。经检查，有2家单位的功能区设置、生产工艺流程等基本符合卫生要求；所有单位均未按规定在出厂产品的包装上标注生产日期和使用期限等内容(包装标识不符合要求)，所有单位均未随附消毒合格证明和产品合格证明；有1家单位生产的餐具、饮具检测结果不合格。市卫生监督所对27家不符合要求的餐具、饮具集中消毒单位，给予警告处分，同时限期整改。

【整顿和规范医疗服务市场】 6—10月，市卫生监督所在全市开展生活美容业违法开展医疗美容项目专项整治行动，共立案查处10件。2月1—29日，在全市范围内开展打击非法制售和使用注射用透明质酸钠专项整治行动，在全面排查的基础上，重点对市区人民医院医疗美容科和玫瑰公主2家美容医疗机构、48家生活美容店进行监督检查，未发现违规开展医疗美容现象，有部分单位存在健康证和培训证过期等现象。查处各类非法行医举报投诉，共处置群众各类非法行医投诉举报45件，对经查实的违法行为做到100%处置，对留有联系方式的投诉举报做到100%反馈。加大非法行医行政处罚力度，查处非法行医及美容专项整治中查处的案件51起，其中非法行医案件41起，金额达15万多元。对上年的6起非法行医案件进行结案。5月下旬，对辖区内的瑞金医院、玛利亚医院、华夏医院、博大医院四家民营医院进行行政约谈。

【行政执法案件查处】 2016年，市卫生监督所加大违法行为查处力度，三个现场科室共计11名卫生监督员，对公共场所、传染病防控与消杀、放射卫生等行业开展全方位监督检查，严格查处各类违法行为。共立案查处127件，罚款33.8万多元。其中，公共场所73件，医疗卫生45件，放射诊疗3件，消毒卫生1件，传染病防治5件。21件非法行医案件，涉嫌非法行医犯罪，依法移送公安机关查处。

【投诉举报】 2016年，市卫生监督所直接受理群众投诉举报16件，其中立案查处8件，取缔无证行医4户，责令整改4户。受理市政府“12345”热线转办群众诉求42件，均在规定期限内处置并答复。

(丁　恒)

市直属医疗卫生单位选介

【启东市人民医院】 2016年，启东市人民医院有职工1286人，其中高级职称170人，中级职称309人。门急诊诊疗624203人次，住院病人45498人次，手术台次(住院)10308台次，实际占用总床日数426285床日，平均住院日9.6日，病床周转次数44.7次，抢救危重病人2455人次，完成业务总收入6.67亿元，净资产7.03亿元。全年949人次参加国家、省、市级短训学术活动，49人次到国内著名三甲医院进行专科进修，邀请上级专家到医院会诊546人次，外出会诊8人次，组织院内大会诊149次。全年接收南通大学、体臣卫校等学校的实习生202人，实施省部级以上课题6个、市厅级课题16个，获国家实用新型专利10项、南通市科技进步奖三等奖1项、启东市科技进步奖一等奖1项、二等奖1项；发表SCI、核心期刊论文30篇。

医院加强内涵建设和服务能力建设，深化与上海、南京等地三甲医院的医疗合作。应急能力建设提高，做好“5·31”海四达大爆炸事故、“9·26”重大车祸等突发事件应急救治工作，使伤亡降到最低水平。推进三级乙等医院创建工作，推进医院基本建设。做好人才引进与人才队伍建设。全年共录用39名事业编内人员、41名编外合同制人员，其中硕士研究生11名。做好送医下乡工作，全年共组织180人次医务人员开展20次送医下乡活动，共接诊群众1356人次，会诊77人次，测血压1487人次，接待其它咨询1023人次。加快推进医院基本建设，医院新住院大楼顺利竣工使用，静配中心、自动化药房投入使用，医院“十三五”建设发展规划顺利推进。完善行政查房制度，加强科室精细化管理。9月

7月5日，市人民医院自动药房正式启用　(袁　竞/摄)

起，组织8次对普外科、骨科、呼吸内科、心内科、急诊科、ICU、妇产科、检验科、影像科等14个科室、病区开展行政大查房，共汇总156个反馈问题，所有反馈问题均明确牵头落实科室，定期落实整改。完善综合目标考核和绩效分配方案，细化考核目标，逐步建立以工作数量、服务质量、患者满意度等为主的综合目标绩效考核与分配方案。根据设备管理要求，完成高端螺旋CT论证、配置申请、考察、招标采购工作和高端3.0TMR、DSA配置证申报、评审工作。

（成 炜）

【启东市中医院】 2016年，启东市中医院有职工639人，其中高级职称85人、中级职称158人、硕士研究生40人。医院设有临床科室18个、医技科室8个，其中江苏省中医重点专科1个（耳鼻咽喉科）、南通市中医重点专科5个（外科、骨伤科、妇科、康复科、心病科）。是三级乙等中医医院、国家级爱婴医院、南京中医药大学教学医院、上海第十人民医院启东分院、启东市华侨诊疗中心。全年完成门诊、急诊量324126人次，住院病人22015人次，手术台次6120台次，完成业务总收入29865万元。

1月起，市中医院加快中医药服务能力建设，加强对中医药市场的调研，确保中医药饮片的进货渠道和质量；加强与沪通资源的联系开发，发挥中医药特色优势；做好冬病夏治、膏方养生等传统项目。推进中医药文化保护与继承创新，开展对民间中医药资源、传统技术的挖掘。11月起，邀请师承国医大师朱良春的主任中医师任玉兰、师承苏北名老中医陈启生的民间中医张惠平以及国医大师贺普仁教授创立的“贺氏针灸”第三代传人、师承贺氏嫡传贺喜教授的中医师林同舟到医院坐诊。承办同济十院骨科、泌尿科联盟大会以及同济十院集团医院护理学术年会；主办江苏省中医耳鼻喉学术年会、南通急诊医学提高班、南通市重症医学会查房活动；院长樊健参加“健康中国2030”中医院院长论坛并作发言。

（王海燕）

圆陀角日出 （姜新春/摄）

收入与消费

【居民收入】 2016年，居民收入稳步增加。全年城镇常住居民人均可支配收入37390元,比上年增长8.2%;农村常住居民人均可支配收入19875元,比上年增长8.7%。

【居民消费】 全年居民人均消费支出21794元,比上年增长7.7%。其中,人均食品烟酒消费支出6719元，比上年增长6.9%;人均衣着消费支出1875元,比上年增长5.5%；人均居住消费支出3348元,比上年增长6.7%;人均生活用品及服务消费支出1273元，比上年增长6.6%；人均交通通讯消费支出2935元,比上年增长10.8%;人均教育文化娱乐消费支出4048元，比上年增长8.9%;人均医疗保健支出1267元,比上年增长9.3%；人均其他用品和服务消费支出329元,比上年增长2.6%。

(市统计局)

人口与计划生育

【概况】 2016年，市全面两孩政策平稳实施,全市一孩、二孩生育登记数分别为4025件、1771件,发放批准再生育一个孩子生育证150件,与2015年相比一孩登记数减少13.25%，二孩以上登记审批数增加13.94%。全年出生人数5522人，其中一孩3898人、二孩1532人、多孩92人,比2015年增加0.99%,二孩以上出生人数增加10.48%。年满60周岁独生子女伤残、死亡特别扶助对象扶助金标准分别提高到每人每月600元、700元。全市共发放老年计划生育奖扶资金1.23亿元，其中农村奖扶对象94649人,新增15012人,发放奖扶金8688.86万元；计生特别扶助对象4120人，新增511人，发放特扶金2383.48万元;持证企业退休职工一次性奖励对象3580人，发放奖励金1144.16万元;城镇老年居民一次性奖励对象156人,发放奖励金49.92万元。开展打击“两非”专项行动,出生人口性别比保持在政策值范围内。流动人口卫生计生基本公共服务实现全覆盖。幸福家庭建设成效显著,“515志愿服务行动”被评为南通市幸福家庭创建活动优秀项目，汇龙镇张品官家庭获“南通市十佳幸福家庭”称号,北城区街道长龙三村社区居委会被确定为南通市首批“新家庭计划——家庭发展能力建设”项目试点单位。

(徐卫菊)

劳动就业

【劳动关系调处】 全年受理工伤案件847件，处理劳动争议仲裁案件980件(其中调解300件，立案裁决案件580件);受理劳动争议举报投诉222件,检查用人单位388家，书面审查1146家,立案91件,发出限期改正指令书89份,行政处理、处罚11件,申请法院执行4件,移送公安2件,劳动纠纷结案率均100%。开展农民工工资支付情况专项行动,检查用人单位450家,涉及职工5.17万人，发现39家用人单位有欠薪现象,发出限期改正指令书21份,为职工追讨工资1166.44万元，将7家欠薪逃匿企业移送公安部门。推行工资支付保证金制度,抽检55家施工企业,未发现欠薪情况,未接到农民工举报、投诉拖欠工资问题。推进劳动保障监察两网化建设，共设劳动保障监察一级网格15个、二级网格43个,简单劳资矛盾通过一级网格成功调处126起,调处成功率86.9%。

【创业培训】 2016年，市人社局加强创业载体建设，以发展微型企业为载体,以创建创业孵化基地、优惠政策推动为抓手,开展创业培训活动。专门针对培养微小型企业经营者,开设两期学生创业培训班，组织企业参加第二届“中国创翼”青年创业创新大赛。其中,南通南博旺智能科技有限公司顺利入围。全年共扶持1461人成功创业,为创业者提供小额担保贷款1610万元。

【就业服务与援助】 2016年，全市提供就业岗位11000个,举办免费创业就业培训30班次,援助特困家庭、未就业高校毕业生等就业困难人员就业412人,高校毕业生总体就业率达93%。举办系列招聘会等就业援助活动，为各类求职人员提供11000多个就业岗位。组织企业到园区、进高校开展“人力资源直通车”招聘活动,将岗位直接送到求职者家门口。开发社区就业岗位。围绕社区第三产业开发托幼托老、病人护理、餐饮服务、美容美发、商品培训、修理维护、净菜净水、家政服务等便民利民工作岗位，帮助失业人员特别是就业困难人员实现就业。开展零就业家庭动态清零行动，对办理求职的就业困难人员实行实名制动态管理，加强“一对一”帮扶，在全市开展就业困难人员帮扶“宅急送”活动，以“定需送”“定类送”等形式，将就业岗位、技能培训、资金补贴等政策送到困难人员家中。扶持就业困难人员就业430人，培训失业人员3000多人。加大技能人才培养力度，在海工船舶园区、南通二建等企业组织6230多人的高级工培训，人力资源管理师、劳动保障协理员、保安员等共计870人进行培训考试。中远船务(启东)培训基地成功创建省级公共实训基地；申报中远船务(启东)为南通市高技能人才培养基地申报。

(祝　赞)

社会保障

【概况】 2016年，城镇职工基本养老保险参保率巩固在96%以上，城乡居民基础养老金标准从2012年的70元提高到现在的115元，享受人数达29.29万人。按照上级规定调整社会保险缴费基数，累计下调单位缴费比例3个百分点，其中养老1%、失业0.5%、生育0.5%、工伤1%，调整机关事业和企业退休人员养老金6.5万人，机关事业人均增资298元，企业为168元。全年征收养老、工伤、生育、失业四项保费13.64亿元，超额完成4412万元，收支相抵当年结余5978万元，年末滚存结余2.42亿元。整合城乡居民医疗保险经办机构，制定启东市城乡居民医疗保险实施细则，首先实现筹资标准的统一，计划通过1~2年时间的过渡，实现城乡居民医保参保范围、筹资机制、医保目录、待遇水平、信息系统五统一。聘请专家组对部分医院开展大额医疗费用评审工作。至年底，全市共有65家医保定点医疗机构及社区卫生服务站所、170家医保定点零售药店。市医保中心不断强化定点单位管理，对全市各定点医疗机构、定点零售药店实施不间断的监控。重点对有以药易药、空挂床位等违规行为的定点单位进行突击性检查，严肃处理发生违规行为的定点单位，规范定点医疗机构、定点零售药店的医保管理行为。

(祝　赞)

民政事务

【救助体系完善】 2016年4月，建成并开通启东市居民家庭经济状况比对系统，和南通市比对系统平台及启东市人社局等相关部门实现对接，全面开展跨部门信息比对工作，提高社会救助的公正性、公平性。出台《启东市临时救助实施办法》，制定实施细则，提高筹资标准，建立支出型贫困的“救急难”工作长效机制，有效解决困难群众面临的突发性、临时性、紧迫性的急难事项。积极稳妥地扩大医疗救助范围，医疗救助封顶线从每年3.5万元上调到城乡基本医疗保险封顶线的50%。推进城乡低保标准一体化，7月起农村低保标准由每人每月460元提高到530元，城镇低保标准由每人每月580元提高到590元；60年代精减老职工生活补助费城乡居民每人每月分别由580元、560元增至590元、570元。全年动态核销城乡低保779户1317人，新批低保622户1026人，累计有低保对象8690户12873人，共发放低保金6062万元。投入医疗救助资金2849.94万元。加强临时救助力度，全市投入331万元临救资金，发放春荒冬令款69万元，采购下发2850件救济羽绒服，共有8484人得到救助。

【养老体系健全】 2016年，全市新建民办养老机构5家，新增床位800张，累计有养老机构46家，其中公办9家，持证民办37家。新增AAAA、AAA、AA标准居家养老服务中心(站)分别为1家、8家、20家，累计AAAA、AAA、AA标准居家养老服务中心(站)分别有1家、17家、89家。汇龙镇敬老院申报全国服务业养老标准化示范项目。完善出台《市政府关于进一步推进社会养老服务体系建设加快养老服务业发展的实施意见》，进一步提高养老机构和居家养老服务站建设和运营补贴标准。全年发放养老机构运营补贴和建设补贴304万元，发放标准化居家养老服务中心(站)建设和运营补贴100.3万元。中心敬老院设备设施提档升级，投入171万元，实施中心敬老院护栏、围墙、室内外装修工程；投入30万元购置150台空调；投入99.5万元改造水管；投入508万元实施防滑地面改造工程。加强养老机构安全生产管理，委托专业公司对福利机构的安全生产进行专业评估。加大安全生产设备扶持力度，对全市37家民办持证养老机构完成消防改造并通过验收，按每张床位800元的标准实行奖补。强化居家养老服务功能。出台《政府购买居家养老服务的实施办法》。投入340万元通过购买服务，引进专业服务团队实现全市镇级居家养老服务中心建设和运营的标准化。招引安康通公司为全市5000名困难老人提供免费的养老服务。建立启东市智慧养老服务平台，汇龙镇、开发区、南北街道326名高龄困难老人享受政府购买服务。组织开展初级、中级养老护理员培训各1期，向141名经考试合格者统一发放国家职业资格证书。向5.54万名80周岁以上老人发放尊老金4070万元。其中，80~89周岁老人47537人、90~98周岁老人7161人、90周岁以上老党员459人、百岁老人302人。推进医养结合，全市新增护理院2家，建立养老机构与医疗单位医养结对联系制度，为入住老人提供“三个一”(每年一次体检，每月一次健康知识讲座，每周至少一次巡诊)服务活动。

【优抚安置】 2016年，市民政局出台《部分优抚对象享受相关优待政策的通知》，重点优抚对象可享受免费乘坐市区内公交车、免费游览公共旅游景点、水电煤气补助、数字电视基本收视费减免等优待。完善优抚对象信息，有序开展数据核查，完成核查各类优抚对象4722人。落实自然增长机制，全年为全市各类优抚对象发放抚恤补助金8631.7万元，惠及1.3万多名优抚对象。从7月1日起，城镇“三无”人员供养综合标准每人每年提高到16850元;农村五保分散供养综合标准每人每年提高到8400元，农村五保集中供养综合标准每人每年9000元；孤儿集中供养标准提高到每人每月1817元，社会散居供养标准每人每月提高到1100元。全市有五保老人1589名，其中集中供养804名，分散供养785名。全市发放五保、孤儿、“三无”老人救助金1400万元。全面实施退役士兵城乡安置一体化安置，全年接收退役士兵442人，共发放退役士兵安置补助金1703.86万元。为残疾军人修理配发假肢及病理鞋39人次，完成9名调评残人员的伤残鉴定工作和49名带病回乡退伍军人病情鉴定工作。组织9名伤残军人参加南通假肢站组织的康复疗养活动。发放94名城镇义务兵家属优待金和现役军人立功奖励金及大学生入伍奖励金，共计172.4万元。开展退役士兵教育培训，2016年冬季退役士兵的相对参训率达91%。

【双拥共建】 2016年，市民政局走访慰问市人武部、消防大队、边防大队等驻启部队。市财政投入2000多万元建设启东边检站，投入100多万元为雷达营实施技防设施改造，规划建设国防教育营。全市107家机关企事业单位与部队结对开展共建活动。

【社会管理】 2016年，全市继续开展城乡和谐社区建设示范单位创建活动，实现城市和谐社区建设达标率100%，农村和谐社区建设达标率98%。规范城乡社区“一站式”服务大厅建设。全市100%的城乡社区建成“一站式”服务平台。继续推进社区公共服务中心达标建设，至年底，全市建筑面积400平方米以上、且内部功能完备的社区服务中心122家。推进“政社互动”“三社联动”①工作机制以及农村社区民主协商机制，城乡和谐社区建设合格率分别达100%、98%。出台社会工作人才队伍建设激励措施，2016年，报名参考人员达583人，通过考试人员达174人，通过率创历年最高。开展农村留守儿童摸底排查工作，出台《启东市困境未成年人分类保障制度实施办法》，对困境未成年人进行分类界定并发放补助。完成第十一届村委会和第六届社区居委会以及村民小组长换届工作。开展示范社区社会组织创建表彰活动，表彰示范社会组织10个，优秀社会组织10个。

【安康关爱行动】 2016年，全市共投保老人意外险数125952份，参保率达51.98%，理赔人数1691人，赔付金额271.77万元。

【婚姻与收养】 2016年，全市结婚登记8696对，离婚登记2729对；办理收养登记9件。

【福彩销售】 2016年，全市完成福彩销售1.54亿元，筹集福彩公益金1385万元，销售总量实现南通第一、全省第九。启东市蝉联“江苏省福利彩票销售十强县(市)”称号。

【慈善事业】 2016年，全市募集慈善善款2550.75万元，开展定向捐赠、儿童大病救助、助学、助残、助医等多项救助，支出救助资金1415.68万元。

(施敏敏)

慈善工作

【概况】 2016年，启东市慈善基金会规范运作流程，拓展资金募集渠道，做好做强慈善救助项目，社会信誉度不断提升。全年总收入2550.75万元，其中协议认捐款621.5万元、村(居)募集善款795.68万元、慈善一日捐款217.21万元、为盐城灾区募集善款39.33万元、定向捐赠款290.21万元。全年支出1415.68万元。全市有“佳琪助学金”“新悦爱心助学基金”“昌新敬老基金”3个规模较大的专项冠名基金。

【村(居)慈善工作站建设】 3月起，慈善工作站建设开始试点。吕四港镇天汾镇村、吕北村完成建站试点工作，分别募集资金51.2万元、43万元。5月，市政府召开全市村(居)慈善工作站推进会，建站工作全面推开。至12月底，全市共有194个村(居)有善款进账记录，120个村(居)基本建成慈善工作站。

5月20日，婚姻登记高峰，市民政局婚姻登记窗口忙碌景象

(市民政局/提供)

①“三社联动”：即以社区建设、社会组织培育和社会人才队伍建设为“三大着力点”，通过三者之间的联动，尝试形成社区、社会组织和专业社工之间资源共享、优势互补、相互促进的良好局面。

11月11日，市慈善基金会向二院捐赠血透机，图为捐赠仪式

（市慈善基金会/提供）

【慈善救助】　助学。对全市中小学贫困生给予资助，小学每生600元、初中每生1000元、高中每生1500~2000元，其中孤儿学生为小学每生1500元、初中每生2000元、高中每生2500元。全年共发放资助金90.7万元，958名学生受助。资助本三、大专贫困生。2016年起，资助对象由往年的本三、大专贫困新生扩大至在读生。新生资助标准为低保家庭、孤儿每生5000元，低收入家庭及特殊困难家庭每生4000元，在读生资助标准为每生4000元。全年共发放资助金41.2万元，99名学生受助。资助开发区中学晨曦班38万元，用于补贴贫困学生生活费和奖励优秀学生。

助医。向市二院捐赠10台血透机，价值145万元，以缓解吕四地区血透机紧缺的现状，逐步解决市尿毒症患者血透难的困境。出资150万元，用于城乡贫困家庭大病医疗救助。实施江苏省贫困家庭儿童重大疾病慈善救助。全市有39名患儿受助，发放省、市慈善资金43.76万元。对低保家庭、低收入家庭大病患者实施临时救助。基金会制定完善临时救助暂行办法，适当提高救助标准。全年发放救助资金81.04万元，159人受助。其中，对9名重大器官移植者给予大额救助，计43万元。配合南通市慈善总会实施“牵手助医”项目，每人1万元，全年全市有10名对象受助。

助残。实施“启聪工程”项目，资助0~5周岁适合安装人工耳蜗的贫困家庭听障儿童实施安装手术。全年资助2名听障儿童，支出7万元。出资5万元资助特教学校在校贫困的残疾学生和奖励特教优秀教师。

助老。实施“携手养老”项目。继续为市低保、重残参保人员提供养老金缴费资助，每人每年100元。全年共支出资金58.24万元，5824人受益。

助困。在全市范围内开展“慈善情暖启东”春节慰问活动，慰问对象为家庭成员患重特大疾病的低保户或低收入家庭（优先考虑低保户），省慈善总会、南通市慈善总会共出资16万元，市慈善基金会出资13.8万元，全市慰问298户，每户1000元。

救灾。按照省财政厅、民政厅、审计厅《关于加强盐城“6·23”特大龙卷风冰雹灾害救灾款物使用管理的通知》，将接收的39.33万元盐城龙卷风救灾款全额汇至盐城阜宁、射阳，用于受灾地区灾后重建。在市海四达公司仓库发生爆炸事故后，市慈善基金会出资50万元，设立海四达爆炸事故救助基金，专项救助事故死伤员工及家庭。

（陆成璐）

民族宗教事务

【概况】　2016年，市民族宗教事务局贯彻党的民族宗教工作基本方针，落实民族宗教法律法规，以依法管理为抓手，以问题为导向，以和谐创建为着力点，探索新形势下民族宗教事务管理的新办法、新途径，民族宗教领域呈现团结稳定的良好局面。

【安全稳定工作】　2016年年初，召开宗教界安全生产工作专题会议，部署2016年安全生产工作。6月是启东市宗教活动场所“安全生产月”，市民宗局开展“安全发展”宣讲、“安全隐患随手拍”、安全事故警示教育、安全生产应急预案演练等四大安全主题活动，使安全意识渐入人心，防范能力逐步提升。安全检查、安全隐患整改工作扎实推进。局在各个时间节点深入各宗教活动场所，分别对用电、用火、消防设置、饮食卫生、场所建筑安全进行检查，了解32家宗教场所安全管理现状，分别指出各个场所存在问题，提出整改的要求和方向。

加强协作，大型宗教活动气氛祥和。指导各宗教团体、宗教场所做好春节、观音节和圣诞节等重大宗教活动安全稳定工作。尤其是在三个观音节期间，由市政府牵头部署，10多个部门通力协作，制定应急预案，做好风险排查，特别是公安部门组织100多名民警和50多名特勤维持秩序。2016年，启东市32处宗教活动场所在各类大型宗教活动中圆满完成安保工作，场所安稳，活动正常，气氛祥和。

【抵渗防邪】　制定各项制度防渗抵渗，打击非法宗教，引导宗教与社会主义相适应，维护市宗教领域稳定工作。6月23日下午，市民宗局联合市610办和市国保大队，举办一次“爱国爱教　抵渗防邪”为主题的宣传教育活动。全市宗教教职人员、信教群众和民宗系统干部约160余人参加此次活动。活动通过邀请国保大队副队长杨洪新讲课、观看反邪教宣传教育片、发放宣传资料等形式，重点针对邪教的危害、宗教和邪教的区别以及如何防范和辨别邪教进行宣传。提高宗教教职人员和信教群众抵制邪教的自觉性,营造崇尚科学、反对邪教、共建和谐的社会氛围。

【宗教教风建设】 市民宗局引导各教结合自身特点，挖掘和阐发宗教优秀传统文化资源,开展“人间佛教”“民主办教”“神学思想建设”等方面的研讨。引领宗教界弘扬正能量,开展“社会主义核心价值观教育”,发扬宗教界爱国爱教传统，推动民族宗教界沿着与社会主义社会相适应的道路前进。通过教风建设的开展，各宗教活动场所正视自身存在的不足和问题，管理逐步规范。

【佛协换届】 启东佛教自1997年第二次代表会议召开以来，已经19年没有进行佛协换届,平时只有3人参与和管理佛协日常事务,佛协的职能弱化,因佛教人才匮乏等一系列的问题，佛协换届一直难以推进。市民宗局经过一年的筹备,听取南通佛协、市人大和一些相关部门及广大宗教界代表人士等各方意见,化解矛盾。2016年11月3日，举行启东市佛教协会第三次代表大会,成功选举新一届的理事、秘书长、会长等班子成员，为佛协注入新鲜血液,发挥佛协的桥梁纽带作用。

【宗教场所建设】 市民宗局加大对宗教场所基本建设的支持帮助力度,宗教基本建设取得一定进展。佛教方面，法音寺建设有序推进,前期,设计、建设招投标完成，施工单位陆续进场施工。基督教方面,汇龙堂的异地重建项目已立项,红线已划定,进行办理申请土地指标的手续；吕四堂选址落实地块。有关镇场所的扩建、迁建工作,也按属地管理原则有序推进，全市宗教活动场所分布更合理，与当地城镇发展总体规划建设相一致。从信教群众的实际出发,高起点规划,与当地的信众需求和文化特色相契合。

典型示范，星级宗教活动场所成功创建。在上年星级场所成功创建的基础上,指导海复基督教堂、民主基督教堂等7家宗教活动场所开展星级宗教活动场所创建活动。制定创建方案,发挥典型示范效应。对场所档案室的创建、场所管理和消防建设作出具体指导。邀请档案局进行业务辅导,要求各宗教场所根据各自特色开展档案室创建工作,做到既达标又个性鲜明。结合场所安全检查工作，推动场所消防建设，使场所均达到消防验收合格的标准。年末,全市3家宗教场所通过市三星级以上宗教活动场所测评,其他7家场所通过档案三星级测评,档案创建方面全部达到五星级场所创建标准。

【少数民族政策落实】 开展少数民族人口调查登记工作，掌握全市少数民族人口从业状况及生活状况。邀请分布在市各战线上的少数民族群众代表进行一次座谈，听取他们工作生活中的困难和对启东市经济社会发展以及少数民族工作的建议意见。加强对流动商民的管理和服务。在教育引导他们文明守法、诚信经营、服务社会的同时，帮助他们协调解决困难和问题，2016年，共解决4户5名流动商民子女入学问题，为15人次的中高考加分进行审核。开展对少数民族的帮扶工作。春节前期，开展走访慰问少数民族贫困户活动,深入11个镇,为少数民族同胞送去米、油等生活必需品。从2014年6月至2016年末,累计为10个信奉伊斯兰教的少数民族群众发放清真食品补贴共计4.7万元。

【少数民族项目助农增收】 指导协助少数民族群众开展自主创业，落实帮扶项目。向上申请少数民族扶持项目资金，形成南阳镇光明村蔬菜种植基地、合作镇二效镇村肉兔养殖基地、北新镇安联村的特种水产养殖基地和吕四港镇平东村的肉鸡养殖基地四个少数民族创业扶贫基地。各项资金落实到位,市民宗局长期对这些项目关注，对他们遇到的经济和政策上的难题给予引导和参谋策划，对发展和规范建设进行业务辅导，这些项目发展态势良好，并通过专业合作社带动周边少数民族群众增收致富。

【民族领域矛盾化解】 按照“保稳定、化矛盾、办实事”的工作方针，与市国保大队、市少数民族联谊会、市清真食品管理小组、各镇民宗助理建立联席会议机制,对少数民族人员特别是流动商民的情况定期排查,“敏感时期”重点排查、“共性问题”联合排查和“突发事件”专项排查,掌握动态，并及时协调化解矛盾,帮助他们解决实际问题。2016年5月,对吕四港镇秦潭镇一家少数民族拉面店与旁边的旅馆店主产生的纠纷进行调解,使双方达成谅解。2016年,共化解商民矛盾5起。

【清真拉面店提升发展】 启东市清真拉面店共43家,市区21家,清真饮食网点遍地，风味独特，但上规模上档次少,餐饮特色及种类不够丰富。为帮助在启清真拉面店提升发展,6月，市民宗局邀请市场监管局食品安全监管科为清真拉面店经营者举行培训活动，作食品安全知识讲座，就《食品安全法》内容、食品采购把关、食品制作流程的安全等方面作讲解。组织4家兰州拉面店参与“放心早餐点”评选活动，评选相关手续已完成。通过创建评选活动,使他们规范经营行为,推动整个在启东兰州拉面店群体提升质量。

（杨润兰）

老龄事务

【重点课题调研】 2016年，市老龄协会对全市养老护理员队伍建设整体情况进行调研，寻求进一步推进全市养老护理员队伍建设发展的举措。专门向全市注册备案的9家公办、37家民办养老机构发放调查表，到民政部门听取对全市机构养老工作情况的介绍，先后到市老年公寓、汇龙镇中心敬老院、王鲍镇中心敬老院、圩北老年关爱之家、惠和镇村老年关爱之家、吕四万荣老年服务中心等公办和民办养老服务机构实地调研,最终形成调研报告,报送市委、市政府及相关部门。调研报告得到市领导和相关部门的肯定,并被《江苏老龄》杂志、省《老龄信息》刊载转发。开展“加强基层老龄协会建设,积极应对人口老龄化”课题研究。

10月27日，全市老龄协会系统"情暖夕阳"工作暨调研成果交流会召开
（市老龄协会/提供）

在市社科联组织的专家评审中，市老龄协会报送的研究报告被评为重点应用研究课题优秀奖，论文被编入市社科联编纂的《东疆论丛》第5期。组织开展研讨交流活动。市老龄协会组织各镇、街道、园区老龄协会结合实际，自选1~2个调研课题，开展专题调研活动。15家镇级协会报送调研报告。10月下旬，市老龄协会专门组织召开全市老龄系统调研交流会，挑选5家有调研特色的单位在会上作交流发言。《后天优于先天　人寿重在人为》一文入选省老龄协会（学会）组织编辑出版的老龄学术研讨论文集，在全省数十家县级老龄协会中仅有2家。

【为老服务】　2016年，市老龄协会组织发动基层协会深入开展实事工程——"情暖夕阳"志愿服务活动。全市建立各类为老服务志愿者队伍338个，志愿者人数达8100多人。近海镇采取"有偿服务—政府埋单，无偿服务—邻里互助"的工作思路，并建立网络化动态管理、个性化考核推动、星级化表彰激励等机制；吕四港镇实施"三对接"（关爱行动与生活照料相对接、与社会力量相对接、与精神文化相对接）；南、北两个街道办组织发动志愿者队伍定期走访慰问残疾老人、空巢老人、"三无"老人，开展老年文体活动等，效果良好。开展为老维权服务。主动与市人民法院联系，建立为老维权联动机制。4月，由市法院牵头，市老龄协会会同市民政局、老干部局、总工会、团市委、妇联等相关单位，专门召开老年人家事纠纷多元化解工作推进会。加强企业职工普法宣传。与市法院老干部支部联手，利用退休老法官的法律实务资源，到林洋公司等较大企业开展尊老孝亲法制宣传讲座。发动机关成员单位共同做好为老维权工作。市妇联发挥各级妇女维权站的作用，全年共接待处理6起关于老年妇女家庭暴力、子女抚养、财产纠纷等问题。开展三级联动为老维权。全年全市各级老龄协会与相关职能部门一起，受理老年人矛盾纠纷案件2030多起，成功调解1680多起。继续会同市老龄办、中国人寿启东支公司，开展"安康关爱行动"。全市老年人意外伤害保险参保人数达125952人，覆盖率达51.98%；赔付意外伤害人数1691人，赔付金额271.77万元。

【老龄工作宣传】　2016年，市老龄协会在《启东日报》《夕阳红》季度新闻专版、启东电视台《大爱夕阳》季度电视专题分别编发24篇新闻稿件、摄制4期电视专题片。向市外媒体报送信息，撰写的《启东市老龄协会以四用精神做好老龄工作》《启东市认真做好三级老龄协会换届工作》《启东市老龄协会召开情暖夕阳工作暨调研成果交流会》《启东市老龄协会为加强养老护理队伍建设建言献策》等9篇信息报道和调研文章被《中国长寿网》、江苏省《老龄信息》《江苏老龄》杂志刊用转发。全年编发信息简报6期，刊用信息46篇。与市委老干部局、市教育局、市总工会等部门横向协调合办文艺专场演出、全市中小学生敬老孝亲好家庭演讲比赛、职工敬老孝亲主题活动、建党95周年老干部书画展等。

【组织建设】　2016年，全市三级老龄协会开展换届工作，有关换届选举的做法在省《老龄信息》刊登转发。组织全市老龄协会系统评选"两先"活动，表彰先进集体和先进个人。创建星级社团组织，并通过南通市民政局和第三方评估机构评估验收。12月，南通市民政局下发《关于2016年度社会组织等级评估结果的通报》，市老龄协会被评为AAAA级社会组织。

（李松涛）

社会矛盾调解

【概况】　2016年，启东市社会调解服务中心以深化平安创建为引领，以强化主责主业、推进改革创新为着力点，以增强矛盾纠纷排查化解能力为落脚点，全力推动大调解机制"运行法治化、机制专业化、队伍专职化、功能多元化、管理信息化"建设，把矛盾纠纷及时有效地化解在基层、消除在萌芽状态，不断提升全市大调解工作整体水平。全年市、镇、村三级调解组织共受理调处矛盾纠纷3946件，成功调处3934件，调处成功率为99.8%，防止群体性事件122件，防止民转刑案件23件，防止越级上访35件。全市大调解工作总体上保持不断深化创新、绩效稳步提升的良好态势。

【矛盾纠纷排查】　2016年，市调解中心做好矛盾纠纷源头防控，严格实行自下而上层层排查、突出重点集中排查、抓住苗头超前排查、严格制度定期排查的"四排查"工作制度,上下联动,纵向联排,落实定领导、定责任人、定期限、包调处成功"三定一包"措施。先后组织开展元旦春节矛盾纠纷集中排查活动、农民工工资专项排查调处活动。全年全市三级调解组织共排查各类矛盾纠纷1214件。在农民工工资专项排查调处活动中,共调处化解劳资矛盾纠纷289件,成功调处287件,调成成功率99.3%,防止群体性事件56件,防止越级上访10件。

【矛盾纠纷分级调处】 2016年,市调解中心严格实施分级调处制度,不断强化基层主体责任,注重源头预防化解。研究制定《关于严格落实矛盾纠纷分级分层调处机制的实施方案》,明确市、镇、村三级调解平台的工作职责、受理调处和移送分流范围,确保矛盾纠纷得到及时合理有序分流处置。全年市调解中心受理调处矛盾211件,同比增长49.3%;镇级受理调处矛盾589件,同比增长16.53%;村级受理调处矛盾3146件,同比增长36.3%,市、镇、村三级矛盾纠纷受理调处呈金字塔式结构,分级分层调处取得初步成效。

【专业调解机制建设】 2016年,在市综治办统一协调下,持续深化市医疗纠纷人民调解委员会规范化建设,做强做优市第三方调处医患矛盾纠纷创新模式。启东市第三方市场化机制化解医疗纠纷工作在全省领先。全年市医调委共受理纠纷72件,调结61件。配合有关部门完善交通事故一体化处理机制。成立长江水域矛盾纠纷专业调处站。推进市物业纠纷、农村土地承包纠纷专业调解机制健全完善。

【对接联动联调】 2016年,市调解中心加强下乡巡回调处力度,由分管主任带队,对各镇突发、重大或久拖不决的纠纷实行下乡调处。全年共下乡调处34次,妥善化解19件矛盾纠纷案件。借助大调解平台,健全协调会办机制。对疑难复杂矛盾纠纷,协调相关部门和各镇召开协调会办会议,共召开案件协调会37次,妥善调处9件重特大矛盾纠纷。与市信访局配合,化解缠访、越访重点信访问题,妥善化解信访积案2件。注重发现和培育典型,重点指导推动合作镇、惠萍镇的公调对接,以及近海镇的诉调对接,不断提升基层化解矛盾纠纷能力。

3月15日,市调解中心上门培训基层调解员　　(市调解中心/提供)

【业务培训】 2016年,市调解中心开展业务培训岗位练兵活动,推进队伍建设。2月,举办1期镇调处中心主任和调解骨干调解业务培训班。结合季度考核,上门对镇村级调解员进行一次普遍调解业务培训。组织镇调解中心办公室主任参加南通市的培训。全市各镇创新改进教育培训方式,开展以会代训、集中培训、庭审观摩、案例讨论等培训活动,共举行73次。与市司法局联合制定《调解员持证上岗和等级评定办法》,全面启动调解员等级评定工作,全市市镇村三级人民调解员中,共有92名被评为调解师。

(徐建平)

※附※

社会万象

文明祭扫,让清明更"清明" 清明是中国传统节日,也是祭祖和扫墓最重要的祭祀节日,其目的是让后人慎终追远,缅怀先人,感念先人恩泽,传承优良家训遗风。

传统祭扫方式弊处多。按照旧俗,清明祭扫之时,需要焚香燃烛、点炮烧纸。随着人们生活水平的不断提高,与祭扫活动相关的物品不断升级换代,手机、电器乃至美元、欧元、支票、汽车、别墅等产品被大量开发,而且价格节节攀高。在市区祭祀用品销售相对集中的长龙街,商家展示出的祭祀用品琳琅满目。虽然购买的消费者不在少数,但根据几年的销量,纸钱等传统祭祀产品销量一年不如一年。同时,市烟花爆竹经销商也迎来新年之后的又一个旺销期。祭祀用品和烟花爆竹的热卖,也就意味着空气质量的严重下降。大量地焚烧纸张,不仅浪费资源,也严重污染了大气环境,还容易引起火灾。除了祭祀用品的升级换代,人们祭祖扫墓的交通工具也更先进了。清明节驾车扫墓,带来的必然是交通的拥堵。

绿色环保,文明祭扫。市文明办、市民政局联合发出《文明祭扫平安清明倡议书》,倡导通过敬献鲜花、种植纪念树、重温先烈事迹等文明健康的方式表追思、祭奠故人。清明期间,两家陵园有专门的工作人员在征得市民同意的情况下,用事先准备的鲜花换取市民带来祭祀焚烧用的纸钱。而陵园将换取的纸钱集中进行环保焚烧处理。

大部分市民愿意接受文明祭扫的

方式。在市区公园中路，不少花店都将菊花、百合等素色鲜花摆放在显眼位置。清明临近，不少市民提前预订花束，菊花、百合、小雏菊、太阳花等用于祭扫的素色鲜花预订量比平时翻了一番。大部分年轻人和中年人都能接受文明祭扫的方式，但部分老年人仍倾向于传统的祭扫方式。

作为一个已延续了两千五百多年的传统节日，清明烧纸化钱等祭扫形式，还有着深厚的群众基础，公众参与文明祭扫的思想认识还有待于进一步提升。因此，文明祭扫在全社会实现，还需要疏通与引导，还需要长期培育与氛围的长期营造，以为社会祭扫文明的实现创造条件。

"医养融合"解除养老痛点　随着人口老龄化进程加快，如何加快完善社会养老服务体系，补齐服务设施这块短板，启东市进行积极探索，老有所养、老有所依的目标逐步变成现实。

养老还是养老院好。启东市是全省较早进入老龄化社会且老龄化程度较高的地区之一，老龄群体基数大、增速快、寿龄高、空巢多。如何把养老服务短板变成长板，必须顺应市场发展需求，扩大多层次养老服务供给，支持社会资本进入养老行业。全市建有养老机构 46 家，养老总床位 8887 张，平均每千人养老床位达到 37 张。2014 年 4 月，启东国家级养老服务业标准化试点顺利通过验收，成为江苏省首个通过验收的此类项目，为市养老机构规范化建设打下坚实的基础。

既能养老又能看病。12 月 5 日，寅阳老年关爱之家在寅阳镇卫生院里，环境优美的老年关爱之家与医院融为一体，不时有医生在老年关爱之家巡查，给患病老年人诊治。72 岁的吴海龙，从上海退休后，因患重病不能说话，不能自主进食，生活不能自理。而上海的养老院一床难求，而且全护理费用高昂。当家人四处打听了解到寅阳老年关爱之家医养结合的养老方式后，通过实地走访考察，家人决定将老人送来养老。老人有护工进行针管鼻食、大小便处理、洗澡擦身等专业护理。

在鼓励社会资本进入养老行业的同时，市加快建设与地方经济社会发展相协调、与人口老龄化水平相适应的社会养老服务体系，积极探索，不断创新，创建医养结合的新养老模式。2012 年 10 月，天汾卫生分中心将卫生服务站改建成老年关爱之家，盘活闲置的房屋资源和卫生资源，在启东市首创"医养结合"的养老新模式。

医养融合还需多方加力。2016 年，市委、市政府下发《关于推进供给侧改革的实施意见》，明确提出：构建"9064"养老服务格局，促进医养融合对接。到 2020 年，新增养老机构床位 4000 张，护理型床位占比达 50%以上。市在新建完成西宁、东元 2 个护理院的基础上，出台《关于推进医养融合发展的实施方案》，全市所有持证养老机构就近与医疗卫生机构签订医疗卫生和保健服务协议。医疗机构为每位入住老人建立完整的健康档案，并开展"三个一"（每年一次体检、每月一次健康知识讲座、每周至少一次巡诊）服务活动。同时，依托启东中等专业学校，组织开展养老护理员专业培训，老年人老有所养，老有所依的目标逐步实现。

农产品搭上"互联网+"　启东作为出江入海的重要门户，拥有良好的自然资源禀赋和优质的农业耕作条件，也是江苏省著名的"鱼米之乡"，"四青作物""地产三宝""吕四水产"等优质农副渔产品更是闻名遐迩。在中央提出"互联网+"发展模式后，市通过相关发展新模式，推动农村一二三产业的深度融合。"互联网+农业"模式在启东市广泛运用，农产品被安上网络的引擎，网上销售一路畅通。近年来，"地产三宝"的网络销售量达百万斤，占总销售量的三分之一，产品远销福建、四川、贵州、新疆等地。和"地产三宝"一样，"吕四水产"也插上线上销售的翅膀。

10 月，"服务海鲜产品，顺丰领鲜"主题沙龙活动在吕四举行，顺丰速运和吕四海鲜商户共同商讨吕四海鲜线上销售模式，拓展吕四海鲜市场。另外，顺丰还配有完善的理赔制度，消费者将获得派件保障和售后服务，让渔民无后顾之忧。

"顺丰的渔民—电商平台—消费者"的一站式服务模式，让吕四海鲜提高附加值，为合作的渔民带来创收。

随着崇启大桥建成通车，上海市民的"菜篮子"需求激增。2012 年，苏合农副产品销售专业合作联社抢抓机遇，把直销门店开到上海，销售品种几乎囊括启东出产的所有特色农产品。其中海淡水产品、"地产三宝"，以及草鸡蛋、洋扁豆、赤豆等地方土特产最受沪上消费者欢迎。

苏合上海直营店通过统一采购、配送、管理、价格、核算、服务，减少流通环节，降低交易成本，实现产品与市场的直接对接，既实现居民减支，又实现菜农增收，建立以消费需求为导向的农业产业体系，增加农产品有效供给，实现农业去库存、补短板。

（整理：黄亦美）

汇龙镇

【概况】 2016年，全镇行政区域面积104.2平方公里，耕地面积5337公顷。总人口23.3万人，其中农村人口8.4万人。有27个行政村、3个居委会。全年实现地区生产总值174.2亿元，同比增长10.9%，其中第一产业增加值4.4亿元、第二产业增加值81.6亿元、第三产业增加值88.2亿元；完成一般公共预算收入6.85亿元，增长26.9%；全社会固定资产投资76亿元，增长16.4%；城镇居民人均可支配收入37400元、农村居民人均可支配收入20272元，分别增长8.7%、8.2%。全年外资实际到账7830万美元，完成年计划的783%。荣膺"2016年全国综合实力千强镇"称号（位列第193位），蝉联"全国文明镇"称号，被南通市委表彰为党建工作先进集体。

【项目建设】 2016年，全镇在手在谈项目14个，其中外资项目总投资6.55亿美元，内资项目总投资30亿元。全年新开工10亿元项目1个、5亿元项目1个、亿元以上项目9个，年末竣工7个，投产5个。文峰大世界、大润发超市等商业综合体营业，米歌酒庄、钜翰橡塑、鼎来大厦、明清古建文化产业园、神通研发中心等省市级重大项目顺利推进。

【农业】 加强项目农业建设，推进旺达食品、金玉豆制品、金大康食品等农产品加工项目和金港农庄等休闲农业项目建设。开展农业招商，御龙缘食品、仲谋休闲签约落户。开展农业综合开发高标准农田建设，新建机耕路、机耕桥、排灌站等一大批农业基础设施工程，实现路通、桥通、沟通、河通、电力通、土地平整，建成高标准农田5000亩。

【生态环境建设】 突出水环境整治，按照"河长制"要求，采用市场化运作，除市拨款外，镇财政投入300多万元，将二三级河道保洁实行镇直接发包，横河、泯沟由村负责管理对外发包，加强检查考核，实行动态监测。投入100多万元，对五四村等6个村实施农路安保示范村创建。抓农村水利建设，共疏浚泯沟386条、整治宅圩362个、埋涵545座、整治粪污沟21条，完成市下达任务。加强造林绿化，新增流转种植土地400亩。

【城镇建设】 2016年，全镇拆迁区域划分4个片区，共腾房1370户，交出净地47块，其中结转净地28块。抓好拆违工作，共拆除违章建筑151处2万多平方米，全力管控苗木抢种抢栽。组织25户农户危房改造。落实耕地保护责任，加强城乡建设用地增减挂钩复垦，通过上级验收。投入270多万元，改造惠丰、圩角两个老镇区，镇区面貌有较大改观。

【民生实事】 建筑面积4000多平方米的三轨制北上海幼儿园建设。建筑面积3000多平方米的镇居家养老服务中心投入使用，2000多平方米的安康通为老服务站建设顺利推进，定位中高档养老服务的西郊颐养院进入洽谈和设计阶段，8个村建成标准化居家养老服务站。新增光荣和万英等5家省级示范村卫生服务站，省级示范村卫生室建设全市领先。实施"放心豆制品工程"，建成城东蔬菜批发市场、花园路农贸市场等3个农药检测室（点）。开展文明创建，成立镇文学艺术联合会，设立太极拳、微型马拉松、棋类等小组。举办"村村乐"十周年庆典，开展"共乐汇龙新城、共享健康快乐"文体活动，举办首届象棋比赛、首届微型马拉松邀请赛，获全市全民运动会团体一等奖。推进"正能量加油站"建设，"正能量加油站"被省委宣传部推荐为创新案例。评选表彰一批文明新风典型，亚光村板凳女孩苏晓琳获评"中国好人"。

【社会治理】 打造"平安法治乡镇"。严格落实责任，与各村居、企事业单位签订综治、法治责任书。深化群众工作"三强化三提升"机制，完善社情民意分析会制度，建立平安法治志愿者联盟分会，推进社会管理信息化建设，举行市平安法治加油站启动仪式暨镇平安法治志愿者协会成立大会，探索城乡社区协商工作方法。健全矛盾纠纷化解体系。村居换届顺利完成。

2016年汇龙镇主要经济社会指标

表29

项　目	单　位	数　量	项　目	单　位	数　量
总面积	平方公里	104.2	设施农业占地面积	公顷	—
年末户籍人口	人	23.3	粮食总产量	吨	18841
耕地面积	公顷	5337	棉花总产量	吨	341
地区生产总值	万元	1742000	油料总产量	吨	5419
第一产业增加值	万元	44000	水产品总产量	吨	3289
第二产业增加值	万元	816000	工业总产值	万元	3633700
第三产业增加值	万元	882000	小学校数	所	9
财政总收入	万元	236471	中学校数	所	9
农民人均纯收入	元	20272	医疗卫生机构	个	86

2016年汇龙镇各行政村基本情况

表30

村　名	人数(人)	耕地面积(公顷)	党组织书记	村委会主任
城北村	3267	46.4	陆碧辉	陆碧辉
克明村	4359	181.1	吴春花	吴春花
汇东村	3499	56.9	陆　里	陆　里
城河村	2073	17.8	姜卫娟	姜卫娟
圩北村	2600	193.2	陈松岩	陈松岩
合兴村	1811	90	黄士兵	黄士兵
汇龙村	2178	3.2	姚政东	施建英
东郊村	1782	76.9	吴正辉	吴正辉
城东村	3261	168.3	李雷兵	陈伟翔
亚光村	4532	308.2	陆　美	陆　美
五四村	1981	106	施卫兵	施卫兵
永阳村	3969	275.2	张学洲	张学洲
台角村	3453	131.6	倪建辉	倪建辉
冬藏村	3806	309	周洪菊	周洪菊
士清村	3685	311.4	刘　辉	刘　辉
圩南村	2471	191.6	朱峰鹤	朱峰鹤
爱新村	3308	215.8	杨健能	杨健能
万英村	2495	209.7	陆永辉	陆永辉
光荣村	2522	223.4	茅海红	茅海红
正诗村	4716	416.5	陈学兴	陈学兴
大陆村	2374	214.8	张松燕	张松燕
近江村	3440	340.8	姚成庙	姚成庙

续表 30

村　名	人数(人)	耕地面积(公顷)	党组织书记	村委会主任
取丰村	1979	185.2	仇人杰	仇人杰
鹤群村	2440	178.5	黄卫斌	刘永兵
临江村	2509	200.1	秦　忠	秦　忠
双庆村	3998	320.4	陈曙光	施正忠
南郊村	5309	331.1	郭正飞	郭正飞

(曹远江)

惠萍镇

【概况】 2016年,全镇行政区域面积75平方公里,耕地面积6345公顷,常住人口61265人,年末户籍人口67284人,辖15个行政村。工业企业近千家,其中规模以上工业企业5家。企业从业人员11181人。辖区内有集贸市场5个,集贸市场成交额1.7亿元。社区卫生服务中心(医院)1个,分医院及村级卫生机构18个。中心敬老院1个,民办敬老院6个。中学2所,小学3所,幼儿园3所,金融机构8个。全镇地区生产总值70.25亿元,财政收入1.23亿元。农民人均纯收入20290元,比上年增长9.9%。镇获全年综合考核金杯奖、经济发展杯金杯奖、外向开拓杯金杯奖、人才科技杯金杯奖、重点工作推进杯金杯奖、基层基础杯银杯奖、项目建设杯铜杯奖、三农工作杯铜杯奖。

【工业经济】 2016年,镇通过转型升级、扩量提质,全镇已经形成精密机械、轻纺制造、电子仪表等特色产业,综合竞争力进一步增强。总面积约800亩的惠萍、惠和两大工业园,南方润滑、悉典生物等30多家企业成功入驻。全年实现工业总产值28.06亿元,其中规模工业产值15.56亿元,规模工业应税销售7.1亿元。实际到账外资1020万美元。完成全社会固定资产投入12.66亿元,同比增长4.2%,高新技术产业产值14.3亿元,同比增长41.9%。全年实施产学研项目8个,培育高新技术企业2家、省民营科技企业4家、高新技术产品4个。引进高层次创业创新人才5名。

【项目建设】 南方润滑、悉典医药、二手车市场、南方节能和喜颂电子商务5个产业项目顺利推进。项目建设围绕"一带二园三区域"为核心,打造高速公路沿线现代服务业带,城东家居生活广场项目有序推进。二手车市场全年交易7000多辆汽车,成为苏北县级市最大二手车交易市场。

【城乡发展】 S336南侧商业地块占地430亩,结转拆迁户全部完成签约腾房;民胜路至建设路庙港成片拆迁区,总面积2200亩左右,结转拆迁完成率99%。新开拆迁项目完成率100%,其中汇大线西复线完成所有拆迁腾房任务。汇泰嘉园西园20万平方米、惠萍家园二期7万平方米安置房建设顺利推进。开工建设南路、民胜南路、世纪大道东延、汇大线复线等主干道。

【品牌旅游】 以"万亩梨园"为基础,以沿江大堤和公和村鱼塘、蟹塘为依托,建设垂钓、观江、住宿为特色的休闲游基地,形成以踏青、赏花、摘果、游河、品乡村土菜为特色的农家游品类。水果小镇开业起,累计接待来自上海、苏州、南通及周边游客30多万人次。培育扶持高速公路沿线项目,打造以"三八果园""沿江公和"、大自然、沙地文化及"沈铁公故居"为中心的江畔乡村旅游专线。

【镇域管理】 2016年,镇投资400万元对惠萍、大兴镇区进行改造,统一安装沿街主建筑灯带,集中改造镇区街道外立墙面。规范化整治沿街店招店牌。严查严惩违章建筑顽疾,拆除违章100余起,面积9000平方米。建立健全控违拆迁的巡查管理、强拆长效机制,优化发展环境,规范城乡建设秩序。

【民生实事】 2016年,全镇农村养老保险参保率91%,列全市第二位。开展"惠风暖阳"活动,直接受益老人超190人。扶贫救弱精准到位,采取镇村两级干部结对方式,对全镇423个低收入家庭开展扶贫活动,全年改造危房49户。设立"永雷同学教育基金",15个村筹集善款37万余元全部建立村级慈善工

二手车交易市场展示厅　　(潘　杨/摄)

作站，完善城乡医疗救助，惠及960人发放285万元救助金，持续开展失独家庭“生育关怀”太阳岛工程，实现慈善事业和社会救助功能互补。完成绿化种植面积700亩，完成12公里农路、农桥19条建设，疏浚泯沟、横河1500条，疏浚土方120万立方米。

【社会治理】 镇创新社会管理与服务，实施“五聚五推”工程(建立聚安阁，推进惠风平安工程；建立聚民阁，推进惠风和畅工程；建立聚贤阁，推进惠风帮扶工程；建立聚善阁，推进惠风暖阳工程；建立聚乐阁，推进惠风社团工程)。建立“三议”(群众提议、村两委商议、村民代表决议)协商议事工作机制，落实班子成员定期下访、接访和包案制度，对重点群防案件敢于面对、妥善处置，加大信访积案化解力度，化解率80%以上。开展普讲帮扶活动，完善立体化社会治安防治体系，拓宽“天网”覆盖面，健全群防群治网格体系。

惠萍镇“水果小镇”农户在采摘水梨 (潘 杨/摄)

2016年惠萍镇主要经济社会指标

表31

项 目	单 位	数 量	项 目	单 位	数 量
总面积	平方公里	75	设施农业占地面积	公顷	725
年末户籍人口	人	67284	粮食总产量	吨	25979
耕地面积	公顷	6345	棉花总产量	吨	266
地区生产总值	万元	702479	油料总产量	吨	4402
第一产业增加值	万元	46392	水产品总产量	吨	5000
第二产业增加值	万元	334320	工业总产值	万元	280000
第三产业增加值	万元	321767	小学校数	所	3
财政总收入	万元	12266	中学校数	所	2
农民人均纯收入	元	20290	医疗卫生机构	个	19

2016年惠萍镇各行政村基本情况

表32

村 名	人口(人)	耕地面积(公顷)	党组织书记	村委会主任
永胜村	5020	413	王 斌	王 斌
河湾村	3238	242	金卫东	金卫东
东兴镇村	3990	360	施 健	施 健
鸿东村	4045	304.7	蔡汉忠	高 源
海鸿村	4187	343	顾云忠	顾云忠
鸿西村	3523	274	郁振群	郁振群
惠安村	3960	312	施冬平	施冬平
临河村	5050	361	李 红	李 红

续表 32

村　名	人口(人)	耕地面积(公顷)	党组织书记	村委会主任
惠和镇村	5545	378	沙振雄	沙振雄
士连村	4871	347	姜惠平	姜惠平
南清河村	4523	419	施振权	施振权
大兴镇村	4938	378.8	王欢欢	王欢欢
公和村	5281	490	施海燕	施海燕
庙港村	6157	476	施伟巍	施伟巍
果园村	3710	201	卫奇杰	卫奇杰

(王丹旎)

东海镇

【概况】 2016年,东海镇行政区划面积85.4平方公里,耕地面积5534公顷,总人口67917人,下辖18个行政村。全镇实现地区生产总值27.21亿元,同比增幅9.31%;实现工业总产值17.43亿元,同比增幅8.00%,其中规模以上工业产值8亿元,同比增幅10.49%。

【工业经济】 2016年,全镇实现规模以上工业产值8亿元,同比增幅10.49%;规模工业应税销售1.9亿元,完成年计划的95%;全镇入库税收2393万元,其中国税1557万元,完成全年任务的111.37%,地方税收836万元,完成全年任务的98.82%。

招商引资。全年组织上海、北京、广东、四川等地专题招商活动4次。跟踪的重大项目4个:中兴通讯股份有限公司智慧医疗、教育、旅游项目;上海利高机械有限公司钢构设备制造项目;上海盛普机械有限公司工业机器人项目;上海康泥船电有限公司船舶配件项目。

项目建设。全年全镇推进和建设的项目9个,其中超亿元项目3个。由新誉集团有限公司投资建设的新盛新能源开发有限公司,完成工程量的30%;江苏雅致木业高端家具制造项目,完成公司注册;启东多源科技水产有限公司与中科院海洋研究所海洋科学与技术研究发展中心签订现代渔业创新研发示范基地协议。

【社会事业】 2016年,全镇新农保参保人数为20240人,完成全年任务的87%。新型农村合作医疗制度全面普及,农民参合率在87.02%以上。主动应对社会老龄化问题,完善养老服务体系,对全镇7家养老机构进行经常性安全宣传和检查指导。定期核实发放全镇1115名优抚对象的抚恤补助金。全镇适龄幼儿入园率达100%,全镇义务教育各项相关指标达到省市有关标准。

2016年,全镇建设农村公路16公里、农桥20座。镇农村范围内的亮化工程全部完成,安装路灯8800盏。小型水利完成填埋119条,长3.1万余米;疏浚泯沟345条,土方32.8万立方米;疏浚横河5条,土方3.7万立方米;实施粪污沟23条,土方近2.7万立方米;实施贯通工程1890座。

全面启动畜禽粪污治理,建化粪池近60只。结合占补平衡,抓好高标准水利建设。占补平衡面积192.7亩。全镇共种植小麦16000亩,优质稻3500亩,玉米8000亩,油菜、大豆、棉花等种植面积明显减少。新增高效设施农业面积3500亩,新增高效设施渔业面积1000亩,新发展露地蔬菜连片100亩以上面积1050亩。新增家庭农场8个,家庭农场及种植大户经营土地面积为27733亩,占承包土地面积(78594亩)35.29%。2016年,全镇完成项目农业投入1.6亿元,其中农产品加工业7500万元,设施农(渔)业、休闲农业、市场类8500万元。

【平安建设】 2016年,各级调解组织共接待调解纠纷509起,涉及1078人次,由镇调处中心直接调处44起,其中

9月23日,全市基层党建"四有四化"观摩会在戴祥村举行　(东海镇/提供)

简易调解14起，庭式调解30起。镇组建150个关爱小组，其中16个帮控工作小组由镇领导干部挂帅，实施每月至少一次下基层的工作模式，逐步形成部门联办、村居配合、网格联动的社会管理创新格局。

【党的建设】 党风廉政建设取得新成效，全年共接办"12345"政府服务热线任务单1384件，单次办结率达99%，回复处置满意率稳步上升。打造以"领学、助学、送学、深学、评学"为内容的"五学课堂"。"理论课堂"开展书记讲党课、老同志巡回宣讲等百余次"领学"。"家庭课堂"针对部分党员年老体弱而无法集中学习的实际，先后开展"送学"20余次，将3000多份学习资料送达党员手上。"掌上课堂"针对党员流动性、分散性等问题，借助QQ、微信群和"福如东海"等平台"助学"全体党员。"红色课堂"依托红色资源，先后组织500多名党员到抗大九分校、烈士陵园参观"深学"，开展"寻找身边好党员""学习陈帅、徐超"等活动。"实践课堂"结合开展星级党员活动进行"评学"，通过"亮身份、树形象""微心愿"等活动，开展志愿活动近百场次。

2016年东海镇主要经济社会指标

表33

项　目	单　位	数　量	项　目	单　位	数　量
总面积	平方公里	85.40	设施农业占地面积	公顷	650
年末户籍人口	人	67917	粮食总产量	吨	25082
耕地面积	公顷	5534	棉花总产量	吨	583
地区生产总值	万元	272137	油料总产量	吨	5586
第一产业增加值	万元	58811	水产品总产量	吨	26094
第二产业增加值	万元	124377	工业总产值	万元	174285
第三产业增加值	万元	88948	小学校数	所	3
财政总收入	万元	6450	中学校数	所	1
农民人均纯收入	元	18597	医疗卫生机构	个	27

2016年东海镇各行政村基本情况

表34

村　名	人口(人)	耕地面积(公顷)	党组织书记	村委会主任
武东村	3373	272.61	张　健	张　健
丰盛村	3900	266.62	顾海涛	顾海涛
大丰镇村	3669	239.04	张　波	张　波
东安镇村	4455	362.39	徐建新	徐建新
丰利村	3417	274.24	崔　健	崔　健
仲辉村	2647	187.07	陆建标	陆建标
云祥村	3313	190.65	黄　刚	黄　刚
建民村	3120	267.82	倪菊英	倪菊英
锦绣村	3399	263.15	陈　楠	陈　楠
显中村	3591	263.04	郁　健	郁　健
兴旺村	2001	257.67	施群峰	施群峰
兴垦村	4607	375.61	胡松波	胡松波
东海镇村	2578	280.45	吴沈兰	吴沈兰
共乐村	3683	390.47	樊燕英	樊燕英

续表34

村　名	人口(人)	耕地面积(公顷)	党组织书记	村委会主任
戴祥村	4621	405.08	费永珍	费永珍
德字村	4584	438.17	陈永逵	陈永逵
东余镇村	4207	372.92	陆溢波	陆溢波
星宏村	3702	314.93	张晓浩	茅赛男

(曹佳佳)

南阳镇

【概况】 2016年,全镇总面积126.8平方公里,总耕地面积7772公顷,辖29个行政村,1个居委会。2016年,南阳镇推进南通市级中心镇建设。实现地区生产总值45.2亿元,同比增长10.5%;实现一般公共财政预算收入5165.73万元;农民人均纯收入19188元,同比增长12%。

【项目建设】 2016年,镇加强对接上海研究,加快友好乡镇互通协作,推动产学研联动,提升项目建设质量。按照市政府上海百日招商大会战的要求,全面推进区域招商和产业招商。全年在建项目8个,在手在谈项目20个,完成注册外资920万美元,实际到账310万美元,内资4.2亿元。引进落户平台项目2个。

完善重点项目跟踪"一对一"、重大项目会商交办等推进机制,确保项目顺利推进。加快推进核电阀门生产基地、省级现代农业示范园区和商贸物流集聚区的建设进度。神通阀门能源装备工程项目全面投产,中友海鲜城全面进入营运。神通仓储物流项目完成拆迁,办理开工前相关手续,中国供销启东农产品国际物流港、中汽之星等项目建设开工。

全年实现科技领军人才申报2人,其中创新类1人,产学研类1人。实现高新产业产值8.5亿元,落实项目资金并正式启动实施产学研合作项目3个。大鹏光电项目完成从皮装加工企业向新能源企业转型,加大服务朗峰新材料工作力度,协助新三板上市挂牌。新增亿元企业1家,神通阀门完成销售超过4.35亿元。

【农业经济】 2016年,镇以创建国家级园区为目标,加快启东市现代农业产业园区建设步伐,打造"一港三区三基地"。核心区建设面积达5500亩,建成智能温室520亩、高标准钢架设施大棚1950亩。农产品检测中心建设完成并投入使用,物联网技术日趋完善。2016年,新引进入区企业7家,总注册资金1.4亿元。

加大土地流转力度和农业招商力度,全年新增流转土地5000亩,新发展露地蔬菜连片面积1500亩。加快农业技术推广及应用,农民专业合作社累计达260家,农民经纪人队伍发展到8500人。新增家庭农场49家,其中启东市级5家、南通市及省级各1家。全年培育新型职业农民300名,开展农民实用技术培训620人次,发放农业支持保护补贴1075.1万元,涉及农户37551户,有效提升农民增收能力。

【农村环境治理】 加大农村水利建设力度,农村环境保洁服务实现常态化管理。全年疏浚土方51.8万立方米,拆坝建涵1000座,深入开展水环境治理,清理宅坨1320只,保洁河道12009条。全年完成239家畜禽养殖户化粪池改造,实现干湿分离、雨污分离粪污治理目标。加大绿化造林力度,新增绿化面积100亩,创建省级"水美乡村"1个。全面实施服务外包,完善镇村保洁市场化工作机制,营造良好人居环境。

【社会事业】 2016年,镇回购合丰幼儿园、红星幼儿园,聚阳幼儿园建设完成所有前期准备工作,完成省级示范卫生室4所,完成三格式厕所改造800多只。全镇城乡居民社会养老保险参

位于南阳镇的启东嘉禾力农业发展有限公司无土栽培蔬菜大棚

(潘　杨　郁卫兵/摄)

保人数29502人,参保率85.12%。新型农村合作医疗参合率99.9%。1080户低保、52户低收入困难群众、1003位重度残疾患者、502位重点优抚对象、812个享受农村籍退役士兵补助、分散五保158人、5名孤儿,分别享受各类待遇共计2561.29万元。开展老年人"安康关爱"行动,完成12829份。

【城镇开发】 按照中心镇建设要求,编制南阳镇区汽车商贸城规划、省级农业园区规划、南阳镇区滨河景观规划。制定完善集镇综合治理及景观设计规划,促进中心镇绿色发展。推进宁启铁路、海启高速南阳段、丁仓港北延段拆迁安置工作,海启高速拆迁顺利,宁启铁路拆迁安置全部完成,丁仓港北延段进入扫尾工程,同时启动征地及配套工程建设。推进"农村亮化两年行动计划"。农民集中居住区选址加快推进。推进神通阀门能源装备项目、农产品国际物流港、商贸汽车城配套建设。全面完成南阳汽车城规划设计,加快进口高档汽车平台建设,推进二手车交易市场、4S店、汽车主题公园等建设。推进青馨园、神通家园蓝领公寓建设,协兴河护坡工程规划设计完成,南阳镇镇区改造优化工程委托设计部门进行设计。

【文明创建】 借助政府官方微信微博、政府网站等平台,通过道德人物、先进党员、文明家庭等文明典型,以"三争三创"主题活动、"民生实事365工作法"为抓手,通过"情暖夕阳"志愿服务、正能量加油站、"四送工程"等途径,代办群众事项1250件,帮扶困难群众338人,解决群众民事矛盾、纠纷30多件。

2016年南阳镇主要经济社会指标

表35

项 目	单 位	数 量	项 目	单 位	数 量
总面积	平方公里	126.8	设施农业占地面积	公顷	1902
年末户籍人口	人	102445	粮食总产量	吨	33244
耕地面积	公顷	7772	棉花总产量	吨	506
地区生产总值	万元	452267	油料总产量	吨	10516
第一产业增加值	万元	56122	水产品总产量	吨	2944
第二产业增加值	万元	187498	工业总产值	万元	545850
第三产业增加值	万元	208647	小学校数	所	4
财政总收入	万元	9822	中学校数	所	2
农民人均纯收入	元	19188	医疗卫生机构	个	29

2016年南阳镇各行政村基本情况

表36

村 名	人口(人)	耕地面积(公顷)	党组织书记	村委会主任
启兴村	4034	339.02	董国飞	李 冬
南兴村	2908	244.97	施陈泉	曹瑀卿
南阳村	4729	385.28	陆成兵	杜玉琴
秉章村	3008	265.49	陆 辉	陆 辉
佐鹤村	2776	259.45	龚峥嵘	龚峥嵘
良仁村	1549	169.73	曹丽平	曹丽平
红星村	3110	346.25	沈黎明	沈黎明
合丰村	2766	292.35	张 飞	张 飞
汇城角村	2256	283.92	顾春英	顾春英
永和村	2436	209.38	蔡海东	陆卫娟
安平村	2195	206.03	沈顾糜	沈顾糜

续表36

村　名	人口(人)	耕地面积(公顷)	党组织书记	村委会主任
中北村	1950	239.29	顾琳琳	徐建彬
光明村	1947	259.53	朱丽丽	朱丽丽
武陵村	2787	326.79	江陈华	黄晓丹
康乐村	1614	208.37	曹美香	袁雨琴
北清河村	4149	350.66	钱素菊	钱素菊
正谊村	2432	228.51	龚卫英	龚卫英
乐庭村	3096	208.34	钱素红	钱素红
新河村	3945	272.37	王元飞	王元飞
富兴村	2070	195.06	曹　辉	曹　辉
悦兴村	2900	250.43	龚黄新	王建生
永兴村	4106	370.43	杜建忠	杜建忠
东昌镇村	4980	378.14	陈　娟	唐士平
曦阳村	1484	154.89	蒋洪兵	朱　鑫
元祥村	1938	194.07	政　辉	政　辉
聚阳村	4263	285.93	陆海蓉	陆海蓉
元庆村	2200	242.46	黄玉萍	黄玉萍
耕南村	3355	284.02	冯　霞	冯　霞
小塘沙村	4132	327.15	徐海红	徐海红

（吴佐海）

海复镇

【概况】 2016年，海复镇行政区划面积73.8平方公里，耕地面积4123公顷。户籍人口5.46万人，其中常住人口5.12万人，下辖17个行政村。2016年，实现地区生产总值25亿元，农民人均纯收入达18234元，年均增长9%。获启东高标准农田建设先进镇第一名、现代农业产业园建设优胜镇第一名、启东市经济发展银杯、"三农"发展铜杯等荣誉，在"启吾东疆·第2季"全民舞蹈秀大型评选活动中获优秀组织奖。

【经济发展】 2016年，实现地区生产总值25亿元，增长11.2%；一般公共预算收入2026万元，预算外收入789万元，非税收入500万元；全社会固定资产投资11.2亿元，增长9.8%。完成工业投资4.91亿元，增长32.3%；规模工业产值1.53亿元，增长36.6%；规模工业应税销售达1.40亿元。完成服务业投入5.53亿元，增长65.1%，服务业投入占固定资产投资比重不断加大。实现社会消费品零售额1.9亿元，增长15.9%；完成进出口总额1420万美元，其中出口额1291万美元。诺斯安通讯、山尤建设展示等8个5000万元以上项目实现开工。以旅游业为龙头的现代服务业加快发展，滨海村成功获评江苏最具魅力休闲乡村，渔家风情项目获评江苏省三星级乡村旅游示范区。

海复镇塘坊村福鼎生态农业基地内，工人们正在忙碌　（袁　竞/摄）

2016年新增企业研发经费77万元，征集企业有效技术需求12个，完成专利申请总量79只、专利授权4个。

【农业建设】 全年实现项目农业投入1.9亿元。新增农业龙头企业1家、农业(水产)园区6个，建成农产品加工区2个、农业种植园区4个、农业水产养殖园区3个、农业畜禽养殖园区2个、农业休闲市场1个。建成高标准农田2.85万亩，流转土地3000亩，其中全托管管理3100亩。农业现代化。引进设施农业基地2个，建成钢架设施大棚1000亩；建成优质苗木基地2个，面积700亩；新增高效设施农业面积720亩、渔业面积2800亩；发展露地连片蔬菜种植基地7个、面积1800亩；加快推进"互联网+农业"，发展多元化农村电子商务市场主体，培育适应绿色有机需求的种养合作社3家，新增家庭农场8家。完成租地造林270亩，农村道路绿化50公里，建成绿化示范村1个，林木隔年成活率、保存率均达95%，林木覆盖率超过30%；实施农村沟河疏浚整治、沟河贯通、泯沟宅垅整治三大工程，疏浚河道土方50万立方米，填埋废沟宅垄1000余条段，增加耕地面积529多亩，埋设波纹管实现沟沟相通1200座，实现拆坝建桥新建桥梁15座；畜牧养殖粪污治理工作深入推进，建造化粪池62只，干粪堆放场1000多平方米；"六位一体"农村环境综合整治高效运转并实现市场化运作。

【城镇建设与管理】 根据《启东市海复镇总体规划(2012—2030)》编制，完成镇区3平方公里总体规划和1平方公里核心区控制性详规，修编完成水、电、燃气等基础设施专项规划。复兴桥改造拓宽、复兴西路拓宽工程、城西桥新建拓宽完成。结合铁路安置区建设，配套富民路路基完成验收。以镇南郊开发建设为重点，海复镇铁路拆迁配套安置区是2015年度江苏省人民政府批准项目，位于海复镇清虎村12组、13组、15组，占地57.9亩，总投资5000多万元，建筑面积26000余平方米。安置房按照施工计划有序推进，一期安置房土建基本完成。以老镇区改造为景点，实施2015年底经市发改委、市水务局批准的箱涵工程，基本完成。镇区北新街、逸仙街、烈民街、步行街规划建设，配套完成2015年城镇危房和老旧房屋安全排查治理工作并建立应急管理机制，打造成集商业、休闲、居住为一体的现代化步行街。

2016年，完成35户村民建房选址审批，总建筑面积4855.6平方米；改造81户农村危房，总建筑面积4203.16平方米，全部完成修缮或翻建；拆除新增违法建设15宗，存量25宗，交办21宗，合计建筑面积4360平方米。2016年的占补项目入库完成510亩，城乡建设用地增减挂钩实施面积110亩。

【社会事业和平安建设】 2016年，镇优化创业就业服务，新增就地转移321人，新增农村劳动力输出398人，培训农村劳动力299人。全面落实城乡低保五保、医疗救助等政策，完善全镇救助体系，新农合和城乡居民养老保险参保率分别达99.9%和82.8%，"安康关爱行动"老年保险普及率达全镇老年人口的50%，发放尊老金246.34万元；发放计生奖特扶补助750.81万元、独生子女父母奖励金6.12万元；实现低保五保应保尽保，2016年实施医疗救助94209元、临时救济16900元。新建400平方米以上村级公共服务中心2家。发展安东精英678和搬场村反家暴爱心协会2个社区社会组织。

建立三级矛盾预防调解机制，成立"家庭普法站"27家，率先在原东元镇建立老镇区综治服务中心，推进平安法治基层基础创新创优，农民平安法治学校建设入选2016年度平安法治事件。2016年接待受理矛盾纠纷35余起，其中庭式调处31起，简易纠纷4起，矛盾纠纷受理率达100%；落实信访预警排查、积案化解工作，共处理信访案件29起，化解信访积案2起。

2016年海复镇主要经济社会指标

表37

项　目	单　位	数　量	项　目	单　位	数　量
总面积	平方公里	73.8	设施农业占地面积	公顷	672
年末户籍人口	人	54560	粮食总产量	吨	14430
耕地面积	公顷	4123	棉花总产量	吨	552
地区生产总值	万元	248864	油料总产量	吨	4336
第一产业增加值	万元	46778	水产品总产量	吨	36425
第二产业增加值	万元	113166	工业总产值	万元	126513
第三产业增加值	万元	88920	小学校数	所	2
财政总收入	万元	5500	中学校数	所	2
农民人均纯收入	元	18234	医疗卫生机构	个	20

2016年海复镇各行政村基本情况

表38

村　名	人口(人)	耕地面积(公顷)	党组织书记	村委会主任
季明村	2704	225.6	曹春健	曹春健
均里村	3114	273.75	黄新忠	黄新忠
复南村	2603	196.7	王瑞金	王瑞金
糖坊村	2102	155.31	沙亚昌	沙亚昌
清虎村	2381	147.66	赵卫生	赵卫生
搬场村	3015	193.78	郁卫飞	郁卫飞
垦牧村	3407	303.19	徐莉娟	宋卫星
北固村	4440	362.73	王永煌	蔡忠昌
兴益村	3176	253.99	龚向东	龚向东
滨海村	2554	175.13	顾海勇	顾海勇
家禄村	3892	343.63	顾松林	顾松林
五圩村	2211	174.5	樊　泉	樊　泉
庙基村	2978	232.2	丁　辉	丁　辉
四堤村	2862	250.2	郁心忠	宋美华
三圩村	3770	334.85	李晶晶	徐莉娟
桃洪村	2654	186.12	陈　辉	陈　辉
安东村	2864	210.82	葛祥辉	葛祥辉

（朱慧钢　杜欣荣　曹　彤）

合作镇

【概况】 2016年，合作镇行政区划面积88.7平方公里，耕地面积4664公顷，总人口62342人，辖17个行政村。辖区内有集贸市场4个，文化站1个，卫生院2个，中小学校6个，幼儿园、托儿所3个，银行办事处、信用社网点8个。2016年，全镇实现地区生产总值22.15亿元，完成财政总收入4690万元，农民人均纯收入19517元。

【工业经济】 全年实现全社会固定资产投资11.3亿元，同比增长34.6%，其中工业投入5.7亿元，同比增长6.7%；实现工业应税销售4.17亿元，同比增长27.3%；培育新增长点8个。2016年共举办投资环境推介会5次，接待客商200多人次，新签约项目10个，其中重特大项目5个，外资项目1个。新开工5000万元以上项目7个，其中亿元以上项目6个，新竣工5000万元以上项目4个，新投产5000万元以上项目2个。列入全市100个重点项目4个，新维科和群乐船舶项目全面竣工投产，金顺旅游与养老社区项目加快推进。加快志圩沿线老企业的改造升级，推进新型工业带建设。

【农业经济】 2016年，镇第一产业增加值为3.18亿元，粮食总产量22501吨。全年新流转土地面积3500亩，进入市交易平台流转项目2个，新增培育家庭农场10家，新增农民专业合作社10家，申报国家级合作社1个，新增电子商务企业2家，新增全托管面积2700亩。第一批14个行政村的土地确权工作完成，第二批3个村全面完成归档工作；总投入758万元的兴隆村5000亩国家级高标准农田建设示范区全面推进。

【新农村建设】 以臣义村美丽乡村建设为试点，镇按照“农族一体化”工作思路，打造集乡村生活体验、农家休闲民宿、绿色农产品采摘等创意项目于一体的美丽乡村。三丫支民俗园游客接待中心、污水管网及泵防工程、旅游集散地及文化健身广场等项目全面启动。打造良好村庄环境，推动民宿经济起步，成立全市第一家民宿合作社。

推进“农旅”结合的特色农业品牌，“三花一树”(牡丹花、樱花、玫瑰花、水杉树)基地建设，“花海小镇”形象逐步彰显。对已有的葡萄园、多吃点绿色基地等传统农业园区，进行区域化布局和提档升级，打响农家乐采摘品牌，成功注册第一个农产品品牌“思合味”。

2016年，投入400多万元，新建新义幼儿园，通过3轨制省优质幼儿园的评估验收。投入200万元，推进竖海、洋桥等村的省级示范卫生室和标准化居家养老服务站建设，推进合作医院搬迁新建工程并完成征地工作。投入50万元，完成镇综合文化服务中心与社

合作镇牡丹科研示范基地 (市新闻信息中心/提供)

区教育中心的资源整合。新建农村公路12公里，进一步改善农村群众的出行条件。

【社会事业与平安创建】 2016年，镇党委班子成员定点联系，选派7名第一书记、17个驻村工作组，结对帮扶7个经济薄弱村和816户1275人贫困人口，探索产业支撑和增加村级集体经济的路子和办法。

低保、五保、重残等弱势群体实现应保尽保，全年发放城乡居民最低生活保障金454.6万元，惠及669户951人；发放军人、军属慰问金4.9万元，补助金14.7万元，抚恤金462.6万元。

新农保完成参保1.9万人，完成计划任务的82%，新农合参保率达100%。巩固"两基"成果，学龄儿童入学率达100%。完善人口计生工作新机制，全年发放独生子女奖励金693.68万元，特扶资金162.85万元。

开展"平安法治合作"创建，加强和创新社会管理，健全综治维稳体系、信访工作机制，全年成功调处各类矛盾200多起。

【党建与精神文明建设】 2016年，镇推进乡村文化建设，共建128个"正能量加油站"站点，17个村全部实现网格全覆盖。举办3场"传递正能量共建好家园"夏季乘凉晚会，组织演讲比赛19场次，开展读书交流会4次，开办合作镇官方微信、微博，全年推送信息87期228条。

加强村干部队伍建设，2016年录用后备村干部8名，其中大专以上文化3人。

2016年合作镇主要经济社会指标

表39

项目	单位	数量	项目	单位	数量
总面积	平方公里	88.7	设施农业占地面积	公顷	1000
年末户籍人口	人	62342	粮食总产量	吨	22501
耕地面积	公顷	4664	棉花总产量	吨	526
地区生产总值	万元	221465	油料总产量	吨	6103
第一产业增加值	万元	31819	水产品总产量	吨	2150
第二产业增加值	万元	104585	工业总产值	万元	98907
第三产业增加值	万元	85061	小学校数	所	3
财政总收入	万元	4690	中学校数	所	3
农民人均纯收入	元	19517	医疗卫生机构	个	20

2016年合作镇各行政村基本情况

表40

村名	人口(人)	耕地面积(公顷)	党组织书记	村委会主任
达育村	4579	390.87	朱培生	朱培生
兴隆村	4409	373.27	朱卫忠	朱卫忠
曹家镇村	4813	392.53	黄为	陆卫东

续表 40

村　名	人口(人)	耕地面积(公顷)	党组织书记	村委会主任
周云村	4941	398.07	黄　新	黄　新
洋桥村	2119	190.33	顾振辉	顾振辉
五星村	2553	216.07	邱洪琴	邱洪琴
臣义村	3135	259.67	郭云伟	郭云伟
四楼村	3272	226.8	黄　凯	徐郁利
竖海村	2578	209.67	袁丽锦	袁丽锦
新义村	5204	384.2	杨永新	杨永新
庙店村	2580	227.87	袁菊香	袁菊香
蟠龙村	3255	255.4	黄　亮	黄　亮
二效镇村	2324	183	陆卫锋	陆卫锋
竖河镇村	3748	238.13	苏国飞	苏国飞
中央镇村	3199	243.8	邵益平	邵益平
无畏村	3214	229.27	何金美	何金美
志良桥村	2998	244.33	丁健森	沈　华

(黄　为)

王鲍镇

【概况】 2016年，王鲍镇行政区划面积126平方公里，耕地面积6886公顷，总人口90756人，其中常住人口88782人，下辖22个行政村。全镇地区生产总值36.72亿元，全年实现规模工业应税销售额16.7亿元，同比增长31%；全社会固定资产投资17.5亿元，其中工业投资完成11.8亿元，服务业投资完成5.7亿元，限额以上社会消费品零售额增幅23%。完成财政总收入8128万元，农民人均可支配收入19754元。王鲍镇被评为2013—2015年度江苏省文明乡镇。

【工业经济】 2016年，全镇规模工业产值 54.2 亿元；高新技术产值32亿元；全年完成专利申请304件，发明专利申请106件，专利授权总量99件，发明专利授权总量5件，PCT申请总量2件。全年有3个超亿元项目被列入全市“百个重大项目”，分别是：江苏海四达电源有限公司汽车锂电池项目，总投资10亿元，3万平方米的厂房完成土建施工，进行设备安装；南通恒亚建材四期项目商贸广场项目，总投资3亿元，完成土建工程，展开内外部装修；中艺大生小镇项目，总投资3.5亿元，完成对该地块转性，办理土地招拍手续。20亩的粮库地块周边6户的拆迁完成，开始腾房。项目规划专项论证会对整体规划定稿，土地摘牌后可开工建设。另有6个5000万元以上的项目在推进阶段。

【农业经济】 全年项目农业投入2.1亿元，其中投入1000万元以上的有7家，3000万元以上的1家；新增新型家庭农场20个，粮食全托管主体8家，百亩以上露地蔬菜15家，总面积3503亩，绿化造林977亩，“三品”认证数3个。全年完成土地流转13500亩。项目区安插标准钢管大棚1050亩，完成小农水节水灌溉工程6500亩，实施高标准农田建设项目6个，共涉及18个行政村，总投资7015万元。全镇在高标准农田建成区引进农业项目17个，完成成片土地流转2.57万亩，2016年，在农发项目

王鲍镇聚星村高标准农田建设现场　　(潘　杨/摄)

区新引进农业项目4个，分别是更生泥鳅养殖场、久东大葱育苗基地、三岔店西瓜大棚基地、元北粮食烘干中心。

全年共完成沟河疏浚490条，总长95000米，完成总土方33.82万立方米，结合水利建设完成耕地占补平衡215亩。2016年，镇获评启东市农村水利建设先进乡镇，作为启东唯一的一个乡镇申报南通市农村水利建设“十佳乡镇”。

培育农民专业合作社，做好“菜单式”精准扶贫工作，全镇有478人实现脱贫，脱贫率达25.3%。全镇22个村全面开展土地确权工作，全市土地确权现场会在镇召开，此项工作走在全市前列。

【村镇建设】 2016年，镇组织编制新港工业园区（恒亚一期地块）、二厂粮库及棉厂地块（中艺财富）、南海公路南侧WB-JL—01地块（自来水公司久隆提升泵站）控制性详细规划，为企业发展做好规划先行的服务工作。王鲍派出所、王鲍供水站、久隆商贸购物中心通过竣工验收，投入使用。占地10亩，总建筑面积4270平方米，总投入1400万元的久隆幼儿园开工建设。

2016年初，镇对久隆集镇进行集中整治，设置交通隔离栏300多米，改变管理方式，专门建设小商品市场，引导流动摊贩进场营业。改善镇容镇貌，设置灯杆广告和各种交通标志，划定停车位，集镇区街面二侧刷新墙面近2万平方米。在吕北公路新三河桥红绿灯处设置牌楼，在大生出口处设立大型公益广告牌。

全年共拆除新增违建17起，计2570平方米；拆除存量违建55起，计9495平方米。完成拆旧复垦503宗，复垦面积346亩。宁启铁路建设、海启高速、天江公路启动，全年完成农村公路8公里和财政奖补公路11.35公里。

【社会事业】 全镇共有城乡低保户1177户1677人，全年发放低保保障金共计788.50万元；发放临救资金45万元，1031人次困难群众得到临时救助，向5004位80周岁以上老人发放尊老金369万元，独生子女父母享受及奖扶人数达10040人，发放奖扶金923万元。独生子女身故、伤残扶助467人次，补助总金额183万元。发放民政对象补贴1671万元。新型农村合作医疗参保率达99.9%；基础养老金实现全覆盖。全镇有公立养老机构两家，私立养老机构2家，黄英村、久东村、长安村、久西村先后申报省级示范卫生服务站。

【平安法治】 创新政法工作理念，推行党建和政法融合发展、网格化管理、协商治理三大理念。围绕阵地、队伍、机制、活动四大板块，在4个村开展协商治理工作，起到较好效果。坚持依托网格化管理，发掘、整合社会化、市场化资源力量，在全镇167个网格建立“平安法治加油站”和“平安法治护航站”。利用市政法综治办“捐空间”的理念，发挥五老对象和“乡贤”的作用，结合老干部个人调解室，家庭普法站，整合服务群众功能，为村民提供议事、学法、解决纠纷的平台。

【党建和精神文明建设】 在镇村干部中深入开展“两学一做”学习教育、“五个一”和“两联四讲四引领”等活动，坚持制度化地加强镇村干部队伍建设，严守上级相关规定，转变工作作风，全面打通服务群众的“最后一公里”。完成镇党委、人大、政府和村党总支、村委会、村监会的换届选举工作。通过“正能量加油站”、道德讲堂、千人百团连民心等活动方式丰富群众精神文化生活，培育社会文明新风，夯实和谐稳定基础。

2016年王鲍镇主要经济社会指标

表41

项　目	单　位	数　量	项　目	单　位	数　量
总面积	平方公里	126	设施农业占地面积	公顷	1872
年末户籍人口	人	90756	粮食总产量	吨	26221
耕地面积	公顷	6886	棉花总产量	吨	1152
地区生产总值	万元	367204	油料总产量	吨	10894
第一产业增加值	万元	44118	水产品总产量	吨	4650
第二产业增加值	万元	190274	工业总产值	万元	882000
第三产业增加值	万元	132312	小学校数	所	4
财政总收入	万元	8128	中学校数	所	1
农民人均纯收入	元	19754	医疗卫生机构	个	25

2016年王鲍镇各行政村基本情况

表42

村　名	人口(人)	耕地面积(公顷)	党组织书记	村委会主任
建群村	3709	354.07	秦冠锋	秦冠锋
安良村	2815	212.73	陆卿卿	林建庆

续表 42

村　名	人口(人)	耕地面积(公顷)	党组织书记	村委会主任
三岔店村	2997	271.72	顾建磊	崔茗杰
中施村	5419	408.44	李晓峰	宋振新
长安村	2628	242.71	柏和如	柏和如
松桥村	3642	295.08	倪礼兵	倪礼兵
洪桥村	5400	467.75	李祥飞	李祥飞
聚星村	5550	438.12	陶　平	陶　平
黄英村	2064	186.94	袁允辉	袁允辉
九令村	3408	314.91	马卫锋	马卫锋
义南村	4741	444.88	倪亚兵	倪亚兵
元北村	2890	222.54	施耀辉	施耀辉
二厂村	2500	217.95	张　卫	张锦香
新港村	2917	225.41	黄菊飞	黄菊飞
大生村	5401	323.1	周　义	周　义
合南村	3652	415.97	陈　辉	陈　辉
庙桥村	2772	197.13	黄　丹	季炜伟
新桥镇村	5205	433.68	石　飞	石　飞
久西村	4844	291.17	袁　红	周　兵
久隆村	4675	302.45	华玄章	华玄章
久东村	2590	210.9	徐晓艳	施　萍
更生村	4413	370.25	徐向东	徐向东

(刘　杰)

吕四港镇

【概况】 2016年,全镇总面积152.8平方公里,总耕地面积8186公顷,辖40个行政村,5个居委会。吕四港镇实现地区生产总值173.79亿元,同比增长10%,实现财政总收入14.17亿元,同比增长3%。城镇居民人均可支配收入和农民人均纯收入分别达47778元、19986元,分别增长36%、8%。

【工业经济】 2016年,吕四港镇完成工业总产值597亿元,同比增长10%;完成规模工业470亿元,同比增长8%;完成工业应税销售126亿元,同比增长18%。全年新培育规模企业3家,新增长点13家。引导企业强化创新主体责任,支持帮助企业申报专利1000多件,其中发明专利270件,获得授权400件。培育5家专利示范企业,15家专利强企试点企业,30家企业实现专利消零,新增省级民营科技企业15家,新申报南通市级工程技术研究中心3家,新培育高新技术企业1家。立足电动工具与海洋渔业两大传统产业,与上海电机学院、上海海洋大学分别共建电动工具技术服务中心、海洋科技创新中心,为企业和传统产业转型升级提供科技支撑。组织申报省双创项目2个,引进符合省双创条件领军人才2人,成功申报启东"东疆英才"计划1人,引进千人计划2名,海外留学归国创业人才2名。创新型乡镇试点建设卓有成效。成功举办中国·启东天汾第十七届科技五金交易会,达成意向成交额70亿元。获评省"第二批电商示范镇""巾帼创业示范基地",并获省产业转型引导扶持资金30万元。

【项目建设】 2016年,吕四港镇切实强化优化"保姆式"服务机制,推进东成兆民工业园、胜晟机械科技、百源五星级酒店等总投资超亿元项目开工建设,服务磊阳工具、伟忠机电、如意橡胶等技改项目快建设快达产,规划600亩的电动工具集聚区建设启动。全年完成工业投资78亿元,新开工5000万元以上项目25个,亿元项目6个,新竣工投产项目16个。

【现代农业】 2016年,吕四港镇围绕打造现代农业园区、现代特色产业示范基地、现代农业示范村,加快现代都市农(渔)业发展。项目农业总投入额完成3.187亿元,新建(扩建)农(渔)业项目11个；新增高效设施农业面积3300亩，认定家庭农场8家，家庭农场经营占比20%，新增农产品电商销售企业3个，完成农机服务任务，新增全托管面积100亩以上经营主体12个，新增全托管面积4700亩，行政村覆盖率80%。有效整合国家农业综合开发、农业部高标准农田建设项目3个，累计项目资金5500万元，组织全镇15个村推进高标准农田建设，通过项目建成高标准农田4万亩。项目示范区建成设施农业基地4个，发展设施农业规模经营2100亩；连片300亩以上稻麦示范方5个，发展稻麦连片规模经营种植3200亩。全年完成政策性农业保险总额86.58万元，其中高效农业保险总额55.98万元，以险养险完成57.76万元。

1月，吕四港三大项目集中开工 （吕四港镇/提供）

【港口开发】 2016年，吕四港港口功能日趋完善。小庙洪10万吨进港主航道疏浚工程一期完成移交，二期10万吨进港主航道开展工程招投标。环抱式港池10万吨进港支航道二期工程启动报批和工程相关工作。东港池控规通过专家评审。中交—吕四港PPP基础设施合作项目完成东港区吹填造地和西港区一期吹填造地，完成南港池疏浚和部分西港池疏浚。5万吨级公共码头和吕四港进港铁路全面开展报批。临港产业区，天成粮油项目奠基，前期工作全面开展，东凌粮油项目完成备案，岸线和用地等报批开展。渔港经济区，三岛膜结构卸鱼棚、仙渔小镇神鲜街和品牌体验馆工程竣工，招商宣传和运营工作全面启动。新材料产业区，华峰超纤项目一期竣工投产，广汇能源项目一期工程基本竣工，胜科污水处理项目正常运营，港区承载能力不断增强。

【城镇建设】 2016年，吕四港镇交通城建前期工作强势推进。年末，天江公路拆迁让地全部完成，海启高速拆迁让地接近尾声，宁启铁路基础全线完成；221线茅家港段让地全部完成，加快推进；鹤城中学新校区拆迁全面完成；重点推进环城西路和环城东路的拆迁、签约、腾房工作。全年累计共签约腾房176户，交净地14块。创建农村公路安保工程示范村4个；镇区新增绿化10公顷；避风港路、菜园路全面建成通车，陈涛路等道路建设前期工作快速推进；欣乐鹤城苑、港湾公寓、百源豪生国际酒店等一批精品楼宇加快建设，2016年计划完成商品房开发6.8万平方米，实际完成4.75万平方米；农民集居区基础设施建设持续推进，袁家灶、菜园、洋章、通兴镇、巴掌、锡康、元鹏等18个安置区有序推进，全年开工建设安置房6万平方米，竣工6万平方米。鹤城公园二期配套工程完工，并对外开放。

【城镇管理】 2016年，吕四港镇“两违”整治打击力度加大，全年共拆除新增违建163起，面积13707.42平方米；拆除存量违建45起，面积3379.35平方米；“四项维护”管护到位，各项指标达标率在95%以上，镇区道路、路灯、绿化、下水道管护到位，镇区巷道改造22条，公厕改造5座，路灯安装478盏。

【生态环境】 2016年，吕四港镇完成小型水利施工建设，共疏浚土方70.6万立方米；完成6708米贯通工作埋设任务，埋设涵洞750座。政府租地绿化造林506亩，建成绿化示范村1个。完成建造20立方米化粪池30只。环境污染整治有力，秸秆禁烧和综合利用力度加大；燃煤锅炉淘汰专项整治扎实开展。

【民生实事】 2016年，吕四港镇十项惠民实事项目基本完成。新农合、城乡居保完成率分别达99%、90%；在全市率先完成7000多名企业退休人员认证。社会救助规范健全，全年累计发放低保补助9685人次、1125.31万元；救助困难群众2818人次，发放春荒款、临时救助款、医疗救助款等共计110.79万元；发放80周岁以上老人尊老金588.99万元；慰问贫困残疾人、发放免费服药卡、残疾学生教育专项补助365人次，慰问资金6.46万元；发放重残补助4339人次、643.47万元；完成慈善一日捐239.79万元；新建农村幸福院、居家养老服务站4个。

【社会事业】 2016年，成功回购星星、沁民、乐乐3所幼儿园，创建成公办幼儿园；大洋港、茅家港、秦潭幼儿园成功创建南通市级优质幼儿园；鹤城中学围墙基础设施工作完成；确定新建公办幼儿园的规划选址（菜园村）和建设方案；初步确定新建秦潭小学的选址和秦潭幼儿园的搬迁方案；全镇中考普高上线率全市领先。完成启东市图书馆吕四分馆的创建工作，东皇山、如意等10个村级农家书屋进行图书分馆建设，逐步实现电子式通借通阅；新增文化产业定报企业1家（百源国际影城）；承办“吴歌论坛”民歌展演，展示省级非物质文化遗产渔家号子风采；送戏送影下乡、纳凉晚会、“启东乡村好声音”“起舞东疆”吕四地区海选等各类文化活动开展400多场次；作为全市扫黄打非试点乡镇，成立扫黄打非办公室;天汾镇、南星桥等7个村创建南通市基层综合性文化服务中心。推进天汾片、兆民片、吕四片村卫生室建设,2016年共完成10家创建任务;完成市下达的改厕任务;完成13家省级卫生村的创建工作;完成义务献血任务722个;完成新建开发区医院的规划选址工作;全面实施免费孕前优生健康检查制度,全年共对190对夫妇实施免费检查。全年累计发放农村奖励扶助1987人,特殊扶助34人,退休企业职工一次性奖励450人;对失独家庭、计生并发症者、计生特困群体、孤儿等进行"亲情牵手零距离服务",发放慰问等补助62.6万元。

【社会治理】 2016年,吕四港镇镇村两级共排查化解矛盾纠纷300多起,镇调处中心处理矛盾54起,处理非正常死亡13起,赔偿金额达1600多万元。全镇35个村5个居委会完成"一站式"服务平台建设工作;全年共培育新增社会组织27家,其中注册登记12家,备案15家;培育示范社区社会组织14家。受理法律援助案件4起,接待来访咨询450多人次。全面整合港口、社区监控系统、海防视频监控系统和红外线报警系统等五大科技资源,建成"四级"监控综合指挥平台,实现实战指挥"可视化"和治安防控"实时化",对全镇重点地段进行全天候、立体化监控,打击违法犯罪行为,维护社会治安稳定。

【依法行政】 2016年,吕四港镇全年受理群众办件388778件。官方微博、微信公众平台"港城吕四"运行逐步良好;网络舆情、网络问政工作推进,走在全市前列。主动接受镇人大依法监督,办理人大代表建议76件,办复率100%。推进法律维权站、法律服务工作室建设,引导公民依法自我管理、自我服务、自我维权;建设法治文化宣传阵地,实现"四个一"建设目标(一块法制宣传栏、一套法律图书或一个法律图书架、一所法制学校、一支法律志愿者队伍);开展"强基升级"工程,民主法治村(社区)创建活动富有成效。

2016年吕四港镇主要经济社会指标

表43

项　目	单　位	数　量	项　目	单　位	数　量
总面积	平方公里	152.8	设施农业占地面积	公顷	1430
年末户籍人口	人	176548	粮食总产量	吨	26374
耕地面积	公顷	8186	棉花总产量	吨	910
地区生产总值	万元	1737935	油料总产量	吨	9917
第一产业增加值	万元	226538	水产品总产量	吨	174893
第二产业增加值	万元	720914	工业总产值	万元	5973200
第三产业增加值	万元	790438	小学校数	所	9
财政总收入	万元	141682	中学校数	所	3
农民人均纯收入	元	19986	医疗卫生机构	个	49

2016年吕四港镇各行政村基本情况

表44

村　名	人口(人)	耕地面积(公顷)	党组织书记	村委会主任
东皇山村	5661	101.72	汤金妙	汤金妙
念总村	4220	231.58	严叶朵	严叶朵
太阳庙村	3027	148.92	钱丽辉	毛件林
菜园村	6011	160.37	张立新	张立新
袁家灶村	3272	77.59	周玉玲	周玉玲
吕滨村	4100	98.93	陶新华	陶新华
吕北村	4412	54.58	朱小林	朱小林
三甲村	5091	204.53	彭雪华	彭雪华
十甲村	4154	214.54	高培华	高培华
十二总村	2976	151.28	王海坤	王海坤

续表44

村　名	人口(人)	耕地面积(公顷)	党组织书记	村委会主任
海晏村	6288	181.69	彭井池	彭井池
海渔村	6903	5.09	肖　华	肖　华
石堤村	6050	438.75	杨小华	杨小华
垦北村	3535	309.76	汤振东	汤振东
二补村	4028	353.33	严玉如	严玉如
秦潭村	5734	57.61	崔林华	崔林华
边防村	5356	77.67	张冬宇	顾卫林
培根村	6267	446.51	严裕群	严裕群
吕复村	4898	351.77	陆圣英	陆圣英
南星桥村	4526	204.03	陈　卫	陈　卫
锡康村	4499	310.02	蒋凌俊	沈　芳
通兴镇村	6256	415.54	陈学红	陈学红
巴西村	3007	230.80	彭利华	彭利华
平东村	2617	205.31	王金美	王金美
巴掌村	3181	256.30	施丹萍	施丹萍
元鹏村	3043	207.81	顾红卫	顾红卫
洋章村	2981	199.70	陈　安	陈　安
如意村	4737	184.69	王兴建	成国华
天汾镇村	5705	260.28	蒋春华	蒋春华
闸河村	5712	352.53	潘雪华	潘雪华
六斧头村	4970	214.65	汤国祥	汤国祥
念四总村	2448	102.61	陶建军	陶建军
念五总村	3846	174.90	李洪昌	李洪昌
西宁村	3108	135.06	王建生	周铭铭
范龙村	3124	156.80	汤　忠	汤　忠

（林佳燕）

启隆镇

【概况】 启隆镇行政区划面积48平方公里，耕地面积1.86万亩，总人口3852人，其中常住人口4778人，下辖2个行政村。2016年，全镇实现地区生产总值6.57亿元，同比增长9.0%；完成固定资产投入24.65亿元，完成年计划的102.7%。完成公共财政预算收入33503万元，完成年计划的278%，同比增长213.6%。其中国税完成3423万元，同比增长185.5%；地税完成30080万元，同比增长217%；完成非税收入1500万元，同比增长500%。财税完成情况在全市园区中，完成率和增幅均位列第一。

【项目建设】 2016年，新开工项目7个，新竣工项目4个。绿地长岛项目开工建设面积约180万平方米，结构封顶（包括投用）约150万平方米，办理预售证面积102.02万平方米，网签销售面积83.84万平方米（10203套），销售金额82.77亿元。大爱城养老地产项目摘得新村沙D地块四宗建设用地总面积291.3亩，完成另外两宗约140亩建设用地的收购事宜；项目整体概念设计完成；绿化景观工程占地约1000亩，总投资约4000万元，开工建设。长岛乐活小镇售楼中心、会所、马术俱乐部、土特产超市、长岛快捷酒店、连锁餐饮、猫屎咖啡、上岛咖啡等投入使用，皇家艾美酒店、香榭花堤商业街、会议论坛中心、长岛运动中心等土建基本完工，举办冰雪嘉年华、梦幻岛、长岛风筝节、长岛美食节等活动，接待游客超100万人次。南通江洲玲珑度假村项目总投资1.8亿元，3栋商业用房结构封顶，进入装修施工。碧

启隆镇君令游艇俱乐部　　(启隆镇/提供)

桂园十里外滩项目总投资约25亿元,部分建筑结构封顶,进入内装修阶段。国瑞置业与姚记公司合作项目启动,项目团队进驻。蓝湾绿岛、蔚林半岛项目进展顺利,销售形势良好。

【招商引资】 2016年,镇召开招商会6场,并开展多次专题招商和洽谈活动,分别与上海光明集团、香港仁通实业公司、武汉格睿特科技、上海岭超实业、北京旭日五环体育等公司进行拜访和洽谈。成功签约总投资5亿元的嘉仕有机西班牙高档农业种植项目;成功注册总投资1亿元、注册资本3500万元的南通君地旅游发展有限公司;成功注册西班牙客商投资的总投资500万欧元的艾格罗农业科技公司;成功注册总投资1亿元的启东卫智汗血马俱乐部有限公司。

【村镇建设】 永兴东路新建工程开工,企业让地、拆迁清障、管线搬迁、工程备土和生态公益林占用审批等前期工作全部完成,施工工程量完成40%。农村路网进一步完善,全年共新建农村道路4条,总长3公里,维修道路8000多平方米。兴隆沙生态保护与修复项目全面实施,永兴中路的防风林建设完成排水沟渠、绿化垫土、道路两侧清障,开始绿化种植,完成工程量的85%;老滧河、中心河河道整治完成工程量50%。打造通道绿化,投资250多万元的永兴西路绿化完成工程的80%。加大违章建筑管控力度,拆违11宗共5647平方米。健全农村环境长效管理机制,实行环境整治市场化运行,农村生活环境得到改善,镇被评为南通市农村环境长效管理示范镇。启动搬迁安置,组建专门工作机构,开展6个宅区住房的调查摸底,召开座谈会广泛征求意见,基本拟定拆迁政策和工作方案。

【惠农工程】 2016年,全镇小型水利建设完成土方量13万立方米;崇启合作建设的崇明新河港北延伸段工程全面推进,河道部分完成工程量的60%,水闸部分完成工程量的50%;江苏嘉仕有机农业公司成为G20(杭州)峰会有机蔬菜指定供应商;嘉仕有机农业和君领游艇俱乐部获评国家级三星级乡村旅游景点;“四季花海”—“崇启花卉城”—“嘉仕有机”—“君领游艇”一日游路线被启东市政府在长三角休闲农业与乡村旅游博览会上推荐;占地3000亩,总投资5亿元的嘉仕有机西班牙高档农业种植项目,土地整理和设施建设强势推进;永隆社区被评为省休闲观光示范村(社区);总投资800多万元,完成2.4公里的横河整治、绿源桥西北侧鱼塘复垦和绿化种植;原南沿鱼塘区域回收清理顺利推进,42户养殖户全部签约腾塘,鱼塘区域改造升级工作全面展开。

【社会保障】 启隆幼儿园通过省优质幼儿园评估验收。启隆幼儿园新建工程土建部分竣工验收,室外配套工程、内部装饰工程进场施工;投资近千万元的启隆医院新建工程,建筑施工图、室外配套图、室内装饰图完成审图,项目前期报批手续完成,预算编制通过财政审定,施工招投标完成;完成回购兴隆沙卫生服务站,投入40多万元按照省示范村卫生室标准新建兴隆社区卫生室。全年临时救助困难群众48户次,合计3.7万元;对困难群众进行细化梳理,共慰问救助困难群众208人,合计5.7万元。邀请市第七人民医院对全镇60周岁以上的老年人和60周岁以下的企业退休人员免费健康体检,邀请第二军医大学专家教授到镇义诊,邀请市卫计委妇保所为全镇育龄妇女进行妇女病防治普查。建立健全全镇食品安全监管网络,各社区配备食品安全协管员。制定《启隆镇无地老年农民生活困难补助办法(试行)》,使社会保障措施覆盖更多更广的人群。

【平安建设】 2016年,镇严格落实安全生产责任制,推行安全生产检查服务外包机制,开展安全生产大检查、打非治违和专项整治行动,全年未发生重大安全生产事故。高度重视信访排查和信访积案处理工作,坚持社区每周一排查、镇半月一排查,全面清理发现信访隐患,着重抓好初信初访问题的办理答复,落实“一案一策”工作责任制;维护农民工的合法权益,全年调解拖欠农民工工资纠纷40多起,受理率100%,调处率100%,调处成功率100%,涉及农民工500多人,金额1200多万元。

2016年启隆镇主要经济社会指标

表45

项　目	单　位	数　量	项　目	单　位	数　量
总面积	平方公里	48	设施农业占地面积	公顷	400
年末户籍人口	人	3852	粮食总产量	吨	7805

续表45

项　目	单　位	数　量	项　目	单　位	数　量
耕地面积	公顷	1242	棉花总产量	吨	0
地区生产总值	万元	65716	油料总产量	吨	113
第一产业增加值	万元	4252	水产品总产量	吨	950
第二产业增加值	万元	51945	工业总产值	万元	173396
第三产业增加值	万元	9520	小学校数	所	1
财政总收入	万元	39398	中学校数	所	1
农民人均纯收入	元	19600	医疗卫生机构	个	1

2016年启隆镇各社区基本情况

表46

社区名	人口(人)	耕地面积(公顷)	党组织书记	居委会主任
永隆社区	3022	512.27	倪和生	倪和生
兴隆社区	830	729.73	张爱华	张爱华

（步长娟）

南城区街道

【概况】 2016年，南城区街道办事处辖16个社区，户籍人口79904人，外来人口22381人。街道办加强居民群众主体参与意识，不断创新社区管理机制，推进城市管理、社区服务、综治法治、精神文明、队伍建设等工作。建都新村社区被评为全国综合减灾示范社区，汇东新村社区被评为江苏省地震安全示范社区，香榭水岸社区获“江苏省残疾人之家”称号。典型示范社区积极发挥引领作用，省信访局、南通市委组织部、南通市委宣传部、南通市司法系统等上级领导先后到世纪家园、建都新村、香榭水岸、城河新村等社区考察。

【社区党建与精神文明】 2016年，街道16个社区设1个党委、14个党总支部、1个党支部，各社区共下设50个二级党支部，206个网格党小组负责协助社区党总支部履行居务办理、党员活动开展、反映社情民意等职能。全年落实各项惠民服务700件，化解邻里矛盾纠纷80起。走访群众500户，慰问困难群众900人，慰问资金共计41.53万元，解决实际问题15个。注重创新落实，深入开展精神文明创建。“传递正能量、共建好家园”主题系列活动持续开展。建设正能量加油站站点16个，创建南通级文明社区2个、启东级文明社区6个。

【社区服务】 2016年，街道办完成服务质量提升、阳光民生救助、居家养老服务等各项工作。全年新增低保3户，注销14户，普遍提标80户，在享受对象80户131人，发放月保障金5.04万元。新增重残疾救助对象3人，在享受对象185人，发放月保障金8.14万元。优抚享受对象178人，发放季保障金15.48万元。全年发放优抚门诊定补57人9150元。全年共实施临时救助214人次、医疗救助11人次，救助金额达12.08万元。为220名军转干部发放45.56万元慰问金。为94名土地保养工

南城区彩臣三村社区组织青少年到居民家中包元宵，送温暖

（南城区街道办/提供）

发放生活补贴45.85万元。对辖区内近1万名退休职工进行年检认证。为20名年满60周岁，享受企业职工基本养老保险待遇的城镇居民办理基础养老金。全年共办理一孩服务证292份，独生子女父母光荣证386份，流动人口婚育证明69份，在线及上门为生育二孩居民上报生育材料139份。建立新婚、出生信息卡300多张。开展多项“生育关怀零距离服务”活动，关怀育龄群众生殖健康，完善“失亲妈妈”爱心救助站，关怀计生特困家庭。免费为流入人口提供政策法规、生殖健康、优生优育知识咨询、免费发放避孕药具，开展送政策、送知识、送服务上门活动，及时帮助解决流入人口在办证、就业、子女入托入学等方面遇到的问题。

【社区稳定】 2016年，南城区街道对在册的41名社区服刑人员严格落实各项规定，对1人诫勉谈话、1人警告处分。服务流动人口，加强对流动人口和出租房屋的管理，尽可能将流动人口管理纳入社区管理范畴，为流动人口提供就业岗位、法律援助、计生服务、科普宣传，开展各种文体活动，促进流动人口与当地人口的融合。关爱未成年人。各社区党支部充分利用辖区教学资源，探索家庭—学校—社区教育的新模式，开展“消防安全进家庭”“弘扬启东精神”“创卫小标兵”“廉政书画展”“讲红色经典小故事，伴我成长”演讲比赛等系列青少年教育活动。帮扶刑释解教人员。建立“一对一”帮教机制，实行定对象、定小组、定措施的“三定”制度。构建困难群体公益服务体系。开展社区大学生村官定期到孤寡老人、残疾人家中进行义务劳动；街道为辖区内弱势群体进行“全程代办”服务，建立以街道专业社工中心为基础，以辖区法律服务点，律师事务所为补充的法律援助服务体系，开展“法律进社区”活动，上门为辖区内弱势群体进行免费的法律服务。

【城区管理】 2016年，南城区街道开展各项环境卫生综合整治活动，有效改善辖区内市容市貌。全年清除暴露垃圾209车，清理卫生死角70多处，拔除小菜园50余处，拖运绿化带漂浮物30吨，修理破损窨井盖140多只。加大巡查互查力度，共查找出楼道堆积物、饲养家禽、绿化带堆积物等问题95处，落实整改。处理涉及环境卫生投诉1328件，解决率100%。

2016年南城区街道各社区基本情况

表47

社区名	人口数		社区面积(公顷)	党组织书记	居委会主任
	户籍人口数(人)	外来人口数(人)			
彩臣二村	5305	1959	52.68	陆云赛	陆云赛
彩臣三村	3021	2422	184.12	沙春娟	沙春娟
东洲新村	6246	1246	36.65	应红娟	应红娟
南苑一村	5914	1804	29.12	宋　健	黄翠英
南苑二村	6813	1509	34.73	王红美	王红美
世纪家园	1657	1353	36.52	陈松英	陈松英
城河新村	8166	998	136.52	赵海娟	赵海娟
建都新村	9171	2334	54.36	黄　静	黄　静
职工新村	5606	1666	13.77	黄　健	黄　健
华联新村	4415	1705	31.96	张　群	张　群
东珠新村	10259	1054	34.33	王素娟	王素娟
香榭水岸	5685	2583	33.87	蔡　丹	蔡　丹
汇东新村	878	1516	33.92	黄丽历	黄丽历
锦绣华庭	2886	37	14.68	陈　美	陈　美
阳光花苑	2827	160	18.5	黄晓香	黄晓香
城市一品	1055	35	25.8	黄　洁	黄　洁

（黄胤筌）

北城区街道

【概况】 2016年，北城区街道办事处下辖19个社区，有常住人口9.1万人。全年做好人口计生、民政社会救助、平安法治建设、城区管理等工作。

【人口计生服务】 2016年，北城区街道办落实人口计生各项政策，共为415对夫妇提供生育登记服务，发放338份《独生子女父母光荣证》，组织106对育龄夫妇参加免费孕前优生健康检查；受理初审604名持证企业退休职工、城镇老年居民享受计生一次性奖励申请、计划生育家庭特别扶助对象的申请，并做好后续各项工作；开展3次失独家庭集中慰问，完成全员人口信息数据库近2万条基础数据的核查修改，通过南通市级“新家庭计划”项目试点评估验收。

【民政社会救助】 2016年，北城区街道办做好每季度低保、低收入家庭的调查、审核，上报工作，对在享受人员做好动态管理。7月，完成58户低保家庭的全面提标工作。做好临时生活困难救助群众的入户调查和资金发放工作，全年共有280个困难群众获13.52万元的救助。配合做好每月农保参保等后续工作，开展城镇就业困难人员灵活就业社保补贴工作，登记初审498份。做好物价补贴的核算、发放，全年共计发放20.83万元。做好红十字会“613”助老资金、福彩圆梦和慈善助学的救助慰问，共有50个困难老人和13位学子获得救助。开展“慈善一日捐”活动，共计捐款7.4万元。做好1220名80周岁以上老年尊老金的申请、受理、发放，全年发放尊老金91.9万元。开展2016年敬老月活动，做好“情系夕阳”健康知识讲座。完成1038份老年卡受理、送制和发放。开展双拥工作，与武警启东支队签订军民结对共建协议，做好重点优抚对象的结对帮扶。

【平安法治建设】 2016年，北城区街道办对社区群防群治队伍加强日常指导，完善平安法治加油站和平安法治志愿者队伍建设，有平安法治志愿者队伍190个。承办启东市首届平安法治文化节，开展平安法治作品的征集展示。利用社区普法站、图书角、社区休闲广场等文化设施，培植法治文化亮点。扶持社区法治文艺创作队，北街法治文艺创作团队被评为市“十佳法治人物”。开展民主法治示范社区创建，紫薇一村社区获“江苏省民主法治示范社区”称号。每月开展“北街法律讲堂”巡回讲演，普法受众群达数千人。在街道微信公众平台“北街微光”推出每周一期的网络法治“平安课堂”。深入开展矛盾纠纷排查整治，做到底数清、情况明、超前预警、主动应对，维护辖区稳定。

12月，北城区街道办组织开展合唱比赛 （北城区街道办/提供）

【城区管理】 2016年，北城区街道办处置数字化城管和“12345”热线各类举报投诉案件7590宗，结案7556宗，结案率达99%。探索建立物业纠纷调解机制。全年共处理各类物业矛盾320余起；配合法院调解催缴物业欠费案12件，成功化解业主投诉128件。在市创卫办的牵头组织之下会同城管局、市场监督管理局、公安局集中开展长江新村、紫薇二村马路市场集中整治。推进老小区设施改造建设，6个小区增设健身设施。成立控违办，专门招聘19名人员负责控违工作，完善防控信息网络，对新增违建“第一时间发现、第一时间查处、第一时间拆除”。全年共拆除违章建筑151件，其中存量违建62件，新增违建89件；配合城管中队强拆75件，劝拆和组织居民自拆76件。

【社区党建】 结合党建创新项目，各社区党组织创新开展“四微工作法”（“微课堂”“微节目”“微心愿”“微行动”），逐步推动学习教育由集中性向经常性延伸。此工作经验被《南通日报》刊发。紫薇二村、幸福一村、万豪花园等社区的工作探索分别在《组织人事报》《南通日报》及江苏先锋网刊登，紫薇一村《商户党员加盟社区服务》在《党的生活》刊发。紫薇花苑“关爱陪读妈妈”、紫薇二村“成长青轨线”项目被评为省妇联优秀服务案例。开展以“邻里听音，邻里互助，邻里协商”为主要内容的“三邻三民三服务”党建创新项目。该项目作为全市基层党建创新项目被选送南通参加评奖。突出抓好社区“四有四化”（“有明确具体的责任清单、有特色鲜明的载体抓手、有功能适用的活动场所、有内容丰富的展示平台”，实现党建工作清单化、精细化、规范化、常态化）建设。落实社区为民服务专项资金。通过租借、调剂或承建，完成幸福一村、文汇新村、长龙五村、明珠新村等多个社区办公用房升级改造，优化功能设置，推动社区邻里中心提档升级。常态化开展志愿服务活动，志愿服务平台注册志愿者达8300多名。全年开展助残助困助老、免费义诊、文明交通等各类志愿服务活动600多次。举办纳凉晚会19场次，开展“缤纷冬日”“七彩夏日”青少年活动70多次。

2016年北城区街道各社区基本情况

表48

社区名	人口数(人)	社区面积(公顷)	党组织书记	居委会主任
民乐新村	7455	50	陆爱华	陆爱华
幸福一村	4320	36	陈杨柳	陈杨柳

续表 48

社区名	人口数(人)	社区面积(公顷)	党组织书记	居委会主任
幸福二村	6958	30	吴卫卫	吴卫卫
和平新村	6012	55	袁赛花	袁赛花
万豪花园	10572	65	徐晓宇	徐晓宇
文汇新村	6923	60	陶燕子	陶燕子
长江新村	6695	25	王　慧	王　慧
明珠新村	6925	50	陈东伶	陈东伶
紫薇花苑	4697	45	陈　鸿	陈　鸿
紫薇一村	3285	50	江秀泉	江秀泉
长龙一村	2583	54	顾红梅	顾红梅
长龙二村	1816	60	陈　燕	陈　燕
紫薇二村	6380	95	陆红梅	陆红梅
紫薇三村	4172	50	蔡　娟	蔡　娟
长龙三村	2334	50	岑峻巍	岑峻巍
绿城花园	1230	40	朱培培	朱培培
御河湾	2657	43	政向荣	政向荣
克明花园	2230	38	费　娟	费　娟
长龙五村	4409	50	钮洪春	钮洪春

(王胜花)

吕四港镇街道

【概况】 2016年,吕四港镇街道办事处辖5个社区,有人口17650人。街道办加强社区建设,优化社区职能,增强服务意识,提高社区效能,美化社区环境,强化社区稳定,全面提升和谐社区建设水平,促进社区各项事业和谐发展。仙鹤社区被评为江苏省文明社区。

【社区服务】 2016年,街道办开展便民服务活动,建立社区居委会居家养老服务站和党员志愿者服务队,为社区空巢老人、下岗职工、留守儿童等困难群体提供服务和帮助。对社区内5000多名企业退休人员进行年检,同时为社区内年满60周岁的老年人免费体检。完成新型农村合作医疗和新型农村社会养老保险的宣传和收缴工作,有3647人参加新型农村合作医疗,收缴金额57.78万元;572人参加新型农村社会养老保险,收缴金额55.62万元。由社区居委会牵头,开展整修镇区范围内道路、维修窨井盖、改造下水管道、安装路灯等便民工程。做好民政救济工作,帮助社区弱势群体,对低保家庭进行逐户走访,落实城乡低保规范化管理工作。至年底,社区有低保户23户,发放低保补助金24.18万元。及时宣传免费孕前优生健康检查,鼓励群众参加免费孕检,为居民办理计生证件26件;每季度开展"关爱女孩""婚育新风进万家""幸福家庭"等活动。

【社区治安】 2016年,街道办定期开展"矛盾纠纷排查"活动,受理调处矛盾纠纷61件,成功调处59件。开展"平安和谐社区"创建活动;了解社区29名矫正对象、刑释解教人员、吸毒人员、上访人员的动向,排查邪教组织,排除不稳定因素,协助社区民警,杜决"黄""赌""毒"等各类社会治安案件的发生。各社区内未发生重大刑事案件、集体上访事件和安全事故。

2016年吕四港镇街道各社区基本情况

表 49

社区名	人口(人)	党组织书记	居委会主任
鹤南社区	3642	张海英	张海英
鹤东社区	2963	孙爱华	孙爱华
晓明社区	3296	顾　慧	顾　慧
公园社区	4232	陶丽玉	陶丽玉
仙鹤社区	3517	丁　玉	丁　玉

(茅忠民)

新任市领导

市 委

王晓斌

王晓斌，男，汉族，1969年9月出生，江苏如东人，1992年8月参加工作，1992年5月入党，研究生学历。中共启东市委书记。

1988年9月至1992年8月，扬州师范学院(南通师专本科班)中文系汉语言文学专业大学学习；1992年8月至1995年3月，南通师专中文系政治辅导员兼团总支书记；1995年3月至1996年10月，南通师专学工委秘书(副科级)；1996年10月至1997年12月，南通师专学生处秘书(副科级)；1997年12月至1998年12月，南通市人民政府办公室秘书；1998年12月至2000年12月，南通市人民政府办公室副主任科员；2000年12月至2002年2月，南通市人民政府办公室综合调研科副科长；2002年2月至10月，南通市人民政府办公室城建政法科科长；2002年10月至2003年6月，南通市人民政府办公室城建政法处处长；2003年6月至2005年12月，南通市人民政府办公室农村经济处处长(2003年9月至2006年7月，省委党校区域经济学专业研究生学习毕业)；2005年12月至2006年6月，南通市人民政府办公室主任助理；2006年6月至2010年4月，海安县委常委、县纪委书记；2010年4月至11月，海安县委常委、常务副县长；2010年11月至2011年10月，海安县委常委、常务副县长，兼老坝港开发区党工委书记；2011年10月，海安县委常委、常务副县长，兼老坝港滨海新区党工委书记，角斜镇党委书记；2011年10月至2016年6月，南通市人民政府副秘书长、办公室主任；2016年6月至2017年5月，南通市人民政府秘书长、党组成员；2017年5月，南通市人民政府秘书长，启东市委书记；2017年5月起，启东市委书记。

龚心明

龚心明，男，汉族，1969年5月出生，江苏启东人，1991年8月参加工作，1994年5月入党，大学学历。中共启东市委常委、统战部部长、办公室主任。

1987年9月至1991年8月，苏州大学中文系宣传文化专业学习；1991年8月至1994年3月，启东市委办公室办事员；1994年3月至1996年4月，启东市委办公室秘书；1996年4月至1997年11月，启东市委办公室综合一科副科长；1997年11月至1999年3月，启东市委办公室综合一科科长(1997年6月至1998年5月，下派担任汇龙镇镇长助理、城北村党总支部副书记)；1999年3月至2001年1月，启东市委办公室秘书科科长；2001年1月至3月，启东市委办公室副局级秘书、秘书科科长；2001年3月至5月，启东市委办公室副局级秘书、综合一科科长；2001年5月至9月，启东市委办公室副主任；2001年9月至10月，启东市委办公室副主任，市委保密委员会委员、市委保密委员会办公室主任，市国家保密工作局局长；2001年10月至2003年12月，启东市寅阳镇党委书记；2003年12月至2005年5月，启东市委宣传部副部长，市新闻信息中心主任，市文联主席；2005年5月至2006年5月，启东市委宣传部副部长，市新闻信息中心主任；2006年5月至2008年9月，启东市委副秘书长、办公室副主任、研究室主任；2008年9月至2009年7月，启东市委秘书长、办公室主任；2009年7月至2011年6月，启东市委办公室主任；2011年6月至2012年1月，启东市人民政府副市长、党组成员，市委办公室主任；2012年1月至3月，启东市委常委，市人民政府副市长、党组成员，市委办公室主任；2012年3月至2016年7月，启东市委常委、办公室主任；2016年7月起，启东市委常委、统战部部长、办公室主任。

石光辉

石光辉，男，汉族，1967年4月出生，江苏启东人，1988年9月参加工作，1991年6月入党，省委党校在职研究生学历。中共启东市委常委，江苏启东吕四港经济开发区党工委书记、吕四港镇党委书记。

1988年9月至1993年12月，启东县(市)民主乡团委书记(1989年9月至1992年7月，省委党校经济管理专业大专函授学习；1993年8月至1995年12月，中央党校经济管理专业本科函授学习)；1993年12月至1996年6月，启东市惠丰乡党委组织员；1996年6月至11月，启东市圩角乡党委组织员；1996年11月至2000年4月，启东市圩角乡党委副书记；2000年4月至8月，启东市汇龙镇党委副书记，兼圩角办事处副主任；2000年8月至2001年10月，启东市向阳镇党委副书记；2001年10月至2002年3月，启东市寅阳镇党委副书记；2002年3月至2003年11月，启东市寅阳镇党委副书记、镇长；2003年11月至2004年12月，启东市志良镇党委书记(2004年9月至2007年7月，省委党校区域经济专业在职研究生学习)；2004年12月至2008年9月，启东市志良镇党委书记、镇长；2008年9月至2010年1月，启东市合作镇党委书记；2010年1月至2011年11月，启东市商务局局长、党组书记，市招商局局长；2011年11月至2012年7月，江苏省吕四海洋经济开发区党工委副书记、管委会主任，市商务局局长、党组书记，市招商局局长；2012年7月至2014年2月，江苏启东吕四港经济开发区党工委副书记、管委会主任，市商务局局长、党组书记，市招商局局长；2014年2月至12月，江苏启东吕四港经济开发区党工委副书记、管委会主任，市发展和改革委员会主任、党委书记，市沿海地区发展办公室主任，兼市公共资源交易管理中心副主任，江海产业园管理委员会(筹)综合办公室主任；2014年12月至2015年7月，江苏启东吕四港经济开发区党工委副书记、管委会主任，市发展和改革委员会主任、党委书记；2015年7月至2016年7月，江苏启东吕四港经济开发区党工委书记、吕四港镇党委书记；2016年7月起，启东市委常委，江苏启东吕四港经济开发区党工委书记、吕四港镇党委书记。

沈良杰

沈良杰，男，汉族，1972年7月出生，江苏如皋人，1993年8月参加工作，1993年6月入党，大学学历。中共启东市委常委、纪委书记。

1989年9月至1993年8月，哈尔滨建筑工程学院起重运输与工程机械专业学习；1993年8月至1997年12月，南通市姚港港务公司工具站、技术科技术员、助理工程师；1997年12月至1998年12月，南通市纪委、监察局工作人员；1998年12月至2001年10月，南通市纪委、监察局科员级纪检监察员；2001年10月至2006年7月，南通市纪委、监察局副科级纪检监察员(2001年9月至2003年7月，南京大学公共管理专业学习，获得公共管理硕士学位)；2006年7月至2012年8月，南通市纪委、监察局执法监察室正科长级副主任；2012年8月至2013年12月，南通市纪委、监察局执法监察室正科长级副主任（主持工作)；2013年12月至2014年8月，南通市纪委、监察局执法监察室副处级室主任；2014年8月至2016年7月，南通市纪委党风政风监督室主任(副处级)；2016年7月起，启东市委常委、纪委书记。

陈延祥

陈延祥，男，汉族，1970年3月出生，江苏海安人，1989年3月参加工作，1990年6月入党，大学学历。中共启东市委常委、市人武部政委。

1989年3月至1992年9月，六五军一九三师高炮团战士；1992年9月至1994年7月，郑州高炮学院学员；1994年7月至1999年4月，第十二集团军某部排长、副连长、代指导员、指导员(1998年9月至2001年7月，中央党校法律专业本科函授学习)；1999年4月至2003年3月，第十二集团军某部组织科正连职干事、副营职干事；2003年3月至2004年12月，第十二集团军某部政治教导员；2004年12月至2007年3月，第十二集团军某部组织科科长(2006年9月至2009年6月，蚌埠坦克学院部队管理专业本科函授学习)；2007年3月至2008年2月，步兵第三十四旅政治部副主任；2008年2月至2009年3月，步兵第三十四旅某部政治处主任；2009年3月至2010年5月，步兵第三十四旅副政治委员；2010年5月至2013年3月，步兵第三十四旅炮兵团政治委员；2013年3月至2016年7月，启东市人武部政委；2016年7月起，启东市委常委，市人武部政委。

杨青霞

杨青霞，女，汉族，1969年10月出生，甘肃临洮人，1991年7月参加工作，2000年11月入党，大学学历。中共启东市委常委(挂职)。

1987年9月至1991年7月，青海省畜牧兽医学院草原专业学习；1991年7月至1997年2月，青海省同德县计划生育服务站职员；1997年2月至1999年11月，青海省同德县计划生育服务站助理医师；1999年11月至2003年6月，青海省同德县计划生育卫生局科员；2003年6月至2005年4月，青海省同

德县计划生育卫生局副主任科员；2005年4月至2009年6月，青海省同德县计划生育卫生局副局长；2009年6月至2014年2月，青海省同德县计划生育卫生局主任科员；2014年2月至2016年10月，青海省同德县食品药品监督管理局局长；2016年10月至2017年4月，中共青海省同德县委常委、宣传部部长；2017年4月起，启东市委常委(挂职)。

人　大

顾云峰

顾云峰，男，汉族，1965年10月出生，江苏启东人，1982年8月参加工作，1986年10月入党，研究生学历。启东市人大常委会主任、党组书记。

1979年9月至1982年8月，南通农校植保专业学习；1982年8月至1985年1月，启东县三甲公社农业公司副经理、农技站副站长；1985年1月至1988年10月，启东县志良乡农技站副站长(当家)；1988年10月至1992年12月，启东县(市)西宁乡农技站站长；1992年12月至1995年1月，启东市天汾镇农技站站长、多种经营办公室主任；1995年1至10月，启东市天汾镇镇长助理兼农技站站长、多种经营办公室主任；1995年10月至1996年11月，启东市天汾镇副镇长(1996年9至12月，南通市委党校第十期中青班学习)；1996年11月至1999年12月，启东市天汾镇党委副书记、镇长(1998年9月至2001年7月，扬州大学经济管理专业大专函授学习，1999年9月至12月，南通市委党校第十四期中青班学习，1999年9月至2001年12月，苏州大学人文学院应用社会学专业研究生课程班学习，1999年9月至2002年7月，省委党校经济管理专业大专函授学习)；1999年12月至2000年8月，启东市天汾镇党委书记、人大主席；2000年8月至2002年7月，启东市天汾镇党委书记(2001年2月至2002年1月，省委党校一年制青年干部班学习；2001年2月至2003年6月，省委党校政治经济学专业在职研究生学习)；2002年7月至8月，启东市委常委；2002年8月至2005年7月，启东市委常委，新疆伊宁市委副书记；2005年7月至2006年6月，启东市委常委；2006年6月至8月，启东市人民政府副市长、党组成员；2006年8月至2011年6月，启东市人民政府副市长、党组成员，兼市江海滩涂资产管理委员会主任；2011年6月至8月，启东市委常委，市人民政府副市长、党组副书记，兼市江海滩涂资产管理委员会主任；2011年8月至9月，启东市委常委，市人民政府副市长、党组副书记，兼市政府采购与招投标中心主任、行政服务中心主任、江海滩涂资产管理委员会主任；2011年9月至2012年1月，启东市委常委，市人民政府副市长、党组副书记，兼市政府采购与招投标中心主任、行政服务中心主任；2012年1月至4月，启东市委副书记，市人民政府副市长、党组副书记，兼市政府采购与招投标中心主任、行政服务中心主任；2012年4月至2014年5月，启东市委副书记，兼市委党校校长，上海城投(启东)江海产业园投资控股有限公司副董事长；2014年5月至2015年1月，启东市委副书记，兼市委党校校长；2015年1月至2017年1月，启东市政协主席、党组书记；2017年1月起，启东市人大常委会主任、党组书记。

张建新

张建新，男，汉族，1967年5月出生，江苏启东人，1989年8月参加工作，1995年9月入党，大学学历。启东市人大常委会副主任、党组副书记。

1985年9月至1989年8月，扬州师范学院汉语言文学专业南通班学习；1989年8月至1992年10月，启东中学教师；1992年10月至1995年9月，启东中学团委副书记；1995年9月至1997年7月，启东中学校长办公室副主任；1997年7月至11月，启东市委组织部组织科科员(1995年9月至1997年8月，苏州大学中文专业研究生课程班学习)；1997年11月至1998年12月，启东市委组织部组织科副科长；1998年12月至2001年1月，启东市委组织部组织科科长(2000年1月至2001年1月，下派担任汇龙镇城河村党委副书记)；2001年1月至10月，启东市委组织员、市委组织部组织科科长；2001年10月至2003年12月，启东市合作镇党委书记；2003年12月至2005年5月，启东市委组织部副部长、市人事局党组书记；2005年5月至2006年2月，启东市委组织部副部长、市编办主任；2006年2月至4月，启东市委组织部副部长、市发改委党委书记；2006年4月至2007年11月，启东市发改委主任、党委书记；2007年11月至2009年5月，南通市港闸区副区长；2009年5月至2011年6月，南通市港闸区委常委、组织部部长；2011年6月至9月，启东市委常委，市人民政府副市长、党组成员；2011年9月至2012年3月，启东市委常委，市人民政府副市长、党组成员，兼市江海滩涂资产管理委员会主任；2012年3月至2013年12月，启东市委常委，市人民政府副市长、党组副书记，兼市政府采购与招投标中心主任、市行政服务中心主任；2013年12月至2014年12月，启东市委常委，市人民政府副市长、党组副书记，兼市公共资源交易管理中心主任，市行政服务中心主任；2014年12月至2015年8月，启东市委常委，市人民政府副市长、党组副书记；2015年8月至2016年1月，启东市人大常委会副主任候选人、党组副书记；2016年1月起，启东市人大常委会副主任、党组副书记。

张卫生

张卫生，男，汉族，1961年8月出生，江苏启东人，1983年7月参加工作，1984年6月入党，大学学历。启东市人大常委会副主任、党组副书记。

1979年9月至1983年7月，南京师范大学政教系学习；1983年7月至1986年8月，启东县东南中学教师、副教务主任；1986年8月至1988年8月，启东县教育局教研室工作；1988年8月至1990年3月，启东县(市)委研究室工作；1990年3月至1993年5月，启东市委办公室新闻科、秘书科副科长、科长；1993年5月至1994年11月，启东市委办公室副局级秘书、秘书科科长；1994年11月至1997年10月，启东市委办公室副主任；1997年10月至12月，启东市经委副主任、党委副书记；1997年12月至1998年11月，启东市汇龙镇党委副书记；1998年11月至2001年9月，启东市汇龙镇党委副书记、镇长；2001年9月至2002年11月，启东市和合镇党委书记；2002年11月至2003年11月，启东市发展计划与经济委员会主任、党委书记，市安监局局长；2003年11月至12月，启东市发展计划与经济委员会主任、党委书记；2003年12月至2005年5月，启东市发展计划与经济委员会主任、党委书记(副处级)；2005年5月至2006年2月，启东市发展和改革委员会主任、党委书记(副处级)；2006年2月至2017年1月，启东市人民政府副市长、党组成员；2017年1月起，启东市人大常委会副主任、党组副书记。

黄松涛

黄松涛，男，汉族，1962年9月出生，江苏启东人，1994年3月参加工作，1991年6月入党，高中学历。启东市人大常委会副主任、党组成员。

1984年1月至9月，启东防爆电器仪表厂工人；1984年9月至1986年8月，上海交通大学精密机械系学习(企业送培)；1986年8月至1988年12月，启东防爆电器仪表厂技术员，生产调度，技术科科长；1988年12月至1994年3月，启东防爆电器仪表厂厂长助理，副厂长；1994年3月至1997年4月，启东防爆电器仪表厂厂长、党支部书记(1994年9月至1996年12月，苏州大学经管专业大专证书班学习)；1997年4月至1998年10月，启东市新安乡乡长助理，兼启东防爆电器仪表厂厂长、党支部书记；1998年10月至2000年1月，启东市新安乡党委副书记，兼启东防爆电器仪表厂长、党支部书记；2000年1月至2003年12月，启东市新安镇党委副书记、镇长；2003年12月至2004年12月，启东市新安镇党委书记；2004年12月至2005年9月，启东市新安镇党委书记、镇长；2005年9月至2008年9月，启东市新安镇党委书记、镇长，兼滨海工业园管委会副主任；2008年9月至2009年5月，启东市东海镇党委书记，兼滨海工业园管委会副主任；2009年5月至2010年9月，启东市东海镇党委书记，兼吕四海洋经济开发区滨海工业园管委会副主任；2010年9月至2011年11月，启东经济开发区党工委副书记，滨江精细化工园党工委书记、管委会主任；2011年11月至2013年6月，启东经济开发区党工委副书记，滨江精细化工园党工委书记、管委会主任，市人大常委会滨江精细化工园工作委员会主任；2013年6月至2014年12月，启东经济开发区党工委副书记，滨江精细化工园党工委书记、北新镇党委书记；2014年12月至2016年1月，启东滨江精细化工园党工委书记、北新镇党委书记；2016年1月至3月，启东市人大常委会副主任、党组成员，滨江精细化工园党工委书记、北新镇党委书记；2016年3月起，启东市人大常委会副主任、党组成员。

政　　府

袁　蕊

袁　蕊，女，汉族，1980年10月出生，陕西岐山人，2003年9月参加工作，2002年11月入党，大学学历。启东市人民政府副市长、党组成员(挂职)。

1999年9月至2003年7月，西北政法学院法学专业学习；2003年7月至9月，待安排；2003年9月至2005年9月，陕西省城固县宝山镇镇长助理；2005年9月至2011年7月，陕西省城固县沙河营镇副镇长；2011年7月至2015年5月，陕西省城固县老庄镇党委副书记、镇长；2015年5月至2016年5月，陕西省城固县双溪镇党委书记；2016年5月至9月，陕西省城固县博望办事处党委副书记、主任；2016年9月至2017年1月，陕西省西乡县政府党组成员；2017年1月至5月，陕西省西乡县政府副县长；2017年5月起，启东市人民政府副市长、党组成员(挂职)。

许　可

许　可，男，汉族，1974年10月出生，江苏南通人，1997年2月参加工作，2012年7月入党，大学学历。启东市人民政府党组成员(挂职)。

1993年9月至1995年7月，江苏广播电视大学学习；1995年7月至1997年2月，中国工商银行南通分行见习；1997年2月至2006年9月，华泰证券南通环城西路营业

部员工（2002年9月至2004年7月，中央广播电视大学工商管理专业在职学习）；2006年9月至2014年4月，华泰证券南通环城西路营业部标准化团队负责人、运行总监；2014年4月至2017年5月，华泰证券启东人民中路营业部经理；2017年5月起，启东市人民政府党组成员（挂职）。

政 协

孙建忠

孙建忠，男，汉族，1963年3月出生，江苏启东人，1983年7月参加工作，2009年12月入党，研究生学历。启东市政协主席、党组书记。

1980年9月至1983年7月，扬州水利学校经济管理专业学习；1983年7月至1984年4月，启东县水利局器财股会计；1984年4月至1991年1月，启东县（市）水利局器财股副股长（1988年12月，南京大学经济管理专业大专自学考试毕业）；1991年1月至5月，启东市水利局团总支书记（正股级）；1991年5月至1992年5月，启东市三甲乡乡长助理（挂职）；1992年5月至1996年12月，启东市水利局副局长；1996年12月至1998年1月，启东市工商联会长；1998年1月至2002年11月，启东市政协副主席、市工商联会长（1999年9月至2002年3月，苏州大学研究生课程班函授学习；2002年9月至2004年1月，省委党校政治经济学专业研究生班函授学习）；2002年11月至2007年11月，如东县人民政府副县长；2007年11月至2012年3月，启东市人民政府副市长；2012年3月至2017年1月，启东市人民政府副市长、党组成员；2017年1月起，启东市政协主席、党组书记。

潘双林

潘双林，男，汉族，1966年3月出生，江苏启东人，1986年11月参加工作，1990年2月入党，大专学历。启东市政协副主席、党组成员。

1986年11月至1990年2月，连云港武警机场安检站服兵役；1990年2月至1991年4月，启东市大洋港第四次人口普查办公室工作人员；1991年4月至1998年11月，启东市吕四港镇陈涛村民兵营长、治保主任、团支部书记、总帐会计、副书记、村委会主任；1998年11月至1999年11月，启东市吕四港镇工业办公室副主任；1999年11月至2001年3月，启东市吕四港镇香堂村党支部书记；2001年3月至11月，启东市吕四港镇东皇山村党支部书记（2001年4月至2003年7月，江苏农村广播学校经济管理专业大专函授学习）；2001年11月至2004年12月，启东市天汾镇党委副书记、镇长（聘）；2004年12月至2006年3月，启东市天汾镇党委副书记、常务副镇长（聘，享受正乡职待遇）；2006年3月至2008年9月，启东市天汾镇党委副书记、常务副镇长（享受正乡职待遇），天汾电动工具产业园管委会副主任（聘）；2008年9月至2009年5月，启东市吕四港镇党委副书记、镇长；2009年5月至2012年1月，启东市吕四港镇党委副书记、镇长，吕四海洋经济开发区党工委副书记；2012年1月至6月，启东市吕四港镇党委副书记、镇长（机构升格），吕四海洋经济开发区党工委副书记；2012年6月至2014年12月，启东市吕四港镇党委副书记、镇长，启东吕四港经济开发区党工委副书记；2014年12月至2016年12月，启东市吕四港镇党委副书记、镇长；2016年12月至2017年1月，启东市政协党组成员；2017年1月起，启东市政协副主席、党组成员。

徐永辉

徐永辉，男，汉族，1965年2月出生，江苏启东人，1987年7月参加工作，1990年7月入党，大专学历。启东市政协副主席、党组成员，海工船舶工业园党工委书记、寅阳镇党委书记。

1984年7月至1987年7月，南通农业学校农经专业学习；1987年7月至1990年3月，启东县（市）农业良种繁育场团委书记（1989年9月至1992年7月，省委党校经济管理专业大专函授学习）；1990年3月至1994年5月，启东市轻工业公司副科长；1994年5月至1997年1月，启东一心印铁制罐有限公司副厂长；1997年1月至1998年5月，启东市计生委办公室副主任、主任；1998年5月至1999年12月，启东市计生委主任助理；1999年12月至2003年11月，启东市计生委副主任；2003年11月至2004年12月，启东市合作镇党委书记；2004年12月至2006年2月，启东市合作镇党委书记、镇长；2006年2月至2009年5月，启东经济开发区党工委副书记、管委会副主任，滨海工业园党工委书记、管委会主任；2009年5月至2011年11月，吕四海洋经济开发区党工委副书记，滨海工业园党工委书记、管委会主任；2011年11月至2013年6月，启东海工船舶工业园党工委书记；2013年6月至2015年7月，启东海工船舶工业园党工委书记、寅阳镇党委书记；2015年7月至2016年10月，启东吕四港经济开发区党工委副书记、管委会主任，海工船舶工业园党工委书记、寅阳镇党委书记；2016年10月至2017年1月，海工船舶工业园党工委书记、寅阳镇党委书记;2017年1月起,启东市政协副主席、党组成员,海工船舶工业园党工委书记、寅阳镇党委书记。

(市委组织部)

新闻人物

陈宇翱

陈宇翱,男,汉族,启东市王鲍镇人,1981年4月出生,合肥微尺度物质科学国家实验室,量子物理与量子信息研究部,中国科学技术大学近代物理系教授。2008年,获得德国海德堡大学博士学位。

2011年回国工作后,他主要致力于基于光子和超冷原子操纵的可拓展量子信息处理研究,并在国际上首次成功制备出八光子薛定谔猫态。陈宇翱在《自然》《自然·物理学》《自然·光子学》《美国科学院院报》《物理评论快报》5个国际重要学术期刊上发表论文38篇,其中第一作者和通信作者论文15篇,被SCI他引1800余次。他的研究成果一次入选《自然》年度十大科技亮点,2次入选欧洲物理学会"年度物理学亮点",2次入选美国物理学会"年度物理学重大事件",5次入选由两院院士评选出的"中国十大科技进展新闻"。2013年,欧洲物理学会授予陈宇翱2013年度"菲涅尔奖",以表彰他在光子、冷原子量子操纵和量子信息、量子模拟等领域的杰出贡献。2016年6月1日,陈宇翱在自由空间量子隐形传态等量子信息实验研究中取得重要研究成果,获2016年度陈嘉庚青年科学奖数理科学奖。7月28日,获2016年国际纯粹与应用物理学会的原子分子光物理委员会青年科学家奖。

(启　鉴)

先进人物

陈　帅

陈　帅,男,汉族,江苏省连云港市东海县人,1985年1月出生,研究生学历。生前系江苏省公安消防总队南通支队启东大队副大队长,武警少校警衔。烈士,"中国好人榜"11月份"见义勇为好人"。

陈帅2003年9月入伍,2005年12月入党,2010年6月参加工作。先后参加灭火战斗1100余次、抢险救援200余次,抢救被困人员100余人。他忠于职守、爱岗敬业,2次获"优秀警官"称号,6次受到嘉奖。

2016年5月31日,陈帅像往常一样,下班以后在办公室整理白天的执法档案,17时57分,大队指挥中心接到海四达电源股份有限公司的报警。凭着职业敏感和对辖区单位的熟悉程度,陈帅感觉情况危急、事件重大,本可以不到现场的他,毫不犹豫地跟随官兵第一时间赶赴了现场……

陈帅和战友们到场后,经询问知情人和厂方技术人员,事故建筑一、二层为生产车间,三、四层为仓库,每层4000余平方米。事发楼层为三层电池老化仓库,内存有各类不同型号的锂电池8万余个,仓库内还有数十名员工。面对险情,陈帅第一时间想到的就是要赶快疏散仓库内的员工。他亲自带领中队官兵组成内部侦察和疏散人员小组,深入仓库内部一边开展侦察,一边疏散人员。突然一声巨响,仓库内存放的锂电池在毫无征兆的情况下发生爆炸,仓库的隔断墙瞬间倾覆,窗户玻璃碎了一地。在外面的中队几名战士承受着爆炸后的高温,在爆炸现场拼命搜寻陈帅和其他几名战友的身影。当战友发现陈帅的时候,他已经倒在了爆炸现场的最前沿……经市人民医院全力抢救无效,于21时56分牺牲,年仅31岁。

陈帅牺牲后,国务委员、公安部部长郭声琨专门作出批示:向英勇牺牲的消防官兵亲属表示亲切慰问。6月1日,公安部政治部批准在海四达爆炸事故中英勇牺牲的消防战士陈帅为烈士,并颁发献身国防金质纪念章。同日,江苏省公安厅追授陈帅"消防勇士"称号并追记二等功。启东市委决定,追授陈帅"忠勇消防卫士"称号,在"两学一做"学习教育中开展向陈帅学习的活动。

(启　鉴)

陆永飞

陆永飞,男,1957年2月出生,启东市,汉族,中共党员,大专学历,水暖工程师、高级工程师、高级经营师、一级建造师,江苏南通二建集团有限公司沈阳分公司项目经理。曾获"沈阳市五一劳动奖章""沈阳市劳动模范""辽宁省五一劳动奖章""全国五一劳动奖章""全国优秀农民工""全国劳动模范"等荣誉。2016年被中国建筑业协会评为中国建设工程优秀工匠。

自参加工作,陆永飞参加建设和管理项目数十个,所获得的奖项不计其数。1996年,参与北京东环广场项目安装、机电、暖通、消防工程的建设,该项目获得国家最高荣誉奖项"鲁班奖"。2004年3月,作为南通二建第一人,承建沈阳东环时代花园一期总承包任务,工程总造价6200万元,建筑面积64000平方米。该工程被评为沈阳市"新貌杯"、沈阳市优质工程，并获得江苏省“扬子杯”奖。2010年10月参与浑南新区全运会配套项目全运村安置房工程的施工建设，2013年8月参与德国开发商投资开发的伯爵世家小区施工建设，获“2014年度贯彻实施建筑施工安全标准示范单位”及“2015年度AAA级安全文明标准化工地”。2014年参与沈阳世鸿置业集团开发建设的朗明居工程的建设，项目先后获2014年度沈阳市建筑施工现场文明施工新貌杯、2015年度哈长沈省会城市安全联检金牌工程、2015年度沈阳市优良结构工程、2015年度辽宁省建设工程优质结构、2016年度辽宁省建设工程优质结构、2016年度辽宁省工程建设优秀QC小组等荣誉。陆永飞在沈阳市铁西区、皇姑区、和平区、浑南新区等地承建工程累计建筑面积110多万平方米，完成施工产值超11.5亿元。

（市住建局）

朱咏梅

朱咏梅，女，1975年4月出生，江苏启东人，启东市科协主席、党组书记。2016年，被人社部、中国科协评为全国科协系统先进工作者。

朱咏梅立足科协本职，放眼全局工作，把服务经济社会发展作为群团工作“以有为争有位”的重要抓手，创新思路，整合资源，搭建平台，以超前的谋划，优质的服务和显著的成效，得到各界的认可，有效地提高科协部门的显示度。

2013年，她与滨海工业园联手，完善设施、出台政策，成功建成江苏省海外智力为国服务行动计划工作基地，先后招引15位海外留学人才到启东考察、投资置业。与上海市科协、上海留学人员联合会沟通和交流，先后率人才办和相关园区负责人赴上海参加“千人计划”专家年会、上海交大留学人员联谊会，并成为上海欧美同学会长三角发展圆桌会议成员单位。

在启东滨海工业园区管委会的支持下，她把金盟科创园整体打造为博士创业园。成功促成中国科学院上海技术物理研究所与启东市政府合作，成立光电遥感中心。成功引荐美国加州大学医学院博士后田晓丽领衔的海归专家团队创办中美医学转化项目，成立南通纳美生物医药科技有限公司，实现南通地区第三方高端医学检测机构零的突破。

在实施市人才办的人才引进奖励扶持政策的基础上，与滨海工业园协商专门出台针对海归博士创业的《关于入驻博士创业园企业的相关优惠政策》。先后邀请薛永祺、赵连成、张生勇、王海舟、匡定波、郑有炓、吴培亨等院士到启东指导。引荐南京大学、中国地质学院等高校科研院所的国内外专家教授到启东举办工业园区生态建设交流研讨会；协同滨海博士创业园和尚华生物医药科技协作园与上海生物医药协会合作举办生物医药创新发展论坛；联合发改委与上海重型装备制造协会、上海科学技术交流服务中心合作，举办高端装备制造业发展论坛。同时，注重启东学会协会的培养，重点围绕承接政府转移职能主题，组织“转型发展江海行”活动。共同打造南通大学杏林学院的“杏林之星”科技梦社团，加强企业对接，把科普志愿服务向科技服务延伸。从上海虹口区科创园引进“一杯水”节能马桶项目，推广于农村改厕工作，得到试点地区干部群众的广泛好评。

（朱咏梅）

苏晓琳

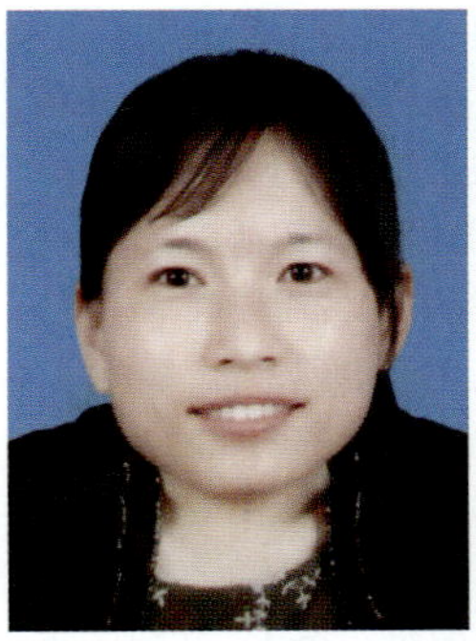

苏晓琳，女，1984年4月出生，启东市汇龙镇亚光村村民，中共党员，自办“阳光电脑”小店。出版自传体小说《为梦想插上翅膀》。“中国好人榜”6月份“助人为乐”好人。

她先天畸形，只能靠着板凳艰难行走。她打破医生“活不过15岁”的预言，做过马达车工、进过电子厂、学过电脑、开过网店，不但能生活自理，还自学成才。生活中的晓琳乐观阳光，在网络平台上，她是残疾朋友的“知心姐姐”，她用积极的态度、甜美的声音，照亮了残障朋友的心灵之窗，唤醒了他们的逐梦之心。在她的影响下，不少残疾人开起网店，走上创业道路。

“残疾人也有自己的梦想，只是身体的残缺、内心的自卑，让他们不敢去向往。”苏晓琳说，她的愿望，就是帮助更多的残疾朋友张开梦想的翅膀。

她为重病网友四处筹款，帮助迷途孩子返航。2014年期间，苏晓琳一家参加多档央视和各大卫视的节目。“有人说我是作秀，打着残疾人的名号博出名。”苏晓琳有些激动：“我就是想把自己的经历分享给更多的人，告诉残疾朋友，残疾从来都不会成为人生的绊脚石。”闲暇时，苏晓琳在残疾人公益网站——“生命之歌”从事公益工作。大家使用语音，讲故事、吐心声、聊侃社会的方方面面……晓琳动人的声音，渐渐流入残疾人朋友的心田。

“只要心中有阳光，生活就是快乐幸福的。”苏晓琳用坚强、乐观和充满希望的心，拥抱着每一天，享受着每一天，带给周边的人无穷的力量。

（启 鉴）

张新柱

张新柱，男，1958年1月出生，启东市汇龙镇长江社区服务站水电维修员、外来务工人员。2016年1月，张新柱被国务院农民工工作领导小组办公室授予“全国优秀农民工”称号。

1992年，张新柱辞掉干了10年的村干部工作到启东从事管道疏通工作。

为完成从小山村“父母官”到城市管道工的转型，张新柱跟着老师傅学习管道疏通技术。他从最简单的家政管道疏通做起，逐渐练就一门无管不通、无堵不疏的手艺，成长为市政服务明星。

“解民众燃眉之急，是我这项工作的最大特点。”张新柱说。2002年，一个风雨交加的夜晚，启东市区幸福二村下水道严重堵塞，污水从二楼楼道口溢出。物业公司员工和110民警赶到后，均束手无策。情急之下，社区居委会拨通张新柱的电话。张新柱连夜冒雨赶赴现场，趟着臭气熏鼻的污水，很快找到了症结。他顶着暴风骤雨爬上楼顶，在天台上架起设备冒险作业。经过两个多小时的紧张抢修，被堵的主管道顺利疏通。像这样处置急难险重任务的事例，在张新柱身上不胜枚举。

2008年9月，启东市开展首届道德模范评选活动。张新柱从270名候选人中脱颖而出，成为市首届10名道德模范中唯一来自外省的获选者。“作为一名党员，无论走到哪里，都得做出党员的样子。”张新柱被广大百姓赞誉为“启东徐虎”。2012年，启东市政府开通“12345”便民服务热线后，张新柱主动参与其中。每次接到指令，他总能第一时间赶赴现场处置情况。

张新柱的凡人善举感动着身边的每一个人。在启东市，有一个由张新柱打响的品牌，那就是他始终坚持参与长江新村、职工新村爱心服务志愿者活动，并且每月1日雷打不动地为社区居民提供无偿服务。他把彩臣二村60号楼201室老人、明珠新村88号楼南车库残疾人等列入长期定点服务对象，主动为这些孤寡老人、困难户疏道下水道、修马桶、钉窗户，并减免困难户的疏通费用。

张新柱始终铭记当初走出家乡的心愿与使命。从1998年开始，他主动将家乡的年轻人带在身边，给他们传授管道疏通技术。他的徒弟遍布全国各地，其中不乏事业有成者。

“无论走到哪里，都要做个好人！”这是年近六旬的张新柱践行一辈子的诺言。25年的坚守，张新柱的精神和事业，在他的家乡瑞昌和“第二故乡”启东生根发芽、开花结果。

(刘志刚　祝　赞)

冯友飞

冯友飞，男，1960年出生，中共党员，大专毕业，启东市社会保险事业管理处主任。2016年被省委、省政府评为江苏省先进工作者。

冯友飞20年如一日带领社保处全体工作人员坚持“以人为本”工作理念，贯彻落实上级关于社会保险的方针政策，使全市基本养老保险覆盖面扩大至各类企业、个体工商户和灵活就业人员。全市参保人员从2007年的7.98万人发展到2015年的13.79万人。他申请上级财政补助资金累计11.1亿元，确保全市5.28万名离退休人员养老金100%足额发放。他曾获南通市政府表彰的先进工作者、启东市政府三等功、江苏省社会保险工作先进个人等荣誉。

顾　光

顾　光，男，1959年出生，大专毕业，启东市公安局合作中心派出所副主任科员。2016年被省委、省政府评为江苏省先进工作者。

顾光从警28年来，三换警种、六易岗位，长期扎根农村派出所。因年龄原因从领导岗位退居二线后，他一如既往全身心投入工作。自从警起，他亲自抓获逃犯50余名，破获各类案件近1000起，调处矛盾纠纷2000余起，帮助群众排忧解难。被省公安厅记二等功1次，被南通市公安局记三等功4次，并获“中国好人”、省人民满意警察、省公安机关群众工作标兵、南通市先进工作者、南通市公安系统“十大廉政标兵”、启东市首届感动启东人物、启东市首届十大法治人物、启东市十佳服务明星等称号。

黄鹤飞

黄鹤飞，男，1956年出生，中共党员，初中毕业，启东市东海镇新造农贸市场个体户。2016年被省委、省政府评为江苏省劳动模范。

黄鹤飞被驻军某部亲切地称为“编外给养员”。部队官兵换了一批又一批，凡是新官新兵进营房，老的官兵总把老黄介绍给他们：“有事找老黄”。10多年来黄鹤飞开辟菜园办养猪场，改善部队伙食；帮助训练执勤的战士洗衣、缝补，解除官兵后顾之忧。他当过兵，懂得要让军人少一点牵挂，就要全心全意为部队的后勤保障服务。黄鹤飞被南通市委、市政府、军分区评为拥军优属先进个人、在启东创建全国双拥模范城“四连冠”中被南通市评为拥军模范。

廖远朝

廖远朝，男，苗族，1982年出生，中共党员，中专毕业，江苏鸿得利机械有限公司班组长。2016年被省委、省政府评为江苏省劳动模范。

廖远朝发扬“军人退伍不褪色”精神，坚持创新，提升技能。他所在的泵送中心是企业泵车产品的核心部位，为提升装配效率，他积极参与泵送装配线的设计和改造实施，使泵送装配的工作效率提升30%；他刻苦钻研，提高装配的“一锤一准”“一刀准”技能，装配质量大幅提升。2015年8月在启东市总工会组织的钳工比武活动中，他以精湛技术获得二等奖。两年中，他为公司培养28名装配新员工，成为企业技术革新的核心力量，连续多年被评为企业明星员工、柳工集团优秀共产党员。2014年被评为南通市劳动模范。

倪忠辉

倪忠辉，男，1965年出生，农民，高中毕业，启东市忠辉果蔬专业合作社理事长。2016年被省委、省政府评为江苏省劳动模范。

他从事“王鲍地产三宝”——芋艿、山药、香芋种植17年。2010年5月，他组织周边500多个农户创办启东市忠辉专业合作社，种植规模达500多亩，亩均纯利润2200元。为带动周边农户，2013年4月，创办启东市地产三宝协会，以合作社和协会为依托，通过送项目、送启动资金、送技术等方式精准扶贫。向缺资金的困难户送蔬菜种子、化肥、农药等；从缺劳动力的农户手中承包耕地，实行保本承包、利润分红、全托管理；对缺技术的农户在栽培、施肥、防病、治虫、销售等各个环节进行指导。倪忠辉是共同致富的领路人，一代新型农民的代表。

吴建新

吴建新，男，1965年出生，中共党员，大专毕业，江苏神通阀门股份有限公司董事长。2016年被省委、省政府评为江苏省劳动模范，获评2016年度“启东好人“。

吴建新为中国核电阀门国产化做出重要贡献，有科技成果20多项。其中，2006年主持开发的焦炉烟气除尘专用超大型转换设备、2007年主持开发的核电站安全壳空气隔离阀、2012年主持开发的大流量高压差低噪声煤气调压装置3项成果被评为江苏省科技进步三等奖；百万千瓦级核电站泵阀国产化项目获2010年国家能源局科技进步一等奖。江苏神通的核电阀门占国内核电市场的80%左右，每年为国家节约外汇5亿多美元。公司每年向启东慈善基金捐款50万元，树立企业良好的公众形象。

虞海娟

虞海娟，女，1972年出生，中共党员，硕士，江苏林洋能源股份有限公司副总裁。2016年被省委、省政府评为江苏省劳动模范。

虞海娟在林洋能源公司从事财务工作近20年，爱岗敬业、乐意奉献，为林洋能源上市及资本运作做出贡献。她带领团队完成2006年江苏林洋新能源股份有限公司在美国纳斯达克的上市和2011年江苏林洋电子股份有限公司（现林洋能源，股票代码602222）上海A股主板上市工作。2015年，完成林洋能源定向增发18亿元，为林洋电站建设顺利推进奠定基础。

赵晓勋

赵晓勋，男，1959年出生，中共党员，高中毕业，中国邮政集团公司江苏省启东市分公司投递员。2016年被省委、省政府评为江苏省劳动模范。

多年来，赵晓勋经常为邮路上的乡亲们购买日常生活用品，代交电费、电话费，代领退休工资等。帮扶对象范成英大妈患病住院，赵晓勋照顾她直到生命的最后一刻。他经常利用投递间隙为孤寡老人打扫卫生、施肥、松土、喷农药、种蔬菜。春节时为帮扶老人送去“压岁钱”。他在“爱心邮路”上的先进事迹先后获江苏省广播电台、《江苏邮电报》等多家媒体专题报道。先后获南通市劳动模范、南通邮政系统“爱心邮路”20佳投递员、启东邮政“十佳优秀投递员”“启东市好市民”等称号。

朱金雪

朱金雪，男，1957年出生，渔民，小学毕业，启东市吕四港镇吕滨渔业服务有限公司3120号渔船船长。2016年被省委、省政府评为江苏省劳动模范。

他从事海洋捕捞41年。2013年12月31日晚，在苏启渔02210号渔船从作业海域返航时，遇9级大风致使渔船沉没，船员全部落海。朱金雪接报后，不顾自身安危，迅速驾驶渔船驶向遇难渔船展开搜救行动。严冬的海上气温寒冷，稍有延误落水船员就可能支撑不住。朱金雪一边用探照灯搜寻落水船员，一边让自己船上的船员们纷纷扔下救生筏、救生衣及绳索，把掉入海里的船员救上来。他先后被评为“启东好人”、南通市劳动模范。

（市总工会）

陈金飞

陈金飞,男,1974年12月出生,中共党员,大学学历,中小学高级教师,江苏省特级教师,江苏省"333高层次人才培养工程"中青年学术技术带头人,江苏省启东实验小学副校长。曾三次被启东市教育局授予"双凤麟奖"教学质量奖;三次被启东市委、市政府授予三等功;2010年4月被评为江苏省基础教育改革先进个人;2015年9月被评为南通市优秀教育工作者;2016年获江苏省优秀教育工作者、小学数学特级教师、江苏省"333高层次人才培养工程"中青年学术技术带头人、江苏省特级教师称号。

陈金飞倡导"智性课堂",主张"为理解而教"。从教24年,先后在全国、江苏省优质课比赛中获一等奖,渐成"深刻而灵动"的风格。申请主持的《基于儿童本位小学数学智性学习研究》批准为江苏省教育科学规划2013年度重点课题,2016年12月结题,成果获江苏省教学成果一等奖。50多篇论文发表于《教学与管理》《江苏教育》等杂志,有4篇文章被人大复印资料《小学数学教与学》全文转载,主持江苏省"十三五"立项课题《旨在核心素养提升的小学数学"智性学习"理论与实践研究》,出版专著《智性数学课堂——我的教学主张》。指导学生参加江苏省小学生数学竞赛获团体、个人两项第一,参加第七届全国"华罗庚金杯赛"获一枚银牌、一枚铜牌。

陈金飞以课题组为基本单位,建立团队,以点带面帮助青年教师共同提高。辅导教师陆伟杰获江苏省优课评比一等奖;辅导教师高敏、刘爱东、曹健等成长为南通市学科带头人;辅导教师蒋青青获启东市青年教师优课比赛一等奖。

(启东实验小学)

年度"启东好人"

王　辉
(师德典范)

王　辉,男,1964年8月出生,中共党员,启东市合作小学校长。他扎根乡村教育33年,先后资助贫困学生1万多元,多次将全国优秀教师、市政府"十佳园丁"奖励金用来奖励优秀师生和慰问教师。他与肝炎、糖尿病等疾病作抗争,坚守"三尺讲台"。他骑着摩托车行程数百公里,征得有识之士资助,设立"奖教基金"。他管理学校有方,教育教学成绩斐然。曾经获全国优秀教师、南通市优秀少先队辅导员、感动南通教育人物(群体)提名奖等荣誉。

周　健
(医德典范)

周　健,男,1971年9月30日出生,中共党员,启东市人民医院普外二科主任、外科党支部书记。从医21年,周健完成普外专业的各级各类手术1万多例,挽救一个又一个生命。他积极学习并研究新技术新方法,先后在国家级及省级刊物上发表论文10余篇。2011年,在他的带领下,普外二科被认定为南通市重点学科,并创建江苏省临床重点专科。他参加各种体检任务、义诊义捐,带领党员深入社区、敬老院等地,组织义诊和健康讲座,为困难家庭捐款捐物。2015年,在去新安镇送医下乡活动中,他及时发现两位老人患有直肠癌,挽救了他们的生命。

吴建新
(诚实守信好人)

内容参见"先进人物"

吴　勇
(诚实守信好人)

吴　勇,男,1960年2月出生,启东市汽车运输集团有限公司水电技工。"修修电路、水管道,举手之劳给居民带来方便,那是我能做到的事,我会一直做下去。"一句朴实的言语,变成坚守36年的承诺,多年的工作实践和不懈的刻苦钻研,吴勇练就一手过硬的水电维修技术,是单位公认的业务骨干,是社区有名的"及时雨"。36年来,他一直利用业余时间和节假日,为单位职工和社区群众维修水、电、电脑等家用电器,始终履行着不收取劳务费的承诺,累计无偿服务6万余次,奉献个人休息时间10400小时。

陆亚声
(敬业奉献好人)

陆亚声,女,中共党员,1963年10出生,近海镇向西村党总支书记。她在村党组织书记岗位上工作10多年,努力为群

众办实事好事，使向西村成为全市最早实现水泥路、路灯、天网全覆盖的村之一。近年来，村筹集资金建成160平方米“一站式”服务中心、1000多平方米村民休闲广场，完成233条泯沟的整治任务。此外，她联系周边企业，为村300多名党员群众解决就业问题。2015年，陆亚声获江苏省“吴仁宝式优秀村书记”“南通市优秀村党组织书记”等称号。

启东市今启公益协会
（志愿服务好人）

启东市今启公益协会，成立于2011年，2016年3月注册。该团体是由一群富有爱心、热衷于公益事业的有志青年自发组成，有成员500多人。自成立起共举行40多次公益慈善活动：一对一捐助贫困学生38名，在社区收集旧衣服捐赠给山区，为雅安地震捐助救灾物资，组织重阳节敬老活动，对困难家庭进行捐助，对贫困儿童进行一对一帮扶等。

今启公益协会进社区收闲置衣物

顾建康
（助人为乐好人）

顾建康，男，1950年1月出生，启东市水利局退休人员。他身患三种癌症，动过三次手术，依然热心公益，捐助身边困难群众。他对卫生站周边的患病群众比较熟悉，当知道哪家哪户有人生病，而且生活比较困难，就会慷慨相助。2016年，顾建康先后捐助周边17名患病人员，多者三五百元，少者一二百元，并购买一些生活日用品送到患者家中。

陈　卫
（见义勇为好人）

陈卫，男，1973年11月出生，中共党员，建筑工人，汇龙镇人。2016年3月24日清晨，市民蔡女士驾车不慎失控冲入河中，危急时刻，路过的陈卫借了一把大铁锤，奋不顾身地跳入河中，用铁锤砸破汽车天窗，救出蔡女士。随后他婉拒酬谢，没有留下姓名，就骑上摩托车离开了。24日开始，人们在朋友圈全城寻找“铁锤哥”。次日，救人的陈卫终于被找到，但他几次拒绝采访，表示自己没做什么，这都是应该的。他不为自己的见义勇为而感动，却为大家寻找他感谢他的言语而感动。

沈益平
（孝老爱亲好人）

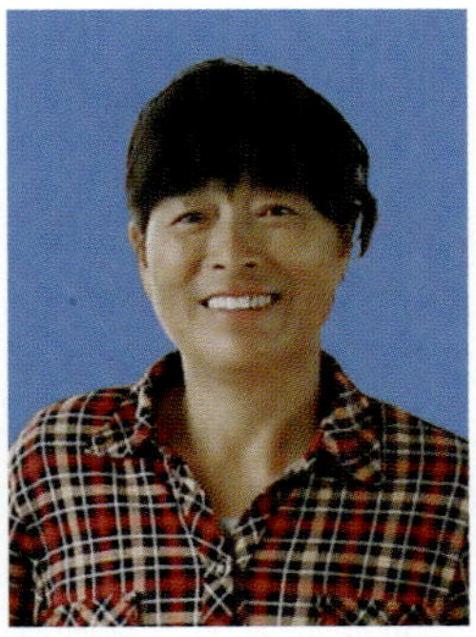

沈益平，女，1962年11月出生，近海镇黄海村村民。十余年来，为了照顾患老年痴呆症的婆婆和因车祸留下后遗症的妯娌，她放弃外出挣钱的机会，心甘情愿在家照顾她们。“妯娌就是我的亲姐妹，我有责任照顾她。”为此，沈益平付出太多。婆婆患上痴呆症，她悉心服侍如女儿。为了防止患老年痴呆的婆婆病情加重，她就每天两次领着婆婆出门溜达。每天照应公婆和妯娌吃饭，等他们吃完，桌上的饭菜也都凉了，她却从无怨言。她常说：“我们是一家人，一家人就要相亲相爱，相互照应。”

朱羿菲
（美德少年）

朱羿菲，女，2003年12月出生，启东市折桂中学学生。在家里，她尊敬长辈，孝敬父母，经常帮助爸爸妈妈做一些力所能及的家务活；对待邻里，她文明礼貌，与人为善，深得邻里喜爱；在学校，她勤奋学习，心系集体，尊敬师长，团结同学；在社会，她诚实守信，遵守社会公德，热心公益活动。朱羿菲有一次捡到钱包等候半个多小时终于将钱包完整归还失主。美德之光闪耀心灵，朱羿菲用自己的言行真实展现新时代中学生所应具备的美德。

（市文明办）

已故人物

刘仲侯

刘仲侯(1924—2015),原中共启东县委书记、盐城地委书记、教育部副部长、江西省委副书记。2015年10月15日在江西南昌病故。

刘仲侯,曾用名刘培增,江苏无锡人。1924年2月21日,出生于上海市一个较为富裕的家庭。1940年,中学时代即参加中共地下党领导的读书会等进步组织。1942年5月,加入中国共产党。9月,到苏中抗日根据地东台投奔新四军,历任苏中二分区台北县小海区民运队员、区委干事、委员、副书记。1945年8月抗日战争胜利后,历任东台县小海区委书记、台北县合塔区委书记、西团区委书记、小海区委书记。1948年5月起,历任华中工委机动大队中队支部书记、华中工委民运部工作队组长、华中工委政策研究室研究员、苏南区党委政策研究室研究员。

新中国成立后,刘仲侯历任苏南区党委农村工作团工作队长、苏南区党委组织部巡视员、苏南区党委纪律检查委员会秘书、苏南行署人民监察委员会主任秘书、江苏省政府人民监察委员会办公室主任、华东局审干委员会办公室内勤组长、江苏省审干委员会办公室副主任、江苏省委组织部办公室主任。

1957年1月,中共江苏省委选调一批年轻有为干部加强基层工作,刘仲侯受命任中共启东县委书记。1965年10月,任中共盐城地委副书记。1966年12月至1970年12月,在"文化大革命"中受冲击。1971年1月,刘仲侯重新走上工作岗位,先后任盐城地区革命委员会生产指挥部副主任,地区革委会副主任,中共盐城地委常委、副书记、书记兼地区革委会主任。1977年5月至10月,任教育部负责人,教育部党组成员、副部长。1978年12月至1982年2月,任中共江西省委副书记。1983年8月起,先后任中共江西省顾问委员会筹备小组副组长、中共江西省顾问委员会副主任、中共江西省顾问小组副组长。1997年1月经中央批准,离职休养。2015年10月15日,在南昌逝世,享年92岁。

1957年1月,刘仲侯离开省委机关,偕妻携子奔赴启东县。启东地处苏北沿海,盐碱地多,水旱灾害频发,粮棉产量都很低,直到1957年全县还要吃国家近亿斤返销粮。刘仲侯急国家之急,想人民之想,充分调动县委一班人积极性,带领启东百万人民艰苦奋斗。他长年深入社队,与基层干部同吃、同住、同劳动;从实际出发,大兴水利,改良土壤,改革耕作制度,正确处理粮棉关系,科学种田,使启东迅速恢复元气,在南通地区乃至全国率先度过三年国民经济困难时期,既支援国家,又初步解决广大人民温饱。1963年,全县实现皮棉亩产40公斤、粮食亩产350多公斤,创造历史最好水平。1964年,又创造58万亩棉花亩产皮棉65.85公斤、年增产60%多,60万亩粮田亩产416公斤、年增产17%的奇迹,使平均每人只有1亩多地的启东,既棉花高产,又粮食自给有余,成为全国"粮棉双高产、双超《纲要》、双贡献"的先进县,启东人民生活水平得到较大提高。1965年3月12日,《人民日报》发表长篇社论,总结启东经验,号召全国学启东,赶启东。8月20日《人民日报》一二版又刊发刘仲侯在县区社三级干部大会上的讲话摘要《革命干劲　民主风气　领导作风》,并加了长达千字的编者按。启东从此闻名全国、蜚声海外,各地乃至外国友人到启东学习考察的络绎不绝。启东先后派出数千人到省内以及上海、山东、河北、山西、云南等10个省市区指导种植棉花。国务院总理周恩来动情地对启东出席全国棉花生产会议的代表说:"你们多产棉花功德无量",还自豪地把启东作为粮食棉花双高产典型介绍给美国记者。此后,启东继续奋斗,1973年被《人民日报》誉为"金山银山一担挑"、1978年皮棉总产超百万担,这些也是与刘仲侯当年打下的基础分不开的。

刘仲侯,无论是在江苏,还是在国家教育部再至江西工作,一贯从实际出发,唯实不唯上,始终坚持以人民的利益为重的原则。1958—1960年,大跃进、反右倾、浮夸风一度盛行,他坚决不跟风,总是予以抵制,因而在地委会议上多次受到批评。他无私无畏,襟怀坦白,相信人民相信党。即使在"文化大革命"中,他也始终坚持原则,敢担当,不投机,正确对待群众批评意见。十一届三中全会后,他拥护改革开放。

离休以后,他依然关心党和人民利益。继续努力读书思考,深入基层访贫问苦、调查研究;大胆向中央建言献策,注意纠正偏差,是党的优秀干部,人民的真正公仆。

(成迪强　糜德辉　陈思品)

先进集体

启东市获得的部分荣誉

表 50

荣誉称号	授予单位
全国县级公立医院综合改革示范县	国务院办公厅
第三届国土资源节约集约模范县(市)	国土资源部
全国休闲农业与乡村旅游示范县(市、区)	农业部
全国基层中医药工作先进单位	国家中医药管理局
2016 年中国工业百强县(市)第 38 位	工业和信息化部直属研究机构中国信息通信研究院
全国创新创业中小城市百强第 11 位	中小城市经济发展委员会、中小城市发展战略研究院、中国中小城市科学发展指数研究课题组等单位
人口协调发展先进县(市、区)	省政府
2015—2016 年度“江苏省平安渔业示范县”	省安监局、省海洋与渔业局
江苏省妇幼健康优质服务示范县	省卫计委
全省高标准厂房建设与使用先进地区	省国土厅、省经信委
江苏省 2013—2014 年度人才工作成绩突出县(市、区)	省人才工作领导小组
2015 年度全省福彩销售十强(县)市	省福彩中心
南通市项目建设 2016 年度先进单位	南通市委、市政府

国家部委(协会)表彰的部分先进集体

表 51

荣誉称号	获得单位	授予单位
全国青少年足球特色学校	南苑中学、启东中学、大江中学、挂桂中学、北新小学、善成小学	教育部
国家农民合作社示范社	启东市多吃点农地股份专业合作社	农业部等 9 部门
2016 年度全国综合减灾示范社区	南城区街道建都小区	国家减灾委、民政部
全国农民合作社加工示范单位	启东市恒富隆农产品种植专业合作社	农业部办公厅

续表 51

荣誉称号	获得单位	授予单位
2016 全国综合实力千强镇	吕四港镇、汇龙镇、寅阳镇	中小城市经济发展委员会、中小城市发展战略研究院、中国中小城市科学发展指数研究课题组等单位
2016 年度全国社科组织先进单位	启东市社科联	全国大中城市社科联工作会议主席团
2016 年"四小"建设示范点	中国电信股份有限公司启东分公司近海支局	中国电信集团公司
质量信得过班组	中国电信股份有限公司启东分公司	中国质量管理协会

省厅级表彰的部分先进集体

表 52

荣誉称号	获得单位	授予单位
江苏省党员冬训示范乡镇	启东高新技术产业开发区	省委组织部、省委宣传部
首届"童声里的中国·成长的歌谣"创作大赛优秀组织奖	启东实验小学	省委宣传部
江苏省首批海洋经济创新型示范园区	启东海工船舶园	省发改委、省海洋与渔业局、省沿海办
第十八批"江苏省五四红旗团委创建单位"	启东滨海工业园(近海镇)团工委	团省委
江苏省五四红旗团支部	启东江海农电有限公司共青团支部	团省委
2013—2015 年江苏省文明单位	启东市供电公司、启东市人民检察院、南通市启东地方税务局、南通市启东地方税务局第一税务分局、南通市启东地方税务局第二税务分局、南通市启东地方税务局第三税务分局、中国电信股份有限公司启东分公司	省精神文明建设指导委员会
江苏省文明校园	启东实验小学、汇龙小学	省精神文明建设指导委员会
江苏省文明村	南阳镇富兴村、合作镇臣义村	省精神文明建设指导委员会
全省关心下一代工作先进集体	启东市教育局	省关心下一代工作委员会、省精神文明建设指导委员会
第 27 届江苏省青少年科技创新大赛优秀组织奖	启东市教育局	省科协、教育厅、科技厅等
江苏省青少年机器人竞赛活动学校团体三等奖	第二中等专业学校、启东实验小学	省科协、教育厅、科技厅等
江苏省教育工作先进集体	汇龙中学、启东实验小学、滨海实验学校、大洋港小学、和睦幼儿园	省教育厅、省委教育工委
省级绿色学校、第四批省级语言文字规范化示范学校	汇龙小学	省教育厅
江苏省合格社区教育中心	合作镇社区教育中心	省教育厅
江苏健康促进学校(金牌)	南苑中学	省教育厅
江苏省"三八"红旗集体	汇龙镇妇女联合会	省妇联
江苏省"平安家庭"创建示范社区	北城区街道文汇新村社区	省妇联
江苏省健康促进学校银牌学校	善成小学	省卫生厅、省教育厅
江苏省级"绿色学校"(第十六批)	百杏中学	省环保厅、省教育厅

续表 52

荣誉称号	获得单位	授予单位
江苏省特级村镇建设档案室	启东市吕四港经济开发区滨海工业园村镇建设档案室	省住建厅
江苏省知识产权工作先进集体	启东市知识产权局	省知识产权局
江苏省“两化融合”试验区	启东经济开发区	省经信委
江苏省 2016 年度文明口岸共建先进单位	启东海关	省口岸办
2016 年度江苏省海洋综合管理先进集体	启东市海洋与渔业局	省海洋与渔业局
江苏省人民调解委员会规范化建设示范点	南阳镇人民调解委员会	省司法厅
江苏省工人先锋号	江苏神通阀门股份有限公司核电技术处	省总工会
江苏省级职工书屋	江苏神通阀门股份有限公司	省总工会
江苏省休闲光农业示范村	启隆镇永隆社区	省农委
2016 年度全省住建系统先进产业工会	启东市住建局机关工会	省建设工会
2016 年度发展散装水泥先进单位	启东散装水泥与墙改节能办公室	省散装水泥办公室
2016 年度全省墙改工作业绩突出奖、2016 年度先进单位	启东散装水泥与墙改节能办公室	省墙体材料改革办公室
省村庄环境整治工作先进集体	启东市委农工办	省村庄环境整治领导组办公室
江苏省民主法治示范社区	紫薇一村社区	省依法治省领导小组
江苏省民主法治示范村	南阳镇新河村、南阳镇正谊村	省依法治省领导小组
江苏省卫生村	合作镇周云村	省爱国卫生运动委员会

南通市委、市政府、南通军分区表彰的部分先进集体

表 53

荣誉称号	获得单位	授予单位
南通市双拥模范城	启东市民政局	南通市委、市政府、南通军分区
南通市文明单位	和睦幼儿园、长江小学	南通市委、市政府
南通市新型农民合作组织建设先进单位、农业龙头企业“五个一”创建先进单位	启东市委农工办	南通市委、市政府
南通市促进教育事业发展先进集体	百杏中学、汇龙小学、善成小学、长江幼儿园	南通市政府
南通市优秀基层党组织	江苏神通阀门股份有限公司	南通市委
南通市先进基层党组织	南阳镇启兴村、启东市自来水总公司党总支、汇龙镇人民政府	南通市委
南通市征兵工作先进单位	启东经济开发区	南通市政府、南通军分区
南通市安全生产先进乡镇	启东高新技术产业开发区(近海镇)	南通市政府
南通市农村环境长效管理示范镇	启隆镇	南通市政府
先进团级单位党委	启东市人武部党委	南通军分区党委
装备管理先进单位	启东市人武部	南通军分区

续表 53

荣誉称号	获得单位	授予单位
基层建设标兵单位基层武装部	王鲍镇人武部、启东经济开发区人武部、惠萍镇人武部	南通军分区
战备训练先进单位	汇龙镇人武部	南通军分区

先进个人

国家部委(协会)和省委、省政府、省军区表彰的部分先进个人

表 54

姓　名	单　　位	授予称号	授予单位
陈　帅	启东消防大队	烈士	公安部政治部
		消防勇士、“江苏最美警察”特别奖	省公安厅
苏晓琳	启东市汇龙镇亚光村村民	2016 年 6 月“中国好人榜”助人为乐好人	中央文明办
李忠卫	江苏神通阀门有限公司	全国技术能手	人社部
朱咏梅	启东市科协	全国科协系统先进工作者	人社部、中国科协
陆永飞	南通二建集团有限公司	中国建设工程优秀工匠	中国建筑业协会
樊有福	南通二建集团有限公司	第八届全国优秀建造师	中国建筑业协会建造师分会
冯友飞	启东市社会保险事业管理处	江苏省先进工作者	省委、省政府
顾　光	启东市公安局合作中心派出所		省委、省政府
黄鹤飞	启东市东海镇个体户	江苏省劳动模范	省委、省政府
廖远朝	江苏鸿得利机械有限公司		省委、省政府
倪忠辉	启东市忠辉果蔬专业合作社		省委、省政府
吴建新	江苏神通阀门股份有限公司		省委、省政府
虞海娟	江苏林洋能源股份有限公司		省委、省政府
赵晓勋	中国邮政集团公司江苏省启东分公司		省委、省政府
朱金雪	启东市吕四港镇吕滨渔业服务有限公司		省委、省政府
陆健泉	启东市人民医院	江苏省优秀共产党员	省委
陈金飞	启东实验小学	江苏省特级教师	省政府
陈延祥	启东市人武部	三等功	省军区

省厅级表彰的部分先进个人

表 55

姓　名	单　　位	授予称号	授予单位
杨　娟	启东市人民医院	江苏省第五期“333 高层次人才培养工程”第三层次培养对象	省人才工作领导小组
季国栋、陈金飞、张范辉	启东实验小学		

续表 55

姓　名	单　　位	授予称号	授予单位
李伟彬	启东市卫生监督所	第二届“健康卫士杯”优秀个人	省卫生监督协会
崔钧忠、崔　涛、姚美芳	启东市第二人民医院	江苏省优秀基层卫生骨干人才	省卫计委
陈忠辉、高红健、钱凯华、朱永昌	第三人民医院		
陈新生、沈永涛	第四人民医院		
施春飞、朱建能	第五人民医院		
黄金菊、徐建辉	第六人民医院		
苏建昌、吴建辉、郁忠华	第七人民医院		
樊红伟	吕四港镇社区卫生服务中心天汾分中心		
范正花	吕四港镇社区卫生服务中心兆民分中心		
陈亚生	东海镇社区卫生服务中心		
杨海健	惠萍镇社区卫生服务中心		
袁东岳	近海镇社区卫生服务中心		
季　辉、陈　慧	南阳镇社区卫生服务中心		
陈春雷、陆　英	合作镇社区卫生服务中心		
郭　刚	启东市市场监督管理局	全省集中整治公用企业专项执法行动成绩突出个人	省工商行政管理局
陈　杰	启东市人民法院	江苏省法院优秀党务工作者	省高级人民法院
顾向忠	启东市汇龙中学	江苏省优秀教育工作者	省教育厅
陈金飞	启东实验小学		
茅向华、张春荣、黄茂茂、宋春辉	启东市地方税务局	入选全省地税系统“素质提升‘115’工程–岗位能手项目”	省地方税务局
蔡秋燕	合作镇司法所	江苏省社区矫正严格执法、严格管理集中整治活动先进个人	省司法厅
张仪婷	海复镇司法所		
陆赛男	合作镇司法所	江苏省司法行政系统安置帮教先进个人	省司法厅
胡铁忠	启东市科技局	江苏省执法工作先进个人	省知识产权局
孙学珍、丁　峰	启东市商务局	2016 年度江苏省文明口岸共建先进个人	省口岸办公室
包仲贤	南阳镇佐鹤村	全省关心下一代工作先进个人奖	省关心下一代工作委员会、省精神文明建设指导委员会办公室
卞海兵	启东市住建局	“十二五”全省人民防空先进个人	省民防局
陈　鑫	启东市住建局	“十二五”全省建设科技、建筑节能与绿色建筑先进个人	省住建厅
姜星海	启东市住建局	全省城建档案管理工作先进工作者	省住建厅
顾文权	启东市供电公司	江苏省电力公司安全生产先进个人	国网江苏省电力公司
王铁峰	启东市供电公司	江苏省电力公司供电服务先进个人	国网江苏省电力公司

续表 55

姓　名	单　　位	授予称号	授予单位
姚沈兵	启东市供电公司	江苏省电力公司优秀共产党员	国网江苏省电力公司
江卓伟	启东市供电公司	江苏省电力公司优秀团员	国网江苏省电力公司
陈秋晨	启东市供电公司	江苏省电力公司财务工作劳动竞赛先进个人	国网江苏省电力公司、国网江苏省电力公司工会
蔡　翔	启东市供电公司	江苏省电力公司安规调考配电专业一等奖	国网江苏省电力公司
顾　冲	启东市水务局	全省防汛防旱先进个人	省防汛防旱指挥部
张海兵	启东市委农工办	全省农工办系统先进工作者	省委农村工作领导小组办公室
陈俭辉	启东市委农工办	全省扶贫系统先进工作者	省扶贫工作领导小组办公室

南通市委、市政府、南通军分区表彰的部分先进个人

表 56

姓　名	单　　位	授予称号	授予单位
陈小茂	汇龙镇	南通市优秀统战干部	南通市委
张燕华	汇龙镇	南通市优秀党务工作者	南通市委
周　超	疾病预防控制中心		
陆红琴	北城区街道		
陆健泉	启东市人民医院	南通市优秀共产党员	南通市委
樊裔华	启东市汇龙小学		
王晓东	启东市教师发展中心	南通市促进教育事业发展先进个人	南通市委、市政府
黄　靓	启东市汇龙中学		
龚　燕	启东市紫薇小学		
王　平	启东市江海中学		
陈宏杰	江苏省启东中学		
施泽明	启东滨江精细化工园安监局	2016 年度安全生产先进个人	南通市政府
施宇杰	启东高新技术产业开发区管委会		
朱华雄	启东市供电公司	治安保卫三等功、安全生产先进个人	南通市政府、南通市公安局
翁一平	启东市人武部	征兵工作先进个人	南通市政府、南通军分区
蔡　敏	吕四港镇		
黄　健	南阳镇	基层建设先进个人标兵——优秀专武干部	南通军分区
费海荣	王鲍镇		
陆建东	合作镇		
叶卫明	启东市人武部	基层建设先进个人标兵——优秀职工	
徐焕焕	南阳镇	全市民兵通信分队骨干跨区联训优秀学员	南通军分区
陆健东	合作镇	人民武装工作先进个人	南通军分区

重要文件摘编

关于进一步做好新形势下就业创业工作的若干政策措施

为贯彻落实《国务院关于进一步做好新形势下就业创业工作的意见》(国发〔2015〕23号)、《省政府关于进一步做好新形势下就业创业工作的实施意见》(苏政发〔2015〕90号)、《南通市人民政府关于进一步做好新形势下就业创业工作的若干政策措施》(通政发〔2016〕29号)文件精神，适应经济发展新常态，深入实施创新驱动发展战略和就业优先战略，推动扩大就业与提升质量并重、创业带动与促进就业并举，实现更加充分和更高质量的就业，结合市实际，提出如下政策措施。

一、积极推进创业带动就业

(一)营造宽松便捷准入环境。清理行政审批事项，依法动态调整企业注册登记分类审批目录，大幅减少投资项目前置审批。深化商事制度改革，全面推行工商营业执照、组织机构代码证、税务登记证“三证合一”，逐步统一社会信用代码，实现“一照一码”，推行“单一窗口”。继续优化登记方式，放宽新注册企业场所登记条件限制，推动“一址多照”、“一照多址”等住所登记改革，分行业、分业态释放住所资源。优化工商企业注册流程，逐步实现网上办理名称核准、网上预审登记、网上核准登记，推进全程电子化登记管理。依托企业信用信息公示系统，运用大数据加强对市场主体的服务和监管。激发大众创业、万众创新活力。

(二)培育创业创新公共平台。打造众创、众包、众扶、众筹等平台，构建大中小企业、高校、科研机构、创客多方协同的新型创业创新机制。构建一批低成本、便利化、全要素、开放式的创业载体，融合创业培训、创业实训、创业孵化、创业咨询和创业指导功能，创新孵化方式，提高孵化成功率。重点打造一批“双创”示范基地，培育就业创业服务业。大力推进创业孵化基地建设，创业孵化基地达到南通市级以上创业示范基地标准的，给予20万元扶持经费奖励。经认定的南通市级及以上众创空间，扶持在校大学生和城乡失业人员初次创业的，一次性给予不超过10000元的房租、宽带网络、公共软件等综合补贴。创业孵化基地按实际孵化成功(在基地内注册登记并孵化成功搬离基地后在本市继续经营6个月以上)的企业数，每个给予3000元的创业孵化成功奖励。加强创业项目的培育，对通过评审入库的创业项目给予1000元开发补贴。

(三)拓宽创业投融资门槛。扩大创业贷款担保基金规模，担保基金总额要在2年内增加到不低于1000万元。个人创业担保贷款一般不超过12万元。对高新技术项目和具有自主知识产权的项目，给予个人不超过50万元的创业担保贷款。合伙企业按投资人符合贷款条件的人数，人均不超过12万元标准，合计不超过60万元。创业担保贷款期限、次数及贴息标准按有关规定执行。进一步降低创业担保贷款的门槛，对高校推荐评估的在校大学生或参加南通市级以上创业大赛的获奖选手，申请创业担保贷款时，本着风险可控原则，可予以免除反担保。初次创业者在本市范围内向各类银行和市金融办认定的小贷公司申请贷款用于所创办的实体，可参照不超过创业担保贷款相应的额度、期限、标准，由财政给予贴息。对个人发放的创业担保贷款，在贷款基准利率基础上上浮3个百分点以内的，由财政按规定给予贴息。创业扶持对象成功引进市发改委认定的创业风险投资机构资金实施创业项目，一次性给予引进资金总额5%的创业引资奖励，最高不超过10万元。

(四)落实创新创业税费优惠政策。高校毕业生、登记失业人员等创办个体工商户、个人独资企业的,可依法享受税收减免政策。将企业吸纳就业税收优惠的人员范围由失业1年以上人员调整为失业半年以上人员。经认定的高新技术企业符合税收优惠条件的,可享受职工教育经费等税前扣除政策。全面清理涉企行政事业性收费、政府性基金、行政审批中介服务收费、行业协会商会涉企收费,落实涉企收费清单管理制度和创业负担举报反馈机制。对企业按规定减免登记类、证照类、管理类等行政事业性收费。

(五)加大扶持补贴力度。对在本市创业的在校大学生和城乡失业人员,初次创业稳定经营6个月以上且正常申报纳税的,一次性给予5000元初始创业补贴,其中城乡无业残疾人员经残联审核后再给予2000元补贴。对在本市创业的在校大学生和城乡失业人员创业成功,吸纳城乡劳动者就业,与其签订1年以上期限劳动合同并已连续缴纳3个月以上社会保险费的,一次性给予企业2000元/人的吸纳就业奖励。本市城乡享受低保待遇人员申领工商营业执照后正常营业、收入基本稳定,且家庭人均收入在当地低保标准1.5倍以下的,根据《江苏省居民最低生活保障工作规程》的规定,按原标准继续享受6个月的最低生活保障待遇。

(六)支持电子商务创业。鼓励城乡劳动者投身"互联网+"和电子商务创业。发挥大众创业、万众创新和"互联网+"集众智汇众力的乘数效应。对已进行工商登记注册并办理《就业创业证》的网络商户从业人员,同等享受各项就业创业扶持政策。对未进行工商登记注册,但在网络平台实名注册、稳定经营1年以上,有一定销售量及信誉基础的网络商户创业者,经指定的电子商务研究机构认定后,可按规定享受创业担保贷款及贴息政策;其从业人员可认定为灵活就业人员,享受相应的扶持政策。鼓励以企业、合作社或家庭农场为主体开展电子商务网上交易,鼓励开展"一村一品一网店"电子商务专业村建设或建立统一的电子商务销售平台,鼓励参加农业主管部门推荐的电商平台,对正常运行的电子商务平台的建设主体按有关规定给予专项补贴。

(七)鼓励科技人员创业。支持高校、科研院所专业技术人员在职创业、离岗创业,对于离岗创业的,经原单位同意,报主管部门和同级人社部门备案,可在3年内保留人事关系,与原单位其他在岗人员同等享有参加职称评聘、岗位等级晋升和社会保险等方面的权利。原单位应当根据专业技术人员创业的实际情况,与其签订或变更聘用合同,明确权利义务。

(八)营造大众创业良好氛围。开展创新创业规划竞赛、创业设计竞赛、科技作品竞赛以及举办创业论坛、建立创业社团、组织经验交流、事迹报告等活动,促进创业群体的沟通和交流,激发全民的创业热情,引导大家在创业活动中经锻炼、增知识、长才干、作贡献。深化创业型城市创建,对政策落实好、创业环境优、工作成效显著的,按规定予以表彰。

二、统筹推进重点群体就业

(九)鼓励高校毕业生多渠道就业。做好高校毕业生调查登记、就业服务、就业援助和职业培训工作。鼓励高校毕业生多渠道就业,困难家庭高校毕业生到民营企业、非公有制经济组织就业,签订一年以上期限劳动合同并按时足额缴纳社会保险费的,其2年内社会保险的个人缴纳部分由政府补贴。加大面向基层考录公务员和招聘事业单位工作人员的力度,在本市工业企业工作、或自主创业的大学生,其工作经历在公务员及事业单位招录中视同基层工作经历。落实和完善见习补贴政策,本市生源、无就业经历的大专及以上全日制高校毕业生(含毕业学年的高校学生)可参加为期3至6个月的见习。见习人员可享受当年企业最低工资标准75%的生活费补贴,职业见习基地可按每人每月200元的标准享受见习补贴。鼓励职业院校和培训机构输送学生至本地重点帮扶企业进行实习、见习(除订单式培养),对一次性向企业输入实习(见习)人员20人以上,且实习(见习)满3个月的,按500元/人的标准给予奖励,实习(见习)期满留在企业稳定就业3个月以上的,按照500元/人的标准给予奖励,稳定就业6个月以上的,再奖励300元/人。技工院校高级工、技师班(预备技师班)和特殊教育院校职业教育类毕业生可参照高校毕业生享受相关就业补贴政策。

(十)加强对困难人员的就业援助。坚持精准扶贫方略,加强对就业困难人员的实名制动态管理和分类帮扶,确保零就业家庭、最低生活保障家庭等困难家庭至少有1人就业。对用人单位吸纳困难人员就业的,按规定给予岗位补贴和社会保险补贴。对实现灵活就业并缴纳社会保险的就业困难人员,按规定给予社会保险补贴。加强对就业困难人员在岗情况的管理和工作考核,建立定期核查机制,完善就业困难人员享受扶持政策期满退出办法,做好退出后的政策衔接和就业服务。依法大力推进残疾人按比例就业,党政机关、事业单位及国有企业要建立岗位预留制度,带头安排残疾人就业。落实对用人单位安置残疾人的补贴和奖励制度,建立用人单位按比例安排残疾人就业公示制度。完善残疾人集中就业单位扶持政策,推进残疾人辅助性就业和灵活就业。

(十一)促进农村劳动力转移就业。结合新型城镇化建设和户籍制度改革,建立健全城乡劳动者平等就业制度,进一步清理针对农民工就业的歧视性规定,鼓励农村劳动力就近就地转移就业。完善职业培训、就业服务、劳动维权"三位一体"的工作机制。将劳动年龄段内的被征地农民纳入城镇就业体系,加强就业培训和指导,创造就业条件,促进被征地农民就业。

(十二)做好退役军人就业工作。扶持自主择业军转干部、自主就业退役士兵就业创业,落实相关扶持优惠政策。政府应提供一定比例的事业单位编制岗位用于接收符合政府安排工作条件的退役士兵;财政支付工资的各类工勤辅助岗位设立和遇有空缺时,应当首先用于接收符合政府安排工作条件的退役士兵;国有、国有控股和国有资本占主导地位的企业在新招录职工时,应拿出不低于5%的工作岗位择优招录符合政府安排工作条件的退役士兵。退役士兵报考公务员、应聘事业单位职位的,在军队服现役经历视为基层工作经历,服现役年限计算为工作年限。

三、切实维护就业形势稳定

（十三）促进企业吸纳就业。各类企业、非公有制经济组织招用就业困难高校毕业生1年以上，并按时足额缴纳社会保险费的，给予一次性吸纳就业补贴4000元/人。小微企业招用高校毕业生，与其签订1年以上劳动合同并按时足额缴纳社会保险费的，按规定给予企业1年的社会保险补贴。科技型小微型企业和劳动密集型小企业，吸纳高校毕业生、登记失业人员等群体就业，与其签订1年以上劳动合同并按时足额缴纳社会保险费的，根据其实际吸纳人数，每人不超过12万元、最高不超过300万元额度、期限不超过2年的贷款，按基准利率给予50%的贴息。

（十四）鼓励企业稳定用工。生产经营困难企业可通过与职工进行集体协商，采取在岗培训、轮班工作、弹性工时、协商工资等办法不裁员或少裁员。对确实需要裁员的，依法履行民主程序，妥善处理劳动关系和社会保险接续，按事先制定的方案和帮扶计划，促进失业人员尽快再就业。稳定福利企业发展，制止随意关停福利企业、解雇残疾职工的行为。淘汰落后产能奖励资金、依据兼并重组政策规定支付给企业的土地补偿费要优先用于职工安置。失业保险支持企业稳定岗位，对企业依法参加失业保险并足额缴纳失业保险费，采取有效措施稳定就业岗位，且上年度裁员率低于统筹地区城镇登记失业率的，按该企业及其职工上年度实际缴纳失业保险费总额的50%给予稳岗补贴，所需资金从失业保险基金中列支。稳岗补贴主要用于职工生活补助、缴纳社会保险费、技能培训等相关支出。

四、优化就业创业服务

（十五）完善就业创业服务体系。健全覆盖城乡的公共就业创业服务体系，提高服务均等化、标准化和专业化水平。加强人力资源市场和就业服务信息化建设，有效整合社会资源和公共资源，构建功能完善、机制健全、运行有序、服务规范的人力资源市场。实施人力资源产业园区建设工程，推动产业集聚发展，促进人力资源服务业与其他产业深度融合。推进公共就业信息服务平台建设，优化就业信息服务手段，在各级各类就业服务场所推广配备电子化便民设施，提供网上就业办事服务，开通自助办理业务。加强公共就业创业服务能力建设，创新就业创业服务供给模式，有计划、按步骤地推进购买基本就业创业服务工作。完善就业失业登记办法，在法定劳动年龄内、有劳动能力和就业意愿、处于无业状态的本地常住人员，可到常住地的公共就业服务机构进行失业登记，享有同等的就业扶持政策。

（十六）加强职业培训和创业培训。鼓励企业自主开展培训，重点实施职业技能提升和失业人员转业转岗培训，支持企业开展新型学徒制培训，增强培训的针对性和实用性。按照同类工种、同一等级、同等补贴的原则，为城乡劳动者提供普惠同等的培训补贴。探索推进“1+X”阶梯式创业培训模式，重点开展创业模拟实训、网络创业培训、创业者能力提升培训和创业实习，确保每个有培训愿望的劳动者都能接受不少于一次的创业培训。对参加人力资源社会保障部门认定的创业培训并取得合格证书的，按规定给予800元/人创业培训补贴。系统参加过创业培训，准备创业的学员还可以到创业实习（孵化）基地进行为期3至6个月的创业实习。创业实习人员可按当年本地企业最低工资标准的75%享受创业生活费补贴。创业实习基地可按每个项目1000元的标准享受实习指导费补贴。

五、健全就业创业工作机制

（十七）加强组织领导。加强对就业创业工作的领导，把促进就业创业摆上重要议事日程，健全政府负责人牵头的就业创业工作协调机制，加强就业形势分析研判，落实和完善就业创业政策，协调解决重点难点问题，确保就业目标任务完成和就业形势稳定。各镇（园区）及有关部门要增强全局意识，密切配合，尽职履责，协同做好促进就业创业各项工作。

（十八）强化考核奖惩。把稳定和扩大就业作为宏观调控的重要指标，纳入国民经济和社会发展规划及年度计划。要将就业创业工作纳入政绩考核内容，细化目标任务、政策落实、就业创业服务、资金投入、群众满意度等指标，提高权重，并层层分解，明确时序进度和责任分工，督促落实。对在工作中取得显著成绩的单位和个人，按规定予以表彰。加大工作问责力度，对落实不力的，进行责任追究。

（十九）保障资金投入。市财政要根据就业状况和就业工作目标，在财政预算中合理安排相关资金，确保各项就业补贴政策资金落实到位。健全公共就业创业服务经费保障机制，将公共就业创业服务机构和镇（园区）基层公共就业创业服务平台经费纳入同级财政预算。

（二十）加强统计监测。健全就业统计指标，完善统计口径和统计调查方法。加大就业统计调查人员、经费和软硬件等保障力度，推进就业统计调查信息化建设。建立失业监测预警工作制度，努力防范和化解失业风险。

六、其他

本意见规定的优惠政策自发布之日起执行，市政府《关于进一步促进创业劳动就业和建设创业型城市的意见》（启政发〔2014〕25号）同时废止。

“就业困难人员”是指符合以下条件之一的人员：城镇“4050”、特困职工家庭、单亲家庭、连续失业一年以上人员；城乡低保家庭、残疾人员；城镇零就业家庭和农村零转移贫困家庭人员；优抚对象家庭人员和军队退役人员；农村低收入家庭人员以及城市规划区范围内符合上述困难情形之一的被征地农民。

“就业困难高校毕业生”是指毕业2年内未能就业且符合就业困难人员条件之一的高校毕业生。

“困难家庭高校毕业生”是指毕业2年内未能就业的城乡低保家庭、特困职工家庭、城镇零就业低收入家庭和农村零转移低收入家庭高校毕业生，以及残疾高校毕业生。

（启东市人民政府　启政发〔2016〕68号）

关于机关事业单位工作人员养老保险制度改革的实施办法

根据《国务院关于机关事业单位工作人员养老保险制度改革的决定》(国发〔2015〕2号,以下简称国务院《决定》)、《人力资源社会保障部财政部关于贯彻落实〈国务院关于机关事业单位工作人员养老保险制度改革的决定〉的通知》(人社部发〔2015〕28号)、《省政府关于机关事业单位工作人员养老保险制度改革的实施意见》(苏政发〔2015〕89号,以下简称省政府《实施意见》)和《省人力资源社会保障厅省财政厅关于贯彻落实〈省政府关于机关事业单位工作人员养老保险制度改革的实施意见〉的通知》(苏人社发〔2015〕224号)精神,结合市实际,现就市机关事业单位工作人员养老保险制度改革提出如下实施办法。

一、参保范围

本市按照公务员法管理的单位、参照公务员法管理的机关(单位)、事业单位及其编制内的工作人员,参加我市机关事业单位基本养老保险。

对于编制管理不规范的机关事业单位,要按照有关规定进行清理规范,待明确工作人员身份后再纳入相应的养老保险制度。改革后初次参加机关事业单位基本养老保险人员(以下简称参保人员)由单位按规定确定并上报,市人力资源社会保障部门会同市编制、财政等部门进行核定。

机关事业单位离休人员不纳入此次改革范围,仍按国家和省有关规定发给离休费,并调整相关待遇,所需经费由原渠道解决。原有试点期间已纳入本市机关事业单位养老保险参保范围的离休人员改由原单位(原单位已撤并的,改由原单位的主管部门)按国家和省有关规定发给离休费,并调整相关待遇,所需经费由市财政解决。

二、缴费基数和比例

单位缴纳基本养老保险费(以下简称单位缴费)的基数为本单位参保人员的个人缴费工资基数之和。

个人缴纳基本养老保险费(以下简称个人缴费)的工资基数,机关单位(含参公管理的单位)工作人员包括本人上年度工资收入中的基本工资、国家统一的津贴补贴(警衔津贴等国家统一规定纳入原退休费计发基数的项目)、国家和省规定的规范后的津贴补贴、年终一次性奖金;事业单位工作人员包括本人上年度工资收入中的基本工资、国家统一的津贴补贴(教护龄津贴等国家统一规定纳入原退休费计发基数的项目)、国家和省规定的绩效工资。其余项目暂不纳入个人缴费工资基数。

单位缴费的比例为本单位缴费基数的20%。

个人缴费的比例为本人缴费工资基数的8%。个人缴费工资基数超过全省上年度在岗职工平均工资300%以上的部分,不计入个人缴费工资基数;低于全省上年度在岗职工平均工资60%的,按全省在岗职工平均工资的60%计算个人缴费工资基数。

三、基本养老保险费征缴

机关事业单位应当按照《中华人民共和国社会保险法》的相关规定,到机关事业单位社会保险经办机构办理社会保险登记手续。参加机关事业单位基本养老保险的单位(以下简称参保单位)编制内工作人员发生增减,应当在规定期限内办理基本养老保险相关手续。

参保单位应当自行申报、按时足额缴纳基本养老保险费,参保人员应当缴纳的基本养老保险费由单位代扣代缴。机关事业单位社会保险经办机构应当依法按时足额征收基本养老保险费,并将缴费情况定期告知参保单位和参保人员。参保人员的个人缴费从个人所得税应纳税所得额中扣除,有经营性收入事业单位的单位缴费在税前列支。

四、个人账户的建立和管理

机关事业单位社会保险经办机构应当根据参保人员的社会保障号码,按本人缴费工资8%的数额,为其建立基本养老保险个人账户,并全部由个人缴费形成。

个人账户储存额只用于参保人员养老,不得提前支取,每年按照国家统一公布的记账利率计算利息,免征利息税。参保人员死亡的,个人账户余额可以依法继承。

五、待遇领取条件和程序

参保人员达到国家和省规定的退休年龄,单位和本人均按照规定足额缴费,个人缴费年限(含视同缴费年限,下同)累计满15年的,按月领取基本养老金。

参保人员符合领取基本养老金条件,按照干部人事管理权限办理退休,并按照工资管理权限报组织或人力资源社会保障部门核定其出生时间、参加工作时间、视同缴费年限、退休前职务(职称)等信息后,由所在单位到机关事业单位社会保险经办机构核定待遇。机关事业单位社会保险经办机构从核定的待遇领取时间起,委托银行等机构按月发给基本养老金。

参保人员达到国家和省规定的退休年龄但个人缴费年限累计不满15年的,其基本养老保险关系处理和基本养老金计发比照《实施〈中华人民共和国社会保险法〉若干规定》(人力资源社会保障部令第13号)和我省有关规定执行。

六、基本养老金计发办法

从2014年10月1日起，不再执行原机关事业单位工作人员退休费计发办法，建立待遇与缴费挂钩新机制，多缴多得、长缴多得。

对2014年10月1日后（含2014年10月1日，下同）参加工作、个人缴费年限累计满15年的参保人员，退休后其按月享受的基本养老金由基础养老金和个人账户养老金组成。基础养老金月标准以退休时全省上年度在岗职工月平均工资和本人指数化月平均缴费工资的平均值为基数，缴费每满1年发给1%。个人账户养老金月标准为个人账户储存额除以计发月数，计发月数按国家统一规定执行。

对2014年10月1日前参加工作、2014年10月1日后退休且缴费年限累计满15年的参保人员，按照合理衔接、平稳过渡的原则，在发给基础养老金和个人账户养老金的基础上，再发给过渡性养老金。具体办法按照省人力资源社会保障部门、省财政部门相关规定执行。

对2014年10月1日后退休的人员，其基本养老金中符合国家和省规定的统筹项目和标准纳入基本养老保险基金支付范围，超过规定标准的部分和其他待遇项目仍由原渠道列支。部分发放确有困难的单位，市财政给予酌情补助。

对2014年10月1日前已退休的机关事业单位编制内人员，继续按照国家和省规定的原待遇标准发放基本养老金，同时执行基本养老金调整办法。其中，符合规定的统筹项目纳入基本养老保险基金支付范围，其他待遇项目仍由原渠道列支。部分发放确有困难的单位，市财政给予酌情补助。2014年10月1日至机关事业单位养老保险改革启动前办理退休手续的人员，按照本办法重新核定基本养老金。

对2014年10月1日后，未达到国家和省规定的退休年龄，因病或非因工致残完全丧失劳动能力的参保人员，其基本养老保险待遇按照省人力资源社会保障部门会同省财政部门制定的规定执行。

七、关于丧葬费、一次性抚恤金和供养直系亲属救济费

参保人员和退休人员死亡后，丧葬费、一次性抚恤金和供养直系亲属救济费按国家和省现行有关规定执行，所需资金从原渠道列支，待国家相关政策明确后再作调整。

八、基金管理和监督

机关事业单位基本养老保险基金单独建账，与企业职工基本养老保险基金分别管理使用，并按照国家和省有关规定保值增值。基金实行严格的预算管理，纳入社会保障基金财政专户，实行收支两条线管理，专款专用。市人力资源社会保障、财政和审计部门按照各自职责，对基金收支、管理情况实施监督。

九、养老保险关系转移接续

参保人员在同一统筹范围内的机关事业单位之间流动，只转移养老保险关系，不转移基金。参保人员跨统筹范围流动或在机关事业单位与企业之间流动，在转移基本养老保险关系的同时，基本养老保险个人账户储存额随同转移，并以本人2014年10月1日后各年度实际缴费工资为基数，按12%的总和转移基金，参保缴费不足1年的，按实际缴费月数计算转移基金。转移后个人缴费年限、个人账户储存额累计计算。

十、建立职业年金制度

机关事业单位在参加基本养老保险的基础上，应当为其参保人员建立职业年金。单位按本单位缴费基数的8%缴费，个人按本人缴费工资的4%缴费。参保人员退休后，按月领取职业年金待遇。

单位和个人缴纳的职业年金费用与基本养老保险费一并征收。职业年金基金归集到省，按规定统一投资运营。

职业年金的具体实施办法按国家和省规定执行。

十一、调整原加发基本退休费的政策

对2014年10月1日后获得省部级以上劳动模范、有重大贡献的高级专家等荣誉称号的参保人员，在职时给予一次性奖励，退休时不再提高基本退休费计发比例，奖励所需资金不得从基本养老保险基金中列支；对2014年10月1日前已获得此类荣誉称号、2014年10月1日后退休的参保人员，退休时给予本人一次性退休补贴，资金从原渠道列支。一次性退休补贴标准按省人力资源社会保障部门、省财政部门的相关规定执行。其他符合原有加发基本退休费情况的参保人员，按照上述办法处理。

十二、逐步实行社会化管理服务

市人力资源社会保障部门要根据机关事业单位的特点，积极探索机关事业单位退休人员社会化管理服务方式，提高社会化管理服务水平，普遍发放全国统一的社会保障卡，实行基本养老金社会化发放。加强各镇、园区、街道人力资源社会保障工作平台建设，加快老年服务设施和服务网络建设，为退休人员提供方便快捷的服务，不断提高退休人员的生活质量。

十三、提高社会保险经办管理水平

市人力资源社会保障部门主管本行政区域内的机关事业单位养老保险工作，市财政部门根据机关事业单位工作人员养老保险制度改革的实际需要，提供必要的经费和服务设施。机关事业单位社会保险经办机构具体承担机关事业单位养老保险事务，应做好机关事业单位养老保险参保登记、缴费申报、基金征收、关系转移、待遇核定和支付等工作。按照国家和省统一制定的业务经办规程和信息管理系统建设要求，建立健全管理制度，实现规范化、信息化和专业化管理，不断提高工作效率和服务质量。

十四、做好改革衔接工作

按照国务院《决定》和省政府《实施意见》精神，妥善处理本市原有试点政策与新制度的衔接问题，确保政策统一

规范。本办法实施后,对于符合纳入机关事业单位基本养老保险条件的人员，其在本办法实施前的机关事业单位工作年限视同缴费年限,1993年试点以来的个人缴费本息划转至本办法实施后的本人职业年金个人账户，该部分在本人退休时不计入新老办法标准对比范围,并一次性支付。原有试点期间的养老保险结余基金并入机关事业单位基本养老保险基金统一使用,严禁挤占挪用。

妥善处理本市原有试点期间已经纳入的不符合国务院《决定》和省政府《实施意见》规定的参保人员的问题,确保平稳转入企业职工基本养老保险。此类人员转入办法由市人力资源社会保障部门会同市组织、编制、财政等部门制定,报市政府同意后实施。

十五、切实加强组织领导

各地、各部门要充分认识开展机关事业单位养老保险制度改革的重大意义,切实把这项工作摆上重要位置,主要负责同志要亲自过问，分管负责同志具体抓，加强组织领导,严格按照政策规定,采取扎实有效的工作举措,全力推进并确保完成机关事业单位养老保险制度改革任务。市人力资源社会保障部门要认真履行改革牵头协调部门的职责,财政、机构编制等部门要密切配合,协同做好改革的统筹协调和推进落实工作，并加强养老保险制度改革与其他改革的衔接。各部门、各单位要严格执行机关事业单位编制和人事管理有关规定,落实编制实名制,坚决清理纠正违规超编进人问题。加强对机关事业单位养老保险制度改革的宣传,准确解读改革的目标和政策,正确引导舆论,为改革营造良好氛围。

本办法未尽事项按国务院《决定》和省政府《实施意见》以及相关政策文件规定执行。

本办法自2014年10月1日起实施,本市已有规定与本办法不一致的,按照本办法执行。

(启东市人民政府　启政发〔2016〕69号)

启东市创建国家公立医院综合改革示范县实施方案

为进一步加大公立医院综合改革工作推进力度，巩固和扩大改革成效,促进公立医院健康持续发展,积极创建国家公立医院综合改革示范县,根据《国务院办公厅关于全面推开县级公立医院综合改革的实施意见》(国办发〔2015〕33号)、《江苏省县级公立医院综合改革试点实施意见的通知》(苏政办发〔2012〕167号),结合市实际,制定本实施方案。

一、总体要求

(一)指导思想

按照“保基本、强基层、建机制”要求,把深化公立医院综合改革作为改善民生的重要举措,将公平可及、群众受益作为改革出发点和立足点,遵循“上下联动、内增活力、外加推力”原则,注重改革的系统性、整体性、协同性,统筹推进医疗、医保、医药改革,突出公立医院公益性质,创新体制机制,以彻底破除“以药养医”为关键环节,以管理体制、运行机制、财政补偿、价格调整、人事薪酬、医保支付等为改革重点,探索构建现代医院管理制度,切实建立起维护公益性、调动积极性、保障可持续性的公立医院运行新机制,着力解决群众看病就医问题，切实增强人民群众的获得感和满意度，为全国县级公立医院综合改革提供可借鉴可复制的经验,力争2016年底成功创建国家公立医院综合改革示范县。

(二)基本原则

1.坚持政府主导。政府是公立医院办医主体,公立医院综合改革必须充分体现政府在领导、保障、管理和监督方面的主体责任。

2.坚持公益性质。公益性是公立医院的灵魂和核心,改革必须紧紧围绕维护公益性,调动积极性,保障可持续性来设计、推进和落实。

3.坚持协调联动。改革必须坚持三医联动、部门联动、上下联动,整体推进,形成改革合力。

4.坚持四个导向。改革必须坚持政策导向、目标导向、问题导向、需求导向,切实解决突出问题,符合上情,结合市情,锐意创新。

(三)主要目标

1.建立公立医院法人治理结构,落实好公立医院独立法人地位和经营管理自主权,着力构建现代医院管理制度,完善公立医院运行新机制。

2.彻底破除“以药补医”机制,全部药品实行零差率销售,努力降低药占比,2016年药占比(不含中药饮片)控制在30%左右。同时,加大政府投入,将核定的公立医院债务,纳入政府行政主管部门统一管理。

3. 公立医院综合服务能力全面提升。市人民医院在2017年通过三级乙等综合医院评审。全市学专科建设取得新突破,卫生信息化水平显著提升。

4.加强公立医院精细化管理,严格全成本核算,科学核定医院收支结构,人员支出占业务支出比例大于35%并逐步提高,检验检查收入占业务收入比例小于30%,医院管理费用支出占业务支出比例小于5%，平均住院日三级医院<10天,二级医院<8天,其他医院<6天(传染病、精神病人除外)。

5. 医药费用不合理增长现象得到控制,2016年、2017年门诊和住院均次费用力争零增长,医疗总费用增长率不高于上年水平,自付医疗费用占医疗总费用比例低于上年水平。

6.不断完善和推进分级诊疗制度,县域内就诊率提高至90%以上,居民两周患病基层首诊比例达70%以上,基层医疗卫生机构诊疗量占总诊疗量比例达到65%以上，高血压、糖尿病规范化诊疗和管理比例达50%以上,二、三级医院向基层医疗卫生机构转诊人数年增长10%。

7.全面推进医保支付方式改革，市人民医院、中医院按病种付费的病种不少于100个。

8.严格绩效考核，改革薪酬分配制度，医务人员平均薪酬水平达社会岗位平均工资的2-3倍，提高医务人员的积极性。

（四）实施范围

市人民医院、市中医院、11家镇中心卫生院参照执行。

二、具体措施

（一）优化医疗卫生资源配置

1.科学编制卫生计生服务体系规划。深入剖析全市医疗卫生现状，针对群众日益增长的医疗卫生需求，进一步明确市人民医院、中医院功能定位和各级各类医疗机构在提供医疗卫生服务方面责任，2016年6月底前制定印发符合本市医疗卫生发展实际的区域卫生规划和医疗机构设置规划。切实控制市人民医院、中医院的床位规模、建设标准和设备配置标准。加强专科医疗机构建设，加快市妇幼保健院和市精神卫生中心、残疾人康复中心建设。着力完善基层医疗服务体系，提升医疗机构服务能力，充分体现中心卫生院的区域基层医疗中心作用，部分分院转型为医养结合型老年护理和康复机构。推进县域范围内消毒供应、后勤服务、医疗废弃物处理等实施集中化服务管理，科学规划和布局医疗资源，强化规划刚性约束力，定期向社会公示规划执行标准。

2.强化创等升级和学专科建设。提升市人民医院、中医院的人才、技术、学科和管理能力，鼓励创等升级，提高学专科建设水平，到2017年，市人民医院力争创成三级乙等综合医院，市中医院全面提升能力迎接三级乙等中医医院复评，市人民医院呼吸内科、影像科、肝胆外科建成省重点（建设）专科，市中医院中西医结合外科建成省重点（建设）中医专科，并各自建成2个南通市级重点（建设）专科，心胸外科、重症医学、头颈外科、神经外科等弱势专科逐步引进技术和人才，提升服务能力，50%的乡镇卫生院、城市社区卫生服务中心建有特色科室。

3.鼓励和扶持社会资本办医。支持社会资本举办的医疗机构，提升服务能力，城区医院力争创二级医院。探索多种方式引进社会资本办医，鼓励并引导非公立医疗机构向规模化、特色化方向发展。十三五期间，力争在现有8家民营医院的基础上，利用社会资本举办康复、眼科、心血管、肾脏病、中医类等专科医院，实现到2017年底，全市非公立医疗机构床位数不低于全市总床位数20%的目标。

（二）创新公立医院管理体制

1.优化公立医院法人治理结构。市成立公立医院管理委员会，履行政府办医职能，主要负责研究决定集团内公立医院的设置规模、发展规划、章程批准、重大项目实施、财政投入、运行监管、绩效考核等重大问题，医管委下设医管办，设在市卫生计生委，负责医管委日常工作。所属第一、第二医疗管理集团分别组建集团管理机构，实行总院长负责制，进行规范化运作，集团成立理事会和监事会，理事会为集团决策机构，设理事长1名、副理事长1名，监事会主任1名，由市公立医院管理委员会聘任，集团总院长由理事长兼任，履行集团管理责任。集团下设综合科、业务科和财审科，负责集团日常运行等工作。集团设立会计核算中心，实行总会计师负责制。集团管理机构的运行经费纳入市财政专项预算管理，划归集团管理的医疗机构在集团统一领导下相对独立运行，自主经营，实行院长负责制。各级医疗机构逐步取消行政级别，完善院长竞争性选拔任用制度，并实行任期目标责任制，全面推行院长职业化、专业化建设。两大医疗管理集团分别形成理事会决策、两级管理机构执行、监事会监督的运行模式，使集团运行更加紧密有效。

2.建立科学的绩效考核制度。建立完善以公益性质和运行效率为核心的公立医院绩效考核体系，全面推行三级绩效考核，即医管委对公立医院及其主要负责人进行综合目标责任制考核，具体考核由医管办（卫生计生委）组织实施，医院对科室考核，科室对个人考核。医管委对公立医院及其主要负责人进行考核，由医管委制定绩效考核实施办法，着重突出功能定位、公益性质、质量安全、合理用药、费用控制、运行效率、社会满意度，部分项目由第三方提供数据。综合目标责任制考核结果作为核定公立医院职工工资总量、院长年薪以及财政补助的重要依据。公立医院内部实施全成本核算和精细化管理，制订科学的院科两级考核细则，考核结果与工作人员岗位聘用、职称晋升、个人薪酬挂钩。医管委对两大医疗管理集团理事会的考核，参照对公立医院考核办法考核，两大医疗管理集团内部对成员单位要加强管理，实行岗位目标责任制管理，建立绩效考核制度。

3.健全医院内部管理制度。按照科学化、精细化现代医院管理制度要求，全面加强公立医院财务和预算管理，建立健全公立医院财务报告制度（公立医院向集团、集团向市医管委报告）、绩效考核制度、第三方注册会计师审计制度、总会计师制度和财务公开制度。完善医院内部决策和制约机制，发挥党组织核心作用和职代会的民主监督作用，针对重大决策、干部任免、重大项目实施制定切实可行的流程和议决制度，特别是针对医院内后勤物资、办公用品、基建维修、设备器械、药品耗材等项目，要有明确的采购、使用流程和监督程序。严格落实各项核心制度，逐步完善医务人员内部评价制度，用制度管理医院运行各个环节，营造医院管理良好氛围，促进医院健康持续发展。

（三）完善公立医院运行机制

1.彻底破除“以药补医”机制。按照腾笼换鸟的改革思路和步骤，彻底破除以药补医机制，理顺医药服务价格。坚持一个平台、上下联动、公开透明、分类采购、招采合一、量价挂钩、全程监控的集中采购原则。从2016年7月起全市在省集中采购目录下，根据采购计划，统一集中竞价谈判，带量采购，进一步挤压药品价格水份，并按实际采购价格销售，最大幅度减轻群众药品费用负担，降低医药费用。医院因此减少的药品收入（其中原取消的药品加成部分已通过80%调整医疗服务价格，20%财政投入的模式予以补偿），通过按比例加大财政投入和合理调整医疗服务收费价格予以补偿。调价部分全部纳入医保支付范围。同步做好医疗服务价格、医保支付、医疗控费、分级诊疗等政策的衔接。

2.创新优化集团运行机制。进一步完善集团管理模式，提高管理效率，在完善两大集团目前实行的五个统一管理(发展规划、人事管理、财务管理、资源调配、绩效考核)和五大运行机制(分工协作、分级诊疗、人才培养、质量管理、技术共享)基础上，着力加强集团内部同质化管理，规范化运行，建立集团内部医务人员统一招聘、定期交流轮岗、统一学分制等创新举措，提升整体业务水平。

3.落实政府投入责任。十三五期间，符合医疗机构设置规划的公立医院基本建设、设备购置、重点学科发展、重点人才培养、符合规定的离退休人员经费、政策性亏损、以及承担的公共卫生任务、紧急救治等经费均列入政府部门预算。加强预算绩效管理，严格审计，强化财政补助与综合目标责任制考核相挂钩，建立行之有效的中长期政府投入机制，促进公立医院科学持续发展。

(四)规范医保管理运行机制

1.改革医保管理体制。推进城镇居民医保和新农合政策制度并轨，逐步整合职工医保、城镇居民医保、新农合两个医保经办机构，按省和南通市统一要求组建新的医保基金管理中心，实施统一管理。具体负责职工和城乡居民医疗保险基金的筹集、结付、管理等具体业务经办工作，统筹推进医保支付方式改革。稳步提升医保保障水平，提高政策补偿比和实际补偿比，实行基本医保、大病医疗保险、疾病应急救助、医疗救助和商业保险等多层次保障制度。

2.深化支付方式改革。医保支付方式改革覆盖全市所有定点医院，建立以拉开补偿差距，推行双向转诊补偿标准，实行契约服务补偿等多种形式相结合的分级诊疗补偿机制。门诊医药费实行普通门诊限额、大额门诊统筹和特病门诊补充等多种方式相结合的补偿办法，逐步推行慢病门诊药费补偿制度。住院医药费实行按总量控制、按病种结算、重大疾病救治、按床日结算、按人头结算等多种方式相结合的结算方式，市人民医院和市中医院按病种付费的病种不少于100个。不断推动医保基金支占重心下移，有效控制医药费用不合理增长。加强对基本医保目录外药品使用率、药占比、次均费用、实际补偿率、平均住院日、转诊转院率等指标的监控，定期对相关数据进行公示，提升医保基金使用效率，确保医保基金安全平稳运行。积极探索签约居民医保费用由家庭医生管理的模式。

3.加强临床路径管理。为规范医疗行为，控制过度检查、过度治疗。全市所有公立医院结合支付方式改革实行临床路径管理，三级医院纳入临床路径管理病种不少于50种，中心卫生院不少于15种，乡镇卫生院不少于5种，年度临床路径管理病种数量不少于总出院病人数的20%。努力缩短平均住院日，三级医院小于10天，二级医院小于8天，其他医院小于6天(传染病人、精神病人除外)。强化激励约束，调动医院和医务人员积极性。

(五)改革人事薪酬分配制度

1.改革编制岗位管理。按照成员单位床位数的一定比例或常住人口数的相关匹配标准确定集团人员总量。集团在实行人员总量控制的基础上，事业编制人员、备案人员和政府购买服务人员中的卫技人员计划由集团统筹使用，其中备案人员条件由集团自主确定，工资待遇与编内人员相同，并享受职业年金。实行集团人员编制备案制管理，集团在核定人员总量范围内，可一次性向市编办申报年度用人计划，分批使用。集团实行岗位动态管理，制定岗位说明书，实行全员竞聘上岗，并根据医疗机构设置规划和成员单位工作任务变化情况，每两年动态调整一次事业编制人员、备案人员、政府购买服务人员结构，真正实现人员由身份管理向岗位管理转变。

2.改革人事招聘方式。充分落实公立医院用人自主权，编内人员、备案人员、政府购买服务人员招聘权限全部下放到两大医疗管理集团，人社、卫计等部门负责全程监督。根据医院实际需要，取消开考比例限制。简化招聘程序，增加招聘次数，除常规招聘外，组织实施现场招聘、校园招聘等方式，进一步提高人员招聘质量和效率。

3.改革薪酬分配制度。实行档案工资与实际分配相分离，建立以体现医务人员技术劳务价值为核心的岗位绩效工资制度。实行公立医院工资总量制和院长年薪制，在人员工资总量核定上，重点突出医务性收入、取消药品和耗材收入、淡化检验检查收入等因素，并与公立医院综合目标责任制考核结果挂钩，在总收支平衡的范围内合理确定工资总量上限。如果核定的工资总量仍低于保障性工资(基本工资+基础性绩效)的，则由市财政补助。医院内部根据院科两级考核结果进行收入分配，重点向临床一线、业务骨干、关键岗位和有突出贡献的人员倾斜，合理拉开差距。试行集团总院长年薪制，按照医院等级和类别(综合类、中医类)确定年薪基数。总院长实际获得年薪为年薪基数乘于综合目标责任制考核分与当年目标分的比率。总院长年薪由市财政核拨，不列入医院工资总量。同时实施集团内各成员单位院长年薪制，其年薪由系统统筹经费内列支，不列入医院工资总量，并逐步探索实施医院其他管理层、骨干医生年薪制，进一步提高医务人员积极性。

(六)提升公立医院服务能力

1.加强能力建设。作为代表区域内医疗水平的集团龙头医院，要针对自身薄弱专科，拟定人才培养、技术引进、学科建设计划，力争在2016年底，薄弱专科疾病外转率明显下降。加大政府在专科建设方面投入，特别是软实力投入，市政府设立高层次卫生人才引导资金，大力引进学科带头人，打造南通领先、省内有影响的专科品牌。加强全科医生培训、培养基地建设，大力培养合格的全科医生。提升医院管理能力，通过科学的管理、新技术引进、自我技术的提高、外援团队的技术支持，力争在2017年底实现90%的疾病均能在本市域内得到有效治疗。市人民医院在2017年通过三级乙等综合医院评审。

2.提升卫生信息化水平。积极推进以电子病历与绩效考核为核心的医院管理系统和以居民电子健康档案为核心的区域信息平台建设，2016年底基本实现所有医疗单位区域内互联互通，全面发放健康一卡通，实现居民健康档案、电子病历、公共卫生信息等系统全面整合，继续推进远程医疗系统建设，充分发挥远程会诊、远程教育、远程心电、远程影像等系统功能，加快医院便民就医服务平台建设，以信息化手段提升医院服务水平。加快县级医院数字化医院建设进程，力争2016年底完成信息安全等级评估。

3.深化沪启卫生合作。在与上海交通大学附属第一人民医院、上海同济大学附属第十人民医院合作的基础上，逐步深入，有重点选择上海知名专科进行合作，利用大专科品牌效应，推进学专科建设，通过专家团队定期指导、专家坐会诊、教学查房、人员进修、科研合作等模式，利用信息化手段开展远程会诊、教育，充分利用上海优质医疗卫生资源，不断提升市人民医院、中医院的医疗教育和疑难、危急重症诊疗能力，力争2017年底前市人民医院、中医院均能建成1~2个品牌学科，引领全市医疗卫生事业蓬勃发展。

（七）建立上下联动机制

1.建立分工协作长效机制。以集团工作为抓手，加强县级公立医院对乡镇卫生院支持指导，提升基层医疗卫生服务能力，特别是以业务、技术、管理、资产、人才等为纽带，形成协作联动工作机制，在公共卫生服务、健康管理团队、信息化建设等方面形成上下联动、合作共赢工作机制，龙头医院对下级医院、龙头医院一级科室对基层医院、基层医院对村卫生室建立长期稳定的结对帮扶、对口支援工作机制，并列入绩效考核，探索建立集团内定期交流轮岗工作机制。加强纵向协作，提升整体服务能力。

2.完善分级诊疗制度。在继续完善“一提升(提升基层医疗机构服务能力)、双引导(强化医保政策引导、强化舆论宣传引导)、双规范(规范双向转诊制度、规范分级诊疗考核)”的分级诊疗机制基础上，更加注重规范慢病(糖尿病、高血压)管理助推分级诊疗工作，实行差别化补助政策和医保支付制度。加强基层全科人才培养、引进和使用，大力推行全科医生签约服务，大幅提高骨干全科医生待遇，建立完善医疗集团内执业医师、护士等人才流动机制，充分调动医务人员参与慢性病分级诊疗的积极性，加快实现“引导考核制度化、双向转诊普及化、就医秩序规范化、资源利用最大化”目标。

3.推动医疗资源集约化配置。着力完善两大集团会计核算中心、病理中心、消毒供应中心、远程会诊中心、远程教育中心、远程影像中心、临检中心、远程心电中心等管理，实现集团内部技术资源共享互助和检查检验结果互认，使全市医疗资源高度集约利用、质量提升并以卫生信息化为依托促进城乡医疗水平均衡发展，加快实现“城乡一体化、资源集约化、管理同质化、发展均衡化”目标。

（八）强化公立医院服务监管

1.严控医药费用不合理增长。优化公立医院收支结构，加强医药费用监督控制，重点监控门诊和住院次均费用、医疗总费用、收支结构、大型设备检查阳性率、以及检查检验、抗菌素和高价药品(辅助性、营养性等药品)，医用耗材等占医疗收入比例等情况。到2016年底，实现全市公立医院门诊、住院患者次均费用零增长，医疗总费用增幅不高于上年水平，药品收入占医疗收入的比重、市级医院降到30%左右，其他医院将到35%左右，检验检查收入占医疗收入比重小于30%，百元医疗收入(不含药品收入)消耗卫生材料小于20元。医疗服务性收入(不含药品、耗材和大型设备检查收入)占业务收入比重有明显提升，自付医疗费用占总医疗费用比例较2015年明显下降。全市公立医院医药费用不合理增长趋势得到有效遏制。

2.加强药品采购使用全过程监管。继续深入开展“阳光用药”工程，全面落实《国务院办公厅关于完善公立医院药品集中采购工作的指导意见》(国办发〔2015〕7号)。对药品和高值医用耗材实行“两票制”，采取招采合一、量价挂钩等办法，实行集中招标采购。在质优价廉的前提下，鼓励购买国产的创新药和医用耗材，完善药品采购流程和监督程序，加强药品配送管理，提高采购和配送集中度。严禁网下采购和故意拖延货款。将药品集中采购情况作为对医院及主要负责人的主要考核内容，纳入目标管理及医院评审评价工作。严格控制抗菌药物品种、品规数量和临床分级使用。临床使用静脉用中成药和辅助用药必须有专业委员会讨论确定，严控在一品一规。对抗菌药物用量前10名的处方医生定期进行公示，运用处方负面清单、处方点评等控制抗菌药物不合理使用。采用信息化手段开展合理用药实时监测，重点围绕辅助性、高回扣的药品和高值医用耗材，加强对医务人员处方行为的监控，推行电子处方。

3.改善医疗服务生态环境。坚持以病人为中心，以问题为导向，以改善人民群众看病就医感受为出发点，实施改善医疗服务行动计划，注重细节，营造良好的就诊环境，注重便民，提高服务自动化水平，注重人文，提升医院服务形象，注重安全，规范各类诊疗行为，注重效率，合理配置医疗资源，明显提高群众看病就医满意度。继续完善医患纠纷第三方人民调解和“保调结合”机制，不断提高医疗责任险的保障力度，不断完善第三方调解平台建设，着力提升第三方调解的专业化、规范化、系统化水平，努力提高调解成功率和医患双方满意度。围绕“廉洁卫生”目标，认真落实党风廉政建设“两个责任”，重点突出行业自律和监督，继续抓好医德医风建设，建立完善医德医风电子考评制度。深入开展“阳光用药工程”，扎实推进“无红包医院”创建动态评定机制，巩固完善重点岗位轮岗交流制度。大力整治医药购销领域不正之风。全面推行第三方函调制，逐步提升第三方函调患者比例，提升卫生计生行业形象。

三、保障措施

（一）加强组织领导

公立医院综合改革任务重、难度大、系统性强，要充分认识其重要性、复杂性和艰巨性，增强政治责任感，把医改工作摆上市委市政府重要议事日程，切实加强组织领导，市委市政府主要领导任市医改领导小组组长，市政府常务副市长和分管市长任副组长，分管领导统筹负责医疗、医保、医药相关工作，明确各部门职责，分解工作任务，确定推进时间，责任到人。协调联动，形成推进改革的整体合力，确保改革任务如期高质量高效率完成。

（二）加强考核督导

市医改办、医管办、卫计委等相关部门和公立医院均要建立考核评估、督导和问责机制，制订改革效果评价体系，量化评价指标,完善自我评价、社会评价、系统评价机制。切实加强指导督导和考核评价,并将该项工作纳入目标管理和绩效考核内容,与评先评优、职务职称晋升和薪酬分配挂钩。

(三)加强宣传引导

要加大公立医院改革政策宣传力度,采取多种有效形式和途径,广泛宣传公立医院综合改革重要意义、主要任务和政策措施。充分调动广大医务人员参与改革的主动性、积极性,拥护改革、参与改革,发挥改革主力军作用,加强政策解读,引导群众合理心理预期,争取广大人民群众和社会各界的理解与支持,妥善处理好改革过程中出现的问题和矛盾,为推进改革营造良好的氛围。

附件:启东市创建国家公立医院综合改革示范县工作任务分解表(略)

(启东市人民政府办公室　启政办发〔2016〕51号)

政府购买居家养老服务实施办法

第一条　为进一步促进我市居家养老服务持续、有序和更高标准的发展,提升老年人幸福感和满意度,根据省政府《关于加快发展养老服务业完善养老服务体系的实施意见》(苏政发〔2014〕39号)、《关于建立经济困难的高龄、失能等老年人补贴制度的通知》(苏财社〔2014〕254号)、《市政府关于进一步推进社会养老服务体系建设加快养老服务业发展的实施意见》(通政发〔2015〕27号)《市政府关于进一步推进社会养老服务体系建设加快养老服务业发展的实施意见》(启政办发〔2016〕24号)等文件精神,结合本市实际,制定本办法。

第二条　政府购买服务的对象包括以下几类:

一类:低保、低收入家庭中60周岁及以上、残疾等级二级及以上的老年人;

二类:低保、低收入家庭中80周岁及以上的老年人;

三类:分散供养的特困对象中60周岁及以上的老年人;

四类:低保和低收入家庭(低保标准2倍以内)中60周岁以上的失独老人;

五类:在乡重点优抚对象中70周岁及以上老年人;

六类:99周岁及以上老人。

同时符合上述几个条件的老人,按照就高原则,不重复享受。

第三条　第一、二类老人,按每人每月100元标准给予补贴,第三至六类老人,按每人每月60元标准给予补贴。

补贴资金从省级社会养老服务体系专项资金中列支。

第四条　根据"政府搭台、社会参与、市场运作、服务外包"的原则,引进专业化的居家养老服务团队(指具有多年从事居家养老服务经验的集团或公司,且需在启东注册500万元以上公司),培育本地加盟服务商。养老服务团队或加盟服务商作为政府的服务提供商,为享受政府购买补贴的老人提供服务。

对符合政府购买服务的对象,由专业养老服务团队组织人员上门进行居家服务。所有服务对象均办理"智慧养老一卡通",补贴对象每月由政府按标准给予虚拟充值,服务人员按老人需求服务后确认刷卡,月底余额自动清零。

第五条　服务内容主要包括以下方面:

1.助餐服务:为老年人提供上门送餐、上门做餐、上门喂餐、代购菜品和米面佐料;

2.助浴服务:浴具清洁、辅助洗浴、搓背保健、足部护理;

3.助洁服务:居室清洁、衣物洗涤、指甲修剪、理发修面、厨卫清洁、储物整理;

4.助聊服务:读书读报、写信读信、聊天陪伴、助老咨询;

5.助安服务:煤气检测、水电安检、防火安全、窗门锁检;

6.助急服务:家电维修、开锁修锁、管道疏通、水电报修、家具修补、居室修补、缝衣修伞、换液化气等;

7.助行服务:陪同买菜、陪同购物、陪同散步、陪领工资、陪同咨询等;

8.助医服务:家庭病床、陪医就诊、康复治疗、按摩保健、开药买药、心理咨询、医疗讲座等;

9.助乐服务:公益电影、老年活动、文娱体育、旅游参观;

10.助学服务:兴趣活动、老年大学、技能培训、各类讲座。

第六条　符合政府购买服务的对象本人或子女、亲属自愿向户籍所在地村(居)委会提出服务补贴申请,填写《政府购买服务补贴申请审批表》(一式三份),并提供当事人户口簿、身份证原件及复印件。生活不能自理、失能的,提供残疾证或医疗机构证明。

村(居)委会收到申请人申请后,对申请人进行调查评估,并公示一周。对无异议的申请人,村(居)签署意见后报镇街(园区)民政部门。

镇街(园区)民政部门对村(居)上报的申请材料进行了调查、核实,签署审核意见后,每季度的第三个月的25日前上报市民政局审批。

市民政局对镇街(园区)上报材料进行核实后,作出审批意见。

第七条　镇街(园区)实时对补贴对象进行定期核查,对因情况变化不再符合本办法规定条件的补贴对象,经核实后停止发放服务补贴,"智慧养老一卡通"虚拟金额清零。

第八条　建立市级居家呼叫、应急服务信息平台和老人家庭配套终端设备等,通过线上受理、线下服务、远程定位监控视等智能化、数字化、信息化手段,为老年人提供居家生活、医疗保健、代购代缴、紧急救助等方面的服务,实现困难老人家庭居家呼叫和应急救援服务实现全覆盖。

第九条 有服务需求的老人通过"一键通"拨打服务热线，平台受理用户服务需求，形成标准的服务工单。

市呼叫服务中心为用户联系就近的服务团队或加盟服务商，确定服务时间后，告知用户并通过平台派发服务工单到服务团队或加盟服务商。

第十条 根据老人需求内容和预约时间，服务人员随带服务工单，按时上门为老人提供服务。

居家老人在接受服务开始时，用"智慧养老一卡通"刷卡确认服务开始；在服务结束时，再次刷卡确认服务中止。根据提供服务的收费标准，系统自动通过"智慧养老一卡通"扣除相应的服务金额。

第十一条 服务结束后，市呼叫服务中心及时拨打电话回访用户，和用户确认服务时间、服务内容、服务价格、服务质量，实行满意度回访。

第十二条 如老人已定制周期性服务内容的，市呼叫服务中心将自动生成派工单，由服务团队或服务商派服务人员定期上门提供服务，无需每次拨打服务热线。

第十三条 镇街（园区）免费提供200-300平方米的服务场所，由服务外包商建立标准化居家养老服务中心，方便对辖区内老人提供居家养老服务。

有条件的村（居）因地制宜建立居家养老服务中心（站）。

第十四条 市民政局、镇街（园区）、村（居）按照职能分工，互相配合，密切联系和沟通，共同做好监督管理工作。

市民政局负责居家养老专业服务团队的引进，督促建立市级居家呼叫、应急服务信息平台等，对专业服务团队开展困难老人家庭居家服务情况实行监督，并跟踪、督促政府购买服务所需资金的补贴到位情况。

镇街（园区）、村（居）要负责政府购买服务政策的宣传工作；公开政府购买服务补贴政策规定、申报程序、补贴对象和补贴资金发放情况，公布投诉电话，接受社会监督；对政府购买服务补贴资金的申请和管理使用情况进行定期或不定期的检查与监督，并将检查情况报市民政局，发现问题及时纠正。

第十五条 政府购买服务补贴资金必须专款专用，不得虚报、挤占、截留和挪用。

凡发现有以弄虚作假等手段骗取补贴资金的，一经查实，停发并追回已骗取的补贴资金，取消当事人享受的政府补贴的资格，并追究相关人员的责任。

第十六条 民政局邀请第三方评估公司，对服务外包方运营政府购买服务的效果进行评估。养老服务第三方评估机构管理办法另行制定。

第十七条 非政府购买服务的对象，可根据自身实际需求，可自行申请居家养老服务，经费自理。

第十八条 本办法自2016年11月1日起施行，由市民政局、市老龄办、市财政局负责解释。

（启东市人民政府办公室 启政办发〔2016〕66号）

重要文件目录索引

2016年启东市人民政府重要文件目录

表 57

文 号	文 件 标 题	发文日期
启政发〔2016〕3号	关于切实做好第三次全国农业普查工作的通知	2016-01-20
启政发〔2016〕7号	关于表彰2015年度"鲁班奖"等单项奖获奖单位的决定	2016-02-14
启政发〔2016〕10号	关于印发启东市生态文明建设规划(2014—2022)的通知	2016-02-05
启政发〔2016〕12号	关于分解落实2016年度重点工作任务及为民实事项目的通知	2016-02-26
启政发〔2016〕16号	关于进一步加强水环境综合整治和长效管理工作的实施意见	2016-03-17
启政发〔2016〕21号	关于加强金融支持实体经济的意见	2016-04-01
启政发〔2016〕24号	关于进一步推进社会养老服务体系建设加快养老服务业发展的实施意见	2016-04-08
启政发〔2016〕25号	关于印发启东市深化小型水利工程管理体制改革实施方案的通知	2016-03-29
启政发〔2016〕27号	关于印发2016年全市经济稳增长若干政策措施的通知	2016-04-16
启政发〔2016〕28号	关于做好2016年全市农村危房改造工作的意见	2016-03-30
启政发〔2016〕29号	关于上报2016年度村级公益事业建设一事一议财政奖补工作实施方案的报告	2016-04-25
启政发〔2016〕31号	关于加快我市"四新"经济发展主阵地建设的意见	2016-05-11
启政发〔2016〕40号	关于印发2016年启东市推进依法行政建设法治政府工作要点的通知	2016-05-23

续表 57

文　　号	文　件　标　题	发文日期
启政发〔2016〕43 号	关于印发启东市城市亮化管理实施办法的通知	2016-05-30
启政发〔2016〕44 号	启东市企业互联网化提升行动计划	2016-06-01
启政发〔2016〕45 号	关于取消行政审批项目和承接省政府下放行政审批项目的通知	2016-06-03
启政发〔2016〕46 号	关于印发深化财政国库集中支付改革的意见的通知	2016-06-06
启政发〔2016〕50 号	关于赋予南阳镇部分县级经济社会管理权限的通知	2016-07-21
启政发〔2016〕52 号	关于印发启东市乡村教师支持计划实施方案(2016—2020)的通知	2016-07-22
启政发〔2016〕60 号	关于印发启东市创建国家食品安全城市工作实施方案的通知	2016-09-06
启政发〔2016〕68 号	市政府关于进一步做好新形势下就业创业工作的若干政策措施	2016-10-08
启政发〔2016〕69 号	市政府关于机关事业单位工作人员养老保险制度改革的实施办法	2016-10-10
启政发〔2016〕74 号	市政府关于印发启东市水污染防治工作方案的通知	2016-10-12
启政发〔2016〕75 号	市政府关于印发 2016 年度生态文明建设工程目标任务书的通知	2016-11-11
启政发〔2016〕76 号	市政府关于印发启东市困难残疾人生活补贴和重度残疾人护理补贴实施办法的通知	2016-11-11
启政发〔2016〕83 号	市政府关于印发启东市政府投资项目基本建设财务管理办法的通知	2016-12-01
启政发〔2016〕84 号	关于印发启东市促进生命科学产业发展若干扶持政策的通知	2016-12-29
启政发〔2016〕85 号	关于印发《启东市贯彻落实法治政府建设实施纲要(2016—2020 年)实施方案》的通知	2016-12-30
启政办发〔2016〕3 号	关于做好政府采购预算执行工作的通知	2016-02-04
启政办发〔2016〕5 号	关于印发《启东市环境保护领域综合行政执法体制改革试点实施意见》的通知	2016-02-05
启政办发〔2016〕6 号	关于开展市政府规范性文件实施后评估工作的通知	2016-02-17
启政办发〔2016〕9 号	关于做好 2016 年全市农业保险工作的通知	2016-02-24
启政办发〔2016〕10 号	关于印发启东市城乡居民基本养老保险工作考核办法的通知	2016-02-22
启政办发〔2016〕13 号	关于扎实推进全市城乡建设用地增减挂钩工作的实施意见	2016-03-09
启政办发〔2016〕14 号	关于印发启东市平安渔业示范市创建活动实施方案的通知	2016-03-13
启政办发〔2016〕15 号	关于转发市民政局 2016 年全市民政重点工作任务分解表的通知	2016-03-11
启政办发〔2016〕18 号	关于印发做好“十三五”减排工作意见的通知	2016-03-21
启政办发〔2016〕19 号	关于印发《贯彻落实企业安全生产主体责任专项行动计划暨企业安全生产责任落实年活动实施方案》的通知	2016-03-25
启政办发〔2016〕21 号	关于公布《启东市行政审批中介服务事项和收费目录》的通知	2016-04-12
启政办发〔2016〕22 号	关于印发《启东市行政审批中介服务机构信用等级考评办法(试行)》的通知	2016-04-12
启政办发〔2016〕26 号	关于印发启东市农村沼气安全事故应急预案的通知	2016-04-20
启政办发〔2016〕28 号	关于印发启东市渔业水上安全突发事件应急预案的通知	2016-04-28
启政办发〔2016〕29 号	关于印发《启东市贯彻实施质量发展纲要 2016 年行动计划》的通知	2016-05-09
启政办发〔2016〕30 号	关于转发市质量强市工作领导小组 2016 年度启东市质量强市绩效考评方案的通知	2016-05-09
启政办发〔2016〕33 号	关于印发启东市创建国家妇幼健康优质服务示范市实施方案的通知	2016-05-11
启政办发〔2016〕36 号	关于印发深入开展省级卫生镇村创建工作的通知	2016-05-12
启政办发〔2016〕37 号	关于印发 2016 年启东市农村改厕工作方案的通知	2016-05-12
启政办发〔2016〕38 号	关于印发启东市农村改厕工作考核办法的通知	2016-05-12

续表 57

文 号	文 件 标 题	发文日期
启政办发〔2016〕41 号	关于下达 2016 年度实行最严格水资源管理制度目标任务的通知	2016-05-19
启政办发〔2016〕43 号	关于做好 2016 年全市农作物秸秆综合利用工作的意见	2016-04-08
启政办发〔2016〕49 号	关于印发启东市港口安全事故应急预案	2016-04-20
启政办发〔2016〕51 号	关于印发启东市创建国家公立医院综合改革示范县实施方案的通知	2016-06-20
启政办发〔2016〕53 号	关于印发启东市 2016 年农业支持保护补贴管理工作实施方案的通知	2016-06-12
启政办发〔2016〕56 号	关于印发启东市优化建设项目审批流程实施方案的通知	2016-07-11
启政办发〔2016〕58 号	关于印发启东市全面清理整治环境保护违法违规建设项目工作方案的通知	2016-06-18
启政办发〔2016〕64 号	关于转发省地税局、省财政厅、省审计厅《关于深入推进行政机关和事业单位个人所得税代扣代缴工作的通知》的通知	2016-08-11
启政办发〔2016〕66 号	关于印发启东市政府购买居家养老服务实施办法的通知	2016-08-04
启政办发〔2016〕67 号	关于印发启东市临时救助实施办法的通知	2016-08-04
启政办发〔2016〕71 号	关于印发启东市 2017 年度农村水利建设实施意见的通知	2016-09-19
启政办发〔2016〕74 号	关于加强行政应诉工作的意见	2016-09-29
启政办发〔2016〕76 号	市政府办公室关于印发启东市扶持薄弱村发展集体经济实施办法的通知	2016-09-18
启政办发〔2016〕77 号	市政府办公室关于印发 2017 年启东市新型农村合作医疗管理办法的通知	2016-10-31
启政办发〔2016〕78 号	市政府办公室关于调整城镇居民基本医疗保险基金筹资标准的通知	2016-10-31
启政办发〔2016〕81 号	启东市人民政府办公室关于印发启东市国有粮食企业改革方案的通知	2016-11-08
启政办发〔2016〕87 号	市政府办公室关于转发市住建局财政局人社局等部门关于调整启东市机关事业单位人员住房(租金)补贴标准意见的通知	2016-11-29
启政办发〔2016〕89 号	关于印发启东市建设国家知识产权强县工程示范工作方案(2017—2019)的通知	2016-12-08
启政办发〔2016〕90 号	市政府办公室关于推进政府网站集约化建设的通知	2016-12-14
启政办发〔2016〕96 号	关于做好 2015 年度退役士兵接收安置工作的通知	2016-12-26
启政办发〔2016〕97 号	关于印发推进大桥万亩果园旅游区(水果小镇)建设意见的通知	2016-12-26
启政规〔2016〕2 号	市政府关于印发启东市临时救助实施办法的通知	2016-08-25
启政规〔2016〕3 号	市政府关于印发启东市物业服务收费管理实施细则的通知	2016-10-08

(市政府办)

统计资料

全市概况

表 58

指标名称	计量单位	2016 年	2015 年
一、行政区划			
镇政府	个	7	7
园区	个	5	5
经济开发区	个	1	1

续表 58

指标名称	计量单位	2016 年	2015 年
居民委员会	个	43	36
村民委员会	个	261	261
村民小组	个	6318	6314
二、行政区域			
行政区域总面积	平方公里	1714.59	1714.59
# 长江区域面积	平方公里	184.42	184.42
黄海区域面积	平方公里	296.32	296.32
年末耕地面积	万亩	106.09	106.23
江海堤防长度	公里	161.90	161.90
# 江堤	公里	61.96	61.96
海堤	公里	77.50	77.50
洲堤	公里	22.44	22.44
江海岸线总长度	公里	203	203
# 海岸线	公里	77.5	77.5
江岸线	公里	67.5	67.5
洲堤线	公里	58.0	58.0
三、人口			
总户数	户	453680	453227
总人口	人	1119475	1120611
# 城镇人口	人	640927	601993
人口密度	人/平方公里	907	910
年末常住人口	万人	95.20	95.40
# 城镇人口	万人	54.38	52.80
年末城市化率	%	57.1	55.4
四、公路里程	公里	3592	3576
国家级公路	公里	111	62
省级公路	公里	64	97
县级公路	公里	377	377
乡村公路	公里	3040	3040

注:人口密度按陆地面积 1234 平方公里计算。

城区基本情况

表 59

指标名称	计量单位	2016 年	2015 年
一、城区人口	万人	26.23	25.65
#建成区人口	万人	24.10	22.00
城区面积	平方公里	50.00	50.00
#建成区面积	平方公里	30.00	28.30
城市建设用地面积	平方公里	28.80	26.80
#居住用地	平方公里	7.20	7.07
公共管理与公共服务用地	平方公里	2.73	2.68
工业用地	平方公里	6.34	5.90
绿地	平方公里	5.46	5.08
本年征用土地面积	平方公里	1.00	1.00
#耕地	平方公里	1.00	1.00
水厂综合生产能力	万吨/日	24.50	24.50
供水管道长度	公里	789.74	770.40
供水总量(市区)	万吨	2857	2820
#生产用量	万吨	978	950
生活用量	万吨	705	687
天然气供气总量	万立方米	2422.92	1765.30
#家庭用量	万立方米	865.50	770.81
天然气供应户数	户	81865	70689
#家庭用户数	户	81497	70404
道路长度	公里	226.20	212.50
道路面积	万平方米	457.00	417.00
人行道面积	万平方米	86.80	77.97
年末实有公共汽车营运车辆	辆	166	170
出租汽车数	辆	119	434
城市排水管道长度	公里	585.92	492.20
生活污水年排放量	万立方米	2286	2260
绿化覆盖面积	公顷	1312	1205
#建成区	公顷	1245	1162
园林绿地面积	公顷	1206	1125
#建成区	公顷	1156	1085
公园绿地	公顷	261	236
公园个数	个	9	8
公园面积	公顷	164	134
#水域面积	公顷	36.50	36
生活垃圾转运站座数	座	4	4
公共厕所数量	座	60	83
#三类以上	座	46	83

启东的一天

表 60

指标名称	单位	2000年	2005年	2006年	2007年	2008年	2009年	2010年	2011年	2012年	2013年	2014年	2015年	2016年
地区生产总值	万元	2994	5461	6512	7712	8904	9849	11782	14251	16141	18036	20250	22031	24160
第一产业	万元	728	931	1006	1072	1250	1350	1493	1533	1684	1661	1724	1793	1824
第二产业	万元	1343	2797	3360	4054	4644	5164	6301	7592	8386	9273	10110	10661	11585
第三产业	万元	924	1732	2146	2587	3010	3335	3988	5126	6070	7409	8416	9550	10751
农林牧渔业总产值	万元	1501	1677	1775	1868	2129	2422	2662	2738	2984	3170	3329	3503	3609
全部工业总产值	万元	5806	12639	17809	23290	29658	33018	41573	45562	52796	57570	61307	65504	71976
规模以上工业总产值	万元	2383	5638	8362	11662	15068	18110	23439	28192	32925	37421	41099	45864	51034
规模以上工业主营业务收入	万元	1988	5490	8231	11582	14828	17913	23169	26910	30887	36765	40719	43595	50289
规模以上工业利税总额	万元	104	470	681	1096	1593	2199	2711	3410	3899	4836	4932	5603	5776
一般公共预算收入	万元	81	201	253	334	444	584	856	1207	1431	1604	1842	2106	1946
一般公共预算支出	万元	99	268	341	443	544	708	935	1460	1667	1887	2028	2363	2439
全社会用电量	万千瓦时	153	263	312	364	407	471	545	613	663	733	736	777	847
社会消费品零售总额	万元	1054	1988	2305	2708	3367	3998	4613	5390	6267	7052	7299	8029	8892
农村居民人均生活消费支出	元	6	10	11	12	16	19	21	25	29	32	33	36	40
城镇居民人均生活消费支出	元	16	21	23	25	28	31	34	42	48	54	72	77	81
固定资产投资完成额	万元	938	3014	3968	4689	5514	6479	7692	8301	9850	11155	13244	14769	16845
实际利用外资	万美元	1	47	116	120	105	34	68	105	65	69	15	62	78
旅客运输量	人	26548	28932	24986	15068	35589	42110	49534	47151	51836	24000	24411	24301	20959
货物运输量	吨	15781	14740	15726	33041	17589	23096	29123	42055	45014	25014	27068	29014	20055
出生人数	人	28	18	20	21	16	18	23	19	21	21	22	21	20
死亡人数	人	20	23	22	22	24	22	21	22	23	22	22	22	22

地区生产总值

表 61

指标	按当年价格计算(万元)		按可比价格计算(万元)		增速(%)
	2016 年	2015 年	2016 年	2015 年	
地区生产总值	8818500	8031445	8790500	8031445	9.5
第一产业	665800	654460	654760	654460	0.0
第二产业	4228467	3891337	4266634	3891337	9.6
工业	3369367	3066975	3373734	3066975	10.0
建筑业	859100	824362	892900	824362	8.3

续表 61

指 标	按当年价格计算(万元)		按可比价格计算(万元)		增速(%)
	2016 年	2015 年	2016 年	2015 年	
第三产业	3924233	3485648	3869098	3485648	11.0
交通运输、仓储和邮政业	189801	184949	188960	184949	2.2
批发和零售业	1085513	1013090	1082700	1013090	6.9
批发业	767182	712557	766800	712557	7.6
零售业	318331	300533	315900	300533	5.1
住宿和餐饮业	238750	218459	236612	218459	8.3
住宿业	13837	12642	13912	12642	10.0
餐饮业	224913	205817	222700	205817	8.2
金融业	424689	384523	422437	384523	9.9
房地产业	516569	369749	478454	369749	29.4
房地产业(K 门类)	323086	182293	281625	182293	54.5
居民自有住房服务	193483	187456	196829	187456	5.0
其他服务业	1391712	1248100	1384010	1248100	10.9
营利性服务业	566724	526873	562800	526873	6.8
非营利性服务业	824988	721227	821210	721227	13.9

固定资产投资完成情况

表 62

指 标	计量单位	2016 年	2015 年
一、固定资产投资项目数	个	854	870
亿元以上项目	个	224	84
当年新开项目	个	730	822
亿元以上项目	个	200	53
二、固定资产投资额	亿元	614.84	539.06
亿元以上项目	亿元	344.31	154.22
当年新开工项目	亿元	467.10	422.39
亿元以上项目	亿元	276.73	104.41
产业投资	亿元	471.14	399.45
基础设施投资	亿元	58.99	92.80
工业设备投资	亿元	235.69	205
工业技改投资	亿元	246.82	194.07
三、当年新增固定资产	万元	4167731	4328873
四、项目个数			
施工项目个数	个	854	870
当年新开工	个	730	822
当年投产项目数	个	634	706

气象情况

表 63

指标名称	计量单位	2016 年	2015 年
一、年平均气温	℃	16.7	16.1
年极端最高气温	℃	39.0	37.3
年极端最低气温	℃	-9.3	-5.8
二、年总降水量	mm	1764.6	1500.7
三、年日照总时数	小时	1857.4	1765.0
四、年极大风速	m/s	20.3	18.4
年最多风向		SE	ESE
五、年“0”厘米平均地温	℃	18.5	17.8
年极端最高地温	℃	56.9	58.6
年极端最低地温	℃	-6.1	-4.6
六、全年雾天	天	36	51
全年大风天	天	5	1
全年降雪天	天	7	6
全年降水天	天	168	169

注:数据由市气象局提供,风向栏各字母代表方向,E 东,S 南,N 北,W 西

2016 年月度气温降水情况

表 64

月份	平均气温(℃)	降水量(毫米)	日照时数(小时)	平均相对湿度(%)	平均风力(米/秒)
全年	16.7	1764.6	1857.4	79	2.3
1 月	3.7	60.4	115.6	75	2.4
2 月	5.6	31.6	193.6	73	2.3
3 月	9.9	38.5	162.5	75	2.4
4 月	15.4	114.6	147.7	82	2.4
5 月	19.5	145.9	131.9	81	2.4
6 月	23.3	337.4	105.4	87	2.3
7 月	28.7	139.0	199.7	83	2.2
8 月	28.7	90.2	308.3	76	2.4
9 月	24.1	361.1	176.1	80	2.1
10 月	20.3	311.0	77.6	81	2.3
11 月	12.9	88.2	115.9	81	2.1
12 月	8.5	46.7	123.179	77	2.0

环境保护情况

表 65

指标名称	计量单位	2016 年	2015 年
一、环境质量			
空气质量			
AQI 指数(空气质量达标天数比例)	%	82.7	77.5
二氧化硫(SO_2)年均值	mg/m3	0.016	0.015
二氧化氮(NO_2)年均值	mg/m3	0.018	0.017
可吸入颗粒物 PM_{10} 年均值	mg/m3	0.055	0.065
细颗粒物 $PM_{2.5}$ 年均值	mg/m3	0.038	0.045
一氧化碳(CO)(24 小时平均第 95 百分位数)	mg/m3	1.4	1.4
臭氧(O_3)(8 小时平均第 90 百分位数)	mg/m3	0.153	0.151
水环境质量			
长江(启东段)水质		II 类	II 类
主要内河水质		75.0	87.5
城区地表水水质		100	100
城市水环境功能区达标率	%	50.0	73.1
噪声环境质量			
区域环境噪声平均等效声级	dB(A)	54.7	54.4
市区交通干线噪声等效声级	dB(A)	68.0	67.9
二、污染物排放情况			
工业废水排放量	万吨	486.58	709.55
# 废水排放达标量	万吨	486.58	709.55
工业废气排放量	亿标立方米	567	548
工业固体废物产生量	万吨	127	140
# 综合利用量	万吨	120	140
工业 COD 排放量	吨	332.6	1932
单位 GDP 工业 COD 排放强度	千克/万元	0.038	0.241
工业氨氮排放量	吨	55	87
工业二氧化硫(SO_2)排放总量	吨	4815	7489
单位 GDP 工业 SO_2 排放强度	千克/万元	0.546	0.932
工业 SO_2 去除量	吨	66618.60	47545.14
工业氮氧化物(NOx)排放总量	吨	7097	9921
工业烟(粉)尘排放量	吨	652	2802
工业烟(粉)去除量	吨	1122497	503917
三、环境科技			
环保科技业务总人数	人	60	60
# 中级职称以上人数	人	30	26

续表 65

指标名称	计量单位	2016 年	2015 年
环保科研机构数	个	1	1
四、环保投资			
环境保护投资总额	亿元	20.70	20.04
# 城市环境基础设施投入	亿元	10.28	17.47
工业污染防治投入	亿元	10.42	2.57
五、生态建设			
启东长江口(北支)湿地省级自然保护区面积	万平方米	21491	21491
环境优美乡镇	个	21	21
# 省级以上	个	12	12
建成生态村	个	305	305
# 省级以上	个	21	21

注:数据由市环保局提供,污染物排放非最终数据

2016 年教育事业基本情况

表 66

指标名称	计量单位	合计	学前教育(幼儿园)	小学	初中	高中	职业教育(含电大)	特殊教育学校(聋哑学校)
学校数	所	141	61	49	21	7	2	1
班级数	个	2135	526	852	396	208	139	14
毕业生数	人	18705		6578	6590	3732	1795	10
招生数	人			6224	6474	3041	1440	19
在校学生数	人	88770	18210	37233	18959	9225	5022	121
一年级	人	17191		6224	6474	3053	1440	
二年级	人	17487		6296	6349	3070	1772	
三年级	人	16904		5856	6136	3102	1810	
四年级	人	6364		6364				
五年级	人	6373		6373				
六年级	人	6120		6120				
教职员工数	人	6771		2630	2187	1374	541	39
专任教师	人	6771		2630	2187	1374	541	39

注:数据由市教育局提供,九年一贯制学校的班级、学生、教职工、专任教师数分别统计在小学与初中内

科学事业基本情况

表 67

指标名称	计量单位	2016 年	2015 年
一、全部专业技术资格人员	人	78587	76778
高级	人	4065	3709
中级	人	20744	20332
初级	人	53778	52737
二、全社会研发投入占 GDP 的比重	%	2.57	2.50
三、申报省以上科技计划项目	个	56	68
# 立项省以上科技计划项目	个	12	39
四、累计高新技术企业	个	112	95
# 新认定高新技术企业	个	24	27
五、省以上高新技术产品	个	87	85
六、市以上科技进步奖	个	11	20
七、专利申请量	件	6127	4410
# 授权量	件	2598	2302
八、发明专利申请量	件	1110	1912
# 授权量	件	205	161

2016 年卫生事业基本情况

表 68

指标名称	机构数	床位	卫生工作人员总数	其中							
				卫生技术人员						其他技术人员	管理人员
					执业医师	执业助理医师	注册护士	药剂人员	检验人员		
总计(包括个体、社会医疗机构)	421	3990	4987	4735	1989	214	1898	321	218	198	54
一、医院合计	37	3670	4400	4192	1716	91	1813	296	187	166	42
市医院	2	1800	1930	1864	646	7	990	112	77	62	4
市综合医院	1	1000	1930	1247	423	5	692	55	54	44	2
中医院	1	800	637	617	223	2	298	57	23	18	2
中心医院、乡镇卫生院	35	1870	2468	2326	1070	84	823	184	110	104	38
中心医院	6	1030	1367	1302	514	23	577	95	59	51	14
乡镇卫生院	29	840	1101	1024	556	61	246	89	51	53	24
二、卫生监督所	1		21	20	18	2					1
三、疾控中心	1		62	56	39	3		2	10	5	1
四、妇幼保健和计划生育服务中心	1		51	40	25		7	3	3	10	1
五、卫校	1		8							7	1
六、社区卫生服务站(含村卫生室)	269		77	77	2	75					

续表 68

指标名称	机构数	床位	卫生工作人员总数	其中							
				卫生技术人员						其他技术人员	管理人员
					执业医师	执业助理医师	注册护士	药剂人员	检验人员		
七、个体、社会医疗机构(含民营)	110	320	371	354	189	43	78	20	18	10	7
八、合作医疗管理办公室	1		1	1							1

文化事业基本情况

表 69

指　　标	计量单位	2016 年	2015 年
一、影剧院	个	9	7
市级	个	5	5
乡镇级	个	4	2
二、文化馆、站	个	16	13
文化馆	个	1	1
乡镇文化站	个	15	12
三、电影事业			
电影放映队	个	12	12
乡镇	个	12	12
观众人次	万人次	42	38
四、艺术事业			
文艺团体	个	2	2
演职员工人数	人	63	65
演出场次	场次	3380	3350
观众人数	万人次	33	32
五、图书馆			
机构数	个	13	13
市图书馆	个	1	1
乡镇图书馆	个	12	12
藏书册数	万册	71.6	66.6
市图书馆	万册	49.3	45.2
乡镇图书室	万册	22.3	21.4

体育事业基本情况

表 70

指　　标	计量单位	2016 年	2015 年
一、体育场馆数			
体育馆	个	1	1
二、等级运动员	人	345	301
一级	人	3	4
二级	人	18	10
三级	人	323	287
三、等级裁判员	人	34	114
一级	人	14	12
二级	人	12	17
三级	人	8	85
四、全年举办竞赛表演次数	次	37	15
五、全民健身活动设施数	个	444	429
六、举办全民健身活动次数	次	85	78
七、向国家、省、地区输送运动员人数	人	21	21
八、社会体育指导员	人	442	2043
国家级	人	2	1
一级	人	32	26
二级	人	130	287
三级	人	278	1729
九、体育彩票销售点数	个	93	97
十、体育彩票发行额	万元	10091	10118

民政事业基本情况

表 71

指　　标	计量单位	2016 年	2015 年
一、年末优抚对象			
革命伤残人员	人	884	894
烈军属	人	297	325
复员军人	人	862	979
退伍军人年末人数	人	47922	47480
# 当年退伍	人	442	427
二、优抚对象抚恤情况			
享受伤残抚恤人数	人	884	894
享受定期抚恤金人数	人	297	325
享受定期补助人数	人	13475	13432
优待烈属户数	户	160	188

续表 71

指 标	计量单位	2016 年	2015 年
优抚费用	万元	10639	9784
三、救灾救济费	万元	10351	9049
# 救灾款	万元	199	185
四、社会福利事业			
敬老院	个	8	8
集体供养人数	人	897	803
分散供养人数	人	750	777
社会办福利工厂数	个		4
安置"四残"人数	人		101
五、婚姻登记			
年内登记结婚数	对	8696	9263
初婚	人	12816	14046
年内登记离婚数	对	2729	2825
六、全年火化尸体	具	7034	10101
七、民间组织	个	845	1236
社会团体	个	227	520
民办非企单位	个	618	716

计划生育基本情况

表 72

指 标	计量单位	2016 年	2015 年
一、女性初婚人数	人	3508	4098
# 晚婚人数(23 周岁以上)	人	2549	2748
晚婚率	%	72.7	67.0
二、育龄妇女数	人	241667	250053
# 已婚育龄妇女数	人	171939	179479
三、现家庭一孩妇女人数	人	142463	149631
四、出生总人数	人	5522	5468
计划内出生人数	人	5501	5412
计划内生育率	%	99.62	98.98
# 一孩	人	3898	3998
二孩	人	1532	1408
计划外出生人数	人	21	56
计划外生育率	%	0.38	1.02
# 一孩	人	7	3
二孩	人	9	44

续表 72

指　　标	计量单位	2016 年	2015 年
五、采取节育措施的人数	人	148411	155883
节育率	%	86.3	86.2

社会保障基本情况

表 73

指　　标	计量单位	2016 年	2015 年
城镇登记失业率	%	1.8	2.6
年末城镇登记失业人数	人	3841	4680
年末离退休、退职人员数	人	55303	52770
城乡基本养老保险覆盖率	%	98.23	96.08
城乡基本医疗保险覆盖率	%	96.10	96.10
失业保险覆盖率	%	97.30	96.68
社会福利收养性单位数	个	46	53
# 国有和民营老年公寓	个	46	53
社会福利收养性单位床位数	张	5906	8224
# 国有和民营老年公寓	张	5906	8224
社区服务设施数	个	340	340
城镇居民最低生活保障人数	人	483	522
# 在职人员	人	4	3
失业人员	人	285	307
其他人员	人	194	212
农村居民最低生活保障人数	人	12390	12642
城乡居民最低生活保障金	万元	6062.61	4817.19
# 城镇居民	万元	263.49	259.67
农村居民	万元	5799.12	4557.52
农村五保供养人数	人	1647	1580
参加农村合作医疗的人数	万人	82.66	84.13
参加城乡居民基本养老保险的人数	万人	27.37	29.10

（市统计局）

说 明

一、索引采用主题分析索引方法,依据首字汉语拼音字母同音字同词语顺序排列。

二、主题词后的数字表示内容所在的页码,数字后面的 a、b、c 分别表示从左至右主题词所在栏别。“特载”“媒体聚焦”“大事纪要”“附录”篇目及“概况”条目不收入索引。

A

B

C

D

E

F

G

H

J

K

L

M

N

P

Q

R

S

T

W

X

Y

Z

恒大一景 (徐 昕/摄)

惠萍镇

HUI PING ZHEN

市委书记徐锋在士连村调研

市委副书记、市长黄卫锋在惠萍镇调研

2016年，惠萍镇行政区域面积75平方公里，耕地面积7500公顷，常住人口61265人，年末户籍人口67284人，辖15个行政村。有工业企业近千家，其中规模以上工业5个。企业从业人员11181人。辖区内有集贸市场5个，集贸市场成交额1.7亿元。社区卫生服务中心（医院）1个，分医院及村级卫生机构18个。中心敬老院1个，民办敬老院6个。中学2所，小学3所，幼儿园3所，金融机构8个。全镇地区生产总值70.25亿元，财政收入1.23亿元。农民人均纯收入20290元，比上年增长9.9%。全年综合考核获得金杯奖，经济发展杯获得金杯奖，外向开拓杯获得金杯奖，人才科技杯获得金杯奖，重点工作推进杯获得金杯奖，基层基础杯获得银杯奖，项目建设杯获得铜杯奖，"三农"工作获得铜杯奖。

惠萍镇围绕稳增长目标，经济发展不断提质，现代农业发展迅速、工业转型升级加快、现代服务业发展快速；围绕镇域协调发展，城建项目不断拓展，城建项目整体推进、镇区环境全面整治、控违拆违有序推进；围绕实事惠民宗旨，民生福祉不断增进，基础设施加快推进、社会事业均衡发展、民生实事稳步实施；围绕管理服务创新，社会治理不断增强，社会风气扬善持续推进、综合治理成效明显；围绕行政优质高效，自身建设不断加强，扎实开展"两学一做"、全面加强依法行政、优化提升行政效能。

市委常委、宣传部长姜平在公和村调研综合文化服务中心

南通市委常委、政法委书记姜永华在大兴镇村调研政法工作

江苏省农委主任吴沛良一行在水果小镇调研

恒安防爆通信有限公司

南通市委常委秦厚德在水果小镇调研

江苏澳兴公司

惠萍镇召开第三季度廉政教育专题党课

市委四套班子在丁仓港南路进行植树

启东南方润滑有限公司

水果小镇

惠萍镇纪念建党95周年大会暨"两学一做"学习教育专题党课

2016—2017年惠萍镇党员冬训动员大会

启东长江水系大闸蟹苗养殖基地

以原生态为主题，集游玩、餐饮、体验为一体的蓝镜农庄

汇龙镇

HUI LONG ZHEN

党员冬训

汇龙镇“村村乐”十年巡礼

2016年，汇龙镇行政区域面积104.2平方公里，耕地面积5337公顷。总人口23.3万人，其中农村人口8.4万人。有27个行政村、3个居委会。2016年是“十三五”的开局之年，全镇坚持“党建率先、城建领先、稳定在先、经济争先、民生优先”目标定位，把握稳中求进的工作总基调，统筹推进各项工作，经济社会发展呈现总体平稳、稳中有进的良好态势。全年实现地区生产总值174.2亿元；完成一般公共预算收入6.85亿元；全社会固定资产投资76亿元；城镇居民人均可支配收入37400元、农村居民人均可支配收入19900元。2016年，镇获得综合优胜金杯、外向开拓金杯、人才科技金杯、党建创新金杯、经济发展银杯、项目建设银杯、重点工作推进银杯、基层基础铜杯，荣膺“2016年全国综合实力千强镇”称号（位列第193位），蝉联全国文明镇称号，被南通市委表彰为党建工作先进集体。

“共乐汇龙新城，共享健康快乐”文体活动启动仪式

“两学一 做”学习教育

安置小区——城东花园

林洋电子生产线

安置小区——南郊家园

东海镇

DONG HAI ZHEN

东海镇行政区域面积 85.4 平方公里，耕地面积 5534 公顷，总人口 67917 人，下辖 18 个行政村。2016 年，全镇实现地区生产总值 27.21 亿元，同比增幅 9.31%；实现工业总产值 17.43 亿元，同比增幅 8.00%，其中规模以上工业产值 8 亿元，同比增幅 10.49%。

2016 年，全镇实现规模以上工业产值 8 亿元，同比增幅 10.49%；规模工业应税销售 1.9 亿元，完成年计划的 95 %；全镇入库税收 2393 万元，其中国税 1557 万元，完成全年任务的 111.37%，地方税收 836 万元，完成全年任务的 98.82%。

全年组织上海、北京、广东、四川等地专题招商活动 4 次，取得一定成效。跟踪的重大项目有 4 个：中兴通讯股份有限公司智慧医疗、教育、旅游项目；上海利高机械有限公司钢构设备制造项目；上海盛普机械有限公司工业机器人项目；上海康泥船电有限公司船舶配件项目。

党委换届动员大会

市领导调研恒源液压

党委领导在戴祥村开展冬训系列活动

大丰镇村爱在四季爱心互助基金成立仪式

市领导在东海镇调研

微心愿活动受表彰志愿者上台

高标准农田建设参观——张小妹家庭农场烘干中心

东海镇志愿者开展环境整治志愿服务活动

南阳镇

Nan Yang Zhen

全镇总面积126.8平方公里，总耕地面积7779公顷，辖29个行政村，1个居委会。2016年，南阳镇深入贯彻落实党的十八大、十八届三中、四中、五中、六中全会和习近平总书记系列重要讲话精神，积极推进南通市级中心镇建设。实现地区生产总值45.2亿元，同比增长10.5%；实现一般公共财政预算收入5165.73万元；农民人均纯收入19188元，同比增长12%。

党员冬训工作会议

中友国际海鲜城

南阳镇夏季纳凉晚会"南阳楷模"颁奖仪式

江苏省启东现代农业产业园

中国供销·启东农产品国际物流港

江苏神通阀门股份有限公司

党委书记宋亚昌在基层调研

镇领导考察上海爱康压力容器有限公司

HAI FU ZHEN 海复镇

镇领导办公会议

海复镇位于启东市中部，北与吕四港镇相接，南距汇龙镇23公里，行政区域面积74.04平方公里，耕地面积4032.19公顷。苏211线纵贯全境，境内有蒿枝港河、头兴港河等河流，交通便捷。该镇户籍人口5.57万人，其中常住人口5.12万人，下辖17个行政村。2016年，获启东市文明镇、基层党委（党组织）中心组理论学习先进集体、高标准农田建设先进镇第一名、现代农业产业园建设优胜镇第一名、启东市经济发展银杯、三农发展铜杯等荣誉称号，在“启吾东疆 · 第2季”全民舞蹈秀大型评选活动中荣获优秀组织奖。

福鼎生态农业

合作镇

HE ZUO ZHEN

镇主要领导在上海召开招商会

上级领导在村慰问贫困户

合作镇行政区域面积88.7平方公里，耕地面积4664公顷，总人口62342人，辖17个行政村。辖区内有集贸市场4个，文化站1个，卫生院2个，中小学校6个，幼儿园、托儿所3个，银行办事处、信用社网点8个。2016年，全镇完成财政预算总收入4690万元。全年实现全社会固定资产投资11.3亿元，同比增长34.6%，其中工业投入5.7亿元，同比增长6.7%；实现工业应税销售4.17亿元，同比增长27.3%；培育新增长点8个。2016年共举办投资环境推介会5次，接待客商200多人次，新签约项目10个，其中重特大项目5个，外资项目1个。新开工5000万元以上项目7个，其中亿元以上项目6个，新竣工5000万元以上项目4个，新投产5000万元以上项目2个。列入全市100个重点项目4个，新维科和群乐船舶项目全面竣工投产，金顺旅游与养老社区项目加快推进。盘活存量、做大增量、优化总量，加快志圩沿线老企业的改造升级，推进新型工业带建设。2016年，镇第一产业增加值为31819万元，粮食总产量22501吨。全年新流转土地面积3500亩，进入市交易平台流转项目2个，新增培育家庭农场10家，新增农民专业合作社10家，申报国家级合作社1个，新增电子商务企业2家，新增全托管面积2700亩。第一批14个行政村的土地确权工作完成，第二批3个村全面完成归档工作；总投入758万元的兴隆村5000亩国家级高标准农田建设示范区全面推进。

中乡创集团在合作镇考察

夏季秸秆综合利用和禁烧工作会议

合作镇牡丹花基地

圣合圣心玫瑰园

王鲍镇

WANG BAO ZHEN

省农委主任吴沛良在镇考察休闲农业项目，市委书记、市人大常委会主任徐锋陪同

王鲍镇行政区域面积 126 平方公里，耕地面积 10.27 万亩，总人口 90907 人，其中常住人口 88782 人，下辖 22 个行政村。2016 年，全镇地区生产总值 36.72 亿元，完成财政总收入 8128 万元（营改增后），农民人均可支配收入 19754 元。王鲍镇被评为 2013—2015 年度江苏省文明乡镇。

全年实现规模工业应税销售额 16.7 亿元，同比增长 31%；全社会固定资产投资 17.5 亿元，其中工业投资完成 11.8 亿元，服务业投资完成 5.7 亿元；规模工业产值 54.2 亿元；高新技术产值 32 亿元；限额以上社会消费品零售额增幅 23%。全年项目农业投入 2.1 亿元，其中投入 1000 万元以上的有 7 家，3000 万元以上的 1 家；新增新型家庭农场 20 个，粮食全托管主体 8 家，百亩以上露地蔬菜 15 家，总面积 3503 亩，绿化造林 977 亩，三品认证数 3 个。全年完成土地流转 13500 亩。项目区安插标准钢管大棚 1050 亩，完成小农水节水灌溉工程 6500 亩，实施高标准农田建设项目 6 个，2016 年度的农村水利建设获评启东市先进。

王鲍镇“两学一做”到中铁十局上门送学

王鲍镇恒亚国际家居博览城道德讲堂

王鲍镇庆祝建党 95 周年暨红军长征胜利 80 周年文艺演出

花柒精品酒店

启隆生态科技产业园
启东市启隆镇

市委常委、组织部长赵男男在启隆镇调研党建工作

江苏省农业委员会主任吴沛良在镇调研

2016年，全镇实现地区生产总值65716万元，同比增长9.0%；完成固定资产投入24.65亿元，完成年计划的102.7%。完成公共财政预算收入33503万元，完成年计划的278%，同比增长213.6%。其中国税完成3423万元，同比增长185.5%；地税完成30080万元，同比增长217%；完成非税收入1500万元，同比增长500%。财税完成情况在全市园区中，完成率和增幅均位列第一。

君领游艇俱乐部

嘉仕有机阳光餐厅

“展青春风采，筑启隆未来”主题演讲比赛

嘉仕有机农场

1 长岛小镇欧洲风情街
2 绿地长岛四季花海
3 绿地长岛夜景
4 绿地长岛风景
5 绿地长岛

科技进步奖颁奖

研究院揭牌

启东市科学技术局

2016年，市科技局全面贯彻市委十二届十次全体（扩大）会议和第十三次党代会精神，以科学发展观为指导，以推进创新型城市建设为核心，着力加强产业技术创新、企业自主创新和社会发展创新，加快推进创新人才、创新载体和创新环境建设，加速高新技术产业发展，促进产业转型升级，实现科技进步与经济社会发展的紧密结合、相互促进与协调发展，全面提升沿海开发水平，为率先基本实现现代化提供强有力的科技支撑。2016年，启东市科技局被市委市政府评为五星级机关。

创新驱动中心揭牌

科技节开幕式

创新驱动中心首批专家聘任仪式

创新驱动中心产学研合作洽谈会

启东市人民武装部

省军区首长在启东调研

市领导检查征兵体检工作

2016年，人武部在南通军分区党委和启东市委的坚强领导下，坚持以党在新形势下的强军目标为统领，以年初省军区和军分区党委扩大会议明确的目标任务为牵引，大力加强思想政治建设，扎实推进军事斗争准备，加大依法从严治军力度，全面加强改进作风，圆满完成兵员征集、民兵整组、国防潜力调查、战备库室建设、全民国防教育、双拥共建等各项任务。人武部全面建设和民兵预备役工作保持良好发展势头，2016年被南通军分区党委评为先进团级单位党委。

武装工作考核

结对助学活动

民兵整组点验

战备规范化建设

新兵欢送大会

民兵应急连警棍盾牌术训练

民兵应急连队列训练

国防潜力调查培训

启东市人民检察院

QI DONG SHI REN MIN JIAN CHA YUAN

南通市委政法委书记姜永华一行在院调研

上级领导在院调研指导案管工作

2016年，市检察院通过深入学习习总书记系列讲话精神，严格按照上级政法工作会议、检察长会议的新部署，认真贯彻落实刘检、俞检调研讲话精神，立足启东院自身特色、区位特点和阶段特征，认真研究工作思路，确立三大工作主题，全力聚焦检察办案主业，全面提升队伍素能，各项检察工作继续保持全面良性发展。先后获社会治安综合治理和平安建设工作先进集体、法治建设先进集体、理论学习先进集体、省政府文明单位、全国检察机关宣传先进单位等荣誉称号。

走访慰问贫困户

全省检察机关规范司法行为专项整治考试

检察院召开“两学一做”学习教育工作座谈会暨“5·10”思廉日廉政党课

侦查工作推进会

启东干警在南通市检察机关第十四届检察业务技能竞赛中获团体二等奖

公诉科考核庭顺利举行

女干警在南通市女检协第二届舞蹈比赛中荣获第一名

微笑无关语言 —— 启东检察院送法进特殊教育学校

首批入额检察官代表颁证暨宪法宣誓仪式

预防科开展预防培训课，助力春风巡讲

检察院组织干警赴井冈山开展理想信念教育

启东市公安局

省委常委、政法委书记、公安厅厅长王立科到启东慰问一线民警和调研走访

南通市副市长、公安局长陈旭在市公安局基层一线检查指导工作

2016年，全市公安机关在市委、市政府和上级公安机关的统一领导下，瞄准争当服务地方发展排头兵、争当南通公安排头兵的“双争”目标，主动适应经济发展和维稳形势新常态，按照公安部全面深化公安改革、推进“四项建设”、省厅“一体两翼”总体布局和南通市局“123”升级行动计划，精诚团结，锐意进取，战胜多重困难和挑战，确保全市社会大局持续平稳。公安综合绩效位列南通市局第一名，全局效能建设再次荣膺政府五星级，总体工作得到党委政府和社会各界的充分肯定。

一是平安大局坚实稳固。坚持问题导向，组织开展“三大战役”、“猎毒”、“治赌患·净风气”等专项行动，打掉恶势力团伙18个、吸贩毒团伙28个，4起命案均在短时间内破获，13起重大道路交通肇事逃逸事故均在48小时内侦破，全市治安呈现“三降”，即：刑事案件总量下降7.7%、八类恶性案件总量下降14.8%、大要案件平均破案时间下降至3天。强化底线思维，部署开展“防风险、补短板、抓规范、提能力”集中攻坚行动，狠抓矛盾纠纷排查化解、安全监管、重点稳控等工作，圆满完成G20峰会、十八届六中全会、国家公祭日等一批重大安保任务。

二是公安改革蹄疾步稳。在警务运行机制方面：组建食品药品环境犯罪侦查中队，将12个交警中队整合成9个，试行水警与治安、近海所与近海交警中队、吕四所与吕四刑侦中队合署办公，健全常态化联合指挥机制，提高合成作战效能。在执法运行机制方面：建成派出所案件管理、执法办案、涉案财物管理“三个中心（室）”，实现对人、案、财物、场所、卷宗等重点执法要素的全方位监管；强化讯（询）问全程录音录像制度，推广轻微刑事案件快速办理机制，推行主办侦查员制度，构建严格规范的案件主办责任体系。在行政管理服务方面：深化户籍制度改革，开展无户口人员登记户口专项工作，为11名长期无法落户儿童办理登记入户手续；创新驾驶人培训考试、机动车号牌管理、机动车检验、异地缴纳交通违法罚款、道路交通事故处理综合服务等工作；推进出入境证件审批权限下放，最大限度方便群众。在队伍管理机制方面：积极稳妥推进人民警察管理制度改革，为287名民警实施职务职级并行，为30余名民警及其家属发放抚恤补助金60多万元，警衔津贴新标准等都在第一时间快速兑现。

三是防控体系日臻完善。斥资1300万元实施社会面治安监控五期、老小区技防改造工程，扎实推动辅警队伍规范化建设，组建无人机警务中队，培养狙击手、谈判专家等专业技能人才，开展人力情报建设会战，合作、北新等镇分别建成特辅警队伍，8支一般镇消防队、5支重点镇消防队实体化运作，全市治安防控体系日臻完善，应急救援体系日趋合理。同时，以“扼点守线”原则建设基层所队，强力推进警务“杀手锏”工程，2016年建成一所（王鲍所）一室（DNA实验室）一站（技侦站）。

市公安局举行“秉公执法·人民公安为人民”2015公安工作专题报告会

四是队伍建设成效明显。把握从严治警主基调，抓好党风廉政建设、“两个责任”、《八项规定》和警规警纪落实，深入开展“两学一做”学习教育、新时期“启东公安精神”大讨论等活动，引导广大民警坚定理想信念，提高政治定力。2016年没有发生民警重大违纪情况。把握素质强警主方向，以“能力素质提升年”为载体，制定出台《评星奖惩意见》，完善大培训、大提升教育培训机制，重点加强民警信息化应用、规范执法、群众工作、应急处突、群体性事件处置方面技能培训，进一步提高民警综合素质。2016年实战练兵成绩位列南通市局第三，郭其明等9人被评定为南通市局岗位技能标兵。组织“秉公执法·人民公安为人民”公安工作专题报告会和启东警务协作平台年会两场大型活动，充分展示公安队伍建设和业务建设成果，有力提高启东公安知名度和影响力。加强微典型宣传，加大即时奖励力度，全年33人被即时嘉奖和记功，陈帅烈士获评“中国好人”，顾光被授予“江苏省先进工作者”，公安队伍满意度位列南通第二。

市县两级公安机关快侦快破“11·26”杀人抛尸案件

市公安局举办“论剑东疆”——启东警务协作平台工作会议

QI DONG SHI XIAO FANG DA DUI

启东市消防大队

2016年，启东市公安消防大队在启东市委、市政府的正确领导下，在支队、市局的统一部署及指导下，在社会各界的大力关心和支持下，按照“政府统一领导、部门依法监管、单位全面负责、公民积极参与”的消防工作原则，以打造“消防铁军”建设为奋斗目标，以“正规化、精细化”建设为工作思路，带领全体官兵认真做好执勤备战、监督执法工作，严格落实消防目标责任制，充分发挥消防监督工作服务社会、服务经济建设的作用，保障驻地消防安全形势稳定。

市领导检查消防工作

大队长严翠祥指导政府专职队伍

消防站对外开放活动

烈士陈帅生前检查消防设施

宣传活动

训练

119消防宣传日主题活动

启东市行政审批局

上级领导在启东调研

2016年，在市委、市政府的正确领导下，在市审改办的指导和有关部门的支持配合下，行政审批局扎实开展行政审批制度改革、相对集中行政许可权改革试点、建设项目并联审批、市场准入“五证合一”和公共资源交易等重点工作，进一步优化政务服务体系、提升政务服务效能，工作取得显著成效。

行政审批制度改革：围绕企业开办全过程、项目建设全流程，深入推进相对集中行政许可权改革试点工作。启东市企业登记“五证合一”工作自2016年10月1日起全面实施。该项改革是在2015年10月份企业和农民专业合作社“三证合一”基础上商事登记制度改革的又一次推进和深化。该项改革在降低制度性交易成本、简化申请手续、节约办件时间、营造公平便捷的营商环境方面意义重大。2016年共办理“五证合一”执照共5310张。试点容缺预审，推行并联审批，审批过程中多头并进，对基本条件具备、主要申报材料齐全且符合法定条件，但次要条件或手续有欠缺的行政审批事项，先予容缺受理并进行实质性技术审查；共享申请资料，依托审批平台的建立，加大信息共享力度，在审批系统中能够查找到的佐证材料，利用网络平台自行查找提取，不再需要申请人重复提供。优化审批环节，工业项目只需要提交125份申报资料，比原来精简151份；创新缴费机制，推行一表收费，企业从原来跑8个部门缴10笔费用到现在跑1个收费专窗缴1笔费用。千方百计解决“审批时间长，中介服务多、盖章多、收费多、材料多”问题，建设项目审批速度南通领先，2016年累计发放施工许可证212张，其中施工许可全流程审批项目38个，总投资超50亿元，亿元以上重大项目47个，审批平均用时仅45个工作日，较改革前提速60%以上。规范中介管理，公开信用考评。推进涉审中介服务改革。2016年4月，局按照南通和启东《关于加强行政审批中介服务机构监督管理工作的意见》研究出台《启东市行政审批中介服务项目和收费目录》《启东市行政审批中介服务机构管理办法》《启东市行政审批中介服务机构信用等级考评办法》，将导致行政审批“肠梗阻”的重要病原——中介机构全面纳入监督管理范围。

“我为党旗添光彩”活动

“两学一做”党课

南通市启东地方税务局

NAN TONG SHI QI DONG DI FANG SHUI WU JU

国地税联合受关注

产权交易联合办理

南通市风险应对动态管理平台论证会在启东局召开

2016年，南通市启东地方税务局在启东市委市政府和南通市局的正确领导下，面对宏观经济下行、“营改增”全面实施、结构性减税等因素的叠加影响，加强与财政、乡镇、园区的对接，积极向政府反映实际税源状况，深度挖掘潜力，提升收入质量，努力赢取最佳收入成果。2016年全局共组织入库全口径税收收入（含两险）50.18亿元，其中入库公共财政预算收入37.64亿元，同口径增长8.81亿元，增幅为30.6%。入库社保（四险）18.41亿元，同比增收1.44亿元，增长8.5%，圆满完成政府下达的目标任务，为全市经济发展提供可靠的财力保障。在2016年度五星级单位考核中获第一名，实现五星级单位十二连冠。

国地税牵手服务“走出去”企业

青蓝对接

法律知识竞赛一等奖

房地产企业税收培训会议现场

“喜庆华诞颂党恩，两学一做展风采”

精神薪火相传　出彩地税之星

拾金不昧获赞誉

考学结合迎接“大练兵大比武”

地税蓝骑兵

中国烟草·江苏 CHINA TOBACCO JIANGSU 启东市烟草专卖局

局长（经理）刘伟（中）陪同南通市局（副经理）钱德俊（右一）进行市场调研

市场经理对零售户进行经营指导

2016年，启东市烟草专卖局（分公司）深入贯彻落实国家局、省局、南通市局工作会议精神，坚持稳中求进工作总基调，坚持战略统揽发展，统筹推进战略、规范、创新、质效、管理、文化、队伍等各项工作，经济运行保持总体平稳、稳中有进、稳中向好的良好态势。共完成卷烟销售32749箱（每箱250条），同比减少5.79%，销售结构140.5元/条，同比增长4.45%，实现含税销售额11.5亿元，同比减少1.6%，税利3.26亿元，同比增长4.69%，费用率2.52%。全年共查获涉烟违法案件97起，1万元以上案件19起，其中5万元以上5起，上报涉烟违法网络案件1起，涉烟违法分子取保候审3人，判刑1人，查获各类违法违规卷烟2205.9条，没收假烟249条，到账罚没款11.48万元。强化专卖内部监管，市场净化率保持在98%以上，坚持依法行政，进一步规范许可审批行动，卷烟零售许可证办理缩短至8个工作日，并通过开展上门办证、上网办证等提高烟草零售许可证办理效率，发放许可证207份，延续许可证754份。强化证件后续监管，常态化开展“休眠户”“无效户”清理工作，确保无证经营控制在2%以内。全年安全无事故，顺利通过省安监局的安全生产标准化二级复评。全力开展基层创优活动，顺利通过江苏省优秀县级局（分公司）的检查验收。

启东烟草获得南通烟草系统内趣味运动会团体第二名

稽查队员进行市场检查

稽查队员对零售户进行普法教育

开展“今日我店最靓”活动

国家电网 STATE GRID

国网启东市供电公司

STATE GRID QIDONG COUNTY ELECTRIC POWER SUPPLY COMPANY

110kV 圆陀角输变电工程施工建设现场

市领导慰问

中国共产党国网江苏省电力公司启东市供电公司第一次代表大会

电网情况 2016年，启东境内共有35千伏及以上变电所33座，其中220千伏变电所5座，110千伏变电所13座，35千伏变电所15座，主变容量301.95万千伏安,35千伏及以上公共输电线路877千米。另有110千伏用户变3座，35千伏用户变14座。

供电量 2016年，国网启东市供电公司累计完成供电量30.58亿千瓦时，同比增长9.71%，售电量29.26亿千瓦时，同比增长9.55%；最高负荷59.94万千瓦，同比增长4.82%。

电网基本项目 完成固定资产投资2.06亿元；业扩报装完成2.18万户，新增容量49.49万千伏安，同比增长20.99%。竣工投运220千伏沿海、110千伏圆陀角等6项输变电工程，完成110千伏合兴变立项前期工作。密切关注启隆地区用电需求，竣工投运35千伏启隆临时站。

配农网建设 编制“十三五”配网整体规划，累计储备配、农网项目资金达4.89亿元。启动小城镇中心村项目，签订《小城镇中心村电网改造协议》。推进配农网建设改造，累计完成配农网项目1663个，合计投资3.96亿元，新建10千伏线路194.8千米、新增更换配变498台，户均配变容量达到3.38千伏安，10千伏线路联络率达到98.04%。

供电服务 强化客户导向，积极参与售电侧改革，创建5764个供电台区服务微信群，转变服务方式和服务理念。持续深化“服务一体化”，上线业扩管控手机APP，主动服务全市98个重大项目，大项目平均接电周期缩短6天。对全市1667家企业开展“5A级电力客户创建”，协助整改用电安全隐患。完成电力体检1076户，免费提供优化用电建议书1055份，为用户节约成本2100万元。按期完成了源网荷互动体系一期建设任务。推进“三表合一”采集建设和调试，新增接入用户0.53万户。建成2个高速快充站、1个公交充电站、2个城市快充站。

员工安全警示教育活动

110kV 启兴变主变租赁工程投运

2016年12月26日，启东第三个光伏电站启兴光伏变电站正式并网

广场安全咨询日活动

电力迎峰度夏新闻发布会

启东市总工会

QI DONG SHI ZONG GONG HUI

市领导在总工会调研

合影

2016年，全市各级工会组织紧扣“服务型工会”建设，大力实施建功立业、维权维稳、普惠服务、固本强基四项工程，以新状态引领新常态，以新思路谋求新机遇，以新作为赢得新发展。全市建会总数达5281家（新增277家），职工总数275287人，工会会员270834人（新增会员12962人），其中农民工193676人。工会组建率达95%，职工入会率达98%。

广泛开展建功立业竞赛活动。举办“技能比武显身手、岗位建功争先锋”暨第十二届“为劳动者喝彩”劳动竞赛，组织卫生、金融、教育、邮政、化工、机械等6大行业14个工种技能比武，直接参与市级决赛职工2000多人，14人晋升技术等级。逐层推荐优秀技能人才参加全国、省级技能大赛，江苏神通阀门股份有限公司职工李忠卫在全国第七届数控技能大赛中获二等奖。

推进“六型班组”建设。加大“学习型、创新型、环保型、效益型、和谐型、安康型”班组建设，评选产生南通市级“工人先锋号”7个，启东市级“工人先锋号”20个。

弘扬劳模劳动精神。全市推荐评选产生江苏省劳动模范9人，全国五一劳动奖章1个，南通市五一劳动奖状2个、奖章4个。举行启东市劳模事迹报告会。

深化职工素质提升工程。举办启东市第二届“职工文化节”系列活动，含职工乒乓球赛、职工羽毛球赛、职工篮球赛、职工运动会、第二季新市民说启东方言大赛。大力推进“书香企业”建设，推动全市各级“职工书屋”增量提质，江苏林洋能源股份有限公司获“江苏省2013—2015年度书香企业建设示范点”称号。

创新职工维权手段。挂牌成立“沙主席职工维权咨询工作室”和“启东市职工维权咨询志愿协会”。在工作室和启东工会官微平台，同步接受职工劳动争议咨询和解答。微信解答职工咨询87人次，接待职工来访咨询32人次，开展劳动法律法规培训2次。

好书推荐 -- 读书分享会

全市职工之家亮化

全市职工经典诵读大赛

职工运动会开幕式

启东市水务局

市长黄卫锋（左二）调研防汛工作

2016年，启东市水务局坚持以人为本，人水和谐的治水之道，按照“一个中心”（以人民群众最关心、最直接、最现实的水利需求为中心）、“两个优先”（水利建设优先，水生态治理优先）、“三大目标”（以构建和谐社会、促进经济发展、打造“强、富、美、高”新农村为目标）、“四大主题”（以民生水利、安全水利、生态水利、资源水利为主题）的总体工作方针，着力抓好直接关系人民群众生命安全、生活保障、生产发展、人居环境、合法权益等五大民生水利工程，为全市经济发展，人民生活质量提高，社会文明进步提供有力的水利基础支撑和保障。

2016年，市水务局紧跟时间的脚步，拓宽思路，奋力进取，坚定不移地推进可持续发展水利，使全市农村水利基础设施建设不断完善，水生态日益改善，强有力地提升农村水系的引灌排能力，全面促进全市农业综合生产力的发展；多项重大水利工程安全高质推进，沿海沿江大堤及重要闸站防汛抗台能力进一步提升，再次筑牢安全防线；水行政管理工作规范有序，行政执法力度不断加强，全面维护良好的河道秩序。实实在在的工作成绩持续造福着东疆百姓，充分体现在水利建设中突出民生，在防灾减灾中突出民生，在水利管理中突出民生，在水利改革中突出民生，让广大人民群众共享水利发展成果的总体工作思路。在年终政府各项考核中，水务局被评为2016年度社会治安综合治理和平安建设工作先进集体，“双联双争”惠民服务活动先进单位，重点突破性工作获得铜杯奖，连续三年荣获全市“五星级机关”荣誉称号。

水务局水利工作暨党风廉政建设工作会议

市人大调研水环境

局领导班子开展“走帮服”活动

全市防汛抢险演练

中国水周宣传活动

北部海堤加固工程

河道机械化保洁

建设中的连兴港闸

水利重点县项目护岸工程

开闸排涝

启东市卫生和计划生育委员会

国家卫计委副主任、国家中医药局局长王国强在启东调研

国家卫计委体改司梁万年司长在启东调研

国家卫计委医改评估组在启东评估

2016年，全市卫生计生工作紧紧围绕“四做一提高”目标要求，做顺体系、做活机制、做强能力、做优服务，人民群众获得感和满意度切实提高，“十三五”卫生计生工作实现开门红。**综合医改工作成效初显。**以省深化医改先行先试县市及创建国家县级公立医院改革示范县为契机，更加注重决策机制健全、更加注重体制机制完善、更加注重改革效果评估，国家十二项指标基本实现。2016年4月，市被国务院确定为全国县级公立医院综合改革示范县（市）。**医疗服务能力持续提升。**市妇幼保健院、市精神卫生中心和残疾人康复托养中心建设加快推进，人民医院内科大楼、第三人民医院新病房大楼等相继启用。引进硕士研究生18名，本科毕业生95名。**公共卫生服务再上台阶。**人均基本公共卫生服务经费65元，12类45项基本公共卫生服务项目全面实施。60岁以上老年人免费健康体检率90.5%，重性精神病、高血压、糖尿病患者规范管理率分别达88.33%、90.57%、89.83%，法定传染病发病率90.35/10万。**妇幼卫生工作稳步推进。**产前筛查率91.59%，新生儿疾病筛查率99.23%，两个危急重症急救中心荣获“省优质服务示范县（市）”称号。妇幼卫生重大项目规范实施。**爱国卫生工作不断深化。**建成省级卫生村30个，无害化户厕普及率95.54%。建成省级健康社区2个，省级健康单位2个，省级健康促进学校2个。**人口计生政策平稳衔接。**全面两孩政策平稳实施。年满60周岁独生子女伤残、死亡特别扶助对象扶助金标准分别提高到每人每月600元、700元。“515志愿服务行动”被评为南通市幸福家庭创建活动优秀项目。**卫生计生行风建设不断加强。**群众综合满意度达97.51%，市党风廉政建设检查中名列第一，在机关效能考核中蝉联五星级机关。委党委获市党建工作先进集体、“双联双争”惠民服务活动先进单位等荣誉。

国家体改司在启东调研

省卫计委赵淮跃处长在启东调研

2016年全市卫生计生工作会议

市领导慰问临床一线医务人员

启东市教育局

庆祝第 32 个教师节暨启东市首届最美教师颁奖典礼

小学校长沙龙暨《中小学校管理评价》研讨会

2016 年，启东教育认真贯彻落实党的十八大、十八届三中、四中、五中、六中全会和全市教育工作会议精神，围绕“办好人民满意的教育”总体目标，切实加快教育现代化建设，深入推进教育领域综合改革，实现启东教育持续快速健康发展。

落实全面从严治党主体责任。开通启东教育纪检监察网和“东疆教育清风”微信公众号，建成“一网一微”两大宣传平台，持续传递廉政好声音。组织实施教育系统首轮党风廉政建设巡察，切实做好被巡察单位整改工作。积极推行“阳光教育工程”，相关报道在《方圆》杂志刊出，“阳光分班”制度被南通市纪委评为“反腐倡廉好制度”。

学校办学条件取得新进展。全年新增公办幼儿园 3 所、省优质幼儿园 8 所，回购办园点 10 个。城乡配套学校建设加快推进，投入 7.5 亿元规划建设城乡配套中小学、幼儿园 12 所。全市所有学校建成南通市数字化校园，建成教育现代化学校 60 所，校园网络升级至千兆。

教育内涵发展呈现新气象。加强中小学责任督学挂牌督导工作，建成省责任督学挂牌督导工作示范县（市）。成立中小学“正能量加油站”87 家，组织开展“启吾大讲堂——智慧父母”、亲子沟通营等活动 200 多场次，有效拓展家校沟通平台。举办启东市第六届中小学校园艺术节，青少年科技创新大赛、校园足球联赛等体艺赛事 50 多项。中小学生在省、南通体艺、科技比赛中获奖层次和数量持续攀升。

教育教学质量实现新提升。普通高考和对口单招考试持续保持全省领先，中考成绩稳中有升。学前教育保教水平得到提升，新增幼儿园课程游戏化建设省级项目 1 个、南通市级 9 个。追求课题研究内涵，提升研究品质与。15 个省级规划课题、29 个南通市级课题、4 个省教研课题、15 个南通市教研课题获准立项，数量和质量再创新高。

教育改革发展实现新突破。抓牢高效课堂建设，全面推行并丰富“三段四模块”课堂教学范式，搭建东疆之春、江海星光、东疆引航等 5 大教科研训平台。启动全市中小学阅读工程，开展“阅读吧，少年”展示活动，营造良好的书香校园氛围。深入开展课程改革，22 个学校进行梦想课堂建设试点。启动中小学语文主题学习研究，12 所学校开展先行先试。创新人才培养模式，启东中学创新实验班创新人才培养全面实施。

师资队伍建设增添新活力。组织开展启东市首届“最美教师”评选表彰活动，大力弘扬师德建设正能量。实施乡村教师支持计划，定向培养本科起点乡村教师 88 名。举办“东疆名师大讲堂”15 期，培训教师 3000 余人次。4 名教师入选省第五期“333 高层次人才培养工程”，其中 1 人入选第二层次领军人才。教师发展中心王晓东老师获得苏步青数学教育奖。

服务经济社会收获新成果。启东中专创建成江苏联合职业技术学院办班点，计算机及应用实训基地被评为省职业教育高水平示范性实训基地。全年新增省级标准化居民学校 12 所、新增省级社区教育中心 3 个、南通市级 5 个。全年完成 15 所学校体育运动场地改造并向社会开放。

教育保障条件取得新成效。市区公办幼儿园服务区制度逐步试行，招生工作平稳有序。28 所学校建成南通市长安学校，10 所学校被评为南通市学校管理工作先进集体，市局获评安全生产先进集体、社会治安综合治理和平安建设工作先进集体。学校食堂规范管理进一步完善，“明厨亮灶”和“阳光食堂”工程有序推进。

市教育系统“两学一做”学习教育专题业务培训会

中小学科技节

中国邮政集团公司江苏省启东市分公司

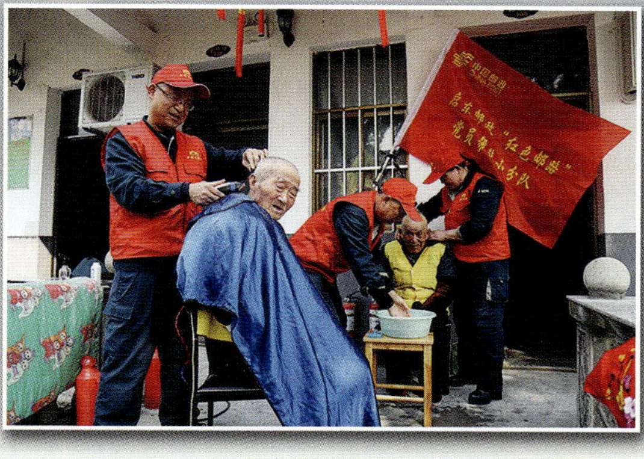

"红色邮路"党员帮扶小分队走进颐养院

预防职务犯罪邮路"春风巡讲"

反假币、防范电信诈骗宣传

中国邮政集团公司江苏省启东市分公司有在编员工510人，内设综合管理部、人力资源部、市场经营部、财务核算部4个职能部门和金融业务、电子商务、函件业务、发行投递、集邮5个专业。2016年，实现业务总收入1.82亿元，全年完成收支差额4724万元。储蓄余额规模92.66亿元，汇兑业务完成2.58万笔，全年订销报纸累计1792.50万份，订销杂志累计133.62万份，国内小包业务完成37.80万笔。

邮政机构设施 启东邮政有营业网点50处，其中金融类服务网点45处，均配备齐补登折机、ATM（CRS）自助机具，纯邮政服务网点5处。2016年，邮政平均每一营业网点服务面积为24.2 km，平均每一营业网点服务人口为2.24万人。邮乐购加盟店316个，电商运营中心1个，邮政自营店45个，村邮站259个，自提点20个。全市共有邮政信箱（筒）197个，邮政报刊亭22处，各类服务用车24辆。有计算机（在用）190台，终端机301台，投递手持终端29台，农投智能手机115部。

邮政通信网络 全市汽车邮路9条（其中南通邮路1条），投递邮路总条数112条，其中农村投递线路92条，全部摩托化，农村投递线路长度（单程）7756km。城市投递线路20条，全部更新为电动自行车，城市投递线路长度（单程）828km。城市小包专投线路7条，专投线路长度（单程）364km。邮政城区投递无休，每日平均投递2次，农村快递包裹投递无休，每日投递2次。

所获荣誉 2016年，公司蝉联2013—2015年度"江苏省文明单位"，荣获南通市机关事业单位治安保卫工作先进集体、启东市先进基层党组织、启东市工会工作先进单位、职代会规范化建设先进单位，邮政服务综合满意度达96.8%。久隆等四个支局蝉联"启东市文明单位"称号，惠和、民主支局分别被评为启东市"巾帼文明岗"和启东市"五一巾帼标兵岗"，南阳、久隆支局分别被评为"南通市青年文明号"和"南通市青年文明号争创集体"，技术维护班获评启东市"工人先锋号"。

赵晓勋荣获"江苏省劳动模范"称号

丰富工会活动陶冶职工情操

启东市福利彩票发行管理中心

福彩圆你大学梦

2016年，启东福彩中心秉承中国福利彩票“扶老、助残、救孤、济困”的发行宗旨，坚持“规范操作、安全运行”，全市福彩保持了高位运行，销售业绩创下历史新高。全年实现销售1.5386亿元，募集福彩公益金1385万元，超额完成年度目标任务，继续位列南通各县（市、区）第一，再度蝉联全省十强，排名全省第九。彩票市场占有率在2015年较上年提高3.1个百分点的基础上又提高2.4个百分点，达到60.4%，名列全省第一。

2016年，福彩中心突出中国福利彩票的公益性，开展多种形式的公益行动。其中，重点加大“福彩圆你大学梦”助学活动的力度，将资助对象从应届录取高校的新生，首次扩展到在校低保、孤儿大学生，受助学生人数从往年的50个增加到100个，扩大福利彩票品牌的影响力。福彩中心加强对全市福彩站点规范经营、安全经营的监督、管理与指导，全面提升福彩整体形象。中福在线销售厅年初顺利搬迁至润福路58号，新厅功能提档服务升级，既满足彩票销售安全规范运行的要求，又为彩民提供舒适便捷的投注环境。

福彩温暖送到户

优秀站点受表彰

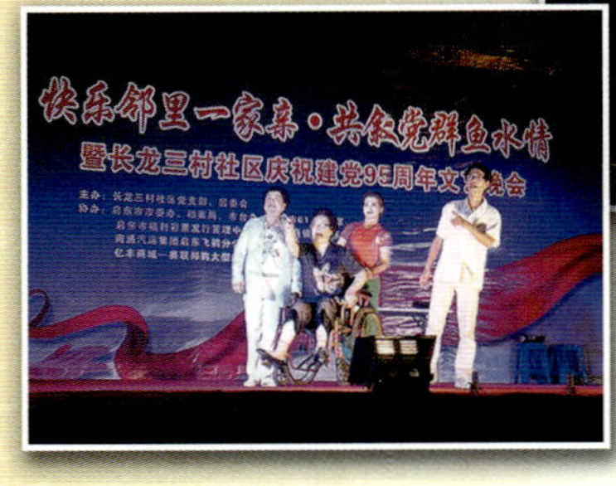

携手社区庆党生

迎春送福上街头

启东中福在线新厅

启东农商银行

QIDONG RURAL COMMERCIAL BANK

幸运客户喜获启东农商银行“富盈东疆－好礼送到家”活动轿车大奖

江苏启东农村商业银行股份有限公司成立于2011年11月11日，是经中国银监会批准，由1793名自然人股东和54家法人股东共同发起设立的股份制金融机构。注册资本75600万元，下辖1家营业部、48家支行、17家分理处，66家营业网点，员工总数800余人。

成立五年来，启东农商银行充分发挥点多面广、灵活高效的机制体制优势，坚持立足服务三农，锐意进取，突破创新，各项业务高效发展，资产结构日益改善，企业品牌形象逐步提升，成为启东地区市场份额最大的本土金融机构。新形势下，全行主动适应金融服务新要求，持续推进战略转型，不断提升支农、支小服务质效。存、贷款市场份额在全市各金融机构中连续多年稳居第一。银监部门监管评级提升至二C级，在省联社等级社考核中由AAA级上升至AAAAA级。荣获“年度十佳支持三农银行”“中国服务县域经济领军银行”、江苏省文明单位、省档案工作规范测评三星级、市“先进基层党组织”“农村金融服务站优秀主办行”“农村支付结算环境建设工作先进集体”等光荣称号。

风潮汹涌，自当扬帆远航，日益进取的启东农商银行在转型发展之路上齐心协力、奋发有为，为实现服务地方实体经济目标砥砺前行，谱写金融助力新篇章。

金融产品现场宣传活动

捐资助学“春蕾班”

启东农商银行五周年行庆文艺汇演

信贷人员在企业现场调查

服务效能提升培训

中国邮政储蓄银行 启东市支行
POSTAL SAVINGS BANK OF CHINA QIDONG BRANCH

上级领导指导工作

市领导慰问

中国邮政储蓄银行启东市支行成立于2008年，是一家集储蓄、信贷、公司等业务为一体的大型零售商业银行。全行内设四个部门，拥有自营网点6个、邮政代理网点45个，服务遍及启东所有乡镇。该行依托邮政网络优势，不断丰富业务品种、拓宽营销渠道、完善服务功能，为广大群众提供更全面、更便捷的基础金融服务。

邮储银行启东市支行自开办以来，在社会各界的鼎力支持下，始终秉持“服务三农”的理念，致力于地方“三农”经济发展，让金融服务“普之城乡，惠之于民”；不断创新金融服务，完善经营管理体制，树立服务品牌，实现效益与口碑双赢。该行连续五年被启东市公安局评为银行业金融单位安全保卫先进单位。

面对经济社会发展新常态，邮储银行启东市支行将继续坚持服务“三农”、服务中小企业与服务社区的“普惠金融”战略定位，充分发挥邮政网络系统的优势，以客户为中心，服务实体经济，做好风险管控；同时，加大转型发展力度，进一步优化金融服务，创新金融产品，提升创新驱动能力，努力为全市经济持续健康发展与和谐稳定作出更大的贡献！

客户经理走访华信食品公司

行领导、客户经理走访大客户

优秀共产党员、优秀党支部

2016 首季开门红推进会

支行党员干部参观王鲍烈士纪念馆

七一表彰大会，重温入党誓词

深化邮银合作启动大会

紫薇支行开展“赢健康财富享美丽人生”理财沙龙活动

启东市气象局 QI DONG SHI QI XIANG JU

启东市气象局属全民事业单位，是实行上级主管气象机构与本级人民政府双重领导，以上级气象主管部门为主的管理体制。根据国务院授权承担本行政区域内气象工作的政府行政管理职能，依法履行气象主管机构的各项职能。

启东市气象局在编干部职工 9 人，聘用人员 7 人，其中工程师 5 人，高级技术人员 1 人，分别从事气象业务、科技服务等工作，基本建成一支结构合理，政治业务素质过硬的气象科技队伍。

至 2017 年底，市气象局建成 9210 卫星通讯、卫星云图接收、人工影响天气（物联网）设备、省市县视频会商系统、吕四大功率电台，以及由 2 个有人值守的国家级气象观测站、24 个无人值守的新型野外多要素气象自动观测站组成的大气连续探测网络和 120 块气象信息显示屏组成的城乡气象信息即时发布系统，以及一辆集卫星通讯系统、远程视频会商系统、大气多要素探测系统和应急保障系统于一体的多功能应急保障探测指挥车，形成布局合理、覆盖全面、功能先进、保障有力的现代化气象监测网络和预报服务体系。

启东市气象局全体同志始终把着眼点放在服务上，着力点投在高效上，以提高气象服务水平、争创诚信文明窗口和“观云测天惠万家”服务品牌等活动为切入点，完善气象服务制度，落实服务承诺，不断提高基本业务质量，打实优质服务基础，公众气象服务的满意率达 90% 以上。在各项工作中，做到有目标、有计划、有组织、有措施，取得显著成效。先后获得江苏省文明单位、南通市文明行业、南通市气象部门特别优秀达标单位、启东市安全生产先进单位等荣誉称号。

“3·23”世界气象日局长张革新接受电视台采访

启东市气象信息员培训

参观抗日战争 70 周年图片展览

党员活动

气象仪器维护

科普宣传

汇龙镇临江村“格格乐”暨正能量加油站

启东市民政局

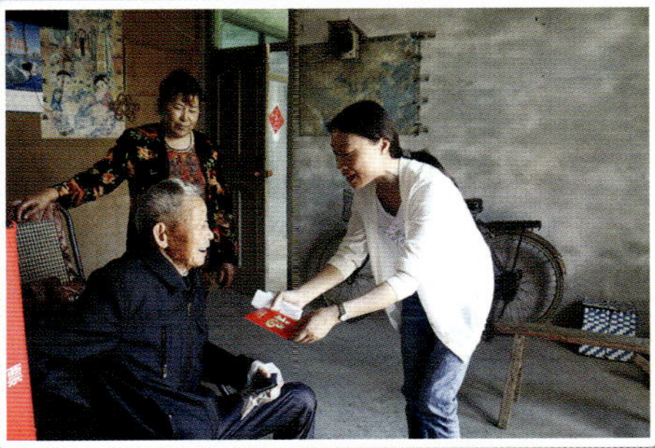

“福彩公益行”局领导慰问困难群众

局机关党员进社区开展志愿服务活动

2016 年向盐城灾区捐款活动

2016 庆“七一”专题党课

养老服务员同老人其乐融融

启东市残疾人联合会

残疾人才艺表演赛

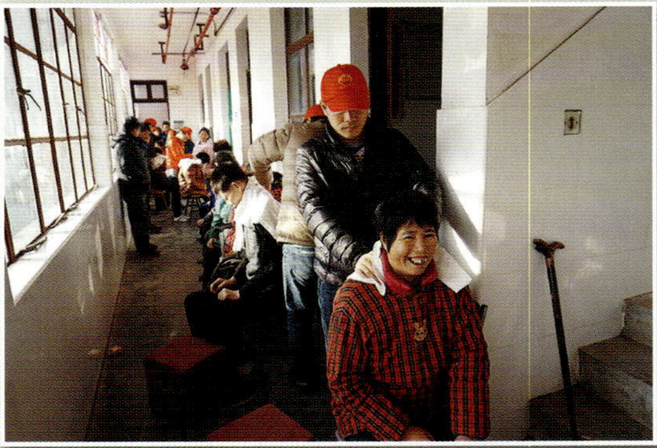

盲人协会开展义务按摩活动

启东市“残健牵手，喜看新貌”东疆行活动

2016 年，市残疾人工作围绕保障残疾人民生，全力推进残疾人小康进程的目标，不断深化残疾人社会保障体系和服务体系建设，突出重点，体现特点，解决难点，牢记使命，履行职责，对标一流，扎实工作。至年底，全市共有持证残疾人 24271 人，专门协会 5 个。

启东市国家税务局

QI DONG SHI GUO JIA SHUI WU JU

2016 年，全市国税系统围绕税收现代化的总体目标，负重前行、砥砺奋进，各项重点工作取得显著进展，实现“十三五”的良好开局。全年累计入库工商税收 41.81 亿元，同比增长 17.9%；入库地方级收入 39.97 亿元，同比增长 20.88%；累计完成地方公共预算收入 17.3 亿元，总量在六县（市、区）中排名第一，增幅位列第二。全面依法落实税收优惠，充分发挥税收政策在推动经济发展方式转变中的引导、管理与服务作用，全年共计办理各类退税 18.53 亿元，为经济向好积聚新动能。继续蝉联全市“五星级机关”，勇夺重点突破性工作银杯奖；在南通国税系统 8 项全局重点工作竞赛中夺得 3 金 2 银 1 铜，10 项一般工作考核中获得 4 项第一、2 项第二，继续获评先进集体。

市领导参与营改增首票开票现场

结对开展“两学一做”学习教育

与政风行风监督员一起走进政风行风热线

全力以赴“金税三期”上线

职工趣味运动会

启东市金鹰食品有限公司

QI DONG SHI JIN YING SHI PIN YOU XIAN GONG SI

总经理：曹　云

启东市金鹰食品有限公司（原市食品总公司改制企业）成立于 2005 年，受政府委托，履行对全市生猪屠宰管理与服务职能。有 2 个标准化生猪屠宰场，年屠宰生猪 22 万头。具有省级以上的肉品品质检验人员 14 人，农业部门官方兽医 24 小时驻场检疫，从生猪进场到肉品出场全部实行追溯制，肉品出场合格率达 100%，公司将正确把握好经济效益与社会效益的关系，坚持把全市人民的食肉安全作为至高无尚的政治任务，真正做到不屠宰病死猪、不屠宰未经官方兽医检疫合格的生猪，不屠宰注水、注入其它物质的生猪。年统一收集焚烧病害猪肉、病死猪、有害腺体 10 万公斤左右。

启东市畜禽屠宰
行业协会

屠宰车间

江苏省启东实验小学

校长 季国栋

江苏省启东实验小学，现有教学班88个，学生3574名，教职工290人，先后培养江苏省特级教师5名，南通市名校长1人，南通市名师培养一梯队成员2人，导师1人，南通市学科带头人10人，南通市骨干教师12人，南通市教坛新秀1人，启东市学科带头人7人，启东市骨干教师23人，启东市教坛新秀15人，研究生3人，在读研究生2人。2016年8月成立江苏省启东实验小学开发区分校，现有教学班3个，学生111人。

学校占地面积71027平方米，建筑面积52752平方米，室外活动场地17778平方米，绿化面积26711平方米，穿梭在教学楼间的活性水面3500平方米。校园环境体现园林化、艺术化、教育化。致力于幸福教育，搭建起较为成熟的“幸福1+2”校本课程体系，倡导每位实小人都是有影响力的人，形成“让每位师生都成为创造幸福和幸福生活的人”的育人目标和文化氛围。

学校设施齐全，办学条件达到省实验小学标准建设要求，拥有藏书79300册，学生计算机网络教室（电子阅览室）5个，多媒体教室100个，课件制作室1个，校园网络管理中心1个，美术专用教室9个，音乐专用教室12个，舞蹈房2个，科学实验室5个，整个校园建有安全监控系统。

学校秉承九十年的丰厚教育教学文化传统，坚持以“办有质量的教育，过有品质的生活，建有文化的学校”为工作目标，在上级主管部门的领导下，依靠全校教职员工的共同努力，通过独特的校园文化环境营造，优秀的教师队伍创建，丰富的课程资源建设，学校各项工作得以不断完善与推进。学校先后被评为被评为全国幸福学校共同体三星级幸福学校、全国科技活动周先进单位、全国艺术教育实验学校、全国信息技术道德教育实验学校、全国百强特色学校、中国青少年科技发明实验基地、全国中小学师生藏书票教学基地、全国教科研百强校、全国幸福教育联盟江苏区骨干学校、江苏省文明单位、江苏省名校、江苏省教育科研先进集体、江苏省优质诚信办学机构、江苏省生态文明示范学校、南通市青少年科学教育特色学校、江苏省教育科学研究所科研基地、南通市基础教育改革先进集体、南通市教育技术工作先进集体、南通市中小学德育工作研究基地学校、南通市依法治校示范校。

神木县委教育考察团在校参访

“东疆之春”教学研讨

民俗进校园活动

第十六届科技节

十岁成长仪式

“实小好少年”风采大赛

春之声音乐会

“从我们的四季走过”诗歌朗诵会

二十七届体育节开幕式

启东市人民医院
启东肝癌防治研究所

启东市人民医院 / 启东肝癌防治研究所是一所集医疗、教学、科研、预防和急救为一体的综合性三级医院，创建医改示范县的先行先试单位之一。是一所拥有 68 年历史的现代化综合医院，承载着几代创业者的希望，书写着现代医学的新篇章。医院还是上海市第十人民医院启东医院，江苏省人民医院技术支持医院，瑞一互联上海名医远程医疗中心，长寿基因研究中心，卫生部肝癌早诊早治示范基地，全国肿瘤登记示范基地，中国医学科学院肿瘤医院、上海中山医院肝癌防治合作中心，南通大学、江苏医药职业学院临床医学院教学医院，国际癌症登记协会（IACR）的会员单位之一。被中国癌症基金会评为“全国肝癌早诊早治项目优秀项目点”；江苏省卫生厅、江苏省中医药局授予“全国综合医院中医药工作示范单位”称号；江苏省总工会授予“十佳基层工会”、江苏省模范职工之家”；省万人评议“最佳满意医院”；全省临床检验质量管理先进单位等。

2014 年 5 月，启东市被确立为省深化医改先行先试县（市），医院坚持公立医院公益性基本定位，将公平可及、群众受益作为改革的出发点和立足点，不断加强医疗护理质量管理，加强重点专科、重点学科建设，坚持以病人为中心，努力优化就医流程，提升医疗服务能力，努力打造“服务好、质量好、医德好、群众满意”的医疗环境。2016 年国务院办公厅 26 号文件指出：深化医改，选择江苏省启东市等 4 个县市开展县级公立医院综合改革示范工作，加强示范引领。

医院有职工 1287 人，其中博士 3 人、硕士 68 人、高级职称 170 人，享受国务院政府特殊津贴 2 人；江苏省首批特聘医学专家 1 人；江苏省有突出贡献中青年专家 2 人；江苏省 333 高层次人才培养工程 3 人；南通市“226”高层次人才 8 人；启东市“312 高层次人才梯队培养计划”培养对象 18 人；荣誉教授约翰霍普金斯大学托马斯 · 肯瑟勒教授获得国务院颁发的“国家友谊奖”，并受到温家宝总理的亲切接见。江苏省特聘医学专家美国耶鲁大学博士生导师张亚玮为医院肿瘤研究客座研究员。医院有编制床位 1000 张，年门急诊量约 60 万多人次，住院病人 4.8 万多人次。

医院长期与国际癌症研究中心、国际癌症登记协会、美国国家癌症研究所、美国约翰霍普金斯大学、英国皇家癌症基金会以及中国医学科学院肿瘤医院、上海市肿瘤研究所、复旦大学医学院、上海东方肝胆外科医院等国内外科研机构、医学院校的协作课题。先后承担并实施省级课题 53 项，国家级课题 43 项目，国际间协作课题 30 项；曾获国际癌症免疫奖 1 个，先后获国家、卫生部、中华医学会、省、市多项科技进步奖和中华医学科技奖等成果奖励 42 项。在国际和国内杂志上发表论文数百篇。作为国际癌症登记协会（IACR）的会员单位之一，登记资料收录在《五大洲癌症登记汇编》。

医院实施“树名医、建名科、创名院”的战略目标。深化沪启医疗合作、省际医疗合作，与上海市第十人民医院、上海市华山医院、上海市仁济医院、上海市同济大学附属杨浦医院、上海市第一人民医院、江苏省人民医院、南通大学附属医院等三级甲等医院开展诊疗合作，组建 8 个专家团队长期在启东多点执业，建立就医快速通道，使危重患者及时得到救治，医院的诊疗水平在上级专家的带动下，不断接轨医疗前沿，提升医院在医疗服务领域的综合优势。同时，医院注重人才队伍建设，促进业务技术建设，以“创三乙”为契机，目光不断向现代化三级医院瞄准，以重点专科建设为龙头，带动其他学科全面协调发展，努力建成“国内知名、省内一流”的县级医院，更好地服务全市百万人民。

医院设有职能科室 22 个、临床医技科室 40 个、病区 31 个，其中心血管内科、呼吸科、骨科、儿科、妇产科、肝胆外科和影像科等 7 个南通市重点临床专科，中医科为江苏省综合医院示范中医科，检验科为南通市重点专科建设单位，肿瘤预防 / 流行病学为南通市重点学科，影像科的 CT、磁共振（MRI）室为南通市创新团队。设有启东市 120 急救中心、南通市中心血站启东采血点、司法鉴定所、上海心脏中心启东分中心、白内障复明中心、启东市胸痛中心、启东市脑卒中中心、启东市创伤中心、启东市孕产妇危急重症救治中心、启东市新生儿危急重症救治中心、标准化代谢性疾病管理中心、内镜中心、体检中心、血液净化中心。

拥有 1.5T 高场磁共振、256 层螺旋 CT、大型 C 臂数字减影血管造影机、高级医用直线加速器、DR-X 线数字摄片机、妇产四维彩超、心电数字化管理系统、智能化药房、静脉输液配置中心等 100 多件大中型现代化医疗设备，为临床业务开展提供强有力的硬件保障。现代化医疗信息网络建设，如临床 HIS 系统、PACS 系统、LIS 系统、电子病历、医生工作站、职能办公 OA 系统、自助打印胶片机终端等，创新预约诊疗方式，建立自助服务和诊间结算系统，提供无缝隙服务，实现了挂号、就诊、医嘱、检查、缴费一卡通服务及无纸化办公，简化流程，群众就医获得感明显增强。

作为启东市第一医疗管理集团的龙头医院，医院不断加强医疗集团的建设，利用院内优势在集团内组建的消毒供应中心、病理中心、会计核算中心，实现集团内资源的共享互助。以卫生信息化为依托，完善集团内远程会诊中心、远程教学中心、远种影像中心、远程临检中心、远程心电中心的建设，促进城乡医疗水平的均衡发展。

强化对口支援工作，建立统一的培训机制，将院内专家辐射到集团内所有成员单位，建立结对帮扶名誉主任制度，每周结对到基层医院进行会诊、查房、手术、教学，使基层医院医疗服务水平显著提升，方便群众就医。落实分级诊疗各项措施，使集团内基层医院床位使用率较前提高 30% 以上，县域内就诊率将近 90%，小病不出村、常见病不出镇、大病到县级医院正在逐步实现。

为适应时代发展，医院在抓好业务技术建设的同时，注重文化内涵建设，围绕“让患者满意”的目标，坚持树立“以人为本，患者至上”的核心价值观，围绕“一切为了病人”这一主题，强化政治思想建设和职业道德建设，谨遵“团结、求实、爱院、奉献”的院训，以公立医院综合改革要求为目标，以创建“三乙”医院为重点，向精细化管理转变，加快战略转型，实现医院持续健康发展新常态。

着眼未来，全体医职员工正以饱满的精神和昂扬的斗志，秉承“关爱生命、精心施治、诚信服务”的医院宗旨，竭诚为启东百万人民提供优质的医疗保健服务，为启东医疗卫生事业的发展谱写新的乐章。

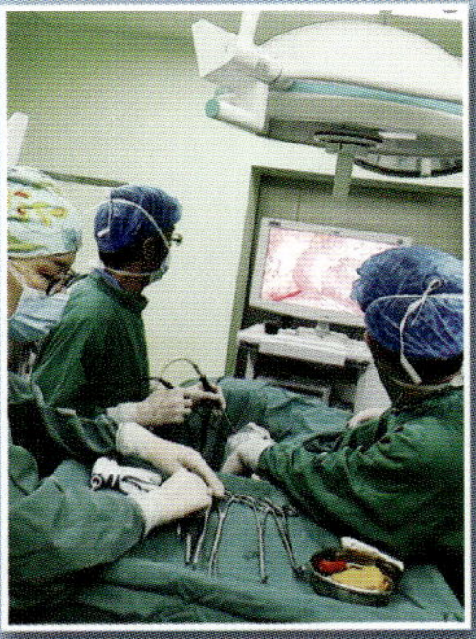
首次独立完成胸腔镜下肺上叶切除术

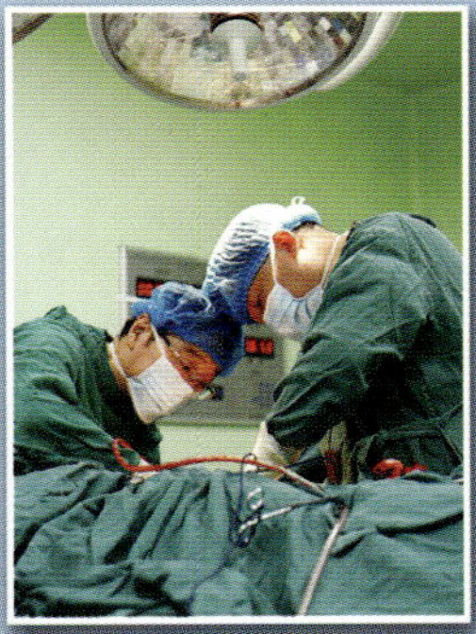
外科手术场景

人民医院效果图

护士授帽仪式

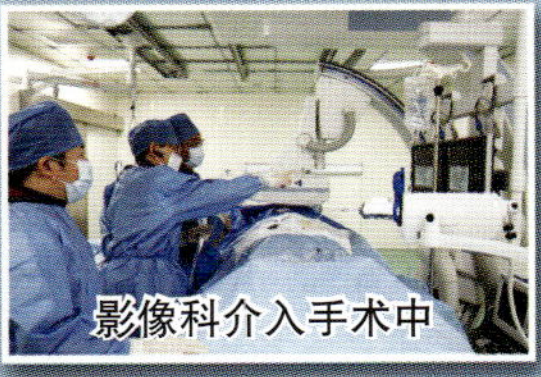
影像科介入手术中

启东市中医院

国家卫计委副主任、国家中医药管理局局长王国强在院考察

院长樊健在"健康中国 2030"中医院院长创新发展论坛上发言

启东市中医院是一所具有中西医结合特色的，集医疗、教学、科研为一体的三级乙等中医医院、国家级爱婴医院、南京中医药大学教学医院、上海第十人民医院启东分院、启东市华侨诊疗中心。

医院有职工 637 人，其中高级职称资格 85 人，中级职称资格 169 人，研究生 41 人。医院设有临床科室 18 个，医技科室 8 个，其中江苏省中医重点专科 1 个（耳鼻咽喉科）、南通市中医重点专科 3 个（耳鼻咽喉科、外科、骨伤科）；南通市中医重点建设专科 3 个（妇科、康复科、心病科）。

作为启东市中医药事业龙头单位，近几年，不断加快中医药服务能力建设，做强中医服务品牌。医院开展对中医药市场的调研，以确保中医药饮片的进货渠道和质量；并积极加强与沪通资源的联系开发，发挥中医药特色优势；继续做好冬病夏治、膏方养生等传统项目。同时，为切实推进中医药文化保护与继承创新，院在"十三五"初期，开展对民间中医药资源的挖掘。通过一定时间一对一的调查走访，挖掘了一批在启东具有影响力、技术成熟、方法独特、疗效突出的中医药传统技术，使散落的传统中医药瑰宝得到整理利用并加以保护和传承，并综合名老中医的实际情况，从 2016 年 11 月起邀请师承国医大师朱良春的主任中医师任玉兰、师承苏北名老中医陈启生的民间中医张惠平以及国医大师贺普仁教授创立的"贺氏针灸"第三代传人，师承贺氏嫡传贺喜教授的中医师林同舟坐诊。同时，医院进一步创新管理手段、强化管理环节、落实精细化管理、注重中西医齐头并进、促进医院可持续发展。在 2016 年期间，医院承办了同济十院骨科、泌尿科联盟大会以及同济十院集团医院护理学术年会；主办江苏省中医耳鼻喉学术年会、南通急诊医学提高班、南通市重症医学会查房活动；院长樊健参加"健康中国 2030"中医院院长论坛并做了发言。

医院将继续树立以人为本、以病人为中心、构建和谐医患关系和诚信服务的管理理念，全力打造南通地区乃至全省一流中医医院以及人民满意医院。

医院领导考察中药材市场

拜访名老中医并对其赠送的相关资料收集整理

第六届膏方节开幕式

承办 2016 年江苏省中医耳鼻喉学术年会

启东市第七人民医院

QI DONG SHI DI QI REN MIN YI YUAN

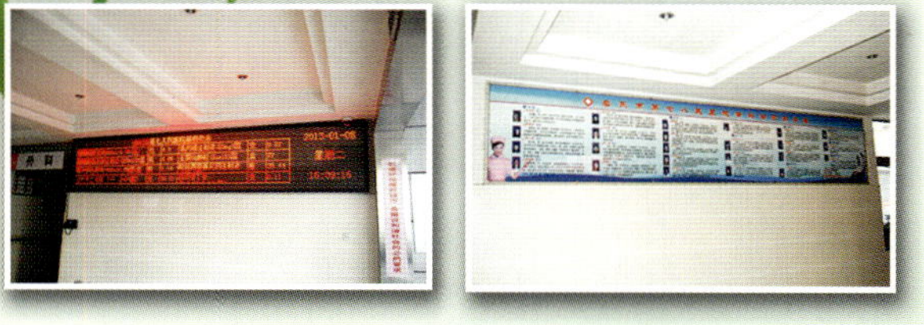

启东市第七人民医院住院部大厅

启东市第七人民医院是南通市卫生局首批命名的一级甲等中心卫生院，2015年度获得国家“群众满意的乡镇卫生院”称号，还先后获得江苏省示范乡镇卫生院、“无红包医院”、“平安医院”、“文明单位”等多种荣誉，是启东市职工医疗保险、新型农村合作医疗定点医疗机构。医院同时挂北新镇社区卫生服务中心的牌子，下设一个分中心、三个分院。

医院本部有医职员工179名，卫技人员占91%，其中高级职称15名，中级职称87名，设有内科、外妇科、口腔科、眼耳喉鼻科、肛肠科、皮肤科、中医理疗科、中西医结合专科等科室，各科室均由临床经验丰富的专科医师主诊，同时设置检验、超声影像、内镜、心电图、DR、CT、病理等辅助检查科室，拥有CT、DR、电子胃镜、彩超、C臂机、心电工作站、24小时动态心电图、全自动生化分析仪、尿液分析仪、血球计数仪等一批检查设备，为临床诊疗提供可靠依据。

为体现公立医疗机构的社会效益，医院专门抽调人员进修学习，提供专业化平台，于2013年4月成立风湿免疫专科，并邀请南通大学附属医院风湿免疫科达展云等5位风湿病专家每月21日到医院会诊提供诊疗支持；2015年5月口腔科添置口腔全景机、种植机等专业设备，开展口腔种植牙，由南京立登尔医疗联合体提供技术支撑，成为启东首家开展该技术的公立医疗机构，为启东百姓提供牙科治疗的新技术。

医院临床、辅助检查科室均实行24小时值班，节假日不休息；开设绿色救护通道，为广大群众的健康需求提供基本医疗服务。

联系电话：83812274

地址：启东市新港镇

门诊部大厅

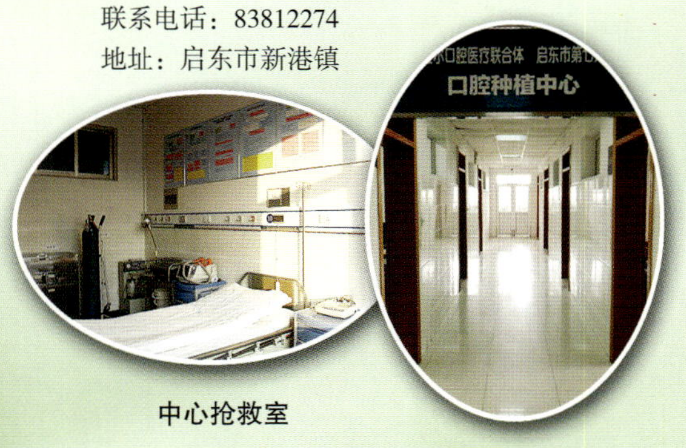

中心抢救室

江苏省示范化免接种门诊

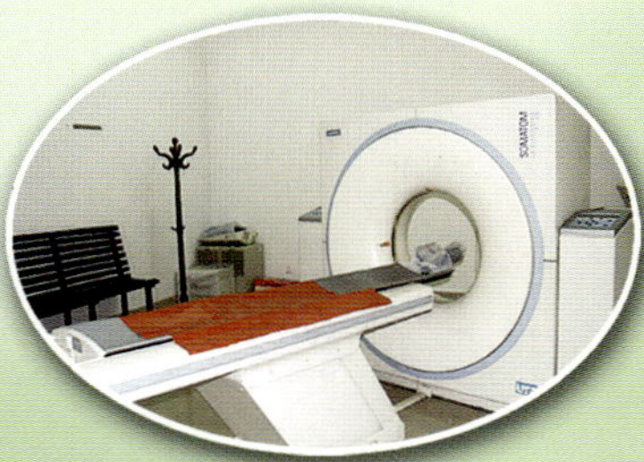

放射科

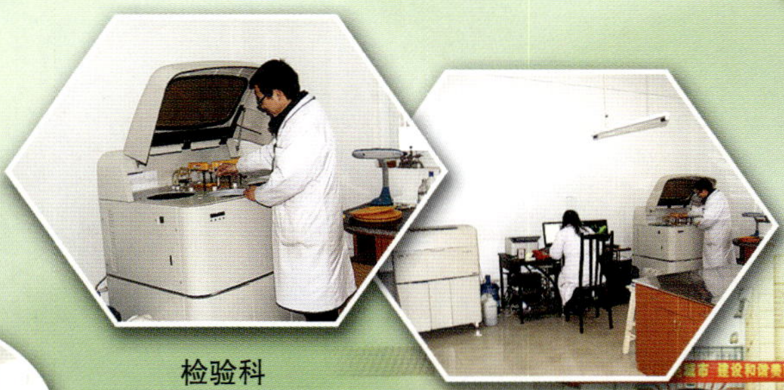

检验科

免接种室

启东市第七人民医院全景

江苏省启东中学

英才培养的沃土 奥赛金牌的摇篮

江苏省启东中学是一所全日制公办普通高中，创办于1928年，占地270亩，53个教学班，教职工320多人，在校学生2400人。1990年4月，成为江苏省首批办好的重点中学；1998年4月，顺利通过“国家级示范性普通高中”评估验收，2003年12月成为江苏省首批四星级学校。

学校办学条件优良，有设备一流的实验室、图书艺术馆，是江苏省中学一级实验室、图书馆。为实现教育现代化，学校投入巨资用于现代信息技术的软硬件建设，为每个班级配备多媒体网络设备，校园计算机系统、校园广播电视系统、图书管理系统和校园监控系统的建成，为全面开展素质教育奠定坚实的基础。

学校大力加强教师队伍建设，促进教师专业化发展。近年来学校每年举办全国、省市级大型教研活动，展示启东中学高效课堂、特色课堂。选派30多位教师赴美国、英国、加拿大、澳大利亚、马来西亚等国家学习培训，40多位教师参加国家级、省级新课程培训。注重学科组、备课组建设，物理学科组被省教育学会物理专业委员会评为先进集体，数学学科组被评为南通市师德先进集体。在职教师中，有硕士50多人。全国教育系统劳动模范2人，特级教师5人，省中青年专家3人，省333工程培养对象4人，高级教师150多人，其中教授级高级教师5人。名师梯队建设得到加强，一支素质精良、结

市长黄卫锋一行在校考察

外交部原部长李肇星在校考察

消防演练

启东中学庆祝第32个教师节

构合理、充满生机和活力的教师队伍业已形成，为学校的可持续发展提供强有力的人才支撑。

学校确立现代办学理念，提出培养具有创新精神、实践能力、素质全面、特长鲜明、具有国际视野的学生和建设高质量、现代化、有特色、国内一流、国际知名的现代名校的办学目标，培养大批创新型人才。积极探索高效课堂教学模式，教学质量 20 多年持续高位走强，近年来每年有 10 名左右学生录取清华北大。2016 年高考有 25 名学生超过 400 分。学科竞赛成绩显著，1995 年起在国际中学生学科竞赛中共获得 14 金 2 银，2016 届有 4 名学生分别入选全国中学生学科竞赛江苏省代表队。2016 年下半年又有 2 名学生入选全国中学生学科竞赛江苏省代表队。体育、文艺、科技等方面也培养不少特长学生。2015 年北大在全国招收 2 名二胡特长生，被启东中学两名学生包揽。2016 年位于美国华盛顿的中国研究中心再次推出中国 260 大最佳高中，启东中学与北京人大附中、北京四中、湖北华中师大第一附中以满分 100 分排名并列第一。

作为江苏省理科课程基地项目学校、江苏省普通高中创新人才试点学校、江苏省科学教育特色学校，启东中学全面深化教育改革，努力办好对人民负责的教育，取得了显著的业绩。近年来，学校获得全国文明单位、全国精神文明建设先进单位、全国体育卫生工作先进单位、全国体育科研明星学校、江苏省文明单位标兵、江苏省先进基层党组织、江苏省模范学校、江苏省德育先进学校、江苏省体育工作先进单位、江苏省健康促进学校金奖单位等荣誉。

优质生源基地签约

高雅艺术进校园——南京大学交响乐团走进启东中学

启东中学党委“两学一做”学习教育工作动员会

十八岁成人礼

青蓝工程表彰会暨师徒结对仪式

“三段四环自主学习”教学模式推进会

启东市自来水总公司

QIDONG TAP WATER GENERAL COMPANY

两学一做暨“5·10”思廉日活动动员

党总支委员会选举

启东市自来水厂党总支有在职党员71人，离退休党员23人。2016年，厂党总支以开展“两学一做”学习教育活动为契机，紧紧围绕供水企业生产经营这个中心，充分发挥党组织的战斗堡垒作用和党员的先锋模范作用，为保障城乡供水安全提供强有力的保障。

一、抓学习教育，提高理论水平

2016年，根据中央文件及上级党委要求，自来水厂党总支开展“两学一做”学习教育活动，以《党章》《习近平总书记系列重要讲话读本》等学习材料为蓝本，领导班子带头落实学习制度，定期开展集中学习，深入理解《党章》《廉洁自律准则》《纪律处分条例》，学习总书记系列重要讲话精神自觉增强政治意识、大局意识、核心意识、看齐意识。围绕每一次的学习主题，结合单位行业实际情况，对学习内容、专题研讨内容、学习研讨要求进行安排部署，在集中学习后安排各个党小组进行后续学习，撰写学习材料，确保学习效果，切实提高理论水平。开展党员讲党课活动，树立先进典型形象，建立“比服务、当先进”的长效机制，引导职工争创一流业绩，促进各项工作任务圆满完成。

二、抓组织建设，巩固组织堡垒作用

2016年自来水厂党总支部成立后，逐步完善内部管理制度和监督制约制度，按照民主集中制原则，规范班子工作职责，在重大决策上坚持集体研究决策，同时明确分工，相互协作，通过民主生活会等途径，在工作上、思想上多沟通，发挥班子合力；并坚持对党员进行有系统、有组织、有内容地教育。2016年，以科室、部门为单位，开展四个季度的廉政谈话，谈话对象为各部门负责人及中层干部，谈话内容包括各部门落实年度工作任务情况、改变工作作风情况、针对四风问题作自我检讨分析等，使干部群体巩固廉洁意识

公司党组织接受上级先进基层党组织考核

公司离退休党员重温入党誓词

开展党员讲党课活动

观看反腐教育片

防冻工作会议

和拒腐防变能力，达到党员干部“讲党性、重品行、作表率”，引导干部塑造“勤廉双优”的个体形象。

三、抓效能建设，强化服务能力

1. 提高收费效率

营业所不断完善收费系统，及时进行远程协助、修复、完善和更新用户信息。根据安排，实现支付宝和微信平台支付水费的功能。

2. 提高抢修速度

全市全年大小修理 30000 多个，其中 DN100 以上修理 300 多处。为更好地确保完成抢修工作，抢修人员全天随时待命，在接到报修后以最短的时间到达现场，以最快的速度应对各种突发爆管等事件。在南通高速公路收费处的一次区域供水 DN1400 管道爆裂抢修中，自来水公司凭借合理的安排和丰富的经验，全力投入抢修，仅仅 40 个小时便恢复全线正常供水，减少用户损失。

3. 缓解用水压力

改造河南路（民胜路－建设路）DN300 管，确保了河南中路管网全面贯通；对富源路与紫薇路再增加一根连接管，解决富源小区供水量不足的矛盾；实施人民路、清风路牵引长 132 米 DN300 球墨铸铁管的工程，以及和平路、中央大道牵引长 288 米 DN600 球墨铸铁管工程，形成环路供水，缓解城区高峰期用水压力小的矛盾。

4. 全面掌握供水情况

2016 年安装 10 个实时压力监测点，1 个流量监测点，并采用太阳能板供电，可实时采集并发送上传到 SCADA 系统。同时，公司已经安装远传监测点 158 个，其中压力点 76 个，流量点 132 个，对启东市管网运行状况进一步明确的掌握。

5. 确保应急供水

车间对永阳取水口警示电源、取水泵、高压设备等进行经常性的巡检，每 8–10 天进行一次管道排污；按规定，对永阳取水口水源进行采样和检测，检测数据同时上报公司网站和省厅网站；对地面水厂泵房制水设备进行定期巡检保养，并新增两台真空泵。在 1 月份和 11 月份的两次降压供水中，地面水厂顶住考验，及时启用制水设备，补充水量，大大缓解供水压力，保障居民供水，消除社会恐慌。

自来水厂党总支部在党建工作中有以下主要目标：一是强化集中学习。严把党员的教育关，保证集中学习，不断总结和修正集中教育经验、方法。二是搞好自学交流。积极主动召开党员大会，让党员能互相讨论，相互促进，取长补短。三是严格执行。将理论紧密联系实际，发现问题要及时予以纠正，对于屡次出现问题的党员，及时约谈、警告、限期整改，做出实效。

党员专题会议

中国农业银行 AGRICULTURAL BANK OF CHINA 启东市支行

2016年，中国农业银行股份有限公司启东市支行坚持稳中求进的工作总基调，突出利长远、打基础，以“转思想、稳增长、促转型、控风险、抓党建”为抓手，着力培育差异化的竞争优势，迎难而上、克难攻坚，主动作为，各项工作实现稳健发展。至年末，各项存款余额150.81亿元，比年初增加13.30亿元；各项贷款余额60.84亿元，比年初增加3.60亿元；实现中间业务收入7089万元，同比增加846万元；实现拨备前利润2.28亿元、拨备后利润2.23亿元，同比分别增加3740万元和4708万元。

支持农村大学生创业

举办道德讲堂活动

圣诞节感恩活动

农行职工慰问敬老老人

“远离非法集资”
人民广场宣传活动

伴农户走进“羊”光大道

六一儿童节举办
“小小银行家”活动

参观廉政教育基地